Les microrégions du guide :
(voir la carte dans les deux rabats de couverture)

Auvergne

Collection Le Guide Vert sous la responsabilité d'Anne Teffo

Édition
Béatrice Marchand, Emmanuelle Souty

Rédaction
Manuel Sanchez, Marie-Anne Damase

Cartographie
Christina Bragaru, Severin Vlad, Thierry Lemasson,
Stéphane Anton, Michèle Cana

Relecture
Caroline Théry

Remerciements à :
Éliane Bailly, Didier Broussard, Marjorie Desbard, Blandine Lecomte

Conception graphique
Christelle Le Déan

Régie publicitaire et partenariats
michelin-cartesetguides-btob@fr.michelin.com
Le contenu des pages de publicité insérées dans ce guide n'engage que la responsabilité des annonceurs. Michelin Cartes et Guides

Contacts
Michelin Cartes et Guides
Le Guide Vert
46 avenue de Breteuil - 75324 Paris - Cedex 07
✆ 01 45 66 12 34 - Fax 01 45 66 13 75
cartesetguides.michelin.fr

Parution 2010

Note au lecteur

Michelin a apporté le plus grand soin à la rédaction de ce guide et à sa vérification. Toutefois les informations pratiques (formalités administratives, prix, adresses, numéros de téléphone, adresses Internet...) doivent être considérées comme des indications du fait de l'évolution constante de ces données.

Il n'est pas totalement exclu que certaines d'entre elles ne soient plus, à la date de parution du guide, tout à fait exactes ou exhaustives. N'hésitez pas à nous signaler toute omission ou inexactitude que vous pourriez constater ainsi que de nous faire part de vos avis et suggestions sur les adresses contenues dans ce guide.

Avant d'entamer toute démarche formalités administratives ou douanières notamment, vous êtes invités à vous renseigner auprès des organismes officiels. Ces informations ne sauraient, de ce fait, engager notre responsabilité.

Le Guide Vert, mode d'emploi

Le Guide Vert, un guide en 3 parties

- **Organiser son voyage** : les informations pratiques pour préparer et profiter de son séjour sur place
- **Comprendre la destination** : les thématiques pour enrichir son voyage
- **Découvrir la destination** : un découpage en **microrégions**
(voir carte générale dans les rabats de couverture et sommaire p. 1)

En ouverture de chaque **microrégion**, retrouvez un **sommaire** et une **carte** qui indiquent :
- les villes et sites traités dans le chapitre
- les itinéraires conseillés

Pour chaque chapitre, consultez « **Nos adresses…** » :
- des informations pratiques
- des établissements classés par catégories de prix
- des lieux où boire un verre
- des activités à faire en journée ou en soirée
- un agenda des grands événements de l'année

En fin de guide

- un **index général** des lieux et thèmes traités
- un **sommaire** des cartes et plans du guide
- la légende des symboles du guide
- la liste de nos publications

Et en complément de notre guide

- Créez votre voyage sur **Voyage.ViaMichelin.fr**

Votre avis nous intéresse
Rendez-vous sur votreaviscartesetguides.michelin.fr

Sommaire

1/ ORGANISER SON VOYAGE

VENIR EN AUVERGNE

AVANT DE PARTIR

SUR PLACE DE A À Z

EN FAMILLE

MÉMO

2/ COMPRENDRE L'AUVERGNE

NATURE ET PAYSAGES

L'AUVERGNE AUJOURD'HUI

HISTOIRE

TRADITIONS ET ART DE VIVRE

ART ET CULTURE

3/ DÉCOUVRIR L'AUVERGNE

1 CLERMONT-FERRAND ET MONTS DÔME

2 MONTS DORE, ARTENSE ET CÉZALLIER

3 AURILLAC, CHÂTAIGNERAIE ET MONTS DU CANTAL

4 SAINT-FLOUR, SANFLORAIN ET MARGERIDE DU CANTAL

5 VELAY ET BRIVADOIS

6 PAYS DE THIERS ET LIVRADOIS-FOREZ

7 VAL D'ALLIER ET ALAGNON

8 LIMAGNE, PAYS DES COMBRAILLES ET GORGES DE LA SIOULE

9 BOURBONNAIS

1/ ORGANISER SON VOYAGE

M. Barraud/Ojo Images/Photononstop

Venir en Auvergne

Par la route

LES GRANDS AXES

Clermont-Ferrand est une étape importante entre le Nord et le Sud de l'Hexagone.
L'A 71 relie Clermont à la capitale en environ 4h. L'A 75, surnommée « La Méridienne », relie Clermont à Montpellier-Béziers gratuitement (sauf à hauteur du viaduc de Millau) en 3h30. L'achèvement du raccordement début 2010 de l'A 75 et de l'A 9 permet à l'Auvergne de s'ouvrir à l'Espagne, avec un temps de trajet de 6h environ entre Clermont-Ferrand et Barcelone.
L'A 89 relie Clermont à Lyon en 2h, et Clermont à Bordeaux en 3h45. Les axes autoroutiers pénètrent dans Clermont, et il est assez facile de sortir à proximité du centre-ville.
Informations autoroutières – ✆ 0 892 681 077 - www.autoroutes.fr
Bon à savoir – **L'aire de repos des Volcans d'Auvergne**, sur l'A 75, propose un Espace régional pour découvrir les richesses touristiques de la région, *✆ 04 73 33 05 42*. L'aire offre aussi un très beau point de vue sur les volcans.
Renseignements – **Association La Méridienne** - www.a75.com.

LES CARTES MICHELIN

Carte de France 721 au 1/1 000 000.
Cartes Régions 518 (Centre) et **n° 522** (Auvergne, Limousin), au 1/200 000.
Cartes Départements 326 (Allier, Puy-de-Dôme), **330** (Cantal, Lozère) et **331** (Ardèche, Haute-Loire), au 1/150 000.
En ligne : calcul d'itinéraires, temps de parcours, coût des trajets, plans de villes et sélection d'hôtels et de restaurants sur **www.ViaMichelin.fr**

COVOITURAGE

Bon à savoir – Cette véritable solution de transport alternative, économique, écologique, conviviale, permet la complémentarité avec le train et les autres transports en commun. Elle offre à chacun la possibilité d'accomplir un geste responsable en faveur de l'environnement - www.123envoiture.com ; www.covoiturage.fr

En train

Après l'adoption d'un amendement en 2008 à l'Assemblée nationale, Clermont-Ferrand peut enfin espérer une desserte en TGV, reliant Paris en 2h, et Lyon en moins d'1h, à l'horizon 2020. En attendant, il faudra se contenter du Corail Téoz.

LE RÉSEAU GRANDES LIGNES

De Paris (gare de Lyon), 8 trains grandes lignes quotidiens, assurés en majorité en Corail Téoz, desservent Clermont-Ferrand (3h20 de trajet minimum) via Nevers,

ROUTES EN HIVER - www.auvergne.equipement.gouv.fr
Allier - ✆ 04 70 48 79 79 ou 04 70 20 81 81 - www.allier.fr
Cantal - ✆ 04 71 46 22 35 ou 0 826 022 022 - www.cantal.fr
Haute-Loire - ✆ 04 71 05 83 05 - www.cg43.fr et www.inforoute43.fr
Puy-de-Dôme - ✆ 04 73 93 25 65 - www.puydedome.com
A75 - audiotel ✆ 0 825 007 575. - Autoroute info : 107.7 FM

Moulins, Vichy et Riom.
D'autres grandes villes sont directement reliées à Clermont : Lyon, Aurillac, Montluçon et Le Puy-en-Velay.
Renseignements et réservations – ✆ 3635 (0,34 €/mn) ou www.voyages-sncf.com

LES TRAINS EXPRESS RÉGIONAUX

Clermont-Ferrand est reliée plusieurs fois par jour à Issoire et Vichy en 30mn, à Brioude en 1h, à Moulins en 1h10, à Montluçon en 1h30 et au Puy-en-Velay en 2h05 - Des lignes d'**autocars** sillonnent également la région en complément.
Renseignements et réservations – www.ter-sncf.com/auvergne

DISTANCES EN KM	Ambert	Aurillac	Brioude	Clermont-Ferrand	Le Mont-Dore	Montluçon	Moulins	Le Puy-en-Velay	Saint-Flour	Vichy
Ambert	–	177	91	89	136	178	175	71	121	84
Aurillac	177	–	105	156	124	255	252	171	73	217
Bordeaux	479	313	447	383	347	375	456	504	476	420
Brioude	91	105	–	70	111	169	166	59	48	131
Clermont-Ferrand	89	156	70	–	47	108	105	129	102	70
Lille	711	788	703	641	683	556	517	760	732	575
Lyon	147	304	192	179	226	219	210	134	248	158
Marseille	373	432	348	478	457	567	521	298	411	473
Le Mont-Dore	136	124	111	47	–	152	149	167	140	111
Montluçon	178	255	169	108	152	–	76	226	198	90
Moulins	175	252	166	105	149	76	–	222	195	58
Paris	495	572	487	425	467	340	300	543	516	359
Le Puy-en-Velay	71	171	59	129	167	226	222	–	116	187
Saint-Flour	121	73	48	102	140	198	195	116	–	160
Strasbourg	613	753	685	606	648	578	523	627	714	529
Vichy	84	217	131	70	111	90	58	187	160	–

En avion

LES COMPAGNIES AÉRIENNES

Air France – Liaisons journalières directes entre Clermont-Ferrand et Amsterdam, Biarritz, Bruxelles, Lille, Lyon, Marseille, Nantes, Nice, Paris-Orly Ouest, Paris-CDG, Strasbourg, Toulouse. Ajaccio et Bastia sont également desservis en haute saison. Renseignements et réservations : ✆ 36 54 (0,34 €/mn)- www.airfrance.com.

Airlinair – La compagnie relie Aurillac depuis Orly Sud. ✆ 0 810 478 478 - www.airlinair.com.

Air Nostrum Iberia Regional propose trois rotations hebdomadaires entre Clermont-Ferrand et Madrid. ✆ 0 825 800 965 - www.iberia.fr.

Hex'Air – Assure une liaison Le Puy-en-Velay/Paris. ✆ 0 810 182 292 - www.hexair.com

LES AÉROPORTS DE LA RÉGION

Aéroport international de Clermont-Ferrand Auvergne – 63510 Aulnat - ✆ 04 73 62 71 00 - www.clermont-aeroport.com - Créé en 1916 pour les besoins de l'État et de la Manufacture des pneumatiques Michelin, il dispose d'infrastructures très modernes capables de recevoir 2,5 millions de passagers.

Aéroport d'Aurillac-Tronquières – 15000 Aurillac - ✆ 04 71 63 56 98 - www.cantal.cci.fr/aeroport.htm. À 5mn du centre-ville d'Aurillac, cet aéroport assure une ligne quotidienne Aurillac-Paris (Orly Sud) AR, deux fois par jour.

Aéroport du Puy-en-Velay - Loudes – 43320 Loudes - ✆ 04 71 08 61 87 - www.aeroportlepuyenvelay.com - Hex'Air dessert Le Puy-en-Velay depuis Orly Sud.

Avant de partir

Météo

Services téléphoniques de Météo France – ✆ 3250 suivi de :
1 – météo d'une commune, d'un département ou de l'outre-mer ;
2 – météo du prochain week-end ;
3 – météo activités de bord de mer et navigation ;
4 – météo montagne ;
5 – météo des routes.
Accès aux prévisions du département – ✆ **0 892 680 2** suivi du numéro du département (0,34 €/mn).
En ligne : **www.meteo.fr**
Accès aux prévisions du département – 0 892 680 2 suivi du numéro du département (0,34 €/mn).
En ligne : www.meteo.fr
L'été – Cette période est favorable à la découverte de la région, la fraîcheur des massifs boisés contrastant avec la chaleur des plaines.
L'automne – C'est la magie des coloris. Les forêts de la chaîne des Puys et des monts du Livradois paraissent s'enflammer.
L'hiver – La neige en montagne amollit les formes, change les reliefs, les lacs prennent des allures nordiques.
Le printemps – Il réserve les tons les plus intenses, avec des cascades et des ruisseaux enrichis par la fonte des neiges, et participe au réveil d'une nature généreuse.

Adresses utiles

INSTITUTIONS

Comité régional de développement touristique d'Auvergne – Parc technologique Clermont-Ferrand La Pardieu - 7 allée Pierre-de-Fermat - CS 50502 - 63178 Aubière Cedex - ✆ 0810 827 828 - www.auvergne-tourisme.info. Assure la promotion et le développement de la randonnée dans tout le Massif central et édite des topoguides de randonnée à VTT et à pied.

Auvergne Tourisme – Parc technologique La Pardieu - 7 allée Pierre-de-Fermat - CS 50502 - 63178 Aubière Cedex - ✆ 04 73 29 49 66 - www.auvergne-reservation.com. Hébergements, séjours thématiques, promotions.

Comités départementaux du tourisme
Allier – Pavillon des Marronniers - BP 65 - 03402 Yzeure Cedex - ✆ 04 70 46 81 50 - www.allier-tourisme.com
Cantal – 36 r. de Sistrières - 15000 Aurillac - ✆ 04 71 63 85 00 - www.cantaltourisme.fr
Haute-Loire – Hôtel du département - 1 pl. Mgr-de-Galard - BP 332 - 43012 Le Puy-en-Velay Cedex - ✆ 04 71 07 41 54 - www.mididelauvergne.com
Puy-de-Dôme – Agence départementale de développement touristique - pl. de la Bourse - 63038 Clermont-Ferrand Cedex 1 - ✆ 04 73 42 22 50 - www.planetepuydedome.com

Renseignements sur Internet
– **Généralités** sur l'Auvergne : http://auvergne.decouverte.free.fr ; www.parcs-massif-central.com ; www.auvergne-centrefrance.com ; www.puy-de-dome.equipement-agriculture.gouv.fr
– **Musées** et **art roman** : www.terres-romanes-auvergne.com.

– Produits du **terroir** : www.auvergne.chambagri.fr ; www.fromages-aop-auvergne.com ; www.lalentilleverte dupuy.com.
– Portail d'information locale pour la Haute-Loire : www.zoom43.fr

OFFICES DE TOURISME

Vous trouverez les adresses des offices de tourisme dans les rubriques « S'informer » en début de chapitre dans « Découvrir l'Auvergne ».
Sur Internet : **www.tourisme.fr**
Pour joindre les offices de tourisme et syndicats d'initiative en France sans en avoir les coordonnées, composer le **3265** *(0,34 €/mn).*

TOURISME DES PERSONNES HANDICAPÉES

Le symbole ♿ signale les sites accessibles aux personnes à **mobilité réduite**.

Accessibilité des infrastructures touristiques

Consultez les sites labellisés **Tourisme et Handicap** sur le site www.franceguide.com, rubrique « Voyageurs », puis « Tourisme et Handicap ».
Association Tourisme et Handicaps – 43 r. Marx-Dormoy - 75018 Paris - ✆ 01 44 11 10 41 - www.tourisme-handicaps.org

Accessibilité des transports

Train – Un guide gratuit *Mobilité réduite* est disponible dans les gares et boutiques SNCF.
SNCF Accès Plus – ✆ 0 890 640 650 (0,11 €/mn, 7h-22h). Service gratuit facilitant le voyage des personnes handicapées, disponible sur réservation 48h avant le départ dans 350 gares de France.
En ligne : www.accessibilite.sncf.fr
Avion – Air France propose aux personnes handicapées le service d'**assistance Saphir**, avec un numéro spécial : ✆ 0 820 01 24 24.
En ligne : www.airfrance.fr.

Se loger

Retrouvez notre sélection d'hébergements dans « Nos adresses à... » situées en fin de description des principaux sites de la partie « Découvrir l'Auvergne ». Les prix que nous indiquons correspondent au tarif minimum et maximum d'une chambre double. L'Auvergne est une région où l'on peut se loger agréablement et à des prix raisonnables, en gîte rural notamment.

NOTRE SÉLECTION

Hôtel ou chambre d'hôte, à vous de choisir. Les établissements sont classés par catégories de prix : Petit prix, Budget moyen, Pour se faire plaisir et Une folie *(voir tableau p. 13)*. À consulter aussi : **Le Guide Michelin France** et le **Guide Camping Michelin France**.

NOS CATÉGORIES DE PRIX				
	HÉBERGEMENT		RESTAURATION	
	Province	Grandes villes	Province	Grandes villes
Premier prix	jusqu'à 45 €	jusqu'à 65 €	jusqu'à 14 €	jusqu'à 16 €
Budget moyen	de 45 € à 65 €	de 65 € à 100 €	de 14 € à 25 €	de 16 € à 30 €
Pour se faire plaisir	de 65 € à 100 €	de 100 € à 160 €	de 25 € à 40 €	de 30 € à 50 €
Une folie	plus de 100 €	plus de 160 €	plus de 40 €	plus de 50 €

SERVICES DE RÉSERVATION

Services de réservation

Auvergne Tourisme – Parc technologique La Pardieu - 7 allée Pierre-de-Fermat - CS 50 502 - 63178 Aubière Cedex - ✆ 04 73 29 49 66 - www.auvergne-reservation.com : hébergements (gîtes, hôtels, campings, hébergements insolites…), séjours thématiques et promotions.

Fédération nationale des services de réservation Loisirs-Accueil – 74/76 r. de Bercy - 75012 Paris - ✆ 01 44 11 10 44 - www.resinfrance.com ou www.loisirs-accueil.fr.

Propose un large choix d'hébergements et d'activités de qualité.

Fédération nationale Clévacances France – 54 bd de l'Embouchure – BP 52166 - 31022 Toulouse Cedex - ✆ 05 61 13 55 66 - www.clevacances.com.

Propose près de 29 000 adresses d'hébergement (appartements, chalets, villas, gîtes, chambres d'hôte) en France et outre-mer, et publie un catalogue par département.

Hébergement rural

Fédération des stations vertes de vacances et villages de neige – BP 71 698 - 21016 Dijon Cedex - ✆ 03 80 54 10 50 - www.stationverte.com.

Situées à la campagne et à la montagne, les 600 stations vertes sont des destinations de vacances familiales reconnues pour leur qualité de vie (produits du terroir, loisirs variés, cadre agréable) et pour la qualité de leurs structures d'accueil et d'hébergement.

Bienvenue à la ferme – Le guide *Bienvenue à la ferme*, édité par l'Assemblée permanente des chambres d'agriculture (service Agriculture et Tourisme - 9 av. George-V - 75008 Paris - ✆ 01 53 57 11 44), est aussi en vente en librairie ou sur **www.bienvenue-a-la-ferme.com**.

Il propose par région et par département des fermes-auberges, campings à la ferme, fermes de séjour, et de nombreux loisirs.

Maison des gîtes de France et du tourisme vert – 59 r. St-Lazare - 75439 Paris Cedex 09 - ✆ 01 49 70 75 75 - www.gites-de-france.com.

Propose différentes possibilités d'hébergement en milieu rural (gîtes ruraux, chambres et tables d'hôte, gîtes d'étape, chambres d'hôte de charme, gîtes de neige, gîtes de pêche, gîtes d'enfants, camping à la ferme). **Les gîtes Panda** sont exclusivement situés dans des environnements naturels de qualité - www.parc-volcans-auvergne.com.

Hébergement pour randonneurs

Les randonneurs peuvent faire confiance au label national Rando Accueil et choisir leur hébergement nature sur www.rando-accueil.com. À consulter également, le site www.gites-refuges.com et le *guide Gîtes d'étape et Refuges, France et frontières* de A. et S. Mouraret imprimable à partir du site.

Auberges de jeunesse

Ligue française pour les auberges de la jeunesse – 67 r. Vergniaud - bâtiment K - 75013 Paris - ✆ 01 44 16 78 78 - www.auberges-de-jeunesse.com.

Carte LFAJ : cotisation annuelle de 11 € pour les moins de 26 ans et de 16 € au-delà de cet âge.

Fédération unie des auberges de jeunesse (FUAJ) – Centre national - 27 r. Pajol - 75018 Paris - ✆ 01 44 89 87 27 - www.fuaj.org.

Carte FUAJ : cotisation annuelle de 11 € pour les moins de 26 ans, de 16 € au-delà de cet âge et de 23 € pour les familles.

Vous trouverez une auberge de jeunesse affiliée à Gannat, au Mont-Dore, au Puy-en-Velay et à Saint-Martin-des-Olmes.

POUR DÉPANNER

Les chaînes hôtelières

L'hôtellerie dite « économique » peut rendre service.
Voici les premiers prix (moins de 50 € la chambre double):
Akena – ✆ 01 69 84 85 17
B & B – ✆ 0 892 782 929, www.hotel-bb.com.
Etap Hôtel – ✆ 0 892 688 900, www.etaphotel.com.
Formule1 – ✆ 0 892 685 685
Les hôtels suivants, un peu plus chers (à partir de 60 € la chambre), offrent un meilleur confort et quelques services complémentaires :
Campanile – ✆ 0 825 028 038, www.campanile.com
Ibis – ✆ 0 825 882 222, www.ibishotel.com.
Kyriad – ✆ 0 825 003 003, www.kyriad.fr.

Se restaurer

Retrouvez notre sélection de restaurants dans « Nos adresses à… » situées en fin de description des principaux sites de la partie « Découvrir l'Auvergne« . Comme pour « Se loger «, ils sont listés par catégorie de prix *(voir tableau p. 13)*.

NOS CRITÈRES DE CHOIX

Pour répondre à toutes les envies, nous avons sélectionné des **restaurants** régionaux, mais aussi classiques, exotiques, gastronomiques et des adresses où manger sur le pouce.
À consulter aussi : **Le Guide Michelin France**.
En ligne : les fermes-auberges sur **www.bienvenue-a-la-ferme.com**

SITES REMARQUABLES DU GOÛT

Quelques sites de la région (lieux de production, foires et marchés ou manifestations), dont la richesse gastronomique s'appuie sur des produits de qualité liés à un environnement culturel intéressant et à une réelle volonté d'accueil touristique, ont été dotés du label « Site remarquable du goût ».
En Auvergne, en bénéficient **Billom** pour son ail parfumé naturellement rose, **Saint-Nectaire** pour son onctueux fromage au lait de vache à la saveur fleurie, **Salers** pour son fromage au lait de vache à pâte dure (frère de terre du cantal, produit uniquement en été) et la **Sucrerie de Bourdon**, à Aulnat.
Pour en savoir plus : www.sitesremarquablesdugout.com

GASTRONOMIE ET TERROIR

Les Toques d'Auvergne regroupent de bonnes adresses régionales. En ligne : www.toques-auvergne.com.
Des hôteliers-restaurateurs indépendants, regroupés au sein de **L'Auvergne à la Carte**, proposent de vous accompagner dans la découverte de la région : www.auvergne-alc.com.
Le Parc des Volcans a mis en place la **marque du Parc** : choix de produits du terroir auvergnats que l'on peut retrouver dans les différentes Maisons du Parc. En ligne : www.parc-volcans-auvergne.com.
Le Comité régional de développement touristique *(voir p. 12)* publie une carte *(Patrimoine et bonnes tables)* sur la gastronomie auvergnate. Sur son site Internet se trouve aussi la liste des établissements engagés dans une démarche de qualité, labellisée **Qualité Auvergne** : www.qualite-auvergne.fr.
Le ministère du Tourisme attribue aux restaurateurs qui assurent la promotion des produits du terroir le label **Restaurateurs de France**. Vous pourrez trouver la liste des haltes gourmandes en Auvergne sur www.restaurateursdefrance.com.

Sur place de A à Z

Pour obtenir de la documentation, s'adresser aux **comités départementaux** et **comités régionaux** de tourisme *(voir p. 12)*. Pour trouver d'autres adresses de prestataires, reportez-vous aux rubriques « Visite » et « Activités » dans les **encadrés pratiques** des villes ou sites de ce guide.

CYCLOTOURISME ET VTT

Les plaines de la Limagne et la campagne doucement vallonnée du Bourbonnais offrent des parcours de difficulté moyenne. Sur les routes montagneuses d'Auvergne, où certains cols dépassent 1 400 m, le grimpeur sera mis à rude épreuve.

Cyclotourisme

Fédération française de cyclotourisme – 12 r. Louis-Bertrand - 94207 Ivry-sur-Seine - 01 56 20 88 88 - www.ffct.org

Ligue régionale de cyclotourisme d'Auvergne – 31 r. des Cerisiers - 63300 Thiers - 04 73 80 69 16 - www.auvergne-velo.fr.

Comités départementaux de cyclotourisme

Allier – 3 rue des Burliers - 03500 Saulcet - 06 64 42 92 29 - www.codep03.fr.fm

Cantal – 130 av. du Gén.-Leclerc - 15000 Aurillac - 04 71 64 46 60 ou 04 71 48 45 94. Ce comité organise au départ d'Allanche, Aurillac, Chaudes-Aigues, Massiac, Madic, Maurs, Siran et Mauriac des randonnées cyclotouristes à travers la région, variant de 40 à 152 km.

Haute-Loire – BP 34 - 43000 Le Puy-en-Velay - /fax 04 71 09 71 68.

Puy-de-Dôme – 31 r. des Cerisiers - 63300 Thiers - 04 73 80 69 16.

Bon à savoir – Les clubs cyclotouristes organisent des sorties week-end ou des circuits découverte avec des guides. Demandez leurs adresses auprès des comités départementaux de cyclotourisme.

VTT

L'Auvergne, au relief varié, met à la disposition de tous des circuits VTT balisés, avec d'importantes infrastructures locales, notamment dans le Puy-de-Dôme (La Bourboule), le Cantal (le Lioran, Chalinargues) et la Haute-Loire (haut Allier). Certains sites de VTT bénéficient d'un **label** délivré par la Fédération française de cyclisme. Il garantit que vous trouverez au minimum 100 km de sentiers balisés, une classification des circuits en 4 niveaux de difficulté, un point d'accueil, un point de lavage, un outillage pour les petites réparations et des documents d'information (panoramique des circuits, carte d'itinéraires).

Pour plus de détails, consultez les fiches des sites VTT d'Auvergne sur **www.sitesvtt.com.**

Fédération française de cyclisme – 5, r. de Rome, Bât. Jean-Monnet - 93561 Rosny-sous-Bois Cedex - 01 49 35 69 24 - www.ffc.fr. La Fédération propose 46 000 km de sentiers balisés pour la pratique du VTT, répertoriés dans un guide annuel.

Chamina – 35 r. du Pré-la-Reine - 63028 Clermont-Ferrand - 04 73 92 81 44 - www.chamina.com. Cette association assure la promotion et le développement de la randonnée dans tout le Massif central. Elle édite des topoguides de randonnée à VTT et à pied, qui présentent des itinéraires en boucle ou linéaires, sur un ou plusieurs jours.

VTT de descente

En Auvergne, la descente la plus spectaculaire est celle du Sancy (à déconseiller aux néophytes). Du Mont-Dore, prendre le téléphérique qui amène en quelques minutes au sommet puis, parmi la rocaille, emprunter les tracés aménagés l'hiver pour le ski (niveau de difficulté suivant expérience). Le port du casque est indispensable.

ESCALADE

Le débutant, comme le grimpeur confirmé, trouvera en Auvergne de nombreuses voies équipées sur des roches volcaniques, dans un cadre préservé. Le massif du Sancy (www.sancy.com) offre de belles sensations, avec la redoutable Dent de la Rancune et la Crête de Coq (vallée de Chaudefour), le Capucin et le Verrou (vallée du Mont-Dore).

Adresses utiles

Fédération française de la montagne et de l'escalade (comité départemental Puy-de-Dôme) –75019 Paris - Casamur (salle d'escalade) - 22 ter impasse Bonnabaud - 63000 Clermont-Ferrand, ✆ 04 73 29 24 71 - http://ffme63.fr.

Club alpin français Clermont-Auvergne – 21 r. Jean-Richepin - 63000 Clermont-Ferrand - ✆ 04 73 90 81 62 - www.clubalpin-clermontauvergne.fr.

Centre d'escalade de Chabreloche – Mairie - 63250 Chabreloche - ✆ 04 73 94 20 49. Contact : M. Christian Gelin - ✆ 04 73 51 40 34 (bureau) ou 04 73 94 32 67 (dom.) - christian.gelin63@wanadoo.fr.

Comité départemental de spéléologie – Rte d'Enval - 63200 St-Genès-l'Enfant - ✆ 04 73 38 71 29.

Sites d'initiation du Puy-de-Dôme

Aux **Ancizes** (Pont du Bouchet, la Chartreuse), à **Blot-l'Église** (Châteauneuf), **Ceyrat** (gorges et Champeaux), **Chapdes-Beaufort** (Père des Rioux), **Rochefort-Montagne** (roche Tuilière), **Saurier**, **Sauviat**, **Valcivières** (rocher du Puy), **Verrières** (le Rivalet). Adressez-vous à la mairie ou à l'office de tourisme des villes concernées, ou consultez le site http://ffme63.fr.

Autres sites du Puy-de-Dôme

Besse (lac Pavin), **Chambon-sur-Lac** (Chaudefour), **Job** (la Volpie), **Montaigut-le-Blanc** (Grandeyrolles), **Le Mont-Dore** (Capucin, Verrou du Bas, Verrou du Haut), **Orbeil** (Perthus, Paille), **Saint-Floret** (rocher du site éponyme, Orphanges, Dalle de Ribeyre) et **Saint-Sauves** (Châteauneuf).

Murs d'escalade

Aydat (centre de loisirs), **Chabreloche**, **Chambon-des-Neiges** (ancienne station), **Clermont-Ferrand** (stade universitaire, centre d'escalade fédéral Casamur), **La Roche-Blanche** (Espace Léo-Lagrange), **Laschamps** (Espace Volcan), **Riom** (gymnase du Couriat), **Vertolaye** (halle des sports).

Escalade sur cascades de glace

En hiver, pendant la période la plus froide (janv.-fév.), une initiation est proposée par certaines stations.

Club alpin français du haut Cantal – 3 pl. du Monument - 15400 Riom-ès-Montagnes - ✆ 06 84 63 95 90.

Le Mont-Dore – ✆ 04 73 65 20 21 - 04 73 65 01 25 (funiculaire) - http://montdore.sancy.com - Contactez le peloton de gendarmerie de montagne - r. des Chasseurs-Alpins - 63240 Le Mont-Dore - ✆ 04 73 65 04 06.

GOLF

L'Auvergne est dotée de plusieurs parcours de 9 et 18 trous.

Ligue de golf d'Auvergne : www.ligolf-auvergne.com

Golf de Vichy – allée Baugnies - 03700 Bellerive-sur-Allier - ✆ 04 70 32 39 11 - http://golfsc.vichy.free.fr

Golf club des Volcans à Orcines – ✆ 04 73 62 15 51. L'Open des Volcans s'y déroule à la mi-septembre - www.golfdesvolcans.com

Golf de Haute-Auvergne – Labladade - 15130 Sansac-de-Marmiesse - ✆ 04 71 47 73 75 - www.golfdehauteauvergne.com

NATURE ET ENVIRONNEMENT

Activités et sorties découverte

Parc naturel régional des Volcans d'Auvergne – Maison du Parc - Montlosier - 63970 Aydat - ✆ 04 73 65 64 00 - sommet du Puy-de-Dôme - ✆ 04 73 62 21 45 - www.parc-volcans-auvergne.com.

Parc naturel régional Livradois-Forez –63880 Saint-Gervais-sous-Meymont - ✆ 04 73 95 57 57 - www.parc-livradois-forez.org - Maison du Parc - BP 17 - 63880 Saint-Gervais-sous-Meymont.

Vallée de Chaudefour – Maison de la réserve naturelle de la vallée de Chaudefour - Parc naturel régional des Volcans d'Auvergne - 63790 Chambon-sur-Lac - ✆ 04 73 88 68 80 - juil.-août : 11h-12h30, 14h-18h ; mai.-juin : se renseigner pour les horaires - possibilité de visite guidée (3h) - fermé sept.-avr., 1er et 8 Mai - 5 € (-12 ans gratuit). Les chiens sont formellement interdits sur la réserve.

Sagnes de La Godivelle – 63850 La Godivelle - ✆ 04 73 65 64 00 ou 04 73 71 78 12.

Union nationale des Centres permanents d'initiatives pour l'environnement – 26 r. Beaubourg - 75003 Paris - ✆ 01 44 61 75 35 - www.cpie.fr. Les centres organisent séjours et w.-ends de découverte de l'environnement et du patrimoine.

Centre permanent d'initiatives pour l'environnement – Av. Nicolas-Rambourg - 03360 Saint-Bonnet-Tronçais - ✆ 04 70 06 14 69 - www.cpie-troncais.com. Classes vertes, centre de vacances, stage mycologique, balade à bord de bateaux électriques (sans permis), balade à vélo électrique.

Office national des forêts (ONF) – Les Portes d'Avermes - 03000 Avermes - ✆ 04 70 46 82 00 - www.onf.fr/auvergne-limousin. Visite guidée sur demande (3 sem. av.) au 04 70 46 94 64 - toute l'année dans toutes les forêts domaniales de l'Allier.

Espace nature du val d'Allier – 8 bd de Nomazy - 03000 Moulins - ✆ 04 70 44 46 29 - www.lpo-auvergne.org.

Jardins

Le **Comité des parcs et jardins de France** (168 r. de Grenelle - 75007 Paris ✆ 01 53 85 40 40 - www.parcsetjardins.fr) recense tous les jardins et parcs du pays régulièrement ouverts au public, et les classe par régions. Vous découvririez la liste des 26 jardins d'Auvergne répertoriés en visitant leur site.

Parmi ces derniers, quatre sites ont reçu le label **Jardin remarquable** attribué chaque année par le ministère de la Culture. Il s'agit de l'arboretum de Balaine de Villeneuve-sur-Allier *(p. 503)*, du parc et des jardins du château d'Hauterive à Issoire *(p. 427)*, du parc et des jardins du château de Cordès *(p. 174)* et des jardins du château d'Opme *(p. 127)*, à Romagnat.

PÊCHE

Bon à savoir – Quel que soit l'endroit choisi, il convient d'observer la réglementation nationale et locale (les eaux de première catégorie sont autorisées de mars à septembre, celles de deuxième catégorie toute l'année ; les périodes particulières de pêche pour chaque espèce sont fixées par arrêté préfectoral), de s'affilier pour l'année en cours dans le département de son choix à une association de pêche et de pisciculture agréée, d'acquitter les taxes afférentes au mode de pêche pratiqué ou éventuellement d'acheter une carte journalière.

Rivières, retenues de barrage, ruisseaux

Ces cours et plans d'eau sont classés en deux catégories :

Eaux à salmonidés (truite, ombre commun, saumon) – Classées en première catégorie, elles occupent le cours supérieur de l'Allier et de ses affluents (Alagnon, Dore, Lignon, Sichon), de l'Aveyron, de la Besbre, la Cère, la Dordogne, la Loire, la Rhue et la Truyère.

Pour sauver le saumon de l'Allier en voie d'extinction, des mesures de protection ont été prises : reconduction répétée de la fermeture de la pêche à ce salmonidé, démolition au sud de la Haute-Loire du barrage de Saint-Étienne-du-Vigan, création d'une salmoniculture à Chanteuges.

Eaux à cyprinidés (ablette, barbeau, brème, carpe, gardon, tanche) – Classées en deuxième catégorie, elles occupent les cours moyen et inférieur des rivières susmentionnées. On note la présence de barbeaux dans les eaux de la Sioule, rivière à truites par excellence, au niveau de Châteauneuf-les-Bains. La pêche aux écrevisses est sévèrement réglementée.

À signaler la présence de **carnassiers** dans le département de l'Allier. Le brochet est en nette régression, mais le sandre s'est bien adapté aux eaux très froides et aux régimes souvent torrentiels de l'Allier, ainsi que la perche.

Lacs

La pêche y est statique pour taquiner le gardon, la perche, la tanche, mais peut devenir sportive quand on s'attaque au brochet, à la carpe, voire à la truite. Si la région des monts Dore offre une gamme étendue de lacs poissonneux, tout pêcheur doit un jour venir au lac Pavin *(voir Besse)* se mesurer au *Salvelinus alpinus*. Communément appelé omble chevalier, ce poisson vorace hante habituellement les lacs aux eaux très froides et se pêche en bateau, par 60 ou 80 m de profondeur ; très fin, il est fort apprécié des gourmets.

Au niveau national

Union nationale pour la pêche en France – 17 r. Bergère - 75009 Paris - ✆ 01 48 24 96 00 - www.unpf.fr. Son site contient les coordonnées des fédérations départementales de pêche et de protection du milieu aquatique.

Au niveau régional

Allier

Fédération de pêche et de protection du milieu aquatique – 8 r. de la Ronde - 03500 Saint-Pourçain-sur-Sioule - ✆ 04 70 45 42 90 - www.federationpeche03.fr

Cantal

Fédération de pêche et de protection du milieu aquatique – ✆ 04 71 48 19 25 - 14 allée du Vialenc - 15000 Aurillac.

Haute-Loire

Fédération de pêche et de protection du milieu aquatique – 32 r. Henri-Chas - 43000 Le Puy-en-Velay - ✆ 04 71 09 09 44 - www.federationpeche.fr/43.

Puy-de-Dôme
Fédération de pêche et de protection du milieu aquatique – Site de Marmilhat Sud - 63370 Lempdes - ✆ 04 73 92 56 29 - www.club-halieutique.com et www.unpf.fr. La fédération édite annuellement *Le Pêcheur du Puy-de-Dôme* ; en plus de conseils pratiques, cette revue propose toute la réglementation et une carte des rivières et plans d'eau (celle-ci est disponible en format PDF sur le site UNPF).

RANDONNÉE ÉQUESTRE

Bon à savoir – Nous proposons quelques adresses de centres équestres dans les encadrés pratiques de ce guide, à la rubrique « Sports & Loisirs ». Nous privilégions dans notre choix des structures qui accueillent les cavaliers débutants et organisent des petites balades.

Adresses utiles

Comité national de tourisme équestre – Parc équestre - 41600 Lamotte-Beuvron - ✆ 02 54 94 46 80 - www.ffe.com. Édite une brochure annuelle, Cheval nature, l'officiel du tourisme équestre, répertoriant les possibilités en équitation de loisirs et les hébergements accueillant les cavaliers et leur monture.

Comité régional de tourisme équestre Auvergne (CRTE) – ✆ 04 73 85 54 05. Comité régional d'équitation d'Auvergne (CREA) – 9 allée Pierre-de-Fermat - 63171 Aubière - ✆ 04 73 34 86 06.

Les **comités départementaux de tourisme équestre** peuvent également fournir la liste des centres équestres et des relais d'étape du département, avec leurs différentes activités, offres de gîtes et propositions de randonnées (de 2 à 8 jours), ainsi que les différents circuits balisés.

Allier – CDTE 03 - Montigny - 03500 Monetay-sur-Allier - ✆ 04 70 42 10 62 - www.cdte03.com.

Cantal – CDTE 15 -BP 9 - 15800 Polminhac - ✆ 04 71 47 41 23 - fournit tous renseignements pour l'organisation des randonnées équestres (itinéraires, coordonnées des visites) - w.-ends, séjours, randonnées, stages de formation - brochure sur demande.

Haute-Loire – Labauche - 43320 Vergezac - ✆ 04 71 08 08 81.

Puy-de-Dôme –pl. de la Bourse - 63038 Clermont-Ferrand Cedex 1 - ✆ 04 73 42 22 46 - www.cdte63.com.

Itinéraires balisés

Allier – Différents itinéraires sont possibles. En forêt de Tronçais : Allier cavalière (de 3 à 6 j. en liberté) - ✆ 04 70 07 36 45 ; du côté d'Ébreuil dans le sud de l'Allier : circuit Équi Sioule (2, 4, 6 j. et plus en liberté) - ✆ M. Pascal Pinel (SMAT) 04 70 90 78 30 ; dans la montagne bourbonnaise : circuit des Trois Rivières (5 j. en liberté) - ✆ 04 70 59 38 40 (office de tourisme de la montagne bourbonnaise). D'autres circuits balisés traversent le département du nord au sud. Pour plus de détails, consultez le site du CDTE : www.cdte03.com.

Cantal – ✆ 04 71 47 41 23. Le comité départemental propose 4 itinéraires balisés de 3 à 8 jours, avec gîte et couvert à chaque étape ; 4 thèmes différents (fiches techniques et calques avec tracés).

Parc naturel régional Livradois-Forez – 63880 Saint-Gervais-sous-Meymont - ✆ 04 73 95 57 57 - www.parc-livradois-forez.org - Maison du Parc - BP 17 - 63880 Saint-Gervais-sous-Meymont. Il propose 3 itinéraires équestres dont le plus renommé « Boucle Dore » est composé de 8 étapes de 25 km en moyenne, avec gîte et couvert à chaque étape.

RANDONNÉE PÉDESTRE

Pays vert de volcans *(voir carte p. 53)* et de montagnes, l'Auvergne se découvre magnifiquement à pied.

Des PR au GRP

Les sentiers de **petite randonnée** ou PR sont destinés aux marcheurs d'un jour. Au départ des circuits, des balisages de couleur indiquent la durée de promenade : **bleu** jusqu'à 2h ; **jaune** de 2h15 à 3h45 ; **vert** de 4h à 6h.

Les sentiers de **grande randonnée** ou GR correspondent à des parcours de plusieurs jours nécessitant des nuits en hébergement. On les reconnaît à leur marquage blanc et rouge.

Un autre balisage jaune et rouge est venu, au fil des ans, se greffer aux précédents : il concerne les sentiers de **grande randonnée de pays** ou GRP.

Adresses utiles

Fédération française de la randonnée pédestre – 64 r. du Dessous-des-Berges - 75013 Paris - ✆ 01 44 89 93 93 - www.ffrandonnee.fr. La fédération donne le tracé détaillé des GR, GRP et PR à travers ses collections de topoguides, ainsi que d'utiles conseils.

Comité départemental de randonnée pédestre de l'Allier – Centre Éric-Tabarly - 03300 Cusset - ✆ 06 28 36 84 73 - www.ffrandonnee-allier.fr.

Comité départemental du tourisme du Cantal – 2 av. du Dr-Mallet - 15100 Saint-Flour - ✆ 0826 961 515.

Comité départemental de randonnée pédestre de la Haute-Loire – La Croisée des Chemins - 21 r. du Collège - 43000 Le Puy-en-Velay - ✆ 04 71 04 15 95 - www.lacroiseedeschemins.com.

Comité départemental de randonnée pédestre du Puy-de-Dôme – Résidence des Lycées - 70 av. des Paulines - 63000 Clermont-Ferrand - ✆ 04 73 91 94 01 - www.auvergnerando.com.

Chamina – 35, r. du Pré-la-Reine - 63028 Clermont-Ferrand Cedex 2 - ✆ 04 73 92 81 44 - www.chamina.com. Cette association a édité une soixantaine de guides, cartes et plaquettes de randonnées sur l'Auvergne.

Chamina-Voyages – Naussac - BP 5 - 48300 Langogne - ✆ 04 66 69 00 44 - www.chamina-voyages.com. L'agence de voyages, spécialisée dans la randonnée avec ou sans accompagnateur, édite chaque année deux catalogues de randonnées, en France et à l'étranger. Plusieurs circuits en Auvergne, pour adultes, enfants et familles.

La sécurité en montagne

Apparemment sans risques, les « montagnes à vaches » d'Auvergne demandent une vigilance efficace été comme hiver. La montagne a en effet ses dangers, redoutables pour le néophyte, toujours présents à l'esprit des plus expérimentés. Avalanches, dévissages, chutes de pierres, mauvais temps, brouillard, traîtrises du sol et de la neige, eau glaciale des lacs d'altitude ou des torrents, désorientation, appréciation défectueuse des distances, foudre (n'oubliez pas que la voiture, constituant une cage de Faraday, est un bon abri) peuvent surprendre l'alpiniste, le skieur, voire le simple promeneur.

Les **bulletins neige et avalanche** (BNA), affichés dans chaque section et lieu de randonnée, avertissent des risques et doivent impérativement être consultés avant tout projet de sortie. Renseignements sur les risques d'avalanche : répondeur téléphonique de Météo France ✆ 3250 ou 0 892 680 2 suivi du numéro du département. Renseignements sur la foudre : www.meteorage.fr.

Une autre façon de marcher

Pour randonner librement, sans les contraintes du poids du sac à dos, l'**âne** est le compagnon idéal. Pouvant porter des bagages de 40 kg, il emboîte le pas à la famille et motive les enfants à la marche. L'ânier loue ses animaux à la journée ou à la semaine (possibilité de randonnées accompagnées) et propose de nombreuses prestations pour faciliter la découverte du pays. Depuis l'équipée de Stevenson, il est courant de découvrir l'Auvergne avec un âne.

Fédération nationale ânes et randonnées (Fnar) – 13 montée St-Lazare - 04000 Digne-les-Bains - ✆ 04 92 34 23 11 - www.ane-et-rando.com. La Fnar fournit la liste de ses prestataires, dans toutes les régions de France, proposant des randonnées à pied en compagnie d'ânes bâtés. À consulter également, www.bourricot.com.

ROUTES HISTORIQUES

Pour découvrir le patrimoine architectural local, la **Fédération nationale des routes historiques** (www.routes-historiques.com) a élaboré une vingtaine d'itinéraires à thème.

Tracés et dépliants sont disponibles auprès des offices de tourisme ou à La Demeure historique - hôtel de Nesmond - 57 quai de la Tournelle - 75005 Paris - ✆ 01 55 42 60 00 - www.demeure-historique.org. La région couverte par ce guide est parcourue par la route historique suivante :

Route historique des châteaux d'Auvergne

Parc technologique La Pardieu - 7 allée Pierre-de-Fermat - CS 20508 - 63178 Aubière - ✆/fax 04 73 37 23 80 - www.auvergne-tourisme.info ou www.route-chateaux-auvergne.org. Une brochure (diffusée par le CRDT Auvergne, les offices de tourisme, les sites touristiques, etc.) répartit les principaux châteaux d'Auvergne en six circuits : Bourbonnais, Limagne, Volcans et Combrailles, Livradois-Forez, Montagnes cantaliennes, Haute-Loire.

ROUTES TOURISTIQUES

La Route des jardins du Massif central

L'association Jardins du Massif central offre, sur un territoire aux paysages variés, une diversité de jardins : arboretums, jardins de château, botaniques, à thème ou paysagers. Le Jardin pour la Terre - 63220 Arlanc - ✆ 04 73 95 00 71 - www.jardinsmassifcentral.com.

À FAIRE

Plusieurs sentiers de **grande randonnée** permettent de découvrir la diversité des paysages auvergnats :

GR 3 – Du Puy-en-Velay au Bourbonnais.
GR 4 – Hauts plateaux d'Auvergne, de Saint-Flour à Aubusson (274 km).
GR 30 – Tour des lacs d'Auvergne, de La Bourboule à Saint-Nectaire (183 km).
GR 40 – Tour du Velay, Vorey, Montbonnet, Goubet.
GR 330 – Tour du Livradois-Forez.
GR 400 – Tour des volcans cantaliens, Murat, le Lioran, Thiézac (133 km).
GR 441 – Tour de la chaîne des Puys, Volvic, Pontgibaud, Pessade (108 km).

La Route des métiers en Livradois-Forez
BP 17 - 63880 St-Gervais-sous-Meymont - ✆ 04 73 95 58 04 - www.routedesmetiers.com. Le Parc naturel Livradois-Forez diffuse une carte regroupant une sélection d'artisans d'art, de musées, de châteaux et de producteurs de produits fermiers.

La Route des villes d'eaux
Carte touristique et guide des activités ainsi qu'une brochure annuelle, *Séjours et week-ends*, autour des villes d'eaux du Massif central, disponibles auprès de la Route des villes d'eaux - 8 av. Anatole-France - 63130 Royat - ✆ 04 73 34 72 80 - www.villesdeaux.com.

La Route des fromages
Les syndicats des cinq AOP d'Auvergne proposent une carte indiquant une cinquantaine de lieux de production fromagère (des fermes et des laiteries) et d'affinage engagés dans une charte de qualité contrôlée chaque année. À cheval sur deux départements, le Cantal et le Puy-de-Dôme, la Route des fromages AOP d'Auvergne serpente entre bleu d'Auvergne, saint-nectaire et cantal, entre fourme d'Ambert et salers et toutes les richesses naturelles et touristiques de l'Auvergne. Carte disponible dans tous les offices de tourisme de la région ou sur simple demande au 04 73 29 49 74 ou www.fromages-aop-auvergne.fr.

Les chemins de Saint-Jacques
Deux itinéraires convergent vers la ville sainte du Puy-en-Velay. L'un venu de Lyon par Saint-Ferréol et Monistrol-sur-Loire, l'autre de Cluny par Pommiers et Montbrison (voir *Le Guide Vert Lyon Drôme Ardèche*). Du Puy-en-Velay part la fameuse **Via Podiensis** (voir *Topoguide GR 65* : 28 jours de marche jusqu'à Roncevaux), voie traditionnelle empruntée par les pèlerins au Moyen Âge, qui s'en va vers Conques par Monistrol-d'Allier et Saugues. Mettre ses pas dans ceux des pèlerins de Saint-Jacques est certainement la meilleure façon d'appréhender un patrimoine religieux local de tout premier plan.
Devant l'évolution croissante du nombre de marcheurs, l'idée de rétablir un itinéraire reliant les chemins traditionnels au départ de Vézelay et du Puy-en-Velay est née. Le point de raccordement du chemin de Vézelay serait Le Veurdre, dans le nord de l'Allier, puis le nouveau chemin secondaire de Saint-Jacques traverserait le Bourbonnais jusqu'à Clermont où se ferait la connexion avec un autre projet de chemin de pèlerinage déjà existant qui lie Clermont à Cahors.
La proposition consiste à aménager et à équiper un chemin pédestre à travers l'Allier et le nord du Puy-de-Dôme. Le balisage définitif sera prochainement publié.
Pour plus de détails, consultez le site www.chemins-compostelle.com (infos culturelles, pratiques et logistiques) ou adressez-vous à Compostelle 2000 – 26 r. de Sévigné - 75004 Paris - ✆ 01 43 20 71 66 - www.compostelle2000.com

Les viaducs
La conquête du chemin de fer s'accompagne en Auvergne de la construction de grands ouvrages d'art, enjambant d'une portée prodigieuse la Truyère, la Sioule et la Loire. Bien intégrés dans le site, ils s'insèrent toujours dans des paysages naturels grandioses et peuvent légitimement servir de but à vos promenades. Six viaducs sont actuellement protégés au titre des Monuments historiques : Garabit et Barajols (Cantal), la Recoumène (Haute-Loire, voir *Le Guide Vert Vallée du Rhône*), les Fades (Puy-de-Dôme), Neuvial et Rouzat (Allier).

Le service régional de l'inventaire (✆ 04 73 41 27 30) leur a dédié un *Itinéraire du patrimoine*. Un billet Neussargues-Marvejols permet de découvrir les monts de la Margeride depuis le viaduc de Garabit ; renseignez-vous également en gare de Brioude ou de Langogne sur le trajet de Langeac (Haute-Loire) à Langogne (Lozère), vivement conseillé.

SOUVENIRS

Votre séjour dans la région sera jalonné de sympathiques brocantes, de fêtes de la pomme, de la châtaigne ou du pain et de tous ces petits marchés de pays sans lesquels l'Auvergne ne serait pas vraiment ce qu'elle est.
N'oubliez pas de consulter les adresses de boutiques ou d'artisans à la rubrique « Achats » des **encadrés pratiques** de la partie « Découvrir les sites ».

Produits du terroir

Boissons alcoolisées

Voir aussi « Vignoble » p. 34. Un apéritif un peu amer, appelé indifféremment **gentiane** (nom de la racine jaune utilisée) ou **avèze**, est très prisé en Auvergne. En été, par exemple, vous le dégusterez avec quelques glaçons, du tonic ou du cassis pour l'adoucir. Il est surtout produit dans le Cantal, dans les régions de Salers et de Riom-ès-Montagnes.

La **verveine**, une liqueur sucrée et assez forte à base de 32 plantes, se sert en digestif. C'est la spécialité du Velay.

Dans l'Allier, vous découvrirez le vignoble de **Saint-Pourçain** (classé VDQS), qui s'étend sur 600 ha.

Les **côtes d'Auvergne**, dans le Puy-de-Dôme, comptent cinq crus (VDQS) : le madargue (Saint-Bonnet-près-Riom), le châteaugay, le chanturgue (au nord de Clermont), le corent et le boudes (au sud d'Issoire).

Dans le Cantal, le vignoble des **vins d'Entraygues** et du **Fel** s'étend sur 6 ha au sud du département.

Les amateurs de **bière** goûteront à la Vellavia (Haute-Loire) ou à la Bière des Volcans (Puy-de-Dôme).

Fromages

L'Auvergne se distingue avec ses cinq AOP : saint-nectaire, cantal, salers, bleu d'Auvergne, fourme d'Ambert *(voir La Route des fromages p. 24)*, qui composent traditionnellement le plateau de fromages auvergnats.

Mais vous pourrez également apprécier des spécialités locales comme le gaperon bien onctueux, les petits chèvres frais, etc.

Il faut savourer toutes ces variétés sur une tranche de pain bis, avec la rituelle salade à l'huile de noix.

Salaisons

De la saucisse sèche aux rillettes de canard, en passant par toute la gamme des terrines, des pâtés et des grattons, vous n'aurez que l'embarras du choix. Des espaces de vente rassemblent dans les monts Dore, le Cantal et la Haute-Loire des produits réputés pour leur qualité et leur saveur.

Lentilles

Si vous passez au Puy-en-Velay, vous dégusterez les lentilles vertes (le premier légume sec AOP).

Produits de la ferme

De nombreux producteurs de Haute-Loire (signalés par un panneau « Produits fermiers ») pratiquent la vente directe à la ferme.

Dans le Puy-de-Dôme, la ferme de la Jonquille accueille des producteurs régionaux *(voir Murat-le-Quaire)*.

Friandises et douceurs

Les fruits des vergers, les petits fruits rouges des cueillettes et surtout la myrtille, omniprésente dans le Livradois et la Montagne bourbonnaise, sont à la base de succulentes pâtes de fruits et de

PRINCIPAUX MARCHÉS	
Lundi	Le Mayet-de-Montagne, Besse-et-Saint-Anastaise, Billom.
Mardi	Chamalières et Royat, Clermont-Ferrand (Saint-Joseph), Saint-Flour (ville basse), Moulins (quartiers), Vichy (Célestins), Allanche, Montluçon (Fontbouillant), Mauriac, Massiac.
Mercredi	Montluçon (Ville-Gozet), Aurillac, Égliseneuve-d'Entraygues, Salers, Le Puy-en-Velay (mairie), Vichy (Épinat), Saint-Pourçain-sur-Sioule (gare), Pierrefort, Thiers, Issoire.
Jeudi	Ambert, Chamalières, Romagnat, Vichy (Célestins), Maurs, Souvigny, Thiers.
Vendredi	Aubière, Clermont-Ferrand (Saint-Joseph), Moulins (centre), Hérisson, Le Mont-Dore, Mauriac.
Samedi	Chamalières, Montluçon (centre), Aurillac, Le Puy-en-Velay (centre et le Breuil), Saint-Pourçain-sur-Sioule (centre), Saint-Flour (ville haute), Brioude, Issoire, Riom, Thiers.
Dimanche	Aubière, Montluçon (Ville-Gozet), Vichy (Célestins).

confitures. Et il ne faut pas oublier l'indémodable pastille de Vichy, dont le succès ne se dément pas depuis 1825.

Les principaux marchés

Hauts en couleur, en parfums et en saveurs du terroir, ils animent la vie des communes et constituent une excellente façon de découvrir les spécialités proposées et présentées par les producteurs eux-mêmes.

Le tableau ci-dessus n'est pas exhaustif, mais permet de repérer les principaux marchés.

Et aussi…

Céramique et lave émaillée

Au pays des volcans, vous trouverez des œuvres taillées dans de la lave. Par des techniques transmises d'une génération à l'autre, des émailleurs les revêtent de couleurs vives et lustrées. On en trouve surtout dans le pays riomois et autour de Volvic.

Artisanat rural

Les boutiques de souvenirs regorgent d'objets en bois façonnés par les artisans du cru.

Si le rituel sabot est un peu tombé en désuétude, vous emporterez volontiers un **bouffadou**, solide bâton évidé, sans pareil pour ranimer la flamme vacillante de vos cheminées et de vos barbecues. Pour vous protéger des intempéries, vous opterez pour le fameux **parapluie** d'Aurillac qui a depuis longtemps fait ses preuves de robustesse.

Pour vos pauses casse-croûte, pensez à acheter un **couteau** à Thiers.

Dentelles

L'art de la dentelle se pratique en Haute-Loire depuis des décennies. Dans la région du Puy et de Brioude, on pratique encore le fuseau pour réaliser de belles compositions à la main. La plupart des réalisations se font maintenant sur machine à partir de modèles anciens.

SKI ET AUTRES SPORTS D'HIVER

Ski alpin et ski de fond

Le Puy-de-Dôme et le Cantal sont bien équipés, avec trois importantes stations de ski de piste ou alpin, dans lesquelles est valable le **Ski Pass Massif central**. Il s'agit des stations du **Mont-Dore** *(voir ce nom)*, de **Super-Besse** *(voir Besse-et-Saint-Anastaise)* et du **Lioran** *(voir ce nom)*.

Vous trouverez également des stations secondaires *(voir tableau p. 27)*. Un réseau de pistes de ski de fond ou nordique occupe douze domaines :

– **Parrot** : 39 km de pistes.

– **Le Guéry** : 42 km de pistes.

– **Haut Cantal-Puy Mary** : 78 km de pistes sur 3 sites, dont Le Claux et Le Falgoux.

– **Le Lioran-Haute Planèze** : 140 km de pistes sur 5 sites, dont Le Lioran.

– **Pessade** : 36 km de pistes.
– **L'Espace Nordique Sancy** : 300 km de pistes sur 8 sites, dont Le Mont-Dore et Super-Besse.
– **Les Crêtes du Forez** : 164 km de pistes sur 5 sites, dont Saint-Anthème.
– **Plomb du Cantal-Carladez** : 50 km de pistes sur 5 sites.
– **Les monts d'Aubrac** : 120 km de pistes.
– **Site du col de Légal** : 33 km de pistes.

Adresses utiles

Ski de fond - Agence de développement des activités de pleine nature - Auvergne - Massif central – Parc technologique de La Pardieu - 7 allée Pierre-de-Fermat - 63178 Aubière - ✆ 04 73 28 28 77 - www.montagnemassifcentral.com - bulletins d'enneigement, plans des pistes à télécharger, ski de fond et raquettes.

Association de gestion du domaine nordique des Crêtes du Forez – Le Coral - allée des Sports - 63600 Ambert - ✆ 04 73 82 00 04 - répondeur-neige - ✆ 04 73 95 20 61 - www.ski-cretes-du-forez.org.

Domaine nordique Le Lioran-Haute Planèze – Col de Prat-de-Bouc - 15300 Albepierre-Bredons - ✆ 04 71 73 32 13.

STATIONS	Dép.	Altitude		Remontées mécaniques		Canons à neige	Pistes de ski	
		Station	Sommet	Télé-cabines	Télé-sièges Téléskis		Alpin pistes	Nordique km
Loge-des-Gardes (Laprugne)	03	1050	1160	-	4	-	4	21
Albepierre-Bredons (col de Prat-de-Bouc)	15	1000	1350	-	1	-	2	60
Le Claux (puy Mary)	15	1200	1450	-	-	-	-	40
Le Falgoux	15	1000	1400	-	-	-	4	34
Pailherols	15	1040	1500	-	-	-	-	30
Saint-Martin-Valmeroux (col de Légal)	15	1231	1334	-	-	-	-	43
Saint-Urcize	15	1220	1380	-	3	-	5	45
Le Lioran	15	1160	1850	1	22	oui	42	60
La Bourboule (Charlanne)	63	850	1050	1	-	-	-	21
Chastreix-Sancy	63	1300	1725	-	9	-	14	26
Le Mont-Dore (Sancy)	63	1300	1850	2	16	oui	30	42 (85)
Domaine nordique du Guéry	63	1268	1450	-	-	-	-	42
Parrot	63	1287	1581	-	-	-	-	39
Picherande	63	1150	1400	-	-	-	-	32
Saint-Anthème (Prabouré)	63	1250	1300	-	3	-	4	150
Super-Besse	63	1350	1850	1	21	oui	27	43 (85)
La Tour-d'Auvergne (la Stele)	63	1245	1450	-	-	-	-	63
Domaine nordique des Crêtes du Forez	63	1200	1550	-	4	-	5	164

École de ski français de Super-Besse – 1 ronde de Vassivière - 63610 Super-Besse - ✆ 04 73 79 61 75 - www.sancyvision.com.

Guide pratique et adresses numériques

Ski France – L'Association nationale des maires des stations de montagne-Ski France publie deux guides d'hiver et d'été gratuits, sur demande : ✆ 01 47 42 23 32 - www.skifrance.fr.

Super-Besse – Le site Internet www.sancy.com permet, grâce à plusieurs webcams, de visualiser en direct le domaine skiable, la météo, les nombreuses visites et activités des stations du massif de Sancy : Super-Besse, Le Mont-Dore et Chastreix - enneigement des pistes ✆ 0 825 000 753 (station Super-Besse).

Luge et ski d'été

Le Mont-Dore – Mairie du Mont-Dore - BP 100 - 63240 Le Mont-Dore - ✆ 04 73 65 06 29 - piste de luge artificielle ouverte en juil.-août : 10h-12h, 14h-19h ; mai-juin et sept. : w.-end 14h-18h (sem. sur réserv.) - 1 ticket 2 €, 10 tickets 18 €, 25 tickets 40 €, 50 tickets 70 €.

Super-Besse – Société Pavin Sancy, rd-pt Pistes - 63610 Super-Besse - ✆ 04 73 79 60 03 - luge d'été (piste de luge artificielle), nouvelle télécabine de la Perdrix, le Funitel (500 m de dénivelé en 15mn, panorama sur les volcans d'Auvergne) ; VTT de descente, trottinherbes, déval'karts, ski sur herbe : pistes aménagées - ✆ 06 86 74 61 05 (M. Christophe Dessaint).

Raquettes ou chiens de traîneau

Pour plus de sécurité, il est recommandé aux néophytes de faire appel à un guide qui, par sa connaissance du terrain, lui fera aussi découvrir quelques secrets de la nature (traces d'animaux). Le **massif du Sancy** (vallée de Chaudefour) comme les **monts du Cantal** (vallée de Mandailles) sont des sites remarquables pour pratiquer ce type de randonnée *(voir ces noms)*. Munissez-vous d'une paire de jumelles pour essayer de repérer des mouflons. Renseignez-vous auprès des offices de tourisme concernés.

Une autre alternative pour découvrir l'Auvergne sous la neige est la promenade en traîneau à chiens :

Association Les P'tits Loups de la Banne – Rte de la Banne-d'Ordanche - chalet des Loups - 63150 Murat-le-Quaire - ✆ 04 73 81 09 39 ou 06 85 03 13 04. Rencontre découverte et visite des chiens nordiques, baptême de traîneaux, balade et conduite d'attelage.

SPORTS AQUATIQUES

Les lacs, naturels (volcans) ou artificiels (barrages) et les plans d'eau offrent une large gamme de possibilités : voile, planche à voile, motonautisme, ski nautique *(voir tableau p. 31)*.

Aviron

Club aviron Vichy – 3 av. de la Croix-Saint-Martin - 03200 Vichy - ✆ 04 70 32 36 52 - www.clubavironvichy.asso.fr. Compétition et loisirs, initiation à la journée en été, Internationaux de France masters en sept., stages à la semaine, des benjamins aux vétérans. Séances découverte pour séminaires, groupe en bateaux à 8 rameurs.

Canoë, kayak...

Le **canoë** (d'origine canadienne) se manie avec une pagaie simple. C'est l'embarcation idéale pour une balade fluviale en famille.

Le **kayak** (d'origine inuite) se déplace avec une pagaie double. Les lacs et les parties basses des cours d'eau offrent un vaste choix de parcours.

Seul un volcan peut créer une eau
si débordante de vie.
Volvic
SAEME - 797 080 850 RCS Thonon

Fédération française de canoë-kayak – 87 quai de la Marne - 94344 Joinville-le-Pont - ✆ 01 45 11 08 50 - www.ffcanoe.asso.fr.
La fédération édite, avec le concours de l'IGN, des plans des cours d'eau praticables en Auvergne.
Asv'olt – Base canoë-nature - le Port - 15120 Vieillevie - ✆/fax 04 71 49 95 81 - www.asvolt.com.
Tonic Aventure – Base île d'Amour - 43300 Langeac - ✆ 04 71 77 25 64 - www.kayak.fr.

… rafting et canyoning

Le **rafting** est le plus accessible des sports d'eaux vives. Le brevet de natation est indispensable et l'âge minimal de 10 ans est requis. En Auvergne, il est pratiqué essentiellement en Haute-Loire dans les gorges du haut Allier.
La descente s'effectue en bateaux pneumatiques à 6 ou 8 places (raft), à 4 ou 5 places (mini-raft), ou en canoës gonflables à 2 places (hot-dog), maniés à la pagaie.
Le **canyoning** est une activité aquatique qui allie technique et jeux (sauts de vasques, nage, descentes en rappel et toboggans), dans un cadre nature et sauvage à l'état pur.
AN rafting Haut-Allier – Le Bourg - 43580 Monistrol-d'Allier - ✆ 04 71 57 23 90 - www.raft-canyon.fr - parcours autorisé uniquement du 16 mars au 31 oct. (réglementation préfectorale). Ce parcours en gorges de rapides est idéal pour les pratiques des sports d'eaux vives (rafting, hot-dog, canoë-kayak).

SPORTS MÉCANIQUES

Commission régionale de karting – Rte de Lignat - 63800 St-Georges-sur-Allier - ✆/fax 04 73 77 31 96 - www.karting-auvergne.org.
Kartingliss – 11 r. Louis-Blériot - 63800 Cournon-d'Auvergne - ✆ 04 73 84 27 41 - www.kartingliss.fr
Concept Kart Indoor – RN 7 - 03150 Varennes-sur-Allier - ✆ 04 70 45 61 61 ou 06 07 39 54 71 - www.conceptkartindoor.fr.

THERMALISME ET REMISE EN FORME

L'Auvergne compte dix stations thermales qui accueillent chaque année plus de 100 000 visiteurs. Avec la création de la **Route des villes d'eaux du Massif central** *(voir p. 24)*, les communes concernées s'engagent dans des programmes à long terme pour réhabiliter le patrimoine naturel et culturel de ces stations.

Adresses utiles

Union nationale des établissements thermaux – 1 r. Cels - 75014 Paris - ✆ 01 53 91 05 75 - www.france-thermale.org
Chaîne thermale du soleil – 32 av. de l'Opéra - 75002 Paris - ✆ 01 44 71 37 00 ou 0 800 050 532 (appel gratuit) - www.chainethermale.fr
Auvergne thermale –8 av. Anatole-France - 63130 Royat - ✆ 04 73 34 72 80 - www.auvergne-thermale.com. Le Don des Volcans assure la promotion des 10 stations thermales d'Auvergne.
Thermhôtel – 8 av. Anatole-France - 63130 Royat - ✆ 04 73 34 72 80 - www.thermhotel.com. Cette chaîne hôtelière propose de nombreux séjours remise en forme.

Bourbon-l'Archambault (03)

Établissement thermal
(voir p. 512) – 03160 Bourbon-l'Archambault - ✆ 04 70 67 07 88.
Situation : à 25 km de Moulins et à 50 km de Montluçon.
Indications : rhumatologie, rééducation fonctionnelle, gynécologie.
Saison : de déb. mars à déb. nov.

La Bourboule (63)

Thermes de La Bourboule *(voir p. 219)* – 87 pl. Guillaume-Lacoste -

SUR PLACE DE A À Z

PLANS D'EAU	Dép.	Superficie ha	Baignade	Base	Pêche
Isle et Bardais (étang de Pirot)	03	78	✓	✓	✓
Prémilhat (étang de Sault)	03	25	✓	✓	✓
Saint-Bonnet-Tronçais (étang)	03	44	✓		✓
Vichy (lac d'Allier)	03	120	✓	✓	✓
Faverolles (barrage de Granval)	15	1100	✓	✓	2e cat.
Lanobre (lac de Val)	15	1400	✓	✓	2e cat.
Pleaux (lac d'Enchanet)	15	410	✓	✓	2e cat.
Saint-Gérons (lac de Saint-Étienne-Cantalès)	15	560	✓	✓	2e cat.
Trémouille (lac de Lastioulles)	15	126	✓	✓	2e cat.
Sarroux-Les Aubazines (lac de Bort)	19	1100	✓	✓	2e cat.
Le Bouchet-St-Nicolas (lac du Bouchet)	43	50	✓	✓	1re cat
Champagne-le-Vieux (lac des Sources)	43	7	✓		✓
Saugues (lac)	43	3	✓	✓	1re cat
Aubusson-d'Auvergne (lac de Courpière)	63	28	✓	✓	
Arlanc	63	1.5			
Ambert	63	2.5			
Aydat (lac)	63	60	✓	✓	✓
Besse-en-Chandesse (lac des Hermines, lac Pavin)	63	14 44	✓	✓	✓ ✓
Chambon-sur-Lac (lac Chambon)	63	60	✓	✓	1re cat
Charbonnières-les-Vieilles (gour de Tazenat)	63	33	✓		
Châtel-Guyon (les Prades)	63	18			
Condat-en-Combraille (Corteix)	63	6.6			
Cournon-d'Auvergne	63	6			
Cunlhat (la Barge)	63	4			
Guéry (lac)	63	26			✓
La Peyrouse (lac des Marins)	63	25	✓	✓	✓
Miremont (Fades-Besserve)	63	400	✓	✓	2e cat.
Thiers (Iloa)	63	17	✓		
Servant (la Prade)	63	8			
Saint-Rémy-sur-Durolle (lac des Prades)	63	14	✓	✓	✓

BP 88 - 63150 La Bourboule - ✆ 04 73 81 40 00 - www.thermesbourboule.com
Situation : au cœur du massif du Sancy, à 55 km au sud-ouest de Clermont-Ferrand.
Indications : asthme, allergies respiratoires, ORL, dermatologie (allergie).
Saison : de déb. fév. à fin sept. aux Grands Thermes ; de déb. mai à fin sept. aux thermes Choussy.

Châteauneuf-les-Bains (63)

Établissement thermal *(voir p. 491)* – 63390 Châteauneuf-les-Bains - ✆ 04 73 86 67 49 - www.valvital.fr
Situation : au bord de la Sioule, à 55 km au nord-ouest de Clermont-Ferrand.
Indications : rhumatologie. Tourisme de santé.
Saison : de déb. mai à mi-oct.

Châtel-Guyon (63)

Établissement thermal – BP 51 - 63140 Châtel-Guyon - ✆ 04 73 86 00 08.
Situation : dans le pays de Volvic, à 15 km de Clermont-Ferrand.
Indications : maladies de l'appareil digestif et urinaire, maladies métaboliques. Remise en forme (Institut Équilibre et Bien-Être - ✆ 04 73 86 12 22). *(voir p. 473)*
Saison : de déb. mai à fin sept.

Chaudes-Aigues (15)

Établissement thermal *(voir p. 334)* – 27 av. Pompidou - BP 21 - 15110 Chaudes-Aigues - ✆ 04 71 23 51 06 - www.caleden.com.
Situation : au cœur du Cantal, à 30 km de Saint-Flour.
Indications : rhumatologie. Espace forme : séjours « Forme et randonnées ».
Saison : de déb. mars à mi-nov.

Le Mont-Dore (63)

Établissement thermal *(voir p. 208)* – Thermes du Mont-Dore - 1 pl. du Panthéon - BP 40 - 63240 Le Mont-Dore - ✆ 04 73 65 05 10.
Situation : au pied du puy de Sancy, à 50 km de Clermont-Ferrand.
Indications : asthme, allergies et voies respiratoires, ORL, rhumatologie.
Saison : de déb. mai à mi-oct.

Néris-les-Bains (03)

Établissement thermal *(voir p. 526)* – 6 pl. des Thermes - 03310 Néris-les-Bains - ✆ 04 70 0310 39 - www.thermes-neris.com.
Situation : à 7 km de Montluçon.
Indications : affections psychosomatiques, neurologie, rhumatologie.
Saison : de déb. avr. à fin oct.

Royat-Chamalières (63)

Établissement thermal *(voir p. 144)* – BP 53 - 63130 Royat - ✆ 04 73 29 51 51 - www.ot-royat.com.
Situation : au cœur des volcans, à la périphérie de Clermont-Ferrand.
Indications : maladies cardio-artérielles, rhumatologie. Remise en forme - Institut Siréna - pl. Allard - ✆ 04 73 29 74 74 - www.institutsirena.com.
Saison : de mi-mars à mi-oct.

Saint-Nectaire (63)

Centre Thermadore *(voir p. 189)* – 63710 Saint-Nectaire - www.thermadore.fr - fermé en 2009, se renseigner au ✆ 04 73 88 50 41 - Ce centre a remplacé les thermes classiques.
Situation : à 40 km de Clermont-Ferrand.
Indications : remise en forme : espace aquadétente (piscine, jacuzzi, sauna, hammam) et espace forme et santé (balnéothérapie et soins esthétiques).
Saison : fermeture annuelle du 5 nov. au 15 déc.

Vichy (03)

Établissements thermaux *(voir p. 551)* – 03201 Vichy Cedex - www.destinationvichy.com - Vichy Thermal Spa Les Célestins - ✆ 04 70 30 82 35 - Le centre thermal des Dômes - ✆ 04 70 97 39 59 - Les Thermes Callou - ✆ 04 70 97 39 59 - Les eaux de Vichy sont toutes des eaux minérales bicarbonatées sodiques carbogazeuses, riches en sels minéraux et oligoéléments, traitant les affections chroniques des rhumatismes et de l'appareil digestif.

Situation : au cœur de l'Allier, à 55 km au nord de Clermont-Ferrand.

Indications : rhumatologie, maladies de l'appareil digestif. Courts séjours santé (sans prise en charge), remise en forme.

Saison : de mi-fév. à fin nov.

TOURISME AÉRIEN

Avions de tourisme et planeurs

Aéro-club d'Auvergne – R. Youri-Gagarine - 63100 Clermont-Ferrand - ✆ 04 73 92 00 56 - École de pilotage avions et ULM, vols d'initiation, voltige aérienne, baptêmes de l'air, promenades aériennes à la demande, sur RV.

Aéro-club du Livradois – Le Poyet - 63600 Ambert - ✆ 04 73 82 01 64 - www.aeroclub-ambert.fr.

Aéro-club Pierre-Herbaud – Aérodrome d'Issoire-Le Broc - BP 33 - 63501 Issoire Cedex - ✆ 04 73 89 16 62 - http://perso.wanadoo.fr/acph.

Hélicoptère

Héli Volcans –Aérodrome d'Issoire - 63500 Le Broc - ✆ 04 73 55 03 60 - www.helivolcan.com - location d'hélicoptères, école de pilotage, transport de passagers, circuits touristiques - Survol de la ville d'Issoire, 50 € (12mn). Survols du massif du Sancy et du parc des Volcans, 180/230 € (35/50mn).

Montgolfière

France Montgolfière – Centrale de réservation - 24 r. Nationale - 41400 Montrichard - ✆ 0 810 600 153 (appel local) ou 02 54 32 20 48 - www.franceballoons.com - vols 2 fois par j., tlj (suivant météo) - certificat et « toast des aérostiers » à l'atterrissage.

Ballons de la Grande Vallée – Pl. de l'Office-de-Tourisme - 63710 St-Nectaire - ✆ 04 73 88 40 00 - www.stn-aventures.com - vol en montgolfière au cœur du massif du Sancy, durée 3h dont 1h de vol.

Objectif Montgolfière – 14 imp. Bellevue - le Mas - 63970 Aydat - ✆ 04 73 60 11 90 - www.objectif-montgolfiere.com.

Quatre Vents – R. du Commerce - 63230 Pontgibaud - ✆ 04 73 62 29 30 - dominique.gouttequillet@wanadoo.fr - survol du Parc des Volcans d'Auvergne en montgolfière.

Montgolfière club du Velay – Pouzols - 43200 - St-Jeures - ✆/fax 04 71 65 47 89 ou 06 86 10 55 17 - www.montgolfiere-club-velay.com.

ULM

Aéro-club Combrailles – ULM multi-axes - 63640 St-Priest-des-Champs - baptêmes de l'air.

Auvergne ULM –Le Grand Prouilhat - 63350 Maringues - ✆ 04 73 68 69 22.

Vu d'en haut, ULM – La Tabarias - 63440 Saint-Gal-sur-Sioule - ✆ 06 80 27 15 64.

Vol libre

La chaîne des Puys offre, par sa configuration, un éventail exceptionnel de sites d'envol, avec des dénivelés de 300 à 850 m. L'initiation exige un encadrement qualifié.

Ligue Auvergne de vol libre – 4 chemin des Garennes - 63960 Veyre-Monton - ✆ 06 71 20 47 81 - http://ligueauvergne.

vollibre.neuf.fr - liste des sites d'envol et des écoles de vol libre et de cerf-volant.

Parapente

Fédération française de parapente - www.parapente.ffvl.fr. Avant de s'inscrire à un stage, on peut découvrir ce sport en sautant en parapente biplace avec un moniteur, à partir de 80 € - www.aeroparapente.fr.

Centre Espace Volcan – Rte du Col-de-la-Moreno - Laschamps - 63122 St Genès-Champanelle - ✆ 04 73 62 26 00 - www.espacevolcan.fr.

Mont-Dore Parapente – Sites de vols dans le massif du Sancy fournis par le club de parapente du Mont-Dore et disponibles au bureau de tourisme.

Para l'Aile – 29 av. de Gergovie - 63670 Orcet - ✆ 04 73 84 45 00 ou 06 80 08 25 41 - vols en parapente biplace avec une équipe de professionnels depuis le sommet du Puy-de-Dôme (prévoir coupe-vent et chaussures montantes). Une autre façon de découvrir les volcans d'Auvergne.

Aile delta

Delta Auvergne – La Fougedoire - 63600 Ambert - ✆ 04 73 82 91 41 ou 06 80 40 07 00 - www.delta-auvergne.com - école d'aile delta et d'aile rigide, de l'initiation au brevet de pilote ; baptêmes de l'air en aile delta.

TRAINS TOURISTIQUES

Train de la découverte du Livradois-Forez

Le tracé de cette ligne, qui relie Courpière à Sembadel, suit les gorges de la Dore, 85 km de voies au cœur du Parc du Livradois-Forez. Informations : Agrivap « train touristique » - la gare - 63000 Ambert - ✆ 04 73 82 43 88 - www.agrivap.com

Autorails « panoramique » ou « Picasso » – *Voir Ambert p. 404.*

Train touristique des gorges de l'Allier

Évasion garantie dans ce train qui ne ménage pas ses efforts pour offrir le magnifique spectacle d'une nature restée sauvage, de Langeac à Langogne : en 1h45, il lui faut traverser pas moins de 53 tunnels, affronter des pentes et des tournants difficiles ; retour sur train régulier SNCF. Renseignez-vous à la boutique du train touristique de Langeac - ✆ 04 71 77 70 17 - www.trainstouristiques-ter.com.

Train touristique Gentiane Express

Embarquement à la découverte des terres d'estive, royaume de la vache salers. Itinéraire de Bort-les-Orgues à Lugarde-Marchastel en passant par Riom-ès-Montagnes et le viaduc de Barjol. ✆ 05 55 96 02 49 (office du tourisme de Bort-les-Orgues) ou 04 71 78 07 37 (office du tourisme de Riom-ès-Montagnes) - www.gentiane-express-cfha.com - juil.-août : 9h30-18h15 (réservation recommandée), w.-end 13h30-19h20 ; avr.-juin et sept. : dim. 13h30-19h20 ; reste de l'année : trains spéciaux sur réservation - ✆ 04 73 39 72 21 ou ✆ 06 85 05 71 19.

VIGNOBLE

L'Auvergne est une terre viticole depuis l'époque gallo-romaine, et cette tradition était plutôt prospère jusqu'à l'arrivée du phylloxéra. Aujourd'hui, les vignobles se comptent malheureusement sur les doigts de la main, mais le travail acharné des viticulteurs est gage d'un avenir prometteur…

Côtes d'Auvergne (Puy-de-Dôme) – Fédération viticole du Puy-de-Dôme - BP 14 - rte d'Issoire - 63960 Veyre-Monton -

✆ 04 73 69 79 94. Le vignoble s'étend sur 900 ha comprenant cinq dénominations locales : le madargue, le châteaugay, le chanturgue (au nord de Clermont), le corent et le boudes (au sud d'Issoire) ; la fédération propose une Route des vins en trois circuits : le Riomois, le Clermontois et le Lembronnais.

Saint-Pourçain (Allier) – L'un des plus anciens vignobles de France, détruit par le phylloxéra à la fin du 19e s., puis réimplanté. Il s'étend modestement sur 600 ha, dans un souci de qualité. À Chareil-Cintrat, sur le domaine du château, d'anciens cépages ont été plantés selon les méthodes traditionnelles de culture. L'office du tourisme du pays saint-pourcinois propose une carte (avec circuit et adresses de caves) - 29 r. Marcellin-Berthelot - 03500 St-Pourçain-sur-Sioule - ✆ 04 70 45 32 73 - www.tourismesaintpourcinois.com.

VISITES GUIDÉES

Organisées toute l'année dans les grandes villes, ou seulement en saison dans les plus petites, des visites guidées permettent de découvrir le patrimoine historique, architectural ou naturel d'une localité. Renseignez-vous auprès de l'office de tourisme le plus proche, et pensez à vous inscrire.

Vous trouverez des informations concernant les visites guidées qui ont retenu notre attention dans les rubriques « S'informer » en début de chapitre dans « Découvrir l'Auvergne ».

Villes et Pays d'art et d'histoire

Sous ce label décerné par le ministère de la Culture et de la Communication sont regroupés quelque 130 villes et pays qui œuvrent activement à la mise en valeur et à l'animation de leur architecture et de leur patrimoine. Dans les sites appartenant à ce réseau sont proposées des visites générales ou insolites (1h30 ou plus), conduites par des guides-conférenciers et des animateurs du patrimoine agréés par le ministère. Renseignements auprès des offices de tourisme des villes ou sur le site www.vpah.culture.fr.

Les Villes et Pays d'art et d'histoire cités dans ce guide sont : Clermont-Ferrand, Pays d'Issoire-Val d'Allier Sud, le haut Allier, Montluçon, Moulins, Le Puy-en-Velay, Riom.

En famille

Nous avons sélectionné, dans le tableau suivant, quelques sites ou activités susceptibles de plaire à vos enfants. Vous les repérerez, dans la partie « Découvrir les sites », grâce au pictogramme .

Bon à savoir – Avec le concours de plusieurs sites partenaires, l'Agence départementale de développement touristique du Puy-de-Dôme a conçu un **passeport « Planète Explorer »** adressé aux enfants, qui devront résoudre des énigmes au fil des visites. Le passeport est validé en fin de parcours. Renseignements : www.planetepuydedome.com.

Notez que de nombreux sites proposent des **visites animées** ou adaptées aux enfants. Renseignez-vous auprès des offices de tourisme.

Publiée par le Comité régional de développement touristique d'Auvergne (www.auvergne-tourisme.info), la brochure **Qualité Auvergne** contient toutes sortes de renseignements sur les labels.

Stations vertes de vacances

La Fédération des stations vertes de vacances *(voir p. 14)* décerne chaque année un prix de l'accueil des enfants. L'Auvergne compte une soixantaine de stations vertes.

Renseignements : www.stationverte.com

Famille Plus

Créé avec le soutien du ministère du Tourisme par l'Association nationale des maires des stations classées et communes touristiques, l'Association nationale des maires des stations de montagne et la Fédération des stations vertes de vacances et villages de neige *(voir p. 14)*, ce label récompense les stations les plus performantes dans le domaine de l'accueil des familles. Ces « destinations pour petits et grands » garantissent des animations et des activités adaptées à chaque âge, des tarifs préférentiels pour les familles et des équipements assurant la sécurité des enfants. **Besse - Super-Besse** et **Le Mont-Dore** (Famille Plus Montagne), **La Bourboule** (Famille Plus Campagne) et **Aurillac** (Famille Plus Ville) appartiennent aux stations labellisées en 2009.

Renseignements : www.familleplus.fr

Villes et Pays d'art et d'histoire

Le réseau des Villes et Pays d'art et d'histoire *(voir la rubrique « Visites guidées »)* propose pour les enfants des **visites découverte** et des **ateliers du patrimoine** les mercredis, samedis et pendant les vacances scolaires.

En juillet-août, dans le cadre de l'opération **«** L'Été des 6-12 ans », ces activités sont également proposées pendant la visite des adultes.

SITES OU ACTIVITÉS À FAIRE EN FAMILLE			
Chapitre du guide	**Nature**	**Musées**	**Loisirs**
Ambert	Parc zoologique du Bouy - Forêt de Gaspard - Jardin pour la Terre - Les balades de Léa et Tino	Maison de la fourme et du fromage - Moulin Richard de Bas - Musée de l'école 1900 - Musée Jasserie du Coq-Noir - L'Usine à sons	Forêt de l'Aventure - L'Âne Rit - Train de la découverte Livradois-Forez
Ardes-sur-Couze	Parc animalier du Cézallier		Fête de l'estive des moutons
Aurillac	Plantelière d'Arpajon-sur-Cère	Muséum des volcans - Musée d'Art et d'Archéologie - Maison de la châtaigne - Ferme de daudé en chataigneraie	Base de loisirs du barrage de Saint-Étienne-Cantalès - Centre aquatique
Lac d'Aydat	Montagne de la Serre		Base de loisirs du lac d'Aydat
Besse-et-Saint-Anastaise	Cheminée de fée de Cotteuges - Randonnées	Musée du Ski - Musée de Boinchoux	Station de sports d'hiver de Super-Besse - Jeux de piste - Espace VTT
La Bourboule	Cascades de la Vernière et du Plat-à-Barbe	Espace géologique de La Bourboule - Scénomusée La Toinette et Julien - Le Monde merveilleux du train et de la miniature - La chèvrerie des Monts-Dore	Parc Fenestre - Jeu de piste - Aéromodélisme -
Brioude	Plateau d'Ally - Sorties nature organisées par la Maison des oiseaux du haut Allier - Salmoniculture du haut Allier - Circuit nature - LPO Auvergne	Maison du saumon et de la rivière - Musée-jardin de la Vigne - Châteaux de Paulhac, Lespinasse et Domeyrat - Musée paléontologique - Musée Mémoires du Jacquemart - Musée du Fer-Blanc	Base de canoë-kayak - Train touristique des gorges de l'Allier
Monts du Cantal	Pas de Cère - Pas de Peyrol - Ascension du Puy Mary - Vallée de la Jordane	Château d'Anjony - Château de Sédaiges	Parapente au Puy Mary - Randonnée pédestre et VTT - Escalade - Parcours dans les arbres
Monts du Cézallier	Réserve des Sagnes de La Godivelle - Randonnées	Maison des fromages - Maison de la foudre	Vélorail du Cézallier - Centre équestre de Zanières
Clermont-Ferrand	Parc Montjuzet - Jardin botanique de la Charme - Jardin Lecoq	Musée Bargoin - Muséum d'histoire naturelle Henri-Lecoq - Musée d'art Roger-Quilliot - Musée de la Vigne et du Vin - Sucrerie de Bourdon - Musée de la Résistance - Espace aventure Michelin	Stade nautique Pierre-de-Coubertin - Centre aquatique de Chamalières
Monts Dôme	Montée au sommet du Puy-de-Dôme par le chemin des Muletiers - Ascension du puy de la Vache	Volcan de Lemptégy	Parcours accrobranches de Charade Aventure - Ruche des puys
Gannat		Paléo-ateliers de Rhinopolis	
Lapalisse	Domaine de la Chaize	Château de La Palice - Préhistorama - Musée de la Meunerie - Musée-exposition Figurines historiques d'art	Parc de loisirs Le PAL
Le Lioran	Ascension du plomb du Cantal - Traîneau en hiver, luge d'été, VTT de descente	Maison du buronnier	Domaine skiable de la station de sports d'hiver - Parcours accrobranches de Lioran Aventure
Mauriac	Jardin botanique textile	Conservatoire des traditions rurales - Châteaux de la Vigne et d'Auzers - Insectes du monde - Musée de la Mine	Promenade en calèche - plan d'eau du Val-Saint-Jean

Montagne bourbonnaise	Cascade de la Pisserotte - Grotte des Fées	Miniatures - Écomusée du Bois et scierie à eau - Osarium	Promenade en calèche - « Route magique » - Base de loisirs Aventure Extrême - Ateliers d'artistes et d'artisans de Châtel-Montagne
Le Mont-Dore	Promenades en forêt du Queureuilh	Taillerie du Sancy	Domaine skiable du Mont-Dore (ski, raquettes, luge) - Funiculaire du Capucin - Jeu de piste - Ski joering
Montluçon	Étang de Sault	Circuits de découverte de la ville - Musée de la Vigne - Musée du Canal de Berry	Centre aqualudique de la Loue - Carnaval du Bœuf-Villé
Moulins	Espace nature du val d'Allier - Arboretum de Balaine	Centre national du Costume de Scène et de la Scénographie - Musée de la Visitation - Musée Anne-de-Beaujeu - Centre de l'illustration	Poneys et Nature
Le Puy-en-Velay	Pinatelle du Zouave - Tourbière du Mont-Bar	Visite de la ville du Puy et ascension du rocher Corneille - Musée Crozatier - Châteaux de Saint-Vidal, de la Rochelambert et de Polignac	Train touristique - Fêtes du Roi de l'Oiseau
Riom-ès-Montagnes	Randonnées nature avec des ânes ou des chevaux	Scénoparc iO	Train touristique Gentiane Express
Ruynes-en-Margeride	Safari 4x4 dans la réserve sauvage de Trailus	Écomusée de la Margeride	Parcours sécurisés dans les arbres
Saint-Nectaire	Grottes du mont Cornadore - Fontaines pétrifiantes	Les Mystères de Farges	Parcours d'orientation - Randonnées pédestres et VTT
Saint-Pourçain-sur-Sioule		Musée de la Vigne et du Terroir	
Salers		Maison du fromage, de la vache et de la gentiane Salers - Maison de la paille et du grain - Château de la Trémolière	
Gorges de la Sioule	Arboretum du Bois de Brosse	Château de Chouvigny - Musée de Paléontologie de Menat	Plan d'eau des Fades
Thiers	Vallée des rouets - Orangerie - Arboretum de la Montmarie - Observatoire du Col du Béal	Musée de la Coutellerie - Château et jardins de la Chassaigne - Musée des Métiers et des Traditions d'Olliergues	Parc de loisirs Iloa
Forêt de Tronçais	Randonnée à vélo électrique sur les chemins forestiers - Étang de Pirot - Fontaine Viljot - Rond de Meneser	Visite guidée de la forêt	Base de loisirs nautiques de l'étang de Saint-Bonnet-Tronçais - Foire aux ânes
Vichy	Parcs d'Allier - Observatoire des poissons migrateurs	Musée des Arts d'Afrique et d'Asie - Musée de l'Opéra - Nouveau musée de Vichy - Château de Busset - Musée de la Tour prisonnière et souterrains de Cusset - Comptoir européen de la Confiserie	Parc des Sources
Vic-sur-Cère	Randonnées alentour : cascade du Trou de la Conche, grotte des Anglais, pas de Cère, etc.	Maison des Eaux minérales - Châteaux de Pesteils et de Messilhac	Parc de loisirs Escoubiac-Land - Promenades à cheval ou poney
Parc de l'aventure de la Terre Vulcania	Sentiers de découverte	Toutes les animations	

Mémo

Agenda

Retrouvez ces manifestations ainsi que d'autres de moindre importance dans « Nos adresses à… » dans la partie « Découvrir les sites ». En ligne : www.auvergne.leguidedesfestivals.com.
De nombreuses associations adhèrent à la Fédération française des fêtes et spectacles historiques : www.loriflamme.eu.

FIN JANVIER-DÉBUT FÉVRIER

Besse-et-St-Anastaise – La Saint-Cochon ou « L'Art du lard » - ✆ 04 73 79 52 84 - www.sancy.com
La Bourboule – La Sancy Blanche - ✆ 04 73 81 31 04 - www.sancy.com.
Clermont-Ferrand – Festival international du court métrage - ✆ 04 73 91 65 73 - www.clermont.filmfest.com.

FÉVRIER OU MARS

Auvergne – Chamineige, le Grand Raid nordique : ski de fond, course à pied, raquettes à neige - années paires - ✆ 04 73 28 21 20 - www.sportsnatureauvergne.com.
Le Mont-Dore – Sancy Snow Jazz - ✆ 04 73 65 21 96 - www.sancy.com.

MARS

Clermont-Ferrand – Vidéoformes : festival international des arts vidéo et multimédias (mi-mars) - ✆ 04 73 17 02 17 - www.videoformes.com.
Clermont-Ferrand – Semaine de la poésie (2e quinz.) - ✆ 04 73 31 72 87 - www.auvergne.iufm.fr/poesie.htm
Clermont-Ferrand – Les Volcaniques de mars (1re quinz.) - ✆ 04 73 14 06 43.
Clermont-Ferrand - Puy-de-Mômes – Cournon-d'Auvergne - ✆ 04 73 69 90 40 - 2 sem. de fin mars à début avr. Spectacles pour jeune public.
Volvic – Trail de Vulcain - ✆ 06 32 30 61 39 - www.traildevulcain.new.fr.

JEUDI SAINT

Le Puy-en-Velay, Saugues – Procession traditionnelle des pénitents blancs.

AVRIL

Auvergne – Transmassif, le Grand Raid : course à pied, VTT, canoë - ✆ 04 73 28 21 20 - www.sportsnatureauvergne.com
Bourbon-l'Archambault – Jazz dans le bocage – Meillers, Le Montet, Meillard… (fin avr.-déb. mai) - ✆ 04 70 47 15 77 - www.jazzdanslebocage.com.
Cournon-d'Auvergne – Festival de spectacles pour jeunes publics : théâtre, marionnettes, danse, musique (2e quinz.) - ✆ 04 73 69 90 40.
Randan – Salon littéraire dédié à la chanson francophone (1er w.-end) - ✆ 04 70 41 50 02 (mairie).
Thiers – Festival du couteau d'art : exposition et vente de créations françaises et étrangères, musique, animations (3e w.-end) - ✆ 04 73 80 65 65 - www.coutellerie-thiers.com.

MAI

Allanche – Fête de l'estive : montée des vaches à l'estive - ✆ 04 71 20 90 42 - www.cezallier.org.
Allanche – Marché des potiers, de fin mai à déb. juin - ✆ 04 71 20 48 43 ; Fête de l'estive (fin mai) - ✆ 04 71 20 48 43 - www.allanche.net.

Billom – Festival « étincelles, les arts de la marionnette » (3e sem. de mai) - ✆ 04 73 68 39 85 ou 04 73 68 58 59 - www.etincelles-festival-marionnettes.fr.
Clermont-Ferrand – Fête de N.-D.-du-Port (dim. qui suit le 15), procession à travers les vieux quartiers - ✆ 04 73 91 32 94.
Le Mayet-de-Montagne – Foire à la paperasse (dim. de la fête des Mères) - ✆ 04 70 59 75 24.
Moulins – Fête du livre de Moulins : rencontres avec des auteurs, repas littéraire - ✆ 04 70 34 21 25.
Orcival – Pèlerinage de la Vierge d'Orcival : la veille au soir, procession aux flambeaux et messe à 22h30 (jeu. de l'Ascension) - ✆ 04 73 65 81 49.
Puy-de-Dôme – Les Arts en balade - ✆ 04 73 93 85 57 - www.artsenbalade.com.
Riom – Raid à VTT et randonnée pédestre à travers les Combrailles (8 Mai) ✆ 04 73 97 37 14.
Vichy – Une saison en été : théâtre, musique classique ou lyrique, variétés (saison de l'opéra de Vichy jusqu'à oct.) - ✆ 04 70 30 50 30 - www.ville-vichy.fr.

JUIN

La Bourboule – Plein la bobine : festival de cinéma jeune public (3e sem de juin) - ✆ 04 73 65 51 46 - www.pleinlabobine.com.
Clermont-Ferrand – Fête médiévale de Dauphin d'Auvergne dans le vieux Montferrand (1er w.-end) - ✆ 04 73 23 19 29 - www.montferrandmedieval.org.
Le Puy-en-Velay – Musiques du Puy-en-Velay : festival de musiques vocales (mi-juin) - ✆ 04 71 09 38 41 - www.les-musicales43.asso.fr.
Moulins – Festival international Cinéma et Costume (dern. sem. de juin) - www.cinemaetcostume-moulins.com.
Riom – Festival Piano à Riom (1re quinz.) - ✆ 04 73 38 97 78 - www.piano-a-riom.com.
Riom – Fête de Saint-Amable : procession des « brayauds » en costume du 17e s. (11 juin ou dim. suivant) - ✆ 04 73 38 99 94 - www.riom.communaute.fr.
Saint-Nectaire – Journées du fromage saint-nectaire (1er w.-end) - ✆ 04 73 88 50 86 - www.ville-saint-nectaire.fr.
Salers – Pèlerinage à N.-D.-de-Lorette - ✆ 04 71 40 71 22.

JUIN-JUILLET

Issoire – Musicales d'Issoire (de mi-juin à mi-juil.) - ✆ 04 73 55 10 83.

JUILLET

Allier – Les Nuits des musiques vivantes - ✆ 04 70 31 15 00.
Ambert – Cyclosportive Les Copains - ✆ 04 73 82 61 44.
Besse-et-Saint-Anastaise – Foire aux fromages et aux vins (2e quinz.) - ✆ 04 73 79 52 84 - www.super-besse.com.
La Bourboule – Festival des sports nature « Sancy Outdoor » - ✆ 04 73 81 31 03 - www.sancy-outdoor.com ; La Bourboule dans le vent - Festival de Cerfs-volants - La Bourboule - ✆ 04 73 65 57 51 -dernier w.-end de juillet
Craponne-sur-Arzon – Festival de musique country (dernier w.-end) - ✆ 04 71 03 25 52 - www.festivaldecraponne.com.
Gannat – Festival de Gannat, les Cultures du monde (2e quinz.) - ✆ 04 70 90 12 67 - www.gannat.com.
Issoire – Festival international de danses et musiques du monde (2e quinz.) - ✆ 04 73 89 92 85 - www.festival-issoire.com ; Festival d'Art Roman – ✆ 04 73 89 25 57 - www.terres-romanes-auvergne.com - dern. sem. de juillet.
Le Puy-en-Velay – Interfolk : festival folklorique international (3e sem.) - ✆ 04 71 09 38 41.

La Roche-Blanche – Les Arverniales, spectacle d'histoire vivante – ✆ 04 73 79 42 98 - www.ot-gergovie.fr.
Riom-ès-Montagnes – Festival Musiques et Danses sans Frontières (mi-juil. le w.-end)
Royat – Volcadiva : les grandes voix au prieuré Saint-Léger - ✆ 04 73 29 74 70 ou 06 81 21 51 42.
Saint-Flour – Festival des Hautes-Terres (1er w.-end) - ✆ 04 71 60 68 43.
Sallèdes – Illumination du château de Lachaux-Montgros : spectacle pyrotechnique sonorisé (fin juil.) - ✆ 04 73 69 05 13.
Vichy – Fête de l'hippodrome : la journée des enfants (6 juil.) - ✆ 04 70 30 15 58.
Vollore-Ville – Concerts de Vollore : musique classique dans des églises et châteaux du Forez - ✆ 04 73 51 55 67.

JUILLET-AOÛT

Clermont-Ferrand – Contre-plongées de l'été – ✆ *04 73 42 63 63* - http://contreplongees.clermont-ferrand.fr.
Hérisson-Châteloy – Musique en Bourbonnais : concerts de musique classique de mi-juil. à déb. août - ✆ 04 70 06 82 23 - www.chateloy.com.
Issoire – Festival d'art roman de fin juil. à déb. août - ✆ 04 73 89 56 04 - www.terres-romanes-auvergne.com.
Lavaudieu – Concerts de musique classique en l'abbaye - www.abbayedelavaudieu.fr.
Massif du Sancy – Rencontres « Art-nature » : 10 artistes conçoivent 10 œuvres plastiques éphémères sur le massif - www.horizons-sancy.com.
Souvigny – Foire médiévale de Souvigny, festival des troubadours et saltimbanques de fin juil. à déb. août - ✆ 04 70 43 62 10.
Vichy – Les Jeudis de Vichy (mi-juil. à mi-août) : animations musicales, marché d'artisanat - ✆ 04 70 98 71 94 - www.vichy-tourisme.com ; Vichy Nouvelle Vague - www.vichynouvellevague.com

JUILLET-SEPTEMBRE

Château de Chazeron – Visite nocturne théâtralisée, tous les jeu. de mi-juil. à déb. sept. - ✆ 04 73 86 59 46.

AOÛT

Allanche – Foire à la brocante la plus importante d'Auvergne (le 1er w.-end d'août), - ✆ 04 71 20 48 43.
Aurillac – Festival international de théâtre de rue (mi-août) - ✆ 04 71 43 43 70 - www.aurillac.net.
Billom – Foire à l'ail et au vin (2e w.-end) - ✆ 04 73 68 39 85 - www.stdb-auvergne.com.
Lapalisse – Fête du cou de l'oie à Arfeuilles, à 15 km au sud-est de Lapalisse - 15 août - ✆ 04 70 55 52 00 - Fête traditionnelle.
Laroquebrou – Festival de boogie-woogie (mi-août) - ✆ 04 71 46 07 97 - www.boogie-laroquebrou.com.
Le Mayet-de-Montagne – Foire aux paniers (mi-août) - ✆ 04 70 59 75 24.
Le Mont-Dore – Course de côtes : automobile (déb. mois) - ✆ 04 73 65 09 62 - www.mont-dore.com.
Moussage – Festival « Moussages fait son cinéma », projections en plein air (août) - ✆ 04 71 40 07 68.
Murat – Festival Mondes Croisés : musiques et danses du monde (1re quinz.) - ✆ 04 71 20 09 40 - www.ville-de-murat.com.
Pionsat – Fêtes musicales du Château de Pionsat (1re quinz. d'août) - www.francefestivals.com/pionsat - Festival de musique classique.
Pontaumur – Festival Bach en Combrailles (2e sem.) - ✆ 04 73 79 91 10 - www.bachencombrailles.com.
Le Puy-en-Velay – Fêtes mariales : procession de Notre-Dame-du-Puy (15 août).

Riom-ès-Montagnes – Fête du bleu d'Auvergne (3e w.-end d'août) - ✆ 04 71 78 07 37.
Saint-Flour – Festa del Païs (1er w.-end) - ✆ 04 71 60 68 43.
Saint-Nectaire – Fête du Pain (1er dim. d'août) - hameau de Saillant - ✆ 04 73 88 50 86 ; Outils passions (3e w. end d'août) ✆ 04 73 88 50 86 - www.outils-passion.com.
Saint-Pierre-la-Bourlhonne – Fête de la myrtille dans le Forez (15 août) - ✆ 04 73 95 56 49.
Saint-Pourçain-sur-Sioule – Festival viticole et gourmand (3e sem. d'août) - ✆ 04 70 45 32 73 - www.tourismesaintpourcinois.com.
Saint-Privat-d'Allier – Rencontres contemporaines de Saint-Privat, musique et arts plastiques (mi-août) - ✆ 04 71 57 25 21 - www.rencontres-contemporaines.com.
Saint-Hippolyte – Pèlerinage des bergers (dernier jeu.) : les jeunes pâtres se rassemblent pour la procession et le « repas des bergers » - ✆ 04 71 78 93 48.

AOÛT-SEPTEMBRE

La Chaise-Dieu – Festival de musique dans l'abbatiale et la salle Cziffra de fin août à déb. sept. - ✆ 04 71 00 01 16 - www.chaise-dieu.com.

SEPTEMBRE

La Bourboule - Chasse aux trésors dans le Sancy. ✆ 04 73 28 21 20 - www.sportsnatureauvergne.com.
Clermont-Ferrand – Saison du Petit Vélo : théâtre, musique et danse (jusqu'à fin mai de l'année suivante) - ✆ 04 73 36 36 36.
Clermont-Ferrand – Saison de la Comédie de Clermont (Scène nationale) : théâtre, musique et danse contemporaine (jusqu'à fin juin de l'année suivante) - ✆ 04 73 17 01 80 - www.lacomediedeclermont.com.
Cournon-d'Auvergne – Foire internationale de Clermont-Cournon (2e sem.) - ✆ 04 73 69 36 00 - www.foire-de-clermont.com.
Le Puy-en-Velay – Fêtes Renaissance du Roi de l'Oiseau : théâtre de rue, reconstitutions historiques (mi-sept.) - ✆ 04 71 09 38 41 - www.roideloiseau.com.
Ravel – Marché des potiers (3e w.-end) - ✆ 04 73 68 44 74.
Souvigny – Les Journées musicales d'automne : musique baroque et classique sur l'orgue Clicquot, gastronomie et découverte touristique de la ville (dernier w.-end) - ✆ 04 70 43 99 75 - www.souvigny-festival.com.

SEPTEMBRE-OCTOBRE

Puy-de-Dôme – Les Automnales : théâtre et musique dans tout le département - ✆ 04 73 42 23 29 - www.puydedome.com.
Vichy – Rencontres lyriques européennes – Opéra de Vichy, ✆ 04 70 30 50 30.

OCTOBRE

Clermont-Ferrand – Jazz en tête, festival international de jazz (2e quinz.) - ✆ 04 73 35 14 91 - www.jazzentete.com.
Mourjou – Foire de la châtaigne (av.-dernier w.-end) - ✆ 04 71 49 69 34 - www.mourjou.com.
La Roche-Blanche – Cervolix : manifestation aérienne (cerfs-volants, montgolfières…) sur le plateau de Gergovie - ✆ 04 73 14 46 33 - www.cervolix.com.

NOVEMBRE

Aurillac – Rapatonadas : les fêtes du conte dans le Cantal, en français et en occitan de fin nov. à déb. déc. - ✆ 04 71 48 93 87.
Clermont-Ferrand – « Traces de vie », Rencontres du film documentaire - ✆ 04 73 69 99 02 - www.tdv.itsra.net.

Montsalvy – Ronde de la châtaigneraie : course pédestre, circuits cyclotouristes (fin nov.) - ✆ 04 71 49 21 43.
Le Puy-en-Velay – Rassemblement international de montgolfières (w.-end du 11) - ✆ 04 71 09 38 41 - www.ot-lepuyenvelay.fr.
Souvigny – Salon du livre ancien (3e w.-end) - ✆ 04 70 34 21 25.

Bibliographie

Voici un choix non exhaustif de livres liés à l'Auvergne.

PRESSE

Quotidiens

La Montagne Centre-France est le principal quotidien de la région. Les nombreuses éditions concernent Montluçon, Moulins et Vichy pour l'Allier ; Riom, Clermont, Issoire et Thiers-Ambert pour le Puy-de-Dôme. Il existe également une édition pour le Cantal et la Haute-Loire. Et pour des infos plus « mordantes », procurez-vous un numéro de *La Galipote*, qui est un peu *Le Canard enchaîné* du coin.

Revues

Deux magazines : *Massif central* (bimestriel) et *En Auvergne* (trimestriel).

OUVRAGES GÉNÉRAUX – TOURISME

L'Auvergne insolite, A. Vialatte, Au Signe de la Licorne, 2002.
Connaître l'Auvergne, M.-C. Ricard et R. Rosenthal, Sud-Ouest Éditions, 2000.
Couleur Massif central, F. Graveline et J. Chabanne, Éditions du Miroir, 2002.
Bourbonnais 03, C. Keller, J. Paris et L. Leroux, Éditions Tobias, 2006.
Guide de l'Auvergne mystérieuse, A. Lauras-Pourrat, Tchou, 1998.

HISTOIRE – PATRIMOINE

Brioude, la basilique Saint-Julien dans la lumière de Kim En Joong, C. Keller et J. Damase, Éditions du Cerf, 2009.
Histoire de l'Auvergne, J. Anglade, Hachette Littératures, 2002.
Histoire secrète de l'Auvergne, J. Peyrard, Albin Michel, 2000.
Présences romanes, C. Keller, P. Cloux et J. Damase, Éditions Lucien Souny, 2006.
Auvergne, terre romane, J. Baudoin, De Borée, 2001.
Forteresses et châteaux d'Auvergne, M.-C. Ricard, J. Raflin et H. Monestier, De Borée, 2001.
Mémoires d'Auvergne, J. Anglade, De Borée, 2001.
Sur les traces de Michelin à Clermont, O. Bonnet et P. Gazagne, Éditions du Miroir, 2002.
Le Livradois, un pays, des hommes, J. Olléon, Éditions du Miroir, 2001.
Connaissez-vous ces Auvergnats célèbres ?, G.-L. Hémeret, Créer, 1990.
Images du patrimoine – Le service régional de l'Inventaire publie des ouvrages sur des cantons d'Auvergne. Des petites brochures détaillent des itinéraires du patrimoine. Vente par correspondance - ✆ 04 73 41 27 27.

VIE RURALE ET TRADITIONS POPULAIRES

Sur les pas des bergers, estive et transhumance, J. Cantaloube et B. Colliot, éditions Ouest-France, 2002.
Chansons d'Auvergne, cansons de la vida, A. Bruel, D. Huguet et J.-C. Rocher, Ostal del libre, 2001.
Métiers d'Auvergne, B. Auboiron et G. Lansard, coll. « Le geste en héritage », Édisud, 1996.
La Première Année, L. Gachon, Éditions du Miroir, 1996.

LITTÉRATURE

Le Jardin de Mercure, J. Anglade, Pocket.
Une étrange entreprise, J. Anglade, Presses de la Cité.
Un domaine sous le vent, P. Cloux, La Table ronde.
La Soupe aux choux, R. Fallet, Folio.
Le Braconnier de Dieu, R. Fallet, Folio.
Les Grenadières de Saint-Just, G. Georges, Éditions Lucien Souny.
L'École en héritage, G. Georges, Presses de la Cité.
Un si joli village ; La Malvialle, D. Humbert, Presses de la Cité.
Les Brûlures de l'été, J.-P. Leclerc, L'Archipel.
Un amour naguère, J.-P. Leclerc, Presses de la Cité.
De mes montagnes…, J. Mallouet, Payot.
Le Château des Bois-Noirs, R. Margerit, Phébus.
Gaspard des montagnes, H. Pourrat, Le Livre de Poche.
Maigret à Vichy, G. Simenon, Le Livre de Poche (policier).
L'Auvergne absolue, A. Vialatte, Julliard.

PHOTOGRAPHIE

Auvergne, Allier, Cantal, Haute-Loire, Puy-de-Dôme, J. Mathé et A. Crozat-Mathé, La Renaissance du Livre, 2000.
L'Archipel de Clermont, P. Mazataud et J. Damase, Éditions du Miroir, 1998.
Couleur Auvergne, F. Graveline et J. Damase, Éditions du Miroir, 1999.
Allier, Terres d'émotions, Jérôme Mondière, Noël Graveline, Vue de Face, 2005.

NATURE

Lacs en Auvergne, M. Brulé-Peyronnie et P. Durantel, Éditions du Miroir, 2002.
La Chaîne des Puys, M. Brulé-Peyronnie, F. Legros, J. Damase et F. Lescuyer, Éditions du Miroir, 2002.
L'Auvergne, P. Puytorac, M. Tort et J. Peterlongo, Delachaux & Niestlé, 1997.

LOISIRS SPORTIFS

La Pêche en Auvergne, P. Durantel, AEDIS, 1997.
Topoguides de la Fédération française de la randonnée pédestre et de l'association Chamina *(voir la rubrique « Randonnée pédestre »)*.

GASTRONOMIE

Recettes d'Auvergne, M. Canet, Ostal del libre, 2001.
Trésors de bouche, J. Anglade et P. Soissons, De Borée, 2001.
Cuisine d'Auvergne de A à Z, C. Bonneton et A. Pourrat, Bonneton, 1996.
Les Fromages d'Auvergne, Éditions du Miroir, 2002.
Un goût de gentiane, M. Roque, Ostal del libre, 2001.
Toques d'Auvergne, L. Olivier, Hauteur d'Hommes, 2007.
Sur les chemins de l'Auvergne gourmande G. Dupuy et P. André, Éditions Lucien Souny, 2007.

BD – JEUNESSE

Le Bouclier arverne (une aventure d'Astérix), R. Goscinny et A. Uderzo, Hachette.
Contes et légendes d'Auvergne, J.-P. Siméon, Nathan.
Contes traditionnels d'Auvergne, B. Solet, Milan Éditions.
Gaspard des montagnes, 4 volumes, Père Castor/Flammarion.
Dans la gueule du loup, Boileau-Narcejac, Folio-Junior.

2/ COMPRENDRE L'AUVERGNE

Vieux quartier de Clermont.
F. Guiziou / hemis.fr

Nature et paysages

L'Auvergne, au cœur du Massif central, est une étonnante région qui se découvre, pour qui sait prendre le temps, au gré de « pays » aux identités fortement ancrées. L'eau, la terre, le feu et le grand air sont ici présents. Promenez-vous de volcans en vallées, de plateaux en limagnes, car l'émerveillement est au détour de chaque chemin. Vous serez frappé par l'incroyable richesse du patrimoine naturel : les reliefs, la faune, la flore, les lacs, les sources minérales et thermales sont autant d'éléments qui ont forgé l'Auvergne, et qui perpétuent son image de terre de contraste.

Une mosaïque de paysages

L'Auvergne est un vaste territoire qui se déploie sur 26 013 km² et qui s'étage sur trois niveaux : plaines, plateaux et massifs. Il se compose d'une multitude de pays aux charmes particuliers. Des échines rocheuses taillées dans le granit aux vastes plaines lumineuses, des vallées ombragées creusées par les rivières aux sommets de la chaîne des Puys, la terre auvergnate offre une variété exceptionnelle de paysages.

LES PLAINES FERTILES

Plus ou moins étendues, elles sont séparées des plateaux qui les encadrent par des escarpements suivant des **lignes de faille**. Géologiquement, il s'agit de fossés résultant des cassures provoquées par le soulèvement alpin à l'ère tertiaire. Fertilisées par les cours d'eau qui les irriguent (Allier, Dore, Cher…), ces plaines ont des sols très riches. Au sens strict, on ne parle de **Limagne** que lorsque la plaine est traversée par l'Allier ; dans les autres cas, on parlera plutôt de **bassin** (bassin d'Ambert ou d'Aurillac). La Limagne tire son nom du latin *lac magnus*, « le lac grand », qui s'est asséché progressivement pour laisser place à des marais. On disait, au 13e s., que l'on pouvait s'y noyer ! L'érosion et les interventions humaines ont fini par faire disparaître cette zone de marécages au profit d'un sol très fertile, caractérisé par une terre grasse de couleur noire. Mais dans le langage courant, le terme « Limagne » décrit plus généralement l'enfilade des plaines allant de Langeac, au sud, au Bourbonnais, au nord. Elles apparaissent comme des mosaïques de vastes champs cultivés où alternent la betterave à sucre, le blé, le colza, le tournesol et le maïs. Au sud, les Limagnes sont morcelées et d'étendues modestes (Limagne d'Issoire, Limagne de Brioude), tandis qu'au nord la Limagne de Clermont, ou « Grande

Vache Salers sur le plateau du Cézallier.
C. Guy / hemis.fr

Limagne », s'étale généreusement sur 90 km de long. Les pitons volcaniques dont elle est parsemée çà et là offrent des vues splendides sur ses étendues planes ; elle est surplombée à l'ouest par la chaîne des Puys, et à l'est par les monts du Forez.

LES PLATEAUX

Une grande partie de l'Auvergne est constituée de plateaux aux formes variées. Ils ont été façonnés, fragmentés, brisés au cours de l'histoire géologique de la région. À l'ère primaire, le centre de la France a été surélevé, et une haute chaîne de montagnes s'est édifiée avant d'être aplanie par le jeu de l'érosion. Au moment du soulèvement alpin, au tertiaire, le vieux socle du Massif central a été porté en altitude. Des plateaux, fracturés en de nombreux endroits, se sont ainsi formés.
Au nord-ouest, le paysage du **bocage bourbonnais** est sage et mesuré. La campagne est recouverte d'un bocage serré. La **Montagne bourbonnaise**, plus à l'est, offre un relief plus accidenté. Les failles qui ont accompagné le soulèvement du plateau marquent, çà et là, la topographie façonnée par l'action érosive des cours d'eau.
Du Cher à la Sioule s'étend le **plateau des Combrailles**. Ses paysages sont recouverts tantôt de bocages, tantôt de forêts de bouleaux et de sapins que ponctuent de nombreux étangs.
Plus au sud, le plateau de l'**Artense** est entaillé de gorges parfois très profondes donnant au paysage une tonalité mélancolique. L'empreinte des glaciers du quaternaire est très présente dans les paysages : les dépôts (moraines) abandonnés par ces derniers sont à l'origine d'un relief mouvementé.
Découpé en collines, le plateau de la **Châtaigneraie cantalienne** a des allures plus méridionales. La relative douceur du climat explique la présence d'arbres fruitiers variés. Le châtaignier domine dans de nombreuses forêts. Entièrement boisée, la **Margeride** constitue, à 1 500 m d'altitude, un trait d'union entre le Cantal et la Haute-Loire.
Le plateau de **La Chaise-Dieu** contraste avec les plateaux vallonnés et accidentés du Livradois-Forez. Bien qu'il s'agisse

de plateaux, on parle généralement des **monts du Forez** et des **monts du Livradois,** dans la mesure où ils ont des allures de régions de moyenne montagne. Les failles marquent nettement les paysages du Forez et leur donnent un aspect sévère, dépourvu de végétation et balayé par les vents. Les sommets du Forez culminent à 1 631 m ; servant de pâturages, ils sont baptisés **Hautes-Chaumes**. Au sud, dans le Livradois, le paysage s'adoucit et s'aère. Les plateaux du Livradois et du Forez butent sur la chaîne des Puys et les monts Dore auxquels ils font face.

Deux autres plateaux d'origine géologique différente s'ajoutent à ceux que nous venons de citer : il s'agit du **Cézallier** et de la partie auvergnate de l'**Aubrac**. Ces hauts plateaux arides ont été formés par des coulées de lave qui ont recouvert les terrains cristallins. Le Cézallier dépasse 1 200 m, et l'Aubrac s'élève entre 1 400 et 1 500 m. L'existence de ces

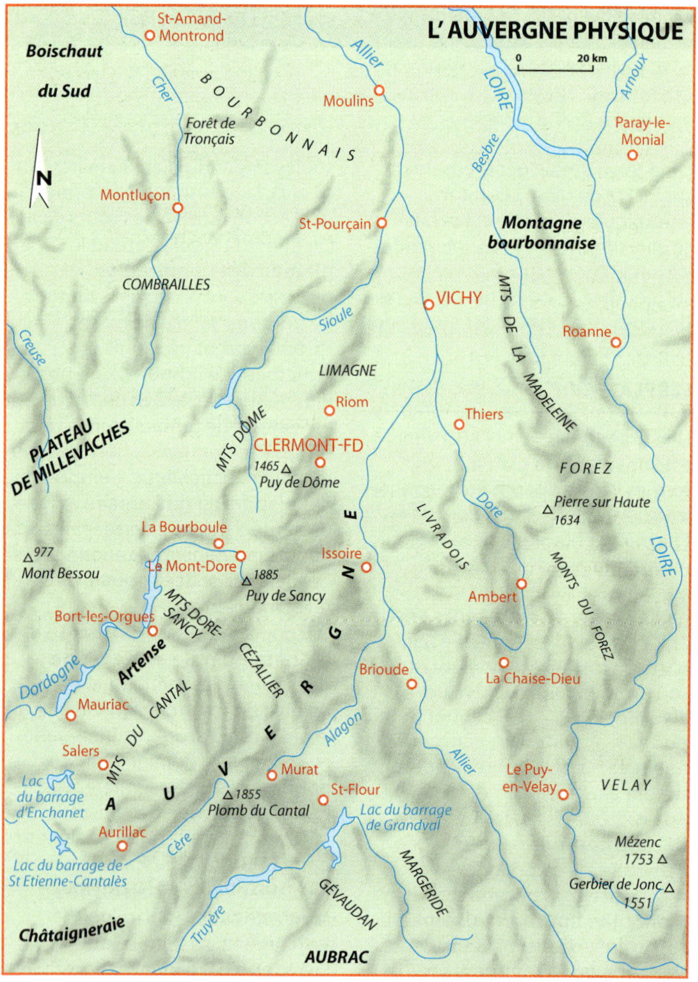

planèzes *(voir p. 53)* est inséparable des volcans qui les encadrent et les surplombent.

LES MASSIFS VOLCANIQUES

La très grande majorité des volcans du Massif central se déploie du nord-ouest du Puy-de-Dôme au sud-ouest du Cantal. Du nord au sud se succèdent les **monts Dôme** ou chaîne des Puys, les **monts Dore** et les **monts du Cantal**. Le massif du Cantal, qui culmine à 1 855 m au **plomb du Cantal**, est le volcan d'Europe le plus étendu, avec ses 70 km de diamètre. Il se compose de vieux volcans, âgés de 13 à 2,8 millions d'années, à la différence de ceux de la chaîne des Puys qui ont environ 100 000 ans.
Dans les monts Dôme, les monts Dore, les monts du Cantal, on respire l'air salubre des hautes altitudes, ce qu'Henri Pourrat appelle « la liberté du vent ». Bois et forêts, pâturages, cascades, vues panoramiques… la diversité et la beauté de ces massifs leur donnent un attrait incontestable. Du haut du puy de Dôme, du Sancy, du puy Mary, du puy Griou ou du plomb du Cantal, c'est toute l'Auvergne qui se déploie sous vos yeux.
Délaissant les hautes terres d'estive, la population s'est regroupée dans les vallées. Les seules villes un peu importantes sont des marchés agricoles situés en limite de la plaine et de la montagne ; parmi les plus caractéristiques figurent Besse, Brioude, Mauriac, Riom-ès-Montagnes, Saint-Flour, Salers…

Les volcans

Lorsque l'on arrive en Auvergne, le regard se porte sur ses volcans. Plantés là, puissants et immuables, érodés ou acérés, ils veillent, comme de vieux sages, depuis des millions d'années pour les plus anciens. Volcans de la chaîne des Puys, emboîtés, arrondis ou égueulés, chauves ou boisés, montagnes escarpées du Cantal et des monts Dore, hauts plateaux herbeux du Cézallier et de l'Aubrac, sucs du Velay, ce sont tous les témoins de la lutte titanesque que la pierre et le feu se sont livrée ici.

Il y a environ 65 millions d'années…

Les chaînes des Pyrénées et des Alpes surgissent, ébranlant fortement le Massif central dont le centre se bombe, se lézarde et se disloque. À la faveur des fissures, le magma en fusion jaillit et les volcans s'édifient.
Les premiers **volcans d'Auvergne** surgissent çà et là, il y a environ 22 millions d'années, dans la **Comté** et dans le **Livradois**, au sud de la Limagne.
Puis ce sont les grandioses et complexes **massif du Cantal** (entre 13 et 2,8 millions d'années) et **mont-Dore** (entre 3,5 millions et 200 000 ans) qui se seraient étalés sur une surface totale proche de 600 km^2. Les géologues estiment que cet appareil volcanique a émis plus de 200 km^2 de matériel volcanique !
La chaîne des Puys apparaît, quant à elle, il y a environ 100 000 ans. C'est l'un des rares sites au monde à présenter autant de volcans alignés, autant de diversité de formes et de types d'activité volcanique. On ne compte pas moins de **80 volcans** qui s'étirent sur une quarantaine de kilomètres de long, autour du puy de Dôme. Les dernières éruptions datent de 7 000 ans, le puy de Montcineyre et le lac Pavin étant considérés comme les vestiges éruptifs les plus récents.

L'action des glaciers et des hommes sur le paysage

L'atmosphère du globe subit un refroidissement général entre 75 000 et 10 000 ans avant notre ère. Les régions d'Auvergne les plus élevées et les plus exposées aux vents d'ouest humides, les monts Dore, l'Artense et le Cantal, sont recouvertes à plusieurs reprises par les glaciers. Par leur masse qui se déplace lentement, ceux-ci rabotent les plateaux, élargissent les vallées et en redressent les versants, modelant de façon originale les cirques de montagne, comme celui de Mandailles dans le Cantal ou de Chaudefour dans le massif du Sancy. Ils laissent leur empreinte sur le pays : **buttes** rocheuses, surfaces moutonnées et striées, **tourbières.** En creusant de larges cuvettes, ils donnent naissance à des **lacs**, comme le lac de la Crégut dans l'Artense, très différents des lacs de volcan.

Dès le Moyen Âge, sans comprendre qu'il s'agissait véritablement de volcans, l'homme utilise la **lave** extraite des carrières de la Nugère, près de Volvic, pour la transporter en de laborieux convois jusqu'au chantier de la cathédrale de Clermont. Il capte les eaux de sources cachées sous les anciennes coulées. C'est ainsi que naissent les **stations thermales** dont l'Auvergne est si prodigue. Ce n'est qu'à la fin du 18e s. que les volcans de la chaîne des Puys sont clairement identifiés : en 1752, Jean-Étienne Guettard reconnaît l'origine volcanique du matériau de construction dans des maisons des villes de Moulins ou de Riom.

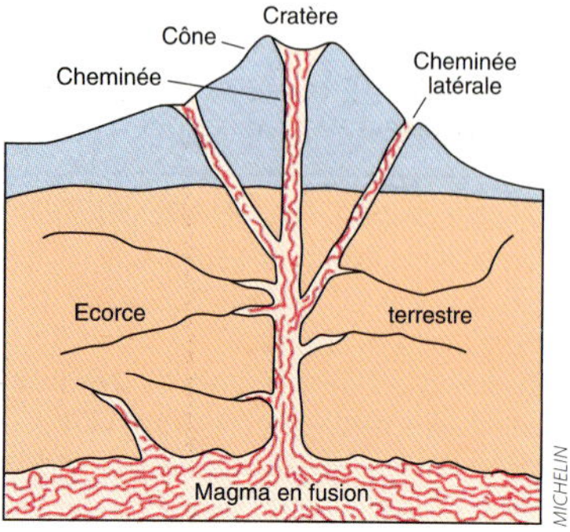

Eléments d'un volcan

L'eau pure des lacs tranquilles

C'est l'une des grandes originalités de l'Auvergne. La plupart d'entre eux sont nés de l'action des volcans. Ils occupent souvent d'anciens cratères d'effondrement, de type **maar**, qui ont été formés par des explosions d'une rare violence et se présentent tous de la même façon : formant un ovale régulier, ils sont entourés de versants aux pentes accentuées et remplis d'eaux d'un bleu profond, très froides. Attirants et fascinants, ils ont souvent donné lieu à des légendes de villes englouties et de forces obscures. D'autres lacs d'Auvergne sont nés du barrage d'une vallée par une coulée de lave. Moins profonds que les lacs de cratère, ils sont peu à peu comblés par des algues, des sables et des galets et se transforment en tourbières. C'est le cas du lac d'En-Bas (à La Godivelle), inexorablement envahi par les herbes qui l'environnent.

LA POUZZOLANE

Ce matériau, constitué de projections volcaniques, est exploité dans de nombreuses carrières. La pouzzolane est employée dans la fabrication de **parpaings** et de **ciments** auxquels elle confère une bonne résistance au feu et aux acides et une grande durabilité. On la retrouve dans le secteur agricole pour ses qualités de drainage, pour la filtration des eaux dans certaines stations d'épuration, mais aussi sur les routes et pour la construction d'équipements sportifs (voir Volvic).

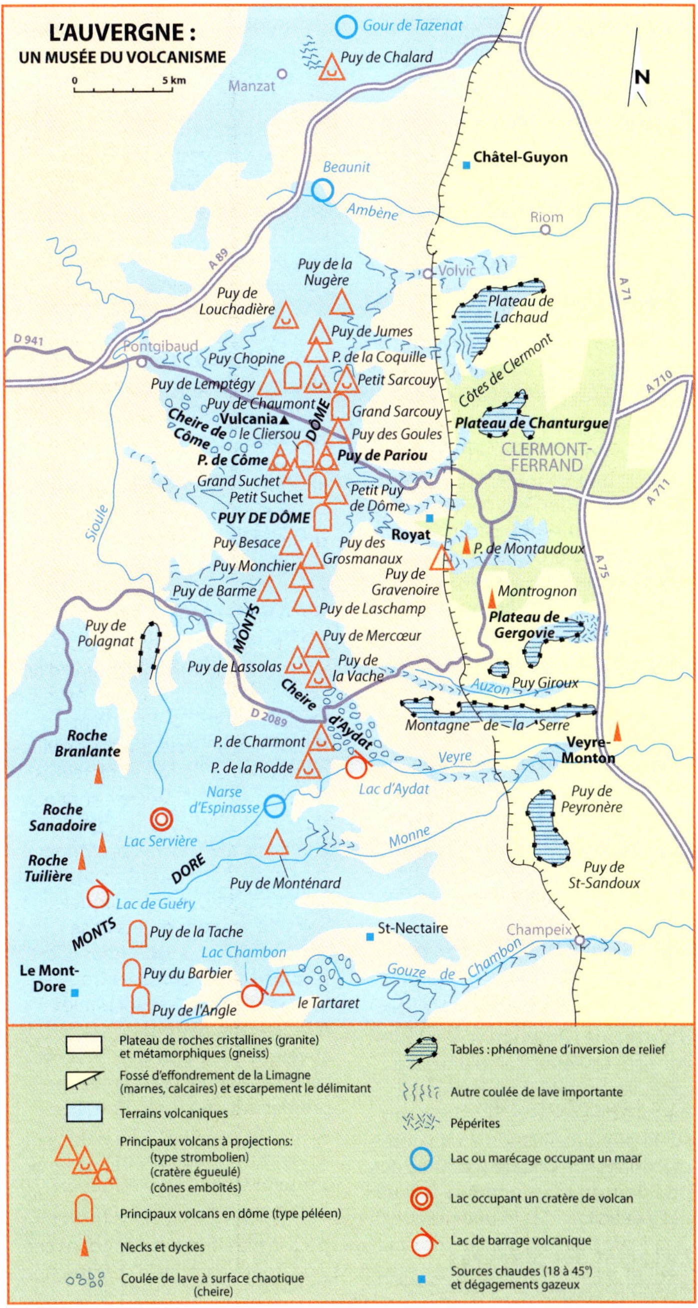
L'AUVERGNE :
UN MUSÉE DU VOLCANISME
0
5 km
N
Gour de Tazenat
Puy de Chalard
Manzat
Châtel-Guyon
Beaunit
Ambène
Riom
A 89
Puy de la Nugère
Volvic
Plateau de Lachaud
A 71
Puy de Louchadière
Puy de Jumes
D 941
Pontgibaud
Puy Chopine
P. de la Coquille
Côtes de Clermont
A 710
Puy de Lemptégy
Petit Sarcouy
Puy de Chaumont
Grand Sarcouy
Vulcania
DÔME
Plateau de Chanturgue
Cheire de Côme
le Cliersou
Puy des Goules
CLERMONT-FERRAND
P. de Côme
Puy de Pariou
Grand Suchet
A 711
Petit Suchet
Petit Puy de Dôme
PUY DE DÔME
Sioule
Royat
Puy Besace
Puy des Grosmanaux
P. de Montaudoux
Puy Monchier
Puy de Gravenoire
A 75
Puy de Barme
Montrognon
Puy de Laschamp
Puy de Polagnat
MONTS
Plateau de Gergovie
Puy de Mercœur
Puy de Lassolas
Puy de la Vache
Puy Giroux
Auzon
Cheire d'Aydat
D 2089
Montagne de la Serre
Roche Branlante
P. de Charmont
Veyre-Monton
Veyre
P. de la Rodde
Lac d'Aydat
Narse d'Espinasse
Puy de Peyronère
Roche Sanadoire
Lac Servière
Monne
Roche Tuilière
DORE
Puy de Monténard
Puy de St-Sandoux
Lac de Guéry
MONTS
Puy de la Tache
St-Nectaire
Champeix
Lac Chambon
Le Mont-Dore
Puy du Barbier
Gouze de Chambon
Puy de l'Angle
le Tartaret
Plateau de roches cristallines (granite) et métamorphiques (gneiss)
Fossé d'effondrement de la Limagne (marnes, calcaires) et escarpement le délimitant
Terrains volcaniques
Principaux volcans à projections: (type strombolien) (cratère égueulé) (cônes emboîtés)
Principaux volcans en dôme (type péléen)
Necks et dyckes
Coulée de lave à surface chaotique (cheire)
Tables : phénomène d'inversion de relief
Autre coulée de lave importante
Pépérites
Lac ou marécage occupant un maar
Lac occupant un cratère de volcan
Lac de barrage volcanique
Sources chaudes (18 à 45°) et dégagements gazeux

LECTURE D'UN VOLCAN

Des volcans à éruption strombolienne et cône de scories

Lors de l'éruption, une colonne de gaz, de cendres et de scories s'élève dans le ciel, tandis que des **bombes volcaniques**, dites en forme de « fuseau » ou de « bouse de vache », retombent autour du cratère. En fin d'éruption, un cône est construit ; les **scories**, rouges au cœur et noires sur les flancs, constituent la « pouzzolane » ; les volcans du puy des Goules et de Pariou sont parmi les plus caractéristiques.

Lorsque la pression à l'intérieur de l'écorce terrestre devient moins forte, et que les matériaux émis sont plus fluides, des coulées de lave se produisent à partir des flancs du volcan. Quand la masse de lave épanchée est très épaisse, elle subit en se solidifiant une contraction qui la fragmente en prismes appelés **orgues**, comme à Bort-les-Orgues ou Murat.

Parfois, une coulée de lave ou une explosion emporte un morceau du cône, comme pour les puys de Louchadière, de la Vache et de Lassolas ; le cratère est dit alors **égueulé** et présente la forme d'un demi-entonnoir. Aux puys de Pariou et de Côme, un nouveau cône de scories s'est édifié dans le cratère d'un volcan plus ancien. Les cônes sont alors dits « emboîtés ».

Volcans en dôme ou péléens

Il arrive que l'éruption volcanique consiste en l'émission d'une lave pâteuse, se solidifiant au fur et à mesure de sa sortie. Elle s'accumule sur le point d'émission en un dôme masquant son cratère initial. Le puy de Dôme en est sans doute le plus bel exemple.

Le secret des planèzes

Au temps de sa pleine activité, il y a plus de 9 millions d'années, le volcan du Cantal était un formidable édifice de 60 km de circonférence et d'environ 3 000 m d'altitude. Formé d'un empilage de couches de lave et de scories, il a été ensuite disloqué par plusieurs gigantesques glissements, puis émietté par l'érosion qui a découpé ses flancs en vastes plateaux basaltiques ou « planèzes » (planèze de Saint-Flour), longues langues de terres fertiles orientées vers le centre du volcan, mais situées parfois à une grande distance des bouches éruptives. Les monts Dore et le massif du Sancy, plus récents, sont aussi constitués de successions de couches de lave et de scories. On les appelle **strato-volcans**.

Le pays des buttes

La Limagne a été, à diverses époques, bouleversée par des phénomènes d'origine volcanique. Il n'en reste que des pitons, qu'on appelle **necks** ou **dykes**. Ce sont les vestiges des anciennes cheminées des volcans qui dominent la plaine de l'Allier, comme c'est le cas des puys de Monton ou de Nonette, la Comté au niveau de Buron et du puy Saint-Romain, ou encore la région de Billom, où on les appelle communément **turlurons**. En Haute-Loire, appelés **sucs**, ces vestiges volcaniques, très nombreux, alternent entre vallées et plateaux.

La faune

À la diversité des paysages auvergnats répond la richesse de la faune régionale. Au cours de promenades en forêt, dans les vastes plaines ou sur les plateaux, les amoureux de la nature croiseront peut-être le chemin d'animaux aussi fascinants que le milan royal, le cerf ou encore l'aigle botté. Ils apprécieront également les eaux poissonneuses des nombreux lacs, rivières et étangs de la région.

FAUNE TERRESTRE ET FAUNE AILÉE

Les forêts des **plateaux** abritent de nombreux petits mammifères (fouines, belettes, hermines, lièvres, lapins, écureuils, campagnols), des sangliers ainsi que des cerfs et des chevreuils. Les oiseaux ne sont pas en reste, notamment dans le val d'Allier. Vous y verrez des rouges-gorges, des rossignols, des sternes, et même quelques rapaces comme le milan royal.
Les **plaines** sont survolées par de nombreux oiseaux dont des vanneaux huppés, et sont peuplées de petits mammifères (principalement des rongeurs) ainsi que de reptiles. L'extension des plantations de maïs entraîne la prolifération des sangliers qui y font de nombreux dégâts.
La **forêt** de Tronçais, dans l'Allier, est peuplée de cerfs, biches et chevreuils. Le cerf, dont les bois poussent pendant l'été et tombent entre février et mai, est le plus gros représentant de la faune d'Auvergne. Il est capable de faire des bonds de 15 m de long ou de 3 m de haut. Au mois de septembre, où ont lieu de violents combats entre les mâles, on peut entendre ses « brames », cris de séduction destinés à affirmer sa supériorité et à attirer les biches vivant en hardes.
Les merles de roche et les pics noirs, oiseaux montagnards, préfèrent les **hauteurs volcaniques**, tout comme les hiboux grands ducs qui s'abritent dans les rochers.
Les flancs du Cantal sont aussi, entre juillet et septembre, un lieu de transit pour de nombreux migrateurs, qu'il s'agisse de papillons, de coléoptères, d'oiseaux ou de chauves-souris. Les faucons pèlerins tentent de nicher dans la vallée de Chaudefour (Puy-de-Dôme), même s'ils sont souvent dérangés par les amateurs d'escalade. De nombreux papillons voltigent de fleur en fleur, et il n'est pas rare de croiser de magnifiques apollons. Ces papillons déploient leurs deux larges paires d'ailes blanches tachées de noir et parfois de rouge pour se réchauffer ainsi au soleil.
Les **tourbières** abritent aussi de nombreuses espèces animales. Certains papillons viennent s'y reproduire, et mouches, libellules, araignées, grenouilles ou lézards vivipares cohabitent sous l'œil du circaète jean-le-blanc, du hibou des marais ou de la bécassine. Cette faune a dû, au fil des siècles, s'accommoder des conditions de vie particulières des tourbières, et certaines espèces se sont transformées pour pouvoir survivre.

Le mouflon corse

Introduit dans les monts du Cantal et du Sancy dans les années 1950, ce mouton sauvage habite les terrains secs et caillouteux et les forêts claires de montagne. Les mâles ont des cornes en spirale qui, à la différence de celles des cervidés, ne tombent pas. La femelle allaite six mois l'« agneau » qu'elle met au monde au printemps. Actif du matin au crépuscule, le mouflon arpente avec agilité les versants. Les mâles sont solitaires, alors que les femelles vivent en hardes sous la direction d'une femelle âgée et expérimentée. Il est assez facile de les surprendre à la jumelle sur les pentes du puy Mary ou sur les versants du Sancy.

L'aigle botté

Cet oiseau migrateur au corps élancé et au bec crochu arrive en France entre mars et avril, après avoir hiverné en Afrique du Nord ou dans le Sud de l'Espagne. Il niche dans la vallée de la Sioule et dans les gorges profondes, et apprécie les forêts claires ponctuées de clairières et inondées de ruisseaux. Cette espèce demeure assez rare en France, mais ses effectifs n'y ont pas varié de façon spectaculaire sur les dernières décennies.

FAUNE AQUATIQUE

L'Auvergne est une région de prédilection pour les amateurs de pêche à la ligne. Sa faune aquatique est extrêmement riche : salmonidés, carnassiers, poissons blancs... On prendra plus facilement au bout de sa canne un omble chevalier, un saumon de fontaine, une truite fario ou arc-en-ciel dans les eaux profondes et froides des lacs Pavin, Servières ou Bouchet (dans la Haute-Loire). Le brochet, avec sa gueule armée de 700 dents acérées, préfère quant à lui des eaux riches en herbiers aquatiques, supports nécessaires à sa reproduction.
Au 19e s., le **saumon atlantique** était abondant dans les eaux de l'Allier, au point que certains contrats d'ouvriers notifiaient qu'on ne devait pas leur en servir plus de deux fois par semaine! Aujourd'hui, le saumon, dont la pêche est suspendue, se fait rare. Sa population est passée de 30 000 adultes à moins de 1 000, à la suite de la construction, en 1941, du barrage de Poutès-Monistrol sur le haut Allier. L'extinction a pu être évitée grâce à la mise en place d'un plan de sauvegarde et d'équipements (salmoniculture de Chanteuges, passes à saumons à Vichy) facilitant sa reproduction.
À Brioude *(voir ce nom)*, la **Maison du saumon et de la rivière,** et à Vichy *(voir ce nom)*, le **Conservatoire national du saumon sauvage,** témoignent de ce passé; ils présentent, outre les espèces de poissons locaux, l'étonnante migration de ce salmonidé.

La loutre

Après une quasi-disparition, cet animal, protégé depuis 1972, recolonise une grande partie de l'Auvergne. La loutre vit dans les rivières des quatre départements; sa présence témoigne de la qualité de l'eau et de l'environnement naturel. Carnivore, elle se nourrit de poissons, de grenouilles ou d'écrevisses pêchés dans la rivière. Si sa rencontre est peu probable (elle ne se laisse pas approcher en milieu naturel), on pourra deviner sa présence en apercevant, sous de grosses racines ou sous des éboulis rocheux, son gîte, appelé aussi « catiche », qu'elle habite pendant deux mois, le temps d'élever ses petits.

La flore

L'Auvergne bénéficie d'une grande diversité de milieux naturels. Elle accueille donc une flore extrêmement variée, adaptée aux divers biotopes disponibles : prairies et pâtures, forêts et sous-bois, tourbières...

PRAIRIES ET PÂTURES

On trouve en Auvergne l'un des éventails de fleurs les plus larges d'Europe : quelque **4 500 espèces**! Les paysages sont parsemés d'aspérules, d'anémones soufrées, d'arnicas, de campanules, de valérianes, de compagnons rouges, de gentianes... Il est, bien sûr, impossible de les citer toutes ici, mais voici un très rapide aperçu de quelques fleurs que vous pourrez rencontrer çà ou là, au gré de vos promenades.
Préférant les bois et les prairies de montagne, le **lis martagon** est une plante vivace assez rare, qui fleurit entre juin et juillet. On pourra l'admirer sans la toucher, car elle fait aujourd'hui partie des espèces protégées. Au sommet de sa longue tige variant de 60 cm à 1,20 m de haut poussent six fleurs aux pétales rose pourpre ponctués de rouge. Cette fleur est aussi appelée « racine d'or », en référence

CONSERVATOIRE BOTANIQUE NATIONAL DU MASSIF CENTRAL

Installé depuis 1996 à **Chavaniac-Lafayette** (Haute-Loire), il a pour mission de répertorier, de valoriser et de sauvegarder la flore sauvage présente dans le Massif central (10 départements, dont ceux de la région Auvergne). En janvier 2006, le Conservatoire avait collecté les graines de plus de 300 variétés et renseigné sa base de données – l'une des plus importantes de France – sur plus de 2,7 millions d'espèces végétales. *Renseignements sur www.cbnmc.fr et ✆ 04 71 77 55 65.*

à la couleur de son bulbe. Celui-ci servait de porte-bonheur, mais était également utilisé pour soulager les maux de dents des enfants.

L'Auvergne compte différentes sortes de gentianes, comme la **grande gentiane** ou **gentiane jaune**. Celle-ci vit sur les hauts plateaux, entre 800 et 1 500 m, jusqu'à un âge avancé de 50 ans. Il lui faut attendre 10 à 20 ans avant de prendre sa taille adulte et voir apparaître ses premières fleurs jaunes qui ne fleuriront que tous les deux ans. Ses solides racines, qui peuvent atteindre la largeur d'un bras, s'étirent à plus de deux mètres. Extirpées grâce à la « fourche du diable » par les « gentiannaires », elles sont triées, nettoyées et broyées, puis mises à macérer. On connaît, bien sûr, la gentiane pour ses vertus médicinales (digestion, rhumatismes, etc.), mais aussi pour l'alcool, à consommer avec modération, de couleur dorée et à la saveur douce-amère, qui porte son nom. Il ne faut pas confondre la grande gentiane avec ses cousines, comme la **gentiane acaule** (plus petite et reconnaissable à ses bouquets de fleurs bleues), qui ne possède pas les mêmes propriétés.

Visitez la Maison de la gentiane Salers à Salers *(voir ce nom).*

L'**anémone soufrée** pointe, dès la fonte des neiges, sur les pentes des monts Dore et du Cantal. Elle doit son nom au jaune soufré de ses fleurs. Très proche de l'anémone des Alpes, elle s'en distingue par sa prédilection pour les sols acides. Elle se hisse élégamment sur sa tige entre mai et juillet, mais une fois la floraison terminée, des graines ébouriffées succèdent aux pétales étincelants.

Les nombreuses petites fleurs en forme d'ombrelle de la grande **astrance** lui donnent un aspect rayonnant, d'où l'origine de son nom, *aster* (« étoile » en latin comme en grec). Sa racine, cueillie la nuit de la Saint-Jean, était placée dans les étables pour protéger, telle une bonne étoile, le bétail des maladies et des accidents.

L'**herbe du Mézenc** ne se retrouve en Auvergne que dans le massif du Mézenc, en Haute-Loire, dans les rochers et dans les éboulis. Ses fleurs sont jaune foncé et ses feuilles argentées.

On s'émerveillera aussi devant les mystérieuses **orchidées**. En Auvergne, on rencontre fréquemment des variétés de **dactylorhiza**. Leur taille varie de 20 à 80 cm. De couleur rose pâle en passant par le pourpre et le violet, ces fleurs en épi adoptent une forme conique ou cylindrique.

FORÊTS ET SOUS-BOIS

Certains arbres, comme le hêtre et le chêne, sont particulièrement caractéristiques de l'Auvergne. De manière générale, les **hêtraies** succèdent aux **chênaies** quand l'altitude augmente. Elles prolifèrent dans les Bois Noirs, le Livradois et le Forez, et se retrouvent également dans les monts Dore, où elles sont remplacées par des prairies parsemées de petits arbustes lorsque le climat devient trop rude et freine la prolifération d'une végétation abondante. Les chênes choisissent les vallées profondes de la Châtaigneraie cantalienne, où ils cohabitent avec des **châtaigniers**. Ils sont très nombreux dans le Bourbonnais, et dans la non moins célèbre forêt de Tronçais *(voir p. 531)*, où les arbres, dont les troncs atteignent 30 à 40 m, sont d'une qualité exceptionnelle. L'importance du chêne dans la région a fini par marquer la toponymie : c'est pourquoi les noms tels que Chassaigne, Chassagne, Chassaing, Chastang qui signifient « forêt de chênes » ne sont pas rares dans les annuaires…

On trouve également en Auvergne des **sapinières** dans les Bois Noirs, des **épicéas**, des forêts de **pins sylvestres** et de **pins de boulange** dans le Velay (la pinatelle du Zouave en est un bon exemple). Ces pins, appelés ainsi parce que leur bois alimentait les fours des boulangeries, ont des formes étonnantes. Leur tronc tortueux est dû à une technique d'élagage, et leurs allures de grand bonsaï, attirent nos regards étonnés.

Une végétation luxuriante pousse dans la plupart des sous-bois. Ceux-ci font aussi le bonheur des nombreux ramasseurs de **champignons** qui y trouvent cèpes, chanterelles, girolles, morilles…

Sur les hauts plateaux de l'Aubrac et du Cézallier, les arbres sont beaucoup plus rares, compte tenu de la rudesse du climat et de la force des vents. Ainsi, de rases pelouses recouvrent ces vastes étendues.

La végétation de la chaîne des Puys diffère selon l'exposition des versants. Les versants nord et est sont couverts de **noisetiers**, alors que le versant sud est plus érodé et dénudé.

TOURBIÈRES

Les tourbières constituent un milieu naturel très particulier. Elles occupent des cuvettes naturelles formées à la période glaciaire, principalement en altitude, là où les précipitations sont abondantes. La matière organique qui se développe dans ces marais gorgés d'eau stagnante ne se décompose pas ou peu. Elle s'entasse et forme progressivement un minéral fossile appelé **tourbe**. Les conditions de vie dans ce milieu naturel sont particulièrement contraignantes : la tourbière est acide et froide, son sol est pauvre en aliments nutritifs, et ses habitants (faune ou flore) doivent faire preuve de grandes qualités d'adaptation.

L'Auvergne compte quelque 377 tourbières. Le Parc naturel régional des Volcans d'Auvergne en accueille à lui seul 133, le Puy-de-Dôme 64 et le Cantal 53. Un arrêté préfectoral protège 6 d'entre elles, mais seule la **tourbière des Sagnes de La Godivelle** est classée « réserve naturelle ».

La plante la plus à l'aise dans les tourbières est la **sphaigne**. Elle ne supporte pas de pousser ailleurs. Grâce à ses capacités de croissance et d'évolution rapides, elle forme des colonies qui occupent un tel espace qu'elles en chassent les autres espèces. La sphaigne meurt par sa base et se régénère sur ses parties mortes.

La **dactylorhiza**, la **linaigrette**, que l'on trouvera également en tapis cotonneux dans le cirque de la vallée de la Fontaine Salée (massif du Sancy), la **canneberge** et l'**andromède** habitent aussi ces marais. Ces dernières sont des variétés plus petites de leur espèce, vivant à même le sol pour se protéger du froid.

De petite taille (5 à 15 cm), le **droséra** ou « rossolis » (rosée du soleil) est particulièrement

répandu dans les marais. Cette plante témoigne d'une adaptation étonnante : elle est en effet devenue carnivore pour pallier le manque d'azote des tourbières, et possède des feuilles couvertes de poils qui capturent les insectes. Fatale aux moucherons, elle se révèle plus douce pour l'homme qui l'utilise comme calmant de la toux.
Quant à la **ligulaire de Sibérie,** elle se rencontre dans les zones tourbeuses du Puy-de-Dôme, comme le lac de Bourdouze. Elle se caractérise par de larges feuilles et de nombreuses fleurs, semblables à de petites marguerites jaunes, rassemblées en épis. La modification des milieux naturels et l'intensification des pratiques agricoles ont malheureusement eu pour conséquence la raréfaction de cette espèce, désormais protégée.

L'environnement

La pureté et la diversité de ses paysages sont l'une des principales richesses de l'Auvergne, terre de grands espaces. Son territoire est l'un des mieux préservés de France. Toutefois, les risques et les menaces ne sont pas absents, et la région demeure fragile. C'est pourquoi les collectivités locales, en accord avec l'État, ont mis en place des organismes dont le rôle est de valoriser et de protéger la nature, tout en tenant compte du développement local. Les Parcs naturels régionaux des Volcans d'Auvergne et du Livradois-Forez, dont la valeur patrimoniale est reconnue au niveau national, sont naturellement au cœur de ces questions.

LES PARCS RÉGIONAUX

Les Parcs naturels régionaux ont été créés pour contribuer à la sauvegarde, la protection et la valorisation du patrimoine naturel, à l'aménagement économique et touristique, et veiller au bon développement social et culturel des territoires concernés.
Ils proposent des activités destinées aux amoureux de la nature, comme des sorties de découverte accompagnées de spécialistes de la faune et la flore, des promenades sur des sentiers balisés, ou encore des activités sportives, pour découvrir le milieu naturel autrement.

Parc naturel régional des Volcans d'Auvergne

Il s'agit de l'un des plus anciens Parcs naturels régionaux de France, et sans aucun doute du plus vaste. Fondé en 1977, il s'étend sur 120 km (395 068 ha), entre les départements du Puy-de-Dôme et du Cantal, et englobe **153 communes**, soit quelque 90 000 habitants. Son territoire comporte cinq régions naturelles, riches d'une faune et d'une flore remarquables : la chaîne des Puys, les monts Dore, le Cézallier, les monts du Cantal et le plateau de l'Artense.
Certains sites, au sein du Parc, ont fait l'objet d'un classement en réserves naturelles comme les **Sagnes de La Godivelle,** le **rocher de la Jacquette** (dans le Cézallier), **Chastreix-Sancy** ou la **vallée de Chaudefour** (dans le massif du Sancy). L'accès à ces trois zones est réglementé, mais il est possible de les découvrir, le temps d'une promenade, en respectant le code de bonne conduite en vigueur.
Des paysages fragiles – La surfréquentation de certains sites de la chaîne des Puys et les nombreuses activités qui y sont pratiquées accélèrent dangereusement l'**érosion**. Le Parc naturel régional des Volcans d'Auvergne tente de la limiter, et de concilier les activités de loisirs avec les pratiques agricoles. En 2003, la structure du Parc a signé une

convention avec les propriétaires des terrains situés dans les limites du Parc pour permettre la cohabitation des différents usagers, tout en préservant l'environnement. Les propriétaires s'engagent à ouvrir gratuitement leurs terrains ; en échange, le Parc s'occupe de l'aménagement des sentiers, de la surveillance, du balisage, de l'information visant à sensibiliser les touristes, et de la mise en place de mesures pour limiter la dégradation du site.

Parc naturel régional Livradois-Forez

Créé en 1986 par la volonté des élus locaux en réaction au déclin économique et culturel régional de l'époque, ce parc se distingue par la diversité de ses milieux naturels. Il regroupe **180 communes** pour quelque 110 500 habitants, et occupe 322 000 ha à cheval sur les départements du Puy-de-Dôme et de la Haute-Loire. Si la protection de l'environnement est une des missions importantes du Parc, il valorise également, au travers de nombreux circuits, les savoir-faire traditionnels tels que la papeterie, la tréfilerie, la fabrication de fromages ou encore la coutellerie.

L'AUVERGNE : CHÂTEAU D'EAU DE LA FRANCE

Partout en Auvergne, vous sentirez la présence de l'eau sous forme de sources vives, de rivières, de ruisseaux, de lacs ou d'étangs bleus. On compare souvent l'Auvergne à un gigantesque château d'eau dont les rivières sont attirées vers la Loire ou la Garonne.
Même si la région peut s'enorgueillir de la densité de son réseau hydrographique, cette ressource n'est pas intarissable. La **pluviométrie** irrégulière ne compense pas toujours les énormes quantités utilisées par l'agriculture, surtout depuis le développement de l'**irrigation** pour la culture du maïs, par exemple.
La qualité de l'eau est relativement bonne, mais demeure menacée par les rejets polluants des agglomérations et par des dispositifs d'épuration insuffisants. L'amélioration de la qualité des eaux est l'un des objectifs primordiaux, dans la mesure où celle-ci est un facteur principal dans le développement économique à travers le tourisme ou le thermalisme.

LA DÉSERTIFICATION : UN RISQUE POUR L'ENVIRONNEMENT

Si certains paysages auvergnats sont menacés par trop de fréquentation et par une trop forte concentration d'activités, d'autres sont en danger du fait d'un déficit d'exploitation et d'occupation. C'est le cas de certains secteurs du Cézallier, du Cantal ou du Forez. De nombreux espaces, peuplés majoritairement de retraités, présentent des densités très faibles, inférieures à 10 hab./km^2. Le nombre d'agriculteurs a considérablement diminué depuis les années 1950. Les cultures et l'élevage reculent et sont peu à peu remplacés par les forêts. Ces dernières couvrent désormais 30 % du territoire régional.
L'**exode rural** inquiète. Il explique une **défaillance d'entretien** des paysages. La « tenue des territoires » (le maintien et le développement d'activités et du peuplement) est l'un des objectifs principaux de la direction régionale de l'Environnement (Diren).

L'Auvergne aujourd'hui

C'est une Auvergne dynamique et ouverte que l'on connaît aujourd'hui, qui conjugue parfaitement bien modernité, environnement et patrimoine. Les technologies de pointe adaptées jouent un rôle croissant dans l'agriculture, activité traditionnelle par excellence. L'industrie génère désormais plus d'un emploi sur quatre. Les petits métiers, encore bien ancrés, ont bâti toute une tradition artisanale, pérennisée en partie grâce au tourisme. Celui-ci joue un rôle important dans le développement économique et la valorisation du patrimoine naturel et culturel de la région.

Les activités économiques

L'Auvergne souffre de sa réputation : désert humain, économie essentiellement rurale, région enclavée… Mais au-delà de ces indéniables faiblesses, elle fait preuve de dynamisme et d'inventivité, et a su tirer parti de sa géographie – et surtout de ses richesses naturelles – pour devenir, dans certains domaines, incontournable…

ÉVOLUTION RURALE

Le territoire auvergnat est voué à l'agriculture, laquelle s'étend sur **60 %** de sa superficie. Elle joue donc, dans l'économie locale, un rôle plus important que dans les autres régions françaises, représentant en effet 41 000 emplois, soit 8,5 % du total de la population active de la région. La part des actifs du secteur primaire est deux fois supérieure à la moyenne nationale, et plus de trois fois pour le département du Cantal.

L'**élevage**, essentiellement bovin, est une véritable spécialité. À Clermont-Ferrand se tient d'ailleurs chaque année, en octobre, le **Sommet de l'élevage**, première manifestation de ce type en Europe. Les hauts plateaux et la montagne, qui ont donné naissance aux races salers et aubrac, élevées pour le lait et la viande. sont le domaine des éleveurs : Cantal, monts Dore, monts Dôme et Combrailles. Dans le Nord Allier, c'est l'élevage d'embouche qui prédomine. Les pays des Couzes, intermédiaires entre la montagne et la plaine, pratiquent souvent, en association avec l'élevage laitier, une polyculture active dont les produits labellisés garnissent les étalages des nombreux petits marchés de pays qui s'égrèneront le long de la route de vos vacances. Sur les fertiles terres noires de Limagne, domaine de la **grande culture céréalière,** les activités agricoles sont d'une toute autre nature et rappellent celles du Bassin parisien. Sur les « champs ouverts » alternent les cultures du **blé,** du **maïs** (en progression grâce à l'irrigation), du **soja**, du **colza** ou de la **betterave sucrière**, sans oublier de citer la production de **lentilles vertes** du Puy (reconnues produit AOC depuis 1996) sur les plateaux du Velay.

Comme celle des autres régions françaises, l'agriculture auvergnate connaît d'importantes mutations : le nombre d'exploitations diminue, et les terres se concentrent dans les mains d'agriculteurs de moins en moins nombreux dans la mesure où les progrès techniques nécessitent moins de main-d'œuvre. Un réseau de **coopératives** s'est ainsi mis en place. Il compte parmi ses membres un semencier mondialement connu : Limagrain. Fondé en 1942, ce groupe coopératif agricole installé à Chappes, près de Clermont-Ferrand, travaille pour les secteurs de l'**agro-industrie** et de la **biosanté**. Semencier indépendant, il se situe au quatrième rang mondial grâce à la création et à l'absorption de nombreuses filiales. Limagrain regroupe aujourd'hui près de 600 exploitants agricoles, et emploie plus de 5 200 personnes dans le monde entier.

Tout en restant ancrés dans la tradition, les agriculteurs auvergnats ont su faire face à l'économie de marché. L'arrivée du chemin de fer, dans la seconde moitié du 19e s., entraîne une première révolution agricole. Les paysans entrent dans le circuit des échanges : ils exportent leurs produits, améliorent leurs exploitations et s'intègrent à la vie moderne. Chaque terroir trouve ainsi sa vocation : élevage dans les montagnes, céréales et vigne dans les plaines. Le faire-valoir direct, la petite propriété dominent partout, sauf en Bourbonnais, pays des grands domaines et du métayage. Aujourd'hui, les conditions d'exploitation n'ont plus rien à voir avec celles du passé. Le nombre des agriculteurs est en constante régression, et le seuil de rentabilité d'une exploitation se situe aux alentours de 35 à 40 ha. La motorisation s'est totalement substituée aux attelages, et le remembrement a mis fin au morcellement caractéristique de la propriété. En beaucoup d'endroits, les paysages bocagers traditionnels, avec leurs petits chemins bordés de noyers, ont été remplacés par des champs ouverts. Les équipements modernes provoquent souvent l'abandon de la vieille ferme familiale pour des bâtiments plus fonctionnels, mais peu esthétiques.

L'estive

Sur les pacages des monts Dôme et des monts Dore, on ne rencontre plus la vache ferrandaise à robe rouge clair tachée de blanc, mais la salers, la charolaise, l'aubrac et la limousine. Au printemps, les étables s'emplissent de mugissements ; les bêtes ont la nostalgie de la montagne. À la mi-mai, elles quittent l'étable et, pendant les cinq mois d'« estive », vivent en plein air, dans les pâturages appelés **montagnes**, clos désormais pour éviter d'avoir recours au vacher. Aujourd'hui, ce dernier a, dans la plupart des cas, déserté le buron, et le lait, récolté périodiquement, sert à la préparation à la ferme, ou dans les laiteries, du fromage et du beurre. La zone sud du Sancy est de plus en plus utilisée pour l'estive des troupeaux de plaine ou étrangers à la région.

De la même manière, les bœufs blancs de race charolaise restent au pré du printemps à l'automne, dans le bocage bourbonnais.

Les foires, lieux de convivialité

Pour les habitants de la région, c'est un lieu d'échanges et de rencontres. Ces foires se tiennent

LA POPULATION EN QUELQUES CHIFFRES

L'Auvergne se situe au 10e rang des régions françaises pour sa superficie, et se place au **19e rang** pour sa population. Avec plus de la moitié de ses communes classées en zone de montagne, son **taux d'occupation du sol** est **deux fois inférieur à la moyenne nationale.**

Lors du recensement de 2005, l'Auvergne comptait un peu plus de **1 329 000 habitants**. Avec un nombre de décès supérieur au nombre de naissances enregistrées, il s'agit de l'une des seules régions de France (au même titre que la Champagne-Ardenne et le Limousin) à avoir perdu des habitants entre 1990 et 1999.

La population auvergnate est de 4 ans plus âgée que la moyenne nationale, et les moins de 40 ans sont sous-représentés, alors que la tendance s'inverse pour les plus âgés. Ce phénomène semble se renforcer, d'autant que les moins de 30 ans quittent plus facilement la région pour rechercher un emploi, alors que les retraités font un retour sur leur terre natale. Toutefois, toutes classes d'âges confondues, **l'Auvergne comptabilise plus d'arrivées que de départs.**

Ce tableau, assez sombre il est vrai, masque les **disparités** au sein de la région que l'on peut diviser en deux grands ensembles : l'Auvergne des hautes terres, peu peuplée et vieillissante, et l'Auvergne des plaines, où les jeunes sont bien plus nombreux et les densités de population largement supérieures. Ainsi, les plateaux du Cézallier et de l'Artense sont très peu peuplés (nombre d'habitants souvent inférieur à 10 par km^2), alors que la densité de population relevée dans le Puy-de-Dôme (comptabilisant 46 % des Auvergnats) est élevée : elle atteint 76 hab./km^2, et se concentre sur l'agglomération clermontoise qui avoisine à elle seule les 400 000 habitants.

dans des localités représentant par leur situation un centre naturel d'échanges entre plusieurs « pays », ou situées au cœur des pays d'élevage : Brion, Allanche, Aurillac, Mauriac, Besse… Les plus importantes ont lieu à la fin de l'été ou au début de l'automne, lorsque les récoltes sont rentrées, les animaux, au pré depuis le printemps, suffisamment engraissés, et que les travaux des champs laissent quelque répit. Il est assez captivant d'observer les transactions qui se font encore souvent en auvergnat, et qui se concluent, sans signature sur un contrat, simplement… en se tapant dans la main.

Des vergers et des vignes

Les vergers s'étagent au-dessus de la plaine et remontent les vallées bien exposées des Couzes. Leur production est en forte régression, notamment pour les pommes, les poires et les pêches, mais les foires aux pommes et à la châtaigne demeurent appréciées. Une partie continue cependant à alimenter les fabriques locales de fruits confits et de pâtes de fruits, une spécialité auvergnate depuis fort longtemps ; c'est ainsi que l'on pourra encore apercevoir, dans les environs d'Issoire, des champs d'angélique.

Les flancs calcaires des coteaux qui encadrent les limagnes étaient jadis couverts de vignes, jusqu'au désastre provoqué par le phylloxéra au 19e s. Actuellement, certains crus, englobés sous l'appellation de **côtes-d'auvergne**, connaissent une commercialisation active : boudes, corent, châteaugay, madargue. La renommée des vins de Saint-Pourçain-sur-Sioule ne cesse de s'étendre, et ils font l'objet d'un réel effort de modernisation.

UNE INDUSTRIE DIVERSIFIÉE

Avec 25 % de ses actifs employés dans l'industrie (contre 20 % au niveau national), l'Auvergne est une région industrielle de tradition. Elle se concentre autour de quatre secteurs d'activités principaux : le caoutchouc et les matières plastiques, l'agroalimentaire, les métaux et la mécanique, les biotechnologies.

L'**industrie du caoutchouc** est le premier employeur de la région dans le secteur secondaire, avec de très grands groupes tel **Michelin**, leader mondial du pneumatique dont le siège social est à Clermont, Dunlop ou Valeo, auxquels s'ajoutent de nombreuses PME et PMI.

L'**agroalimentaire** s'appuie sur les richesses naturelles et agricoles locales pour jouer la carte de la qualité (Volvic). La filière des viandes emploie 29 % des actifs de la branche (Puigrenier, Limoujoux, Salaisons Polette…). Les eaux de source et la culture des céréales ou la recherche, avec la présence de l'Inra, occupent aussi une place importante.

Les savoir-faire auvergnats dans la **métallurgie** et la **mécanique** sont indéniables, comme en témoignent les aciéries Aubert et Duval aux Ancizes, ou Fortech (voisine de l'usine Pechiney Rhenalu du groupe Alcan) à Issoire, qui a produit 60 % de l'aluminium nécessaire à la construction de l'Airbus A 340.

L'Auvergne est également performante dans le domaine des **biotechnologies**. Citons Rhône Poulenc Nutrition Animale à Commentry, l'un des premiers sites mondiaux pour la production de vitamines A et E, Arzo, spécialisé dans la recherche cardiovasculaire, Chibret à Clermont, premier groupe européen d'ophtalmologie (larmes artificielles, collyres), ou encore Roussel et Uclaf (centre pharmaceutique du groupe Hoechst-Roussel) à Ambert.

L'Auvergne compte par ailleurs cinq **technopôles**. Mais les activités industrielles sont très inégalement réparties : Clermont concentre un quart des emplois du secteur, alors que l'industrie est quasi inexistante sur les plateaux, et que les anciens bassins miniers de Brassac et de Commentry ont dû se reconvertir, non sans difficultés.

LES SERVICES

Les services sont sous-représentés par rapport à la moyenne nationale. Alors que l'Auvergne héberge 2,2 % de la population française, elle n'emploie que 1,4 % des actifs du secteur. Si elle offre à ses habitants la quasi-totalité des services de proximité, il lui reste à se perfectionner dans des domaines plus spécialisés comme la maintenance informatique.

Mais l'Auvergne peut compter sur son potentiel touristique. Avec ses dix villes d'eau, elle est la première région thermale française. La beauté et la pureté de ses paysages rendent le tourisme vert d'autant plus prometteur que ce type de vacances est de plus en plus recherché. Les capacités d'accueil sont importantes, avec quelque 19000 chambres d'hôtel et 180000 lits (tous types d'établissements confondus). Le parc scientifique Vulcania, qui vise à faire découvrir de manière ludique et interactive l'univers des volcans, accueille des centaines de milliers de visiteurs du monde entier par an.

Thermalisme et tourisme

Grâce à la diversité de ses eaux de source, véritable don des volcans, l'Auvergne propose une gamme appréciable de soins médicaux pour différentes affections. Bourbon-l'Archambault, Néris-les-Bains et Vichy dans l'Allier, Chaudes-Aigues dans le Cantal,

La Bourboule, Châteauneuf-les-Bains, Châtel-Guyon, Le Mont-Dore, Royat et Saint-Nectaire dans le département du Puy-de-Dôme reçoivent chaque année des milliers de curistes qui allient volontiers soins thermaux et découvertes de la nature et du patrimoine.

Sources minérales ou thermales – Les eaux d'infiltration, traversant les terrains perméables, finissent par rencontrer une couche imperméable dont elles suivent la pente. Leur progression se poursuit ensuite jusqu'à une fissure ou un ouvrage de captage. L'émergence naturelle d'une eau minérale est appelée « griffon ».

L'appellation de **source minérale** désigne soit des sources d'eaux infiltrées, soit des sources issues des profondeurs de l'écorce terrestre, dont les eaux se sont chargées, au cours de leur trajet souterrain, de substances ou de gaz présentant des propriétés thérapeutiques. Le qualificatif **thermal** s'applique plus particulièrement aux eaux dont la température est d'au moins 35 °C à leur sortie du sol. Parmi les sources thermales, le record de chaleur est détenu par la source du Par à Chaudes-Aigues, avec 82 °C.

Les eaux minérales et thermales s'altèrent sitôt sorties de terre. Il est donc indispensable, pour en tirer un profit thérapeutique maximal, d'en user sur place. C'est la principale raison de l'existence des stations thermales. Leur composition dépend de la nature des roches traversées et des fissures d'origine volcanique qui leur ont donné naissance.

Soins thermaux – Les vertus des eaux thermales, déjà connues des Romains, furent redécouvertes aux 18e s. et 19e s. Jadis l'apanage d'une clientèle riche et oisive, elles sont aujourd'hui à la portée de tous. L'ensemble des propositions thérapeutiques est donné sous forme de cure thermale maintenant les malades sur place pour trois semaines. Cette pratique est désormais modulable, avec des propositions de mini-cures de dix jours, non remboursées.

Les soins n'occupant qu'une partie de la journée, les stations thermales offrent à leurs visiteurs des activités diverses qui en font souvent des lieux de séjour très agréables, attirant autant les touristes que les curistes.

L'Auvergne sans frontières

L'Auvergne ne s'est pas contentée d'offrir à la France quelques personnalités remarquables, dont deux présidents sous la Ve République. Elle est aussi riche d'une capitale qui rayonne au-delà des limites régionales, par l'importance de ses universités, le trafic de son aéroport, les grandes entreprises qu'elle abrite.

Les Auvergnats de Paris

« Ce qui fait l'originalité de l'Auvergne, c'est qu'elle est remplie d'Auvergnats. S'il faut en croire les dernières statistiques, elle en contient même plus que Paris », disait Alexandre Vialatte (1901-1971). En effet, beaucoup d'Auvergnats ou de descendants de ceux qu'on appelait les « Auvergnats de Paris » sont dispersés dans la capitale et sa banlieue.

L'émigration, amorcée dès la fin du 18e s., s'est intensifiée à partir de 1850 avec l'arrivée du chemin de fer qui facilitait les déplacements. « Montés à Paris » pour y tenter leur chance, les Auvergnats exerçaient jusqu'en 1880 les emplois de bougnats (charbonniers), porteurs d'eau, frotteurs de parquet, ferrailleurs.

Grâce à leur travail acharné, ils ont gravi peu à peu l'échelle sociale, et ont ouvert des cafés,

des brasseries, dont certaines sont encore aujourd'hui très réputées : **Les Deux Magots**, la **Brasserie du Dôme**… Leurs enfants ont souvent réussi dans le commerce et dans les professions libérales. Le métier de restaurateur est encore de nos jours à la mode à Paris : les Auvergnats vous feront déguster tripoux, aligot, pot-au-feu, potée…
Organisés en véritable réseau, très solidaires, ils formaient une communauté soudée qui, chaque vendredi à partir de 1882, recevait des nouvelles du « pays » grâce à un célèbre journal, *L'Auvergnat de Paris*, qui paraît encore aujourd'hui.

Une Auvergne désenclavée

Clermont est devenue un carrefour autoroutier. La ville est à 2h de Lyon et 3h45 de Bordeaux par l'A 89, et l'A 71 la place à 3h30 de Paris. L'autoroute A 75 (gratuite) depuis Clermont franchit les hauts plateaux et les gorges du Tarn, en passant sur le viaduc de Millau (payant), véritable prouesse technique, vers Béziers et le Sud de la France.
L'aéroport de Clermont, *hub* aéroportuaire d'Aulnat, onzième en France pour son trafic, a une influence qui dépasse largement celle que l'on pourrait attendre pour une ville de cette taille.

Le rayonnement de la capitale auvergnate

L'Auvergne rayonne notamment à travers sa capitale, Clermont-Ferrand. Celle-ci draine une part importante de l'activité économique régionale, et le poids industriel clermontois s'exerce par des entreprises comme Michelin.
Avec ses 35 000 étudiants, et plus de 6 000 chercheurs, Clermont est un grand centre universitaire : deux universités, des IUT et IUP ainsi que de nombreuses écoles (École supérieure de chimie, École nationale des ingénieurs des travaux agricoles, École supérieure de commerce, École nationale des impôts, Institut français de mécanique avancée, créé en partenariat avec les plus grands groupes industriels français).
Les universités clermontoises accueillent essentiellement des Auvergnats, mais attirent aussi des étudiants originaires des régions limitrophes comme le Limousin. L'éventail du recrutement est encore plus large dans les écoles de l'enseignement supérieur, et tout particulièrement pour l'École nationale des impôts qui accueille sur concours tous les Français non franciliens (un établissement en Seine-Saint-Denis leur étant réservé) voulant travailler dans le secteur.
Toutes les spécialités sont représentées au CHU de Clermont, et certaines d'entre elles sont réputées à l'échelle nationale. C'est le cas de la neurochirurgie, de la thérapie cellulaire et de la nutrition.
Mais le rayonnement de la ville passe aussi par la renommée d'un grand club, l'**ASM Clermont Auvergne**, et de sa célèbre équipe de rugby, régulièrement présente dans le trio de tête du Top 14.
Clermont est également connue dans le monde du cinéma grâce au Festival international du court métrage qui s'y déroule chaque année *(voir p. 134)*.

Les échos musicaux

La musique contribue également à la notoriété de la région grâce à l'un des meilleurs orchestres d'Europe : l'**Orchestre d'Auvergne**. Il se produit plus d'une centaine de fois par an aux quatre coins du monde, sans pour autant négliger sa terre natale en donnant de nombreux concerts, notamment lors des Journées musicales d'automne de Souvigny.
Le **festival de musique de La Chaise-Dieu** met à l'honneur la musique classique, plus particulièrement la musique

sacrée, et accueille chaque année des milliers de spectateurs venus écouter des musiciens de renommée internationale dans le cadre de l'ancienne abbaye bénédictine.
Le **festival Bach en Combrailles** permet quant à lui de goûter aux charmes de la musique baroque allemande lors de nombreux concerts organisés dans les églises de Pontaumur et des alentours. Inauguré en 2004 par Marie-Claire Alain, l'**orgue de Pontaumur** est une parfaite réplique de celui qu'utilisait le jeune Bach à Arnstadt.
Le **jazz** est célébré lors de plusieurs grands rendez-vous dont le Sancy Snow Jazz festival, au Mont-Dore et dans les communes voisines et le festival Jazz dans le bocage du Bourbonnais. Côté **rock**, Clermont est fidèle à son image : la cité auvergnate figure parmi les cinq villes les plus prolifiques en nouveaux groupes du pays.

De l'Auvergne à l'Europe

Ancien élève de l'École polytechnique et de l'ENA, **Valéry Giscard d'Estaing** est attaché à l'Auvergne où il vit la majeure partie de l'année. Il a contribué de manière décisive à son développement, notamment par la réalisation de Vulcania, Centre européen du volcanisme.
Ancien inspecteur des finances, il est élu député du Puy-de-Dôme en 1956. Il assume les fonctions de ministre des Finances sous la présidence du général de Gaulle, puis de Georges Pompidou, de 1962 à 1966 et de 1969 à 1974, date à laquelle les Français l'élisent à la présidence de la République.
Après son échec aux présidentielles en 1981, son activité politique ne se ralentit pas. Élu par deux fois conseiller général du Puy-de-Dôme en 1982 et 1985, il accède en 1986 à la présidence du conseil régional d'Auvergne qu'il perd en 2004. Son élection à l'Académie française, le 11 décembre 2003, ajoute les honneurs littéraires à cette carrière politique.
Partisan de la Constitution européenne, il crée le **Sommet européen** et contribue à l'augmentation des pouvoirs, notamment en matière budgétaire, du Parlement européen, où il siège à plusieurs reprises entre 1989 et 1993. En 2001, il prend les fonctions de président de la Convention européenne, qu'il conserve jusqu'à la présentation de la Constitution européenne, en 2003.
L'ancien président fait partie depuis 2004 des membres du Conseil constitutionnel chargés de vérifier la conformité des lois avec la Constitution.

Histoire

Des hommes d'envergure ont construit cette Auvergne, née des temps antiques, en surmontant les moments les plus difficiles de son histoire. Ils ont fait preuve d'une réelle volonté de développement, tant sur le plan politique, économique, culturel ou scientifique. C'est ainsi que l'Auvergne ne produit plus seulement des présidents, « des ministres, des fromages et des volcans », comme l'écrivait si bien Alexandre Vialatte. Aujourd'hui, la région, malgré ses importants problèmes d'enclavement, tire parti des richesses léguées par son passé pour s'ouvrir vers le troisième millénaire.

Quelques faits historiques

À L'AUBE DE L'HISTOIRE

Av. J.-C.

L'Auvergne fut un temps identique aux régions tropicales que l'on connaît aujourd'hui. Peut-on l'imaginer semblable à l'Afrique équatoriale, peuplée de crocodiles, de rhinocéros et d'éléphants? C'est pourtant indiscutable; des ossements ont été découverts à l'occasion de fouilles.

C'était, il est vrai, un temps très éloigné, que les géologues appellent l'« ère tertiaire ». Puis vint l'âge des grandes convulsions volcaniques, dont nos lointains ancêtres furent sans doute les témoins épouvantés.

7500-2800 – Époque dite de la **pierre polie**. Les volcans de la chaîne des Puys s'éteignent. Des agriculteurs-éleveurs colonisent le Massif central; ils ont laissé une cinquantaine de dolmens (Saint-Nectaire, Cournols) et une vingtaine de menhirs.

1800-700 – **Âge du bronze**. Arrivée des Celtes, qui fondent des installations dans des sites de plaine (Aulnat) et des oppidums sur les hauteurs (Gergovie). La propriété s'organise, se morcelle et se transmet; c'est l'époque dorée où les poteries de Lezoux sont en pleine expansion : on en retrouve jusque sous les cendres de Pompéi.

LES ARVERNES ET LA CONQUÊTE ROMAINE

121 – Alors que les **Arvernes** dominaient une grande partie de la Gaule, leur chef **Bituit** tombe devant les Romains; ils doivent désormais partager le pouvoir avec les **Éduens** et les **Séquanes**.

52 – **Vercingétorix**, le « grand chef des cent tribus », prend la tête d'une armée de résistants à l'envahisseur romain. Il inflige à César une cuisante défaite à **Gergovie**, mais, assiégé quelque temps après à **Alésia**, au pays des Mandubiens, il se livre pour sauver les siens.

Apr. J.-C.

1er-3e s. – *Augustonemetum* (Clermont-Ferrand) est la capitale arverne depuis le 1er s. La *Pax romana* règne sur la Gaule.

471 – À la fin de l'empire d'Occident, le poète **Sidoine Apollinaire**, préfet de Rome,

La reine Margot - Marguerite de Valois (vers 1572).
D.R.

devient évêque de Clermont. Il organise la résistance contre les envahisseurs wisigoths jusqu'en 475. Malgré son opiniâtreté, l'Auvergne est cédée aux Barbares en échange de la Provence.
507 – À la suite de la victoire de Clovis sur Alaric II, lors de la bataille dite « de Poitiers », l'Auvergne passe sous la **domination franque**.

L'AUVERGNE FÉODALE

761 et 767 – Pépin le Bref soumet les grands d'Auvergne.
951 – Le premier pèlerinage en direction de **Saint-Jacques-de-Compostelle** part du Puy-en-Velay.
999 – **Gerbert**, ancien moine de l'abbaye Saint-Géraud à Aurillac, devient le premier pape français sous le nom de **Sylvestre II**.
1043 – Fondation de l'abbaye de **La Chaise-Dieu** par Robert de Turlande.
1095 – **Urbain II** prêche à Clermont la première croisade. L'élan de foi populaire qu'il soulève canalise les énergies belliqueuses de la féodalité.
12e s. – Partagés entre la vassalité au roi de France ou au duc d'Aquitaine, les grands seigneurs auvergnats ne parviennent pas à s'unir pour former un État.
Le **comte d'Auvergne** gouverne la Basse-Auvergne à l'exception de Clermont, qui demeure le fief de l'évêque. Au nord de la ville, les seigneurs de Bourbon affirment leur puissance jusqu'aux confins du Berry. Au sud, le domaine des Mercœur déborde sur le Gévaudan et le Vivarais.
1210 – Philippe Auguste profite d'un conflit entre le comte Guy et l'évêque de Clermont pour étendre le domaine royal et réduire les possessions comtales à quelques terres autour de leur nouvelle capitale, **Vic-le-Comte**.
1241-1271 – L'Auvergne fait partie de l'apanage d'Alphonse de Poitiers, installé à Riom dans son palais ducal.
1262 – Isabelle d'Aragon épouse en grande pompe Philippe III le Hardi (fils de Louis IX, devenu saint Louis après sa canonisation en 1297) en la cathédrale de Clermont.
1319 – Après cinq ans de crise, les seigneurs d'Auvergne négocient leur fidélité à Philippe V le Long : c'est la **charte des Auvergnats**.

LA MONTÉE DES BOURBONS

1327 – La baronnie de Bourbon est érigée en duché (le Bourbonnais) par **Charles IV le Bel**.
1355 – L'Auvergne connaît les heures sombres de la **guerre de Cent Ans,** avec son cortège de pillages, d'incendies, de famines et d'épidémies. On assiste à la montée en puissance des bourgeois, soucieux d'obtenir leur charte de franchise, garante des libertés de la cité, leur permettant d'entourer de murailles leur « bonne ville ».
On dénombre alors 19 **villes franches** : 13 en Basse-Auvergne (Clermont et Montferrand, encore distinctes, Riom, Billom, Issoire, Saint-Germain-Lembron, Brioude, Auzon, Ébreuil, Aigueperse, Saint-Pourçain, Cusset et Langeac), 6 en Haute-Auvergne (Saint-Flour, Aurillac, Mauriac, Salers, Chaudes-Aigues et Maurs). Ces « bonnes villes » envoient des députés aux **états d'Auvergne** à Issoire.
1360 – L'Auvergne échoit au duc **Jean de Berry**, fils de Jean II le Bon, qui la transmettra à son gendre, le duc de Bourbon.
1510 – Devant l'imbroglio juridique régnant en Auvergne, Louis XII détache à Clermont le président du Parlement de Paris pour élaborer la rédaction des **coutumes**.
1527 – Les sires de Bourbon se trouvent à la tête d'un grand État féodal, mais François Ier leur confisque l'Auvergne et le Bourbonnais, à la suite de la trahison du connétable de Bourbon.
1572 – Après la Saint-Barthélemy, l'Auvergne plonge dans le chaos. La ville d'**Issoire**, principal foyer du **protestantisme**, est ainsi en partie détruite en 1577.
1587 – Marguerite de Valois (fille d'Henri II et de Catherine de Médicis), épouse d'Henri IV, dite **reine Margot**, est assignée à résidence par son frère Henri III au château d'Usson. Elle y séjourne pendant 18 ans et y rédige ses *Mémoires*.

LE RETOUR DE L'ORDRE

1633 – Des intendants investis de pouvoirs étendus remplacent les anciens gouverneurs. La noblesse locale est mise au pas : Richelieu ordonne de démanteler de nombreux châteaux forts qui faisaient ombrage au pouvoir. Louis XIII vient de célébrer le mariage forcé de Clermont et de Montferrand, qui ne se résigneront jamais vraiment à cette union.
1642 – Première machine à calculer, la « Pascaline » est inventée par **Blaise Pascal**, célèbre mathématicien et penseur, natif de Clermont-Ferrand.
1665-1666 – Du 28 septembre au 30 janvier se tient à Clermont un tribunal d'exception : **les Grands Jours d'Auvergne**. Une façon pour Louis XIV de régler ses comptes avec les derniers féodaux, « les bandits à particule ».
La cour instruit 1 360 dossiers, prononce 692 arrêts de condamnation, dont 450 par défaut, les auteurs des crimes ayant pris la fuite dès la première des 23 exécutions. Du coup, les sentences ne sont plus prononcées que par contumace, et les pendaisons exécutées en effigie. Dans la foulée, les magistrats prononcent des édits sur les corvées, les poids et mesures, pour remédier aux principaux abus.
1693-1709 – La **famine** se répand en Auvergne, anéantissant les quelques améliorations économiques entrevues sous Colbert.
18e s. – Ce siècle apparaît paisible, mais l'économie ne progresse guère. Les campagnes, hormis quelques zones « riches » comme la Limagne, ne se suffisent pas à elles-mêmes et doivent recourir

au surcroît indispensable que constitue l'émigration. Clermont ne compte que 23 000 habitants ; les transports sont archaïques, et l'amélioration du réseau routier national laisse à l'écart le Massif central.

1757 – Gilbert Motier naît au château de Chavaniac, dans la région de Brioude. Celui qui deviendra le **général de La Fayette**, « le héros des deux mondes », laissa des traces durables de son passage en Auvergne.

1765 – La **bête du Gévaudan** sème la terreur aux confins de l'Auvergne et du Gévaudan.

1790 – L'Auvergne est découpée en quatre départements : **Puy-de-Dôme**, **Cantal**, **Haute-Loire** (Velay compris) et **Allier** (essentiellement bourbonnais).

L'AUVERGNE RÉVOLUTIONNAIRE ET IMPÉRIALE

1793 – La Révolution reçoit à ses débuts un assez bon accueil, à Riom notamment avec **Gilbert Romme** et **Soubrany**, mais les difficultés économiques et les levées d'hommes provoquent encore des révoltes paysannes.

Pour enrayer ce mécontentement et éviter la propagation en Auvergne du mouvement fédéraliste de Lyon, le gouvernement de la Convention donne pleins pouvoirs à **Georges Couthon**, membre de Comité du salut public.

De septembre à novembre, il fait souffler sur la région un vent de propagande révolutionnaire en faisant adopter des mesures autoritaires pour conforter les lois gouvernementales. C'est de cette époque que date la disparition de nombreux clochers des églises auvergnates.

1800 – Au péril de sa vie, le jeune **général Desaix** permet au Premier consul Bonaparte de gagner la bataille de Marengo. Il a laissé des souvenirs marquants sur les bords de la Sioule, à Ayat où il est né, et au manoir de Veygoux où il fut élevé et qui est consacré à sa mémoire.

1837 – Le **duc de Morny**, demi-frère du futur Napoléon III, s'implante dans le Puy-de-Dôme où il achète la sucrerie de Bourbon. Député, président du conseil général, il s'intéresse de près au développement économique de l'Auvergne jusqu'à sa mort en 1865.

L'ESSOR DE L'AUVERGNE

1832 – **Barbier** et **Daubrée** fondent une usine à Clermont et y introduisent le travail du caoutchouc.

1848 – Élection à la députation d'**Eugène Rouher**. Ministre avant le coup d'État du 2 décembre 1851, il parvient, sous le Second Empire, aux plus hauts sommets de l'État. Auvergnat de souche, il participa à l'essor de sa région.

1853 – Le premier bureau accueillant le **télégraphe électrique** est installé à Clermont.

1855 – Le **chemin de fer** atteint Clermont, mettant l'Auvergne à 9h36 de la capitale.

1882 – Le 14 juillet, le premier numéro de *L'Auvergnat de Paris*, fondé par Louis Bonnet, est publié.

1884 – Achèvement de la construction du **viaduc de Garabit** par la société Gustave Eiffel & Co.

1889 – Ravage du **phylloxéra** dans les vignobles de Limagne.

1891 – Les frères **André** et **Édouard Michelin**, petits-fils de Barbier, inventent le pneu démontable pour vélo.

1900 – Fondation de l'Automobile-Club d'Auvergne à Royat.

1911 – Parti de Paris, **Eugène Renaux** pose son aéroplane au sommet du puy de Dôme.

1916 – **Aulnat** vit une première mondiale aéronautique, avec la construction de la première piste d'atterrissage « en dur ».

1919 – Alexandre Varenne crée le quotidien *La Montagne*.
1920 – Premières productions de l'imprimerie de la **Banque de France** à Chamalières.
1931 – L'Aurillacois **Paul Doumer** devient président de la République. Il meurt assassiné à Paris l'année suivante.
1936 – Le Cantalien **Antonin Magne** devient champion du monde de cyclisme.
1940 – Après l'armistice, le **maréchal Pétain** s'installe à Vichy avec son gouvernement. Il nomme **Pierre Laval** vice-président du Conseil. Celui-ci, instigateur de la rencontre Hitler-Pétain à Montoire, consacra la politique de collaboration.
1944 – **Combat du mont Mouchet** : quelque 300 maquisards périssent en tentant de retarder la jonction des troupes allemandes du Sud avec celles de Normandie.
1951 – Mise en eau du **barrage** de Bort-les-Orgues.
1955 – Le **centre émetteur** de télévision est construit au sommet du puy de Dôme *(voir ce nom)*.
1958 – Création de la **Société des Eaux de Volvic**. En 1965, la source Clairvic est classée « eau minérale naturelle » par le ministère de la Santé.
1969 – **Georges Pompidou**, né à Montboudif, député du Cantal, est élu à la présidence de la République. Il succède au général de Gaulle, dont il fut le Premier ministre.
1972 – Création de la région Auvergne.
1974 – **Valéry Giscard d'Estaing**, maire de Chamalières, devient président de la République. Il succède à Georges Pompidou, dont il était le ministre de l'Économie et des Finances.
1979 – Premier **Festival du court métrage** à Clermont-Ferrand.
1989 – Achèvement de la **liaison Paris-Clermont** par autoroute.
2002 – Ouverture de **Vulcania**.
2004 – **Pierre-Joël Bonté** (décédé en 2006) emporte la présidence régionale face à Valéry Giscard d'Estaing.
2005 – Le conseil général du Puy-de-Dôme adopte officiellement les gentilés **puydomois, puydomoise**.
2006 – Le 26 mai, Édouard Michelin décède accidentellement au large des côtes bretonnes.
Après avoir remplacé le tramway par des autobus en 1956, Clermont est à nouveau sur les rails, avec le **tramway Translohr.**
2007 – Achèvement du dernier tronçon de l'**A 89** reliant Clermont à la ville de Bordeaux.
2008 – L'amendement où figure l'étude du projet de ligne TGV Paris-Clermont-Ferrand-(Lyon) a été adopté à l'Assemblée nationale. Les deux villes pourraient être reliées en 2h à l'horizon 2020.

Quelques personnalités de la région

L'histoire de l'Auvergne est traversée par une galerie de personnages hors du commun, auréolés de légende comme Vercingétorix ou de sinistre mémoire comme Mandrin. Ils font partie de notre patrimoine, et c'est ainsi que sont évoqués, ci-dessous, quelques-uns d'entre eux…

BLAISE PASCAL

Né à Clermont en 1623, ce brillant mathématicien, physicien, philosophe et écrivain signe dès l'âge de 16 ans un *Essai sur les coniques*. À 18 ans, il invente la « Pascaline », machine à compter qui additionne, multiplie, soustrait et divise de façon automatique. Trop coûteuse à fabriquer, sa géniale invention ne sera jamais commercialisée. Avec l'aide de son beau-frère Florin Perrier, Pascal vérifie les théories de la pression atmosphérique sur les flancs du puy de Dôme en 1648. Il meurt en 1662 avant d'avoir achevé une *Apologie de la religion chrétienne*, publiée sous le titre de *Pensées*.

GILBERT DE LA FAYETTE

Né au château de Chavaniac en 1757, **Gilbert Motier** entame sa carrière militaire à Paris à l'âge de 11 ans et devient sous-lieutenant d'un régiment de dragons cinq ans plus tard. Entendant parler de l'insurrection des colons américains, il se passionne pour cette cause et part pour Georgetown malgré les ordres de Louis XVI. Il a à peine 20 ans lorsqu'il combat avec le grade de major général. Surnommé « le gamin », il dirige les troupes de Washington et oblige Yorktown à capituler. De retour en France, tentant de protéger la famille royale, il sera arrêté et emprisonné. Son intervention en 1830 lors de la révolution de Juillet permet à Louis-Philippe de monter sur le trône. Celui qui est dénommé « le héros des deux mondes » meurt le 20 mai 1834.

COCO CHANEL

Gabrielle Chasnel naît à Saumur en 1883. Orpheline de mère dès l'âge de 12 ans, abandonnée par son père, elle apprend la couture à Moulins. Elle exerce le métier de « demoiselle de magasin » et se produit comme chanteuse de music-hall au Grand Café sous le nom de « Coco », nom qui lui restera. Étienne Balsan l'arrache à cette vie pour l'emmener à Paris où la coupe de ses chapeaux séduit les mondaines. Plus tard, Arthur Catel lui achète une patente et l'aide à ouvrir deux boutiques, l'une à Paris et l'autre à Deauville. Créatrice, modiste, styliste de grand talent, Coco entame alors la carrière internationale qu'on lui connaît. « Mademoiselle », pour les intimes, meurt à Paris en 1971, laissant à la postérité son célèbre parfum *N° 5*, lancé en 1921, et ses fameux tailleurs Chanel.

JULES ROMAINS

De son vrai nom **Louis Henri Jean Farigoule**, cet écrivain de talent voit le jour en 1885, à Saint-Julien-Chapeuil (Haute-Loire). Agrégé de philosophie, il enseigne jusqu'à la Grande Guerre durant laquelle il intègre un service de santé. À son retour, il décide de se consacrer entièrement à l'écriture. Il sera élu à l'Académie française en 1946. Son œuvre touche à la fois au théâtre, à la politique, à la poésie et au roman dont font partie les 27 volumes des *Hommes de bonne volonté*. Parisien d'adoption, ne venant que très rarement dans le Velay, Jules Romains portait pourtant un profond attachement à son pays natal qu'il évoquera souvent dans ses écrits. Il s'éteint à Paris le 14 août 1972.

GEORGES POMPIDOU

Ce célèbre Cantalien voit le jour à Montboudif en 1911. Agrégé de lettres, diplômé de l'École libre des sciences politiques, il enseigne à Marseille, puis à Paris au lycée Henri-IV. En 1944, il entre au cabinet du général de Gaulle comme chargé de mission. Après le départ du général, il retourne aux affaires et devient directeur général de la Banque Rothschild. En 1962, il succède à Michel Debré au poste de Premier ministre. Candidat à la présidence de la République, il est élu le 15 juin 1969. Georges Pompidou meurt dans l'exercice de ses fonctions en 1974.

Traditions et art de vivre

L'Auvergne est avant tout la région de production de fromages d'Appellation d'Origine Protégée la plus importante du pays. Le relief volcanique, la flore et la faune exceptionnelles, le savoir-faire ancestral des producteurs et des agriculteurs, concourent à perpétuer une qualité authentique de tous ses produits de terroir. Pour de nombreux grands chefs cette terre est sacrée, l'art de la table aussi prolifique que varié.

Traditions

L'exode rural du 19e s. a intégré l'Auvergnat à la population nationale, en lui conservant ses qualités natives, issues d'un milieu naturel austère et fort. Depuis, la modernisation technique a touché l'Auvergne; il reste aujourd'hui un héritage culturel assimilé par l'imagerie collective.

FÊTES PROFANES

L'Auvergnat a toujours su abandonner le travail pour s'amuser un peu, comme à l'occasion de la « fête des brandons ». Encore aujourd'hui, certaines coutumes sont perpétuées ou remises en vigueur : la « réveillée » lors des fêtes pascales, les feux de la Saint-Jean qui illuminent les hauteurs à l'époque du solstice d'été, les fêtes patronales où les « conscrits » donnent l'aubade, les fêtes champêtres (des fenaisons, du fromage, des moissons, des vendanges, etc.) qui connaissent une vogue renouvelée.

Variations de costumes

En plus du foulard de couleur vive au cou, du feutre noir à larges bords sur la tête, des sabots ou galoches aux pieds dont les chocs retentissants rythmaient la danse, l'élément principal du costume masculin était la **biaude** : cette grande blouse bleu sombre, plissée aux épaules et aux manches, protégeait les vêtements et retombait sur un solide pantalon de toile noire. On pouvait pourtant lui substituer la veste noire de drap épais sur un gilet (présentoir idéal pour une grosse chaîne de montre) et une chemise (cravate facultative); ou bien la casaque de laine blanche (brayaud), avec grosse chemise d'écru (en Bourbonnais) et guêtres. Le costume féminin (robe longue à jupe souvent très froncée, tablier brodé serré à la taille et châle sur les épaules) se distinguait surtout par les **coiffes** (un musée leur est consacré à Blesle), sujettes, comme en Bretagne, à de grandes variations locales : bonnet rond de toile blanche brodée ou tuyautée, capeline, canotier à rubans, chapeau aux bords relevés devant et derrière dit « à deux bonjours » (en Bourbonnais). De nombreux **bijoux** (épingles pour fixer le châle, boucles d'oreilles, croix et cœurs en or, ceinturons en argent, bijoux émaillés) agrémentaient la robe du dimanche.

Danses traditionnelles et musique

L'Agence des musiques traditionnelles d'Auvergne (l'AMTA), basée à Riom, s'attache à préserver la mémoire musicale régionale tout en soutenant les initiatives en matière de créations musicales, établissant ainsi des passerelles entre les musiques traditionnelles et d'autres plus contemporaines. La **bourrée** est devenue, à partir du 18e s., emblématique de l'Auvergne. Les pas figurent une jeune fille coquette qui tantôt fuit, tantôt rappelle un cavalier entreprenant. Là aussi, on remarque des variantes : bourrées de haute ou de basse Auvergne, bourbonnaise et autres adaptations locales. Les **rondes** auvergnates sont moins connues : « berlet » pour les femmes et « branle », nettement plus brutal, pour les hommes.
Parmi les instruments de musique les plus usités, la **cabrette** – on utilisait une peau de chèvre pour le soufflet – produit un son aigu, monotone, proche du biniou breton, susceptible pourtant d'accents nuancés, mélancoliques et prenants.
Elle est souvent remplacée par l'**accordéon diatonique**. La **vielle** accompagnait toujours la cabrette : un clavier et une roue actionnent les cordes mélodiques tendues sur une caisse de résonance. Certaines vielles, notamment celles fabriquées à Jenzat (Allier), étaient de véritables chefs-d'œuvre marquetés d'ivoire, de nacre et d'ébène, ornés d'incrustations et de jolis motifs décoratifs.

FÊTES RELIGIEUSES

L'Auvergne accorde une grande place au culte de la Vierge. On lui a dédié d'innombrables sanctuaires. Les Vierges romanes d'Auvergne comptent d'ailleurs parmi les plus anciennes de France. Le culte marial est demeuré très vivant, voire spectaculaire. Les manifestations les plus fréquentées sont les processions de **Notre-Dame-du-Port** (Clermont-Ferrand) et d'**Orcival**, les pèlerinages de **Mauriac** et de **Thiézac** dans le Cantal, de **Marsat** ou de **Monton** dans le Puy-de-Dôme. Le culte peut être associé au rythme pastoral : dans les monts Dore, **Notre-Dame de Vassivière**, Vierge transhumante, est transportée de Besse à son sanctuaire d'altitude au début de l'été (c'est la montade) ; on la redescend au changement de saison (c'est la dévalade). Le même phénomène se produit à la **Font-Sainte**, dans le Cantal : la Vierge des bergers réintègre durant l'hiver l'église de Cheylade. Dans la région de Maringues, en Limagne, on vénère **Notre-Dame des Moissons** sur la butte de Montgacon.
Les saints guérisseurs ont beaucoup pâti des progrès de la médecine, mais le **culte de saint Bénilde**, canonisé en 1967, connaît encore un certain succès à Thuret (Puy-de-Dôme).
Apparues au 16e s., les anciennes **confréries de pénitents blancs ou noirs** ne subsistent plus guère de nos jours. Le temps fort de leur pratique était autrefois la célébration de la Passion, dont les pénitents blancs de Saugues, du Puy-en-Velay ou de Marsat respectent la tradition.

ANCIENS MÉTIERS

Les Auvergnats exercèrent une foule de métiers auxquels on les identifia longtemps, tant leur spécialisation confinait au monopole. Dans de nombreux cas, ils ne servent plus qu'à des fins folkloriques ou pour conserver la mémoire de pratiques vouées à disparaître.

La Route des métiers, mise en place par le **Parc régional Livradois-Forez,** propose de façon très éclectique des adresses de sites culturels, d'artisans d'art et de producteurs fermiers, fidèles aux modes traditionnels.
Pour plus de renseignements, consultez le site www.routedesmetiers.com ou composez le 06 30 95 07 28.

Chaudronniers du Cantal

L'étain et le cuivre étaient les deux matériaux de base travaillés par les chaudronniers. Jusqu'au 19e s., la vaisselle d'étain était la plus répandue : carafes, pichets, plats, assiettes, couverts avaient souvent besoin d'être réparés, sinon d'être envoyés à la fonte. Des étameurs et des fondeurs ambulants se déplaçaient et faisaient de la réparation à domicile. Le façonnage des objets en cuivre – batteries de cuisine, fontaines, récipients dont il reste des exemplaires dans les vieilles fermes – nécessitait un martelage intense pour les amener à la forme désirée. Les chaudronniers d'Aurillac excellaient dans ce domaine, mais il leur était interdit de travailler la nuit. Il en reste encore quelques-uns en activité.

Couteliers thiernois

La coutellerie thiernoise est née de la rencontre d'une rivière, la Durolle, dont les eaux acides se prêtent bien à cette pratique, et d'une abondante main-d'œuvre locale disponible. Les meules utilisent toujours la force motrice de l'eau. Ce travail pénible, en position allongée sur le ventre, dans le froid et l'humidité, la chaleur d'un chien couché sur les jambes pour tout réconfort, occupait des centaines d'ouvriers ; le montage des pièces finies était assuré par les paysans alentour. C'est un métier qui a reconquis ses lettres de noblesse, ces dernières années. Quelques artisans couteliers de la région thiernoise ont pris la relève, avec une orientation design et une mécanique de fermeture plus innovante, résolument contemporaine. Mais les coûts de fabrication étrangère étant plus faibles, la production artisanale locale se fait de plus en plus rare.

Dentellières du Velay

Grâce à leurs doigts de fée, les dernières initiées réalisent la fabrication de dentelle au fuseau, en faisant s'entrecroiser des fils sur un « carreau », comme autrefois. Dans le Velay, au Puy-en-Velay, à Retournac et à Brioude, une Route de la dentelle évoque les us et coutumes de cet ancien métier, réservé aux femmes, qui l'exerçaient à domicile.

Fendeurs de Tronçais et scieurs de long

Les scieurs de long, qui s'activaient autrefois dans les monts du Livradois, le Cézallier, l'Artense et la Combraille, sont aujourd'hui relayés par les fendeurs de la forêt de Tronçais *(voir ce nom)*, qui exercent à domicile le métier de « fendeur de merrain », pour le compte du scieur qui débite les grumes de chêne.

Gentiannaires du Cézallier et des monts du Cantal

Les arracheurs de gentiane étaient autrefois nombreux sur les hauts plateaux cantaliens, armés de « la fourche du diable », à rechercher ces longues fleurs jaunes dont les racines servent, une fois séchées, à la préparation d'apéritifs encore très recherchés. L'extraction est maintenant l'apanage de saisonniers étrangers et la filière gentiane a encore de beaux jours devant elle.

Papetiers du Livradois

La papeterie n'était pas spécifiquement livradoise (les moulins papetiers de la Tiretaine étaient très actifs dès le 14e s.),

Coutellerie de Thiers.
Y. Le Manour / COLORISE

mais dans le val de Lagat, à côté d'Ambert, elle a perduré jusqu'à nos jours. Le moulin Richard de Bas, musée historique du Papier, dévoile à ses visiteurs les procédés de fabrication et quelques secrets ancestraux, voués maintenant à une production de prestige.

Potiers de Limagne

L'argile de Limagne se prête depuis l'Antiquité à la fabrication de terres cuites, cruches, saloirs, faisselles. Les fouilles archéologiques ont mis au jour de nombreux objets de la facture de Lezoux *(voir ce nom)*, dont on a retrouvé des pièces jusque sous les décombres de Pompéi. Cette tradition perdure grâce au travail de quelques potiers installés dans cette région.

Tailleurs de pierre de Volvic et émailleurs sur lave

Exploitée depuis l'Antiquité, la **lave de Volvic** est omniprésente dans les constructions auvergnates. Les tailleurs de pierre actuels se consacrent essentiellement à l'art funéraire, mais certains pratiquent encore la sculpture et sont sollicités pour participer à des campagnes de restauration.

L'industrie de la **lave émaillée**, également d'origine volcanique, est née à Mozac, aux portes de Riom. Depuis plus de cent ans, une entreprise de cette ville fabrique des tables d'orientation pour le monde entier. Il faut compter en moyenne soixante heures de travail pour la réalisation d'une table d'un mètre de diamètre.

Des métiers en voie de disparition

Une palette de métiers « auvergnats » en nette régression pourrait encore être mentionnée, comme celui des **charbonniers**, souvent originaires du Cantal, approvisionnés par les mineurs des bassins de Brioude et de Messeix, devenus tenanciers de bistrots parisiens, ou celui des **porteurs d'eau**, l'un de ces petits métiers qui ont servi à caricaturer l'Auvergnat d'antan. Le « cludjaïre » de l'Artense, qui n'avait pas son pareil pour exercer son métier de **chaumier**, a disparu du paysage.

La fabrication du fromage dans les burons étant en voie de disparition, le métier du **gerlaïre**, qui fabriquait les gerles (de grandes cuves en bois qui servaient à transporter le lait jusqu'à la « ferme d'en bas »), disparaît aussi. Le métier de **maréchal-ferrant** se raréfie également, avec la disparition du cheval de trait des campagnes auvergnates, mais les nouvelles pratiques de loisirs équestres et les reconstitutions historiques donnent un nouveau souffle à la maréchalerie.

La table auvergnate

L'Auvergne est connue pour ses recettes familiales roboratives, ses charcuteries fines et son fameux plateau de fromages. Sous l'égide de quelques cuisiniers, les plats sont devenus plus raffinés, prouvant que tradition et créativité peuvent aller de pair.

LA POTÉE

Voilà bien le plat traditionnel par excellence. Vous pouvez suivre la recette du poète cantalien Arsène Vermenouze : « Prenez un chou d'abord, un gros et joli chou, pommé, dur et qui ne soit pas trop flétri par le gel, une jambe de porc du pays, au poil demi-roussi, deux morceaux de saindoux, deux bons morceaux, il les faut, du lard gras et maigre, rance un peu, mais bien peu, des navets de la Planèze, d'Ussel ou de Lusclade [...], on ajoute encore dans la marmite un coq bien farci ou quelque vieille poule, un jarret de veau, une côte de bœuf ; mettez-y de la viande, mettez-en, n'ayez pas peur... »
Tout cela cuit lentement de quatre à cinq heures sur un feu de bois et, quand on découvre la marmite, la cuisine s'emplit d'un parfum inoubliable. Et les amateurs de condiments pourront ajouter, sur le bord de leur assiette, une pointe de **moutarde à l'ancienne de Charroux** pour accompagner le tout !

DES PLATS À BASE DE VIANDE OU DE POISSON

Le gourmet pourra goûter le **coq au vin**, délicieux quand un bon cru du terroir y apporte son arôme, les **tripoux** d'Aurillac, de Saint-Flour et de Chaudes-Aigues (pieds de mouton farcis, pliés dans des portions d'estomac de mouton), les **jambons** de Maurs, les **saucisses sèches** du Velay.
Si vous préférez le poisson, optez plutôt pour une friture de goujons, une truite d'eaux vives, une anguille de la Dore ou un pavé de saumon, sans oublier l'**omble chevalier**, qui allie finesse et caractère.

EN ACCOMPAGNEMENT...

La **truffade** est un onctueux mélange de tomme de cantal fraîche et de pommes de terre coupées en fines rondelles et revenues à la poêle. Son cousin, l'**aligot,** que l'on déguste à Chaudes-Aigues et en Aubrac, se cuisine avec les mêmes ingrédients. Seule la cuisson des pommes de terre, en purée, en change la consistance, et il faut des bras musclés pour brasser tomme et purée jusqu'à ce que l'aligot, comme la truffade, « commence à filer ».
Le **pâté aux pommes de terre** – pâte légère rissolée au four garnie de beaucoup de crème fraîche et de pommes de terre – est un plat apprécié dans les régions de Montluçon et de Gannat.
Les forêts auvergnates regorgent de champignons aux bonnes saisons. Les **morilles** se préparent à la crème ou accompagnent l'omelette ou les volailles. Les cèpes du Livradois ou du Velay parfument agréablement les viandes et constituent de délicieux veloutés.
Les **pois** de la Planèze et surtout les **lentilles vertes** du Puy (AOP), accompagnant un petit salé ou dégustées en simple salade assaisonnée, ont conquis leurs lettres de noblesse.

Les **bourriols**, galettes de sarrasin qui remplaçaient jadis le pain, s'apprécient avec une garniture salée (saucisses, cantal…) ou sucrée (confitures de myrtilles, framboises ou mûres).

CINQ FROMAGES AOP

L'Auvergne produit environ 50 000 tonnes de fromages, soit le quart de la production française. Cinq spécialités sont reconnues en AOP (Appellation d'Origine Protégée, label européen qui remplace l'AOC) : le **saint-Nectaire** (pâte pressée demi-ferme), la **fourme d'Ambert**, le **bleu d'Auvergne** (pâtes persillées non pressées), le **cantal** et le **salers** (pâtes pressées).
On pourra aussi apprécier la saveur d'un **chambérat** du Bourbonnais, d'une **fourme de Saint-Anthème** ou de **Rochefort-Montagne**, d'un **lavort**, voire d'un **gaperon à l'ail** de Limagne (réalisé autrefois à partir du babeurre, « gape » en patois, et bien épicé).
En Margeride et dans les monts du Cantal, autour d'Aurillac et de Salers, on goûtera les **fromages de chèvre**.
Il est de tradition, en Auvergne, d'accompagner son fromage d'une salade aux noix, ou à l'huile de noix.

Le meilleur est pour la fin

Les familles de basse Auvergne et de la plaine d'Ambert font volontiers des **millards** aux cerises non dénoyautées (pour le goût) et des **pompes**, savoureux gâteaux hermétiquement clos et fourrés aux pommes, qui cuisent ainsi à l'étouffée. Dans le Cantal, la **fouasse** rappelle la brioche ; celle de Saint-Urcize est délicieuse. On dégustera encore les **cornets** de Murat, tuiles fourrées de crème fraîche, la **tarte** à la tomme de Vic-sur-Cère, les **croquants** de Bort ou de Mauriac (biscuits pur beurre) ou les **carrés** de Salers.

Les **pâtes de fruits**, **fruits confits** et **confitures** de la Limagne et de Clermont sont des friandises recherchées, mais les **pastilles** et les **sucres d'orge** de Vichy enchanteront aussi les enfants sages !

LES BOISSONS

Le vignoble auvergnat est ancien. Il était souvent au Moyen Âge entre les mains de communautés de moines, comme les bénédictins de Saint-Alyre, à Clermont-Ferrand, qui produisaient 35 000 pots de vin par an. Les vignerons se rassemblaient en confréries et ceux du val d'Allier fondaient tous leurs espoirs en saint Verny, un curieux personnage venu d'outre-Rhin, et qui a très tôt supplanté en Auvergne le rituel saint Vincent. La statue du protecteur des vignerons représentait invariablement un hobereau, avec son « bousset » (petit tonneau) à ses pieds. En cas de mauvaise récolte ou de grêle, il était molesté ou mis en pénitence au fond de l'église du village. Tous ceux qui travaillent aujourd'hui pour la dive bouteille, qu'ils soient tonneliers, viticulteurs ou œnologues, œuvrent pour rendre aux côtes-d'auvergne leurs lettres de noblesse.

Les vins d'Auvergne

Les vins d'Auvergne sont connus depuis les Romains. Plantée sur les coteaux auvergnats, là où la population était rassemblée, la vigne constitua, pendant près de deux millénaires, la principale richesse de ces régions. La crise de la fin du 19e s., due à l'arrivée du phylloxéra, devait changer définitivement la configuration du vignoble auvergnat.
Aujourd'hui, la passion du métier et la volonté des jeunes vignerons ont permis aux vignobles de Saint-Pourçain et des côtes d'Auvergne de revivre à nouveau. Les crus

les plus réputés (**châteaugay**, **chanturgue** et **madargue**) sont issus du vignoble de Riom ; le **corent** ou le **blanc de Boudes** sont également en faveur. Du côté de l'Allier, on goûtera le célèbre **saint-pourçain**, qui existe en rosé, en rouge et en blanc.

Les spiritueux

Vous ne commencerez pas un repas auvergnat sans goûter, avec modération, à l'**apéritif de gentiane**, au goût si particulier, mais vous ne pourriez le terminer sans un petit verre de **verveine du Velay**, aux vertus digestives reconnues, à moins qu'une crème de mûre ou de framboise ne termine la soirée en douceur !

Les eaux

On ne saurait toutes les citer, mais les plus connues sont sans doute la source du Mont-Dore, ou de Volvic, l'eau aux fines bulles de Châteldon, de Châteauneuf, de Sainte-Marguerite ou encore celle de Vichy-Saint-Yorre…

LES GRANDS CHEFS DE LA RÉGION

Nous détaillons ci-dessous quelques adresses mais il existe d'autres tables étoilées comme Emmanuel Hodencq, et Jean-Claude Leclerc à Clermont-Ferrand (63), le château de Cidignat à Bort-l'Étang (63), François Gagnaire au Puy-en-Velay (43), Beauséjour (Louis-Bernard Puech) à Calvinet (15) *(descriptif de cette adresse p. 264)*, et, pour ceux qui prendraient la route de l'Aubrac, Michel et Sébastien Bras à Laguiole (12).

Dans l'Allier (03)

Jacques Decoret. Bousculer les habitudes, imposer une nouvelle façon de voir et de penser en cuisine : tel est le credo de Jacques Decoret, « Meilleur Ouvrier de France ». Nouvellement installé dans une maison de 1850 au cœur d'un quartier historique, il poursuit sa route. Séduisant souvent, déroutant parfois, ce chef natif de Lapalisse se sent bien dans sa région natale qu'il n'a jamais envisagé de quitter. Épaulé par son épouse Martine, il peut revendiquer quelques étapes prestigieuses sur son parcours : Troisgros à Roanne, Lorain à La Côte Saint-Jacques à Joigny, Passard en son Arpège à Paris et Marcon à l'Auberge des Cimes de Saint-Bonnet-le-Froid, tous notés trois étoiles par le Guide Michelin. Aussi fier de revendiquer ses différences que d'appartenir à la « Génération. C », nouveau courant culinaire qui prône « sa liberté pour mieux ruer dans les casseroles », il a raison de croire en sa bonne étoile.
Maison Decoret - 15 rue du Parc - Vichy - ✆ 04 70 97 65 06 - www.jacquesdecoret.com.

En Haute-Loire (43)

Philippe Cacaud. C'est une histoire de famille qui commence en 1935. Le 1er janvier, les **Cacaud** s'installent hôteliers-restaurateurs à Pont-d'Alleyras, séduisante petite commune du bout du monde, à une trentaine de kilomètres du Puy-en-Velay. Avec son épouse, le fils ajoute une épicerie et un négoce de vins. Puis, un demi-siècle après ses grands-parents et parents, Michelle s'installe à son tour. BTS de comptabilité en poche, elle n'a jamais songé à s'éloigner du village de son enfance. Et elle a su convaincre **Philippe**, fils d'hôteliers-restaurateurs de Lozère, des charmes de la région. Depuis, le couple a su construire son petit paradis et drainer une clientèle fidèle qui apprécie le charme du lieu. Le chef a profité de la fermeture hivernale obligée pour affiner, à travers des stages parisiens au Pavillon Dauphine, à La Marée, chez Taillevent et Robuchon, une cuisine qui puise aux racines de son terroir d'adoption. Comme tout cuisinier, il rêvait d'une concrétisation étoilée. Celle-ci est

arrivée en 1998 et a été ressentie comme un vrai bonheur. Et un honneur partagé par les habitants du village.
Le Haut Allier - Le Pont-d'Alleyras - ✆ 04 71 57 57 63 - www.hotel-lehautallier.com

Régis Marcon. En mars 2005, lorsque le Guide Michelin officialise son choix d'octroyer une troisième étoile à **Régis Marcon**, signalant que son Clos des Cimes vaut le voyage, le chef est en vacances au Japon. Du coup, à un an du cap de la cinquantaine, il peut sereinement mesurer le chemin accompli depuis que, jeune cuisinier, il avait repris avec son épouse Michèle la modeste maison familiale. À Saint-Bonnet-le-Froid, une petite commune de Haute-Loire, sa mère tenait un bistrot avec dépôt d'essence bien connu des familiers du Rallye de Monte-Carlo qui n'ignoraient pas qu'une « spéciale » spectaculaire se tenait dans le secteur. Progressivement, la maison s'est transformée. Infatigable ramasseur de champignons, le chef a grimpé dans la hiérarchie des étoilés, remporté le prestigieux « Bocuse d'Or » à Lyon en 1995 et s'est installé dans un « paquebot des cimes » avec vue sur les massifs alentours, où son fils **Jacques** l'a rejoint en cuisine. Belle histoire de famille en vérité.
Régis et Jacques Marcon – Saint-Bonnet-le-Froid - ✆ 04 71 59 93 72 - www.regismarcon.fr

Art et culture

Si la préhistoire lui a laissé quelques-uns de ses mégalithes, l'Auvergne rayonne surtout par la qualité et la richesse de son patrimoine bâti. Aux quatre coins de la région, cathédrales et précieuses églises romanes, châteaux, maisons fortes, mais aussi burons ou pigeonniers embellissent les paysages. La géographie si particulière de l'Auvergne a donné naissance à des villes et villages aux architectures et aux couleurs variées, témoins de l'histoire et des traditions, et sources d'inspiration pour de nombreux écrivains ou artistes séduits par leur charme...

Architecture

Avec l'élégance de ses basiliques romanes et de ses Vierges en majesté, la vivacité du décor sculpté et la splendeur de ses peintures murales, l'Auvergne s'impose par la richesse de son patrimoine religieux. Vous aimerez aussi parcourir les anciennes « bonnes villes » et les villages perchés pour découvrir châteaux en ruine et demeures de maître.

LES SECRETS DE L'AUVERGNE ROMANE

L'art carolingien contient en germe les réalisations romanes futures, mais aucun édifice complet ne nous en est parvenu ; on peut en voir quelques éléments intéressants, tels que la crypte de la cathédrale de Clermont et certaines parties des églises de Chamalières, de Mozac, de Ris, de Blesle et de Saint-Pourçain.

Dès le 10e s., l'Auvergne se couvre d'un « blanc manteau d'églises », selon la jolie formule du moine Raoul Glaber, d'autant plus que d'importants pèlerinages nécessitent la construction de vastes édifices. De nombreux monastères, comme l'abbaye Saint-Géraud d'Aurillac, celles de **Souvigny**, de Sauxillanges ou de **La Chaise-Dieu** deviennent de véritables foyers culturels.

Les plus belles basiliques romanes de basse Auvergne, dites « majeures », sont **Notre-Dame-du-Port** (Clermont-Ferrand), **Saint-Austremoine** à Issoire, **Saint-Julien** à Brioude et les églises d'**Orcival**, de **Saint-Nectaire** et de **Saint-Saturnin**. Construites en arkose dorée ou en lave sombre, elles ont chacune leur originalité, mais présentent des liens de parenté indéniables. La **cathédrale de Clermont**, consacrée par l'évêque Étienne II en 946, fut le premier édifice à posséder un déambulatoire et des chapelles rayonnantes. L'art roman ne se limite pas à la basse Auvergne, il acquiert en haute Auvergne et en Bourbonnais les particularités qui font son charme.

Caractéristiques architecturales

Exposée aux intempéries et peu ornée, la **façade occidentale** est parfois surmontée d'un clocher central ou de deux clochers latéraux et s'ouvre par

Fresques, basilique St-Julien de Brioude.
Office de tourisme de Brioude

un porche, rarement ornementé. Quelques églises ont conservé leurs **pentures**, merveilles de ferronnerie. Lorsqu'on entre dans une église romane d'Auvergne, on est frappé par l'équilibre des volumes architecturaux et la sobriété des lignes. La **grande nef**, épaulée latéralement par deux bas-côtés, est voûtée en berceau. Au-dessus des bas-côtés courent des **tribunes voûtées en quart de cercle** destinées à étayer le vaisseau central et à éclairer la partie haute de l'église par des fenêtres de petites dimensions.
Dans les grandes églises, le **chœur** comprend une travée droite en avant de l'hémicycle, composé de huit hautes colonnes qui délimitent le sanctuaire.
Dans les églises majeures (sauf à Saint-Saturnin), un **déambulatoire**, dont les voûtes d'arêtes suivent le tracé tournant, donne sur des chapelles rayonnantes qui permettaient de célébrer en même temps plusieurs offices. Au-dessous du chœur des grands sanctuaires s'étend souvent une crypte qui en reproduit le plan.

L'art du sculpteur roman

Les **chapiteaux**, notamment ceux du sanctuaire, ou les **modillons** du chevet sont souvent de vrais petits chefs-d'œuvre d'humour et de fantaisie.
Les artistes, groupés dans des ateliers comme ceux de **Mozac**, **Clermont** (Notre-Dame-du-Port), **Brioude**, Thiers et **Chanteuges**, ont emprunté leurs sujets à l'Antiquité : aigles, sirènes, centaures, minotaures, atlantes, serpents, génies ; à l'Orient : griffons affrontés, oiseaux buvant dans une coupe ; à l'histoire récente de la province : scènes de fondation de l'église, saint-sépulcre ou chevaliers en armure évoquant la 1re croisade, prêchée à Clermont ; aux traditions médiévales : saints locaux, singes enchaînés, ânes musiciens, anges et démons, vertus (Générosité, Justice) et vices (Luxure, Avarice). De même abondent les évocations des scènes de l'Évangile.
Les Vierges en majesté – La Vierge revêtue d'or d'Étienne II, abbé de Conques et évêque de Clermont au milieu du 10e s., est le modèle des Vierges auvergnates.

Répandues surtout dans le diocèse de Clermont, où le culte de Notre-Dame a toujours été en honneur, incarnant le trône de la sagesse, elles frappent par leur attitude hiératique et la dignité avec laquelle elles présentent l'Enfant Jésus, dont le regard d'adulte peut surprendre. Humbles statues en bois polychrome ou merveilles d'orfèvrerie, elles illuminent les sanctuaires de Chastreix, La Sauvetat, Meillers, Ronzières, Orcival, Marsat, entre autres.

Statues-reliquaires – Créations originales auvergnates liées à l'art des émailleurs limousins, ce sont d'admirables travaux d'orfèvrerie enrichis de pierres précieuses. Les plus célèbres sont le buste de saint Baudime à Saint-Nectaire et celui de saint Césaire (évêque d'Arles) à Maurs, sans oublier le trône sur lequel repose la célèbre statue de Notre-Dame d'Orcival. Les reliquaires et les châsses de Mozac, d'Ébreuil, de Moissat-Bas se rattachent à cet art précieux.

LES SPLENDEURS DU GOTHIQUE

Avec la diffusion de la langue d'oïl, qui s'introduit après la conquête de la province par Philippe Auguste et s'implante sous Alphonse de Poitiers, le style gothique rayonnant pénètre en Auvergne, au détriment des sources d'inspiration méridionales jusque-là prépondérantes. Ce nouveau style ne se généralise toutefois pas avant le 14e s.

Les influences du Nord

Les chevets de l'abbatiale d'Ébreuil, de Saint-Amable de

TRÉSORS CACHÉS D'AUVERGNE

Riche d'un patrimoine exceptionnel, l'Auvergne recèle tant de trésors d'art roman, gothique ou de la Renaissance, qu'il serait bien difficile d'en faire une présentation exhaustive. Vous apprécierez les œuvres suivantes pour leur beauté, leur expressivité ou encore la qualité de leur exécution, mais bien d'autres, tout aussi belles, vous attendent…

– Cloîtres de Lavaudieu (*p. 375*), du Puy-en-Velay (*p. 344*) et de La Chaise-Dieu (*p. 418*).
– Vierges en majesté des basiliques Notre-Dame-du-Port à Clermont-Ferrand (*p. 109*), Notre-Dame-des-Fers à Orcival (*p. 173*), des églises de Colamine-sous-Vodable (*p. 431*), de Chauriat (*p. 446*), de Moussages (*p. 308*) et de Marsat (*p. 149*).
– Chapiteaux historiés des basiliques Saint-Julien à Brioude (*p. 357*), Notre-Dame-du-Port à Clermont-Ferrand (*p. 109*), de l'abbatiale Saint-Austremoine à Issoire (*p. 426*), des églises de Saint-Nectaire (*p. 184*) et de Mozac (*p. 465*).
– Évangéliaire de Gannat au musée municipal (*p. 579*).
– Zodiaque de l'abbatiale Saint-Austremoine à Issoire (*p. 426*) et pilier roman (dit « colonne du Zodiaque ») de l'église prieurale Saint-Pierre-et-Saint-Paul à Souvigny (*p. 513*).
– Fresques et décoration peinte de l'abbatiale de Lavaudieu (*p. 374*), de l'église Saint-Léger à Ébreuil (*p. 486*), de la basilique Saint-Julien à Brioude (*p. 357*), de la cathédrale Notre-Dame du Puy-en-Velay (*p. 341*).
– Caissons de bois peints de la voûte de l'église de Cheylade (*p. 301*).
– Tapisseries de l'abbatiale de La Chaise-Dieu (*p. 416*) et le *Bestiaire fantastique* du château de la Trémolière à Anglards-de-Salers (*p. 296*).
– Triptyque du Maître de Moulins dans la cathédrale Notre-Dame à Moulins (*p. 497*).

Riom ou le chœur de Notre-Dame d'Aigueperse correspondent à la première vague de l'art gothique, des débuts du 13e s. Mais la plus belle manifestation du gothique en Auvergne est sans conteste la **cathédrale de Clermont**, des 13e s. et 14e s.; elle n'évoque que d'assez loin les grands édifices de l'Île-de-France, et dut attendre le 19e s. pour voir sa façade et ses flèches élevées par Viollet-le-Duc. Dominant la butte du vieux Clermont, la cathédrale de Jean Deschamps, dont les travaux débutent en 1248, suscite l'admiration. Ses immenses fenêtres sont rehaussées par l'éclat de somptueux vitraux; le jeu d'arcs-boutants et la pureté de lignes de son architecture sont remarquables. La lave de Volvic employée pour sa construction, matériau ingrat, rebelle au ciseau du sculpteur, mais apprécié par l'architecte pour sa dureté, sa résistance et son caractère inaltérable, lui donne un aspect austère que le soleil n'illumine guère. La toiture des chapelles et des nefs latérales est faite de dalles qui forment une terrasse au-dessous des arcs-boutants, sans l'intermédiaire de combles; c'est là une disposition très originale, inconnue dans le Nord.

À cette école se rattachent au 14e s. le chœur de l'église d'Ennezat et l'église d'Ambert. À la fin du siècle, la **sainte-chapelle de Riom** est l'œuvre des Dammartin, architectes de Jean de Berry qui avaient travaillé au Louvre de Charles V et à Bourges; elle a conservé trois des vitraux d'origine, ce qui n'est pas le cas de la sainte-chapelle d'Aigueperse, élevée par les ducs de Bourbon-Montpensier. Au 16e s., une troisième **sainte-chapelle**, dédiée elle aussi à saint Louis, est érigée au centre de **Vic-le-Comte**. Cette chapelle palatine a conservé des éléments importants des vitraux d'origine, qui développent un programme iconographique original, mettant en parallèle des scènes de l'Ancien et du Nouveau Testament.

En Bourbonnais, l'art gothique est représenté par le chœur de la **cathédrale de Moulins**, destinée à servir de chapelle ducale aux seigneurs de Bourbon, dont le train de vie fastueux n'a rien à envier à la cour des rois de France. Ce bel édifice du 15e s. renferme des vitraux de qualité, une Mise au Tombeau et surtout le fameux triptyque réalisé par le mystérieux Maître de Moulins, à la demande de Pierre II et de son épouse, Anne de Beaujeu.

Le gothique languedocien

Caractérisé par une large nef unique se prêtant bien aux prédications et des chapelles latérales disposées entre les contreforts, le gothique languedocien est le plus répandu. Dès le 14e s., on le rencontre à l'abbatiale de La Chaise-Dieu, chef-d'œuvre de l'art monastique, empreint de noblesse et de gravité, initié par le pape Clément VI. Le cloître, de la fin du 14e s., est une belle œuvre gothique dont il ne reste que deux galeries. Au 15e s., la cathédrale de Saint-Flour, l'église du Marthuret à Riom, la nef de celle de Montferrand, puis Saint-Loup à Billom, Sainte-Martine à Pont-du-Château, Notre-Dame-des-Oliviers à Murat, Saint-Gal à Langeac et Saint-Médard à Saugues témoignent du succès et de la diffusion de ce style.

Les églises de Saint-Dier et de Saint-Gervais-d'Auvergne, et surtout celle de Royat, fortifiées pendant la guerre de Cent Ans, occupent en Auvergne une place à part.

Les clés du décor

Sculpture – Quel contraste avec la statuaire romane ! La Vierge se fait plus féminine et maternelle : datant du 14e s., la Vierge à l'oiseau de l'église du Marthuret dédie à l'enfant qui joue dans ses bras un sourire empreint de mélancolie qui n'a pas fini de faire battre le cœur des Riomois ; à citer aussi, datant du 15e s., la vision radieuse de Notre-Dame du Portail sur la façade ouest de l'église d'Auzon, la Vierge allaitant du chœur de Notre-Dame-du-Port, le Christ lépreux de Saint-Julien de Brioude, dont l'attitude pathétique est si émouvante.

Ferronnerie - Cet art particulier se manifeste dans les grilles du cloître du Puy-en-Velay et celles du chœur de l'église Saint-Cerneuf de Billom (12e s.), dans les pentures des portes des églises de Lanobre, de Saint-Pardoux, d'Orcival, de Saint-Saturnin et de Saint-Julien de Brioude. À signaler aussi un mode décoratif propre à la Haute-Loire : les vantaux des portes de la cathédrale du Puy ou des églises de Blesle et de Chamalières-sur-Loire, où les silhouettes sont esquissées par estampage.

Peinture – L'Auvergne offre un intéressant panorama de la peinture murale au Moyen Âge, et de la fresque. La première historiquement connue fut celle que Mérimée découvrit dans la chapelle des Reliques, qui s'ouvre sur le bas-côté nord de la cathédrale du Puy. Elle représente les arts libéraux sous les traits de gracieuses allégories. Aux fresques de Saint-Julien de Brioude, de Châteloy en Bourbonnais, aux peintures de Saulcet du 12e s. succèdent, au 13e s., la *Légende de saint Georges* dans la cathédrale de Clermont et, au 14e s., les peintures de Billom ou du château de Saint-Floret. Du 15e s. datent le *Jugement dernier* d'Issoire, *Saint Georges terrassant le dragon* à Ébreuil, la *Danse macabre* de La Chaise-Dieu et les fresques d'Ennezat ou de Jenzat.

ARCHITECTURE CIVILE ET MILITAIRE

Forteresses et châteaux

Au 1er s. av. J.-C., les Gaulois avaient installé leurs **oppidums** fortifiés sur des hauteurs. Dès le 3e s., le retour de l'insécurité oblige un certain nombre de villas gallo-romaines (vastes domaines agricoles) à s'entourer d'enceintes défensives. Pendant le Moyen Âge, le mouvement s'amplifie, et Grégoire de Tours décrit l'Auvergne comme « engemmée de châteaux ». Ces **forteresses** de terre et de bois, entourées de palissades ou protégées par des escarpements naturels, englobent alors un large espace comprenant parfois un palais, une église ou un monastère, des habitations et même des terres cultivées. Les grands y défient l'autorité monarchique, de Thierry Ier à Pépin le Bref.

Les **mottes féodales** apparaissent à partir du 10e s. Édifiées sur une éminence naturelle ou artificielle, surmontées d'un donjon de bois, protégées par un rempart ou un fossé destiné à abriter une basse-cour, elles se transforment en châteaux forts aux 12e s. et 13e s.

À l'apogée de la féodalité, la région se couvre de **châteaux** témoignant de l'autorité de la noblesse. Ceux-ci s'adaptent, par leur forme et leur disposition, aux particularités des assises rocheuses qui les portent. Depuis le 13e s., ils ont été successivement attaqués par les troupes de Philippe Auguste, détruits pendant la guerre de Cent Ans, puis démolis par les villageois qui trouvaient là les matériaux pour édifier leurs propres maisons. Beaucoup ont disparu, mutilés durant les guerres de Religion, démantelés par Richelieu, Louis XIV, puis la Révolution.

On imagine sans effort la puissance, au Moyen Âge, de sites comme Anjony, Léotoing, Mauzun, Murol, Châteaugay, Tournoël, entre les monts Dôme et la Limagne, les vingt tours de Bourbon-l'Archambault, les remparts de Billy ou les courtines d'Hérisson…

Dans certains villages du val d'Allier désertés par leur seigneur, les villageois inventent le **fort villageois**, constitué de maisons serrées les unes contre les autres, comme à La Sauvetat.

Demeures Renaissance et classiques

Avec la fin des guerres, le sourire de la Renaissance touche déjà le Bourbonnais et pénètre en Auvergne. Les places fortes se muent en de charmantes demeures, et l'ornement prend le pas sur les nécessités de défense. De nombreux châteaux passent aux mains de gens de robe ou de bourgeois récemment enrichis par le négoce. Des remaniements atténuent la sévérité des anciennes constructions. Si Pesteils et Pontgibaud, transformés, continuent de surveiller les voies de passage de la Cère et de la Sioule, Davayat dans la plaine de Riom et Effiat en Limagne sont de beaux exemples du classicisme naissant. Cordès reçoit sa parure de jardins, Chazeron ses dépendances et sa galerie d'honneur, Opme ses terrasses. Parentignat et La Batisse prennent leur physionomie classique et se meublent avec raffinement, Ravel voit s'édifier trois ailes nouvelles. En Bourbonnais, le donjon de Vieux-Chambord s'agrandit d'une aile percée de larges ouvertures, et la tour du Maréchal, à Lapalisse, voit s'élever à ses côtés une chapelle et un corps de logis abritant de magnifiques salons. Jaligny prend des airs de château de la Loire. Au 17e s. sont édifiés des châteaux au bel appareil de briques rouges et noires comme celui de Pomay; au 18e s., d'autres, comme le Creux, présentent déjà la belle ordonnance de leurs façades.

Les villes fortifiées

La fin du 12e s. marque en Auvergne l'octroi des premières **chartes de libertés communales** (1188, Nonette; 1196, Montferrand). Après celle de Clermont, puis celle d'Ambert (1239), le mouvement se développe lorsqu'en 1241 Alphonse de Poitiers, frère de saint Louis, reçoit la terre d'Auvergne en apanage et trouve dans la vente de ces privilèges un moyen d'abaisser le pouvoir seigneurial. Alors, les villes, rebâties à la façon des bastides du Sud-Ouest et ceintes de bonnes murailles, deviennent des centres de fabrication artisanale, des résidences de fonctionnaires royaux (Riom) ou des marchés animés comme Montferrand. Ainsi se développent les **bonnes villes.**

Durant la Renaissance, de nombreux bourgs connaissent une véritable fièvre bâtisseuse : **maisons à pans de bois** marquant l'influence du Nord de la France (Thiers, Châteldon, Billom), maisons où la pierre se combine à ces matériaux (Montferrand). Les fenêtres s'élargissent et se cloisonnent de meneaux; les arcs en accolade ou en anse de panier apparaissent, supportant d'élégantes galeries; des tourelles d'escaliers indépendants, des portes décorées de moulures ornent le logis.

Des **hôtels particuliers** s'élèvent à Riom et à Montferrand, des maisons aux toits en poivrière s'ordonnent autour de la place centrale de Salers. À Clermont, Jacques d'Amboise commande une prestigieuse fontaine qui conjugue les caractères du gothique à ceux de la Renaissance.

Aux 17e s. et 18e s., des **maisons consulaires**, des **hôtels nobiliaires** ou **bourgeois** s'édifient à Saint-Flour, Murat, Aurillac. De son côté, Clermont remplace par des boulevards ses anciens remparts. L'hôtel de Chazerat reste le témoignage architectural le plus remarquable du 18e s. en Auvergne.

Thermalisme et architecture de charme

Le thermalisme prend son plein essor avec le Second Empire, et avec lui le développement d'une architecture particulière, qui exprime un sens inné de la fête. Il s'agit avant tout de séduire une clientèle nonchalante et distinguée, venue aux bains autant pour se soigner que pour se divertir. L'**établissement thermal** s'impose dès l'abord comme le monument phare par excellence. Les architectes spécialisés au 19e s. en architecture thermale exercent leur discipline au Mont-Dore, à Royat et à La Bourboule, comme les Ledru, qui interviennent de père en fils, élaborant des établissements néoclassiques soumis aux influences antiques et romanes. C'est vrai à Néris-les-Bains, mais plus encore à l'intérieur de l'établissement thermal du Mont-Dore, où Louis-Charles Ledru imagine un appareillage sophistiqué d'arcades alternant les claveaux blancs et gris, retombant sur des colonnes de porphyre vert. Tandis qu'on retrouve dans l'établissement des bains de Bourbon-l'Archambault l'utilisation de la brique polychrome chère à l'architecture bourbonnaise, celui de Vichy, réalisé par Lecœur et Woog dans les dernières années du 19e s., est largement inspiré par les dômes néobyzantins caractéristiques du style oriental. Invariablement placé sous le signe des eaux, bonnes fées de la médecine, le **décor** des établissements thermaux, et encore plus des casinos et des buvettes, doit beaucoup au **renouveau des arts décoratifs**, qu'il s'agisse de peintures murales, de céramiques ou de faïence.

Maisons rurales

Les architectures paysannes représentent les techniques du passé et les caractères physiques des pays auxquels elles appartiennent. Différentes selon que le sol est granitique ou volcanique, ou selon leur emplacement géographique en plaine ou en montagne, les maisons auvergnates et leur mobilier reflètent les traditions et les savoir-faire liés à leur situation.

CARACTÉRISTIQUES COMMUNES

Souvent composée d'un bâtiment unique d'habitation et d'une longue étable, la maison paysanne s'accroche à la pente naturelle des vallons, orientant vers le nord les pièces devant garder des températures fraîches, sans trop de variation, été comme hiver. Les murs épais et l'étroitesse des ouvertures, en montagne, permettent de se protéger des rigueurs du climat. Si le chaume, autrefois généralisé, a déserté les toitures, la lauze et l'ardoise demeurent très présentes, notamment en haute Auvergne.

MAISONS DE LIMAGNE

La **maison en hauteur** du vigneron ou du petit polyculteur est répandue dans les vieux villages serrés qui s'élèvent sur les buttes. Le rez-de-chaussée est réservé à l'exploitation (écurie, cuvage et cave voûtée en sous-sol) et l'étage à l'habitation, à laquelle on accède par un escalier extérieur débouchant sur un perron abrité par un auvent. Promenez-vous dans le Lembron ou dans le val d'Allier, à Plauzat, Montpeyroux ou La Sauvetat ou à Boudes, vous en repérerez de nombreux exemples. Plusieurs nuances locales peuvent être observées. Dans la région de Châteldon, l'« estre » (auvent) court sur toute la longueur de la façade. Au contact de la Combraille, un grenier-séchoir (le galetas) est suspendu sous l'auvent ; on y fait sécher l'ail et les châtaignes, vous en verrez les meilleurs exemples en pays brayaud, dans les alentours de Châtel-Guyon.

Enfin, la pierre de taille, particulièrement la pierre de Volvic, servait dans la maison bourgeoise pour les encadrements de porte et de fenêtre, les escaliers, cheminées, lavoirs et fontaines.

LES PIGEONNIERS

Cet élément du petit patrimoine, souvent construit au 19e s. (17e s. pour les plus anciens), indépendant ou accolé à la ferme, est très répandu en Limagne, où l'on récoltait la « colombine » (fiente du pigeon), utilisée pour ses vertus fertilisantes dans les vignes ou les cultures de chanvre. Avec l'arrivée du phylloxéra dans les vignobles au 19e s., les besoins en engrais diminuèrent considérablement. Et, plus tard, la création d'engrais artificiels eut raison des colombiers dont l'usage finit par disparaître. Carrés ou circulaires, à étage, les colombiers sont couverts d'une toiture de tuiles. Plusieurs variantes existent : sur pilotis à colombages et coiffé d'un toit pyramidal avec lanterneau, comme à Maringues, Thuret, Saint-Beauzire ou Villeneuve-les-Cerfs, ou sur porche à l'entrée d'un domaine, comme à Chauriat, Cellule, Aigueperse ou Saint-Gervazy… Les grilles d'envol étaient parfois décorées de fresques, une pratique très originale propre à l'Auvergne. Les plus beaux exemples sont à Chas, Laps et Benaud, près de Vic-le-Comte.

LES MAISONS MONTAGNARDES

Elles ont toutes un **caractère massif** dû à leur structure en gros blocs de basalte et à leurs **lourdes toitures** enveloppantes. Abritée des intempéries par une vaste grange à foin, la maison montagnarde donne souvent au sud ; posée sur une terrasse, elle est à demi enterrée, et sa toiture descend, à l'arrière, jusqu'au sol. Autrefois, le Cantalien vivait dans une pièce unique où trônait la grande cheminée – le *cantou* – et où s'alignaient contre le mur les **lits clos**, fermés par des rideaux. Dans le haut Livradois, l'habitation, surélevée, s'individualise par rapport aux bâtiments d'exploitation. Les toitures sont en tuiles rondes, et les ouvertures à encadrement de bois remplacent parfois la pierre.
Le **buron** est un habitat temporaire d'altitude, trapu et couvert de lauzes *(voir ci-dessous)*. Il abrite le vacher pendant l'« estive ». C'est ici que se préparaient le fromage et le beurre que le vacher, le boutillier (aide-vacher) et le pâtre (jeune garçon chargé des veaux) faisaient descendre de temps à autre. Un petit nombre seulement de ces burons est encore en service, notamment sur le plateau de Salers.
En Livradois et surtout dans le Forez, la famille entière montait, il y a peu, passer l'été sur les sommets où l'attendait la « ferme d'en haut », solide bâtisse recouverte de chaume, appelée **jasserie.**

DIVERSITÉ DES TOITURES

En montagne, le chaume est souvent remplacé par l'ardoise ou la tôle ondulée. Les plus belles couvertures sont en **lauzes**, dalles de phonolite ou de basalte, et ressemblent à de grosses carapaces d'écailles. Très lourdes, elles nécessitent une forte inclinaison du toit et une puissante charpente. En plaine, la vieille tuile ronde rustique, associée aux rangées de génoises, qui rendaient compte par leur nombre de la richesse du propriétaire de la ferme, recule devant la tuile mécanique, plus stable et plus résistante.

ABC d'architecture

Les dessins présentés dans les planches qui suivent offrent un aperçu visuel de l'histoire de l'architecture dans la région et de ses particularités. Les définitions des termes d'art permettent de se familiariser avec un vocabulaire spécifique et de profiter au mieux des visites des monuments religieux, militaires ou civils.

Architecture religieuse

CLERMONT-FERRAND
Plan de la basilique Notre-Dame-du-Port (11e et 12e s.)

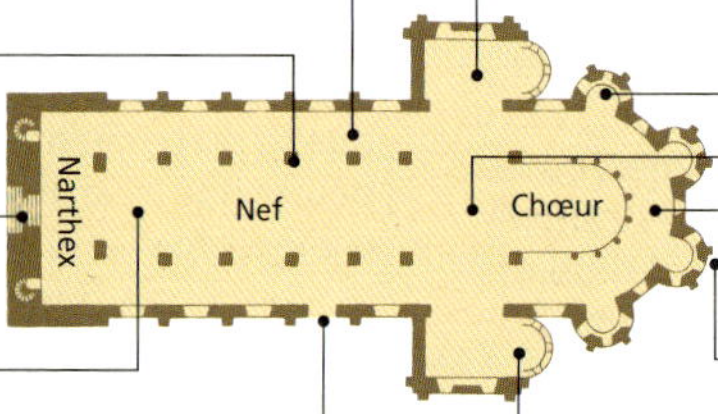

Coupe en élévation d'une église romane auvergnate

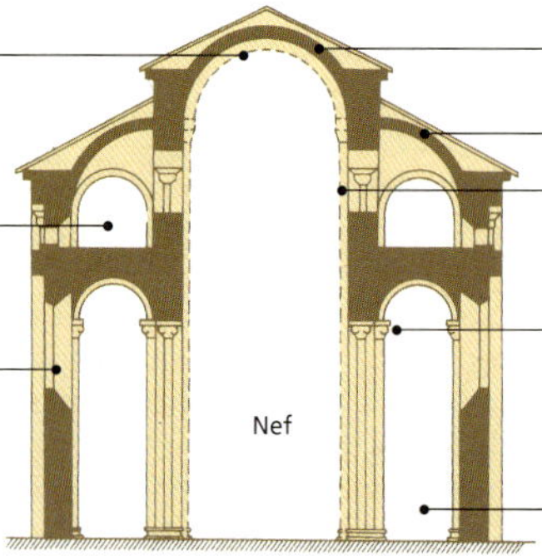

SOUVIGNY – Prieuré St-Pierre
Armoire à reliques en pierre (1444)

ORCIVAL – Basilique Notre-Dame (12e s.)

De style roman, la plupart des églises auvergnates appartiennent à une école qui s'est développée aux 11e s. et 12e s. et qui compte parmi les plus originales de l'art occidental.

CLERMONT-FERRAND – Basilique Notre-Dame-du-Port (11e et 12e s.)

ISSOIRE – Abbatiale St-Austremoine (12e s.)

Architecture militaire

TOURNEMIRE – Château d'Anjony (15e s.)

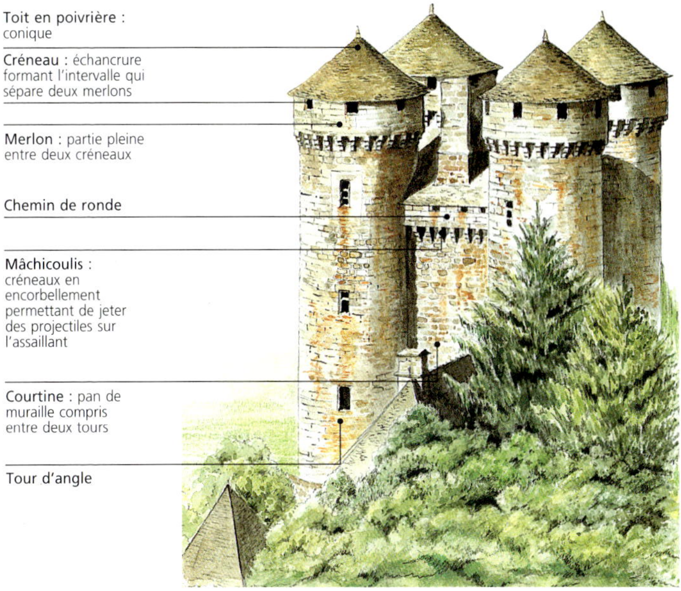

ST-POURÇAIN-SUR-BESBRE
Porte fortifiée du château de Thoury (15e s.)

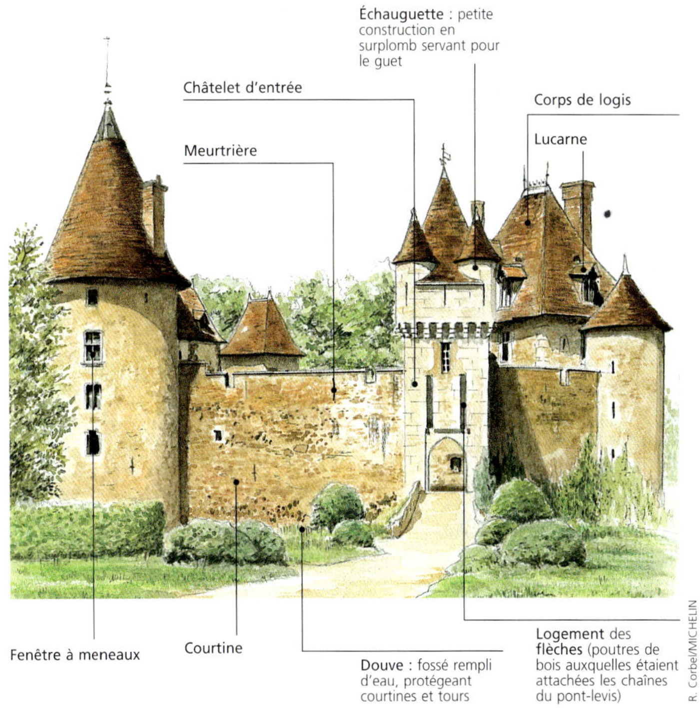

Architecture thermale

LE MONT-DORE – Galerie de la Source César (1890 et 1935-38)

Expression d'un goût prononcé pour l'éclectisme architectural, typique des villes thermales. Forte inspiration des modèles antiques, particulièrement des thermes de Dioclétien et de Caracalla, dans l'agencement des volumes ainsi que dans le décor. Comme à Royat et Châtelguyon, l'influence de l'art roman auvergnat et une mise en scène tendant à la sacralisation viennent interférer avec les réminiscences antiques.

Ouvrages de génie civil

GARABIT – Viaduc franchissant la Truyère (1882-1884)

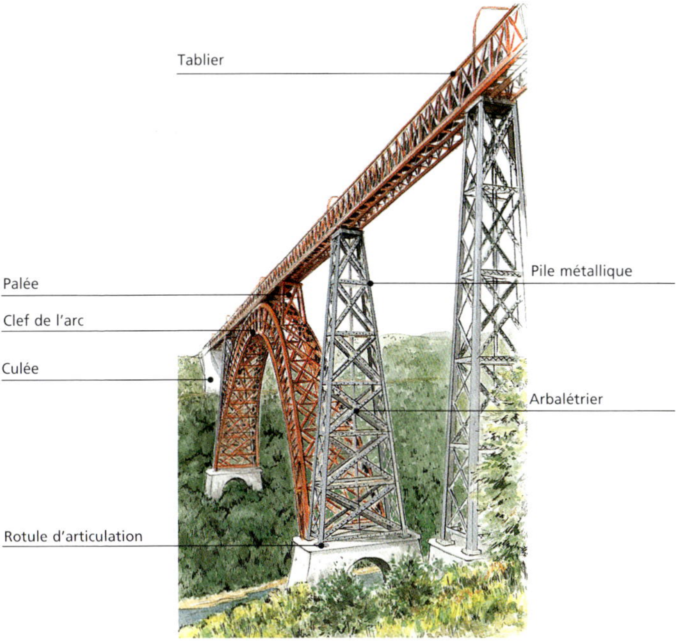

BORT-LES-ORGUES – Barrage retenant la Dordogne (1951)

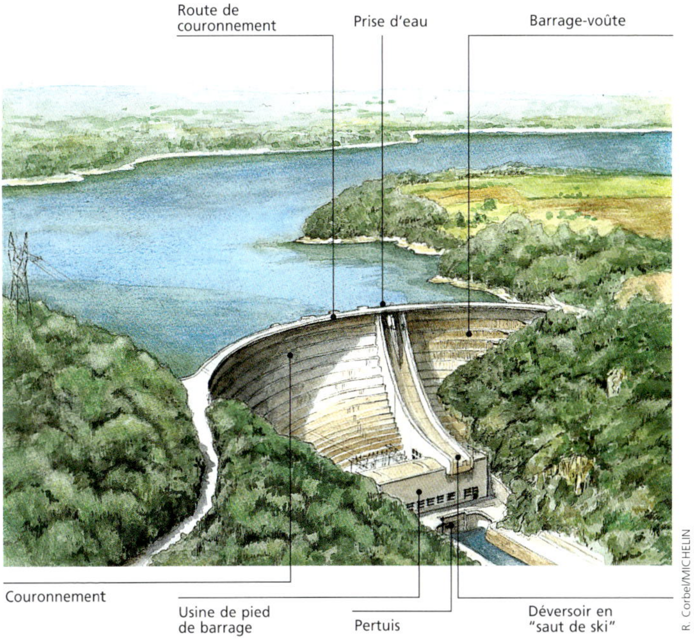

Littérature et terroir

Penseurs, poètes, historiens… l'Auvergne peut se targuer d'avoir vu naître des écrivains de talent. Ils ont mis ou mettent leur plume au service des idées, de l'occitan, ou de la langue française. Connus pour certains, un peu moins pour d'autres, ils contribuent, de près ou de loin, à la notoriété de leur région au travers de leurs écrits ou de leurs rencontres…

AUTEURS ET TROUBADOURS

Sidoine Apollinaire (v. 430-v. 487) est le premier écrivain auvergnat connu, dont on peut encore lire les *Lettres* et *Poèmes*. Un siècle plus tard, les textes de **Grégoire de Tours**, *Histoire des Francs*, apparaissent d'un genre bien différent.

Pierre d'Auvergne (vers 1150) est l'un des plus anciens troubadours. Autour de 1200, la cour du dauphin d'Auvergne accueille autour de Clermont les plus grands troubadours du moment.

Le dauphin lui-même, **Robert Dauphin** (que ses contemporains appellent Dalfin d'Alvernhe), se prétendait spécialiste en matière de *fin'amor*.

LA FLORAISON DU 17E S. AU 19E S.

Blaise Pascal (1623-1662), né à Clermont, est sans doute l'Auvergnat le plus célèbre. Il manifeste très tôt un goût pour les mathématiques, dévorant les ouvrages d'Euclide en cachette bien que son père lui ait ordonné de ne s'intéresser qu'au grec et au latin. Plus tard, alliant vocation scientifique et religieuse, il séduit les esprits par ses brillantes démonstrations efficacement construites, que l'on retrouve dans ses *Pensées*. Un centre international de recherche, lié à l'université Blaise-Pascal de Clermont, se consacre à l'étude de son œuvre.

Autre janséniste, le Riomois **Jean Soanen** est éclipsé au début du 18e s. par **Jean-Baptiste Massillon** (1663-1742), prêtre puis évêque de Clermont, célèbre pour ses *Oraisons funèbres* et ses *Sermons*.

Né à Bort-les-Orgues, **Jean-François Marmontel** (1723-1799) étudie la philosophie chez les jésuites à Mauriac. Plus tard, il se rend à Paris où ses *Contes moraux* et son roman *Bélisaire* assurent sa renommée. Il devient membre de l'Académie française en 1763.

Le **baron de Barante** (1782-1866), natif de Riom, diplomate et historien, a laissé une monumentale *Histoire des ducs de Bourgogne*.

Le Moulinois **Théodore de Banville** (1823-1891), qui débute avec les romantiques, se distingue en contribuant à la fondation du Parnasse, mouvement attaché à une versification virtuose, comme en témoigne son œuvre poétique. Très lié à l'activité littéraire, il rédige de nombreux articles rassemblés dans un ouvrage posthume : *Critiques*.

LE RENOUVEAU DE L'OCCITAN

Le Félibrige, école littéraire fondée en 1854 en Provence afin de préserver la culture occitane, s'unit autour de la langue d'oc tout en tenant compte des variantes régionales à partir de cinq maintenances dont l'Auvergne.

Amable Faucon illustre à la fin du 18e s. le parler de Riom. Cependant, c'est **Arsène Vermenouze** (1850-1910) qui fonde la première école félibréenne en Auvergne.

Le félibre d'Ambert, **Régis Michalias** (1844-1916), outre ses poèmes en occitan, a rédigé un glossaire des mots particuliers du dialecte d'oc de la commune d'Ambert.

L'entre-deux-guerres voit la création de l'école félibréenne de Limagne (Benoît Vidal, de Pontgibaud). Les noms d'**Henri**

LANGUES D'OC ET D'OÏL

C'est au 14e s. que cette distinction, issue de celle des territoires du « parler gallo-roman », se matérialisa plus nettement et que l'on identifia la langue d'oc (occitan, formé de plusieurs dialectes, et que chantaient les troubadours), parlée dans le Sud de la France, et la langue d'oïl (qui aboutit aux dialectes formant l'ancien français), utilisée dans le Nord.
Située entre les deux « domaines », l'Auvergne, et plus précisément le Bourbonnais, est traversée par cette frontière linguistique ; c'est ainsi que l'on parlait l'occitan à Vichy ou Montluçon, et la langue d'oïl à Moulins !
Aujourd'hui, après avoir été supplantés par la langue d'oïl, les dialectes occitans sont reconnus comme faisant partie d'une culture à part entière. Selon une enquête récente de l'Ifop, 55 % des Cantaliens parlent, en plus du français, un « parler local » encore très ancré. Il arrive qu'à Saint-Flour ou Aurillac l'on entende dans les rues les « anciens » parler occitan entre eux. De nombreux linguistes, écrivains et adeptes œuvrent pour la pérennité de cette langue, jusqu'à souhaiter le retour de son enseignement dans l'environnement éducatif et scolaire…

Gilbert (Langeac) et de **Louis Delhostal** (Vic-sur-Cère) ne sont pas à négliger.
On peut trouver aujourd'hui les œuvres en occitan de **Pierre Bonnaud** (Clermont), **Félix Daval** (Aurillac), **Étienne Coudert** (Thiernois) et **François Cognéras** (Combrailles).

ÉTONNANT 20e S.

L'Ambertois **Pierre de Nolhac** (1859-1936), académicien, fut un grand érudit et poète tout autant que le rénovateur du château de Versailles *(La Résurrection de Versailles)* dont il resta le conservateur pendant trente ans.
Né au château de Sarcenat (Orcines), **Pierre Teilhard de Chardin** (1881-1955) entre chez les jésuites où il étudie la philosophie et la théologie. Plus tard, il s'intéresse à la géologie, puis à la paléontologie. Participant à de nombreuses expéditions scientifiques, il en tire une réflexion profonde sur l'évolution humaine et le mystère de la foi. Son œuvre fut publiée après sa mort : *Le Phénomène humain*, *Le Milieu divin*, *Lettres*.
Autre personnalité, autre style : le grand reporter **Albert Londres** (1884-1932), né à Vichy, a également rapporté de ses voyages de nombreux textes parmi lesquels *Pêcheurs de perles*, *Terre d'ébène*.
Dès l'adolescence, **Valery Larbaud** (1881-1957), natif de Vichy (son père est le propriétaire de la source Saint-Yorre), parcourt l'Europe où il se passionne pour les diverses formes littéraires. Enrichi par ses différents voyages, il s'attache à faire découvrir aux lecteurs français des auteurs étrangers, tels Butler qu'il traduisit et James Joyce (dont il suivit la traduction d'*Ulysse*). *Ce vice impuni, la lecture* rend hommage aux écrivains anglo-saxons. Larbaud a également publié des romans *(Fermina Márquez)* et des recueils de nouvelles *(Enfantines)*.
Quant à l'inclassable Billomois **Georges Bataille** (1897-1962), il s'est éloigné de l'Auvergne pour participer aux divers mouvements littéraires et philosophiques de son époque. Cet intellectuel a publié de nombreux récits (sous pseudonymes comme sous son nom), dont *L'Expérience intérieure*.
Henri Pourrat, natif d'Ambert (1887-1959), a consacré une grande

partie de son œuvre à la terre auvergnate *(Gaspard des montagnes, Ceux d'Auvergne). Vent de mars* a obtenu le prix Goncourt en 1941. Il a influencé **Alexandre Vialatte** (1901-1971) à ses débuts. On doit à cet Ambertois la première traduction de Kafka, des romans ainsi que plus de 900 chroniques publiées dans le quotidien *La Montagne*.
Bien qu'ils soient méconnus, on peut toujours lire *Augustin ou le maître est là* de **Joseph Malègue**, et le témoignage d'un paysan bourbonnais, *La Vie d'un simple*, d'**Émile Guillaumin**.
De même, **René Fallet** (1927-1983), Bourbonnais d'adoption, a su conter la région *(La Soupe aux choux*, adapté au cinéma).
Robert Sabatier (dont la famille est originaire de Saugues) décrit le quotidien d'un village de Haute-Loire dans son célèbre roman *Les Noisettes sauvages*.
Actuellement, l'Auvergne est représentée dans le monde des lettres par **Jean Anglade** (né à Thiers en 1915), auteur d'ouvrages tels que *Les Puysatiers, Auvergne encore*.
La relève est assurée par des auteurs tels que **Jacques Mallouet**,

L'AUVERGNE SUR GRAND ÉCRAN

Les quelques titres cités ci-dessous donnent un aperçu du travail réalisé par divers cinéastes dans la région :
Gasoil (1955), de G. Grangier, avec J. Gabin : sur les routes du Puy-de-Dôme.
Le Capitan (1960), de A. Hunebelle, avec J. Marais : au château de Val (Cantal).
Ma nuit chez Maud (1969), de É. Rohmer, avec J.-L. Trintignant, F. Fabian et M.-C. Barrault : à Clermont-Ferrand (Puy-de-Dôme).
La Gueule ouverte (1974), de M. Pialat, avec Nathalie Baye, Philippe Léotard : à Lezoux (Puy-de-Dôme).
Sept morts sur ordonnance (1975), de J. Rouffio, avec M. Piccoli, G. Depardieu et J. Birkin : à Clermont-Ferrand (Puy-de-Dôme).
L'Argent de poche (1975), de F. Truffaut, avec J.-F. Stévenin et V. Thévenet : à Thiers (Puy-de-Dôme).
La Double Vie de Véronique (1991), de K. Kieslowski, avec I. Jacob et A. Bardini : à Clermont-Ferrand (Puy-de-Dôme).
Le Garçu (1995), de M. Pialat, avec G. Depardieu, G. Pailhas et A. Pialat : à Cunlhat (Puy-de-Dôme).
Harry, un ami qui vous veut du bien (2000), de D. Moll, avec S. Lopez et M. Seigner : à Pailherols (Cantal).
Être et Avoir (2002), de Nicolas Philibert, documentaire : à Saint-Étienne-sur-Usson (Puy-de-Dôme).
Les Choristes (2004), de C. Barratier, avec G. Jugnot et F. Berléand : au château de Ravel (Puy-de-Dôme).
Les Brigades du Tigre (2006), de J. Cornuau, avec É. Baer et C. Cornillac : à Vichy (Allier).
Le Temps des porte-plumes (2006), de D. Duval, avec J.-P. Rouve et A. Brochet : près de Moulins (Allier).
Quand j'étais chanteur (2006), de X. Giannoli, avec G. Depardieu et C. de France : à Clermont-Ferrand (Puy-de-Dôme).
Sept ans (2007), de J.-P. Hattu, avec B. Todeschini, V. Donzelli et C. Troley.

auteur cantalien, ou **François Taillandier** (né à Clermont-Ferrand en 1955), dont le roman *Anielka* a reçu le grand prix de l'Académie française en 1999. Depuis 2000, comme son prédécesseur Vialatte, il est chroniqueur à *La Montagne*.

L'Auvergne fait son cinéma

En 1943, l'Auvergne était projetée sur grand écran dans « L'Éternel Retour » de Jean Delannoy, mettant en scène Jean Marais au château de Pesteils. Le triomphe des « Choristes », tourné en 2003 au château de Ravel, en est une nouvelle fois la preuve : l'Auvergne est un « grand plateau de tournage ».

LE FESTIVAL INTERNATIONAL DU COURT MÉTRAGE

En 1979, des étudiants passionnés de cinéma lancent les « Semaines du court métrage » à Clermont-Ferrand. Leur initiative rencontre un grand succès. À la demande du public et des professionnels, ils décident de créer, en 1981, l'association **Sauve qui peut le court métrage**, et de transformer ces semaines en festival. Aidés par les collectivités, ils ouvrent la manifestation à la compétition un an plus tard. Parallèlement à cela, le premier **Marché du film court** est mis en place en 1986, attirant encore plus de visiteurs. La croissance régulière du nombre de festivaliers au cours des années suivantes est telle que l'envergure nationale de ce simple rendez-vous est rapidement dépassée. Il devient officiellement **Festival international du court métrage** en 1988.

Il s'agit aujourd'hui de la plus importante manifestation cinématographique mondiale consacrée au court métrage. Elle s'ouvre le dernier week-end de janvier pour battre son plein tout au long de la première semaine de février. La petite équipe initiale s'est agrandie pour accueillir près de 135 000 spectateurs et plus de 2 800 professionnels. « Sauve qui peut le court métrage » agit également dans bien d'autres domaines, comme l'éducation à l'image, la formation et la diffusion. *Renseignements p. 134.*

3/ DÉCOUVRIR L'AUVERGNE

Montée au puy de Sancy.
H. Lenain / hemis.fr

Clermont-Ferrand

★★

141 000 Clermontois – Agglomération : 290 000 habitants – Puy-de-Dôme (63)

NOS ADRESSES PAGE 128

S'INFORMER

Office du tourisme et des congrès de Clermont-Ferrand – *Pl. de la Victoire - 63000 Clermont-Ferrand - ✆ 04 73 98 65 00 - www.clermont-fd.com - mai-sept. : 9h-19h, w.-end et j. fériés 10h-19h ; reste de l'année : 9h-18h, sam. 10h-13h, 14h-18h, dim. et j. fériés 9h30-12h30, 14h-18h - fermé 1er janv., 25 déc.*

Maison du Tourisme – Implantée place de la Victoire, elle abrite à la fois l'office de tourisme et des congrès, l'Espace Victoire (lieu d'exposition et billetterie) et l'**Espace Art roman** *(voir p. 111)*. Hors saison, elle organise diverses visites thématiques *(demandez le programme* « Les Rendez-vous de l'office »*)*.

Visites guidées – L'office de tourisme propose des visites découverte animées par des guides-conférenciers. *Renseignements à l'office de tourisme ou sur www.clermont-fd.com - de déb. juil. à mi-sept. : centre historique de Clermont : lun., merc., vend. 15h ; secteur sauvegardé de Montferrand : mar., jeu., sam. 15h ; Clermont et Montferrand en tramway : dim. 15h - de mi-juil. à fin août : Clermont en nocturne : jeu. 20h30 ; la basilique Notre-Dame-du-Port : lun. et merc. 11h ; la cathédrale et son quartier : jeu. 20h30.*

Circuits – Un plan « Parcours dans la ville » est disponible à l'office de tourisme. Les circuits sont balisés par un marquage au sol à l'effigie de personnalités et ponctués de bornes informatives. Vous pourrez également parcourir Clermont-Ferrand en suivant le circuit des Fontaines. Dépliant disponible à l'office de tourisme.

SE REPÉRER

Plan de région C1 (p. 102) – carte Michelin Départements 326 F8.

Métropole régionale, Clermont bénéficie d'une position géographique centrale : les autoroutes A 71, A 75 et A 89 permettent de rejoindre rapidement la ville. D'où que l'on arrive, les volcans de la chaîne des Puys offrent

Place de Jaude.
M. Sanchez / MICHELIN

d'étonnants paysages. Depuis l'A 75 ou l'A 89, la plaine de la Limagne contraste avec le relief environnant. Enfin, la vue du Puy de Dôme, puis celle des flèches de la cathédrale marquent l'arrivée sur Clermont.

SE GARER

La circulation dans le centre-ville est limitée, mais le tramway qui traverse Clermont du nord au sud et le service de location de vélos *(voir « Nos adresses » p. 128)* offrent une alternative efficace et peu coûteuse. Et pour passer de la voiture au tram, il y a plusieurs parcs-relais aux entrées de l'agglomération.

À NE PAS MANQUER

Découvrez la richesse de l'architecture en pierre noire de Volvic, en vous promenant dans les ruelles autour de la cathédrale.

ORGANISER SON TEMPS

Si le cinéma est l'une de vos passions, ne manquez pas le Festival international du court métrage, au mois de février *(voir « Nos adresses » p. 134)*. Celui-ci remportant un succès croissant, réservez votre chambre d'hôtel à l'avance.

AVEC LES ENFANTS

La ville fait preuve d'un dynamisme culturel dont ils pourront largement profiter : expositions, concerts, animations, et le festival Puy-de-Mômes *(voir « Nos adresses » p. 134)*.

Ouverte sur les volcans, Clermont-Ferrand conjugue les attraits de la ville à ceux de la splendide campagne environnante. Le vieux Clermont est bâti sur une légère butte, vestige de l'un des trois cônes volcaniques qui s'étendaient jadis jusqu'à l'entrée de Chamalières. Richesse du patrimoine et rayonnement culturel, dynamisme industriel et universitaire, comptent parmi les atouts de cette cité aujourd'hui métamorphosée. La capitale de l'Auvergne est une ville incontournable à découvrir ou à redécouvrir.

LA NAISSANCE D'UNE VILLE

Imaginez deux monts fortifiés, les places fortes de deux seigneurs rivaux, l'évêque et le comte. Entre **Clarus Mons**, le mont Clair, et le **mont Ferrand**, ce fut la guerre durant des siècles. Jusqu'en 1630, où un édit royal les réunit en une ville unique : **Clermont-Ferrand**.

Se promener

★ LE VIEUX CLERMONT

Circuit dans le vieux Clermont tracé en vert sur le plan de la ville *(p. 109)*
Flâner dans le vieux Clermont permet de découvrir de vrais trésors : hôtels particuliers, pittoresques courettes intérieures, fontaines baroques, façades ouvragées, balustrades, tourelles d'escalier…
Une signalisation touristique, située près des sites et monuments importants, accompagne la visite libre de la ville.

Place de Jaude

L'origine, très ancienne, de son nom (prononcez « Jôde ») demeure un sujet de controverses. Deux missels de la Renaissance désignent la place de Jaude sous le nom de *Platea Galli,* place du Coq, le patois ayant donné au mot coq les formes *jô* ou *jau* : la place de Jaude aurait été un marché à la volaille. Une seconde interprétation lie l'origine du mot « Jaude » au nom d'un faubourg de Clermont appelé en langue gauloise *Vasso Galate*. Si *Wasso* ou *Vasso* désignait une divinité gauloise, *Galate*, simple nom de terroir, a évolué en *galde* ou *gialde* (10e s.), *jalde* (12e s.), pour se vocaliser en Jaude. À vous de choisir ce qui vous convient.
Avec l'arrivée du **tramway**, ce lieu de vie et de rassemblement clermontois a fait l'objet d'une belle transformation, achevée en 2006. Bel espace piétonnier, avec son grand parvis de basalte et de calcaire, la place de Jaude est désormais agrémentée de 26 **fontaines** et d'allées de magnolias, liquidambars et tulipiers de Virginie, entre lesquels passe le tramway. De part et d'autre s'élèvent deux statues chères aux Clermontois. Celle du **général Desaix** (Louis Desaix de Veygoux), édifiée en 1848, le représente pointant le champ de bataille du doigt. Ce soldat de Napoléon, né en 1768 à Ayat-sur-Sioule, s'illustra au cours de la campagne d'Égypte où il fut surnommé le « Sultan juste ». Lors de la campagne d'Italie en 1800, il joua un rôle décisif dans la victoire de Marengo, mais il y perdit la vie.
Installée face au puy de Dôme, la statue équestre de **Vercingétorix** est devenue l'un des emblèmes de Clermont. Son auteur, **Frédéric Auguste Bartholdi** (1834-1904), connu outre-Atlantique, réalisa notamment la statue de *La Liberté*, mais aussi Le *Lion de Belfort*. Vercingétorix trouva son emplacement définitif en 1903, après bien des tribulations ! L'artiste conçut d'abord plusieurs études dont une en plâtre (1870). Une souscription lancée en 1886 permit la réalisation de la fameuse statue, mais cette fois… en bronze ! Enfin, une maquette en bois sur roulettes fut promenée dans la ville, à la recherche de la place et de l'orientation idéales.
À la nuit tombée, les nouveaux éclairages mettent en valeur les monuments de la place, les magnifiques **façades 1900** des grands magasins et le dôme de l'église Saint-Pierre-les-Minimes qui la bordent.

UN TRAMWAY NOMMÉ… TRANSLOHR

Première ville de France à voir circuler un tramway électrique (celui-ci fonctionna de 1890 à 1956), Clermont renoue avec son passé en accueillant un nouveau tramway, conçu par Lohr Industrie, monté sur pneus (bien sûr !) et guidé par des rails. En service depuis 2006, la ligne A, longue de 14 km, parcourt l'axe nord-sud de la ville en 40mn, avec des rames pouvant transporter jusqu'à 225 personnes. *(voir aussi « Nos adresses » p. 128).*

La cité du pneu

Par quel caprice du destin, Clermont, située au cœur de l'Auvergne, loin des ports qui reçoivent le caoutchouc et le coton, et à l'écart des grandes tréfileries, est-elle devenue la capitale du pneu en France et l'un des plus grands centres mondiaux de cette industrie ? Un tout petit fait en est la cause…

AUX ORIGINES

Au beau temps du romantisme, vers 1830, un ancien notaire, **Aristide Barbier**, aux trois quarts ruiné par les vicissitudes financières de cette époque, s'associe avec son cousin **Édouard Daubrée**, ancien capitaine aux chevau-légers du roi, pour fonder à Clermont, sur les bords de la Tiretaine, une petite usine de machines agricoles. Peu à peu, l'usine est amenée à sortir des articles en caoutchouc : tuyaux, courroies, etc. Pour amuser ses enfants, Mme Daubrée, nièce du savant écossais Mackintosh, qui avait découvert la solubilité du caoutchouc dans la benzine, confectionne quelques balles ainsi qu'elle l'avait vu faire par son oncle. Ces balles ont tant de succès que A. Barbier et É. Daubrée en entreprennent la fabrication en grande série. Après avoir connu un bel essor, l'usine décline.

L'ÉPOPÉE MICHELIN

En 1886, les frères **André** et **Édouard Michelin**, petits-fils de Barbier, la reprennent en main. Ces deux génies créateurs appliquent, les premiers, la méthode scientifique à l'industrie. La satisfaction des besoins réels du client, l'observation scrupuleuse de la réalité, la révision incessante des acquis antérieurs leur permettent de créer le pneu vélo démontable en 1891, le pneu pour auto en 1895, le pneu « Confort » à basse pression en 1923. Suivent en 1937 le « Métalic » à carcasse en acier qui fait du poids lourd un véritable outil de transport, en 1946 le radial (commercialisé sous l'appellation X en 1949) qui associe une carcasse radiale réglant le problème de l'échauffement et une ceinture triangulée en acier assurant la tenue de route… inlassablement perfectionné depuis.

DES PRODUITS TOUJOURS À LA POINTE

On notera aujourd'hui les **pneus tourisme** à faible résistance au roulement, issus d'une technologie permettant de réduire la consommation des véhicules, et donc l'émission de CO_2, tout en maintenant un haut niveau d'adhérence. On mentionnera aussi de nouveaux **pneus poids lourds** révolutionnaires, dont la sculpture est tout simplement capable de s'auto régénérer. Et puis, bien sûr, Michelin équipe l'Airbus A 380… Les exemples ne manquent pas !

UN SITE D'EXPOSITION

Dans le quartier Montferrand, « L'Aventure Michelin » retrace sur un espace de 2 000 m^2 l'histoire de Michelin. Des reconstitutions, des films, des véhicules, des pièces uniques dont certaines jamais présentées vous plongent au cœur de l'histoire du groupe *(voir descriptif p. 116)*.

Église Saint-Pierre-les-Minimes

Tlj sf dim. 9h-18h30. L'ancienne chapelle des Minimes prit sa forme actuelle au 19e s., grâce à l'architecte Teillard. En agrandissant l'édifice, il ajouta le chœur, la croisée du transept et la surmonta d'un dôme. Ce vaste édifice classique possède de belles boiseries (1736) dans le chœur.
Prenez l'avenue des États-Unis, puis tournez à droite dans la rue des Gras.

Rue des Gras

Son nom rappelle l'escalier (degrés) qui montait autrefois à la cathédrale, dont la façade s'inscrit dans l'alignement de belles maisons de lave. À l'angle de la place des Gras, un bas-relief (linteau réemployé de l'ancienne église romane Saint-Pierre), encastré dans la façade de la maison, représente la scène du Lavement de pieds.
Prenez la deuxième rue à gauche.

Marché Saint-Pierre

Au cœur d'un quartier ancien réhabilité, ce marché, qui occupe l'emplacement d'une église romane disparue, est un centre très animé où convergent d'étroites et pittoresques rues commerçantes, comme la rue de la Boucherie.
Revenez dans la rue des Gras, puis gagnez la place de la Bourse et prenez, à gauche de la cathédrale, la rue Ph.-Marcombes.

Hôtel de ville

C'est ici que se trouvait le château médiéval des comtes d'Auvergne. En 1578, Catherine de Médicis, alors comtesse d'Auvergne, en fit don à la ville pour le transformer en palais de justice. Au 17e s., un tribunal, une prison et une salle de réunion occupaient les lieux. Au 19e s., l'ensemble fut entièrement reconstruit en style néoclassique pour accueillir l'hôtel de ville, inauguré en 1840.
Poursuivez jusqu'à la place de la Poterne.

★ Fontaine d'Amboise

Érigée place de la Victoire en 1515 par Jacques d'Amboise, évêque de Clermont, c'est une belle œuvre de la Renaissance, taillée dans la lave de Volvic et comportant des réminiscences gothiques dans sa structure. Elle fut ensuite déplacée place Delille en 1808, puis cours Sablon en 1855 et enfin place de la Poterne en 1962. La vasque est décorée de rinceaux dans le goût italien. Au sommet, un homme sauvage porte les armes de la maison d'Amboise.

UN VÉRITABLE GRUYÈRE !

Le sous-sol de la butte centrale de Clermont-Ferrand a connu, au cours des siècles, maintes utilisations. Les Gallo-Romains avaient déjà profité de cette roche de faible densité et très poreuse qu'est le **tuf** pour construire des **aqueducs**, des **puits** et des caves. Au Moyen Âge, des sous-sols servant de **commerces** ou de **garde-manger** ont été creusés. Plus tard, pour faciliter la circulation, les rues furent comblées, abaissant ainsi les rez-de-chaussée des belles demeures en sous-sol. C'est pourquoi, aujourd'hui encore, certaines caves laissent apparaître de très beaux détails d'architecture. Jusqu'à la fin du 19e s. (crise du phylloxéra), le **vin** était gardé dans ces galeries. Il laissa sa place au **fromage**, qui y sera affiné sur de la paille de seigle. Pendant la Seconde Guerre mondiale, les Clermontois se sont réfugiés dans ces sous-sols pour se protéger des **bombardements** ; en 1943, 527 caves, dans 77 rues, pouvaient ainsi accueillir plus de 17 000 personnes ! Certaines ont aujourd'hui retrouvé leur usage de caves à vin.

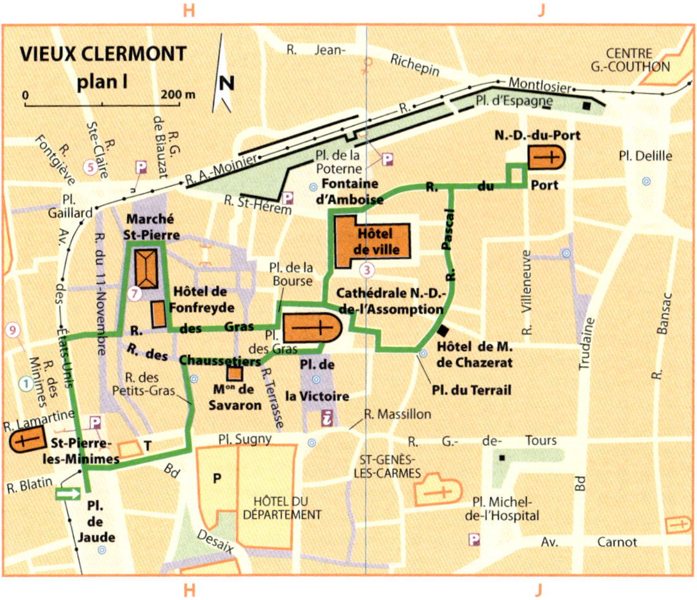

SE LOGER

Dav'Hôtel Jaude .... (1)

SE RESTAURER

Chardonnay (Le) .... (3)

Comptoir des Saveurs (Le) .... (5)

Danièle Bath (Brasserie) .... (7)

Pile-Poêle .... (9)

Remarquez une statue de **Blaise Pascal** (1880) dans le square situé en contrebas, qui porte le nom de l'illustre Clermontois.

Rue du Port

Elle tire son nom étonnant de *Portus*, lieu de marché où l'on « apportait » des marchandises. Agréablement ouvragées, certaines portes de la rue du Port cachent parfois la superbe façade d'un bel hôtel particulier. Au n° 21, étroite maison ancienne à mâchicoulis. Remarquez à l'angle de la rue Barnier une maison du 16e s., avec bretèche; en descendant la rue, à droite, au n° 38, belle porte cochère et cour de l'hôtel élevé au début du 18e s. par le financier Montrosier de la Vilatelle.

★★ Basilique Notre-Dame-du-Port

Notre-Dame-du-Port fait, chaque année, l'objet d'un pèlerinage qui attire des foules considérables. Cette remarquable église romane fut longtemps appelée Sainte-Marie-Principale, de *princeps*, « premier », titre que portait le comte. Fondée au 6e s. par l'évêque saint Avit, brûlée par les Normands, elle fut bâtie avec une exceptionnelle unité de style aux 11e et 12e s. Les clochers sont des ajouts du 19e s.; seule une partie du narthex subsiste de l'édifice préroman. Notre-Dame-du-Port est classée au Patrimoine mondial de l'Unesco, pour sa situation sur les chemins de Saint-Jacques de Compostelle. Après plusieurs années d'importants travaux de restauration, la basilique Notre-Dame-du-Port a retrouvé sa splendeur d'antan.

Extérieur – Le chevet est un exemple accompli de l'art roman auvergnat. Malgré le peu de recul, remarquez l'harmonie des proportions, la diversité de la **décoration** (mosaïque de pierres de couleur, rosaces, modillons à copeaux, corniches en damier). Le portail roman de la façade sud est orné de sculptures dont on a retrouvé la polychromie d'origine. Sur le **linteau en bâtière** figurent : à gauche, l'Adoration des Mages ; au centre, la Présentation au Temple ; à droite, le Baptême du Christ. Dans le tympan, qu'entoure un arc outrepassé (influence orientale), le Seigneur trône entre deux séraphins, anges à six ailes. Les autres sculptures ont été rapportées : à gauche de la porte, Isaïe et, à droite, saint Jean-Baptiste ; à l'extérieur de l'arc, à gauche, l'Annonciation et, à droite, la Nativité.

Intérieur – Le **chœur★★★**, surélevé, retient particulièrement l'attention : c'est la plus belle partie de l'édifice. Il est entouré d'un déambulatoire sur lequel s'ouvrent quatre chapelles rayonnantes. La décoration est riche ; un éclairage met en valeur les détails des **chapiteaux★**, qui comptent parmi les plus célèbres d'Auvergne. L'un d'eux illustre le combat entre les Vertus et les Vices, la **Psychomachie**, tirée du poème allégorique de Prudence (5ᵉ s.). Les autres chapiteaux forment un cycle marial, évoquant les scènes de la vie de la Vierge Marie, nouvelle Ève.

Crypte – Sous le chœur, la « Souterraine » (11ᵉ s.), chère au cœur des Clermontois, a le même plan que le chevet. Devant l'autel, on voit la margelle sculptée (16ᵉ s.) d'un puits qui existait bien avant la fondation de l'église. Sur l'autel trône une **Vierge noire**, reproduction d'une icône byzantine connue en ce lieu depuis le 13ᵉ s.

Sortez de l'église par le narthex et l'escalier qui débouche place Notre-Dame-du-Port.

La **façade ouest**, nue et lourde, contraste avec le reste de l'édifice. Un porche du 16ᵉ s. la précède. Le malencontreux clocher carré qui la surmonte fut édifié au 19ᵉ s., bien après la destruction de celui d'origine, lors d'un tremblement de terre en 1478.

Le belvédère – *1 r. Robertus, entrée libre tlj 14h-17h, juil.-août 10h-17h.* À deux pas de la basilique, il offre une vue imprenable sur le chevet restauré. Le lutrin explicatif donne quelques précieux éléments sur Notre-Dame-du-Port et sur les autres églises romanes du Puy-de-Dôme dites « majeures ». Une visite à ne pas manquer !

Remontez la rue du Port et tournez à gauche.

Rue Pascal

À partir du 16ᵉ s., des hôtels particuliers pour la noblesse clermontoise furent édifiés dans cette rue.

Au nº 22, remarquez une vieille maison dotée d'un rez-de-chaussée à bossages et à balcon de fer forgé. Au nº 12, la chambre d'apparat de l'hôtel Martial de Grandseigne est visible dans le cadre des visites guidées de l'office de tourisme. Au nº 4, l'**hôtel de M. de Chazerat**, dernier intendant d'Auvergne, est un bel édifice de la fin du 18ᵉ s. La **cour ovale**, scandée de pilastres ioniques, dégage une impression de majesté. C'est le siège de la direction régionale des Affaires culturelles.

En descendant la rue de l'Oratoire, qui longe l'hôtel sur la gauche, le visiteur atteint le **Frac Auvergne** (Fonds régional d'art contemporain), installé dans les écuries de Chazerat (projet de restructuration près de la cathédrale à l'étude pour 2011), et aménagé pour les expositions temporaires *(porte métallique à droite)*.

Par la petite **place du Terrail**, ornée d'une fontaine de 1684, la rue du Terrail et, à droite, la rue Fléchier, gagnez la rue des Grands-Jours qui contourne le chevet de la cathédrale.

UN CERTAIN BLAISE PASCAL...

C'est à Clermont que naît le grand Pascal (1623-1662), écrivain et penseur de génie, dont les ouvrages capitaux, les *Provinciales* et les *Pensées* comptent parmi les chefs-d'œuvre de la littérature française.

Prodigieusement doué pour les lettres, Pascal l'était aussi pour les sciences. Dès l'âge de 12 ans, il manifesta d'exceptionnelles dispositions pour la géométrie, et à 16 ans il étonna Descartes par son *Traité des sections coniques*. Deux ans plus tard, il mettait au point une machine à calculer. La brouette ou vinaigrette, chaise à porteurs à deux roues, est aussi l'une de ses inventions. On lui doit également les carrosses à cinq sous, à parcours fixe et à départs réguliers, qui connurent, dès leur apparition, un merveilleux succès et furent à l'origine des omnibus parisiens. C'est lui enfin qui, avec l'aide de son beau-frère Périer, prouva la pesanteur de l'air.

Place de la Victoire

Sur cette place, réservée aux piétons, se trouve la Maison du Tourisme. Elle abrite notamment l'**Espace Art roman** : un opéra d'images intitulé *Le Jeu de la pierre et de la foi* et des expositions temporaires présentent ce patrimoine exceptionnel. Au centre de la place, notez une fontaine surmontée de la statue d'**Urbain II,** qui prêcha la première croisade. C'est sans aucun doute d'ici que l'on profite de la plus belle **vue** d'ensemble sur la cathédrale. Les nombreuses terrasses déployées sous les 80 tilleuls de Hollande en témoignent.

De la place de la Victoire part la rue des Chaussetiers.

Rue des Chaussetiers

Les marchands de meubles et de tapis ont élu domicile dans les rez-de-chaussée voûtés des maisons anciennes. Portes et arcades y abondent.

À l'angle de la rue Terrasse, au n° 3, remarquez la **maison de Savaron** (1513) : dans la **cour★**, la tourelle d'escalier, reliée au bâtiment principal par trois étages de paliers suspendus, s'ouvre par une belle porte sculptée dite « des Hommes sauvages ».

Au n° 10, notez un portail gothique et des fenêtres à meneaux.

Et, à l'angle de la rue des Petits-Gras, admirez des arcades romanes du 12e s., les plus anciens témoignages de ce style dans l'architecture civile à Clermont.

★★ Cathédrale Notre-Dame-de-l'Assomption

Visites tlj 10h-12h, 14h-18h - suspendues pendant les offices religieux - Cette belle église gothique, inspirée des cathédrales de l'Île-de-France, doit sa couleur noire à la lave de Volvic employée dans sa construction. Il s'agit d'ailleurs de la seule grande cathédrale au monde bâtie avec ce matériau.

L'édifice actuel fut construit à l'emplacement d'une église romane dont ne subsiste que la crypte. Les travaux, lancés en 1248, furent confiés à **Jean Deschamps**, qui travailla sur ce projet jusqu'à sa mort, vers 1295 ; on lui doit le chœur, qui vit s'unir en 1262 le futur Philippe III dit le Hardi (fils de saint Louis, présent à la cérémonie) et Isabelle d'Aragon. Le fils de Jean Deschamps poursuivit l'œuvre de son père et éleva le transept, les deux portails nord et sud, la première travée de la nef, puis les tours, dont celle de la Bayette.

La construction de la cathédrale continua au cours de la première moitié du 14e s., sous la direction de **Pierre de Cébazat**, l'un des maîtres d'œuvre de La Chaise-Dieu *(voir ce nom)*, qui ajouta trois nouvelles travées à la nef. Le chantier fut interrompu par des difficultés financières et par la guerre de Cent Ans, et c'est au début du 16e s. qu'une toiture en plomb remplaça celle d'origine : elle

UNE ASSEMBLÉE EXTRAORDINAIRE
C'est dans l'église romane, remplacée en 1248 par la cathédrale Notre-Dame-de-l'Assomption, que se sont réunis en 1095, le pape français Urbain II, une quinzaine de cardinaux, et plus de 300 évêques. À l'issue de cette assemblée, la décision fut prise d'entreprendre la première croisade.

est surmontée d'un arbre de Jessé (19e s.), récemment restauré, supportant la Vierge. La cathédrale fut largement épargnée par la Révolution, à l'exception du mobilier liturgique, des stalles et statues, et des tours (celle de La Bayette ne subit heureusement aucun dommage). Il fallut attendre 1866 pour que **Viollet-le-Duc** reprenne les plans d'achèvement des travaux, qu'un de ses élèves mènera à bien. En 1884, la dernière travée de la nef, la façade ouest et ses belles flèches élevées à 108 m étaient terminées. La réalisation des marches, en façade principale, date du début du 20e s. Vous repérerez l'emplacement de la maison natale de Blaise Pascal *(détruite)* par une inscription et un traçage au sol, place Lemaigre.

Entrez par le portail nord du transept que domine la tour de la Bayette. À cette tour s'accroche la tourelle de la Guette, qui était surmontée de la loge du guetteur. L'impression de grande légèreté que donnent le vaisseau central et, surtout, le pourtour du chœur, traduit la virtuosité technique propre au gothique rayonnant. L'emploi de la lave a permis d'amincir les piliers, les arcs des voûtes et les divers éléments des baies. Remarquez les superbes **vitraux★★** (12e-20e s.), aux dominantes de bleus et de rouges. Le semis de lys de France et de tours de Castille qui en décore certains tendrait à prouver qu'ils datent de l'époque de Saint-Louis (hypothèse plausible, puisque le roi aurait pu en faire don à l'occasion du mariage de son fils en 1262). Le transept est éclairé par deux magnifiques roses, à l'intense coloration rouge *(sud)* ou violine *(nord)*, dont les lancettes s'inscrivent dans un carré.

Lors de votre visite, remarquez tout particulièrement les éléments suivants :

1) Tribune du croisillon nord – Belle **horloge à jacquemarts** du 16e s., dotée d'un mécanisme des 17e et 18e s. frappant les heures. Elle fut enlevée à Issoire lors des guerres de Religion. Son ensemble en bois doré, que l'on peut détailler en montant au trésor de la cathédrale, comprend trois statues de 1,70 m. Au milieu, le temps est représenté par un vieillard à longue barbe. À ses côtés, deux automates (Mars et Faunus) frappent les heures de leur marteau. Les aiguilles du cadran, en forme de flèche, évoquent les regrets du temps qui passe…

2) Sacristie – Au-dessus de la porte, encadrée de feuillages, trois peintures votives des 13e et 15e s. en partie superposées.

3) Chapelle Saint-Georges – Vitrail et **peinture murale** du 13e s. sur la vie et le martyre du saint.

4) Chapelle Saint-Austremoine – À droite, arrivée d'Austremoine en Auvergne, dont il sera le premier évêque ; au centre, son martyre ; à gauche, les miracles accomplis après sa mort. Remarquez aussi l'autel baroque et la pietà du 17e s.

5) Vitraux de sainte Marie-Madeleine – Évoquant la fin de sa vie. Autel et pietà des 17e et 18e s. Peinture représentant le martyre de saint Sébastien.

6) Chapelle absidiale – À gauche, la vie de saint Jean-Baptiste ; au centre, l'enfance du Christ ; à droite, le miracle de Théophile. La pièce maîtresse est une superbe **Vierge en majesté** romane, contemporaine de celles de Marsat et d'Orcival, et l'héritière probable de la Vierge d'or d'Étienne II, leur prototype, qui fut détruite à la Révolution. Statue polychrome à l'origine, la peinture ébène qui en recouvre le visage et les mains depuis 1833 la range à tort parmi les Vierges noires.

7) Vitraux de saint Bonnet – Évêque de Clermont au 7e s.

8) Chapelle funéraire des évêques – Au centre, les vitraux du 12e s., provenant de l'ancienne cathédrale, retracent la vie du Christ.

9) Chapelle Sainte-Marguerite – Retable et Adoration des bergers du 17e s.

10) Vitraux de sainte Agathe et **Christ** du Jugement dernier, du 14e s.

11) Chapelle Saint-Arthème.

Le **chœur★★** est fermé par de grandes arcades très légères. Au-dessus du triforium, les hautes **verrières (12)** des 13e et 14e s. sont traitées sur fond de grisaille et représentent une seule grande figure par lancette ; on reconnaît l'Assomption. Dans le chœur, remarquez le **maître-autel** en cuivre doré

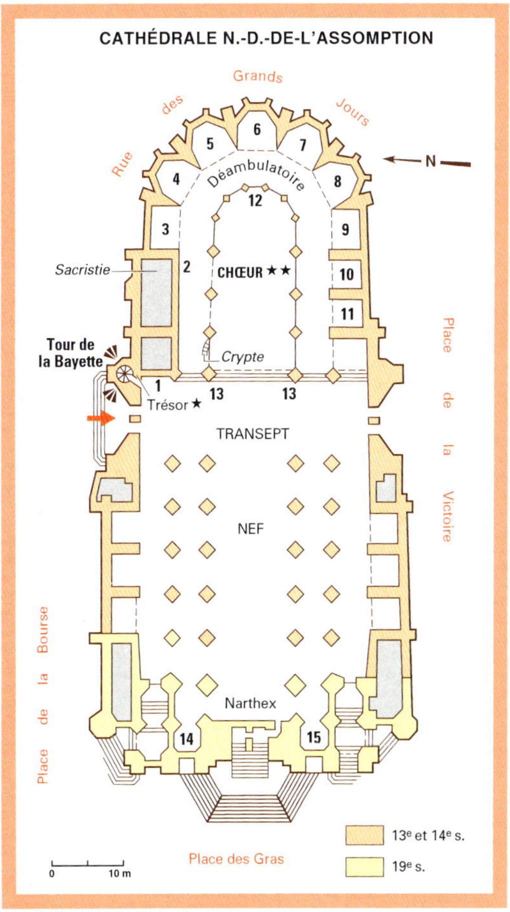

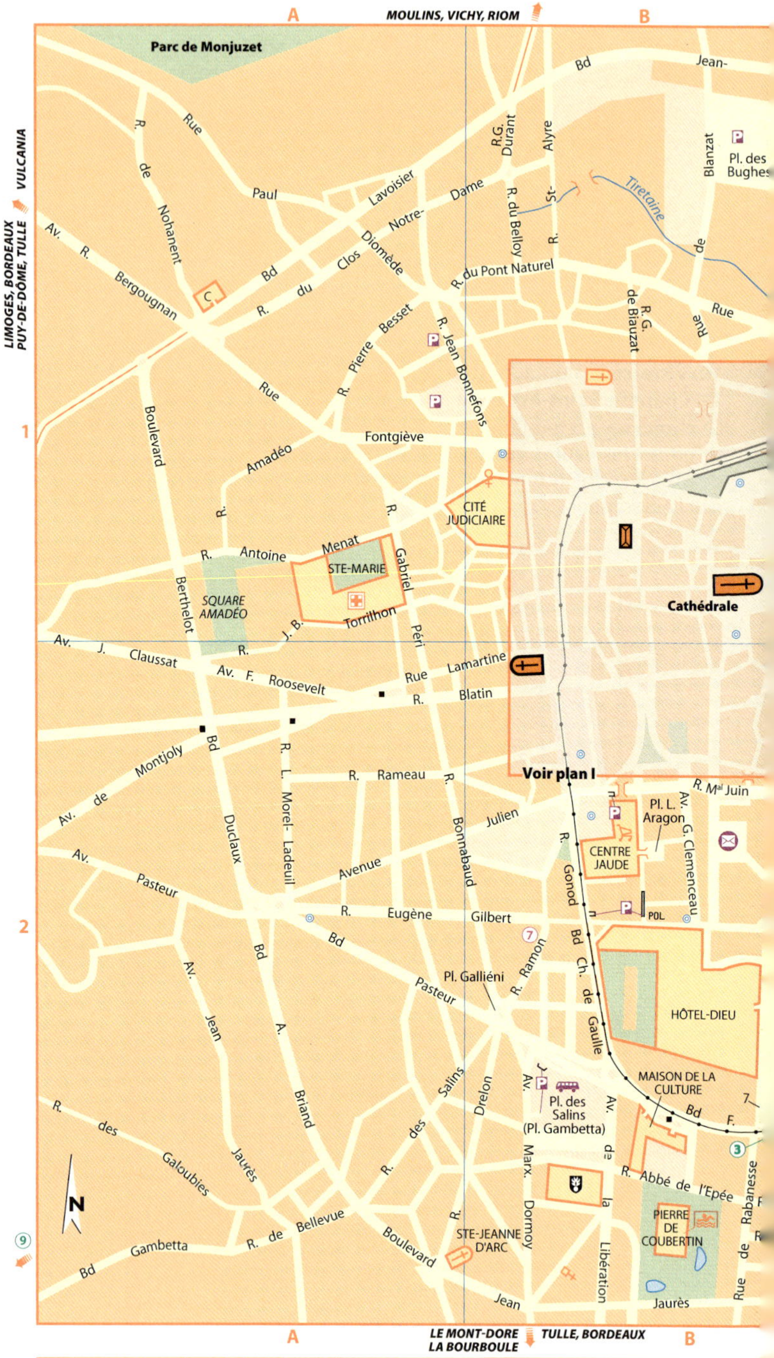

SE LOGER

Albert-Élisabeth (Hôtel)............ 1
Holiday Inn Garden Court............ 3
Lafayette (Hôtel)............ 5
Lune Étoile la Pardieu (Hôtel)............ 7
Radio (Hôtel)............ 9

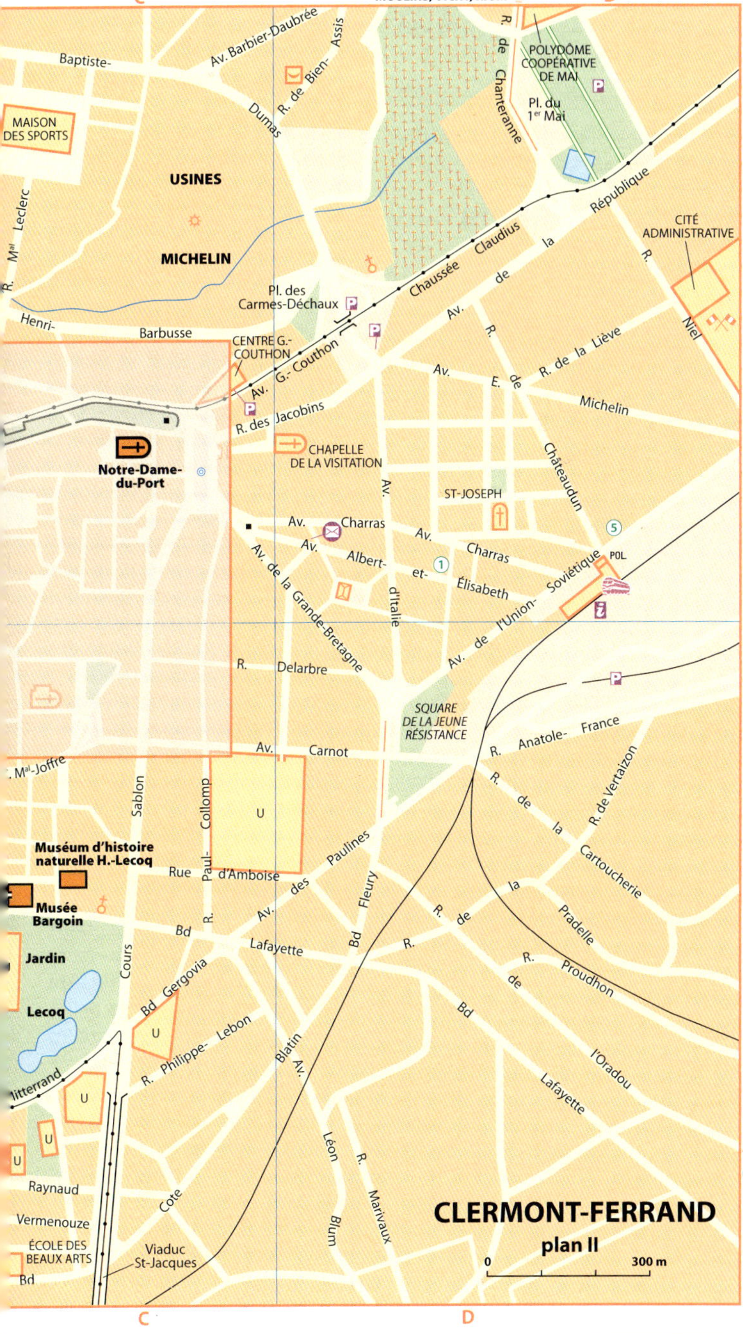

SE RESTAURER

Charolais (Le).. 3

Odevie (L').. 7

Sébastien Perrier 9

INDEX DES RUES

dessiné par Viollet-le-Duc. Accrochées aux piliers du transept, deux **statues (13)** de la Vierge et de saint Jean, du 15e s., proviennent de l'ancien jubé démoli en 1793.

Au fond des bas-côtés **(14, 15)**, deux **vitraux** contemporains illustrent l'Apocalypse et la Genèse.

Crypte – *☏ 04 73 92 46 61 - fermé pour travaux - se renseigner.* Bâtie au 10e s. avec déambulatoire et chapelles rayonnantes, la crypte fut altérée au moment de la construction de la cathédrale gothique. Elle renferme un très beau **sarcophage★** du 4e s. en marbre blanc ; sur la façade principale, une frise de personnages sculptés encadre la défunte, les bras levés vers le ciel. Un second sarcophage, du 5e ou 6e s., trouvé sous le dallage de la cathédrale, représente le Christ et les apôtres. Dans le déambulatoire, accessible par un tunnel, se trouvent des **peintures murales** des 12e et 13e s., réalisées à la demande de la famille à qui la chapelle avait été concédée.

Trésor★ – *☏ 04 73 92 46 61 - fermé pour travaux - se renseigner.*

Situé au-dessus de la sacristie des chanoines, à l'étage de l'horloge à jacquemarts, il présente des collections allant du 12e au 19e s. : orfèvrerie et émaux, reliquaires, instruments liturgiques, crosses d'évêque, vêtements sacerdotaux et liturgiques. Notez d'intéressantes **sculptures romanes** (Vierges en majesté, grand Christ et tête de Christ) et du 16e s., une représentation des douze apôtres.

Tour de la Bayette – *250 marches.* Du haut de la tour, vous bénéficierez d'un beau **panorama** sur Clermont et son environnement montagneux.

Sortez par le portail sud du transept, que deux tours devaient encadrer. Celle de droite fut démolie à la Révolution ; l'autre semble n'avoir jamais été achevée.

★★ LE VIEUX MONTFERRAND

Circuit dans le vieux Montferrand tracé en vert sur le plan de la ville (p. 109)

Le **quartier historique de Montferrand** est l'un des plus anciens secteurs sauvegardés de France, avec quelque 80 maisons anciennes. Une importante opération de restauration est conduite dans le cadre d'un **plan de sauvegarde et de mise en valeur** (PSMV). De nombreux édifices ont retrouvé leurs belles façades d'antan, ornées de têtes sculptées, leurs balustrades, leurs tourelles d'escalier, leurs pierres d'angle et leurs arcades de lave qui contrastent avec les enduits colorés. La mise au jour des **remparts médiévaux** vient parachever la réhabilitation de la cité.

En vous promenant, vous pourrez observer différents types de constructions, de la modeste **demeure paysanne** des anciens vignerons et maraîchers *(place Poly)* aux **maisons à pans de bois** des commerçants *(rue de la Rodade)*, avec un niveau en pierre où s'ouvraient les arcades des étals, en passant par les élégants **hôtels particuliers** des riches négociants, magistrats et officiers de justice, bâtis en pierre de Volvic et décorés de sculptures *(rue J.-Guesde)*.

★★ L' Aventure Michelin

32, rue du Clos-Four (juste derrière le stade Marcel-Michelin) - ☏ 04 73 98 60 60 - www.aventure-michelin.com - ♿ - tlj sf lun. 10h-18h ; juil.-août : 10h-19h. 8 € (- de 7 ans gratuit) ; pack famille (4 pers. dont un – de 18 ans) 22 €. Audioguide : 2 €. Réserv. conseillée.

Sur son site industriel de Cataroux, dans un atelier entièrement restauré, Michelin a ouvert au printemps 2009 une exposition grand public retraçant le passé, le présent et le futur du groupe. Cet espace de 2 000 m² répartis sur

UNE ANCIENNE BASTIDE

Montferrand doit son origine aux comtes d'Auvergne, qui élevèrent un château fort sur une éminence, dont l'actuelle **place Marcel-Sembat** marque le site, afin de concurrencer l'autorité de l'évêque, seigneur de Clermont. Au début du 13e s., la ville est reconstruite en bastide, à l'initiative d'une maîtresse femme, la **comtesse Brayère**, qui demeure une figure attachante de l'histoire de cette ville. Deux grands axes de circulation se croisent alors à angle droit pour aboutir aux quatre portes ouvertes dans l'enceinte. Ville de commerce favorisée par sa situation de carrefour, Montferrand voit s'élever au 15e s. les demeures de la bourgeoisie, en lave pour la plupart. Au 16e s., le roi y installe la cour des aides, une cour de justice fiscale et criminelle ; c'est probablement l'apogée de Montferrand. Puis c'est la rivalité avec Clermont, qui se poursuit jusqu'à l'édit d'Union de 1630 imposant la fusion des deux cités, effective deux siècles plus tard.

2 niveaux et 9 salles présente plus de 120 ans d'histoire : la mobilité à la fin du 19e s., l'invention de la Micheline, Michelin pionnier de l'aviation avec le « pneu qui roule sur de l'air », le Bibendum, les cartes et guides, la signalétique routière, etc. Des innovations incessantes aux grands enjeux de la Recherche, l'Aventure Michelin se raconte pas à pas sollicitant à chaque étape vue, ouïe, odorat et toucher. À noter qu'un parcours sensoriel, intitulé « Un autre regard » a été spécialement développé pour les personnes malvoyantes.
Laissez votre voiture place de la Rodade.

Place de la Rodade

L'une des portes d'entrée de la ville se trouvait jadis sur cette place, qui s'appelait « place de Belregard » en raison de la jolie vue qu'elle offrait sur la chaîne des Puys. Au centre, vous remarquerez une fontaine des quatre saisons, en lave de Volvic.
Pénétrez dans le vieux Montferrand par la rue de la Rodade.

Hôtel Regin (maison de l'Annonciation)

Au n° 36. Ancienne propriété d'une famille de lieutenants du baillage, cet hôtel Renaissance est caractéristique des demeures montferrandaises. Dans sa **cour★**, notez une belle statue de saint Christophe ; sur la droite, au-dessus, la galerie est sculptée d'une Annonciation.

Hôtel Doyac

Au n° 29. Cet hôtel de la fin du 15e s. appartenait à Jean de Doyac, bailli royal de Montferrand et ministre de Louis XI. Il contient une porte gothique monumentale.

Hôtel du Bailliage

Au n° 20. Fermé pour travaux. Cette ancienne maison des baillis se distingue par ses gargouilles et ses salles voûtées.
Après l'élargissement de la **rue de la Rodade**, on observe à gauche, dans le quartier rénové, un bel ensemble de maisons à colombages et à encorbellements. Leurs ouvertures cintrées et les façades de leurs boutiques sont disposées sur de hauts paliers marquant le niveau ancien de la rue. Au n° 6, belle cour intérieure et escalier à balustrade.
Revenez sur vos pas. À l'angle marqué par la maison de l'Échauguette, prenez à droite la rue Marmillat.

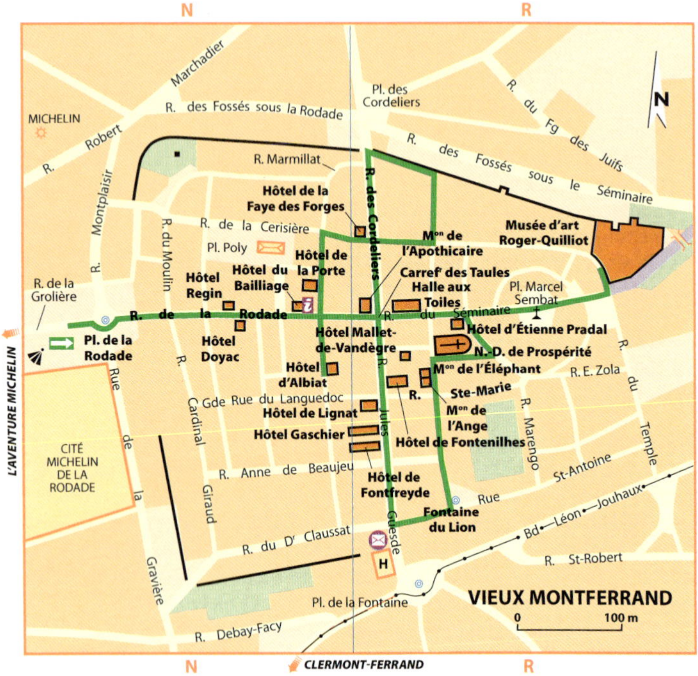

Hôtel de la Porte (maison de l'Architecte)

Au n° 5. Dans la cour, tourelle d'escalier ornée d'une intéressante sculpture Renaissance datant de 1577.

Prenez à droite la rue de la Cerisière.

Hôtel de la Faye des Forges

Au n° 2, une porte vitrée protège une ravissante porte intérieure dont le **tympan** est sculpté de lions soutenant un phylactère. En face, une maison présente une double galerie de bois, exceptionnelle à Montferrand.

Par la rue des Cordeliers, à gauche, gagnez la rue Waldeck-Rousseau.

Elle domine la rue tracée sur les fossés, et longe intérieurement l'**ancien rempart** dont la mise en valeur est en cours, avec la création d'une promenade piétonne.

Par la rue du Temple, regagnez la rue des Cordeliers.

Rue des Cordeliers

Au n° 11, rez-de-chaussée Renaissance cantonné de pilastres, jolie cour intérieure ; au n° 5, arcs Renaissance en façade.

Carrefour des Taules

Le nom de ce carrefour central rappelle l'emplacement des étals traditionnels des marchands. Ici la rue, jadis en forte pente, fut écrêtée au 18e s. afin de faciliter le passage des charrois ; si bien que, de nos jours, ce sont les anciennes caves qui se trouvent au rez-de-chaussée, alors qu'un peu plus bas, rue des Cordeliers et rue Jules-Guesde, les anciens rez-de-chaussée se présentent en contrebas de la rue rehaussée par les déblais.

Maison de l'Apothicaire

1 r. des Cordeliers. Cet édifice du 15e s. présente deux étages à pans de bois. En haut, de chaque côté du pignon, on peut voir accrochés aux consoles un apothicaire, son clystère à la main, et le patient prêt pour l'opération.
Prenez à gauche la rue du Séminaire.

Halle aux toiles

Au no 3. Un long balcon supporte une belle enfilade de quatre arcades en anse de panier et leurs portes latérales.

Hôtel d'Étienne Pradal

Au no 22. Cet hôtel présente, au niveau des échoppes, de beaux arcs en plein cintre ou en anse de panier et, aux étages, des fenêtres Renaissance à meneaux. Ses pierres d'angle en lave sont très caractéristiques.
Rejoignez la place Louis-Deteix, en passant par la place Marcel-Sembat toute proche.

★★ Musée d'art Roger-Quilliot

Pl. Louis-Deteix - ✆ 04 73 16 11 30 - ♿ - tlj sf lun. 10h-18h - fermé 1er janv., 1er mai, 1er nov., 25 déc. - 4,20 €, gratuit 1er dim. du mois. Des visites guidées sont organisées régulièrement, ainsi que des animations destinées aux 4-12 ans. Audioguides (français/anglais) disponibles à l'accueil pour les visites individuelles.

Ce musée occupe l'emplacement du Palais vieux, siège du bailliage royal, puis de la cour des aides d'Auvergne, du Limousin et de la Marche. La porte monumentale, édifiée au début du 17e s. devant la cour de la chapelle des ursulines, en constitue l'unique vestige. Lors de la réunion de Montferrand et de Clermont, les ursulines reconstruisirent les bâtiments.

Transformé en séminaire après la Révolution, en hôpital militaire de 1914 à 1918, puis en caserne, l'ensemble fut aménagé en musée à la fin des années 1980. Aujourd'hui, l'édifice et ses abords, desservis par le tramway, forment transition entre le quartier historique de Montferrand et ses faubourgs.

Ses collections sont présentées de façon chronologique et thématique. L'idée de promenade autour d'un atrium central a inspiré les architectes **Adrien Fainsilber** et **Claude Gaillard**. Le cheminement de salle en salle propose des points de vue architecturaux inattendus.

C'est donc de façon très agréable que vous pourrez admirer, au fil des salles, Vierges romanes auvergnates, peintures françaises, italiennes et flamandes, remarquables collections d'œuvres du 19e s. : Évariste Fragonard, Gustave Doré, Théodore Chassériau, François Bartholdi, Camille Claudel, Armand Guillaumin…

Citons, entre autres fleurons, la **Suite d'évêques★** provenant de l'église d'Ennezat (un rare exemple en France de peinture sur bois de la fin du 13e s.), ou le **coffret de Guillaume Savaron**, en cuir gaufré et doré, qui représente des scènes de bain, de chasse, de jeu, de danse, dans des costumes élégants du 15e s. Le **décor★** de la Grande Galerie du château d'Effiat représente la nature – somptueux vallons, ruisseaux, forêts épaisses – entourant d'une présence mystérieuse les agissements de Roland, empruntés au poème de l'Arioste : *Roland furieux*. Également du 17e s., signalons le **portrait de Vincent Voiture★** par Philippe de Champaigne et d'intéressantes scènes de genre dont une extraordinaire *Ronde des farfadets* par David Ryckaert III.

Le **18e s.** s'ouvre sur l'art du portrait : portrait d'apparat, marqué par la rigidité de la mise en scène *(La Duchesse du Maine cueillant une fleur d'oranger)* ; portrait intime et sensuel de J.-M. Nattier ; autoportrait de **Hyacinthe Rigaud**.

Après la Révolution et l'Empire, l'histoire inspire les artistes qui s'affranchissent des règles classiques et bouleversent la hiérarchie des genres. La **Grande Galerie du 19e s.** ★ reflète cet éclectisme et restitue, à travers sculptures et peintures, le foisonnement d'une époque. À noter une toile saisissante de Gustave Doré, *Les Saltimbanques*.

La **collection Simone et Maurice Combe** offre quant à elle, avec ses toiles de Bernard Buffet, Marcel Gromaire, Jean Fautrier, Othon Friesz, un regard unique d'amateurs et marchands d'art clermontois sur la peinture figurative française des années 1930 aux années 1980.

Revenez sur vos pas. Retrouvez la rue du Séminaire, après la place Marcel-Sembat, et prenez à gauche la rue Kléber.

Église N.-D.-de-Prospérité

Cette ancienne chapelle du château, aux dimensions importantes (47,50 m de long pour une hauteur de 18 m), a conservé sa tour nord en façade. Celle du sud fut détruite en 1793. Servant de tour de guet, elle est surmontée d'une lanterne, l'« Olivière », du 16e s. En contournant l'église, observez les **gargouilles**, dont les silhouettes étirées contrastent avec le strict parement de lave. L'une d'elles représente un lévrier, sujet rare dans la sculpture religieuse.

La nef est un large vaisseau de style gothique méridional. Une rose flamboyante éclaire le mur de façade. Sous le clocher gauche, la chapelle Sainte-Catherine, voûtée, abrite une Vierge en majesté romane provenant d'un tympan détruit et, au mur, une **fresque** du 16e s.

Poursuivez dans la rue Kléber.

★ Maison de l'Éléphant

Au n° 12. Les grands arcs du rez-de-chaussée de cette maison romane (13e s.) supportent les baies géminées du premier étage. Des visages couronnés ornent les culs-de-lampe. Au tympan de la baie centrale, une fresque représentait autrefois un éléphant, d'où le nom donné à la maison (une autre interprétation fait d'« Éléphant » une déformation phonétique d'« Olifant », instrument qui annonçait l'arrivée d'un visiteur de marque).

Maison de l'Ange

Au n° 14. Dans la cour, un petit tympan de porte, triangulaire, représente un ange porteur d'un écusson armorié.

Dans la **rue Sainte-Marie** *(à gauche)*, au pied du passage qui enjambe la rue, ancienne porte du couvent de la Visitation (écusson entouré de coquilles Saint-Jacques).

Fontaine du Lion

Elle provient de la place à laquelle elle avait donné son nom. Au pignon, un lion porte le blason martelé de Montferrand.

Prenez à droite, puis encore à droite la rue S. J.-Guesde.

LA PIERRE DE VOLVIC

La trachyandésite, andésite, « pierre éternelle », appelée aussi « lave » ou « pierre de Volvic », a façonné et teinté la ville de Clermont-Ferrand et ses environs. Son utilisation remonte à l'époque gallo-romaine, mais la période la plus représentative correspond à celle des constructions gothiques. Cette pierre provient de la coulée d'un des plus vieux volcans de la chaîne des Puys, le **puy de la Nugère**. Vous la rencontrerez un peu partout : églises, fontaines, bancs publics, mais aussi au cimetière des Carmes, où de nombreuses stèles sont de véritables œuvres d'art.

Vue générale de Clermont et monts Dôme.
D. Massacrier / Service Communication - Ville de Clermont-Ferrand

Hôtel de Fontfreyde (maison de Lucrèce)

Au n° 28. Dans la cour, on admire, à la porte gothique de la tourelle d'escalier, une ravissante Vierge à l'Enfant de style Renaissance, sculptée dans le même bloc de lave que le tympan. Sur la balustrade de la galerie de l'hôtel, trois beaux médaillons à l'italienne représentent Lucrèce se poignardant entre l'époux et le séducteur.

Hôtel Gaschier

Au n° 20. Trois galeries superposées s'ouvrent sur la cour (15e-16e s.). Un tympan armorié décore la tourelle d'escalier polygonale.

★ Hôtel de Lignat (maison du Notaire)

Au n° 18. Cet édifice du 16e s. prend le jour sur la rue par de gracieuses fenêtres à meneaux. Sur la Grande-Rue du Languedoc, il présente une élégante porte décorée d'une guirlande de roses dans le style de la Renaissance italienne. Dans la cour, une belle **tourelle d'escalier** dessert trois étages de galeries. L'une d'elles est ornée de fleurs de lys avec les restes, très effacés, d'une Annonciation.

★ Hôtel de Fontenilhes

Au n° 13. Belle demeure datant de la fin du 16e s., en pierre de Volvic. Dans la cour, à trois étages de galeries, observez la tourelle d'escalier à vis, dont les rampes sont sculptées de lions, de griffons, de licornes, et la succession des trois ordres classiques (dorique, ionique, corinthien).

Faites quelques pas dans la rue Notre-Dame.

Hôtel Mallet de Vandègre

Au n° 2. Cour austère : ce fut, dit-on, la prison des femmes.

Par le carrefour des Taules et la rue de la Rodade, prenez à gauche la rue du Dr-Balme.

Au n° 5, façade d'une maison romane avec colonnettes et chapiteaux. Au n° 11, **hôtel d'Albiat**, du 16e s. ; dans la cour, on voit un tympan de porte abîmé (légende de la licorne) et, sur la galerie, une scène d'Apparition aux saintes femmes ; corbeaux sculptés en forme de têtes, puits et four.

À voir aussi

★ Musée Bargoin plan d'agglo C2

45 r. Ballainvilliers - ✆ 04 73 42 69 70 - tlj sf lun. 10h-12h, 13h-17h, dim. et j. fériés 14h-19h - fermé 1er janv., 1er mai, 1er nov., 25 déc. - 4,50 € (-18 ans et étudiant gratuit), gratuit 1er dim. du mois.

Édifié au début du 20e s. grâce au legs de Jean-Baptiste Bargoin, pharmacien clermontois, il rassemble, au rez-de-chaussée et au sous-sol, d'importantes **collections archéologiques et d'arts textiles★**.

Département archéologie – Une nouvelle muséographie attractive et dynamique présente les sociétés humaines de la région, de la préhistoire à la période gallo-romaine. À noter tout particulièrement, les collections issues des fouilles du temple de Mercure au sommet du puy de Dôme et de la nécropole des Martres-de-Veyres, ainsi que les ex-voto gallo-romains en bois de la source des Roches à Chamalières, dont on ne connaît guère d'équivalent dans toute l'Europe.

Département tapis et arts textiles – Les collections textiles rassemblent des pièces nouées et tissées du Proche et Moyen-Orient, d'Asie centrale et orientale et d'Amérique. Deux fois par an, la collection permanente cède la place à des expositions temporaires révélant des particularités de conception et de fabrication, reflets ethnologiques des sociétés évoquées.

Hôtel de Fonfreyde

34 r. des Gras - ✆ 04 73 37 38 63 - ouvert uniquement en fonction des expositions temporaires : tlj sf lun. 10h-18h, w.-end et j. fériés 10h-12h30, 13h30-18h - fermé 1er janv., 1er mai, 1er nov., 25 déc. - gratuit.

Ce bel hôtel particulier Renaissance, également appelé « maison des Architectes » (regardez dans la cour les motifs sculptés de la tourelle d'escalier), accueille aujourd'hui des expositions temporaires.

★ Muséum d'histoire naturelle Henri-Lecoq plan d'agglo C2

15 r. Bardoux - ✆ 04 73 91 93 78 - mai-sept. : 10h-12h, 14h-18h, dim. 14h-18h ; reste de l'année : 10h-12h, 14h-17h, dim. 14h-17h. - fermé lun. et j. fériés - 4,50 € (-18 ans et étudiant gratuit), gratuit 1er dim. du mois.

Nommé en l'honneur du naturaliste Henri Lecoq, qui fut également responsable du jardin éponyme *(voir ci-après)*, ce Muséum consacre trois niveaux à l'histoire des sciences et à l'histoire naturelle, abordées dans un contexte général aussi bien que régional. Les nombreuses salles du Muséum abritent d'importantes collections de **minéraux** (dont celle du chimiste Antoine Lavoisier) et d'**animaux naturalisés**, remarquablement mis en scène. Elles présentent aussi des collections d'insectes et des **herbiers**. Huit dioramas illustrent les milieux naturels auvergnats, tandis qu'au deuxième étage sont présentées la reconstitution d'une taillerie de pierres fines et la première salle en France consacrée à l'arbre des parentés du monde vivant. Vous pourrez, l'espace d'un instant, pénétrer dans le bureau d'Henri Lecoq… Le musée accueille par ailleurs de très belles expositions temporaires. Des ateliers de découverte et d'initiation aux sciences naturelles sont proposés aux enfants et aux adultes sur inscription. Le public adulte et étudiant peut assister librement aux conférences organisées.

Ne quittez pas le Muséum sans avoir admiré deux exemplaires de l'ingénieuse **Pascaline**, machine arithmétique inventée par le fameux Clermontois Blaise Pascal *(voir encadré p. 111)*, et des ballons d'essai, témoins de l'expérience historique de Pasteur.

Espaces verts

Jardin Lecoq plan d'agglo C2 – *6h45-21h en été, et 6h45-18h en hiver. Ne vous laissez pas piéger : le tintement de sa sonnerie indique la proche fermeture du jardin.*

L'aménagement de cet espace vert de 3 ha, situé en plein centre-ville, fut commencé en 1863 sur l'initiative d'**Henri Lecoq**. Il comprend des variétés rares de plantes et d'arbres sur de grandes pelouses d'ornementation aux parterres fleuris, et de charmantes compositions, très en vogue au 19e s., où se mêlent fontaines et statues. Au printemps, la **roseraie** reprend ses couleurs et ses senteurs pour le plus grand plaisir des promeneurs. Une **porte** du 14e s., provenant de l'ancien château de Bien-Assis (ancienne propriété du beau-frère de Pascal), a été remontée à proximité du **bassin**, où canards et cygnes font la joie des enfants. Deux aires de jeux et de grandes allées permettent de se distraire, de flâner et de se relaxer.

Parc Montjuzet plan d'agglo A1 – *7h-21h en été, et 7h-18h en hiver - ✆ 04 73 42 62 27* - Installée sur une butte au nord de Clermont, à 486 m d'altitude, cette oasis de verdure (26 ha) ménage un beau point de **vue** sur l'agglomération. Ses espaces de loisirs en font un lieu très apprécié des enfants. La **Boule erratique,** signée Takashi Naraha, est l'une des huit sculptures monumentales installées en 1997 en plusieurs points de la ville. Vous la remarquerez assez facilement ; elle offre un superbe « cadre » de vue sur la cathédrale !

Jardin botanique de la Charme – *✆ 04 73 42 68 42 - tlj 8h-17h - fermé w.-end et j. fériés du 1er nov. au 1er avr. - gratuit - visites guidées sur RV.*

Cet agréable jardin de 8 ha se trouve à l'est de Clermont. Ses collections regroupent plus de 2 600 espèces de plantes, présentées par familles dans des espaces thématiques (fructicetum, jardins à thème, jardin écologique…). Une graineterie sert à la conservation des espèces du jardin.

Itinéraires conseillés

★★ VOLCANISME AUX PORTES DE CLERMONT C1

Pour visualiser cet itinéraire 1 de 35 km, reportez-vous au schéma (p. 125) – comptez environ une demi-journée.

Quittez Clermont par la place des Carmes-Déchaux et empruntez, vers le nord, le boulevard J.-B.-Dumas (direction Limoges), puis prenez sur la droite la rue de Blanzat.

UN NATURALISTE D'EXCEPTION

Véritable passionné de sciences naturelles, **Henri Lecoq** (1802-1871) était à la tête de la chaire d'histoire naturelle de Clermont-Ferrand. Ses collections, dont il fit don, permirent d'enrichir considérablement les vitrines du Muséum qu'il dirigea pendant 45 ans. Généreux et fidèle en amitié, il partagea ses idées avec, entre autres, Jean-Baptiste Bargoin. Ensemble, ils exploiteront une fameuse boisson appelée **café de glands doux**, faite à base de glands méditerranéens, sans caféine, inventée par Lecoq. Cet homme de communication, mais aussi d'affaires, se fit aimer de tous. Son sérieux lui valut les fonctions de président de la chambre de commerce (1848) et, peu après, celles de membre du conseil d'administration de la Banque de France.

La route s'élève dans le ravin séparant les côtes de Clermont *(à gauche)* et le plateau de Chanturgue *(à droite)*.

1,2 km après le croisement du boulevard Charcot, prenez à droite et poursuivez sur 300 m jusqu'à une patte-d'oie. Garez votre voiture et continuez à pied.

Environ 1h AR. Un chemin caillouteux, mais bien tracé, monte vers le site en longeant le rebord sur la gauche.

★ Plateau de Chanturgue

Des hauteurs qui séparent les vallées de la Tiretaine et du Bédat, le plateau de Chanturgue est la plus jolie avancée sur Clermont. Ses versants portent encore quelques arpents du vignoble, un des quatre terroirs qui constituent les **côtes d'Auvergne**, mais qui rétrécit peu à peu comme une peau de chagrin; on peut encore voir, par endroits, quelques cabanes de vignes ou « tonnes ». Sur le plateau, au-delà de deux anciennes carrières, à gauche du chemin, le **panorama★** se développe sur la plaine de la Limagne, l'agglomération clermontoise et, à droite, la chaîne des Puys, que domine le puy de Dôme.

Oppidum des côtes de Clermont

Poursuivez la route d'accès sur 500 m, laissez votre voiture dans une amorce de chemin à gauche, sous bois, à hauteur d'un virage à droite, et gagnez (1h AR) l'arête du plateau des côtes de Clermont. Les vestiges de fortifications et ceux d'un habitat ancien, les amas de pierres, les bases de constructions que recouvrent des bosselures ou des tertres de terre gazonnée intéresseront les amateurs d'archéologie.

Redescendez vers Clermont et prenez sur la droite le boulevard Charcot en direction de Durtol. Rejoignez l'avenue du Puy-de-Dôme (D 941^{A}) par l'avenue de la Paix (D 941), puis empruntez la côte de la Baraque.

★★★ Puy de Dôme *(voir les monts Dôme)*

Au hameau de la Font-de-l'Arbre, prenez la D 68.

★ Royat *(voir ce nom)*

Chamalières

La troisième ville du département du Puy-de-Dôme se trouve au sud-ouest de Clermont. C'est une importante cité, résidentielle et active, dont relèvent certains aménagements touristiques ou thermaux de Royat. Et… les billets de la Banque de France y sont imprimés!

Chamalières jouxte Clermont-Ferrand. Sachez que l'**avenue de Royat**, puis la **rue Blatin** partent en direction de la place de Jaude *(voir p. 106)*, toute proche.

Église Notre-Dame – *tlj sf dim. apr.-midi 8h-19h.* Des cinq églises qui s'élevaient autrefois à Chamalières, une seule subsiste. Sa nef est considérée comme l'une des plus anciennes de la région. Elle a intégré dans sa construction des éléments d'un édifice primitif, antérieur à l'an mil. Au 12e s., le chœur

LE PETIT CAMP DE CÉSAR ?

Dans les bases de murs de pierres sèches, recouvertes de chaume ou enfouies dans les broussailles, observées sur le plateau de Chanturgue, certains archéologues ont cru voir les vestiges du petit camp de César lors du siège de Gergovie : vestiges de remparts avec leur berme (chemin le long d'un rempart), base d'une tour, redans, nasse de sortie pour une troupe d'attaque, guérite, grand axe de circulation, cantonnements standardisés et orientés… Si bien que Chanturgue serait peut-être l'un des camps romains de la fameuse **guerre des Gaules.**

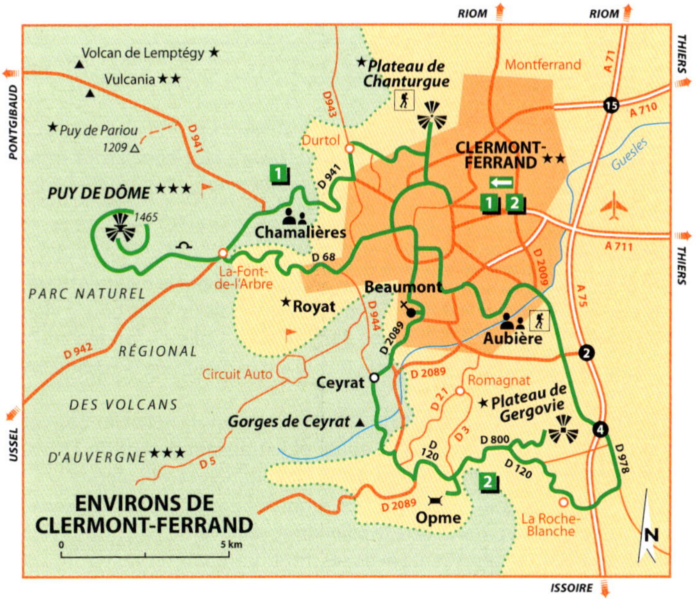

de l'église fut agrandi et refait. Au 17e s., la voûte en berceau fut en partie transformée en ogive. Le clocher est du 19e s. Le chevet présente des chapiteaux sculptés.

Moulin de la Saigne – *Dans le prolongement de l'église, empruntez la rue de la Coifferie et celle du Languedoc.* Le courant rapide de la Tiretaine a favorisé l'installation de roues hydrauliques : moulins à farine dès le 10e s., puis moulins papetiers à partir du 15e s. Ancienne propriété des jésuites, le moulin de la Saigne était encore en activité en 1939. Les murs donnant sur la place du même nom, au pied desquels une mare se déverse dans la rivière, ont été peints en trompe-l'œil.

Musée de la Résistance, de l'Internement et de la Déportation – *7 pl. Beaulieu - ✆ 04 73 31 28 42 - muse.resist63@wanadoo.fr - visite guidée sur demande préalable 9h-12h, 14h-17h30 - fermé dim. - 2 € (enf. 1 €).*

De nombreux documents, reproductions, photographies, objets, témoignages divers, illustrent cette terrible période de l'histoire que fut la Seconde Guerre mondiale. Une bibliothèque et une vidéothèque, accessibles au public, affirment la vocation pédagogique des lieux.

Galerie d'art contemporain – *Traversez la place de Geretsried pour atteindre le n° 3 de l'avenue de Fontmaure, dans l'ensemble résidentiel et commercial Carrefour-Europe. ✆ 04 73 30 97 22 - www.amac-chamalieres.com - ♿ - 14h-19h - fermé dim. et j. fériés - gratuit.*

L'espace est relativement restreint, mais les expositions accueillent les grands noms de la peinture et de la sculpture contemporaines. Vous y découvrirez une collection d'estampes signées de nombreux artistes du monde entier. Les œuvres proviennent des **Triennales mondiales d'estampes petit format**, organisées depuis 1988 à Chamalières.

Parc Bargoin *(voir Royat)*

★ LES PAYS AU SUD DE CLERMONT C2

Pour visualiser cet itinéraire 2 de 45 km, reportez-vous au schéma (p. 125) – comptez environ une demi-journée.
Quittez Clermont par le sud en direction de Beaumont. Prenez le boulevard Duclaux qui longe l'imprimerie de la Banque de France, puis le boulevard Aristide-Briand. Rejoignez la D 2089 par l'avenue de la Libération, et poursuivez jusqu'à Beaumont.

Église de Beaumont

✆ 04 73 44 00 05 - 9h-18h - fermé dim. apr.-midi. Traversé par la rivière Artière, le village de Beaumont, au sud de Clermont, était jadis un gros bourg vigneron, regroupé autour de son **église Saint-Pierre**. Celle-ci, fondée au 7e s., fut l'abbatiale d'une abbaye bénédictine jusqu'à l'expulsion des religieuses en 1792.
Le portail ouest montre une frise du 12e s. À l'intérieur, la nef et les bas-côtés remontent au 10e s., tandis que la voûte et le transept datent du 11e s. Les chapiteaux à entrelacs et feuillages sont d'inspiration carolingienne.
Dès l'entrée, l'attention se porte sur un étonnant ensemble de **statues★** en bois doré ou polychrome. Contre le pilier droit, saint Verny, patron des vignerons auvergnats, est représenté avec ses attributs (outils de vigneron, grappes de raisin, un chien couché à ses pieds et le tonnelet ou gousset). Quelle petite église de Limagne n'a pas sa statue de saint Verny? Dans le bas-côté droit, on remarque une Vierge romane; dans le transept gauche, une pietà du 16e s., et, dans le chœur, une Vierge de l'Annonciation (fin 14e s.). À voir aussi, de nombreuses pierres tombales, parmi lesquelles celle de **Béatrice d'Auvergne** (13e s.), située dans le chœur.

Ceyrat

À l'embranchement de la route de Boisséjour, à gauche, remarquez les curieux restes d'un volcan, au bord du neck de Montrognon. En faisant quelques pas, vous pénétrerez à l'intérieur du cratère démantelé.
Poursuivez vers le sud.

Gorges de Ceyrat

De hautes falaises granitiques ont été profondément entaillées par une rivière qui a donné naissance aux gorges.
Rejoignez la D 2089 et, à Saulzet-le-Chaud, prenez à gauche la D 120. Suivez les panneaux « Château d'Opme ».

Château d'Opme

✆ 04 73 87 54 85 - ♿ - de Pâques au 1er nov. : dim. et j. fériés 14h30-18h (juin-sept. : tlj sf mar. et sam. 14h-19h); - 5 € (-15 ans 3 €).
Ancienne forteresse (11e s.) des comtes d'Auvergne, commandant le col où passait la voie romaine de Clermont au Puy-en-Velay, le château d'Opme fut modernisé dans le goût de la Renaissance par Antoine de Ribeyre, trésorier de France sous Louis XIII. L'escalier intérieur, de larges fenêtres à meneaux, des balcons à balustres, des jardins en terrasses datent de cette époque. Le donjon est la partie la plus ancienne; dans la salle basse (seule partie intérieure du château accessible au public), un petit **musée** retrace les grands moments de la vie du maréchal de Lattre de Tassigny, qui séjourna dans cette demeure lorsqu'il créa l'école des cadres d'Opme.

Festival Vidéoformes, film de Robert Croma.
R. Croma/videoformes.com

La terrasse supérieure accueille un **jardin à la française★** encadré par deux allées de tilleuls centenaires et doté d'un bassin à jet d'eau. Un deuxième jardin est agrémenté d'une très belle fontaine Renaissance attribuée à Androuet du Cerceau. La terrasse inférieure contient quant à elle un potager aménagé à la façon du 17e s.

Revenez au carrefour de la D 3 et de la D 120, et tournez à droite.

Au cours de la montée, une **vue★** superbe embrasse sur la gauche Clermont, les côtes de Clermont, la chaîne des Puys, tandis que se profilent la chaîne des monts Dore et les pointements volcaniques de la Comté.

★ Plateau de Gergovie *(voir ce nom)*

Rejoignez La Roche-Blanche par la D 120, puis remontez vers Clermont par la D 978. Empruntez la D 2009 sur 2 km et prenez, sur la gauche, l'avenue R.-Maerte (D 777). 1,5 km plus loin, prenez à droite l'avenue J.-Noellet (D 69).

Aubière

Une rue bordée de curieuses caves à vin rappelle que cette cité aux 900 caves fut la capitale du vignoble auvergnat avant les ravages du phylloxéra (1892) et du mildiou (1910).

Musée de la Vigne et du Vin (cave à Madame) – *✆ 04 73 27 60 04 - ♿ - juil.-août : lun. et jeu. 14h-18h - reste de l'année : se renseigner - 4,10 € (enf. 2,10 €).*

La « cave à Madame » tire son nom de l'ancienne propriétaire de ces caves à vin des 17e et 18e s. : Gilberte de la Roche-Brillant, héritière de la seigneurie d'Aubière. Appuyée par un diaporama historique, une présentation vivante du patrimoine vinicole et viticole de la région vous introduit dans le vif du sujet. Vous pénétrerez ensuite dans une salle sonorisée où un alignement de ceps montre l'évolution d'un plant de vigne sur une année. Une mise en scène animée par un son et lumière retrace dans deux vastes caves les étapes nécessaires à l'élaboration d'un bon vin. La visite se termine par une dégustation de crus locaux.

Vous pourrez compléter votre visite d'Aubière par une balade dans le **quartier des caves** - *environ 1h AR. Garez-vous place des Ramacles, puis flânez le long des rues Chambon, Pérignat, Adèle, Paradis, Saint-Marc.*

Poursuivez sur la D 69, puis prenez à gauche le boulevard Louis-Loucheur. Plus loin, le boulevard C.-Bernard ramène vers la place de Jaude.

NOS ADRESSES À CLERMONT-FERRAND

Voir aussi les encadrés pratiques de Billom, des monts Dôme, de Riom, du massif du Sancy et de Vulcania.

TRANSPORTS

Tramway/Bus – *www.t2c.fr - Ticket à l'unité : 1,30 €, carnet 10 tickets : 10,40 €, ticket 24h : 3,50 €, ticket parking-relais : 3 €.* Le tram circule de 5h à 1h du matin. Il relie Clermont Nord, Montferrand, le centre-ville et la place de Jaude, le CHU, le campus universitaire des Cézeaux et la gare de La Pardieu.

Bon à savoir – Le vélo est une heureuse alternative à la voiture pour vous déplacer rapidement dans Clermont. Vous pourrez, par l'intermédiaire de **Moovicité**, enfourcher la bicyclette de votre choix et partir à la découverte de la ville pour un prix défiant toute concurrence. *Location de vélos (classiques, de ville, électriques) et accessoires (casques, sièges pour enfants) - rens. et tarifs ☏ 0 810 63 0 063 - 2 agences : une face à la gare SNCF et une en centre-ville - renseignements www.moovicite.com*

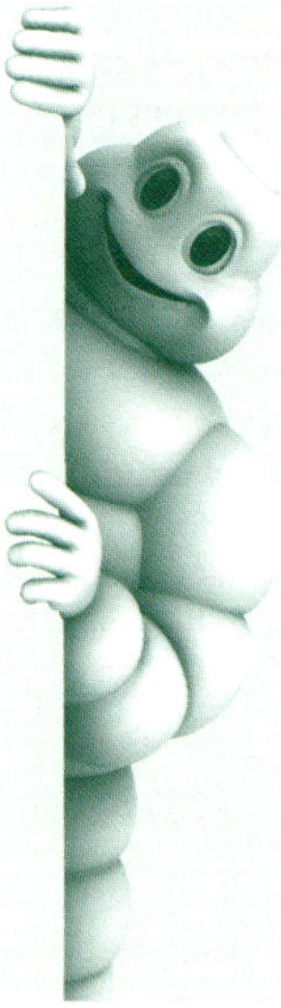

HÉBERGEMENT

PREMIER PRIX

Hôtel Lune Étoile La Pardieu – *89 bd Gustave-Flaubert - ✆ 04 73 98 68 68 - hotelluneetoile@wanadoo.fr - ♿ - P - 45 ch. 39 € - ☕ 6 €.* Près du parc technologique La Pardieu, architecture cubique composée de deux petits bâtiments : l'un regroupe l'accueil et le restaurant, l'autre les chambres, modernes et fonctionnelles, à l'image de l'ensemble de l'établissement.

BUDGET MOYEN

Hôtel Albert-Élisabeth – *37 av. A.-Élisabeth - ✆ 04 73 92 47 41 - www.hotel-albertelisabeth.com - 38 ch. 50/54 € - ☕ 8 €.* Le nom de cet hôtel évoque un séjour clermontois des souverains belges. On est accueilli dans un beau salon au mobilier rustique. Chambres pratiques, bien tenues et climatisées.

Dav'Hôtel Jaude – *10 r. Minimes - ✆ 04 73 93 31 49 - www.davhotel.fr - 28 ch. 55/60 € - ☕ 8,50 €.* Atout majeur de l'hôtel : sa proximité avec la place de Jaude (commerces, parking public et cinémas). Chambres de bonne ampleur, récemment refaites dans des tons vifs.

POUR SE FAIRE PLAISIR

Hôtel Lafayette – *53 av. de l'Union-Soviétique - ✆ 04 73 91 82 27 - www.hotel-le-lafayette.com - Fermé 24 déc.-4 janv. - 48 ch. 92/115 € - ☕ 10 €.* Cet hôtel voisin de la gare est entièrement rénové : hall contemporain, chambres aux tons pastel dotées de meubles modernes en bois clair et bonne insonorisation.

Hôtel Radio – *43 av. P. et M.-Curie - 63400 Chamalières - ✆ 04 73 30 87 83 - www.hotel-radio.fr - Fermé 1er-11 nov. - P - 26 ch. 96/142 € - ☕ 13 € - rest. formule déj. 39 € - 47/90 €.* Élégant établissement des années 1930 où l'on valorise le style Art déco. Les chambres, amples et feutrées, optent pour une ambiance plus contemporaine. Cuisine originale et belle carte des vins dans un cadre chic, rénové mais respectueux de l'âme du lieu.

UNE FOLIE

Holiday Inn Garden Court – *59 bd F.-Mitterrand - ✆ 04 73 17 48 48 - www.holidayinn-clermont.com - 94 ch. 120/160 € - ☕ 14 € - rest. formule déj. 17 € - 20 €.* Immeuble moderne entre le parc botanique, la maison de la culture et le tram pour sillonner la ville. Chambres fonctionnelles, bien équipées. Large panel de services proposés. Belle salle à manger lumineuse sous verrière dans un cadre verdoyant.

RESTAURATION

BUDGET MOYEN

Le Pile-Poêle – *9 r. St-Dominique - ✆ 04 73 36 08 88 - tlj. sf dim.-15 €(déj.)/21/25/32 €.* Restaurant traditionnel de style contemporain possédant une belle salle voûtée en sous-sol. Il offre un large éventail de plats copieux. Une bonne adresse pour un repas de qualité, préparé avec des produits frais.

Le Chardonnay – *1 pl. Philippe-Marcombes - ✆ 04 73 90 18 28 - www.restaurantlechardonnay.com - fermé sam. midi, dim. et j. fériés - formule déj. 11 € - 18/40 €.* Ce bar à vins du centre-ville jouit d'une bonne réputation. Le décor, de style bistrot, est agréable, le menu, présenté sur ardoise, est très copieux et chaque vin est accompagné d'une fiche explicative. Également, une belle sélection de whiskies.

Le Charolais – *77 r. Pré-la-Reine - ✆ 04 73 91 65 35 - fermé w.-end et le soir en sem. - ♿ - P - formule déj. 15,80 € - 19,90 €.* Les amateurs de bonne viande se pressent dans ce restaurant aménagé dans une maison d'allure traditionnelle. Sur la table, assiettes copieuses à prix doux et, accrochées aux murs, les médailles des champions bovins élevés autrefois par la famille.

L'Odevie – *1 r. Eugène-Gilbert - ✆ 04 73 93 90 00 - www.restaurantodevie.com - fermé 1er-21 août - ♿ - formule déj. 15 € - 22/37 €.* Une toute nouvelle adresse, à deux pas de la place de Jaude. L'intérieur est flambant neuf : portes automatiques à l'entrée, pont de bois franchissant une petite rivière artificielle, grandes baies vitrées, décor design… Cuisine de style brasserie.

Le Comptoir des Saveurs – *5 r. Ste-Claire - ✆ 04 73 37 10 31 - www.le-comptoir-des-saveurs.fr - Fermé août, 3-12 janv., 14-23 fév., mardi soir, merc. soir, jeudi soir, dim. et lundi - 25/45 €.* On peut jouer à la dînette en picorant parmi les propositions du chef – plats servis en mini-portions – changées chaque jour. Un concept à découvrir dans un cadre contemporain.

Sébastien Perrier – *6 r. Caire - 63800 Lempdes - ✆ 04 73 61 74 71 - www.sebastienperrier.fr - Fermé août, 2-5 janv., dim. soir et lundi - 27/46 €.* La balance communale se trouvait sur la place du village, face à ce chaleureux restaurant dont la cuisine s'inspire de la Méditerranée. Cadre classique, mezzanine contemporaine.

POUR SE FAIRE PLAISIR

Brasserie Danièle Bath – *pl. Marché St-Pierre - ✆ 04 73 31 23 22 - brasseriebath@orange.fr - Fermé 9 fév.-2 mars, 15-31 août, dim., lundi et j. fériés - formule déj. 18 € - 27/36 €.* Décor de bistrot, salle à manger cossue égayée d'œuvres d'art contemporaines ou, en été, terrasse sur la place piétonne. Cuisine traditionnelle ; bon choix de vins au verre.

PETITE PAUSE

Les Goûters de Justine – *11 bis r. Pascal - ✆ 04 73 92 26 53 - 12h-19h, sam. 14h30-19h - fermé dim. et lun.* Ce salon de thé insolite est un charmant capharnaüm qui ressemble par bien des traits à une échoppe d'antiquaire… On s'y installe paisiblement pour prendre une tasse de café ou de thé, accompagnée d'une pâtisserie, au calme de ce quartier du vieux Clermont.

Les Augustes - café littéraire – *5, r. Sous-les-Augustins- ✆ 04 73 37 07 94 - www.cafe-lecture.org - lun.-jeu. 10h-0h, vend. 10h-1h, sam. 11h-1h.* Un café charmant avec des milliers de livres ; animations, débats, lectures.

La Ruche Trianon – *26 r. du 11-Novembre - ✆ 04 73 37 38 26 - 10h-19h, sam. 9h-19h - fermé dim. et lun., de mi-juil. à mi-août et j. fériés.* Belle maison centenaire courtisée par les amateurs de plaisirs sucrés. À déguster, entre autres spécialités maison, le Volcania, la Pascaline (hommage à Blaise Pascal, illustre Clermontois), le Péché du Diable et un grand choix de pâtes de fruits, ainsi que notre dernière création : le chocolat à la Gentiane.

ACHATS

Marché St-Pierre – *Pl. St-Pierre - ✆ 04 73 31 27 88 - www.marche-saint-pierre.com - tlj sf dim. 7h-19h30.* Ce marché alimentaire abrite des stands de produits régionaux (fromages, charcuteries), de poissons, viandes, fruits et légumes, etc. Également sur place, une brasserie et un restaurant gastronomique.

Fromager

François Vazeilles – *Marché St-Pierre - ✆ 04 73 36 16 13 - tlj sf dim. et lun. 7h15-13h, 15h-19h30, vend. 7h-19h30, sam. 6h-19h30 - fermé 1re quinz. d'août et j. fériés.* Ce n'est pas un hasard si les connaisseurs disent de François Vazeilles qu'il est un « prince de l'affinage ». Goûtez donc son saint-nectaire fermier, son bleu d'Auvergne ou son salers dont la maturation s'est achevée dans les caves naturelles de la maison. En vente également, des fromages régionaux moins connus, comme le lavort ou le gaperon, ainsi que de belles mottes de beurre frais.

Traiteur

Fafournoux – *1 rue St-Pierre - ✆04 73 37 16 12 - lun. 9h-12h30, 15h-19h, mar.- sam. 8h-19h - fermé en août.* Chaque jour cet artisan prépare une quinzaine de plats en fonction des achats réalisés au marché tout proche. On apprécie la fraîcheur de son jambon à l'os (cuit au bouillon d'herbes), de son pâté aux pommes de terre, de ses bouchées à la reine, de sa brioche aux grattons ou encore de sa galantine.

L'Art des Mets - *7 pl. du Poids-de-Ville - 63370 Lempdes - 8 km à l'est de Clermont-Ferrand par A 711 - ✆ 04 73 61 81 19 - mar.-sam. 9h-12h30, 17h-19h30 (sf sam.).* Après 10 ans de cuisine et voyages à travers le monde, Nicolas Pagnotta s'est finalement posé en Auvergne pour vous préparer de délicieux plats de tous horizons. Ce traiteur propose également en dessert quelques perles : verrines tiramisu, mousse menthe-chocolat, moelleux… du grand art !

Pâtissier-Chocolatier

Maison Vieillard – *3, r. Blatin - ✆ 04 73 28 64 30 - www.vieillard.fr - 9h-19h - fermé dim.-lun.* Cette vénérable maison fondée en 1781 est devenue au fil des ans une institution locale. Son savoir-faire et son désir de perfection perdurent : il n'y a qu'à goûter ses ganaches, ses briquettes au café, ses chocolats à la liqueur, ses fondants à la menthe… Le chic décor de la boutique, années 1940, mérite également la visite.

Guy Métivier – *28 r. de l'Abbé-Girard - ✆ 04 73 30 93 03 - tlj sf dim. apr.-midi et lun. 9h-12h, 15h-19h - fermé en août - (également salon de thé).* Monsieur Métivier a gardé de son apprentissage chez Lenôtre à Paris les tours de main et les recettes qu'il applique aujourd'hui à la perfection. Ses spécialités : la Caroline, pâte à choux fourrée de crème pâtissière à la vanille, au café ou au chocolat, les gourmandises à base de mousse parfumée maison, la tarte aux pommes saupoudrée de cannelle et les éclairs au chocolat. Qu'il est bon de se laisser aller à la gourmandise

La Chaumière – *4 r. St-Dominique - ✆ 04 73 37 55 90 - mar.-sam. 8h-19h, dim. et j. fériés 9h-12h - fermé 1er-15 juil..* Cet établissement de tradition vient de fêter ses 80 bougies Martial Ray, pâtissier chocolatier, y élabore des délices : 3 variétés de truffes, la Clémentine Impériale (confite, garnie d'une ganache à la liqueur de mandarine)… Côté pâtisserie, les incontournables : éclairs, babas, chaussons aux pommes croustillants côtoient les créations du maître. À déguster au salon de thé ou à emporter.

Caviste

Caves de Grandseigne – *12 r. Pascal - ✆ 04 73 90 89 83 - www.cavesdegrandseigne.com - tlj sf dim. et lun. mat. 10h-12h15, 15h-20h; sam. 10h-12h30, 14h-20h - fermé j. fériés.* Cet établissement, un superbe hôtel particulier du 17e s., est né de l'association de six passionnés du vin qui, un jour de 1998, décidèrent de créer leur propre cave. Organisation de séances de dégustation, vin du mois, réalisation d'un petit musée viticole, visite des caves voûtées et aménagement d'un rayon arts de la table.

Librairie

Librairie Les Volcans – *80 bd Mitterrand - ✆ 04 73 43 66 75 - lun.-sam. 10h-19h.* Librairie réputée, vaste choix de livre y compris pour la jeunesse.

Bibendum et dérivés

Michelin la Boutique – *2 pl. de la Victoire - ✆ 04 73 90 20 50 - mar.-sam. 10h-13h, 14h-19h - fermé dim., lun. et j. fériés.* Mondialement connu et particulièrement représenté à Clermont, Bibendum se devait d'avoir une boutique où sont présentés ses nombreux produits dérivés et de collection.

EN SOIRÉE

Bars, pubs

Bon à savoir – Bars, brasseries, cinémas, crêperies, pubs, restaurants et salons de thé tiennent une large place dans l'animation des quartiers du centre-ville : ils se concentrent principalement place de Jaude, dans le quartier de la cathédrale, place Sugny, rue Fontgiève et place Gaillard.

L'Aventure – *22 r. des Chaussetiers - ✆ 04 73 31 12 81 - tlj sf dim. et lun. 18h-2h.* Ce petit bistrot à l'ancienne baigne dans une atmosphère sympathique, idéale pour découvrir et apprécier les charmes du vieux Clermont. Des apéritifs à thème et des dégustations d'huîtres l'hiver vous changeront agréablement les idées. Vin au verre.

Gormen's café – *79 av. Édouard-Michelin - ✆ 04 73 90 65 65 - gormens@wanadoo.fr - tlj sf dim. et lun. à partir de 22h - fermé 3 sem. en août et 3 j. à Noël.* Occupant les anciens locaux d'un garage automobile, ce bar branché est le lieu de rendez-vous des étudiants et des rugbymen qui viennent y célébrer, jusqu'à épuisement, la sacro-sainte troisième mi-temps. Le maître des lieux n'est autre que le rugbyman de l'ASM (Association sportive montferrandaise), Olivier Azam, qui succède à Philippe Saint-André, ex-capitaine de l'équipe de France. File d'attente garantie. Soirées à thème.

La Perdrix – *14 r. Terrasse - ✆ 04 73 91 21 35 - Bar-pub 18h30-2h - fermé 25 déc. et dim.* Ce pub réputé pour son grand choix de bières, de whiskies et de cocktails offre un plaisant décor composé d'orme et de pierre de Volvic. Cave voûtée au sous-sol et ambiance conviviale participent également au succès de cette adresse.

Salles de spectacles

Bon à savoir – Les concerts de musique classique sont généralement donnés à la **maison de la culture** (bd François-Mitterrand), où les mélomanes pourront apprécier l'Orchestre d'Auvergne. Les amateurs de théâtre fréquentent aussi cette maison où se produit la Comédie de Clermont-Ferrand/Scène nationale.

Églises, auditorium (conservatoire) et amphithéâtre (faculté de droit) accueillent les récitals de musique de chambre.

La Baie des Singes – *6 av. de la République - Cournon-d'Auvergne - au sud-est de Clermont-Ferrand ✆ 04 73 77 12 12 - www.baiedessinges.com.* Cette salle participe toute l'année à de nombreuses manifestations : Jazz Auvergne Festival, Festival On connaît la chanson, Les automnales… Elle fait partie des salles de concert incontournables.

La Coopérative de Mai *(r. Serge-Gainsbourg, vers le Polydôme) - Prog. et réserv. ✆ 04 73 14 48 08 - www.lacoope.com.* Depuis son ouverture en 2000, elle compte parmi les lieux de spectacle majeurs de la région. Elle se compose du Club appelé la « Petite Coopé » (espace bar-restauration et mezzanine, pouvant accueillir jusqu'à 500 personnes) et de la grande salle avec une capacité d'accueil de 1 500 places et une scène. Ce lieu a déjà accueilli plus de 2000 artistes dont Arno, Air, MC Solaar, Thomas Dutronc et bien d'autres. Lieu de résidence à l'année de nombreux artistes, la Coopé programme également des artistes locaux.

Le **Zénith d'Auvergne** accueille les grands spectacles en tournée.

La **Grande Halle d'Auvergne** est le lieu privilégié de vastes rassemblements comme la Foire économique de Clermont/Cournon (sept.) ou le Sommet de l'élevage (oct.).

Les cinéphiles se donnent rendez-vous au « VO… Le Rio » (r. Sous-les-Vignes), au Pathé Capitole et au cinéma Aux Ambiances.

L'**opéra municipal** est fermé pour travaux jusqu'en 2011.

ACTIVITÉS

Espace Victoire – *Pl. de la Victoire - ✆ 04 73 42 60 58 - www.ville-clermont-ferrand.fr - 10h-12h30, 13h30-18h - fermé dim. et j. fériés.* Véritable ambassade du massif, l'Espace Massif Central se veut vitrine des pays, des terroirs, des cultures et des savoir-faire. C'est à la fois un lieu de vie, un lieu d'expositions et un centre d'informations. Vous trouverez tous les renseignements utiles pour organiser votre séjour (culturel ou sportif) ainsi qu'une sélection de cartes, guides de randonnées et beaux livres.

Stade nautique Pierre-de-Coubertin – *Pl. Pierre-de-Coubertin - ✆ 04 73 17 60 70.* Bassin olympique couvert par un toit amovible par beau temps, bassin ludique, toboggan, fosse à plongée, parc, sauna.

Centre aquatique – *1 av. 1re-Armée-Rhin-et-Danube - 63400 Chamalières - ✆ 04 73 29 78 78.* Bassin olympique, à vagues, toboggan, sauna, fitness.

Sucrerie de Bourdon – *BP 2 - 63150 Aulnat - ✆ 04 73 60 70 70 - visite gratuite (sur réserv.) de déb. oct. à mi-déc. : 8h-12h, 14h-18h.* « Site remarquable du goût » *(voir p. 15)*, cette usine en pierre de Volvic (19e s.) vous dévoile les secrets de la fabrication du sucre et vous propose un parcours de découverte du site industriel.

AGENDA

Festival du court métrage – *✆ 04 73 91 65 73 - www.clermont-filmfest.com.* Le Festival international du court métrage (fin janv.-déb. fév.) s'impose comme une référence en matière de cinéma. Après la Première Guerre mondiale, la standardisation de la durée des œuvres cinématographiques (env. 100mn) porte une vive atteinte aux courts métrages, issus de l'invention des frères Lumière en 1895. En 1979, Clermont-Ferrand réhabilite cette discipline en accueillant un festival du court métrage fondé sur des rencontres. Trois ans plus tard, il met en compétition des réalisations françaises, avant d'étendre son rayon de sélection au monde entier. Ce rassemblement est peu à peu devenu un rendez-vous incontournable des cinéphiles. Chaque séance propose une affiche de cinq ou six films (voire plus) dont la durée varie de 5 à 59mn chacun. Les différents programmes (français, numérique, international, africain) sont rediffusés plusieurs fois au cours de la semaine. Côté pratique : les salles de projection sont réparties sur plusieurs sites dans la ville, mais restent concentrées dans le secteur de la maison de la culture. Poumon du festival, ce bâtiment (2 salles) absorbe la moitié des cinéphiles, bien secondé par les salles de cinéma et les « amphis » des facultés voisines (ambiance assurée). Il est fortement conseillé d'arriver en avance pour les séances !

Puy-de-Mômes – Cournon-d'Auvergne - *℘ 04 73 69 90 40 - réserv. ℘ 04 73 69 94 53 - www.cournon-auvergne.fr - 2 sem. fin mars-déb. avr.*- Théâtre, marionnettes, cirque, danses, contes, concerts, ateliers et jeux pour le jeune public (dès 1 an).

Vidéoformes – *℘ 04 73 17 02 17 - www.videoformes-fest.com - 5 j. mi-mars.* Durant cinq jours, Clermont présente le meilleur de la création numérique contemporaine : installations multimédias, vidéo, performances, conférences et « Nuit des arts électroniques. »

Contre-plongées de l'été – *℘ 04 73 42 63 63 - http://contreplongees.clermont-ferrand.fr - juil.-août.* Programmation variée autour de plusieurs sites : théâtre au Centre Blaise-Pascal, projections de films en plein air sur la place de la Victoire, spectacles de rue place de Jaude…

Plateau de Gergovie

★

Puy-de-Dôme (63)

S'INFORMER

Office du tourisme Gergovie - Val d'Allier – *Plateau de Gergovie - 63670 La Roche-Blanche - ✆ 04 73 79 42 98 - www.ot-gergovie.fr - juil.-août : 10h-19h ; mai-juin et sept.-oct. : 10h-12h30, 14h-18h ; mars-avr. et nov. : w.-end et j. fériés 14h-18h ; vac. scol. de printemps : 14h-18h - fermé déc.-fév.*

SE REPÉRER

Plan de région C2 (p. 102) – schéma p. 136 – carte Michelin Départements 326 F8. La voie d'accès la plus proche est l'A 75 (sortie 4). Vous pouvez également vous y rendre par Romagnat si vous venez de l'agglomération clermontoise. Au-delà d'Opme et de son donjon carré, vous arriverez sur le plateau par l'étroit passage des Goules, bénéficiant sur votre gauche de très beaux points de vue sur la ville de Clermont-Ferrand, située 7 km plus au nord.

À NE PAS MANQUER

Deux fêtes : Cervolix, où des centaines de cerfs-volants colorent le ciel de Gergovie un week-end d'octobre. Les Arverniales ou « archéofête gauloise », fin juillet, véritable spectacle d'Histoire vivante avec pour toile de fond le superbe panorama sur Clermont et la Limagne.

AVEC LES ENFANTS

C'est l'occasion rêvée de leur raconter comment Vercingétorix, « grand chef des cent tribus », prit la tête d'une armée de résistants à l'envahisseur romain, et infligea ici même à César une cuisante défaite en 52 av. J.-C.

Un vaste plateau, dont la silhouette légèrement trapézoïdale se découpe en avant de la Limagne et du val d'Allier, se détache dans le paysage clermontois. Érigé sur l'un de ses bords, un curieux monument commémoratif, surmonté d'un casque ailé, permet de l'identifier à coup sûr. Des milliers de visiteurs aiment venir, tout au long de l'année, remonter aux sources d'un passé prestigieux et admirer la vue sur la région.

Se promener

Le **monument commémoratif** se dresse à l'extrémité de la route. Prenez le temps de vous promener sur le plateau : l'air y est vivifiant, et le paysage magnifique.

UNE COULÉE DE LAVE

Les avis sont partagés quant à l'origine de la **table de basalte** qui recouvre le plateau de Gergovie : coulée de lave issue du puy Giroux, à l'ouest, ou d'un volcan dont on aperçoit les débris, sur la pente est du plateau… Cette table, qui culmine à 745 m, a protégé de l'érosion les assises inférieures plus tendres, engendrant une « inversion de relief ».

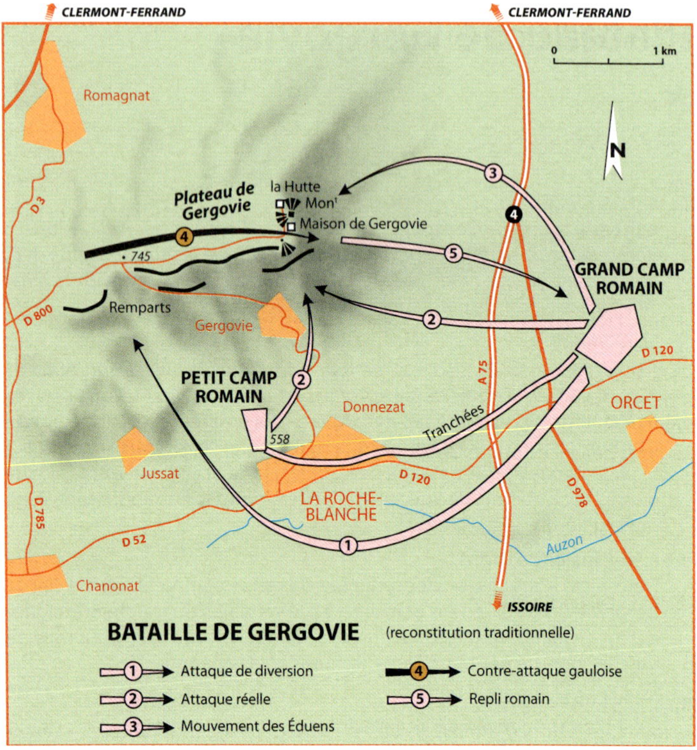

★★ Panorama

La vue s'étend sur la Limagne de Clermont, que ferment à l'horizon les monts du Forez et ceux du Livradois, et sur la vallée de l'Allier au-delà de laquelle pointent les puys de la Comté. À droite, derrière La Roche-Blanche et la petite vallée de l'Auzon, se découpe la tour médiévale du Crest, qui se distingue bien dans le paysage. La partie ouest du plateau demeure donc la plus accessible ; c'était déjà le problème le plus épineux pour Vercingétorix.

Maison de Gergovie

04 73 79 42 98 - www.ot-gergovie.fr - ♿ - juil.-août : 10h-19h ; mai-juin et sept.-oct. : 10h-12h30, 14h-18h ; vac. de printemps : 14h-18h ; mars-avr. et nov. : w.-end et j. fériés 14h-18h - possibilité de visite guidée - 4 € (enf. 3 €).

Le centre d'information du plateau présente une **exposition** sur la géologie et la flore, illustrées par des photographies et des maquettes, sur l'archéologie (une salle est consacrée à la vie quotidienne des Gaulois dans l'oppidum), sur l'histoire du site, la visite de Napoléon III et les fouilles. Une projection vidéo retrace les différentes étapes de la célèbre bataille.

En extérieur, une chasse au trésor avec un GPS vous est proposée, permettant d'allier course d'orientation high-tech et résolution d'énigmes.

La bataille de Gergovie

LES FOUILLES

C'est un Florentin dénommé **Gabriel Siméoni** qui identifia, au 16e s., cet emplacement comme lieu de la fameuse bataille de Gergovie. Il est à noter que selon une seconde thèse, la bataille se serait plutôt déroulée sur le **plateau de Chanturgue** *(voir Clermont-Ferrand).*

Dirigée en 1862 par le **commandant Stoffel**, aide de camp de Napoléon III (qui attribua au site son nom actuel), une première campagne de fouilles permit d'identifier les deux camps de César et le double fossé de liaison. De nouvelles fouilles, entreprises de 1936 à 1939, confirmèrent ces conclusions. Des sondages effectués en 1995 ont précisé l'emplacement des fossés, qui sont bien localisés comme l'indiquait Stoffel. Les **dernières campagnes de fouilles** menées par le service régional de l'Archéologie renforcent la version traditionnelle. Les objets collectés lors des derniers sondages confirment aussi la datation du 1er s. av. J.-C. et l'hypothèse d'un usage militaire, avec la découverte de pièces d'armement (armatures de flèches, boulets), typiquement romaines. En 2009, de nouvelles fouilles ont été entreprises sur une des voies principales de l'oppidum.

LE RÉCIT DE LA BATAILLE

Le siège de Gergovie (*Gergobia* ou *Gergovia*) et la bataille qui s'ensuivit durèrent à peine deux ou trois semaines. Il n'est donc pas surprenant que les vestiges archéologiques de cette intervention militaire soient plus modestes que les aménagements romains construits autour d'Alésia. Du haut du plateau de Gergovie, les Gaulois bénéficient d'une vue dominante sur le camp de César, installé sur la serre d'Orcet, en surveillent les manœuvres et conservent l'avantage du terrain lors d'escarmouches. Pour reprendre l'avantage, César s'empare de la colline de La Roche-Blanche, lors d'un assaut nocturne. Il la fortifie et y installe un petit camp que ses soldats relient au premier par deux tranchées parallèles. Après s'être assuré du concours des Éduens et voyant certaines hauteurs dégarnies de défenseurs, César décide d'en finir. Il ordonne un mouvement nocturne vers le col des Goules, exécuté par de nombreux escadrons et soutenu par une légion. Les Gaulois se portent en masse vers ce point faible pour en compléter les défenses.

Dès le lendemain, peu après midi, le gros des troupes romaines du grand et du petit camp se lance à l'assaut de l'oppidum par le sud-est. Une première enceinte est franchie et les soldats de César montent à l'assaut du second rempart. À leur vue, les femmes poussent des cris de terreur et jettent des étoffes et de l'argent aux assaillants pour les arrêter. Attirés par les cris et comprenant l'attaque de diversion imaginée par César, les Gaulois reviennent en hâte sur le vrai lieu de la bataille.

Fatigués par l'effort fourni au cours de leur escalade et contrariés dans leur manœuvre par l'obstacle des remparts, les Romains, bousculés, se désunissent et bientôt se débandent. Pour leur malheur, ils prennent les Éduens, leurs alliés, qui arrivent sur le champ de bataille, pour une aide gauloise et se retirent en désordre. César donne alors l'ordre du repli.

Itinéraire conseillé

Pour visualiser cet itinéraire de 12 km, reportez-vous au plan de la région p. 102 – comptez 2h. Descendez du plateau de Gergovie jusqu'à Opme, puis en direction de Chanonat. À l'entrée du village, prenez à droite jusqu'à La Batisse.

Château de La Batisse C2

Visite guidée (1h) 6 juil.-29 août : tlj sf sam. 10h30 (sf lun.), 13h30, 15h et 16h45 ; 3 avr.-29 juin et 14 sept.-2 nov. : dim. et j. fériés 15h et 16h30 - 6 € (-7 ans gratuit).

Ses toits plats, ses terrasses, ses ailes du 18e s., ouvertes sur l'extérieur, confèrent au château une grâce avenante. Cette demeure de pierre blonde respire une quiétude et une douceur de vivre qui contrastent avec les sévères forteresses féodales de la région. Une tour en poivrière et deux tours d'angle, coiffées de calottes à lanternon de tuiles rouges, sont les vestiges du château primitif du 15e s. À l'intérieur, vous noterez des pièces de mobilier Louis XIII et Louis XVI, des tapisseries, des armes, une pietà du 16e s. Les **jardins**, conçus par Le Nôtre, furent reconstitués d'après un plan aquarellé du 18e s. réalisé par Jean-Baptiste Girard, et exposé dans la salle du Plan. Longeant le labyrinthe de verdure, une allée mène aux **cascades de l'Auzon**, au fond du parc.

Retournez à Chanonat, et prenez à droite la D 3 jusqu'au Crest.

Le Crest C2

Ce village de vignerons est bâti à l'extrémité de la Montagne de la Serre *(voir le lac d'Aydat)*. Il est dominé par une tour, seul vestige d'un château autrefois important, si l'on en juge par le dessin qu'en fit Guillaume Revel vers 1450. On bénéficie depuis la tour d'un **panorama★** remarquable, au nord sur le plateau de Gergovie et la Limagne de Clermont, à l'est sur la vallée de l'Allier et le Livradois, au sud et au sud-ouest sur le massif du Sancy, à l'ouest et au nord-ouest sur la chaîne des Puys.

Redescendez vers la D 213 et l'A 75, passez dessous et prenez la toute petite route qui monte en s'enroulant autour de la butte de Monton.

Monton C2

D'origine castrale lui aussi, ce village étage ses maisons sur la partie sud de la butte dont le sommet est couronné d'une monumentale statue de pierre blanche de la Vierge, Notre-Dame de Monton, réalisée sur le modèle de Notre-Dame du Puy. Plusieurs fois rénové à la suite de dégradations naturelles, ce colosse de 14 m de haut fait l'objet d'un pèlerinage le dimanche qui suit le 22 août. Près du site (beau panorama), on accède à d'anciens habitats troglodytiques.

Revenez à Gergovie par La Roche-Blanche.

Royat

★

4 797 Royadères ou Royatais – Puy-de-Dôme (63)

NOS ADRESSES PAGE 143

S'INFORMER

Office du tourisme de Royat - Chamalières – *1 av. Auguste-Rouzaud - pl. Allard - 63130 Royat - ✆ 04 73 29 74 70 - www.ot-royat.com - juil.-août : 9h-12h, 14h-18h ; mi-avr. à fin juin et sept. : 9h-12h, 14h-18h, dim. 14h-18h ; oct. à mi-avr. : lun.-vend. 10h-12h, 14h-18h.*

SE REPÉRER

Plan de région C1/2 (p. 102) – carte Michelin Départements 326 F8.

À 3 km à l'ouest de Clermont-Ferrand, la ville s'étage le long de la D 68 qui grimpe hardiment vers le puy de Dôme.

À NE PAS MANQUER

Promenez-vous dans la vieille ville autour de l'église Saint-Léger et découvrez l'histoire du Royat thermal au pavillon Saint-Mart.

AVEC LES ENFANTS

Emmenez-les en promenade sur l'un des nombreux circuits pédestres balisés au départ de Royat. Au parc Bargoin, montrez-leur un vénérable érable aux dimensions impressionnantes.

À l'ouest de l'agglomération clermontoise, cette élégante station thermale se niche dans un vallon ombragé, parcouru par la Tiretaine. Le vieux Royat et son église fortifiée dominent le Royat thermal et ses hôtels baroques. Le centre thermoludique Royatonic, associant thermalisme et bien-être, et les nombreuses promenades proposées entre ville et campagne ajoutent au charme de cette station.

Se promener

L'**avenue Thermale**, tracée en corniche au nord de Royat, révèle de jolies **vues★** sur le site de Clermont. Et pour qui vient de Pontgibaud par la D 941A, le belvédère de la **Pierre carrée**, aménagé dans un virage, offre une superbe **vue★★** sur l'agglomération clermontoise : *(de gauche à droite)* les côtes de Clermont ; la ville, dominée par sa cathédrale de lave ; au loin, les monts du Livradois ; sur la droite, les volcans de la Comté, le plateau de Gergovie et le piton de Montrognon.

★ Royatonic

5 av. A.-Rouzaud - ✆ 04 73 29 58 90 - appeler pour horaires - www.royatonic.com.
Situé près de l'établissement thermal, ce **centre thermoludique** s'adresse aux personnes en quête de détente et de bien-être, en leur offrant toute l'année les bienfaits des eaux thermales dans un cadre agréable : lagune d'eau bleue, frigidarium, tepidarium, caldarium, sauna… Et pour une relaxation totale, l'institut de bien-être SanHoa propose une gamme complète de soins autour de la relaxation. *✆ 04 73 29 58 95.*

Parc thermal

La **Tiretaine**, qui franchit de nombreux seuils en cascades ruisselantes, apporte charme et fraîcheur à la station. Vous pourrez voir les vestiges des **thermes gallo-romains** qui comportaient plusieurs piscines. L'une d'elles, mise au jour et restaurée, était autrefois recouverte de voûtes ornées de mosaïques ; ses murs étaient revêtus de marbre. Des canalisations en terre cuite amenaient les eaux qui se déversaient en cascatelles dans la piscine. Ce parc à l'anglaise est ponctué de plaques émaillées reproduisant des dessins d'enfants. Le **géoscope** propose un parcours pédestre parsemé de blocs de roches, qui explique la géologie locale.

Remontez par les rues ou l'ascenseur.

ROYAT THERMAL

Connues des Arvernes, dont la capitale, Gergovie, était toute proche, les eaux de Royat furent ensuite exploitées par les Romains qui y construisirent des thermes magnifiques (on peut en voir quelques vestiges dans le parc thermal).

L'utilisation de ces eaux connut, jusqu'au milieu du 19e s., des fortunes diverses mais la vogue et la célébrité dont elles jouissent depuis cette date ne se sont pas démenties. Un établissement thermal fut élevé, et **l'impératrice Eugénie**, venue à Royat en 1862, lança la station. Durant son séjour forcé à Clermont en 1887, le **général Boulanger** venait cacher ses amours à l'hôtel de la Belle-Meunière. Jusqu'en 1914, des rois et des princes la fréquentèrent.

La source **Saint-Mart** serait la plus ancienne : de captage celtique, elle porte le nom du saint qui, au 6e s., fonda un monastère sur l'emplacement actuel du parc thermal.

Dans l'actuelle station, plusieurs sources sont utilisées. La plus abondante est la source **Eugénie** qui était déjà captée par les Romains, comme les sources **Saint-Victor** (actuellement hors service) et **César**. La source **Eugénie** débite 1 000 litres à la minute (température 31,5 °C) et dégage en même temps une grande quantité de gaz thermaux radioactifs. La température des autres sources décroît jusqu'à 14 °C. Ces eaux sont employées sous forme de boisson, de bain carbo-gazeux et d'injections de gaz thermaux, pour le traitement des affections du cœur et des artères et de l'arthrose. Existent également la source **Velleda** et la source **Auraline**, captée et mise en service en 1989, qui permet de couvrir la quasi-totalité des besoins en eau thermale.

Église Saint-Léger.
E. Schneider-Manuch / Office du tourisme de Royat-Chamalières

★ Église Saint-Léger

Bâti à la fin du 11e s., cet édifice dépendait de l'abbaye de Mozac, qui l'agrandit en reconstruisant le chœur et le fortifia au début du 13e s. Il s'écarte sensiblement du type classique de l'église romane auvergnate, et s'apparente aux églises du Midi. Son clocher est du 19e s. L'**ancien prieuré**, accolé au bras gauche du transept, était également fortifié. Deux belles roses gothiques sont percées, l'une dans le mur du transept droit, l'autre dans celui du chevet. Vous pouvez descendre visiter la crypte où ont été réutilisés des chapiteaux du 10e s.

Sur la place Cohendy se dresse un **calvaire**, sculpté dans la lave, datant de 1486.

Musée du Thermalisme – *✆ 04 73 29 74 70 - www.ot-royat.com - visite guidée sur réservation à l'office de tourisme d'avril à octobre - 3,50 €.* Ancien établissement de soins, le **pavillon Saint-Mart**, conçu par l'architecte Louis Jarrier, est le lieu idéal pour abriter des expositions sur l'histoire thermale de Royat de la fin du 19e s. au début du 20e s.

Parc Bargoin

Sur la commune de Chamalières (voir p. 125). On l'atteint, depuis l'église Saint-Léger, par l'avenue Jean-Jaurès, puis l'avenue Anatole-France. J.-B. Bargoin fit don de sa propriété au conseil général du Puy-de-Dôme ; ainsi, ce jardin d'agrément du 19e s., ordonné autour d'un château, fut ouvert au public selon son vœu. Aménagé dans un terrain accidenté (8 ha), ce parc possède des arbres magnifiques (dont un érable de 250 ans et de plus de 7,50 m de circonférence !) ainsi qu'un jardin botanique. Du haut d'une petite tour, belle **vue** sur Clermont-Ferrand.

Randonnées autour de Royat

Dès 1912, **Pierre de Nolhac** avait plaisir à parcourir ces bois et ces allées : « Le petit parc frais et charmant offre un chemin, discrètement, aux promenades paresseuses. »

Bois de Villars

1h. Au départ du Paradis.

Vous y découvrirez de superbes sous-bois, de belles échappées sur la Limagne et les monts du Livradois, et les vestiges bien conservés de la voie romaine reliant Clermont-Ferrand à Limoges.

Puy de Montaudoux

1h. Quittez Royat par le sud en empruntant la D 941C. À hauteur de l'embranchement de la D 5, prenez à gauche le chemin de terre conduisant au puy.

Du sommet (alt. 592 m), vous jouirez d'une belle **vue** sur la Limagne.

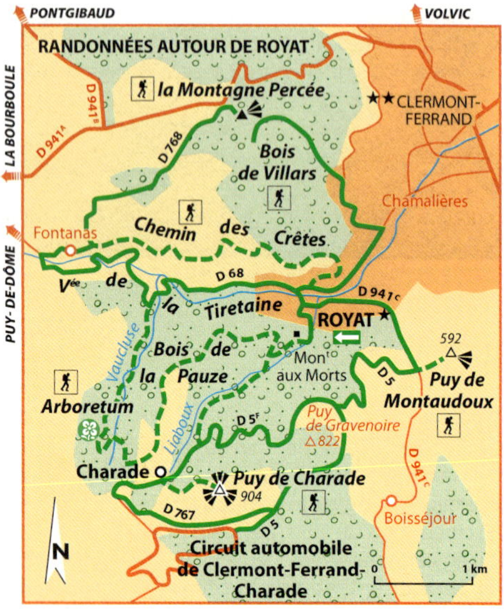

Arboretum de Royat et bois de la Pauze

Environ 2h. Quittez Royat par l'ouest en empruntant la D 68. Dans le vallon de la Tiretaine, 1,2 km après la fontaine en céramique, prenez à gauche la petite route qui conduit, le long du ruisseau de Vaucluse, à l'arboretum.

Vous pouvez également vous y rendre à pied *(30mn)* par le « chemin des Écoliers », au départ du Breuil *(longez le stade, puis suivez le sentier empierré).* Du parking, regagnez Royat par le bois de pins de la Pauze.

Puy de Charade

Environ 3h. Dans le prolongement de la rue de la Pauze, suivez le chemin qui remonte le vallon du ruisseau du Liaboux et conduit au village de Charade. De là, un sentier mène au puy de Charade, formé d'un cône de basalte, et dont la coulée s'étend jusqu'au puy de Gravenoire (alt. 822 m – panorama sur Clermont-Ferrand et son agglomération).

Prenez la petite route sur la gauche qui mène au relais télécom de Gravenoire. Du sommet (alt. 904 m), **vue étendue** sur les monts Dôme, la Limagne, les monts du Forez et les monts Dore. De Charade, plusieurs sentiers aménagés permettent de regagner Royat par le bois de la Pauze.

Vallée de la Tiretaine et chemin des Crêtes

Environ 2h. Quittez Royat par l'ouest. La route remonte le vallon verdoyant de la Tiretaine. À Fontanas, franchissez la Tiretaine, puis prenez à droite le chemin des Crêtes qui ramène à Royat par le Paradis.

À proximité Plan de microrégion

Circuit automobile de Clermont-Ferrand - Charade C2

18 km au sud-ouest. Le circuit de Charade, construit en 1958, bénéficie d'un beau cadre montagneux. Il a vu, au cours de son histoire, se dérouler des courses majeures comme les Grands Prix de l'Automobile Club de France

de formule 1 ou les Grands Prix de France de moto, et des pilotes aux noms légendaires comme Jacky Stewart, Patrick Depailler (Clermontois) ou encore Alain Prost y ont démontré leurs talents. Lieu de tournage du film *Grand Prix*, joué par Yves Montand et Françoise Hardy en 1965, le circuit servit à nouveau en 2003 pour le film *Michel Vaillant*, réalisé par Louis-Pascal Couvelaire. Jugé trop dangereux, il a fait l'objet de réaménagements en 1989, et ses installations ont été modernisées.
Le nouveau circuit (3 975 km et 18 virages), désormais homologué pour tous types de courses, y compris la F1, est ouvert aux constructeurs et aux écoles de pilotage. Il accueille aussi le **Trophée d'Auvergne**, principale manifestation annuelle *(renseignements ✆ 04 73 29 52 95 - www.charade.fr).*

La Montagne Percée

7 km au nord. Laissez la voiture à l'embranchement de la D 941A et prenez tout de suite à droite, à hauteur de la borne kilométrique, le chemin qui conduit en 300 m au rocher de la Montagne Percée.
15mn AR. Un beau point de vue se révèle sur Clermont-Ferrand.

NOS ADRESSES À ROYAT

Voir aussi les encadrés pratiques de Clermont-Ferrand, des monts Dôme, du plateau de Gergovie et de Vulcania.

HÉBERGEMENT

Bon à savoir – Pour organiser votre séjour, que vous soyez curiste ou non, l'office de tourisme vous offre l'accès à un large choix d'hébergements : hôtels, meublés, résidences hôtelières et campings en saison. Le camping Indigo Royat (rte de Gravenoire - ✆ 04 73 35 97 05 - www.camping-indigo.com - ouv. 1er avr.- 15 oct.) propose des hébergements en chalets avec un forfait curiste.

BUDGET MOYEN

Le Chalet Camille – *21 bd Barrieu - ✆ 04 73 35 80 87 - chaletcamille.com - fermé dim. soir de nov. à mars - P - 11 ch. 51 € - ☕ 6,50 €.* Il règne une sympathique atmosphère dans ce pavillon 1920 entouré d'un agréable petit jardin arboré et situé à proximité de l'établissement thermal. Les chambres sont simples mais bien tenues. Parking privé.

Hôtel Le Chatel – *20 av. Vallée - ✆ 04 73 29 53 00 - www.hotel-le-chatel.com - fermé les w.-ends de nov. à mars - P - 26 ch. 57/92 € - ☕ 9 € - rest. 13/40 €.* Face à un parc où ruisselle la Tiretaine, bâtisse ancienne abritant des chambres bien tenues. Certaines, plus amples, occupent une maison voisine. Suites rénovées. Plaisante salle à manger. Cuisine traditionnelle et régionale escortée de formules diététiques.

Chambre d'hôte Château de Charade – *63130 Charade - 6 km au sud-ouest de Royat par D 941C et D 5, en dir. du circuit automobile - ✆ 04 73 35 91 67 - www.chateau-de-charade.com - fermé nov.-mars - 5 ch. 76/92 € - ☕.* Mon premier est un vaste parc aux multiples essences, mon deuxième un château flanqué de deux tourelles, mon troisième un agréable décor composé de boiseries et de mobilier chiné, et mon tout est une délicieuse étape voisine de Royat.

RESTAURATION

BUDGET MOYEN

L'Hostalet – *Bd Barrieu - ✆ 04 73 35 82 67 - fermé dim. sf j. fériés et lun., 5 janv.-5 mars - 18/36 €.* Il est peut-être un peu rétro ce restaurant serré entre un garage et une autre maison, mais cela lui donne un charme amusant. L'accueil est familial, la cuisine traditionnelle avec de bons vieux vins.

ACHATS

Chocolaterie du Vieux-Royat – *15 bis r. Nationale - ✆ 04 73 35 87 18 - 9h-12h, 14h30-19h - fermé dim., lun. et j. fériés.* Une fort agréable odeur de chocolat s'échappe de cette vaste boutique. Tous les chocolats, au pur beurre de cacao, sont fabriqués à la main, sans qu'aucune machine intervienne. Au choix : pralinés, pâtes d'amandes, giandujas, ganaches, orangettes, palets d'or… Un petit salon de thé a été aménagé pour les gourmands impatients de déguster sur place ces merveilles.

EN SOIRÉE

Casino de Royat – *Allée du Pariou - ✆ 04 73 29 52 52 - www.partouche-casino-royat.fr - 10h-3h (w.-end 4h).* Un paradis pour les amateurs de jeux : 120 machines à sous et les jeux traditionnels tels que boule, roulette, black-jack, stud poker… dorénavant gratuit d'accès. Thé dansant le jeu. après-midi, orchestre le dim. après-midi, soirées à thème, défilés, dîners-spectacles, concerts… Un bar, une brasserie, le Jack'pot Café, et un restaurant, Venice, complètent cet espace de loisirs.

Le Cintra – *2 av. Abbé-Védrine - ✆ 04 73 35 95 50 - 11h-1h - fermé dim. soir et lun., 15 j. déb. nov. et 15 j. déb. mars.* À deux pas du parc thermal, pub-brasserie à l'atmosphère feutrée proposant une sélection de cocktails, portos et whiskies. Restauration de type brasserie (salades, grillades, plats traditionnels, glaces et desserts, etc.) à déguster aux beaux jours sur l'agréable terrasse, très prisée en fin de matinée et en soirée.

ACTIVITÉS

Thermes de Royat – *Pl. Allard - ✆ 04 73 29 51 51 - www.thalasso-thermale.com - 6h30-13h- fermé dim., nov.-mars.* Sports et activités de détente. L'établissement thermal s'est spécialisé dans la rhumatologie et le traitement des maladies cardio-artérielles.

Volvic

4 485 Volvicois – Puy-de-Dôme (63)

NOS ADRESSES PAGE 151

S'INFORMER

Office du tourisme de Volvic –*Pl. de l'Église - 63530 Volvic - ℘ 04 73 33 58 73 - www.volvic-tourisme.com - juil.-août : lun.-sam. 9h30-12h30, 14h-19h ; juin et sept. : lun.-sam. 10h-12h, 14h-18h ; de mi-juin à mi-sept. : dim. 9h30-12h30 ; oct.-mai : lun.-sam. 9h-12h, 14h-17h - fermé 1er janv., 1er Mai, 1er et 11 Nov., 25 déc.*

SE REPÉRER

Plan de région C1 (p. 102) – schéma du château de Tournoël p. 149 – carte Michelin Départements 326 F7.

Volvic, à 14 km au nord de Clermont-Ferrand et à 7 km de Riom, est véritablement la porte des volcans. On y accède par la D 986, au sud-ouest de Riom.

À NE PAS MANQUER

La collection de Daumier au musée Marcel-Sahut. La superbe Vierge noire de Marsat, le cimetière de Volvic et son curieux ensemble de stèles taillés dans la lave.

AVEC LES ENFANTS

Le château de Tournoël (superbe panorama) et la Maison de la pierre qui révéle tous les secrets du volcanisme.

La cité de la pierre et de l'eau est bâtie sur la coulée de lave descendue du volcan de la Nugère. C'est à l'extraction et à l'industrie de la lave que Volvic, le « village sur la montagne », doit son activité. On y exploite aussi une source dont l'eau, filtrée par d'épaisses couches de roches volcaniques, est d'une grande pureté et assure dans le monde le renom de Volvic. Placé sous la protection de Notre-Dame de la Garde, c'est un beau village des monts Dôme.

Se promener

Église

Cet ancien prieuré clunisien de Mozac, dont la nef et la façade ont été reconstruites au 19e s., est surtout remarquable par son vaste chœur du 12e s. ; il est entouré d'un déambulatoire, sur lequel s'ouvrent trois chapelles rayonnantes, et une belle grille forgée, d'époque romane, ferme la chapelle axiale. Intéressants chapiteaux historiés, dont le chapiteau du donateur, Guillaume de Debezac, immortalisé sur une corbeille du chœur. À l'entrée du chœur, à gauche, remarquez une Vierge à l'oiseau du 14e s.

Musée municipal Marcel-Sahut

2 r. des Écoles - ℘ 04 73 33 57 33 - ♿ - avr.-oct. : tlj sf lun. 14h-18h - 3 € (-18 ans gratuit), gratuit le merc.

De nombreuses œuvres de **Marcel Sahut** (1901-1992), fusains, aquarelles, peintures, permettent de découvrir la technique et la sensibilité de ce peintre originaire de Volvic. Si les premières salles sont consacrées à l'art de l'Extrême-Orient et de l'Afrique, le musée est surtout riche d'une belle collection de dessins, lithographies et peintures des 19e et 20e s. Les **dessins de Daumier★**, extraits de la série « Actualités », et ceux de Grévin illustrent l'art de la caricature sous le Second Empire. Dans la dernière salle, une vitrine expose une collection originale de **demi-noix de coco★** ornées de scènes gravées par les prisonniers des bagnes de Cayenne et de Nouvelle-Calédonie aux 18e et 19e s.

Maison de la pierre de Volvic

2, rte du Pont-Jany. ✆ 04 73 33 56 92 - www.maisondelapierre-volvic.com - ♿ - juil.-août : 10h-12h, 14h-18h ; 7 avr.-30 juin : 10h-12h, 14h-17h ; sept. : 14h-17h ; 10 fév. - 6 avr. et 1er oct.-11 Nov. : tlj sf sam. 14h-17h - fermé 12 nov.-9 fév. - ateliers : juil.-août sur réserv. (1h) - 6 € (6-12 ans 4,50 €). Prévoir un vêtement chaud.

Une ancienne carrière souterraine sert de cadre à cette visite animée par des bruitages, des jeux de lumière et des photographies. Pendant une heure, le spectateur marche sur les traces de Jean Legay-Chevalier, carrier des années 1900. Tandis que l'on pénètre au cœur de la **coulée de lave★** descendue du puy de la Nugère, on se laisse conter l'extraction et la taille de la pierre, la découverte de la source des eaux de Volvic ou encore la vie quotidienne des habitants du bourg. La voûte tourmentée atteste l'extraction ; elle est supportée par d'énormes piliers taillés directement dans la lave. Des ateliers d'initiation à l'émaillage et à la calligraphie-gravure sont proposés l'été.

Sources de Volvic

R. des Sources - ✆ 04 73 63 51 24 - www.volvic.fr - ♿ - mai-sept. : 9h-12h, 14h-18h, w.-end et j. fériés 14h30-18h ; avr. : tlj sf w.-end et j. fériés 9h-12h, 14h-18h ; oct. : tlj sf w.-end et j. fériés 14h-18h - possibilité de visite guidée de l'usine sur réserv. juin-août - fermé nov.-mars - 1er Mai - gratuit.

L'**Espace d'information** présente le bassin hydrographique de l'eau minérale de Volvic et sa mise en bouteilles, des projections audiovisuelles sur l'Auvergne et les volcans et une exposition intitulée « Sous les roches volcaniques, une eau secrète ».

Des circuits de promenade *(de 15mn à 1h45)* ainsi qu'un parcours d'orientation ont été aménagés sur le site des sources.

Statue de Notre-Dame de la Garde

Accès depuis le parking du château. Empruntez le chemin des Dames, à gauche de l'auberge.

30mn AR. Un sentier mène à la statue monumentale de Notre-Dame de la Garde, réalisée en 1861 par les enseignants et les élèves de l'école départementale d'architecture de Volvic. Fondée en 1820 par Gilbert-Joseph de Volvic, préfet de Seine, celle-ci fut l'une des premières écoles d'art créées en Auvergne. Du pied de la statue, on peut contempler un très beau **panorama** sur la plaine de la Limagne *(pèlerinage le dernier dim. de mai).*

Itinéraire conseillé

EN MARGE DES MONTS DÔME C1

Pour visualiser cet itinéraire de 25 km, reportez-vous au plan de la région p. 102 – comptez environ une demi-journée.

Quittez Volvic au nord par la D 15, en direction de Châtel-Guyon. Avant le cimetière, tournez à gauche.

Vierge noire de l'église de Marsat.
J. Damase / MICHELIN

★ Château de Tournoël C1

☏ 04 73 33 53 06 - www.tournoel.com - juil.-août : 10h-12h30, 14h-19h ; avr.-juin et sept. : tlj sf mar. 14h-18h - possibilité de visite guidée (45mn) en juil.-août - 6 € (6-16 ans 3 €).

Campée sur la crête d'un éperon rocheux, la silhouette ruinée de Tournoël semble attendre vainement un ultime assaut. Racheté en 2000, ce superbe château fait depuis lors l'objet de réaménagements successifs, pour le plaisir de tous.

Histoire et petite histoire – Au 12e s., le château appartenait aux comtes d'Auvergne. Philippe Auguste le prit et le détruisit presque entièrement en 1213. Hugues de La Roche le reconstruisit au 14e s. en empâtant le bas des tours.

Tournoël devait avoir, au cours de son histoire, deux propriétaires particulièrement excentriques. Vers 1500, la veuve **Françoise de Talaru**, jeune et coquette, en rivalité avec un beau-frère cupide, décide de l'éloigner de sa fille, dont il est le cotuteur, en le chassant de Tournoël. Le vertueux bailli de Montferrand, saisi de l'affaire, blâme sévèrement celle qu'il appelle « Circé, Mélusine, magicienne, sorcière » et la dépossède de sa tutelle. Cette sanction n'arrête pas la belle châtelaine qui, comme par enchantement, fiance sa fille de 7 ans au fils du bailli et épouse le vieux juge… qui meurt peu après. Autre personnage hors du commun : **Charles de Montvallet**, qui fut condamné lors des Grands Jours d'Auvergne, en 1665. Celui-ci avait tant de bâtards qu'il les faisait élever au château, afin de se fournir parmi eux en domestiques ; l'un d'eux portait le titre de chef des bâtards. Par un juste retour du destin, le galant seigneur avait trouvé plus fort que lui : sa femme le battait.

Le château de Tournoël présente **trois ensembles** : un massif donjon carré, protégé par une double enceinte, un grand donjon circulaire, isolé par une enceinte triangulaire et, entre les deux, groupés autour d'une cour, les corps de logis. Près de l'entrée du château se trouve une table d'orientation d'où l'on a une belle **vue** sur la plaine de la Limagne, les monts du Forez et du

LA TRACHYANDÉSITE OU LAVE DE VOLVIC

La trachyandésite, qu'on extrait aujourd'hui en carrières à ciel ouvert, est une roche volcanique remarquable : elle fut utilisée comme pierre à bâtir dès le 13e s., et de nombreux édifices auvergnats, mais aussi répartis sur l'ensemble du territoire français, lui doivent leur longévité. La couleur noire de ces monuments est due à une altération par la pollution atmosphérique, car la pierre extraite est de couleur gris très clair à gris moyen.

Le **cimetière de Volvic** constitue un curieux ensemble de monuments des 19e et 20e siècles taillés dans cette pierre. Celle-ci a également servi à la construction de nombreux monuments funéraires parisiens, certains classés Monuments historiques.

La pierre de Volvic pouvant être émaillée à haute température (1 500 °C), elle est utilisée, depuis 1827, pour la confection des plaques indicatrices destinées à être soumises d'une façon permanente aux intempéries : cadrans d'horloges, plaques de noms de rues, échelles de niveau, tables d'orientation, etc. Les qualités de cette roche la firent choisir comme matériau des bornes d'angle, poteaux, plaques murales... en lave émaillée réalisés de 1920 à 1970 par les **Services de signalisation routière Michelin**.

Pour admirer le travail sur pierre, rendez-vous à l'espace Pro-Lave expo *(voir « Nos adresses » p. 151)*.

Livradois. Laissez à droite les jardins en terrasses et la **tour des Miches** (16e s.) qui défendait l'entrée. Elle est ainsi appelée en raison des bossages de ses murailles de lave, en forme de gros pains.

Rez-de-chaussée – Une rampe mène à la porte de la première cour. Là se dresse le donjon carré dont les soubassements remontent au 12e s. Pénétrez dans la cour d'honneur **(1)**. Au rez-de-chaussée du donjon se trouve le « Cuvage » **(2)**, avec son pressoir et, derrière un gros pilier, le foudre de pierre pouvant contenir 13 000 litres. À gauche se tient une partie des appartements du château. En face, la **cuisine**, à la cheminée impressionnante, en état de marche, et les communs. Passez dans la cour suivante, qui est l'ancienne **grande salle**. Privée de toiture pendant longtemps, elle a été recouverte. Belle cheminée et, devant la fenêtre, une pierre **(3)** présentant deux cavités inégales, qui aurait servi à prélever, à titre de contribution, le dixième du grain récolté sur le domaine. À droite, les appartements de la châtelaine (Lucrèce de Gadagne y mourut en 1615). Dans la cour attenante, le **jardin** dit « de la Châtelaine » où se trouvait un jet d'eau. Vous êtes au pied de l'imposant grand donjon du 14e s. haut de 32 m, entouré, à mi-hauteur, d'une ceinture de mâchicoulis ajoutée au 15e s.

Étage – Montez l'escalier ménagé dans la tourelle (15e s.), très ornée, de la cour d'honneur. Au premier étage, au-dessus des communs, se trouve une chambre, autrefois peinte. Elle abrite désormais expositions et documentations relatives au château. Dans le donjon carré, la salle n'a plus de plafond de séparation ; on voit donc la salle supérieure et les deux belles cheminées Renaissance superposées. La galerie qui donne sur la cour est celle de la chapelle : une Annonciation est sculptée au revers de sa porte d'entrée.

Une passerelle mène à l'entrée du donjon circulaire dont les trois étages sont desservis par un escalier creusé dans la muraille, épaisse de 4 m.

Grand donjon – À droite, dans la galerie, un escalier conduit au chemin de ronde. De la plate-forme, le **panorama★** embrasse la Limagne, le Forez, la

Comté, le Livradois. On aperçoit bien les trois plateaux basaltiques qui forment de longs promontoires détachés du plateau des Dômes : le plus proche est celui de Châteaugay, le suivant est la côte de Clermont, le plus éloigné est le plateau de Gergovie.
Rejoignez la D 15 et poursuivez vers Enval et Châtel-Guyon.

Châtel-Guyon *(voir ce nom)*
Quittez Châtel-Guyon par le sud-ouest en empruntant la D 227.

★★ Mozac *(voir Riom)*

★★ Riom *(voir ce nom)* C1
Quittez Riom par le sud-ouest en empruntant la D 83.

Église de Marsat
Pour en savoir plus sur le village, procurez-vous le dépliant « circuit découverte » à l'office du tourisme de Riom (voir ce nom). Élevée aux 11e et 12e s., elle est formée de deux nefs accolées, fortement remaniées. Dans une niche sont exposés des objets précieux dont une magnifique croix-reliquaire de la sainte épine en argent doré et cristal de roche, qui serait d'époque Louis XIII.
Vierge noire★★ – Dans le chœur de la chapelle de gauche, admirez une remarquable Vierge en majesté du 12e s. Vénérée depuis des siècles, cette remarquable œuvre en bois peint demeure l'un des joyaux de la statuaire religieuse médiévale en Auvergne.
Roue de cire – Une roue, sur laquelle s'enroule un fil de cire, très fin et qui pouvait avoir à l'origine 3 km de long (distance de Riom à Marsat), est suspendue à la voûte. Chaque année, jusqu'à la Révolution, les Riomois, à la suite d'un vœu, offraient à la Vierge de Marsat une « roue de cire » qu'ils avaient d'abord portée à la procession de Saint-Amable *(voir Riom)*. Une roue, ornée de fleurs, figure toujours dans la procession de Saint-Amable ; la roue de cire est solennellement portée à Marsat le dimanche qui suit le 11 juin.

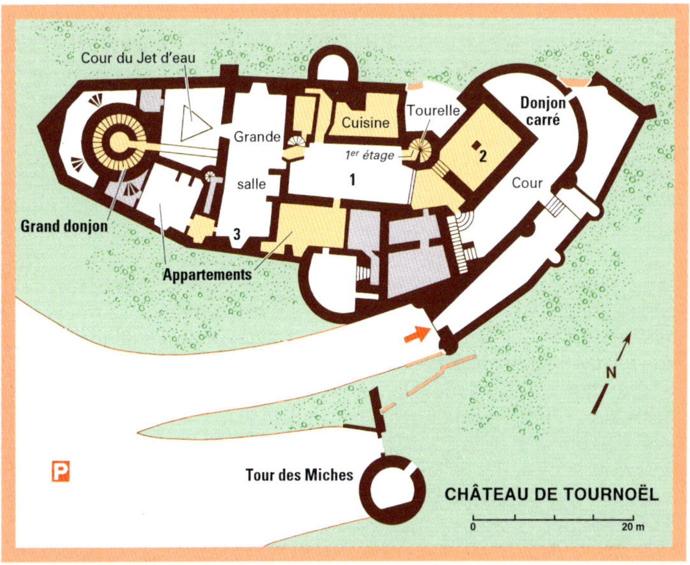

UNE SOMBRE HISTOIRE

L'histoire de Châteaugay, construit au 14e s. par **Pierre de Giac**, chancelier de France, est tragique. C'est dans le donjon même que le petit-fils du chancelier empoisonna sa femme, Jeanne de Giac, qui avait régné sur le cœur du duc de Bourgogne, Jean sans Peur, avant de devenir la complice de ses assassins. Giac lui-même, devenu ministre de Charles VII, fut arrêté par La Trémoille, soumis à la torture, cousu dans un sac et noyé. Plus tard, la belle Madeleine de Châteaugay brûla d'amour pour Charles de Valois, fils naturel de Charles IX, et resta fidèle à ce conspirateur, embastillé durant de longues années. Abandonnée par lui, elle périt sous le poignard de ses vassaux, pendant une chasse à courre.

Quittez Marsat en empruntant la D 446 en direction de Riom. Elle rejoint la D 2009 à l'entrée de la ville. Faites 3 km en direction de Clermont-Ferrand, puis tournez à droite sur la D 402.

Châteaugay C1

Sur le rebord d'un plateau basaltique, le bourg, dominé par la silhouette trapue de son château, offre des vues étendues sur la Limagne et les montagnes qui l'entourent. Les coteaux environnants produisent un vin renommé : Charles VI et Henri IV en appréciaient la saveur parfumée, rappelant celle du beaujolais.

Château – Pénétrez dans la cour intérieure où l'on remarque encore quatre puits (qui sont aujourd'hui bouchés) sur les cinq qui servaient de citernes en cas de siège. Une belle porte Renaissance est décorée des armes des Laqueuille, qui transformèrent le château au 16e s.

Donjon★ – *Visite guidée (1h) juil.-août : 14h30-19h ; juin : sam. 14h30-17h, dim. 14h30-18h - 2 € (-12 ans gratuit).*

Ce donjon est l'un des seuls d'Auvergne à être demeuré intact. En effet, Richelieu l'excepta de son édit de démolition, et, pendant les troubles révolutionnaires, le conventionnel Couthon ne put arriver à le faire raser. Élevé sur plan carré, en lave, c'est la partie la plus intéressante du château. Il comprend quatre étages desservis par un escalier à vis. Dans trois salles sont rassemblées des œuvres du peintre Paul Trilloux sur le thème de la quête du Graal. De la plate-forme se révèle un beau **panorama★** sur la chaîne des Puys, les monts du Livradois et du Forez, la plaine de la Limagne.

En quittant le château, prenez vers l'ouest la D 402. Au carrefour avec la D 15, tournez à droite pour revenir vers Volvic.

NOS ADRESSES À VOLVIC

Voir aussi les encadrés pratiques de Châtel-Guyon, Clermont-Ferrand, Pontgibaud, Riom, Royat et Vulcania.

VISITE

Pro-Lave expo – *Le Pigeonnier, sur la Grande-Rue - www.prolave-volvic.com - visite libre - de mi-juin à mi-sept. : tlj 11h-13h, 15h-19h ; reste de l'année : sam. 14h-18h.* L'association Pro-Lave expo présente le travail de sculpteurs, émailleurs, céramistes, graveurs sur pierre et tailleurs, selon des cycles d'expositions thématiques temporaires.

ACHATS

Maison de la pierre – *2 rte du Pont-Jany - ✆ 04 73 33 56 92 - www.maisondelapierre-volvic.com - 6,30 € (enf. 4,80 €). Voir p. 146.* C'est au cœur d'une carrière creusée de la main de l'homme que la Maison de la pierre dévoile son cadre exceptionnel. Vous découvrirez les secrets insolites de la pierre de Volvic avec la visite de cette carrière et les expositions-ventes présentant le travail des artisans d'aujourd'hui.

Salmoniculture du château de St-Genest-l'Enfant – *63200 Malauzat - ✆ 04 73 64 14 54 - 9h-12h, 14h-19h.* Cet établissement jouit d'un emplacement remarquable dans le bassin de la faille de Volvic. Il bénéficie de ce fait d'une eau de source d'une grande pureté à température constante de 9 °C toute l'année. Outre les truites, les ombles chevaliers et les saumons à pêcher soi-même, vous pourrez remplir votre panier de rillettes, filets fumés maison, tartare, carpaccio, paupiettes…

Domaine sous Tournoël – *Cave Gaudet - 63530 Volvic - ✆ 04 73 33 52 12 - 10h-12h, 15h-19h - fermé de fin sept. à fin oct.* Visite commentée et gratuite des étapes d'élaboration de ce côtes-d'auvergne fruité, à déguster et à emporter.

Parc naturel régional des Volcans d'Auvergne

★★★

Cantal (15) et Puy-de-Dôme (63)

NOS ADRESSES PAGE 154

S'INFORMER

Maisons du parc

Château de Montlosier – *63970 Aydat - ✆ 04 73 65 64 26 - www.parc-volcans-auvergne.com - juil.-août : 9h-12h30, 13h30-18h ; avr.-juin et sept.-oct. : tlj sf mar. 9h-12h30, 13h30-17h ; nov.-mars : pdt vac. scol.*

Maison du tourisme du pays de Murat et du Parc des Volcans d'Auvergne – *Pl. de l'Hôtel-de-Ville - 15300 Murat - ✆ 04 71 20 09 47 - juil.-août : 9h-12h30, 13h30-19h ; reste de l'année : lun.-sam. 9h-12h, 14h-18h (dim. 10h-12h pdt vac. scol.).*

Deux espaces d'accueil, d'information, d'exposition, et boutiques. Vous y trouverez également la liste des Maisons des réserves naturelles (Sagnes de La Godivelle…) et des établissements partenaires du Parc (Maison de la Pinatelle, Maison du miel et des plantes…).

Bon à savoir – Le site officiel du Parc naturel régional des Volcans d'Auvergne, **www.parc-volcans-auvergne.com**, contient toutes sortes d'informations sur les caractéristiques du territoire, les possibilités de balades, les offres d'hébergement et de restauration. Consultez aussi le nouveau site Internet des Parcs du Massif central, **www.parcs-massif-central.com**, qui propose d'autres façons de découvrir cet espace protégé.

SE REPÉRER

Plan de région B1/2 (p. 102) – carte Michelin Départements 326 E/F6/9 et 330 E/F 1/5.

Le Parc naturel régional des Volcans d'Auvergne s'étend sur plus de 395 068 ha autour d'un axe nord-sud d'environ 120 km. Il englobe 153 communes des départements du Puy-de-Dôme et du Cantal, et rassemble plus de 90 000 habitants.

Puy de Dôme et puy de Pariou.
C. Guy / hemis.fr

À NE PAS MANQUER
Ce superbe Parc régional englobe de nombreuses merveilles naturelles : les puys de Dôme et de Sancy, puy Mary, puy Griou, monts du Cantal, lacs Chambon et Pavin, vallées de Chaudefour et de Cheylade, pas de Peyrol, pas de Cère…

ORGANISER SON TEMPS
En montagne, les conditions climatiques peuvent évoluer rapidement. Prévoyez vos sorties et un équipement en conséquence.

AVEC LES ENFANTS
Été comme hiver, le Parc naturel régional des Volcans d'Auvergne offre de très nombreuses possibilités de balades et activités de loisirs ou sportives en famille. Se renseigner auprès des offices de tourisme.

La chaîne des Puys, les monts Dore, les monts du Cantal, les plateaux basaltiques du Cézallier, les amoncellements granitiques de l'Artense : ces cinq régions naturelles composent, au cœur de l'Auvergne, le plus grand Parc naturel régional de France. Ce patrimoine naturel et humain d'exception est à découvrir, à respecter et à préserver.

Découvrir

UN ESPACE PROTÉGÉ

Membre de la Fédération des Parcs naturels régionaux, cet immense espace protégé – le plus grand de France métropolitaine – porte depuis 1977 le nom de Parc naturel régional des Volcans d'Auvergne.
Son engagement dans la protection d'un patrimoine naturel, architectural et culturel d'exception se traduit notamment par la gestion de réserves naturelles (vallée de Chaudefour, Sagnes de La Godivelle, etc.), la restauration de sites dégradés, le maintien de la biodiversité, la sensibilisation du grand public à la préservation et à la connaissance de ce territoire.
Indissociable de la dynamisation de l'économie rurale, basée sur l'agriculture et l'artisanat, le Parc naturel régional des Volcans d'Auvergne participe aussi au développement de l'accueil et du tourisme : aménagement d'itinéraires balisés (sentiers de randonnée, pistes équestres) et émergence de réseaux touristiques incarnant les valeurs du Parc (gîtes Panda, relais du Parc, établissements partenaires du Parc…).

La **flore,** extrêmement variée, comprend environ 2000 espèces végétales. Mentionnons la gentiane, l'anémone alpine, l'aconit, la myrtille, le myosotis, la valériane officinale... et le peuplement végétal si particulier des tourbières. La **faune** est tout aussi riche. Sur les massifs, mouflons, chamois et marmottes évoquent le milieu alpin. Dans les forêts, sangliers et chevreuils voisinent avec les renards, les genettes (rares), les martres, etc. Parmi les oiseaux, les rapaces occupent une place de choix : grands ducs et hiboux variés, circaètes, milans, autours, buses, bondrées, faucons... De nombreux migrateurs traversent également la région, tels les palombes, les canards et les oies sauvages.

POUR PRÉSERVER LA NATURE

Le Parc naturel régional des Volcans d'Auvergne est le garant du bien-être de tous. Alors, n'oubliez pas que ses espaces sont protégés!

– Empruntez les sentiers balisés, pour éviter d'accentuer le processus d'érosion.

– Pensez également à bien refermer les barrières et clôtures derrière vous : cela dispensera les éleveurs de courir après leurs bêtes!

– Ne cueillez pas les fleurs rencontrées au gré de vos promenades, mais prenez le temps de les observer.

– Et pensez à ceux qui vous suivront sur les sentiers. Ne brûlez jamais vos déchets en plein air; prévoyez un sac pour les emporter hors du Parc.

NOS ADRESSES DANS LE PARC NATUREL RÉGIONAL

Voir notamment les encadrés pratiques d'Ardes-sur-Couze, des monts du Cantal et des monts Cézallier, des monts Dôme, du Lioran, de Murat, de Riom-ès-Montagnes et du massif du Sancy...

ACHATS

Remplissez votre panier de fromages d'Auvergne, de racines et de liqueur de gentiane, de viande salers, de miel, de charcuterie et de pâtisseries traditionnelles.

ACTIVITÉS

Bon à savoir – La région des volcans d'Auvergne offre un vaste choix d'activités sportives et de loisirs : parapente et Deltaplane; randonnées équestres, pédestres et VTT; pêche et activités nautiques sur les nombreux lacs et plans d'eau. En hiver, les stations du massif du Sancy, du puy Mary et du Plomb du Cantal proposent ski alpin, ski nordique, raquettes et traîneaux à chiens...

Élément Terre – *63790 Murol - ✆ 04 73 79 35 23 - www.element-terre.org.* Des guides passionnés proposent des randonnées accompagnées dans les volcans d'Auvergne afin d'approfondir les thématiques phares du territoire : volcanisme, faune, flore, vie en montagne...

Parc naturel régional des Volcans d'Auvergne

Monts Dôme

★★★

Puy-de-Dôme (63)

NOS ADRESSES PAGE 163

S'INFORMER

Centre d'accueil et d'information du sommet du puy de Dôme – *✆ 04 73 62 21 46 - www.planetepuydedome.com - juil.-août : 9h-19h ; mai-juin et sept. : 10h-18h, w.-end et j. fériés 10h-19h ; oct. : 10h-18h - gratuit.*

Comité départemental de randonnée pédestre du Puy-de-Dôme – *Résidence des Lycées - 70 av. des Paulines - 63000 Clermont-Ferrand - ✆ 04 73 91 94 01 - www.auvergnerando.com*

Le site officiel de l'**Agence départementale de développement touristique du Puy-de-Dôme** *(www.planetepuydedome.com)* propose toutes sortes d'informations pratiques pour mieux découvrir la région.

SE REPÉRER

Plan de région B1 (p. 102) – carte Michelin Départements 326 D/E8/9.

Il y a plusieurs façons de se rendre dans les monts Dôme, ou chaîne des Puys, à partir de Clermont. La plus classique est de suivre la direction de Limoges, en grimpant les grands tournants de la D 941B ; le col des Goules marque l'entrée directe dans le « golfe des volcans ». La route la plus courte, assez pittoresque, est la D 68, qui part de Royat et qui rejoint, après la Font de l'Arbre, la route du sommet du puy de Dôme ; on peut aussi obliquer à gauche vers le col de la Moreno.

SE GARER

La montée au puy de Dôme est réglementée. En saison, elle est assurée par des navettes. Au niveau du péage, un grand parking gratuit vous permettra de laisser votre voiture.

À NE PAS MANQUER

Le puy de Dôme, avec une vue de son sommet sur onze départements. Les randonnées sur sentiers balisés qui serpentent à travers les volcans.

ORGANISER SON TEMPS

Pour faire l'ascension du puy de Dôme à pied, par le chemin des Muletiers, comptez environ 2h aller-retour au départ du col de Ceyssat.

AVEC LES ENFANTS

Ils pourront tester leur agilité en suivant l'un des parcours « accrobranches » de Charade Aventure, vivre une éruption volcanique plus vraie que nature grâce au film en 3 D de la Mine explosive, au volcan de Lemptégy et assister au ballet des abeilles à la Ruche des Puys.

Pour découvrir des cratères et des paysages de lave durcie, nul besoin d'entreprendre un voyage au bout du monde : quelque quatre-vingts volcans éteints vous attendent, juste à l'ouest de Clermont-Ferrand, entre les gorges de la Sioule et la grande Limagne. Sur une quarantaine de kilomètres environ, vous pourrez observer un alignement unique de puys de toute beauté.

Découvrir

★★★ LE PUY DE DÔME

À 11 km de Royat (voir ce nom) – pour visualiser cet itinéraire 1, *reportez-vous au schéma p. 161.*

Alexandre Vialatte écrivait de lui : « Le puy de Dôme flatte si bien le département qu'on le visite comme un musée. » Il s'agit du volcan le plus élevé (alt.1 465 m) et le plus célèbre de la chaîne des Puys, dont il occupe le centre. Son ascension et l'extraordinaire panorama qu'il vous réserve au sommet vous laisseront des souvenirs inoubliables.

Pendant la saison froide, on observe assez souvent l'**inversion de température** : tandis qu'il gèle à pierre fendre à Clermont, il fait presque doux sur le Dôme. C'est ainsi que le 26 décembre 1879, à 6h du matin, on enregistrait -16 °C à Clermont et + 4 °C au sommet du puy. Ce phénomène, qui ne s'observe que par temps calme, est dû au glissement des couches d'air froid, plus lourdes, des hauteurs vers les dépressions. C'est pour une raison analogue que s'offre parfois, du puy de Dôme, le magnifique spectacle de la **mer de nuages**. Tandis que la plaine de la Limagne disparaît sous un épais tapis de brume, les montagnes qui l'entourent émergent comme des îles étincelant au soleil. Ce phénomène se produit surtout en automne (notamment en novembre).

Grotte du puy de Dôme

04 73 62 17 41 - www.grotte-taillerie-pdd.com - visite guidée (30mn) de déb. avr. à mi-sept. : 10h-18h30 - du 16 sept. à fin sept. : 14h-19h - 6 € (enf. 4 €).

Au pied du géant des monts Dôme, une galerie souterraine a été aménagée dans une coulée de lave descendue du petit puy de Dôme. Dans des vitrines sont agréablement présentées des pierres d'Auvergne et du monde entier. Une taillerie en activité complète la visite.

Montée par la route à péage

Pour accéder au puy de Dôme par la route en haute saison *(voir les horaires ci-après)*, les visiteurs sont invités à monter à bord d'une des navettes mises à leur disposition. À part ces navettes, seuls sont autorisés à emprunter la route les deux-roues de cylindrée supérieure à 125 cm^3 et les voitures particulières ayant rejoint le sommet avant les horaires de mise en service des navettes.

DES PAYSAGES EN ÉVOLUTION

Les monts Dôme sont les volcans les plus récents d'Auvergne. Ils sont nés à l'ère quaternaire, et les premiers hommes ont peut-être été témoins de leurs éruptions. Certains de ces monts ne sont revêtus que d'herbe rase ou de landes, mais beaucoup d'autres sont couverts de bois, nés spontanément ou, plus souvent, plantés par les hommes depuis que l'exemple en fut donné, au début du 19e s., par le comte de Montlosier *(voir encadré page 160)*. Des **cheires**, longues coulées de lave, noirâtres, chaotiques, semées de genévriers et de pins, s'étalent sur le plateau. L'une d'elles, issue des puys de Lassolas et de la Vache, a barré la vallée de la Veyre et donné naissance au lac d'Aydat *(voir ce nom)*.

Quant à un possible réveil de ces volcans, rassurez-vous, les études menées par les volcanologues révèlent que cette éventualité reste peu probable.

Pour des raisons de sécurité, l'accès est désormais interdit aux camping-cars et à tous les véhicules de plus de 9 places, à l'exception de ceux transportant des personnes à mobilité réduite. Les passagers de ces véhicules doivent prendre les navettes mises en place par le conseil général.

Billets - *en vente au péage. Voiture : 6,15 € ; moto : 4,10 € (réserv. conseillée pour les groupes ✆ 04 73 69 96 96 - loisirs-et-voyages@keolis.com).*

Informations et horaires - *✆ 04 73 62 12 18 (péage) ou 04 73 62 21 46 (centre d'information) - www.planetepuydedome.com - mars-avr. et nov : 8h-19h30 ; mai et sept.-oct. : 8h-21h30 ; juin-août : 7h-22h ; déc. : si les conditions climatiques le permettent w.-end et vac. scol.*

Navettes - *juil.-août : 10h-18h ; mai-juin et sept. : w.-end et j. fériés 12h30-18h - fermé vac. de la Toussaint - 4,20 € AR (enf. 1,10 €) - mai-sept. : route réservée aux cyclistes merc. et dim. 7h-9h (descente comprise).*

Cette route a remplacé, en 1927, le petit chemin de fer à vapeur qui fonctionna durant vingt ans, et qui lui donna sa pente régulière de 12 % sur 4,9 km. Aujourd'hui, dans le cadre du réaménagement du puy de Dôme, le département a lancé le chantier d'un train à crémaillère qui rendra le sommet accessible toute l'année quelles que soient les conditions météorologiques dès 2012.

Montée à pied par le chemin des Muletiers

14 km de Royat (voir ce nom). 1h30 à 2h à pied AR, au départ du parking du col de Ceyssat. Suivez le CD 68 sur 3 km en direction de Ceyssat (dénivelé de 350 m). Vous pouvez également partir du péage du puy de Dôme et suivre le « tour du puy de Dôme » en direction du parking du col de Ceyssat (3 km). L'ascension se poursuivra par le chemin des Muletiers (3h30 AR). Prévoyez un équipement de randonnée.

C'est par cette ancienne voie romaine, chemin en lacet *(pentes de 35 à 40 %)*, que montèrent les chars, tirés par cinq à huit chevaux en flèche, qui transportaient les matériaux destinés à la construction du temple de Mercure et, à la fin du 19e s., à celle de l'observatoire.

Le sommet

Centre d'accueil et d'information – *✆ 04 73 62 21 46 - www.planetepuydedome.com - juil.-août : 9h-19h ; mai-juin et sept. : 10h-18h, w.-end et j. fériés 10h-19h ; oct. : 10h-18h - gratuit.* La scénographie permet de découvrir le site sous des facettes originales à travers des courts métrages, une borne interactive, des photos, des vidéos...

3 km de chemins piétonniers s'étendent au sommet. Des sentiers d'interprétation, mis en place en 2008, avec des tables d'information et des tables d'orientation permettront de mieux comprendre le site, son histoire et son paysage.

Remarquez, imbriquée dans la façade principale du bâtiment, la pierre commémorant l'expérience de **Pascal** sur la pression atmosphérique *(voir p. 111)*.

Panorama★★★ – On distingue nettement, au nord, les volcans qui, de même origine que le puy de Dôme, sont de grosses taupinières sans cratère : petit Suchet, Clierzou, Sarcouy. Tous les autres sont des cônes de débris possédant des cratères : petit puy de Dôme ou Nid de la Poule, Grand Suchet, puy de Côme, Pariou, Louchadière. Au sud, tous les volcans ont des cratères : Monchier, Barme, Laschamp, Mercœur, etc. Au-delà des puys les plus proches, à l'horizon, se distinguent les monts Dore. Vers l'est, on domine la Limagne avec ses villes et villages, ses champs et ses coteaux. Au loin, les hauteurs du Livradois-Forez limitent la plaine ; vers l'ouest, vous pouvez apercevoir le plateau du Limousin.

La visibilité varie presque d'une minute à l'autre, suivant le jeu des nuages et de la brume. La vue s'étend tout de même sur onze départements, soit près d'un huitième de la France, et si vous vous trouvez là au bon moment, vous pourrez peut-être voir le mont Blanc… Alors, à vos jumelles !
Les puys sont couverts tantôt de gazon ou de landes, tantôt de futaies de résineux ou de taillis de coudriers. C'est au coucher du soleil que le spectacle est le plus grandiose. Des traînées de feu passent entre les cônes. L'ombre de la montagne est projetée vers l'est ; elle couvre d'abord le plateau d'Orcines, atteint brusquement Clermont, puis envahit peu à peu la plaine : son bord extrême va jusqu'à Thiers.

Temple de Mercure
Accès interdit dans l'enceinte du sanctuaire. La visite se fait autour du périmètre clos. Une plaquette jeune public (à partir de 8 ans) est disponible au centre d'accueil du puy de Dôme et sur demande au péage d'accès. ✆ 04 73 62 21 46 ou 04 73 42 21 32. Visites guidées juil.-août. C'est en 1872, à l'occasion de la construction du premier observatoire, que furent mis au jour des vestiges antiques. Grâce à différentes découvertes (dédicaces, statuettes et autres, exposés au musée Bargoin ; *voir p. 122)*, ces vestiges furent rapidement identifiés : il s'agissait d'un temple dédié à Mercure, dieu romain du Commerce et des Voyageurs. Ils furent classés dès 1875, et le site protégé en 1933. Les dernières fouilles (2000-2004) ont permis de situer le début des travaux de construction de cet édifice dans le deuxième quart du 2e s. de notre ère.
Sauvegarde et valorisation du site – La localisation du temple, adossé aux pentes méridionales de la butte sommitale du puy de Dôme, les techniques mises en œuvre pour sa construction et la complexité du cheminement d'accès à la *cella* confèrent à cet édifice un caractère tout à fait exceptionnel parmi les sanctuaires gallo-romains. Le département (propriétaire du temple depuis 2007) et la direction régionale des Affaires culturelles travaillent actuellement, avec l'architecte en chef des Monuments historiques et les archéologues qui ont réalisé les fouilles, sur un projet de restauration et de mise en valeur. Dans les prochaines années, le rez-de-chaussée du chalet de l'observatoire accueillera un lieu d'exposition qui permettra de présenter au public, de manière didactique et synthétique, les résultats des fouilles anciennes et récentes exécutées sur l'ensemble du sanctuaire de Mercure.
Le sentier contourne les ruines et passe devant le monument rappelant l'exploit aérien de **Renaux** *(voir encadré ci-contre)*. C'est en contrebas de ce monument que s'élancent parfois dans le vide d'audacieux sportifs adeptes du parapente ou du Deltaplane.

Itinéraire conseillé

★★★ À LA DÉCOUVERTE DE LA CHAÎNE DES PUYS

Pour visualiser cet itinéraire 2 *de 120 km, reportez-vous au schéma p. 161 – comptez une journée.*
Au cours de vos promenades dans la région, vous croiserez sans doute des **ravas**, brebis très résistantes, bien adaptées au pays, et qui ont peu à peu reconquis les prairies gagnées sur la forêt. Peut-être surprendrez-vous aussi le vol d'un magnifique papillon, l'**apollon**, dont les chenilles furent réintroduites dans les monts Dôme en 1996, après 80 ans d'absence.

Il était une fois… le puy de Dôme

Avec une fréquentation touristique de 435 000 visiteurs par an, le puy de Dôme suscite un intérêt écologique et économique. La montagne de l'exploit bénéficie depuis 2008 du label « Grand Site de France ».

DE LA MONTAGNE SACRÉE… À LA MONTAGNE DE L'EXPLOIT

L'origine volcanique des puys ne fut reconnue qu'en 1751. Jusque-là, on y voyait simplement de gigantesques fortifications dues aux Romains. Dès l'Antiquité, la solitude du puy de Dôme, lieu d'accès difficile, inspira un religieux effroi. Les sanctuaires s'y succédèrent, voués au dieu gaulois Lug, puis à Mercure. Une petite chapelle de pèlerinage dédiée à saint Barnabé y fut également érigée au 12e s., mais tomba en désuétude six siècles plus tard. Vers la fin du 19e s., on implanta un premier observatoire météorologique au puy de Dôme. Le temps des exploits était venu. La première montée à bicyclette se fit en 1891, en 28mn. En 1913, une auto de 16 CV atteignit pour la première fois le sommet, en 11mn. En 1908, après l'exploit d'Henri Farman (premier lien aérien en circuit fermé et premier vol avec passager), les **frères Michelin** financèrent un **Grand Prix** de 100 000 francs à attribuer à l'aviateur qui, parti de Paris avec un passager de 75 kg, viendrait, moins de 6h après son départ, atterrir au sommet du Puy de Dôme, après avoir contourné la cathédrale de Clermont en la laissant à 1 500 m sur sa droite. Trois ans plus tard, le 7 mars 1911, alors que certains augures prétendaient que cette prouesse ne serait pas réalisée avant une cinquantaine d'années, l'aviateur **Eugène Renaux,** avec son passager Senouque, réussit à remplir toutes ces conditions après un vol de 5h11.

QUELQUES DATES CLÉS

1er s. apr. J.-C. : élévation du **temple** de Mercure.
1648 : expériences de **Blaise Pascal** sur la pression atmosphérique.
1790 : le député de Clermont, **Gaultier de Biauzat,** intervient pour donner le nom de Puy-de-Dôme au département nouvellement créé.
1872 : redécouverte du temple de Mercure lors des travaux de construction de l'**observatoire météorologique,** inauguré en 1875.
1907 : mise en place de la ligne de **tramway** reliant Clermont-Ferrand au sommet du puy de Dôme.
1911 : Eugène Renaux pose son avion au sommet du puy de Dôme et remporte le **Grand Prix Michelin**.
1927 : inauguration de la **route** automobile à péage.
1952 : première ascension du **Tour de France**, remportée par Fausto Coppi.
1956 : construction de l'**antenne** TDF.
1973 : premier **vol en Deltaplane** depuis le sommet.
1992 : ouverture du **restaurant** panoramique.
1999-2008 : important **programme de travaux** visant à sécuriser le site, lutter contre l'érosion (tracé de nouveaux chemins, suppression des chemins sauvages…) et créer de nouveaux lieux d'accueil et d'information du public.
2008 : aménagement du temple de Mercure et labellisation du puy de Dôme « Grand Site de France » par le ministère de l'Écologie.

★ **Royat** *(voir ce nom)*

Quittez Royat par le sud en empruntant la D 941ᶜ, puis prenez à droite la D 5.

La route s'élève au-dessus de la plaine pour atteindre le socle granitique sur lequel ont surgi les cônes des volcans.

Puy de Gravenoire

Cet ancien volcan couvert de sapins a poussé sur la grande faille de la Limagne. Par la cassure, ses laves se sont épanchées vers Royat et Beaumont. On y exploite des carrières de pouzzolane.

En fin de montée, on atteint Charade au pied de son puy.

Charade *(voir Royat)*

La route suit la partie sud du **circuit automobile** de Clermont-Ferrand Charade. Par Thèdes et Saint-Genès-Champanelle *(D 90, puis D 52),* on rejoint, à Theix, la D 2089 (tournez à droite) qui traverse la **cheire d'Aydat**. Il s'agit d'une coulée de lave, longue de 6 km et large de 1 200 m. Vomie par les puys de Lassolas et de la Vache, elle s'est figée en un chaos de scories noirâtres. Des genévriers, des genêts, des bouleaux et un bois de pins et d'épicéas, aux abords du lac d'Aydat, atténuent quelque peu la désolation de ce paysage volcanique.

Au col de la Ventouse, prenez la D 5 sur 3,5 km en direction de Murol.

Sur la droite, la D 788, puis la D 983 contournent le puy de Combegrasse, où eut lieu, dès 1922, le premier concours de vol à voile en France.

De Randanne, prenez la D 561, puis à droite la D 2089. Rejoignez la D 5 qui mène au puy de la Vache.

On passe d'abord par le **château de Montlosier** qui abrite à présent le siège administratif du Parc naturel régional des Volcans d'Auvergne *(voir ce nom)* et accueille des expositions sur la région.

★ **Puy de la Vache**

1h AR. Le chemin d'accès au cratère égueulé du puy de la Vache part sur la gauche de la D 5. Il longe la cheire d'Aydat.

Ce volcan (alt. 1 167 m), encore si bien formé, offre avec son voisin le puy de Lassolas un des spectacles les plus évocateurs de la chaîne des Puys.

Le cratère du volcan a d'abord lancé des cendres et des scories qui ont formé le cône, puis la lave a monté, remplissant le cratère. Sous sa pression formidable, le flanc sud du cône a cédé, le volcan s'est ouvert (« égueulé »), et un véritable torrent de matières en fusion s'est épanché sur le plateau : c'est l'actuelle **cheire d'Aydat**.

Revenez vers Randanne et prenez la D 2089 à droite.

UN ESPRIT VOLCANIQUE !

Au début du 19ᵉ s., de retour d'Angleterre où il avait émigré, le **comte de Montlosier** (1755-1838) entreprend de démontrer qu'il est possible de faire pousser la forêt dans des endroits considérés jusqu'alors comme stériles. L'expérience est pratiquée sur son domaine : le comte se met à boiser, à assécher les marécages, transformant radicalement le paysage de la chaîne des Puys.

Traité tout d'abord de fou, il finit par conquérir un grand prestige quand les résultats de ses efforts deviennent tangibles. Ses travaux seront par la suite repris et appliqués par l'administration des Forêts.

L'auteur d'un *Essai sur les volcans d'Auvergne* portait assurément bien son surnom de « Volcan encore en éruption » !

161

MONTS DÔME

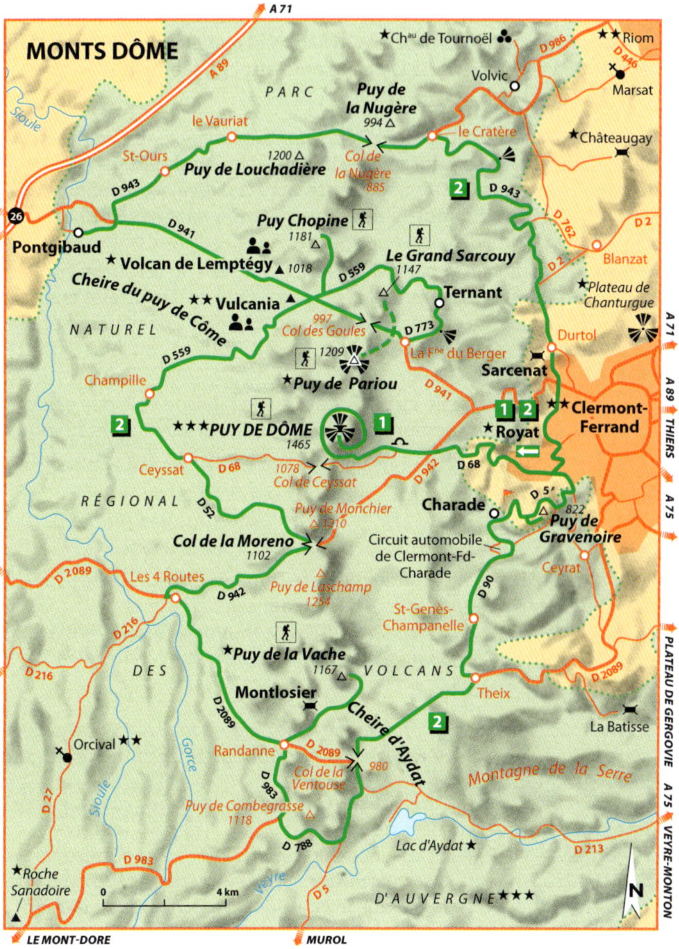

La route traverse, à hauteur du village de Recoleine, un paysage où affleurent les roches volcaniques (basaltes et labradorites). Après les Quatre-Routes, la D 941^A, à droite, s'élève vers la chaîne des Puys pour atteindre le **col de la Moreno** (alt. 1 102 m) entre les puys de Laschamp, au sud, et de Monchier, au nord, couverts de bois.

Du col de la Moreno, la D 52, au nord, par Ceyssat et Champille, offre des vues intéressantes sur les nombreux cônes dont on longe le pied. La D 559, que vous prendrez à droite à la sortie de Champille, est une route étroite qui traverse la cheire du **puy de Côme,** couvert de hêtres et de résineux.

★★ Vulcania *(voir ce nom)*

Rejoignez la D 941^B qui conduit, à droite, au col des Goules et à la Fontaine-du-Berger.

Le Grand Sarcouy

1h30 à pied AR par un sentier bien tracé sur la gauche, au départ de la D 941^B, peu après le col des Goules.

Le Grand Sarcouy (alt. 1 147 m), de type péléen, est encore appelé « chaudron » en raison de sa forme. Dans le flanc sud de cette masse s'ouvre une vaste grotte.

★ Puy de Pariou

2h30 à pied AR. Au départ de la D 941B, après la Fontaine-du-Berger, empruntez le PR. Le puy de Pariou étant compris dans le périmètre de sécurité d'un champ de tir désactivé depuis le 1er janv. 1998, son accès est libre à tout moment. Il est néanmoins interdit de ramasser des projectiles, des morceaux d'obus ou des objets suspects.

Le volcan – On franchit la paroi du premier cratère d'où est sortie la coulée, très visible, qui traverse la route aux abords d'Orcines. On atteint ensuite le second cratère, superbe entonnoir régulier de 950 m de circonférence et d'une profondeur de 96 m. Du bord de ce cratère (alt. 1 209 m), on jouit d'une très belle **vue** sur les monts Dôme.

Du sommet du Pariou, belle **vue**, à l'ouest, sur le Cliersou et le puy de Côme, aux deux cratères parfaitement emboîtés ; au nord, sur le puy Chopine, le puy de Chaumont et, derrière le puy des Goules, le Sarcouy ; au sud, sur le puy de Dôme.

Tournez à gauche dans la D 773 en direction de Ternant.

Ternant

La D 773, à hauteur de la grande croix de Ternant, offre de belles vues sur l'agglomération clermontoise et sur la Limagne.

À la sortie de Ternant, prenez à gauche la D 559. Empruntez ensuite un chemin à droite de la route, 300 m avant le croisement avec la D 941B.

Puy Chopine

2h AR. Ce chemin (PR) permet, par temps sec, de faire le tour du puy. Les touristes que l'escalade ne rebute pas pourront atteindre le sommet, situé à 1 181 m d'altitude.

Au carrefour avec la D 941B, prenez à droite en direction de Pontgibaud.

★ Volcan de Lemptégy

04 73 62 23 25 - www.auvergne-volcan.com - visite guidée (2h30) uniquement w.-end, vac. scol. et j. fériés - juil.-août : 9h30-18h ; avr.-juin et sept. : 10h-17h ; de déb. oct. à mi-nov. et fév.-mars : 10h-16h ; vac. Noël : 14h-16h - visite guidée à pied 9 € (enf. 7 €), en petit train 12 € (enf. 9,50 €), visite libre 8 € (enf. 6 €). Spectacle nocturne « Le volcan de Lemptégy » : jeux de lumières et effets pyrotechniques s'associent pour vous faire vivre une éruption volcanique - repas auvergnat animé avant chaque spectacle.

La visite du puy de Lemptégy (alt. 1 018 m), ancienne carrière de **pouzzolane** (scories) creusée dans un cône volcanique, offre au visiteur l'occasion unique de pénétrer dans un volcan à ciel ouvert afin d'en découvrir l'anatomie. Le **sentier de découverte** *(2 km à pied ou en train, jusqu'au cœur du volcan)* révèle l'histoire géologique du site à travers d'étranges paysages de cheminées, de coulées de lave, de bombes volcaniques… Une salle d'exposition consacrée à Lemptégy et aux volcans du monde, ainsi qu'une projection vidéo *(35mn)* sur l'histoire géologique et industrielle du site et sur la formation de la chaîne des Puys complètent ce circuit pédagogique. Un espace permet de découvrir le matériel utilisé par les carriers qui ont exploité ce site de la fin de la Seconde Guerre mondiale jusqu'en 2006. En fin de visite, la **Mine explosive** *(accès déconseillé aux femmes enceintes et aux personnes souffrant de claustrophobie, de problèmes cardiaques ou de*

Puy de la Vache.
J. Damase / MICHELIN

troubles provoqués par des secousses ; les enfants de moins de 4 ans ne sont pas admis) vous fait vivre une éruption volcanique grâce à un film en 3 D doublé d'effets dynamiques.
Continuez sur la D 943.

Pontgibaud *(voir ce nom)*
Prenez sur la droite la D 943.
Au départ, la D 943 gravit le versant ouest de la chaîne des Puys. Après Saint-Ours et le Vauriat, la route réserve les vues les plus saisissantes sur le **puy de Louchadière** qui, avec ses 1 200 m d'altitude et son cratère égueulé, profond de 150 m, compte parmi les principaux volcans de la chaîne. Plus loin, à gauche, **la Nugère** (994 m) offre sa silhouette caractéristique.
Après le col de la Nugère et le Cratère, la route sinueuse descend vers la Limagne, que l'on découvre par de magnifiques échappées, et permet d'atteindre Royat par Durtol. Près de ce village se dresse le **château de Sarcenat** où naquit, en 1881, Pierre Teilhard de Chardin, jésuite, homme de science et philosophe.

NOS ADRESSES DANS LES MONTS DÔME

Voir aussi les encadrés pratiques de Clermont-Ferrand, Royat, Volvic et Vulcania.

VISITE

Bon à savoir – Grâce au **Pass Volcans 3 sites** *(billet commun)*, vous pourrez non seulement visiter Vulcania et le volcan à ciel ouvert de Lemptégy, mais aussi avoir un accès gratuit au puy de Dôme.

TRANSPORTS

Navette – *0 800 500 524 - juil.-août : tlj - dépliant horaires disponible à l'office du tourisme de Clermont - au départ de la gare*

SNCF et d'autres lieux centraux de Clermont, elle dessert le puy de Dôme et/ou Vulcania - 5 € AR (-16 ans 2,50 €).

HÉBERGEMENT

PREMIER PRIX

Chambre d'hôte L'Abri du Berger – *Bravant - 63210 Olby - 2 km au nord des Quatre-Routes dir. Ussel puis rte secondaire - ✆ 04 73 87 12 28 - fermé 15 nov.-15 fév. - ⊭ - 5 ch. 40/42 € -* ☕. Cette ferme traditionnelle joliment restaurée est au cœur d'un charmant village. Avec ses chambres confortables (dont 2 avec mezzanine), sa cuisine et son grand salon-salle à manger avec cheminée, c'est une agréable étape pour partir à la découverte des puys. Cartes et conseils en plus.

Chambre d'hôte Chez Mme Gauthier Jocelyne – *Recoleine - 63210 Nébouzat - ✆ 04 73 87 10 34 ou 06 - http://lesgranges2.free.fr - fermé de mi-nov. à mi-mars - P - ⊭ - 3 ch. 48/52 € -* ☕. À deux pas de la chaîne des Puys, vous serez accueilli avec chaleur dans cette ancienne grange abritant des chambres confortables et soignées. Le cadre naturel paisible contribuera grandement à la réussite de votre séjour.

Chambre d'hôte Les Genêts Fleuris – *Lieu-dit Bonnabaud - 63230 St-Pierre-le-Chastel - ✆ 04 73 88 75 81 - www.chambres-hotes-puy-de-domes.com - ⊭ - 5 ch. 49 €* ☕. La chaîne des Puys, le château de Bonnabaud, l'église de St-Pierre-le-Chastel : un superbe panorama s'offre à vous depuis cette ancienne ferme soigneusement restaurée. Chambres, avec wifi, simples, confortables et bien tenues; petit salon-bibliothèque. Spécialités auvergnates servies à la table d'hôte.

POUR SE FAIRE PLAISIR

Chambre d'hôte Domaine de Ternant – *Ternant - 63870 Orcines - ✆ 04 73 62 11 20 - http://domaine.ternant.free.fr - fermé de mi-nov. à mi-mars - P - ⊭ - 5 ch. 84/96 € -* ☕. Une allée arborée conduit à cette imposante demeure du 19e s. située dans un vaste parc. Les chambres, exclusivement non-fumeurs, ont un délicieux charme « rétro » avec leur mobilier ancien et leur joli parquet. La maîtresse de maison vous fera partager sa passion du patchwork.

RESTAURATION

PREMIER PRIX

La Fourniale – *Recoleine - 63210 Nébouzat - ✆ 04 73 87 16 63 - fermé lun.-mar. de sept. à juin, 2 sem. en janv. et 3 sem. en sept. - ♿ - P - ⊭ - 11/17 €.* Les amateurs de cuisine auvergnate connaissent cette auberge sise dans une ancienne bergerie. Le cadre est rustique à souhait : tables en bois, auge en pierre scellée dans le mur, saucissons pendus au plafond… Produits frais et une spécialité « maison » : la truffade.

BUDGET MOYEN

Le Village Auvergnat – *63870 Orcines - ✆ 04 73 62 25 34 - fermé le soir sf sam. sur réserv. - ♿ - P - formule déj. 12 € - 17/43,50 €.* Au pied du puy de Dôme, à quelques encablures de Vulcania et Clermont-Ferrand, ce restaurant sert des spécialités régionales : truffade, aligot, potée, coq au vin…

Auberge de la Moreno – *Col de la Moreno - 63122 St-Genès-Champanelle - ✆ 04 73 87 16 46 - www.aubergemoreno.com - fermé 1 sem. en avr. et 3 sem. en déc. - ♿ - P - formule déj. 16 € - 22/29 € - 8 ch. 60/62 € -* ☕ *8 €.* Cette petite auberge joue la carte de l'authentique en proposant des recettes « cent pour cent terroir » : truffade, tripoux cantalous, jambon de pays, pied de cochon farci, lentilles du Puy, omble chevalier des montagnes, viandes de Salers ou d'Aubrac… Ici, aucun risque de rester sur sa faim. Spacieuses chambres récentes.

Auberge des Muletiers – *63810 Orcines - ✆ 04 73 62 25 95 - Fermé déc., janv., fév., mardi, merc. de mars à mai, vend. midi de juil. à sept. et lundi - P - 20/33 €.* Construction de type chalet située au pied du puy de Dôme. Chaleureux décor rustique agrémenté d'un vaisselier et d'une cheminée. Terrasse panoramique. Cuisine régionale.

POUR SE FAIRE PLAISIR

Mont Fraternité – *63870 Orcines - ✆ 04 73 62 23 00 - Ouvert de début avril à fin oct. et fermé lundi - 28/50 €.* Restaurant moderne éclairé par de larges baies vitrées dans un bâtiment hébergeant également un musée, une boutique de souvenirs et un bar. Goûteuse cuisine actuelle.

ACTIVITÉS

Archipel-Volcans – *Rte de Clermont-Ferrand - 63122 St-Genès-Champanelle - ✆ 04 73 62 15 15 - www.archipel-volcans.com - ouv. tte l'année.* Outre l'hébergement et la restauration, cet établissement propose des loisirs basés sur la découverte du site. Situé au pied du puy de Dôme, vous pourrez y découvrir le parapente ou le vol en montgolfière. Randonnées avec ânes, VTT l'été et raquettes l'hiver.

La Ruche des Puys - *Beauloup - 63230 Saint-Ours - 4 km à l'ouest de Vulcania - ✆ 04 73 88 94 31 - www.laruchedespuys.com - ouv. avr. à mi-nov. : tlj 14h-19h en juil.-août, horaires réduits reste du tps - 5,90 € (enf. 4,60 €) -* Pour découvrir l'importance des insectes dans notre environnement. Visite guidée au milieu des ruches vitrées. Très impressionnant.

Charade Aventure – *63130 Royat - ✆ 06 82 50 44 67 - www.charadeaventure.fr - 20 € (enf. 10/14 €).* Neuf parcours « accrobranches », de difficultés croissantes, vous sont proposés à partir de 4 ans. Nocturne l'été.

Golf des Volcans – *La Bruyère-des-Moines - 63870 Orcines - ✆ 04 73 62 15 51 - www.golfdesvolcans.com - ouv. tte l'année tlj sf 25 et 31 déc.* Parcours de 18 et 9 trous au pied du puy de Dôme.

Parc de l'aventure de la Terre Vulcania

★★

Puy-de-Dôme (63)

NOS ADRESSES PAGE CI-CONTRE

SE REPÉRER

Plan de région B1 (p. 102) – carte Michelin Départements 326 E7.

Vulcania se trouve à 15 km à l'ouest de Clermont-Ferrand. Pour vous y rendre de Clermont, quittez la ville en direction de Limoges, Vulcania est clairement fléché.

ORGANISER SON TEMPS

Comptez une journée.

À deux pas du puy de Lemptégy, un dôme un peu particulier a surgi de la terre, attirant l'attention des curieux et des passionnés de vulcanologie. Mais point d'inquiétude, il ne s'agit là que de la naissance du nouveau symbole de la chaîne des Puys : Vulcania, réalisé grâce au concours des architectes Hans Hollein et Philippe Tixier, du scénographe Rainer Verbizh et du paysagiste Gilles Clément. Passionnant lieu de découverte, ce grand parc de loisirs scientifiques propose l'expérience unique d'une visite au centre de la Terre.

Découvrir

VULCANIA

820 827 828 - www.vulcania.com - ♿ - juil.-août : tlj 10h-20h (merc. 23h) ; 15 mars-juin : tlj 10h-18h ; sept.-11 Nov. : tlj sf lun.-mar. 10h-18h - fermé du 11 Nov. à mi-mars - 21 € (enf. 15 €, 2e enf. 11 €, - de 6 ans gratuit).

Que connaît-on vraiment des volcans ? Le drame de Pompéi, quelques films à sensation, des images spectaculaires d'**Haroun Tazieff** ou encore des **époux Krafft**… Grands noms de la volcanologie et du cinéma, ces derniers ont parcouru le monde et assisté à plus de 150 éruptions. Ils ont ainsi pu tourner plus de 300 heures d'images et rapporter quelque 350 000 diapositives avant de disparaître en 1991 dans l'éruption meurtrière du volcan Unzen, au Japon. Un espace leur est d'ailleurs consacré à Vulcania…

Nous savons donc bien peu de choses par rapport à la complexité et à la variété de ces phénomènes naturels. Endormis depuis quelques milliers d'années seulement, mais, on l'espère pour longtemps, les volcans d'Auvergne accueillent ce site à la fois ludique et pédagogique. « Apprendre en s'amusant », telle est la vocation de ce parc d'attractions qui apporte des réponses claires aux nombreuses questions que l'on peut se poser sur la dynamique planétaire et les multiples formes de volcanisme. Une scénographie inventive met en valeur le parcours jalonné de maquettes, de films, d'expositions et de nombreuses attractions, riches en sensations.

La visite

Imposant mur de 165 m constitué de bombes volcaniques de grande taille, l'allée de la grande coulée conduit à la caldeira (place circulaire) où s'élève le **cône,** symbole de Vulcania. Les grondements sourds et la fumée du **Grand Cratère** rougeoyant marquent le départ de votre « voyage au centre de la Terre ». Vous serez amené à parcourir une succession de larges espaces, de galeries dans le basalte, avec des zones d'ombres, mystérieuses à souhait, ou des haltes inondées de lumière. Vous pourrez alors suivre le circuit idéal proposé, ou aller à votre guise d'expositions en attractions. Au fil du parcours, vous découvrirez la diversité des manifestations volcaniques et vous ferez connaissance avec la Terre et le système solaire.

Pour ce qui est des sensations fortes et de l'émotion, préparez-vous à vivre quelques scénarios d'éruptions volcaniques dans le Massif central avec **Le Réveil des Géants d'Auvergne**, film en 3D que l'on visionne installé dans un siège dont les mouvements sont synchronisés avec les images. **Dragon Ride** plonge le spectateur, toujours assis dans un fauteuil en mouvement, dans les profondeurs de la Terre au cœur d'un monde onirique peuplé de dragons. Dans la salle de l'Odyssée magique, on assiste à la projection, sur un écran géant de 415 m², du film **Forces de la Nature**. Les explorateurs pourront pénétrer au cœur d'un volcan avec **Magma Explorer** ou partir, en temps réel, à la découverte de la Terre avec **Planète Observeur**. Les chercheurs en herbes, ne manqueront pas, quant à eux, de faire un tour au **Coin des Expériences**. Après les nouveautés de 2008 (balade à bord du **Volcanbul**, **Grand Geyser** et ses jeux d'eau), Vulcania a inauguré, en 2009, une nouvelle attraction, **La Terre en colère**, simulateur interactif enrichi d'effets spéciaux. Un film inédit en 70 mm, **L'Odyssée magique** propose de partir à la rencontre des beautés et fragilités de la Terre bercés par les voix de Claire Keim (personnage principal du film) et Macha Béranger (la Terre).

VULCANIA PRATIQUE

Voir également les encadrés de Clermont-Ferrand, des monts Dôme, de Riom, de Royat et de Volvic.

COMMENT S'Y RENDRE

Accès routier – *Voir « Se repérer » p. 166.*

Accès navettes – *☎ 0 800 500 524 - juil.-août : tlj - dépliant horaires disponible à l'office du tourisme de Clermont - au départ de la gare SNCF et d'autres lieux centraux de Clermont, elles desservent le puy de Dôme et/ou Vulcania - 5 € AR (-16 ans 2,50 €).*

TARIFS SPÉCIAUX

Billet Pass'Semaine – *gratuit.* Pour un billet acheté, les visiteurs peuvent revenir pendant les 7 jours suivants, au tarif de 2 € par visite.

Pass Volcans 3 Sites – *Pass Adulte 28,50 €, Pass Enfant (6 à 16 ans) 18 €.* Situés dans un rayon de 10 km, Vulcania, le puy de Lemptégy et la montée au sommet du puy de Dôme ont été regroupés dans un seul et même billet.

ORGANISER SA JOURNÉE

Bon à savoir – Vu la superficie de Vulcania et le nombre important d'expositions et d'animations, munissez-vous du **plan** et du document indiquant les horaires des films et animations distribués à l'entrée.

Visites – *Possibilité de visite guidée individuelle (1h) ou audioguidée - le prêt de l'audioguide est gratuit - rens. à l'Espace Accueil, niveau - 2.* Pour faire un rapide tour d'horizon du site, ou au contraire approfondir la visite.

Les Nocturnes de Vulcania – *15 €, tous les merc. du 15 juil. au 19 août, 18h à 23h.* Ambiance magique et féerique de Vulcania la nuit, animation spécifique à chaque nocturne.

POUR LES ENFANTS

Location de poussettes – *gratuit - Espace Accueil, niveau – 2.*

Consignes – *2 € la journée - Espace Accueil, niveau – 2.* Pour se libérer du superflu.

Jeu Volc'en Famille – Document remis à la caisse. Entraîne les petits et les grands, sous forme d'un jeu de piste, à la découverte de Vulcania.

Galerie Pitoufeu – *Dernier niveau.* Jeux réservés aux 4-8 ans.

Jeux d'agrès en plein air – À leur disposition sur les sentiers de découverte.

RESTAURATION

Aires de pique-nique – Réparties sur les 57 ha du parc.

Snack du Cratère – *Niveau 2.* Bar classique.

Le Magma café – *Niveau – 2.* Café-snack.

La Brasserie du Bougnat – *Niveau – 3.* Brasserie-snack.

La Cafétéria des Puys – *Niveau – 3.* Cafétéria de 280 places.

Pontgibaud

768 Gibaldipontins – Puy-de-Dôme (63)

NOS ADRESSES PAGE 171

S'INFORMER

Office du tourisme intercommunal de Pontgibaud et sa région *– R. du Commerce - 63230 Pontgibaud - 04 73 88 90 99 - www.ot-pontgibaud63.com - juil.-août : 9h-12h30, 14h-18h30, dim. et j. fériés 10h-12h30 ; reste de l'année : mar., jeu. et vend. 10h-12h30, 14h-17h.*

SE REPÉRER

Plan de région B1 (p. 102) – carte Michelin Départements 326 E8.

Pontgibaud se trouve à 22 km au nord-ouest de Clermont-Ferrand, par la D 941, qui mène jusqu'à Limoges.

À NE PAS MANQUER

Les gorges et le site de Montfermy, havre de calme et de sérénité en bordure de la Sioule. Après Pontgibaud, à la sortie de Bromont-Lamothe, profitez d'une belle vue d'ensemble sur la chaîne des Puys.

AVEC LES ENFANTS

Découvrez avec eux la vie d'un meunier au moulin de Villemonteix.

En marge des Combrailles et de la chaîne des Puys, ce joli bourg est dominé par les hautes tours du château Dauphin. Le long des berges tranquilles de la Sioule se pratique la pêche au ver, à la mouche et au lancer. À l'ouest de Pontgibaud, la ville voisine de Pontaumur organise chaque année au mois d'août, le célèbre festival Bach en Combrailles.

Se promener

Château Dauphin

04 73 88 73 39 - www.chateaudauphin.com - visite guidée (1h) juil.-août : tlj sf lun. 14h-19h ; de Pâques à fin juin et de déb. sept. au 1er nov. : dim. et j. fériés 14h-18h (dernière entrée 30mn av. fermeture) - 5 € (7-18 ans 3,50 €) - visite aux lumières juil.-août : merc. 21h30 - 6,50 € (7-18 ans 4 €) - entrée château, jardins et musée des Mines d'argent 7 € (7-18 ans 4 €).

Parmi les propriétaires successifs du château, on se souviendra de **Robert Dauphin**, qui le fit édifier au 12e s. Ses armes représentaient un… dauphin. Il y eut ensuite **Gilbert III Motier de La Fayette**, maréchal de France, qui fit entourer la ville de bonnes murailles ; puis les **de Moré**, bien plus tard, au temps de l'extraction des mines d'argent. Et maintenant, les **de Germiny,** attentifs eux aussi à conserver à Pontgibaud sa noble forteresse. Une **porte fortifiée** précède l'allée qui conduit à une imposante forteresse en pierres de lave. Des sept tours qui garnissaient l'enceinte, six, bien conservées, se dressent toujours fièrement autour du château ; à sa droite, la tour la plus imposante, celle du Chevalier, offre de son sommet une jolie vue sur le **jardin** et le **potager** du 16e s., reconstitué (l'original a été décrit par Montaigne en 1581). La **cour intérieure** du bâtiment principal, couverte d'une verrière, donne sur trois étages munis de balcons. Les différentes pièces (salon, bibliothèque, salle à manger) abritent du **mobilier** des 16e et 18e s., ainsi que des tableaux et miniatures du 18e s. représentant des membres de la famille seigneuriale.

Dès le 16e s., les **mines de plomb argentifère** de Pontgibaud fournirent de l'argent pour battre monnaie. Les ingénieurs venus d'Angleterre et les mineurs creusèrent près de 70 km de galeries, activité qui cessa à la fin du 19e s. Dans les communs du château, le **musée des Mines d'argent** retrace l'histoire et les techniques d'extraction du filon, utilisées par les paysans-mineurs exploitants, qui transformaient la galène en lingots d'argent. Et pour approfondir le sujet, l'ancienne galerie du Berger, à Pontgibaud, ouvre ses portes à l'occasion de visites commentées *(juil.-août : merc. 14h30-18h - renseignements à l'office de tourisme)*.

Église

On retrouve dans les églises de la région, des éléments de la **chartreuse du Port-Sainte-Marie** *(voir les gorges de la Sioule)*, qui fut spoliée et dont les objets furent disséminés au moment de sa mise en vente comme bien national. L'église de Pontgibaud (15e s.) abrite, elle aussi, tout un mobilier provenant de Port-Sainte-Marie : bénitier avec piédestal en fer forgé supportant la lampe du sanctuaire ; beau maître-autel en marbre de couleur (18e s.) ; *Assomption* (œuvre de Pierre Parrocel, derrière le maître-autel) ; deux toiles du 17e s. de Guy François du Puy (*L'Adoration des Mages* au-dessus de l'autel Saint-Benoît et *L'Adoration des bergers* près des fonts baptismaux).

À proximité

★ Gorges et site de Montfermy

À 12 km. Quittez Pontgibaud par le nord en empruntant la D 418. Étroite et pittoresque, la route suit les gorges de la Sioule. À Montfermy, à hauteur du pont sur la Sioule, laissez votre voiture.

Cascade et moulin – Prenez le sentier qui longe la rive gauche de la Sioule et conduit à une cascade et à un moulin en ruine, situés à l'intérieur d'un méandre qui avait été coupé artificiellement à la base pour détourner en partie les eaux de la Sioule et actionner le moulin. L'ensemble est très harmonieux et reposant. C'est le coin préféré du peintre du dimanche, du pêcheur d'eau douce et des amoureux.

Église – Vous y découvrirez des **fresques** (restaurées) représentant des apôtres en pied, des anges musiciens, et surtout un épisode de l'histoire du prieuré, et sa reconstruction à la suite d'une catastrophe.

Chemin Fais'Art

À Chapdes-Beaufort, 12 km au nord par la D 941, puis la D 942. Après Saint-Ours, tournez à gauche dans la D 62, puis prenez la route de Pulvérières sur 2 km et suivez le fléchage. Pensez à vous équiper de baskets : le chemin descend à travers bois pour une partie en raidillon. Garez-vous sur le parking indiqué en arrivant. 04 73 79 23 37 - tte l'année - gratuit.

2h AR - consultez le site www.lespierresquimarchent.com. Dans cette véritable galerie en plein air, des chemins vous mènent de sculpture en sculpture, à la découverte d'**œuvres monumentales contemporaines** (serpent, bassin…), réalisées en pierre de Volvic par Gilles Pérez. Un chemin vous conduit aussi vers une chapelle et un point de **vue** remarquable sur les Combrailles.

Église de Pontaumur

À Pontaumur, 18 km à l'ouest par la D 941. Cette église abrite la fidèle réplique de l'**orgue** qu'utilisait **Jean-Sébastien Bach** (1685-1750). Blanc et or (comme l'instrument original), aux caractéristiques particulières (deux claviers pouvant s'accoupler, diapason…), elle retransmet très fidèlement la sonorité des œuvres de Bach.

Le festival **Bach en Combrailles** se déroule chaque année au mois d'août et accueille à Pontaumur et dans ses environs de grands virtuoses et de nombreux amateurs de musique classique *(www.bachencombrailles.com)*.

Rentrez à Pontgibaud, ou faites un détour par les gorges de la Sioule (voir p. 485).

NOS ADRESSES À PONTGIBAUD

Voir aussi les encadrés pratiques des monts Dôme, d'Orcival, de Riom, des gorges de la Sioule et de Volvic.

VISITE

Bon à savoir – Le « Pass'Loisirs Combrailles » vous fera bénéficier de tarifs réduits (dès la seconde visite) dans 21 sites partenaires des Combrailles.

HÉBERGEMENT

BUDGET MOYEN

Auberge de Mazayes – *63230 Mazayes - ✆ 04 73 88 93 30 - www.auberge-mazayes.com - P - 15 ch. 62/74 € - ☕ 8,50 € - rest. 17/36 €.* Cette ferme restaurée bien au calme dans une campagne paisible. Chambres agréablement aménagées. Cuisine régionale.

RESTAURATION

L'Ours des Roches – *63230 La Courteix - 4 km à l'est de Pontgibaud sur D 941B - ✆ 04 73 88 92 80 - www.oursdesroches.com - fermé mar. sf j. fériés d'oct. à mars, dim. soir et lun. sf j. fériés, 5-23 janv. - 20/64 €.* Restaurant aménagé sous les voûtes d'une ancienne bergerie. Décor original né de l'insolite mélange du rustique et du contemporain.

ACTIVITÉS

Moulin de Villemonteix – *À Bromont-Lamothe, 3,5 km à l'ouest par D 941, puis D 572 - ✆ 04 73 88 70 73.* Le meunier vous fera visiter son moulin à farine et revivre son quotidien et les techniques de fabrication liés à cette activité artisanale.

Orcival

★★

255 Orcivaux – Puy-de-Dôme (63)

NOS ADRESSES PAGE 174

S'INFORMER

Office du tourisme des terres Dôme-Sancy – *Le bourg - 63210 Orcival - ✆ 04 73 65 89 77 - www.terresdomes-sancy.com - juil.-août : 10h-12h, 14h-19h, dim. 10h-12h, 14h-17h ; juin et sept. : tlj sf dim. 10h-12h, 14h-18h ; reste de l'année : mai et vac. scol. (sf Toussaint) tlj sf dim.-lun. 10h-12h, 14h-17h - fermé à l'Ascension.*

SE REPÉRER

Plan de région B2 (p. 102) – carte Michelin Départements 326 E8.

À 27 km au sud-ouest de Clermont-Ferrand, Orcival est accessible par la D 942 ou la D 2089, puis la D 27. Le Mont-Dore n'est qu'à 17 km plein sud par la D 27 et la D 983.

À NE PAS MANQUER

Orcival est connu pour sa superbe basilique, l'un des joyaux de l'art roman en Auvergne, qui renferme une très belle Vierge en majesté.

ORGANISER SON TEMPS

Prévoyez une demi-journée pour Orcival et ses environs et n'hésitez pas à découvrir la basilique, accompagné d'un guide *(office de tourisme)*.

AVEC LES ENFANTS

Outre la visite des intérieurs du château de Cordès, sorti tout droit d'un conte de fées, les enfants adoreront déambuler dans ses jardins, entre buis et rosiers. L'office de tourisme propose également un fascicule gratuit « Jeu de découverte » du village et de la basilique.

En limite du massif du Sancy et de la chaîne des Puys, niché dans un frais vallon qu'arrose le Sioulet, Orcival est une étape inoubliable. Blotti dans son écrin de verdure, c'est un joli village de montagne aux toits de lauzes, qui attire les foules par sa superbe basilique romane. Fondée par les moines de La Chaise-Dieu, cette dernière renferme une très belle Vierge en majesté, vénérée et admirée.

Roches Tuilière et Sanadoire, Orcival.
OT Terres Dômes-Sancy ORCIVAL

Se promener

L'origine d'*Ourche Val* est incertaine : s'agissait-il du val d'Orcus, divinité gauloise des Enfers, du vallon de l'ours, ou encore du vallon de la source ? On dénombre en effet un grand nombre de sources dans les environs, et même à l'intérieur de l'église, dit-on…

★★ Basilique Notre-Dame-des-Fers

À quel puissant mobile obéit le maître d'œuvre, obligé de détourner le lit de la rivière et d'entailler la montagne pour édifier la basilique ? Il s'en remit à la volonté de la Vierge : « Là où tombera le marteau du maçon, nous bâtirons l'église », aurait-elle dit. Le lancer du marteau désigna l'emplacement actuel, au bas du vallon. La masse grise d'andésite volcanique d'Orcival fut vraisemblablement élevée dans la première moitié du 12e s. et, à en juger par sa remarquable unité de style, au cours d'une seule campagne de construction.

Extérieur – Les volumes de la partie arrière de l'édifice se superposent harmonieusement jusqu'à la flèche (tronquée à la Révolution) du clocher octogonal à double étage percé de baies jumelées. Le chevet, très beau quoique peu orné, comporte quatre absidioles rayonnantes dont une, au sud, est la seule (par une fantaisie de l'architecte) à englober le niveau de la crypte. Les vantaux des trois portes ont conservé leurs **pentures** romanes ; les plus ornées, de rinceaux et de têtes humaines, se trouvent sur la porte sud (dite Saint-Jean). Sous les arcatures du transept sud sont suspendues des chaînes, ex-voto de captifs délivrés. Des boulets et des chaînes, suspendus sous les arcades du croisillon sud, perpétuent ce culte, rendu à la bonne Vierge d'Orcival depuis des temps immémoriaux.

Intérieur – On ressent immédiatement une impression de plénitude, renforcée par l'extrême dépouillement de l'architecture, qui obéit aux règles des autres grandes églises auvergnates. Le regard est naturellement attiré, par l'enfilade des piliers, jusque vers le chœur, baigné de lumière. Chapiteaux intéressants dans le déambulatoire (sculptés d'animaux fabuleux, oiseaux, poissons, démons) et dans la nef où la plupart sont à feuillages ; le seul historié *(premier pilier sud)*, surmonté de l'inscription *Fol dives*, représente le **Châtiment de l'avare**. Derrière le maître-autel, sur une colonne, trône la très célèbre **Vierge d'Orcival★★**, en noyer, aux parements d'argent et de vermeil, ouvrant largement ses longues mains de lumière.

Sous le chœur, une **crypte**, vaste et claire, en reproduit le plan. Remarquez l'autel en plomb doré, œuvre moderne du sculpteur Kaeppelin, et une charmante Vierge à l'Enfant, en bois, du 14e s.

À proximité Plan de microrégion

Château de Cordès B2

2,5 km au nord par la D 27. ✆ 04 73 65 81 34 - visite guidée de l'intérieur (30mn) - juil.-août (tlj), juin et sept. (merc.-dim.) : 10h-12h, 14h-18h - visite libre des jardins - 4 €. (enf. 2 €.).

Ce charmant manoir des 13e-15e s. fut restauré par le maréchal d'Allègre. L'allée qui y mène est bordée de charmilles enserrant de beaux **parterres à la française★** tracés selon les règles de Le Nôtre. À l'intérieur, on parcourt le salon au décor de gypseries, la salle à manger et les salles du sous-sol dont celle des gardes, au vieux puits avec treuil et roue. Dans la chapelle, magnifique **pierre tombale** de Yves II d'Allègre, mort à Ravenne en 1512, et beau retable en marbre de Carrare. C'est dans ce cadre que Allen-François Lederlin et Véronique Riffault ont noué l'intrigue de leur roman *Chambre de verdure* paru en 2004.

Église Sainte-Anne B2

À Heume-l'Église, 16 km au nord-ouest par la D 555, puis la D 216 vers Rochefort-Montagne. Prenez ensuite la N 80, à droite la D 11, puis de nouveau à droite la D 134, après avoir traversé la Miouze. Cette belle église au plan rectangulaire, de style roman tardif, début du gothique, abrite un beau mobilier du 17e s. ainsi qu'une Vierge en majesté en bois polychrome du 13e s.

NOS ADRESSES À ORCIVAL

Voir aussi les encadrés pratiques du lac d'Aydat, de La Bourboule, des monts Dôme, du Mont-Dore, du château de Murol, de Saint-Nectaire et du massif du Sancy.

HÉBERGEMENT

BUDGET MOYEN

Chambre d'hôte Château de Voissieux – *63210 St-Bonnet-près-Orcival - 4 km au nord-est d'Orcival par D 27 et D 556 - ✆ 04 73 65 81 02 - fermé oct.-janv. - - 3 ch. 57/65 €* . Château du 13e s. en pierres volcaniques niché dans un parc au cœur de la campagne. Un bel escalier dessert les chambres, sobrement meublées, douillettes et très calmes. Cuisine agrémentée d'une superbe cheminée et d'une vaste véranda fleurie.

ACHATS

La Maison de la Confiserie – *Le bourg - ✆ 04 73 65 85 60 - www.associationcommercante-orcival.com - juil.-août 8h30-19h30 ; reste de l'année 9h-12h30, 14h30-19h30.* À 50 m de la basilique, Gisèle Sabatier, aidée de son mari, confectionne toutes sortes de douceurs telles que le Grégorien d'Orcival (sablé, massepain, grué de chocolat) ou la Pierre des Volcans (croustillant praliné amande-noisette enrobé de chocolat noir, puis de cacao), ainsi que florentins et pâtes de fruits. Dans un cadre remarquable, exposition consacrée aux confiseries d'Auvergne et au chocolat, et boutique.

Saint-Saturnin

★

1 120 Saturninois – Puy-de-Dôme (63)

NOS ADRESSES PAGE 178

S'INFORMER

Office du tourisme de Saint-Saturnin – *Pl. du 8-Mai - 63450 Saint-Saturnin - ✆ 06 37 23 02 46 - juil.-août : 10h-12h30, 14h30-18h30 (18h dim. et j. fériés) ; de mi-juin à fin-juin et de déb. sept. à mi-sept. : tlj sf lun.-mar. 10h-12h30, 14h30-18h30 (18h dim. et j. fériés).*

SE REPÉRER

Plan de région C2 (p. 102) – carte Michelin Départements 326 F9.

À 18 km au sud de Clermont-Ferrand, ce bourg est accessible par l'A 75. C'est depuis la D 213, route qui évite Saint-Amant-Tallende et va en direction d'Aydat, que vous aurez une très belle vue sur Saint-Saturnin.

SE GARER

Laissez votre voiture sur le parking de la place du 8-Mai, en bordure de la D 8, avant de partir à la découverte du village.

À NE PAS MANQUER

Saint-Saturnin possède l'une des cinq églises romanes majeures d'Auvergne.

AVEC LES ENFANTS

Après avoir flâné dans le village et visité sa forteresse médiévale, prenez un bol d'air dans les gorges de la Monne, belles et sauvages.

Ancienne résidence des barons de La Tour d'Auvergne, futurs comtes d'Auvergne, ce bourg de la vallée de la Monne, sis sur un promontoire basaltique au creux d'un remarquable cirque naturel, figure au classement des plus beaux villages de France. Sa superbe église romane, son château royal, où séjournèrent Catherine de Médicis et Marguerite de Valois, et les vestiges de ses murs d'enceinte témoignent de sa splendeur passée. Au contact des monts Dôme, du massif du Sancy, des vallées des Couzes et de la Comté, ce charmant site médiéval aux ruelles tortueuses et à la jolie fontaine Renaissance, dont le château offre d'imprenables vues, séduit depuis des décennies les aquarellistes et les amateurs de belles pierres.

Se promener

Le village de Saint-Saturnin doit son nom à un saint martyr du 3ᵉ s., premier évêque de Toulouse, également connu sous le nom de **saint Cernin**. Parmi les personnalités qui ont marqué le bourg, notons, outre **Catherine de Médicis**, française par sa mère Madeleine de La Tour d'Auvergne, et sa fille **Marguerite de Valois,** toute une cohorte de peintres et écrivains, dont **Paul Bourget**. **Victor Charreton** et ses amis, séduits par le charme du lieu, lui ont rendu, chacun à leur manière, un hommage coloré *(voir le château de Murol)*.

★ Église

04 73 39 30 13 - 9h-19h (hors sais. 18h) - juil.-août : possibilité de visite guidée (45mn) sur le thème architecture et symbole) ; se renseigner à l'office du tourisme de Saint-Saturnin.

Bâtie au 12e s., elle est très simple ; son **chevet** a la particularité d'avoir une abside dépourvue de chapelles rayonnantes. Les chapelles orientées du transept, le large déambulatoire qui ceinture l'hémicycle du chœur, le puissant massif du transept, qui porte le clocher octogonal le mieux conservé d'Auvergne, constituent un ensemble architectural remarquable. La décoration est composée de cordons de billettes, de modillons à copeaux, avec un jeu d'arcatures alternant les claveaux de basalte et d'arkose. **Intérieur** – Remarquez la belle répartition des volumes architecturaux, entre la haute voûte en berceau de la nef, les tribunes qui surmontent les bas-côtés, l'élévation du carré du transept, et la crypte reposant sur de puissants piliers. Dans le chœur, **maître-autel en bois doré** provenant de la chapelle du château et marqué aux chiffres d'Henri IV et de Marguerite de Valois, la reine Margot, dame de Saint-Saturnin.

Chapelle Sainte-Madeleine

À côté de l'église, cette petite chapelle (ancien baptistère) du 11e s., fortifiée au 14e s., est sans doute le monument le plus ancien de Saint-Saturnin. Le linteau du jardin attenant, daté de 1668, invite à la méditation, à la lecture de cette phrase : « Nous avons été comme vous. Un jour, vous serez comme nous. Pensez-y bien… »

★ Château royal

04 73 39 39 64 - visite guidée (50mn) de juil. à mi-sept. : 10h-19h (dernière entrée 18h) ; mai-juin : w.-end 14h-18h30 (dernière visite 17h) - reste de l'année sur RV pour les groupes - visites thématiques : de juil. à mi-sept. les dim., en alternance, 15h30 ou 20h30 (visite aux lumières) - 6 € (enf. 5 €, moins de 7 ans gratuit).

DU FIEF DES COMTES AU CHÂTEAU ROYAL

C'est à la famille de La Tour d'Auvergne, puissante lignée originaire du village éponyme (dans le Sancy), que Saint-Saturnin doit sa belle forteresse, sauvée au début du 17e s. par son illustre propriétaire et dernière comtesse d'Auvergne : Marguerite de Valois, **la reine Margot**.

Par son intelligence, son esprit d'indépendance et sa liberté de ton, celle-ci avait suscité, à l'heure des guerres de Religion (en particulier du massacre de la Saint-Barthélemy) et de ses démêlés avec son époux Henri de Navarre, l'affliction de sa mère, **Catherine de Médicis**, et de son frère **Henri III**, qui la firent enfermer au château de Saint-Saturnin, puis à Usson où elle demeura 19 ans (1586-1605). Rentrée à Paris, elle se réconcilia avec Henri de Navarre, devenu entre-temps **Henri IV**, roi de France, et se prit d'affection pour le fils né de sa nouvelle union avec Marie de Médicis : le dauphin Louis, futur Louis XIII. En signe d'amitié et pour cristalliser la réconciliation, Marguerite de Valois fit don à ce dernier du château, lequel, passant sous la tutelle royale, fut estampillé d'un sceau protecteur : quand le ministre Richelieu fit démanteler les châteaux d'Auvergne afin d'asseoir l'autorité royale, celui de Saint-Saturnin fut épargné. Avant sa mort, Marguerite de Valois y revint et offrit à l'église du village le maître-autel de la chapelle du château (aujourd'hui disparue). Après Catherine de Médicis et Charles IX, qui y séjournèrent, la reine Margot scella ainsi la transmission du château de la famille d'Auvergne à la famille royale.

Bâtie au 13e s. par les futurs comtes de La Tour d'Auvergne, remaniée deux siècles plus tard, cette imposante forteresse, à laquelle d'importants travaux de restauration ont rendu son éclat, témoigne de l'**architecture militaire** du Moyen Âge : triple enceinte, remparts, tours à créneaux, mâchicoulis et douves (aujourd'hui en partie comblées), que l'on appréciera de la meilleure façon depuis la **cour d'honneur** et la grande terrasse, de part et d'autre du corps de logis. De style **Renaissance**, coiffé d'un toit reposant sur une **charpente** en « carène de vaisseau renversée », ce dernier (15e s.) réunit deux ailes antérieures (13e et 14e s.), dont il fallut revoir l'organisation des étages dans un souci d'harmonisation. Les visites (50mn) invitent à découvrir le donjon, la charpente monumentale, la cour d'honneur, la **Salle royale** où se tenaient, sous un superbe plafond resté intact, les réunions du conseil d'Auvergne, la grande terrasse gagnée sur les douves, aménagée face aux parcelles impeccables d'un **jardin à la française** plus tardif (17e s.), les escaliers à vis du 15e s. et la **salle des Tomettes**. Cette salle, pièce à vivre du comte, côtoie sa chambre à coucher, où dormit Catherine de Médicis. Le chemin de ronde, accessible lors des visites thématiques, mène au sommet d'une tour : beau **panorama** sur le village et les collines environnantes.
Près du château s'élève une très jolie **fontaine** Renaissance. Chaque face du bassin polygonal était ornée d'un écusson. On peut reconnaître les armoiries des Broglie et des La Tour d'Auvergne : « de gueule (fond rouge) à la Tour d'Argent ».

Lavoirs

Dans le village, deux lavoirs ont été récemment restaurés par l'association *Les Amis de St-Saturnin*. Le premier, celui de la Freydière, est situé sous le château. Son chemin d'accès dans les gorges de la Monne permet de découvrir la coulée de lave de 37 m de basalte sur laquelle est construit le château et le sommet du village. Le second, celui du creux de Thiou, se trouve sous l'ancienne poterne sur les pentes de la même vallée de la Monne.

À proximité

Abbaye Notre-Dame de Randol

2 km au sud-ouest par la D 28 et la D 28A. ✆ 04 73 39 31 00 - www.randol.org - 9h-12h30, 15h-18h30 - possibilité d'une présentation du site sur demande à un moine.
En arrivant, beau coup d'œil sur cette architecture moderne (1971) qui domine la **vallée de la Monne**. L'église se distingue par l'harmonie de ses proportions et la hauteur de son vaisseau. On est saisi par l'envolée du **chœur★**, obtenue par l'inclinaison de la nef et l'élévation des fins piliers, qui montent d'un seul jet jusqu'à la voûte. Une abondante clarté confère au chœur ovale une grande élégance. Dans la chapelle de gauche, dédiée à la Sainte Famille, remarquez les vitraux représentant les Mystères du Rosaire.

Gorges de la Monne

Entre Olloix et Cournol, en contrebas de l'abbaye de Randol, le GR 30 descend dans les gorges de la Monne, sauvages et belles, la franchit au pont de Ribeyrolle et remonte les parois abruptes vers Olloix. *La Maison de la Monne, installée à Olloix, organise notamment de nombreuses randonnées pédestres ou à VTT.*

NOS ADRESSES À SAINT-SATURNIN

Voir aussi les encadrés pratiques du lac d'Aydat, de Clermont-Ferrand et d'Issoire.

HÉBERGEMENT

BUDGET MOYEN

Chambres d'hôte La Maison des Archers – *R. de la Boucherie - 04 73 39 31 42 - www.lamaisondesarchers.com - - 3 ch. 50/55 € - 5 €.* Avec sa façade datant du 15e s., cette maison passerait presque inaperçue dans le centre historique de Saint-Saturnin. Ancienne propriété de l'écuyer de la reine Margot, elle compte 2 salles voûtées, dont une aménagée en salon détente, et 3 chambres à l'étage. Garage fermé abritant des voitures de collection.

UNE FOLIE

Château de Saint-Saturnin – *04 73 39 39 64 - www.chateaudesaintsaturnin.com - ouv. 20 mars-3 nov. - 5 ch. 150/210 € - 15 € - table d'hôte (soir, sur demande) 28/45 €.* On replonge au temps du Moyen Âge dans ce château du 13e s. dominant le village. Chambres et suites de bonne ampleur, au mobilier ancien. Charme des lieux, calme absolu, parc et jardins sont les principaux atouts de ce site.

ACHATS

Cave Saint-Verny – *2 rte d'Issoire - au croisement de la D 978 et de la D 8 - A 75 sortie n° 6 dir. Veyre-Monton - 63960 Veyre-Monton - 04 73 69 60 11 ou 04 73 69 92 87 - www.saint-verny.com - tlj sf dim. et lun. (sf lun. apr.-midi en sais.) 9h-12h, 14h-18h30 - fermé j. fériés.* Située au cœur d'un vignoble en plein renouveau (le 3e en France à la fin du 19e s. avant les ravages causés par le phylloxéra), la cave Saint-Verny invite à découvrir, à travers une dégustation gratuite, ses côtes-d'auvergne blanc, rouge ou rosé. Visite des chais sur rendez-vous.

Lac d'Aydat

★

Puy-de-Dôme (63)

NOS ADRESSES PAGE 181

S'INFORMER

Office du tourisme LAVE- Lacs Aydat Volcans Espaces – *63970 Sauteyras - ✆ 04 73 79 37 69 - www.aydat.com - juil.-août : 9h30-13h, 14h-19h (dim. et j. fériés 10h-13h, 14h-18h) ; mai-juin et sept. : lun.-vend. 9h30-12h30, 14h-17h30, w.-end en juin 10h-12h, 14h-17h ; reste de l'année : lun.-vend. 10h-12h, 14h-17h.*

Antenne de l'office du tourisme d'Aydat - *pl. du 8-Mai - 63450 Saint-Saturnin - ✆ 06 37 23 02 46 - juil.-mi-sept. : 10h-13h, 14h30-18h30 ; 2e quinz. de juin : tlj sf lun.-mar. aux mêmes horaires.*

SE REPÉRER

Plan de région B/C2 (p. 102) – carte Michelin Départements 326 E9.

On arrive traditionnellement au lac d'Aydat par la D 2089, puis par la D 90B qui borde le petit lac de la Cassière, ou par la D 213, à partir de l'A 75, sortie 5. Mais c'est la D 788, de Veyreras à Fohet, qui ménage les plus belles perspectives sur le lac et les monts Dôme.

À NE PAS MANQUER

Une promenade à la Montagne de la Serre, impressionnant relief tabulaire et lieu de passage privilégié des oiseaux migrateurs. Et si la préhistoire vous passionne, ne manquez pas le dolmen de la Grotta, l'un des plus célèbres d'Auvergne.

ORGANISER SON TEMPS

En juillet et août, profitez du tour du lac et de la plage réaménagée avec baignade surveillée et aires de jeux.

AVEC LES ENFANTS

Baignade, pédal'eau, planche à voile, course d'orientation, pêche…

Au cœur d'une vaste forêt des monts Dôme, cette calme étendue aux rives escarpées est une véritable oasis de fraîcheur. Les Clermontois en quête de détente viennent volontiers s'y baigner, y pratiquer la voile ou la randonnée, ou arpenter ses rives boisées à la recherche de champignons. Tous les plaisirs sont permis dans cet écrin de verdure, y compris celui de grimper sur la montagne de la Serre pour observer le vol des oiseaux migrateurs.

UN PEU DE GÉOLOGIE

Le lac d'Aydat est né d'une coulée de lave émise par les puys jumeaux de la Vache et de Lassolas, il y a 8 000 ans. En empruntant la vallée de la Veyre, la coulée a barré de nombreux affluents sur son passage. Longue de plus de 14 km, elle a ainsi donné naissance à des lacs, dont celui de la Cassière. Le lac d'Aydat est le plus grand lac naturel d'Auvergne, avec une superficie de 65 ha.

Itinéraire conseillé

ROUTE DES LAVES

Pour visualiser cet itinéraire de 40 km, reportez-vous au schéma ci-dessus – comptez environ 2h.

Marqué par une grande variété de paysages, cet itinéraire révèle le lac d'Aydat sous des angles différents. Vous découvrirez, au détour d'un sentier, l'épilobe en épi et le framboisier, mêlés à d'éclatants boutons-d'or et d'odorants millepertuis.

Aydat

Remarquez l'église et ses curieux contreforts en forme de tourelles accotées.

Quittez Aydat par le nord et traversez Sauteyras. Poursuivez sur la D 90. Au croisement, prenez à droite la D 213, puis à Rouillas-Bas à gauche la D 145.

Passé Rouillat-Haut, les points de vue se multiplient sur la montagne de la Serre.

Nadaillat

Voici un très bel exemple de village construit en lave noire.

Quittez Nadaillat par l'est en empruntant la D 96.

Montagne de la Serre

La longue échine de la Serre, qui s'avance en promontoire dans la Limagne, est un exemple classique d'**inversion de relief** (vestige tabulaire d'une coulée ancienne plus dure, progressivement déchaussée par l'érosion). Deux vallées latérales l'entourent de part et d'autre, celles de la Veyre et de l'Auzon.

En forme d'entonnoir, c'est l'un des onze grands lieux de **passage migratoire** recensés en France. La Ligue pour la protection des oiseaux *(✆ 04 73 36 39 79)* a mené ici, pendant 18 années, une action de sensibilisation pour la protection des oiseaux migrateurs. Entre les mois d'août et octobre, 250 000 à 400 000 oiseaux survolent la Montagne de la Serre. De provenances diverses, ils se croisent ici avant de s'envoler pour d'autres continents. Muni d'une paire de jumelles, vous pourrez observer milans noirs ou royaux, busards, cigognes blanches, grues cendrées, alouettes lulus et bien d'autres encore.

Le site peut se découvrir à pied, VTT ou à cheval.

Poursuivez sur la D 96 jusqu'à Saint-Amant-Tallende.

Saint-Amant-Tallende

Ce village commerçant forme un beau tableau depuis le pont médiéval sur la Veyre. Dans la vieille ville, la maison forte de Murol rappelle que les propriétaires, la famille de La Tour d'Auvergne, exerçaient jadis une forte emprise sur l'ensemble de la ville.

Poursuivez sur la D 8.

★Saint-Saturnin *(voir ce nom)*

À la sortie de Saint-Saturnin, prenez à gauche la D 28. Peu après avoir franchi la Monne, empruntez à droite la D 119.

Cette route pittoresque serpente dans un paysage austère d'herbe rase parsemé de rochers, découvrant des perspectives lointaines. Peu avant Olloix, une **croix polylobée** se dresse au bord de la route et vous invite à vous arrêter un instant pour contempler le panorama.

Olloix

Ce village étire ses maisons anciennes le long de la route. Il était autrefois le siège de la commanderie des chevaliers de Saint-Jean-de-Jérusalem (ordre de Malte) dont dépendait la commanderie hospitalière de La Sauvetat *(voir Vic-le-Comte)*. L'ancienne forteresse a disparu. L'**église** conserve le tombeau avec gisant d'Odon de Montaigu, prieur des hospitaliers d'Auvergne. *☎ 04 73 39 32 13 (mairie) - vac. scol. avr. : w.-end 11h-19h ; été : tlj 11h-19h.*

À la sortie d'Olloix, empruntez vers la droite la D 794.

Gorges de la Monne

La route sinueuse offre jusqu'à Fohet de belles échappées sur les gorges, dont le charme rude et sauvage a pu être préservé. Leur intérêt paysager unique a justifié leur inscription en site Natura 2000 et Site naturel classé *(panneaux d'information aux entrées - contact pour randonnées à l'office de tourisme LAVE, voir encadré pratique)*.

Le **menhir de Fohet**, au lieu-dit Pierre-Longue, a longtemps servi de reposoir pour les cercueils des morts qu'on allait enterrer à Aydat.

À la sortie de Fohet, prenez, à droite du calvaire, la D 788, puis tournez à gauche en direction de Cournols.

À **Cournols**, au lieu-dit Sarou, faites le détour pour voir le **dolmen de la Grotta**, l'un des plus célèbres d'Auvergne. Datant du néolithique, il est constitué de quatorze piliers et de deux dalles de couverture.

À la sortie de Cournols, prenez la D 213 qui ramène à Aydat.

NOS ADRESSES AU LAC D'AYDAT

Voir aussi les encadrés pratiques de Murol, Orcival et Saint-Nectaire.

HÉBERGEMENT

PREMIER PRIX

Camping Chadelas – *63970 Aydat - 2 km au nord-est d'Aydat par D 90 puis rte à droite (près du lac) - ☎ 04 73 79 38 09 - info@camping-lac-aydat.com - ouv. avr.-sept. - réserv. conseillée - 150 empl. 22 € - restauration.* Dans une agréable pinède accidentée, ce camping est bien situé au bord du lac. Les emplacements sont ombragés. Aire de jeux pour les enfants sur place et à proximité nombreuses possibilités d'activités et de distractions.

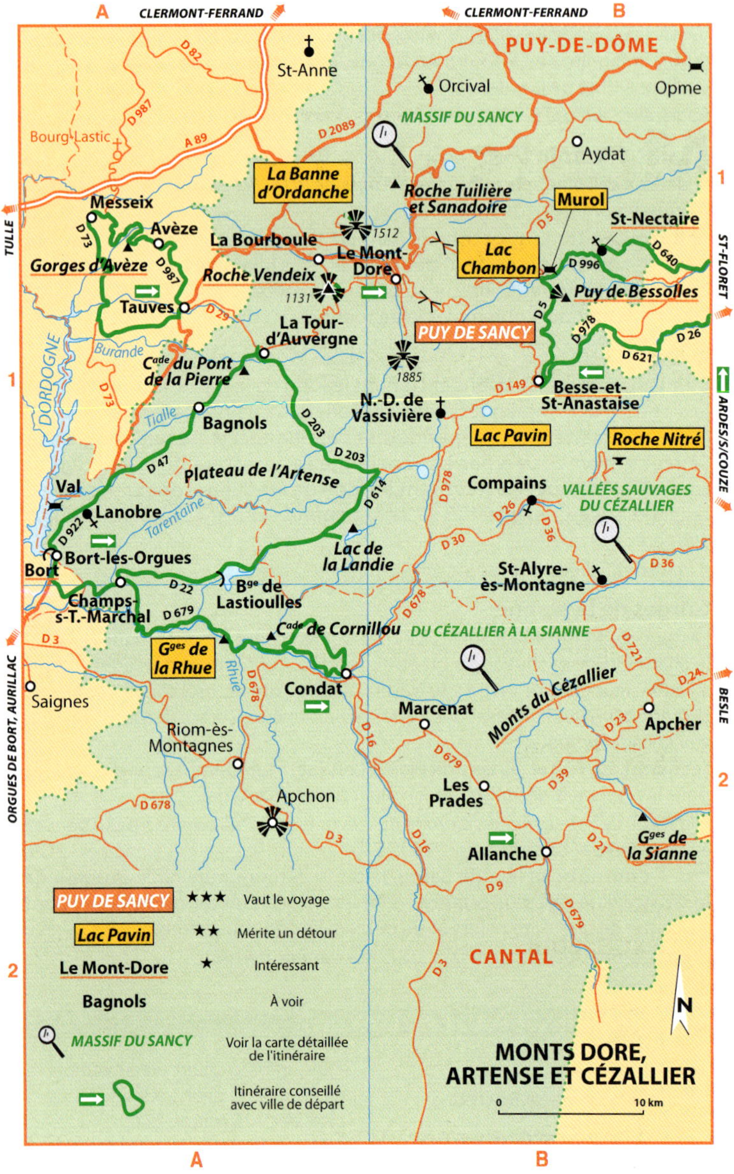
CLERMONT-FERRAND
CLERMONT-FERRAND
PUY-DE-DÔME
St-Anne
Orcival
Opme
MASSIF DU SANCY
Bourg-Lastic
Aydat
La Banne d'Ordanche
Roche Tuilière et Sanadoire
Murol
Messeix
St-Nectaire
Avèze
La Bourboule
Le Mont-Dore
Lac Chambon
Gorges d'Avèze
Roche Vendeix
Puy de Bessolles
Tauves
PUY DE SANCY
La Tour-d'Auvergne
Cade du Pont de la Pierre
Besse-et-St-Anastaise
N.-D. de Vassivière
Bagnols
Lac Pavin
Roche Nitré
Plateau de l'Artense
Val
Compains
VALLÉES SAUVAGES DU CÉZALLIER
Lanobre
Lac de la Landie
Bort-les-Orgues
Bort
St-Alyre-ès-Montagne
Bge de Lastioulles
Champs-s-T.-Marchal
Cade de Cornillou
DU CÉZALLIER À LA SIANNE
Gges de la Rhue
Condat
Saignes
Marcenat
Monts du Cézallier
Apcher
Riom-ès-Montagnes
Les Prades
Apchon
Allanche
Gges de la Sianne
CANTAL
DORDOGNE
TULLE
ST-FLORET
ARDES/S/COUZE
BESLE
ORGUES DE BORT, AURILLAC
PUY DE SANCY ★★★ Vaut le voyage
Lac Pavin ★★ Mérite un détour
Le Mont-Dore ★ Intéressant
Bagnols À voir
MASSIF DU SANCY Voir la carte détaillée de l'itinéraire
Itinéraire conseillé avec ville de départ
MONTS DORE, ARTENSE ET CÉZALLIER
0 10 km
N
A
B
1
2

Monts Dore, Artense et Cézallier 2

Carte Michelin Départements 326 et 330 -
Puy-de-Dôme (63), Cantal (15) et Corrèze (19)

Saint-Nectaire

★

730 Saint-Nectériens – Puy-de-Dôme (63)

NOS ADRESSES PAGE 188

S'INFORMER

Office du tourisme de Saint-Nectaire – *Les Grands Thermes - 63710 Saint-Nectaire - ✆ 04 73 88 50 86 - www.sancy.com - juil.-août, tlj 9h30-18h30 (17h dim. et j. fériés) ; reste de l'année (sf dim. et j. fériés) 9h30-17h30.*

SE REPÉRER

Plan de région B1 (p. 182) – carte Michelin Départements 326 E9.

Saint-Nectaire, à 25 km à l'ouest d'Issoire, est situé sur la D 996, l'une des principales routes vers Le Mont-Dore. De l'esplanade du Marchidial, à Saint-Nectaire-le-Haut, on bénéficie d'un beau coup d'œil circulaire sur le puy de Châteauneuf, le château de Murol, la chaîne des monts Dore et le puy d'Éraigne.

À NE PAS MANQUER

La visite de la magnifique église de Saint-Nectaire, avec sa centaine de chapiteaux historiés et son extraordinaire trésor.

ORGANISER SON TEMPS

Comptez une à deux journées pour visiter tranquillement la ville et randonner aux alentours.

AVEC LES ENFANTS

Le site de Farges et la rencontre de Félize les émerveilleront : histoire et traditions font de cette visite un moment qu'ils n'oublieront pas, et vous non plus… Mais ne ratez pas l'heure de la traite à la ferme : elle est suivie de la fabrication du fromage ! Montrez-leur aussi les grottes et les fontaines pétrifiantes de la station.

Deux localités sont réunies sous ce nom : la station thermale de Saint-Nectaire-le-Bas, qui s'étire sur 2 km dans une vallée verdoyante, et le vieux village de Saint-Nectaire-le-Haut, dominé par une magnifique église, joyau de l'architecture romane auvergnate. C'est aussi une Appellation d'origine contrôlée attribuée à un fromage de caractère, fabriqué ici depuis des siècles, et bien connu des gastronomes.

Se promener

SAINT-NECTAIRE-LE-HAUT

★★ Église Saint-Nectaire

✆ 04 73 88 50 67 - avr.-oct. : 9h-19h ; nov.-mars : 10h-12h30, 14h-18h.

Cet édifice, construit vers 1150, relève de l'art roman auvergnat. Il occupe le superbe site du mont Cornadore, en bordure des monts Dore et de la vallée de la Couze Chambon. Les moines de La Chaise-Dieu en furent les premiers desservants. Les dégâts qu'il subit pendant la Convention nécessitèrent une réfection très importante (clocher, tours, façade ouest) en 1875. Il

Église romane de St-Nectaire.
G. Labriet / Photononstop

s'apparente aux autres églises majeures du roman auvergnat : Notre-Dame-du-Port à Clermont-Ferrand, Saint-Austremoine d'Issoire, Notre-Dame d'Orcival, Saint-Saturnin.

L'église a connu une longue phase de restauration intérieure et extérieure qui s'est achevée en 2009 ; le chœur, le transept, le trésor, la nef et le narthex sont à nouveau visibles et resplendissants. La première campagne de fouilles, préalable aux travaux, a permis de mettre au jour un caveau et des tombes, et l'on s'attend à d'autres découvertes dans les phases suivantes, notamment celle d'une probable crypte, qui permettrait de dater plus précisément l'édifice.

Extérieur – La façade ouest, fruste, presque pauvre, s'orne d'une humble porte en plein cintre. Le **chevet**, en revanche, d'une magnifique ordonnance, est couronné d'un clocher malmené à la Révolution et reconstruit au 19e s. Sa décoration est sobre : délicate frise de mosaïques figurant des rosaces, arcatures aveugles aux fines colonnettes, petits murs-pignons sur lesquels viennent prendre appui les toits des chapelles.

Intérieur – Il est remarquable par l'harmonieuse unité de son style. Précédée d'un **narthex** à la robuste arcature à trois baies décorant l'étage, la nef voûtée en berceau est flanquée de bas-côtés étroits à voûtes d'arêtes, surmontés de tribunes. Le chœur surélevé, avec ses six élégantes colonnes portant une admirable série de chapiteaux, et son déambulatoire sur lequel s'ouvrent trois chapelles rayonnantes, est très homogène. Cent trois magnifiques **chapiteaux★★** ornent la nef et le chœur, ils valent par la vivacité d'imagination et le sens de la composition déployés par l'artiste, et illustrent des épisodes de l'Ancien et du Nouveau Testament, des scènes de l'Apocalypse, des miracles de saint Nectaire, et les thèmes du bestiaire, traités avec charme et fantaisie. Véritable bible du pauvre, ils ont une valeur didactique : prenez le temps de les découvrir. Le nouveau badigeon couleur beurre fait ressortir à merveille la polychromie des chapiteaux.

★★ **Trésor** – Pillé pendant la Révolution, il possède encore de très belles œuvres : le **buste de saint Baudime★★**, en cuivre doré (12e s.) ; la Vierge du mont Cornadore (12e s.), en bois marouflé polychrome ; un bras-reliquaire (15e s.) de saint Nectaire en argent repoussé ; deux plats de reliure d'orfèvrerie, décorés d'émaux de Limoges (12e s.).

Pour bénéficier d'un beau coup d'œil sur l'église Saint-Nectaire, gagnez le chemin de la Parre ou montez sur la place du Marchidial. Les plus courageux pourront monter au sommet des puys d'Éraigne ou de Châteauneuf.

Grottes du mont Cornadore

04 73 88 57 97 - www.cornadore.fr - visite guidée (30mn) sur demande préalable, se rens. pour horaires - fermé de mi-nov. à mi-déc. et janv. - 6,50 € (enf. 5 €).

Les Romains y édifièrent des thermes. La visite permet de découvrir l'origine de l'eau thermale, ses utilisations médicales et ses propriétés pétrifiantes *(voir Riom)*. Vous passerez du tepidarium au caldarium, où deux baignoires sont encore conservées, et découvrirez la piscine et les cuves de bains.

Maison du saint-nectaire

04 73 88 57 96 - visite guidée (35mn) vac. de fév. aux vac. de la Toussaint et vac. de Noël, se renseigner pour les horaires - fermé de mi-nov. à mi-déc. et janv. - 5,50 € (6-12 ans 4,50 €).

Un montage vidéo explique l'origine du saint-nectaire fermier (comment il se retrouva sur la table du roi de France), sa fabrication, son affinage. Cave témoin et dégustation en fin de visite.

LA STATION

La ville thermale, qui aligne ses boutiques, ses hôtels et son casino le long de la D 996, possède plus de 40 sources. Leurs eaux jaillissent dans la vallée du Courançon à des températures allant de 8 à 56 °C. Saint-Nectaire fait figure de site pilote en matière de « thermoludisme » en ouvrant en 2002 son **centre Thermadore** *(fermé en 2009, possible réouverture courant 2010).*

Fontaines pétrifiantes

Face au nouvel établissement thermal. 04 73 88 50 80 - www.fontaines-petrifiantes.fr - de mai à mi-sept. : 9h-12h, 14h-19h - reste de l'année : tlj sf lun., janv., mars et oct. hors vac. scol. 9h-12h, 14h-17h30 (18h fév.-avr.) - fermé 12 nov.-20 déc., 1er janv., 25 déc. - 5 € (enf. 3 €).

En jaillissant à plus de 50 °C de failles volcaniques, l'eau produit des phénomènes de pétrification, assez fréquents dans la région. En 1821, **Jean Serre** créa un artisanat directement lié au passé volcanique : l'incrustation sur moulage. Il se caractérisait par l'exploitation de sources chaudes particulièrement riches en carbonate de calcium, pour fabriquer des bas-reliefs en calcaire.

Par la suite, sept générations ont développé et amélioré cette technique de pétrification pour en faire un véritable métier d'art. En suivant le parcours de ces eaux, vous découvrirez cet artisanat insolite à travers la grotte où jaillissent les sources chaudes, la galerie d'épuration où elles sont filtrées, l'atelier de moulage, la fontaine de 14 m de hauteur et la galerie d'exposition.

Dolmen

Composé d'une belle table de granit, reposant sur quatre supports, il est situé dans la partie haute du parc thermal. La *cella* attenante, fouillée en 1875, a permis de mettre au jour des vestiges funéraires de l'époque néolithique.

À proximité Plan de microrégion

Farges

À 3 km au nord-est de Saint-Nectaire-le-Haut par la D 150 en direction d'Olloix.

Les Mystères de Farges – *04 73 88 52 25 - www.st-nectaire.com - - visite guidée et en scénovision (55mn) juil.-août : 10h-18h ; mai-juin, sept. et vac. scol. : 10h-12h, 14h-17h ; reste de l'année : sur RV - 5,80 € (6-16 ans 3,80 €) - prévoir un vêtement chaud (10-12 °C dans les grottes).*

Le hameau de Farges abrite d'anciennes habitations datant du Moyen Âge, creusées dans du tuf blanc. Elles servent de cadre à trois spectacles de découverte : le **Temps des Guerriers**, qui dévoile l'histoire du site *(son et lumière)* ; le **Secret de l'abbé Dubois**, qui relate les péripéties des reliques de saint Nectaire pendant la Révolution *(lanterne magique)* ; et le **Trésor du Vigineix**, où Félize vous contera le passé de Saint-Nectaire *(projection en stéréoscopie).*

Jeux de piste – Pour partir à la découverte du village, de son histoire et de la nature (1h-1h30). *Les livrets sont en vente à l'accueil des Mystères de Farges.*

Randonnées

Pour vos excursions en voiture, reportez-vous aussi au château de Murol, au Mont-Dore et au massif du Sancy.

Puy de Châteauneuf

30mn AR. Montée assez dure. Empruntez la rue montante devant l'église Saint-Nectaire. Prenez ensuite à gauche un sentier rocailleux.

Il conduit au sommet du puy (alt. 934 m) : **vue** sur les monts Dore. Le flanc de la montagne est creusé de neuf grottes, qui furent probablement habitées, comme celles de Jonas *(voir Besse-et-Saint-Anastaise)*, dès la préhistoire, puis ensuite utilisées au Moyen Âge.

Puy d'Éraigne

30mn AR au départ de Saint-Nectaire-le-Bas. Sentier rocailleux, très pénible, qui se détache à gauche de la route de Sapchat (D 150).

Du sommet (alt. 895 m), belle **vue** sur les monts Dore.

Cascade de Saillant

À Saillant, 2 km à l'est de Saint-Nectaire-le-Bas (voir Besse-et-Saint-Anastaise, circuit « D'une Couze à l'autre »).

NOS ADRESSES À SAINT-NECTAIRE

Voir aussi les encadrés pratiques du lac d'Aydat, de Besse-et-Saint-Anastaise, du Mont-Dore, du Château de Murol, d'Orcival et du massif du Sancy.

HÉBERGEMENT

PREMIER PRIX

Chambre d'hôte Guilhot Élisabeth et Marc – *Sailles - 63710 St-Nectaire - ☎ 04 73 88 50 69 - P - ⊭ - 3 ch. 42/44 € -* ☕. Une adresse simple et paisible, située dans un lieu-dit offrant une vue magnifique sur l'église de Saint-Nectaire et le massif du Sancy. Les chambres (dont une familiale) sont logées dans un bâtiment annexe à la maison des propriétaires. Salle des petits déjeuners voûtée dotée d'une belle cheminée.

UNE FOLIE

Chambre d'hôte Le Chastel Montaigu – *63320 Montaigut-le-Blanc - 10 km à l'est de St-Nectaire par D 996 - ☎ 04 73 96 28 49 - www.lechastelmontaigu.com - fermé de fin oct. à avril - ⊭ - 4 ch. 135/145 €* ☕. Cassez votre tirelire sans hésiter pour un séjour (sur réservation, deux nuits minimum) dans ce château fort du Moyen Âge. Vue exceptionnelle sur la vallée et le village médiéval. Dans le donjon, entièrement restauré, belles chambres confortables et superbement aménagées.

RESTAURATION

PREMIER PRIX

Auberge de l'Âne – *63710 St-Nectaire - ☎ 04 73 88 50 39 - www.aubergedelane.com - fermé janv., 24 sept.-8 oct., mar. sf juil.-août - 14/23,50 €*. Nichée dans un minuscule hameau sur les hauteurs de St-Nectaire, cette auberge de pays sert depuis 40 ans une cuisine bien auvergnate dans une salle toute simple, avec nappes en toile cirée et serviettes en papier. Bon rapport qualité/prix.

BUDGET MOYEN

La Grange d'Alphonse – *Farges - 63710 St-Nectaire - ☎ 04 73 88 52 25 - www.st-nectaire.com - fermé 11 Nov. à déb. avr., lun. et mar. sf juil.-août (se rens.) - ♿ - P - 15/26 €*. Depuis 2005, la famille Bellonte a créé un café-auberge dans un bâtiment au toit de chaume et cadre campagnard. On y déguste une cuisine authentiquement auvergnate à base de produits frais et régionaux. La spécialité maison « la Phonsounette » (pommes de terre au saint-nectaire fondu), sans oublier le saint-nectaire produit à la ferme. Une halte gourmande incontournable.

ACHATS

Ferme Bellonte - GAEC de Farges – *Farges - 63710 Saint-Nectaire - ☎ 04 73 88 52 25 - www.st-nectaire.com - traite des vaches 7h-8h et 17h-18h, fabrication du fromage saint-nectaire 9h-10h30 et 18h30-20h (visite 1h plus tôt nov.-mars)*. La famille Bellonte, producteurs de saint-nectaire, vous accueille avec passion dans sa ferme. Traite des vaches, différentes étapes de fabrication et caves d'affinage en tuf volcanique : ce fromage onctueux n'aura plus de secret pour vous Les Mystères de Farges, petit musée et animation en « scénovision », vous permettent de découvrir la vie traditionnelle locale. Restauration possible sur place (voir rubrique « se restaurer »).

Les délices de Fannette – *19 rue Principale - St-Nectaire-le-Bas - ✆ 04 73 73 49 96 - 10h30-19h - fermé 20 juin-5 juil.* Fabrication traditionnelle de confitures, gelées de fruits, de fleurs, pâtes de fruits et autres gourmandises. Exposition permanente sur le sucre. Atelier « Pâtes de fruits » pour les petits sur RV.

La Musette – *Rte Principale - 63710 St-Nectaire - ✆ 04 73 88 53 96 - www.lesbaladins-lamusette.com - 9h-20h.* Confitures, salaisons, liqueurs, vins, fromages, tripoux et autres spécialités régionales en vente dans cette boutique ont fait l'objet de sélections attentives auprès d'artisans auvergnats. Un diaporama présente la région et ses produits. Dégustations proposées sur place.

Galoches & Sabots Auvergnats – M. et Ch. Schmidlin - *Sapchat - St-Nectaire - ✆ 04 73 88 68 61* - Fabrication artisanale de galoches. Visite pédagogique sur le travail du sabotier sur RV.

ACTIVITÉS

Parcours permanents d'orientation - randonnées pédestres et VTT - *✆ 04 73 88 50 86 - fonds de carte et circuits pré-imprimés à retirer auprès de l'office de tourisme.* Saint-Nectaire s'est dotée de parcours d'orientation permanents, signalés par plus de 60 poteaux, de couleurs différentes selon la longueur et la difficulté du circuit choisi. Une manière originale de découvrir en famille « La grande vallée » et son patrimoine.

Centre Thermadore – *Av. du Dr-Roux - 63710 St-Nectaire - ✆ 04 73 88 40 18 - www.thermadore.fr - 14h30-20h - fermé 9 nov.-14 déc. et mar. hors vac. scol.* Remplaçant les thermes classiques, qui ont fermé leurs portes depuis quelques années, ce centre s'articule autour de 2 secteurs : l'espace aquadétente, doté de piscines, jacuzzi, hammam et sauna, ainsi qu'une partie forme et beauté, proposant des soins d'hydrothérapie, avec produits « bio » et eau de source.

AGENDA

Fête du saint-nectaire - Le 1er w.-end de juin, la gastronomie est à l'honneur : concours primé du fromage saint-nectaire, marché des Sites remarquables du goût et de produits régionaux, animations de rue.

Fête du Pain - *hameau de Saillant - St-Nectaire - ✆ 04 73 88 50 86 - 1er dim. d'août* - Le matin, assistez à la cuisson traditionnelle du pain au four du village. Marché d'artisanat, exposition de matériel agricole ancien et animation dansante dans l'après-midi.

Outils passions - *St-Nectaire - ✆ 04 73 88 50 86 - www.outils-passion.com - 3e w.-end d'août.* Rassemblement européen de marchands d'outils anciens et d'art populaire.

Château de Murol

★★

Puy-de-Dôme (63)

NOS ADRESSES PAGE 194

S'INFORMER

Office du tourisme de Murol - Lac Chambon – *R. Jassaguet - 63790 Murol - 04 73 88 62 62 - www.sancy.com - juil.-août : 9h-12h30, 13h30-19h ; reste de l'année : tlj sf w.-end et j. fériés 9h-12h, 14h-18h.*

Se repérer

Plan de région B1 (p. 182) – carte Michelin Départements 326 E9.

Murol se trouve à 5 km de Saint-Nectaire, 11 km de Besse et 19 km du Mont-Dore. L'arrivée par le col de la Croix-Saint-Robert procure une superbe vue d'ensemble sur le château et le lac Chambon.

À NE PAS MANQUER

Le magnifique panorama sur Murol, le lac Chambon et les monts Dore, du haut de la tour de Chautignat. Et pour les amateurs de peinture, la collection de toiles des peintres paysagistes de l'école de Murols.

ORGANISER SON TEMPS

Prévoyez une à deux journées à Murol pour profiter pleinement du château et des possibilités de balades offertes par la vallée de la Couze de Chambon. Sachez aussi que le sympathique marché de Murol a lieu chaque mercredi matin.

AVEC LES ENFANTS

Ils n'oublieront pas de sitôt la visite animée du château de Murol, superbe relique féodale que les Paladins du Sancy font revivre de façon très vivante.

La forteresse médiévale, source d'inspiration pour les artistes de l'« école de Murols », se dresse majestueusement sur une table basaltique surplombant le village en contrebas. À proximité, le lac Chambon est un lieu idéal pour vous ressourcer ou pratiquer des sports nautiques. Les plus audacieux profiteront des opportunités de randonnées offertes par le massif du Sancy, tout proche.

Se promener

★★ Château

04 73 26 02 00 - www.chateaudemurol.fr - visite animée (en costumes) (1h30) juil.-août : tlj sf merc. et sam. 10h, 11h, 13h30-17h30 (ttes les h) ; avr.-juin et sept. : mar., jeu., dim. 14h30 et 15h30 (mai-juin aussi vend.) - visite simple mai-août : 9h30-12h30, 13h30-18h (19h juil.-août) ; sept., avr. : mar., jeu., w.-end, j. fériés, vac. scol. 10h-12h30, 13h30-18h ; oct.-mars : merc. (sf en oct.), w.-end 13h30-17h, j. fériés, vac. scol. 10h-12h30, 13h30-17h - 9 € (enf. 7 €) visite animée, 5 € (enf. 4 €) visite simple.

191

CHÂTEAU DE MUROL

Depuis quelques années, le château de Murol a bénéficié d'importants aménagements. Afin de le faire revivre comme au Moyen Âge, des **visites animées★** y sont organisées par les Paladins du Sancy. Ce château évoque, par son nom, le souvenir des rudes seigneurs de **Chambe** et de **Murol**, mais aussi toute une assemblée de peintres, qui appréciaient les bords de la Couze au 20e s. et qui se réunirent sous le nom d'« école de Murols ».

On accède à l'enceinte extérieure par le sud, et on la franchit par une porte fortifiée. La tour de Murol, à éperon, est ensuite laissée à droite. Dans la cour basse se dresse le **pavillon Renaissance (1)** ; par les ouvertures, jolie **vue** sur la tour du Capitaine. Au nord s'élève le château central, sur un socle basaltique épais de 15 m. À côté du donjon, relié à une tour de moindres dimensions par une courtine, se trouvent les **chapelles** du 13e s. **(2)** et du 15e s. **(3)**. La visite débute à gauche de la tour de Murol, en longeant le grenier, le potager et la basse-cour. Une rampe d'accès conduit à la porte nord, surmontée de hourds, puis le grand degré mène à une élégante **porte (4)**, décorée des armoiries des Murol et de Gaspard d'Estaing (puissante famille du Rouergue qui l'agrandit au 15e s.). Dans la cour intérieure, remarquez la galerie que surmontait la salle des Chevaliers (logis) à laquelle succède la salle des gardes. Empruntez l'étroit escalier à vis de la tour de Chautignat pour arriver à la plate-forme d'où se dégage un très beau **panorama★** sur Murol, la vallée de la Couze, le lac Chambon, les monts Dore, le Tartaret et, au loin, sur le Livradois. Le chemin de ronde mène à la **tour de la Châtelaine**, avec sa porte du 16e s. **(5)**. Vous accédez ensuite aux cuisines, à la boulangerie et ses **dépendances (6)**. Les **salles (7)** correspondaient à des locaux d'habitation.

À la sortie du château, redescendez au bourg par un sentier aménagé le long d'un mini-parc animalier (800 m). Traversez la route pour passer la porte qui donne dans le parc municipal.

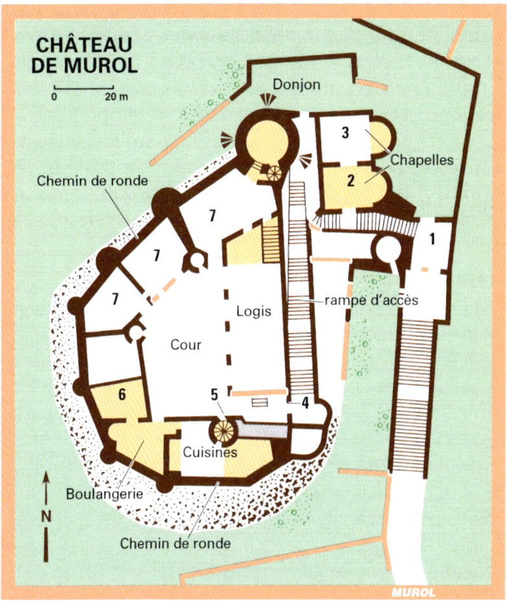

Parc municipal du Prélong

Autrefois propriété privée (sa maison abrite à présent le musée des Peintres de l'école de Murols), il s'ouvre sur une belle collection d'azalées, de rhododendrons et de magnolias. En bordure de route, le jardin à la française, avec ses allées de buis qui mènent à la roseraie, contraste avec le parc à l'anglaise. Sur 3 ha, vous pourrez suivre un parcours de découverte botanique fort instructif. À l'entrée, une chaumière abrite le **Musée archéologique** où est exposée une petite collection d'objets datant de l'occupation gallo-romaine trouvés sur la commune. *✆ 04 73 88 60 67 - juil.-août : 15h-18h - entrée libre.*

Musée des Peintres de l'école de Murols

✆ 04 73 88 60 06 - www.musee-murol.net - juin-oct. : 10h-12h, 14h30-18h30; reste de l'année : w.-end et vac. scol. (tlj sf mar.) 14h-18h (dernière entrée 30mn av. fermeture) - fermé 1er janv., 1er Mai, 25 déc. - 3,50 € (-12 ans gratuit). Le village fut, au début du 20e s., un lieu d'inspiration pour une cinquantaine de **peintres paysagistes**, proches de la sensibilité impressionniste ou fauviste, réunis autour de l'**abbé Boudal**, passionné de peinture à l'origine de cette école, et de leur chef de file, le peintre **Victor Charreton**. Le musée comprend cinq salles d'exposition permanente où vous verrez près de 130 toiles issues de cette école, et une salle réservée aux expositions temporaires.

À proximité Plan de microrégion

★ Puy de Bessolles B1

2 km au sud par la D 5 (voir Besse-et-Saint-Anastaise).

★★ Lac Chambon B1

1,5 km à l'ouest par la D 996. Ce superbe lac aux rives agréablement boisées devient irrésistible lorsque le soleil se couche sur ses eaux. Son existence est due au volcan du Tartaret, l'un des plus récents d'Auvergne, qui surgit au milieu de la vallée de la Couze et en arrêta les eaux. Vaste (60 ha) mais peu profond (6 m), il occupe, à 877 m d'altitude, un très joli site parsemé d'îlots. Ses rives sont très découpées, sauf au nord où la D 996 le longe et au sud-est où une grande plage a été aménagée. Récemment, des pontons en bois ont été installés pour rendre le tour du lac plus accessible.

1h AR. Vous pourrez facilement faire le tour du lac en suivant le sentier qui débute après la plage.

Saut de la Pucelle – Cette aiguille rocheuse de près de 100 m de haut, vestige de l'ancien volcan de la Dent du Marais, se dresse au nord du lac. On conte qu'une jeune bergère, importunée par les assiduités d'un seigneur, se jeta

Lac de Chambon.
OT Sancy

du haut de la falaise en invoquant la bonne Vierge de Vassivière et, miraculeusement, atterrit sans dommage. L'imprudente eut le tort de se vanter de cet exploit à des incrédules. Pour les convaincre, elle voulut recommencer, mais cette fois s'écrasa…

1h30 AR. De la D 5E qui part en direction de Clermont, après avoir dépassé le château, un sentier de randonnée mène à la **Dent du Marais**. Cette promenade procure des vues exceptionnelles *(mais attention aux jeunes enfants et aux personnes sujettes au vertige)*. Vous pouvez aussi suivre la petite randonnée Chamina balisée en bleu, qui part du parking du lac et permet de combiner en 2h une partie du tour du lac et la Dent du Marais.

Église de Chambon

Cet édifice du 12e s., enlisé en partie par suite des crues de la Couze, est orné, au-dessus du porche d'entrée, d'un linteau représentant le martyre de saint Étienne.

Sur la place se dresse une croix nimbée du 15e s.

Un ancien baptistère – Dans le cimetière, dont le chemin s'amorce à gauche sur la route de Murol, à 200 m de Chambon, s'élève une chapelle funéraire décorée extérieurement de motifs polychromes. On voit, à l'intérieur, de curieux chapiteaux.

NOS ADRESSES AU CHÂTEAU DE MUROL

Voir aussi les encadrés pratiques de Besse-et-Saint-Anastaise, de La Bourboule, d'Issoire, du Mont-Dore, de Saint-Nectaire et du massif du Sancy.

HÉBERGEMENT ET RESTAURATION

PREMIER PRIX

Hôtel Le Grillon – *63790 Chambon-sur-Lac - 04 73 88 60 66 - www.hotel-grillon.com - fermé dim. soir, lun. midi sf du 1er juin au 15 sept. et vac. scol., 5 nov.-déb. fév. - P - 22 ch. 40/55 € - 8 € - rest. 18/38 €.* Sur un axe fréquenté, immeuble des années 1950 régulièrement rafraîchi. Accueil chaleureux. Coquettes chambres colorées et personnalisées. Jardin et aire de jeux. Plats traditionnels et régionaux servis en salle ou sur la terrasse tournée vers le lac.

Hôtel Beau Site – *63790 Chambon-sur-Lac - 04 73 88 61 29 - www.beau-site.com - ouv. vac. de fév.-15 oct. - P - 17 ch. 45/55 € - 8 € - rest. 15/26 €.* Établissement familial aménagé dans deux bâtiments très fleuris en surplomb du lac. Chambres claires, tournées vers le plan d'eau et la plage. Terrasse et salles à manger actuelles dont les baies vitrées regardent le rivage. Cuisine régionale.

BUDGET MOYEN

Chambre d'hôte Le Pavillon Bleu – *Rte du Chambon, lac Chambon - 63790 Chambon-sur-Lac - 04 73 88 89 52 ou 06 68 63 37 52 - http://perso.orange.fr/pavillonbleuchrisyl - - 3 ch. 70 € - .* Cette maison blanche bâtie sur une rive du lac abrite de confortables chambres lambrissées, toutes différemment décorées ; deux d'entre elles ont un balcon tourné vers les flots. Petits-déjeuners copieux servis dans un agréable salon verdoyant agrémenté d'aquariums. Parc ombragé avec barbecue.

ACTIVITÉS

Bon à savoir – En hiver, balades à raquettes et ski de randonnée accompagnés ou libres vous mèneront dans les paysages enneigés du lac Chambon et du château de Murol. De Beaune-le-Froid *(4 km au nord-ouest de Murol)* partent 35 km de pistes de ski de fond de difficultés progressives. Un foyer de ski est à la disposition des skieurs.

Massif du Sancy

★★★

Puy-de-Dôme (63)

NOS ADRESSES PAGE 202

S'INFORMER

Office du tourisme du Mont-Dore – *Av. de la Libération - 63240 Le Mont-Dore - ℘ 04 73 65 20 21 - www.sancy.com - juil.-août et fév. : 9h-19h, dim. et j. fériés 9h-12h30, 14h-18h ; reste de l'année : 9h-12h30, 14h-18h30, dim. et j. fériés (mai-juin et sept. : 10h-12h, 14h-18h, mars-avr. et oct.-janv. : 9h-12h, 14h-18h) - fermé dim. de mi-nov. à mi-déc.*

SE REPÉRER

Plan de région B1 (p. 182) – carte Michelin Départements 326 D9.

La D 2089, puis la D 983, en provenance de Clermont, permettent d'accéder à la partie nord du massif, par les cols de la Ventouse et du col de Guéry. À l'est, la D 996 vient d'Issoire, remontant le cours de la Couze Chambon, et mène au Mont-Dore par le col de la Croix-Morand. La D 978 par Besse, puis la D 203 par La Tour-d'Auvergne font le tour du massif par le sud-ouest.

À NE PAS MANQUER

Un téléphérique vous conduit presque jusqu'au sommet du puy de Sancy, d'où se découvre, par temps clair, un panorama extraordinaire jusqu'aux Alpes du Dauphiné.

ORGANISER SON TEMPS

Partez à la découverte du Sancy, de la vallée de Chaudefour et de sa nature vierge. Deux jours ne seront pas de trop !

AVEC LES ENFANTS

Pique-niques au bord des lacs, et visite de la Maison de la réserve de la vallée de Chaudefour.

Surgi il y a 900 000 ans, le massif du Sancy est le plus jeune et le moins érodé des massifs des monts Dore. À la fin du printemps, les dernières plaques de neige finissent de disparaître, laissant place au lis martagon, à la grande gentiane et à l'anémone soufrée. Une faune et une flore originales, un patrimoine bâti intéressant, des cascades d'eau vive et des lacs bleus, immobiles et profonds, composent cette terre magique.

Itinéraires conseillés

★★★ PUY DE SANCY B1

Pour visualiser cet itinéraire 1*, reportez-vous au schéma p. 199.*

Du Mont-Dore, gagnez le haut de la station de sports d'hiver (3 km) pour accéder au téléphérique (℘ 04 73 65 02 23, adulte, 5,80 € A, 7,50 € A/R). Après 4mn de montée, comptez 45mn AR de marche jusqu'au sommet.

Sommet des monts Dore, le puy de Sancy (alt. 1 885 m) est le point culminant de la France centrale. Les pelouses subalpines du sommet du Sancy constituent un milieu d'une grande fragilité, la rigueur du climat rendant leur reconstitution difficile. Une fréquentation estivale piétonne trop importante peut être cause de dégradation. Il est donc recommandé de bien respecter les zones récemment plantées.

★★★ Panorama

Attention aux vents, souvent violents, pensez à emporter… un coupe-vent! De la vaste plate-forme du sommet, recouverte d'herbes moussues, le regard se perd dans l'immensité des monts, jusqu'aux Alpes du Dauphiné, par temps très clair. Plus près, vous découvrez au nord-est la chaîne des Puys, au sud le massif du Cantal, aux premiers plans les monts Dore *(table d'orientation).*

★★★ VERSANT NORD

Pour visualiser cet itinéraire 2 de 70 km, reportez-vous au schéma p. 199 – comptez une demi-journée. Ce circuit peut être également entrepris au départ de La Bourboule (voir ce nom).

★ Le Mont-Dore *(voir ce nom)* B1

Quittez Le Mont-Dore par le nord en empruntant la D 983. Après 3 km, prenez sur la droite la D 996.

Col de la Croix-Morand

À 1 401 m d'altitude, ce col avait autrefois mauvaise réputation : « Le col de la Croix-Morand veut son homme tous les ans », affirmait un dicton local. Il fait aujourd'hui le bonheur des ramasseurs de myrtilles; les cyclistes le connaissent bien : il a d'ailleurs vu passer le Tour de France à six reprises, et, enfant du pays, Jean-Louis Murat en a même fait une chanson, qui donne son nom à l'un de ses albums. Le col de la Croix-Morand est aussi appelé col de Diane, bien que le vrai col de ce nom soit à l'écart de la route, Diane étant le nom d'un ruisseau venu de Chaudefour.

Revenez à la D 983 (attention : en hiver, cette route est parfois obstruée par la neige) et prenez à droite.

Après un parcours en forêt, puis dans une vallée aux versants couverts d'éboulis basaltiques, la route atteint le lac de Guéry (vue sur le massif du Sancy).

★ Lac de Guéry

À 1 244 m d'altitude, ce lac d'origine volcanique, dont la profondeur maximale est de 11 m, fut sans doute créé par une coulée de basalte, venue du sud-est, qui forma un barrage. Les pâturages, percés de roches noires, et les sapins qui l'entourent lui composent un cadre assez sévère. Au printemps, le lac est éclairé par de longs épilobes en épi, qui en marquent le pourtour.

La pêche blanche – Le lac de Guéry fait l'objet d'un rendez-vous peu commun et digne des « pays froids ». Moment attendu par les pêcheurs de toute la France, mais aussi de l'étranger : l'ouverture, au mois de mars, de la **pêche sous la glace**! La surface glacée du lac est alors l'objet de toutes les attentions : les pêcheurs, munis de vrilles ou de perçeuses, font leur trou pour lancer leur ligne eschée d'un lombric ou d'un vif. Cette technique de pêche, à la façon des Inuits, est quelque peu originale et unique en France, puisqu'en principe elle est interdite.

Vers le sud se dessinent les crêtes du Sancy. La route domine le cirque boisé du Chausse.

LE FEU ET LA GLACE

Trois grands volcans – Le puissant système volcanique, dont les restes constituent les monts Dore, est né durant le pliocène (fin de l'ex-ère tertiaire). Il couvrait, à son apogée, une surface trois fois plus grande que celle du Vésuve, et présentait trois grands cônes juxtaposés (le Sancy, la Banne d'Ordanche, l'Aiguiller) dont les cratères s'ouvraient à près de 2 500 m d'altitude. Le puy de Sancy, actuellement le sommet le plus élevé du massif avec ses 1 885 m, est un culot de trachyte dont la gaine a été dégagée par l'érosion.

L'action des glaciers – La grande vague de froid qui s'étendit sur l'Europe au cours du pléistocène (ère quaternaire) recouvrit les monts Dore d'une calotte de glace épaisse de plus de 100 m. Cette masse considérable creusa les cirques et les profondes vallées, créa ces escarpements d'où tombent les cascades, mit en relief des aiguilles et d'énormes rochers, les parties les plus résistantes du massif.

Les derniers soubresauts – Décapitée et démantelée par les glaciers, puis par le puissant ruissellement qui accompagna leur fusion, la partie centrale du massif présentait, quand apparurent les premiers hommes, à peu près le même aspect qu'aujourd'hui. C'est alors qu'une nouvelle poussée volcanique se produisit sur ses bords. Des volcans secondaires surgirent, barrant les vallées de leurs cônes ou de leurs coulées, creusant des cratères d'explosion et donnant naissance à plusieurs lacs. Ce furent les dernières convulsions qu'eurent à subir les monts Dore. Les multiples érosions et les fractures du socle ont provoqué la création d'un cratère unique, ce que les scientifiques appellent une *caldeira* (qui signifie, en portugais, « chaudière » ou « chaudron »).

★ Roches Tuilière et Sanadoire

Du col de Guéry, on découvre une très belle **vue★★** sur le cirque profond et boisé du Chausse, d'où jaillissent deux grands monolithes, les roches Tuilière et Sanadoire, qui encadrent la vallée sèche de Fontsalade.

À gauche, la **roche Tuilière★**, sur laquelle apparaissent des colonnes prismatiques de trachyte disposées en gerbes, représente la cheminée d'un volcan ruiné. À droite, la **roche Sanadoire★** est un reste du cône ; elle porta, jusqu'au 15e s., un château quasi imprenable qui servit de refuge, pendant la guerre de Cent Ans, aux routiers terrorisant la contrée. Le large vallon qui les sépare fut creusé par un glacier.

Près de la bifurcation de la D 27 et de la D 983, un sentier, se détachant de la D 983, conduit à un **promontoire rocheux** d'où l'on peut, en se tournant vers la roche Sanadoire, éveiller le surprenant écho de la phonolite.

Poursuivez sur la D 983.

★ Lac Servière

C'est un lac de cratère, aux parois peu accusées, sauf au sud où elles entaillent le puy de Combe-Perret. Sa superficie est de 15 ha et sa profondeur de 26 m. Son miroir rond et tranquille est bordé de pins, de sapins et, à l'est, où ses eaux affleurent la lèvre du cratère, de pâturages. Le site a beaucoup de caractère, notamment en hiver lorsqu'il est recouvert d'un manteau neigeux : il prend alors des allures dignes d'un lac canadien.

DES RHINOCÉROS EN AUVERGNE
Entre les périodes d'activité volcanique, la vie renaissait dans la région des Dore. Des empreintes et des ossements, retrouvés dans les cendres volcaniques, prouvent que des lauriers, des bambous et d'autres espèces végétales, reléguées aujourd'hui dans des régions plus chaudes, s'élevaient sur les flancs des volcans, tandis que des rhinocéros, des éléphants et de féroces carnassiers tels que les machairodontes (tigres à dents de sabre) peuplaient le pays.

Vous pouvez faire le tour du lac en suivant le sentier qui passe près des chalets et qui suit les rives du lac.
Faites demi-tour et prenez à droite la D 27.

★★ **Orcival** *(voir ce nom)*
Quittez Orcival par le nord en poursuivant sur la D 27.

Château de Cordès *(voir Orcival)*
Gagnez la Baraquette et prenez à gauche en direction de Rochefort-Montagne, puis encore à gauche la D 922 vers Murat-le-Quaire. Dans cette localité, prenez la D 609 à gauche.

★★ **La Banne d'Ordanche** *(voir La Bourboule)*
Après Murat-le-Quaire, regagnez la ville de départ en prenant soit la D 609 pour rejoindre La Bourboule, soit la D 996 pour Le Mont-Dore (voir ces noms).

★★ TOUR DU SANCY

Pour visualiser cet itinéraire 3 *de 85 km, reportez-vous au schéma ci-contre – comptez une journée.*
Ce circuit a le grand intérêt de faire entièrement le tour du massif, ce qui permet de l'entrevoir sous tous les angles, notamment dans les parties sud et ouest, moins connues.

★ **Le Mont-Dore** *(voir ce nom)*
Attention, certaines routes risquant d'être enneigées de novembre à avril, ce circuit peut être entrepris également au départ de La Bourboule (voir ce nom).
Quittez Le Mont-Dore par l'est en empruntant la D 983, puis prenez à gauche la D 36.

Col de la Croix-Saint-Robert
Du col (1 426 m), superbe **panorama**★★ à l'ouest sur le plateau de Millevaches, à l'est sur le lac Chambon, le plateau et le château de Murol et, à l'horizon, les monts du Forez et du Livradois.
La descente du col vers Besse-et-Saint-Anastaise s'effectue à travers le **plateau de Durbise** et ses immenses pâturages.
Poursuivez sur la D 36 et laissez votre voiture sur le parking aménagé près de la Maison de la réserve naturelle de la vallée de Chaudefour.

★★ **Vallée de Chaudefour**
La spectaculaire vallée de Chaudefour fut creusée dans le granit et la lave par les glaciers quaternaires qui ont couvert les monts Dore et par une couze qui leur a succédé. Ses pentes élevées et ses sommets sont entamés par des ravins dénudés ou hérissés de roches que l'érosion a dégagées et sculptées en profils étranges. L'ensemble du site présente un intérêt scientifique : tourbières

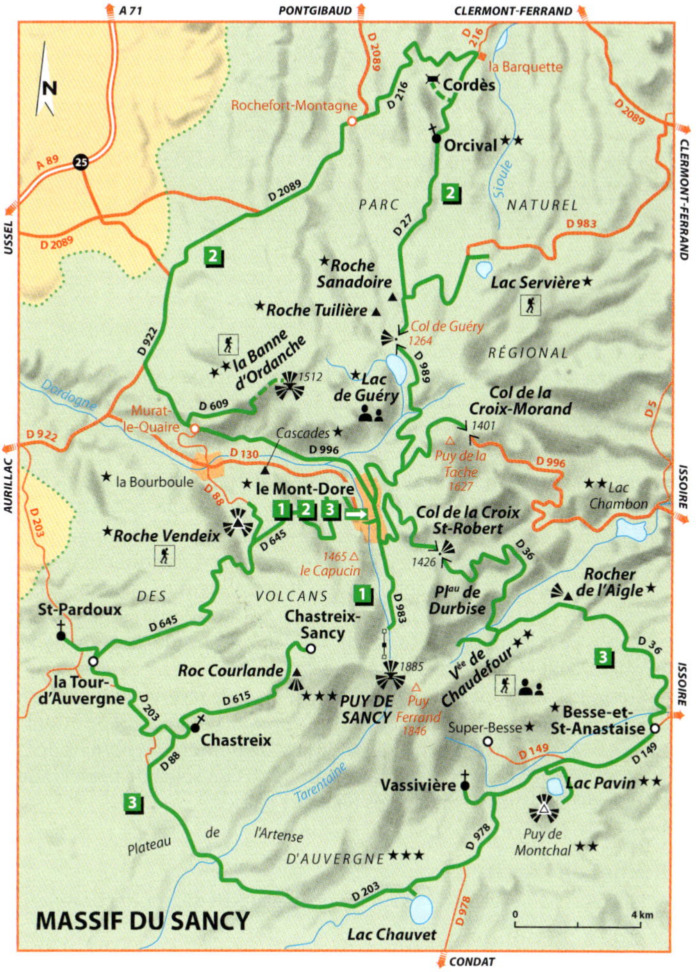

nombreuses, faune et flore rares. Les passionnés de géologie y découvriront d'intéressants échantillons de roches volcaniques et les amateurs d'alpinisme se réjouiront des nombreuses voies d'escalade.

Une station thermale avait commencé à s'implanter au début du 20e s., et l'on parlait même de faire venir le train jusqu'à Chaudefour. Mais la guerre de 1914-1918 vint briser ce projet. Les gens du pays continuent toutefois à venir se servir à la source Sainte-Anne, agréable et légère, et souveraine, dit-on, pour les maladies respiratoires.

Point de vue – Un petit pont enjambant la Couze laisse découvrir, en contrebas, une source ferrugineuse. À l'entrée du site, une jolie vue s'offre sur le fond de la vallée qui forme un cirque majestueux. En se plaçant face au puy Ferrand *(voir Besse-et-Saint-Anastaise)*, des versants duquel se détachent, à gauche, le roc de la Perdrix et, en face, la pyramide aiguë de l'Aiguille, vous

apercevrez *(à gauche)* le saut de la Biche, fine cascade tombant dans une anfractuosité rocheuse. À droite du puy Ferrand s'élèvent la Crête de Coq et la Dent de la Rancune, puis le regard glisse sur une arche naturelle, le Portail ou Roche Percée.

Maison de la réserve naturelle de la vallée de Chaudefour – *✆ 04 73 88 68 80 - reserve.chaudefour@wanadoo.fr - juil.-août : 11h-12h30, 14h-18h - possibilité de visite guidée (3h) - 5 € (-12 ans gratuit). Les chiens sont formellement interdits sur la réserve.* Vous y trouverez tous les renseignements sur la réserve de la vallée de Chaudefour. Expositions et films détaillent ses rôles et présentent l'ensemble de son patrimoine naturel. Pour les amateurs de nature, des balades découverte (faune, flore et volcanisme), accompagnées d'un guide, sont régulièrement proposées.

Plusieurs randonnées partent de la Maison de la réserve ; des panneaux indiquant les différents balisages et les informations qui s'y rapportent se trouvent à l'entrée. Avec l'afflux des visiteurs, de nombreux chemins de traverse ont créé des ravines, fragilisant le site. Dans un souci de préservation, il est conseillé de bien respecter les parcours balisés.

Revenez au parking et poursuivez sur la D 36.

★ Rocher de l'Aigle

Très jolie vue sur la vallée de Chaudefour et le massif des monts Dore.

Continuez sur la D 36.

★ Besse-et-Saint-Anastaise *(voir ce nom)*

Quittez Besse par le sud-ouest en empruntant la D 149.

★★ Lac Pavin *(voir Besse-et-Saint-Anastaise)*

Revenez vers la D 978 et prenez à gauche, puis à droite.

Chapelle de Vassivière *(voir Besse-et-Saint-Anastaise)*

Faites demi-tour et prenez la D 978, à droite, en direction de La Tour-d'Auvergne. Au croisement, prenez à droite la D 203.

Lac Chauvet

Le chemin d'accès traverse une prairie, puis se dirige vers une maison à la lisière d'un bois. Ce lac est dû à une série d'explosions volcaniques qui engendrèrent un effondrement du sol. Comme le lac Pavin, il remplit un cratère d'explosion (ou maar). D'une profondeur de 63 m, il était autrefois enfermé par le Bois Noir et le bois de Maubert. Des entailles ont été pratiquées, ce qui dégage bien les rives de ce joli lac.

Massif du Sancy.
OT Sancy

Revenez vers la D 203 et prenez à gauche. Après 12 km, prenez à droite la D 88.

Église de Chastreix

Ce bel édifice est composé d'une nef unique. Remarquez le porche du 14e s. Dans la nef, à gauche, retable du 18e s.

Quittez Chastreix par le nord en empruntant la D 615.

Roc Courlande

Du parking, à droite, **vue★** étendue sur le plateau de l'Artense, au premier plan, dominé par les monts du Cantal, et la vallée de la Dordogne à droite.

Poursuivez sur la D 615.

Chastreix-Sancy

Au cœur de la réserve naturelle du même nom, créée en 2007, une petite station de sports d'hiver familiale, idéale pour la pratique du ski de fond.

Faites demi-tour et revenez sur la D 203.

La Tour-d'Auvergne

Bâtie au milieu d'une nature verdoyante, agrémentée d'un plan d'eau et sillonnée de ruisseaux tombant en cascade, cette petite ville constitue un agréable lieu de villégiature. En limite de l'Artense et tout près de Tauves *(voir ce nom)*, elle s'élève à 990 m d'altitude sur un plateau basaltique qui se termine en colonnes prismatiques régulières, visibles près de l'église. Le **champ de foire**, établi à la surface de ces prismes, semble fait de pavés géants. Les **seigneurs de La Tour d'Auvergne**, connus dès le 12e s., devinrent comtes d'Auvergne en 1389. De cette famille descendirent les vicomtes de Turenne, les ducs de Bouillon, les barons de Murat, et aussi la reine Margot et sa mère, Catherine de Médicis.

Quittez La Tour-d'Auvergne par le nord-ouest en empruntant la D 203.

Église de Saint-Pardoux

Intéressant édifice gothique qui a conservé des pentures de portes du 13e s. et un très beau retable en bois doré.

Revenez vers La Tour-d'Auvergne et prenez, au nord-est, la D 645.

★ Roche Vendeix *(voir La Bourboule)*

Les visiteurs désirant rejoindre La Bourboule *(voir ce nom)* continuent à suivre la D 88 après la roche Vendeix ; ceux qui reviennent au Mont-Dore prennent à droite la D 645 qui, au cours de la descente, offre de belles vues sur la station.

NOS ADRESSES DANS LE MASSIF DU SANCY

Voir aussi les encadrés pratiques de Besse-et-Saint-Anastaise, de La Bourboule, du Mont-Dore, du château de Murol, d'Orcival et de Saint-Nectaire.

ACTIVITÉS

Élément Terre – *63790 Murol - 04 73 79 35 23 - www.element-terre.org.* Pour découvrir la région ou approfondir ses connaissances, des guides passionnés proposent des randonnées accompagnées dans les volcans d'Auvergne : volcanisme, faune, flore, vie en montagne. Également initiation à l'escalade et au tir à l'arc.

Randonnées - Descente à VTT – *www.sancy.com.* Pour vivre de grandes sensations en altitude, les télécabines de La Bourboule, le téléphérique du Mont-Dore, le funiculaire du Capucin et le télésiège de la plaine des moutons à Super-Besse, permettent de transporter vos vélos. Attention, sites labellisés, suivi du fléchage VTT obligatoire.

Horizons - Rencontres « Arts nature » – *1er juil.-15 sept.* Depuis 2007, art et nature se rencontrent dans le massif du Sancy. Chaque année, une dizaine d'artistes d'art contemporain choisissent un site du massif pour la création d'une œuvre monumentale inédite. Pour retrouver ces œuvres en accès libre au cours de balades, procurez-vous auprès des offices du tourisme la carte les situant. Animations et visites guidées, rens. sur *www.horizons-sancy.com.*

Le Mont-Dore

★

1 464 Montdoriens – Puy-de-Dôme (63)

NOS ADRESSES PAGE 207

S'INFORMER

Office du tourisme du Mont-Dore – *Av. de la Libération - 63240 Le Mont-Dore - ✆ 04 73 65 20 21 - www.sancy.com - juil.-août et fév. : 9h-19h, dim. et j. fériés 9h-12h30, 14h-18h ; reste de l'année : 9h-12h30, 14h-18h30, dim. et j. fériés (mai-juin et sept. : 10h-12h, 14h-18h ; mars-avr. et oct.-janv. : 9h-12h, 14h-18h) - fermé dim. de mi-nov. à mi-déc.*

SE REPÉRER

Plan de région B1 (p. 182) – schéma p. 206 – carte Michelin Départements 326 D9. Le Mont-Dore se trouve à 45 km au sud-ouest de Clermont-Ferrand. On y accède par la D 2089, puis la D 983 à gauche, après le col de la Ventouse. Par l'A89, prenez la sortie n° 25 « Mont-Dore La Bourboule », et suivez le fléchage sur 18 km. La plus jolie arrivée reste l'accès par le col de la Croix-Morand puis la D 996.

À NE PAS MANQUER

Montez à bord du célèbre funiculaire classé Monument historique qui vous mènera lentement à travers une jolie forêt jusqu'au Salon du Capucin. Rejoignez le sommet du Sancy grâce au téléphérique et profitez de la vue inoubliable.

ORGANISER SON TEMPS

La durée de la saison thermale s'étend sur un peu moins de six mois, de fin avril à mi-octobre.

AVEC LES ENFANTS

En été, pique-nique dans la forêt du Queureuilh, au bord d'une cascade. En hiver, descentes sur les pistes de luge qui leur sont réservées.

Le Mont-Dore, ville à l'architecture « Belle Époque », s'étire sur les bords de la Dordogne naissante, dans un majestueux cirque de montagnes dominé par le puy de Sancy. Station thermale et de sports d'hiver très bien équipée, la ville ravira les amoureux de plein air et d'une nature préservée.

Séjourner

La ville thermale

Les eaux étaient déjà exploitées par les Gaulois dans des piscines dont on a retrouvé les vestiges sous les thermes romains. C'est seulement sous Louis XIV que la station retrouva une clientèle. La vogue vint au 19e s., grâce aux travaux du docteur Bertrand et au séjour que fit au Mont-Dore la turbulente duchesse de Berry, en 1821.

Ces eaux, les plus siliceuses de France, chargées de gaz et d'acide carboniques, émergent de filons de lave, à l'intérieur de l'établissement thermal ; leurs températures varient de 38 à 44 °C. Les sources les plus connues sont Madeleine,

César, Chanteurs, Ramond; les eaux sont utilisées en boissons, inhalations, pulvérisations, bains et douches ou encore injections sous-cutanées de gaz thermaux, dans le traitement de l'asthme, des affections respiratoires et des rhumatismes. La saison thermale se déroule de mi-avril à fin octobre.
Établissement thermal – *☏ 04 73 65 05 10 - visite guidée (45mn) mai-oct. : tlj sf dim. 14h-17h (ttes les h); reste de l'année : tlj sf w.-end 15h - fermé de déb.-nov. à mi-janv., j. fériés (correspondant à 1 dim.) - 3,30 € (enf. 2,20 €).*
Il a été construit de 1817 à 1823, agrandi et modernisé depuis. Sa décoration intérieure comporte de multiples références à l'art byzantin, à l'architecture romaine ainsi qu'à l'art roman auvergnat. Les aménagements les plus remarquables sont le **hall des Sources** et la **salle des Gaz thermaux** *(au rez-de-chaussée)*, la **galerie de la Source César★** et la **salle des Pas perdus★** dont les voûtes d'arêtes comportent des fresques *(au premier étage)*. Remarquez, en passant, la faible hauteur des marches d'escalier, calculée pour ménager les curistes souffrant d'asthme.

Station de sports d'hiver

À 1 325 m d'altitude, Le Mont-Dore est l'une des plus anciennes stations de sports d'hiver de France (1907). Située à 4 km au sud de la ville thermale, elle bénéficie des nombreuses infrastructures mises en place pour les curistes (hébergement, patinoire, bowling, distractions). La saison d'hiver permet la pratique du **ski alpin** (y compris monoski, snowboard, freestyle sur la piste snowpark et ski de couloir), du **ski de fond**, de la randonnée à **raquettes** et de l'**escalade** sur cascade glacée.
Le domaine skiable – *Le forfait acheté au Mont-Dore permet de skier également sur le domaine de Super-Besse (voir Besse-et-Saint-Anastaise).* La station déploie ses pistes de ski alpin sur le flanc nord du Sancy (alt. 1 885 m), bien exposé. Enneigement artificiel, en cas de besoin. En saison, un service de navettes gratuites relie la ville aux pistes, qui s'étendent sur 42 km.
En 1936, Le Mont-Dore fut l'une des premières stations à s'équiper d'un **téléphérique** ; aujourd'hui, deux cabines relient le bas des pistes à un surplomb situé à 1 780 m, juste sous le sommet du Sancy. *☏ 04 73 65 02 23 - juil.-août : 9h-19h ; de mi-mai à juin et sept. : 9h-12h, 13h30-17h (dernière montée) ; oct. : w.-end 9h-12h, 13h30-17h (dernière montée) ; janv.-avr. : 9h-17h (dernière montée) - fermé des vac. de Toussaint au déb. des vac. de Noël - 7,30 € AR (enf. 5,70 €).*
13 téléskis et 3 télésièges complètent l'accès aux **33 pistes** (15 vertes, 9 bleues, 7 rouges, 2 noires). Les amateurs de **ski de fond** trouveront, à la base du Capucin *(4 km à l'ouest du Mont-Dore),* le point de départ de **25 km** de pistes balisées. Un tracé de 9 km permet la liaison avec les 250 km de pistes de l'espace nordique Sancy.
Même sans neige, des activités de glisse sont proposées ! Une piste de luge artificielle est par exemple ouverte à la période estivale. *☏ 04 73 65 20 21 - juil.-août : 10h-12h, 14h-19h ; mai-juin et sept. : w.-end 14h-18h (sem. sur réserv.) - 1 ticket 2 €, 10 tickets 18 €, 25 tickets 40 €, 50 tickets 70 €.*

Randonnées

AUTOUR DU MONT-DORE

Ne partez pas en randonnée en cas de menace orageuse (consultez les bulletins météorologiques) et évitez les départs en fin de journée. Ayez toujours à l'esprit que le temps peut changer très vite en montagne, et équipez-vous en conséquence ! Prévenez quelqu'un de votre itinéraire, et emmenez boissons et fruits (ou barres énergétiques) en quantité.

Col de la Croix St-Robert, près du Mont-Dore.
J.-D. Sudres / hemis.fr

Plusieurs promenades furent créées pour permettre aux curistes de connaître de nouveaux lieux. Des artistes de l'époque financèrent les travaux en donnant des concerts : citons le baryton auvergnat **Melchissédec** et la diva **Marie-Roze**, dont des promenades portent le nom.

Chemin de Melchi-Roze

Environ 1h. Sentier sans dénivelé, dominant la ville, très agréable en fin d'après-midi ou par temps frais.

★ Chemin des Artistes

Environ 1h en empruntant le sentier descendant vers les courts de tennis. Sous-bois ménageant de jolies échappées sur la station. On peut également rejoindre ce chemin en empruntant le funiculaire du Capucin *(voir ci-après)*. De la gare supérieure, deux promenades rejoignent le site : le chemin des Mille-Gouttes (au nord) ou le chemin des Médecins (au sud).

★ Funiculaire du Capucin

04 73 65 01 25 - juil.-août : 9h30-18h40 ; mai-juin et sept. : tlj sf mar. 10h-12h20, 14h10-17h40 ; 1re quinz. d'oct. 14h-17h40 - 4,40 € AR (enf. 3,50 €).

Aux couleurs de la Belle Époque, ce pittoresque centenaire a retrouvé ses couleurs initiales, et possède deux voitures en bois, magnifiquement entretenues. Inauguré en 1898, il eut pour particularité de fonctionner à l'électricité (usine sur la Dordogne), alors que la ville du Mont-Dore ne bénéficiait pas encore de la nouvelle énergie. Il parcourt inlassablement les 480 m d'un trajet escarpé *(200 m de dénivelé)* à la vitesse d'un mètre par seconde, en laissant échapper de singuliers craquements. La gare supérieure abrite la salle des machines où s'enchevêtrent d'impressionnants engrenages en buis, des roues crantées, des courroies de cuir, etc.

Salon du Capucin

10mn par le funiculaire, puis 8mn de marche. Alt. 1 286 m. Cette agréable clairière, très fréquentée pendant la saison, est le point de départ de nombreux sentiers balisés. En hiver, elle abrite une base de ski de fond.

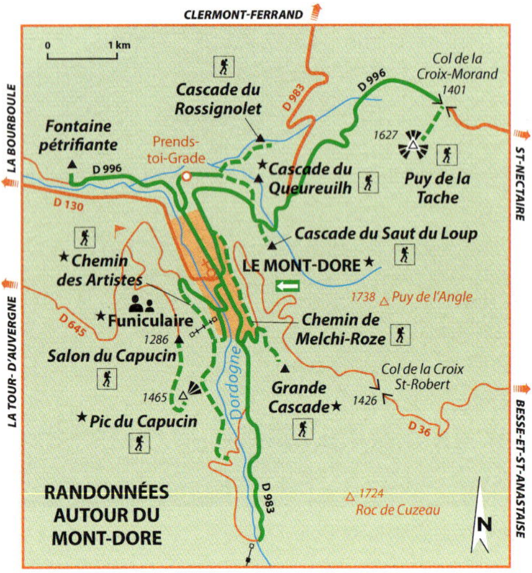

★ Pic du Capucin

1h à partir du Salon du Capucin. Un sentier, en partie en sous-bois, serpente jusqu'au sommet (alt. 1 465 m) d'où se dégage une belle **vue** sur le massif du Sancy.

Ce pic doit son nom à sa forme arrondie précédée d'une aiguille rocheuse, laissant deviner la silhouette d'un moine encapuchonné en train de prier les mains jointes.

VERS LE COL DE LA CROIX-MORAND

Les cascades

Environ 3h de marche. 3 km au nord-est par les hameaux du Queureuilh et de Prends-toi-Garde. La plus belle des trois cascades (le Rossignolet, le Queureuilh, le Saut du Loup) est celle du **Queureuilh★**, qui tombe, dans un très joli site, d'une falaise basaltique haute de 30 m.

La forêt du Queureuilh est dite **sectionnale**, et de nombreuses parcelles dans le Massif central sont régies de la même façon. Propriété de l'ensemble des habitants d'un village, ce statut forestier n'est autre que le descendant d'un droit de jouissance féodal, concédé aux villageois par le seigneur de la contrée. Il leur permettait ainsi de se chauffer ou de profiter du bois pour réaliser leurs outils agricoles et matériaux de construction. Aujourd'hui encore, les habitants restent très attachés à ce privilège.

Puy de la Tache

1h30 AR. 5 km à l'est par la D 996. La route s'élève en lacet jusqu'au **col de la Croix-Morand,** que chante si bien Jean-Louis Murat, et où le paysage se fait plus rude et dénudé. De là, on peut accéder à pied jusqu'au sommet du puy de la Tache (1 627 m) en suivant la ligne de l'ancien télésiège. Un immense **panorama★★** se dégage du sommet du puy de la Tache, au sud sur la ligne des crêtes dominée par le puy de Sancy, au nord sur le puy de Dôme, reconnaissable à son mât de télévision. Dans la vallée, remarquez au sud-est le lac Chambon, au nord-ouest le lac de Guéry.

Une voie romaine partant d'*Augustonemetum* en direction de Bort-les-Orgues et d'Aurillac passait par le col de la **Croix-Morand** ; elle est conservée sur plusieurs kilomètres sous les herbages, au pied du puy de l'Angle. Au-delà du Mont-Dore, on en retrouve quelques traces vers La Bourboule.

VERS LE SANCY

★ Grande Cascade

Environ 1h30 de marche. Attention, chemin d'accès parfois glissant. 3,5 km au sud-est par la D 36. Cette belle chute tombe d'une hauteur de 30 m. Au pied de la cascade, une passerelle permet d'atteindre un escalier qui grimpe vers le plateau de Durbise.

★★★ Puy de Sancy *(voir massif du Sancy)*

Station du Sancy à 4 km par la D 983. Ascension en téléphérique (4mn), puis environ 20mn de marche jusqu'au sommet.

NOS ADRESSES AU MONT-DORE

Voir aussi les encadrés pratiques de Besse-et-Saint-Anastaise, de La Bourboule, de Saint-Nectaire, du massif du Sancy, de Tauves.

HÉBERGEMENT

BUDGET MOYEN

Hôtel Les Charmettes – *30 av. G. Clemenceau par D 983 - 04 73 65 05 49 - www.hotellescharmettes.com - Fermé 3-27 juin et 4 nov.-12 déc. - P - 21 ch. 50/55 € - 8 €.* L'hôtel est situé dans la direction du majestueux puy de Sancy. Une clientèle fidèle de randonneurs retrouve ici des petites chambres simples.

Hôtel Le Parc – *r. Meynadier - 04 73 65 02 92 - www.hotelduparc-montdore.com - ouvert 2 mai-10 oct. et 26 déc.-29 mars - 37 ch. 53/58 € - 7 € - rest. 16 €.* Immeuble centenaire au centre de la célèbre station thermale où, déjà, les Gaulois venaient « prendre les eaux ». Chambres pratiques et bien rénovées.Jolies moulures, haut plafond, parquet restauré et belle cheminée caractérisent la plaisante salle à manger.

POUR SE FAIRE PLAISIR

Chambre d'hôte La Closerie de Manou – *Au Genestoux - 04 73 65 26 81 - http://www.lacloseriedemanou.com - fermé 15 oct.-30 mars - P - 5 ch. 80/85 €.* Nichée dans la verdure, cette maison auvergnate du 18e s. est une pure merveille. Ses chambres (toutes non-fumeurs, trois climatisées) sont confortables et décorées avec soin, mais sans excès, l'accueil y est délicieux et les petits-déjeuners succulents… Jardin, terrasse et local pour motos et VTT.

RESTAURATION

PREMIER PRIX

Le Bœuf dans l'Assiette – *R. Michel-Bertrand - 04 73 65 01 23 - fermé 15 nov.-15 janv. et lun. - - 13/19 €.* Ce restaurant vous prouvera que thermalisme ne rime pas forcément avec régime. Ses deux salles à manger abritent une superbe cheminée qui sert à griller la viande, grande spécialité de la maison. Vous y savourerez ainsi brochettes d'agneau, grillades de porc, andouillette ou entrecôte. Prix doux et agréable terrasse.

BUDGET MOYEN

Le Bougnat – *23 r. Georges-Clemenceau - ✆ 04 73 65 28 19 - fermé 10 nov.-15 déc. - ♿ - P - 20/25,50 €.* Dans ce vieux buron restauré, le décor a été fidèlement restitué. Vous serez accueilli dans son ancienne étable avant de monter dans l'ancienne pièce à vivre, avec son vieux lit clos, sa « souillarde »... Pour déguster une vraie cuisine auvergnate, bien sûr.

Auberge du Lac de Guéry – *✆ 04 73 65 02 76 - www.auberge-lac-guery.fr - ouvert 15 janv.-29 mars et 6 avril-11 oct. - P - 19/45 € - 10 ch. 60 € - ☕ 9 €.* Auberge au bord d'un lac de l'enchanteur Parc régional des Volcans d'Auvergne. Cuisine régionale servie dans une salle à manger au décor rustique récemment rafraîchi.

Le Buron de Dame Tartine – *Rte du Sancy - ✆ 04 73 65 28 40 - www.auberge-dame-tartine.com - fermé 10 nov.-26 déc. - P - 25 € - 4 ch. 65/80 € - ☕ 7,50 €.* Cet établissement comprend un restaurant labellisé auberge de pays, misant sur une cuisine régionale aux accents du terroir, ainsi que 4 chambres douillettes, parées de bois des poutres au parquet. On goûtera au plaisir unique du jacuzzi en plein air, en profitant de la vue magnifique sur les montagnes.

ACTIVITÉS

Jeu de piste – *Le Mont-Dore - ✆ 04 73 65 20 21* - L'initiative de l'office du tourisme ravira les Sherlock Holmes en culottes courtes : un jeu de piste sous forme d'énigmes leur propose une découverte ludique du Mont-Dore.

Thermes du Mont-Dore – *1 pl. du Panthéon - ✆ 0 825 800 339 - mai-oct. : tlj sf dim. 4 visites apr.-midi 14h, 15h, 16h et 17h - fermé nov. - 3,30 €.* Indications : asthme, allergies et voies respiratoires, ORL, rhumatologie.

Golf-Club du Mont-Dore – *Rte de la Tour-d'Auvergne - ✆ 04 73 65 00 79 - www.golfdumontdore.fr - 8h-20h - fermé de fin nov. à déb. avr..* 9 trous homologués, un parcours de 2 162 m, un practice de 10 postes, le tout bénéficiant d'une magnifique vue sur le Sancy. Stages d'initiation et de perfectionnement en été.

Ski joering – *Le Mont-Dore - www.guide-sensations.com - 40 €.* Un combiné original de glisse à ski et d'attelage de chevaux. Sensations garanties. Attention vous devez avoir votre propre équipement de ski pour vous initier à ce sport.

ACHATS

Taillerie du Sancy – *sur la D 996, dir. Murat - 63240 Le Mont-Dore - ✆ 04 73 65 24 03 - www.tailleriedusancy.com - ouv. tlj, fév.-sept. 10h-12h, 14h-19h - 2,50 € (enf. 2,20 €).* Visite guidée d'un atelier autour des différentes techniques de taille des minéraux et fossiles. Grand espace d'exposition et de vente de pierres en rdc.

Besse-et-Saint-Anastaise

★

1 632 Bessards – Puy-de-Dôme (63)

NOS ADRESSES PAGE 215

S'INFORMER

Office du tourisme de Besse – *pl. Pipet - 63610 Besse-et-Saint-Anastaise - ✆ 04 73 79 52 84 - www.sancy.com - mi-juil. à fin août : 9h-19h, dim. 10h-12h, 14h-17h ; reste de l'année : tlj sf dim. (oct.-nov.) 9h-12h, 14h-18h.*

SE REPÉRER

Plan de région B1 (p. 182) – carte Michelin Départements 326 E9.

Vous aborderez cette ancienne ville fortifiée par la D 36 en arrivant du Mont-Dore, ou par la D 978, si vous venez de Clermont-Ferrand. Les pentes du puy de Pertuzat offrent une jolie vue d'ensemble sur le site de Besse.

À NE PAS MANQUER

Serrée en arc de cercle autour de l'église Saint-André, la ville est un plaisir à découvrir à pied. Tentez aussi une balade le long des rives du lac Pavin, et profitez du magnifique panorama sur les monts Dôme, depuis le sommet du puy de Montchal.

ORGANISER SON TEMPS

Comptez environ une journée pour découvrir les Couzes Chambon et Pavin au départ de Besse.

AVEC LES ENFANTS

En été, ils pourront s'adonner aux joies de la luge d'été ou de la glisse sur l'herbe à Super-Besse *(Pass Loisirs proposé, renseignez-vous à l'office de tourisme).* Ils aimeront aussi la Ferme de Boinchoux.

Au pays des mille et une sources, la « capitale des montagnes » affiche de belles maisons en pierre grise volcanique aux toits d'ardoises ou de lauzes. Durant la saison estivale, une foule bigarrée se presse devant les étals des petits marchés de pays, remplissant les cabas de charcuterie fine et de bons fromages.

Se promener

Au Moyen Âge, Besse était un important carrefour commercial. On venait à ses marchés et ses foires échanger les fromages de montagne ou les peaux contre des céréales, des fruits ou du vin produits dans les vallées. Au 13e s., les bourgeois de Besse rachetèrent la charte communale. La ville, bénéficiant alors de son nouveau statut, se modernisa et les styles d'architecture se diversifièrent, grâce notamment à la bienveillance de Catherine de Médicis.

Prenez le temps de déambuler le long des ruelles bordées de vieux logis à tourelles en encorbellement. Les maisons et fontaines Renaissance témoignent d'un long attachement à la royauté. Quelques vestiges du rempart, construit à la demande des habitants pour se protéger des Anglais lors de la guerre de Cent Ans, sont encore visibles ici et là.

Besse devait être jadis un lieu parsemé de bouleaux, car son nom viendrait de *betta*, désignant cette essence d'arbre. Jusqu'en 1973, on lui associa le nom de **Chandèze**, un hameau des environs, devenu Chandesse avec le temps, d'où le nom de **Besse-en-Chandesse** que connaissent bien les Auvergnats. Depuis le rattachement d'un petit village situé aux confins du Cézallier, Besse-en-Chandesse est devenu, en 1973, Besse-et-Saint-Anastaise.

★ Église Saint-André

Bâtie sur une coulée de lave, elle domine la place environnante. C'est un édifice composite, en partie roman (fin 12e s.), avec un chœur gothique datant de 1555 (restauré au 19e s.) et des chapelles latérales des 17e et 18e s.

L'intérieur est assez sombre, avec des bas-côtés étroits. Les **chapiteaux**, de qualité, sont décorés de feuillages ou historiés (repas et mort du Mauvais Riche, crucifiement de saint André, curieuse scène de sacrifice, dresseurs de singe...). Remarquez les **stalles** du 16e s. dans le chœur (belles miséricordes) et, derrière le maître-autel, la statue vénérée de **Notre-Dame de Vassivière**.

★ Rue des Boucheries

Très pittoresque avec ses maisons bâties en lave sombre. Vous vous arrêterez devant la **maison dite de la reine Margot**, du 15e s. Selon une légende locale, Marguerite de Valois *(voir Issoire)* aurait séjourné dans cette ravissante maison, dont la porte gothique donne accès à un bel escalier à vis. L'édifice abrite aujourd'hui le musée du Ski.

Musée du Ski – *Visite guidée (30mn) sur demande préalable auprès de M. Chauvet - ✆ 04 73 79 57 30 - vac. scol. : 9h-12h, 14h-19h - 2,50 € (enf. gratuit).*

Il fut le premier du genre en France. Sont exposés, grâce à la passion du propriétaire qui parcourt l'Europe à la recherche de pièces anciennes, des paires de skis de provenances diverses, un bobsleigh de 1925, des chaussures, des patins à glace de 1910... Des documents (gravures, photos) retracent l'introduction de ce sport à Besse durant la Belle Époque et les débuts de la station de Super-Besse en 1958. Le ski-club de Besse fut créé dès 1911. Il est assez plaisant de voir, sur des photographies anciennes, ces dames encombrées de leur longue robe, fièrement campées sur leurs skis !

★ Porte de ville

Cette porte médiévale fut remaniée au 16e s. Elle est protégée par une barbacane bien préservée.

Château du Bailli

En contournant le chevet de l'église, vous pouvez gagner l'ancien chemin de ronde, dont le point fort était le château du Bayle ou Bailli, représentant le seigneur et investi de missions de justice.

Ferme de Boinchoux

Chemin d'Olpilière - ✆ 04 73 79 53 12 - www.ferme-boinchoux.fr - 15 juin-15 sept. tlj 10h-18h, 15 sept.-15 juin, w.-end, j. fériés et vac. scol. 10h-17h - fermé du 12 nov. au 18 déc. - 5 € (enf. 3 €).

Grâce aux techniques de scénovision, vous ferez un bond dans le passé, au début du 19e s., lorsque cette ferme auvergnate était habitée par Marthe et Gaston. De l'étable au grenier, la visite vous permettra de partager leur quotidien. Vous entendrez des histoires chantées en patois et découvrirez les traditions attachées à ce pays.

Lac Pavin.
OT Sancy

À proximité Plan de microrégion

★ Super-Besse

7 km à l'ouest de Besse par la D 978, puis la D 149.
Station d'altitude de Besse nichée à 1 350 m, Super-Besse, fréquentée l'été pour son cadre reposant, s'est d'abord développée comme station de sports d'hiver. De nombreux chalets et des résidences de vacances accueillent les touristes ; patinoire et piscine complètent cet équipement.

Le domaine skiable – *www.sancy.com - Le forfait acheté à la station permet l'accès au domaine skiable du Mont-Dore, soit 85 km de pistes.*

Créée en 1961, la station s'est développée au pied du puy de la Perdrix (alt. 1 850 m), exposant ses **43 km de pistes** au sud. Elle est équipée de 16 téléskis, de 3 télésièges et d'une télécabine qui desservent quelque **27 pistes de ski alpin** (5 vertes, 9 bleues, 9 rouges, 4 noires). Pour pallier un éventuel manque de neige, la station assure un enneigement artificiel grâce à 240 canons. Le **ski de fond** se pratique au sud de Super-Besse, où une piste descend vers le lac Pavin. Ce secteur largement boisé est pourvu de **105 km de pistes** serpentant entre les lacs gelés. D'autres styles de glisse sont proposés : ski tracté par un cerf-volant, luge, tubbing…

Puy Ferrand

6 mn en téléphérique, puis 45mn à pied AR au départ de Super-Besse.
Le nouveau téléphérique de la Perdrix, le « *funitel* », part du cirque de la Biche et dessert le sommet du puy de la Perdrix. De là on gagne, en suivant la crête, le sommet du puy Ferrand ; **vues★★** sur les monts Dore, les lacs, la vallée de Chaudefour.

★★ Lac Pavin B1

À 4 km au sud-ouest de Besse, par la D 149, à sens unique, s'embranchant sur la D 978, route de Besse à Condat, ou par la route des Fraux qui relie Besse au Pavin par la montagne couverte de pâturages.
Les eaux du lac Pavin, profond de 92 m, occupent un vaste cratère dont la violente éruption émit des projections jusqu'à Saint-Flour, à 35 km de là…

On racontait jadis que l'ancienne ville de Besse avait été engloutie dans le lac par punition divine, et qu'y jeter un caillou déchaînait d'effroyables orages. C'est pourquoi le lac porte le nom de Pavin, du mot latin *pavens* (épouvantable). Le parking des Fraux offre une **vue★** sur cette superbe étendue d'eau, alimentée par des nappes souterraines et peuplée d'ombles chevaliers et de truites atteignant parfois un poids prodigieux. On peut y pêcher et canoter à loisir. Un **sentier** facile *(environ 45mn à pied)* permet de faire le tour du lac. C'est d'ici que s'effectue la montée au puy de Montchal.

★★ Puy de Montchal

Accès : soit par le sud du lac Pavin, soit par l'extrémité du chemin des Fraux. 1h30 à pied AR. Du sommet (alt. 1 411 m) se découvre un magnifique **panorama★★** sur le massif du Mont-Dore, les monts Dôme, les vallées des Couzes et la Comté, les monts du Livradois et le Forez. Au premier plan, le puy et le lac de Montcineyre, puis le Cézallier.

Chapelle de Vassivière B1

8 km à l'ouest par la D 978, en direction de La Tour-d'Auvergne. 3 km après avoir passé le carrefour séparant le lac Pavin de Super-Besse, prenez une petite route à droite. Cette chapelle de pèlerinage (16ᵉ s.) s'élève dans un beau site pastoral. Elle abrite pendant l'été la statue de Notre-Dame de Vassivière. La Vierge noire, soutenue par les « porteurs de Notre-Dame », quitte l'église Saint-André de Besse le 2 juillet, fête de la Montade, pour y redescendre le dimanche suivant le 21 septembre, fête de la Dévalade.

Lac de Montcineyre

8 km au sud-ouest par la D 36. Longez le lac de Bourdouze puis, après 1 km, prenez un chemin (1 km) sur la droite. Ce lac doit son existence au barrage d'une vallée par le puy boisé de Montcineyre, dont il porte le nom. Leur forme de croissant et de fer à cheval, qui semblent parfaitement s'emboîter, donne l'étonnante impression que ce volcan veille, impassible, sur les eaux du lac. En suivant la rive, au pied du volcan, on découvre une belle **vue** sur le massif du Sancy *(voir ce nom)*.

Itinéraire conseillé

D'UNE COUZE À L'AUTRE

Pour visualiser cet itinéraire de 65 km, reportez-vous à la carte ci-contre – comptez une journée.

Au départ de Besse, prenez la D 633, une ravissante petite route de crête qui ménage des points de vue intéressants sur la vallée de la Couze de Pavin et les gorges de Courgoul. Elle devient la D 619 en redescendant par Trossagne. *Prenez à droite la petite route qui arrive au-dessus des grottes de Jonas.*

Site troglodyte de Jonas

✆ 04 73 96 31 69 - www.grottedejonas.fr - avr.-sept., tlj ; oct.-mars, dim., j. fériés et vac. scol. - se rens. pour horaires des visites (assurées pdt vac. scol. selon météo) - 6 € (6-15 ans 5 €).

Les plus rudimentaires de ces grottes artificielles, taillées dans le tuf (conglomérat de cendres) volcanique d'une falaise, furent peut-être habitées par les hommes de la préhistoire ; leurs descendants, au cours des siècles, les utilisèrent aussi. Au Moyen Âge, une chapelle, dont les voûtes conservent des **fresques** datées de 1100, et une véritable forteresse y furent aménagées. La

tour renferme un escalier à vis d'environ 80 marches, taillé à même le roc et conduisant à plusieurs étages d'appartements. Remarquez, à droite en montant, l'évier avec une rigole d'évacuation des eaux usées, puis une salle pour une bombarde avec l'emplacement réservé aux projectiles, la boulangerie et son four à pain.

Revenez au Cheix pour reprendre la D 978 puis, de nouveau, à droite, la D 621.

Cheminée de fée de Cotteuges

15mn AR. Avant d'arriver au hameau, prenez sur la droite le sentier des Bedeaux.

Un chemin mène à travers bois à cette étonnante formation géologique qui se dresse dans une excavation. Le phénomène de la cheminée de fée de Cotteuges se présente sous la forme d'une colonne argileuse, coiffée d'un bloc de roche dure et que l'érosion pluviale a façonnée.

Poursuivez sur la D 621.

Après Cotteuges, la route traverse une cheire (coulée de lave) caractéristique. Plus loin, elle est dominée à gauche par de beaux rochers abrupts. La rivière a entaillé le socle granitique, donnant un aspect tourmenté aux rochers où s'accrochent les pins.

Saurier

Cet ancien bourg fortifié possède une maison de louvetier, reconnaissable aux sculptures figurant sur le tympan de la porte.

En franchissant la Couze, jetez un coup d'œil à gauche sur le vieux pont médiéval, avec, en son milieu, un petit oratoire à la Vierge. La vallée se resserre de nouveau ; des rochers basaltiques se dressent sur les versants.

Prenez la D 26 en direction d'Issoire.

★ Saint-Floret

Visitez en premier lieu le plateau du Chastel, site primitif probable du village.

Église du Chastel – *✆ 04 73 54 90 66 - visite sur demande à la mairie.*
Édifiée sur un promontoire, elle domine la Couze de Pavin. À côté se trouvent les restes d'une nécropole mérovingienne (tombes creusées dans le roc et ossuaire). Dans la chapelle nord, jolie **peinture murale** du début du 15e s. : saint Jean-Baptiste présente Jean de Bellenaves, seigneur de Saint-Floret, et sa famille, à la Vierge et à l'Enfant.
Château – *✆ 04 73 71 10 39 - www.saintfloret.free.fr - visite guidée (45mn) de mi-juin à mi-sept. sur demande au 04 73 71 10 39 ou 04 73 54 90 66.*
Cet édifice fut bâti au 13e s. (donjon), puis remanié un siècle plus tard. Les murs de la salle inférieure sont ornés de grandes **peintures murales**★ du 14e s., qui retracent des épisodes d'un roman de chevalerie *(Tristan)* ; au-dessus, autre belle salle voûtée d'ogives.
Après l'église, prenez à gauche la D 28 qui ramène à Champeix.

Champeix

Le village, où abondent vergers et jardinets, est bâti entre des coteaux autrefois plantés de vignes. Sur la rive droite de la Couze de Chambon, un à-pic de rocher, couronné par les ruines d'un château féodal *(voir plus loin)*, domine l'église. Cet édifice possède une abside romane ; à la porte du flanc gauche, un linteau représente la sainte Trinité.
Site du Marchidial – *Chemin d'accès piéton près du pont ; accès voiture : prenez la D 28 vers Saint-Floret sur 1 km, puis tournez à droite en direction du collège. ✆ 04 73 96 73 39 - juil.-août : 14h30-18h30 - fermé lun. - possibilité de visite guidée (15mn) - gratuit.*
Situé sur la partie haute de Champeix, le quartier du Marchidial doit son nom aux marchés et foires qui, au Moyen Âge, s'installèrent sur le plateau. À l'est, une ruelle mène aux vestiges de l'ancienne forteresse médiévale d'où l'on jouit d'une jolie vue. En cours de réhabilitation, le site se développe autour de la **chapelle Saint-Jean** (12e s.), qui abrite d'anciennes fresques. Un escalier à vis mène à une plate-forme permettant d'apprécier un beau panorama. Le presbytère a été aménagé en salle d'exposition.
Quittez Champeix par l'ouest en empruntant la D 996, direction Saint-Nectaire.

Montaigut-le-Blanc

Ce village est dominé par un château restauré *(chambre d'hôte)*. Son aspect méridional, ses toits plats à tuiles creuses, les vignes en terrasses, les arbres fruitiers au fond de la vallée annoncent déjà la Limagne.
Poursuivez sur la D 996 sur 1,5 km. Prenez à droite la D 640. Peu après Treizanches, prenez à gauche la D 150.
Farges *(voir Saint-Nectaire)*
Continuez sur la D 150, puis prenez à gauche.

★ Puy de Mazeyres

Alt. 919 m. Du sommet, une table d'orientation permet d'apprécier le très beau **panorama** sur les monts Dore.
Revenez sur la D 150.

★ Saint-Nectaire *(voir ce nom)*

De Saint-Nectaire-le-Bas, prenez la D 996 en direction de Champeix jusqu'à Saillant.

Cascade de Saillant

Dans le village, la rivière franchit en cascade une coulée de basalte ; jolie **vue** sur le parcours de la D 622. La cascade de Saillant n'est pas très haute (7 m),

mais assez ample. Elle est surtout spectaculaire à la suite d'un gros orage ou à la fonte des neiges.
Revenez à Saint-Nectaire et poursuivez sur la D 996 en direction du Mont-Dore.

★★ **Château de Murol** *(voir ce nom)*
Quittez Murol par la D 996 puis, au carrefour avec la D 5, prenez à gauche.
La route longe les flancs du Tartaret. Sur la gauche, dans une petite carrière, on peut observer les cendres volcaniques (cinérites) constituant le cône.
★★ **Lac Chambon** *(voir Murol)*
Revenez à Murol et prenez sur la droite la D 5 en direction de Besse. Après 2 km, prenez sur la droite la D 619 puis, après 100 m, tournez à gauche.

★ **Puy de Bessolles**
Suivez le chemin balisé « Plateau de Bessolles-panorama ». 45mn AR pour le panorama, 2h pour le circuit de découverte faisant le tour du plateau (suivre le balisage jaune).
Alt. 1 045 m. Ce sommet constitue l'un des meilleurs belvédères de la région des Couzes sur les monts Dore et le lac Chambon.
Revenez à Besse-et-Saint-Anastaise par la D 5.

NOS ADRESSES À BESSE-ET-SAINT-ANASTAISE

Voir aussi les encadrés pratiques de La Bourboule, du Mont-Dore, de Saint-Nectaire et du massif du Sancy.

HÉBERGEMENT

Bon à savoir - Les amateurs de ski se retrouvent à Super-Besse où l'hébergement se fait majoritairement dans les résidences hôtelières de la station.

BUDGET MOYEN

Hôtel La Gazelle – *rte Compains - 63610 Besse-en-Chandesse - ✆ 04 73 79 50 26 - www.lagazelle.fr - fermé 16 mars-24 avril et 16 oct.-17 déc. - P - 35 ch. 58/118 € - ☕ 8,50 € - rest. 19 €.* Fort de sa position dominante, cet hôtel offre une belle vue sur Besse la médiévale. Chambres au style montagnard. Petits-déjeuners servis dans la véranda.Plats traditionnels à déguster dans une salle à manger sobrement décorée d'où la vue est superbe.

Hôtel Les Mouflons – *Berthelage - 63610 Besse-en-Chandesse - ✆ 04 73 79 56 93 - www.hotel-mouflons-besse.com - fermé 15 nov.-15 déc. - P - 51 ch. 60/85 € - ☕ 8,50 € - rest. 20 €.* Imposant bâtiment des années 1970 aux allures de chalet. Préférez l'une des chambres rénovées ; les autres, plus simples, sont également un peu désuètes.Spacieux restaurant compartimenté par des éléments en pierre de lave ; cuisine régionale.

RESTAURATION

BUDGET MOYEN

Auberge du Lac Pavin – *63610 Besse-et-St-Anastaise - ✆ 04 73 79 62 79 - www.lac-pavin.com - fermé nov.-janv., dim. soir, lun. et mar. - formule déj. 13 € - 19/40 € - 5 ch. 57 € - ☕ 7 €.* La salle à manger surplombe le lac de cratère qui fournit, en saison, les poissons (dont l'omble chevalier) que le patron préparera pour vous. Cuisine de produits frais. Quelques chambres modestes avec vue sur le lac. On accède à l'hôtel et au restaurant par un ascenseur panoramique.

Ferme-auberge La Voûte – *8 r. de la Mastre - 63320 Clémensat - ✆ 04 73 71 10 82 - lavoute@wanadoo.fr - ouv. dim. midi et sam., le soir en juil.-août sf dim. et lun. sur réserv. - ♿ - 🅿 - 20/24 € - 5 ch. 42/46 € -* . Menus du terroir, produits de la ferme et spécialités auvergnates (sur commande) font le succès de cette table située dans un petit village. Vous serez servi dans une salle à manger voûtée. Spacieuses chambres récentes.

ACHATS

Marché des produits du terroir – *63610 Besse-en-Chandesse - ✆ 04 73 79 52 84.* Il se tient tous les lundis, de 9h à 13h, dans les rues et sur les places de la cité médiévale de Besse. Large choix de produits du terroir, marché très animé l'été.

Fromagerie Guillaume – *39 rte des Moulins - 63320 Montaigut-le-Blanc - ✆ 04 73 96 73 10 - fromagerie.guillaume@wanadoo.fr - 8h30-12h30, 14h-19h - dim. sf vac. scol.* Cette fromagerie affine sa production dans d'étonnantes caves souterraines creusées dans le tuf. Outre les spécialités connues – saint-nectaire, fourme d'Ambert, bleu d'Auvergne et cantal –, vous découvrirez d'autres savoureux produits comme le pavin, un fromage de vache à la pâte onctueuse, ou le gaperon à l'ail.

ACTIVITÉS

Jeu de piste – *Besse - ✆ 04 73 79 52 84.* L'initiative de l'office du tourisme ravira les Sherlock Holmes en culottes courtes : un jeu de piste sous forme d'énigmes leur propose une découverte ludique de Besse. Avec à la clé, une carte de détective honorifique !

Randonnées – *63610 Super-Besse - www.sancy.com.* S'adresser à l'office de tourisme de Super-Besse ✆ 04 73 79 60 29 ou au bureau des guides et accompagnateurs ✆ 04 73 79 66 32. 650 km de chemins balisés sillonnent le massif du Sancy. Besse et Super-Besse sont les points de départ de très jolies randonnées en montagne, en forêt ou autour des lacs. Des randonnées à thème sont organisées pour partir à la découverte de la faune et la flore, du volcanisme.

Espace VTT – *Super-Besse ✆ 04 73 79 60 03 - 7 € (enf. 6 €).* Un nouvel espace sécurisé pour le VTT a été aménagé au cœur du domaine alpin. Bike park, Kid park, pistes, franchissements, rampes de saut et virages relevés...

La Bourboule

★

2 049 Bourbouliens – Puy-de-Dôme (63)

NOS ADRESSES PAGE 223

S'INFORMER

Office du tourisme de La Bourboule – *pl. de la République - 63150 La Bourboule - ✆ 04 73 65 57 51 - www.sancy.com - juil.-août : 9h-19h, dim. et j. fériés 10h-12h, 14h-18h ; mai-juin : 9h-12h, 13h30-18h, dim. et j. fériés 10h-12h, 14h-16h ; reste de l'année : se renseigner - fermé 1er janv., 25 déc.*

SE REPÉRER

Plan de région A1 (p. 182) – carte Michelin Départements 326 D9.

La Bourboule se trouve à 57 km à l'ouest d'Issoire par la D 996, qui traverse tour à tour Saint-Nectaire, Murol et Le Mont-Dore. Si vous venez de Tulle par l'A 89, prenez la sortie Saint-Julien-Puy-Lavèze (à 13,5 km au nord de La Bourboule), et suivez la D 992 puis la D 996 jusqu'à destination.

À NE PAS MANQUER

Le splendide panorama sur la vallée de la Dordogne depuis la table d'orientation de la Banne d'Ordanche.

ORGANISER SON TEMPS

Par beau temps, partez à la découverte des cascades de la Vernière et du Plat-à-Barbe.

AVEC LES ENFANTS

Le parc Fenestre, l'Espace géologique, le scénomusée La Toinette et Julien, l'un des plus beaux de la région, à Murat-le-Quaire. Concerts, spectacles, festivals, animations sportives s'enchaînent du printemps à l'automne.

Cette charmante station facilement accessible par le train, n'est pas réservée qu'aux asthmatiques. L'architecture de ses villas, des thermes, du casino, des ponts sur la Dordogne, dégage un charme particulier et nous ramène à une époque prestigieuse. Très animée durant l'été, La Bourboule accueille aussi les promeneurs, séduits par les petites randonnées en sous-bois, les cascades ou les étendues herbeuses du puy Gros ou de la Banne d'Ordanche.

Se promener

Circuit urbain

Un rapide tour de ville permet d'apprécier l'architecture thermale de certains hôtels, du casino, et de comprendre comment elle s'est développée, au pied de la roche des Fées *(voir plus loin)*. À proximité de l'**église**, pastiche roman assez réussi du 19e s., vous pourrez admirer au passage la **maison Rozier,** reconnaissable à sa façade couverte de mosaïques et à son balcon d'opérette *(bd Georges-Clemenceau)* ; les majestueux **Grands Thermes** ; l'**hôtel de ville**,

ancien casino des Thermes dit « des Cariatides »; l'ancienne mairie, devenue **chocolaterie** sous le nom de la Marquise de Sévigné; et, enfin, le **casino**, monument classé, entièrement restauré.
Toutes les petites rues qui partent sur la droite du quai de l'Hôtel-de-Ville mènent au parc Fenestre.

★ Parc Fenestre

Situé en plein centre-ville, ce très beau parc (1874) s'étend sur 12 ha. Boisé en partie de **séquoias**, c'est un charmant lieu de promenade *(à pied ou en petit train)* et de délassement. Les enfants y sont les rois : aires de jeux, toboggan à trois pistes, manèges, parcours d'orientation, centre de loisirs, halte-garderie *(voir encadré pratique)*...
Été comme hiver, la **télécabine**, qui relie le parc au plateau de Charlannes *(voir p. 222)*, constitue une attraction supplémentaire. Équipées de porte-vélos ou porte-skis, les bennes vous déposeront au départ de nombreuses pistes de VTT et de chemins de randonnées balisés. *04 73 81 06 04 (télécabine) - de déb. juil. à déb. sept. : 9h15-12h, 13h45-18h; de déb. sept. au 12 oct. et vac. de Noël à fin juin : 8h30-12h, 13h45-17h15 - fermé mar. et jeu. (hors vac. scol.), 4 oct.-19 déc., 25 déc., 1er janv. - 4,45 € AR (enf. 2,20 €).*

Roche des Fées

1h à pied AR. Chemin d'accès à partir de la place G.-Lacoste. Prenez l'escalier à droite de la résidence Univers, puis, au 1er croisement, tournez à gauche. La Dordogne, qui prend sa source à 12 km en amont de La Bourboule, traverse la station, enjambée au passage par douze ponts blancs et rose saumon. Pour une jolie **vue** panoramique sur la ville et la vallée de la haute Dordogne, montez au sommet de ce rocher de granit qui domine le quartier thermal d'une cinquantaine de mètres.

Espace géologique de La Bourboule

Quai du Maréchal-Fayolle - 04 73 81 11 25 - visite libre ou audioguidée 45mn - juil.-août : tlj sf lun. 10h-12h, 15h-18h, w.-end 15h-18h30; reste de l'année se renseigner - 5 € (enf. 2,50 €).
Ce musée présente le patrimoine géologique de l'Auvergne, de la planète et même de l'espace. Un parcours initiatique, aussi bien adapté aux enfants qu'aux adultes, vous emmène sur les traces d'un grand scientifique, à la découverte des « 4 Mondes de l'Espace géologique ». L'exposition permanente présente quelque 300 outils, minéraux, cristaux, fossiles aux couleurs et formes différentes. Ces pièces illustrent les larges panneaux explicatifs consacrés à divers thèmes géologiques : tectonique, vulcanologie, érosion, etc. Une présentation vidéo, des expositions temporaires, des visites sur le terrain et des conférences complètent la visite.

À proximité Plan de microrégion

Saint-Sauves-d'Auvergne

5,5 km au nord-ouest par la D 996.
Installé sur la rive droite de la Dordogne, ce village, connu pour ses grands rendez-vous estivaux de batterie-fanfare, abrite un musée assez original.
Le Monde merveilleux du train et de la miniature – *04 73 65 54 61 - juil.-août : 10h-12h, 14h-18h30; avr.-juin et sept. : 14h30-17h30 - fermé reste de l'année - 5 € (-12 ans 4 €).*
Ce musée rassemble sur 900 m² un réseau de chemin de fer, un village d'automates et une collection de modèles réduits (voitures, camions).

La Bourboule et le thermalisme

Le nom tout en rondeur de La Bourboule rend hommage à **Borvo**, dieu gaulois des sources bouillonnantes.

LA GUERRE DES PUITS

Le premier établissement de bains date de 1821. Les cabines sont alors fermées par de simples rideaux de serge, que le vent soulève indiscrètement ; on ne change pas l'eau du bain pour chaque malade, et les douches s'y donnent à l'aide d'une pompe à main qu'actionne un vieux paysan. En 1854, le chimiste Thénard découvre de l'arsenic dans les eaux de La Bourboule. À partir de ce moment, chaque propriétaire se met à explorer son enclos pour y trouver une source ; c'est à qui creusera plus vite, à qui pompera plus fort que son voisin. Cette « guerre des puits » finit par émouvoir les autorités. Aujourd'hui, les sources sont gérées par la Société thermale de La Bourboule et la Compagnie des eaux minérales.

PREMIÈRE STATION PÉDIATRIQUE FRANÇAISE

La Bourboule bénéficie du label « Famille Plus Nature ». Sa clientèle thermale est constituée pour 70 % d'enfants, et on s'étonne toujours de voir ces petits curistes, une fois les soins terminés, quitter les thermes, la tête emmitouflée ! Pour tous ceux qui ne sont pas accompagnés de leurs parents, des « maisons d'enfants » sont équipées pour les recevoir durant les trois semaines de séjour, y compris pendant la période scolaire.

DEUX SOURCES ET TROIS ESPACES DE SOINS

Deux **sources** sont exploitées à La Bourboule : chaude à **Choussy-Perrière** (60 °C), froide à **Fenestre** (19 °C). Ces eaux, qui contiennent de l'arsenic métalloïde, sont employées contre les maladies des voies respiratoires et les dermatoses (celles, notamment, d'origine allergique), sous forme d'inhalations, aérosols ou électro-aérosols, bains et douches.

Trois établissements dispensent les soins : la **résidence Choussy**, les **thermes Choussy** et les **Grands Thermes**. Ces derniers sont très représentatifs de l'architecture thermale telle qu'elle s'est développée à la Belle Époque. *✆ 04 73 81 21 00 et 04 73 81 40 40 - ♿ - visite guidée (1h) avr.-sept. - réservation souhaitable le matin pour le soir, aux Grands Thermes (pour les horaires se renseigner) - 1,80 €.*

Le Village de l'Auvergnat – *Mêmes conditions de visite que pour Le Monde merveilleux.* Retrouvez les métiers d'antan et la vie rurale dans un village reconstitué grandeur nature, avec des personnages en costume d'époque.

★ **Le Mont-Dore** *(voir ce nom)* B1

7 km à l'est par la D 130.

Randonnées

LES RÉCITS DE TOINETTE

Pour visualiser cet itinéraire 1*, reportez-vous au schéma ci-dessous.*

Murat-le-Quaire

3 km au nord de La Bourboule. Quittez La Bourboule en empruntant la D 88.

L'entrée de ce village aux toits de lauzes est signalée par un éperon rocheux sur lequel se dressait autrefois un château : au sommet, un belvédère offre une **vue** agréable sur la vallée de la haute Dordogne.

De l'église, prenez la D 609 en direction de la Banne d'Ordanche, jusqu'à l'école.

Scénomusée La Toinette et Julien★ – *04 73 81 12 28 - www.toinette.com - ♿ - visite guidée maison de la Toinette (45mn) et grange de Julien (30mn) des vac. de Pâques à fin août : 10h-12h, 14h-19h ; de déb. sept. à mi-nov. et du déb. des vac. de Noël aux vac. de Pâques : 10h-12h, 14h-18h - fermé de mi-nov. aux vacances de Noël - sites aménagés pour déficients visuels avec audioguidage - Toinette 5,60 € (enf. 3,30 €), Julien 4,40 € (enf. 2,60 €), billet combiné 7,80 € (enf. 4,20 €).*

Grâce à une mise en scène efficace, bien secondée par des effets technologiques, petits et grands auront la vertigineuse sensation de découvrir, en une heure, un siècle de la mémoire collective d'un village niché au cœur du Sancy.

Vous découvrirez d'abord, près de la mairie, la **maison de Toinette**… singulière rencontre. En quatre tableaux, cette femme du 19e s. ranime un passé révolu où la vie se calquait sur le rythme des saisons. Au fil de la narration, bruits et odeurs se mêlent pour étayer de joyeuses ou poignantes anecdotes. Descendez ensuite vers le belvédère, et pénétrez dans la **grange de Julien**,

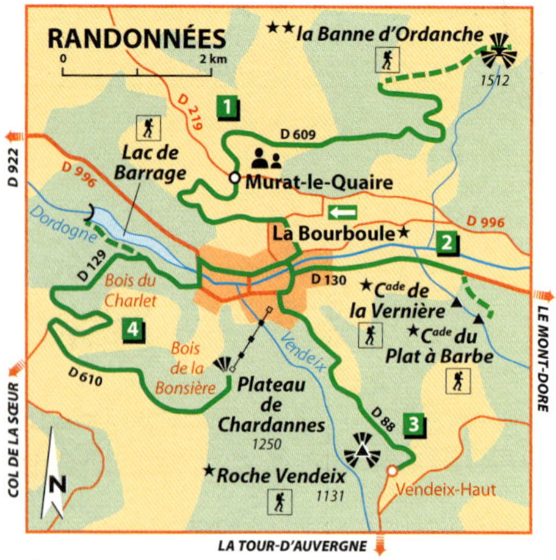

Affiche du festival Plein La Bobine.
Festival Jeunes Publics du Massif du Sancy

où vous partagerez les états d'âme d'un jeune descendant de la Toinette, de retour au pays. Vous assisterez, médusé, aux travaux de rénovation de la grange et réfléchirez sur les perspectives du monde rural.
Continuez sur la D 609 en laissant sur votre gauche un plan d'eau, puis poursuivez la montée en lacet qui offre de jolies vues, jusqu'au parking.

★★ La Banne d'Ordanche

But idéal de promenade en été et lieu de rendez-vous incontournable des amateurs d'aéromodélisme.
1h à pied AR. Suivez le sentier, assez raide en fin de parcours, qui mène au pied de la Banne; accès au sommet par des escaliers. Du parking, un sentier mène parmi les hauts pâturages à une table d'orientation. Du haut de ses 1 512 m, ce piton de basalte embrasse un vaste **panorama★★** sur la vallée de la Dordogne et les montagnes qui l'encaissent, sur le Sancy, le puy de l'Angle, les monts Dôme et le Limousin.

LES CASCADES

Pour visualiser cet itinéraire 2, *reportez-vous au schéma ci-contre – comptez environ 4h.*
À 3 km à l'est de La Bourboule.
Quittez La Bourboule en empruntant la D 130 (direction Le Mont-Dore) qui longe la Dordogne. 1,5 km après la piscine, un chemin fait face au bâtiment des eaux de source du Mont-Dore (à gauche de la route). Laissez votre voiture et prenez à droite le GR 30. Dépassez une ferme et suivez tout droit le chemin en montée qui pénètre bientôt dans la forêt. Après 10mn de marche, prenez à droite le sentier descendant en lacet.

★ Cascade de la Vernière

Cette jolie chute d'eau formée par le Ciergue surgit d'une grosse roche volcanique obstruant son lit.
Remontez le sentier en lacet et continuez à suivre le chemin qui atteint le chalet du Plat-à-Barbe.

★ Cascade du Plat-à-Barbe

✆ 04 73 65 58 55 - de déb. mai à mi-sept. : 9h-20h - 1,50 € (-15 ans gratuit).
De la buvette, un sentier coupé de marches aboutit à une plate-forme aménagée d'où l'on peut découvrir à loisir cette chute de 17 m de haut. Elle doit son nom à la forme d'une petite cuvette creusée par ses eaux.

LE REPAIRE DU BRIGAND

Pour visualiser cet itinéraire 3, *reportez-vous au schéma p. 220 – comptez environ 4h.*
À 4 km au sud de La Bourboule.
Quittez La Bourboule par la D 88, direction La Tour-d'Auvergne. 3,5 km après avoir longé le parc Fenestre, tournez à droite. Laissez votre voiture à Vendeix-Haut.

★ Roche Vendeix

30mn à pied AR. La roche Vendeix, dont les flancs abrupts laissent voir les prismes basaltiques, constituait un emplacement de choix pour une **forteresse**. Celle qui servit de repaire à **Aimerigot Marcheix** n'a laissé que quelques traces. Du sommet (alt. 1 131 m), beau panorama sur La Bourboule et les monts Dore.
Les tribulations d'un truand – Aimerigot, ou encore Mérigot, était issu d'une bonne famille du Limousin. Engagé dans les troupes anglaises, il combat sous la bannière du Prince Noir, vainqueur de Jean le Bon à la bataille de Poitiers (1356), puis se met à la tête d'une troupe d'aventuriers. Pendant dix ans, il prend des châteaux qu'il revend à bon prix, rançonne les habitants, brûle le pays. Il avise le château de la roche Vendeix, l'enlève, le fortifie – tous les mécontents le rejoignent – et, de nouveau, reprend sa vie de pillages et d'expéditions. Mais cette fois, la mesure est comble. En 1390, les troupes du roi de France, Charles VI, s'emparent du château : Aimerigot est conduit à Paris, mis au pilori, décapité place des Halles, puis écartelé, et chacun des « quartiers » mis sur un poteau aux maîtresses portes de Paris.

ENTRE BOIS ET VALLÉE

Pour visualiser cet itinéraire 4, *reportez-vous au schéma p. 220 – comptez environ 1h.*
À 7 km à l'ouest de La Bourboule.
Quittez La Bourboule par la D 129, direction La Tour-d'Auvergne. 500 m après avoir franchi la Dordogne, puis passé un carrefour, laissez votre voiture et poursuivez à pied en empruntant un chemin sur la droite.

Lac de barrage

30mn à pied AR. Un agréable sentier conduit, à travers les bois du Charlet, jusqu'au barrage dont la retenue s'allonge sur plus de 1 km dans la vallée de la Dordogne.
Poursuivez sur la D 129 et, 3 km plus loin, prenez à gauche la D 610.

Plateau de Charlannes

D'une altitude de 1 250 m, ce site est très fréquenté par les curistes pour son air vivifiant et ses paysages reposants. Il offre de beaux sous-bois et des vues étendues sur les monts Dore et les monts du Cantal. Ce plateau attire en outre, l'hiver, les inconditionnels de ski de fond. En vous promenant sur le plateau, peut-être apercevrez-vous une **borne seigneuriale**, dont les armoiries ont été bûchées. On reconnaît celles des seigneurs de Murat-le-Quaire, dont la puissance s'exerçait jusqu'à Rochefort et Granges…

NOS ADRESSES À LA BOURBOULE

Voir aussi les encadrés pratiques de Besse-et-Saint-Anastaise, de Bort-les-Orgues, de Murol, d'Orcival et du massif du Sancy.

HÉBERGEMENT

BUDGET MOYEN

Hôtel L'Aviation – *r. de Metz - 04 73 81 32 32 - www.aviation.fr - fermé 1er oct.-19 déc. - 45 ch. 50/65 € - 7 € - rest. 16/20 €.* Cette maison du début du 20e s., à quelques pas du parc Fenestre, abrite des chambres fonctionnelles. Pour les loisirs : piscine, fitness, salle de jeux, billard… Recettes classiques et régionales dans une salle à manger spacieuse offrant un tout nouveau décor.

Hôtel Le Charlet – *bd L.-Choussy - 04 73 81 33 00 - www.lecharlet.fr - fermé 10 nov.-20 déc. - 36 ch. 52/77 € - 9 € - rest. 16/35 €.* Dans un quartier assez calme, hôtel où vous disposerez de petites chambres propres en parfait état. Équipements de détente et de sport très complets. Au restaurant : mobilier de type bistrot, plantes vertes et claustras. Carte traditionnelle et régionale.

RESTAURATION

PREMIER PRIX

Val Doré – *R. de Belgique - 04 73 81 06 14 - valdore@wanadoo.fr - fermé 1er nov.-25 déc. - 12/21 €.* Adresse familiale située à deux pas de la gare. Chambres rajeunies, sobrement agencées. Minipiscine couverte. Apéritifs servis au salon et recettes simples à déguster dans une spacieuse salle à manger ensoleillée et fleurie.

BUDGET MOYEN

La Cabanne – *Rte de la Banne-d'Ordanche - 63150 Murat-le-Quaire - 04 73 81 19 25 - www.la-cabanne.com - fermé en nov. - P - formule déj. 13 € - 15 € - 7 ch. 50/68 € -* . Ce gîte auberge de montagne au cœur du parc des volcans doit son nom à la Banne d'Ordanches, au pied de laquelle il se situe. En plus des 7 chambres lambrissées, il abrite une grande salle de jeux, ainsi qu'une salle à manger où l'on pourra déguster une truffade au coin du feu. Une halte sympathique, été comme hiver.

Le Parc des Fées – *107 quai Mar.-Fayolle - 04 73 81 01 77 - www.parcdesfees.com - fermé 6 nov.-20 déc., 8 janv.-1er fév. - 18 € - 42 ch. 61/67 € - 9 €.* La moitié des chambres de cette bâtisse centenaire donne sur la Dordogne. Ampleur, décor actuel et confort sont au rendez-vous. Salle de jeux pour enfants. Chaleureux restaurant traditionnel où dominent les tons pastel et les miroirs.

EN SOIRÉE

Casino de La Bourboule – *Quai Fayolle - 04 73 65 54 45 - 11h-2h.*

ACHATS

Ferme de la Jonquille – *Derrière la grange de Julien (voir p. 220) - 63150 Murat-le-Quaire - 04 73 65 50 62 - http://la-jonquille.la-jonquille.fr - mai-sept. : tlj sf lun. 10h-12h30 et 14h30-19h ; vac. scol. : 14h-18h ; de déb. oct. aux vac. de la Toussaint : jeu.-dim. 14h-18h.* Point de vente collectif de produits issus de fermes de la région : salaisons, fromages, confitures, miel, jus de fruit…

ACTIVITÉS

Loisirs-Détente – *✆ 04 73 65 57 71 - www.sancy.com.* La Bourboule, site labellisé FFC, propose des circuits VTT balisés sur le plateau de Charlannes, 2 itinéraires descendants, 1 piste de descente réservée aux compétitions. Ceux qui préfèrent la marche ont un large choix avec 670 km d'itinéraires fléchés dans le massif du Sancy. En hiver, le plateau de Charlannes devient un agréable domaine de ski nordique (21 km de pistes). Également sorties en raquettes et ski.

Parc Fenestre – *Av. Agis-Ledru - ✆ 04 73 65 57 71 - www.sancy.com - ouv. tte l'année .* Aires de jeux, toboggans, théâtre de Guignol, manèges, parcours d'orientation, centre de loisirs, halte-garderie… Certaines activités sont payantes. Renseignements à l'office du tourisme.

Les thermes de La Bourboule – *Pl. Guillaume-Lacoste - ✆ 04 73 81 40 00 - www.thermesbourboule.com - 7h30-12h, 13h30-19h - fermé de mi-oct. à fin janv.* La cure thermale bourboulienne s'adresse aux affections chroniques respiratoires ou cutanées.

Jeu de piste – *La Bourboule - ✆ 04 73 65 57 51 -* L'initiative de l'office du tourisme ravira les Sherlock Holmes en culottes courtes : un jeu de piste sous forme d'énigmes leur propose une découverte ludique de La Bourboule. Avec à la clé, une carte de détective honorifique !

Aéromodélisme – Banne d'Ordanche *- ✆ 04 73 69 55 89 - juil.-août.* La Banne d'Ordanche accueille tous les passionnés d'aéromodélisme. Attention, vous devez vous enregistrer et payer un droit de 2 € pour la journée.

La chèvrerie des Monts-Dore – *Les Vergnes - 63150 Murat-le-Quaire - ✆ 04 73 81 18 02 - vac. d'été : visite tlj sf w.-end à 16h et à 18h ; reste de l'année : se renseigner.* Ferme pédagogique autour de la chèvre. Initiation à la traite et à l'entretien des chèvres. Dégustation de fromages.

AGENDA

Traditions – *Murat-le-Quaire rallume son four à pain communal les w.-ends du 14 Juil. et du 15 août. De mai à oct. et pdt les vac. scol. : exposition-vente de produits régionaux à la ferme de la Jonquille.*

La Bourboule dans le vent - Festival de cerfs-volants - *La Bourboule - ✆ 04 73 65 57 51 - dernier w.-end de juil.*

Plein la bobine - *La Bourboule/Le Mont-Dore - www.pleinlabobine.com - ✆* 04 73 65 51 46 - *3e sem. de juin.* Festival de cinéma pour les enfants. Films inédits et programmation adaptée à chaque âge.

Tauves

796 Tauvois – Puy-de-Dôme (63)

NOS ADRESSES PAGE 227

S'INFORMER

Office du tourisme Sancy-Artense – *Pl. de la Mairie - 63680 La Tour-d'Auvergne - ☎ 04 73 21 79 78 - www.tourisme-sancy-artense.com - juil.-août : 9h-12h, 14h-18h, dim. 14h30-18h ; reste de l'année : mar.-sam. 9h-12h.*

SE REPÉRER

Plan de région A1 (p. 182) – carte Michelin Départements 326 C9.

Tauves se trouve à 13 km à l'ouest de La Bourboule par la D 922, et à 8 km de La Tour-d'Auvergne par la D 29.

À NE PAS MANQUER

Les superbes gorges d'Avèze, aux paysages typiques et au patrimoine industriel minier.

AVEC LES ENFANTS

Ils adoreront le musée de l'École rurale, à Messeix, et se feront un plaisir de voir fonctionner les maquettes de Minérail. À moins qu'ils ne préfèrent les activités proposées à la Maison de l'artisanat rural, à Tauves.

Entre le massif du Sancy et le plateau d'Artense, le pays de Tauves a gardé son originalité : un pays attachant, avec ses longues pâtures émaillées de tourbières et ses maisons aux toits d'ardoises ou de lauzes. Installé au bord de la Mortagne, un affluent de la Dordogne, le bourg de Tauves est naturellement tourné vers les gorges d'Avèze. Celles-ci dominent, d'un à-pic assez impressionnant, la petite rivière Dordogne qui prend sa source tout près, au pied du Sancy.

Se promener

Église

Cet édifice roman trapu, fortifié au 14e s. et renforcé par d'épais contreforts, présente un clocher-porche muni de mâchicoulis, et s'orne de corbeaux sculptés que l'on découvre en faisant le tour de l'église.

Intérieur – Les quatre premières travées de la nef sont voûtées en berceau brisé, la cinquième travée et le chœur en ogives. Quelques intéressants chapiteaux à feuillages ou historiés polychromes, récemment restaurés, plusieurs retables baroques et une pietà du 17e s. composent la décoration. Toutes les églises de cette région Sancy-Artense possèdent généralement de beaux retables en bois doré, qui concilient l'exubérance du baroque et la rigueur de l'architecture médiévale. On remarque également une cloche du 16e s., classée, décorée des armoiries d'un baron de Charlus et de Granges, qui l'avait offerte en 1515.

Maison de l'artisanat rural

☎ 04 73 21 16 18 - www.artisatauves.com - de déb. mai à mi-sept. et vac. scol. d'hiver : 10h-12h, 15h-18h ; reste de l'année : jeu. 10h-12h, dim. 10h-12h, 15h-18h - fermé 1er janv., 25 déc. - gratuit.

C'est un espace d'exposition et de vente des produits de l'artisanat local (bois, terre, soierie etc.).

En juillet-août, des **démonstrations d'artisans** ont lieu tous les jeudis après-midi; les mercredis, les enfants sont à l'honneur des ateliers découverte.

À la **laiterie de Tauves**, le saint-nectaire laitier est salé, pressé, lavé, séché et affiné selon le même processus que le saint-nectaire fermier.

À proximité Plan de microrégion

Menhir de la pierre des Quatre-Curés

Près de la D 922 à la sortie de Tauves en direction de La Bourboule, non loin du hameau des Croûtes. La commune de Tauves est riche en vestiges mégalithiques, mais le plus beau est sans conteste le menhir de la plaine des Landais, beau monolithe en basalte de 2 m de hauteur, qui devait servir de borne territoriale. Son nom rappelle qu'il était en limite de quatre paroisses, et qu'il a servi d'asile à quatre prêtres réfractaires à l'époque révolutionnaire.

Itinéraire conseillé

★ LES GORGES D'AVÈZE A1

Pour visualiser cet itinéraire de 60 km, reportez-vous au plan de la région p. 182 – comptez environ 3h. Quittez Tauves par l'ouest en empruntant la D 922 puis la D 29.

Singles

L'église, en partie médiévale, est située en surplomb de la Burande (beau point de vue sur les gorges de la Dordogne). C'était un village de mineurs, un circuit balisé au départ de Singles permet d'approcher les vestiges d'anciennes mines.

Des mines d'or ont été exploitées à **Pontvieux**, dans les gorges de la Burande, au sud de Tauves. Des stages d'orpaillage avec une battée sont régulièrement organisés dans les eaux de la Burande. Renseignez-vous…

Revenez à la Guinguette (paradis des pêcheurs), et continuez vers le nord sur la D 73, jusqu'à Messeix.

Messeix A1

Jadis réputée pour ses houillères, cette petite ville conserve une église romane remaniée à l'époque gothique; joli portail du 13e s.

Musée de l'École rurale d'Auvergne – *04 73 21 45 06 - de déb. avr. à mi-nov. et vac. scol. de la Toussaint : 14h-18h; janv.-mars : w.-end 14h-18h.*

Vous ferez un bond dans le passé en vous asseyant sur les bancs de cette école rurale, à l'époque des blouses noires, lorsque l'encre remplissait encore les encriers. Vous découvrirez les objets qui ont fait le quotidien de tant d'élèves.

Quittez Messeix au nord-est par la D 73C jusqu'au lieu-dit Les Gannes.

Minérail

Aux Gannes, à environ 1,5 km de Messeix. 04 73 21 45 63 - http://pagesperso-orange.fr/musee-minerail-63750 - mai-sept. : 14h-18h; vac. de fév., printemps et de la Toussaint : tlj sf mar. et merc. 14h-18h - fermé 2e quinz. de mars et vac. de Noël - 6,50 € (enf. 4 €).

Dans ces anciennes mines d'anthracite, la visite s'effectue en deux parties. **La mine** : l'ensemble du travail minier est présenté à l'aide d'une maquette animée, depuis l'extraction du charbon jusqu'à sa transformation. Vous verrez également les douches et la « salle des pendus ». **Le rail** : une maquette panoramique ferroviaire présente l'Auvergne en miniature.
Suivez la D 987 en direction de Tauves.

★ Gorges d'Avèze A1

Tracée en corniche, la route offre de réjouissantes vues sur les gorges que la Dordogne a creusées dans la roche granitique, et dont les parois abruptes sont couvertes de bois (belles atmosphères de forêt).

Avèze A1

Dans l'**église**, mobilier intéressant (retables, statues de saint Roch et de saint Blaise). Panorama sur les gorges.
Rentrez à Tauves par la D 987, en faisant éventuellement un crochet par Saint-Sauves, dont le site prodigieux, avec son verrou glaciaire, vaut le détour (voir La Bourboule).

NOS ADRESSES À TAUVES

Voir aussi les encadrés pratiques de Bort-les-Orgues, La Bourboule, Le Mont-Dore et le massif du Sancy.

HÉBERGEMENT

PREMIER PRIX

Hôtel Les Voyageurs – *Le bourg - 63810 Bagnols - 11 km au sud de Tauves par D 922 et D 25 - 04 73 22 20 12 - www.hotelrestaurantbagnols.com - fermé dim. soir et lun. hors sais., 15-30 janv. - 20 ch. 35/50 € - - rest. 19/50 €.* Construit dans les années 1960, c'est un hôtel modeste au centre du village. Chambres simples. La salle à manger aux murs jaunes et au plafond à moulures prolonge le bar. Cuisine soignée pour un très bon rapport qualité/prix.

Chambre d'hôte Les Escladines – *Escladines - 2,5 km de Tauves par petite rte communale - 04 73 21 13 02 ou 04 73 21 10 53 - http://escladines.chez-alice.fr - fermé déc.-janv. - - 5 ch. 48/52 € - - repas 17 €.* Situé au sein d'une exploitation agricole en activité (une centaine de bêtes), ce corps de ferme de 1890 abrite une vaste pièce au charme rustique et, à l'étage, 5 chambres simples mais confortables, dont 2 pouvant accueillir 3 personnes chacune. Table d'hôte, familiale et locale, sur réservation. Produits de la ferme.

ACHATS

Bon à savoir – La Maison de l'artisanat, place de la Mairie, est le haut lieu de l'artisanat régional avec près de 70 artisans d'art. Terre, bois, lave, verre, laine, dentelle, reliure et coutellerie y sont représentés. Boutique sur place.

ACTIVITÉS

Bon à savoir – Proches, les gorges d'Avèze offrent aux passionnés de pêche à la truite des parcours halieutiques de qualité. Pêche à la mouche, au toc ou au poisson-manié.

Bort-les-Orgues et l'Artense

3 260 Bortois – Corrèze (19)

NOS ADRESSES PAGE 233

S'INFORMER

Office du tourisme du pays de Bort - Artense – *pl. Marmontel - 19110 Bort-les-Orgues - ✆ 05 55 96 02 49 - www.bort-artense.com - mi-juin à mi-sept. : lun.-sam. 10h-12h30, 14h-19h, dim. et j. fériés 10h-12h30 ; reste de l'année : lun.-vend. 10h-12h, 14h-17h30 (18h30 mai à mi-juin et mi-sept. à fin sept.) - fermé sam.-dim. et j. fériés (sf de mi-juin à mi-sept.), 1er janv., 1er Mai, 25 déc.*

SE REPÉRER

Plan de région A1 (p. 182) – schéma p. 231 – carte Michelin Départements 330 Q3. Bort-les-Orgues occupe les rives de la Dordogne, à 30 km au sud-est d'Ussel.

À NE PAS MANQUER

Du haut du plateau des Orgues, la superbe vue sur la vallée de la Dordogne, l'Artense, le Cantal et les monts Dore ; le musée de la Tannerie et du Cuir ; le château de Val, fièrement dressé sur son îlot rocheux ; les curieux tympans historiés de l'église de Lanobre.

ORGANISER SON TEMPS

Découvrez Bort-les-Orgues en une journée ; l'office de tourisme vous propose une visite des principaux sites « clés en main ». Et pour un circuit en Artense, comptez une demi-journée.

AVEC LES ENFANTS

Une croisière sur la Dordogne, en bateau panoramique ou en gabare *(voir encadré ci-dessous)*, ravira les futurs marins. Autre option sympathique : le train touristique Gentiane Express, qui chemine à travers l'Artense et le Cézallier.

Située dans la vallée de la Dordogne, la petite ville de Bort est dominée par ses célèbres orgues volcaniques. Sur la retenue du barrage, l'une des plus longues de France, vous trouverez un endroit idéal pour pratiquer la pêche et les sports nautiques. Bort-les-Orgues est aussi un bon point de départ pour partir à la découverte de la mystérieuse Artense, une région peu touristique.

LES GABARES

Ces bateaux à fond plat et à faible tirant étaient utilisés aux 18e et 19e s. pour transporter les marchandises en provenance du Massif central vers Bordeaux. Les gabares naviguaient dangereusement à pleine charge sur la Dordogne, acheminant des merrains (destinés à la tonnellerie), du charbon, des peaux, des fromages ou du vin… Une fois les produits livrés et le bois de la gabare vendu, les gabariers faisaient le trajet inverse à pied. Ce moyen de transport, qui permit à de nombreuses villes de se développer, disparut au 19e s. avec l'apparition du chemin de fer.

Se promener

Si en langue gaélique *bort* signifie « pont » ou « planche », il faudrait plutôt chercher l'origine vers le village gaulois de *Boduoritum*, de *bodus* (corneille) et *ritu* (gué).
Site frontalier entre les territoires arverne et lémovice, la petite ville de Bort-les-Orgues se développa au Moyen Âge, et reçut de Charles VII le droit de s'entourer d'une enceinte dont il subsiste quelques vestiges.

Église

Elle date des 12e et 15e s. Dans son cadre architectural très sobre, quelques œuvres d'art sont bien mises en valeur : une statue de sainte Anne tenant dans ses bras la Vierge et l'Enfant (15e s.), de beaux vitraux modernes, un Christ en bronze du sculpteur Chavigner… À l'extérieur, près du chevet, subsistent des traces de fortifications. À côté se dresse l'ancien prieuré du 17e s.

Musée de la Tannerie et du Cuir

Av. de la Gare - 19110 Bort-les-Orgues - ✆ 05 55 96 85 59 - http://pagesperso-orange.fr/museecuir - visite guidée (1h) : 10h-12h, 14h-19h - dernier départ 1h av. fermeture - 3,50 € (enf + 12 ans 2 €). Au sein des anciennes Tanneries Bortoises, qui ont fermé leurs portes en 1991, vous apprendrez, en visitant la salle d'exposition des machines, ce que sont les étapes qui mènent de la peau brute au cuir fini. Vous pourrez ensuite assister à une projection vidéo qui retrace l'histoire des tanneries de Bort et décrit le métier de tanneur tel qu'il est pratiqué aujourd'hui.

★ Barrage de Bort

De la route de crête du barrage, qui s'étire sur 390 m, on découvre, côté amont, le lac de retenue et, côté aval, l'usine principale et l'évacuateur de crues. Par sa masse considérable, le barrage de Bort, mis en eau en 1952, est la pièce maîtresse de l'aménagement hydroélectrique de la Dordogne. Sa retenue de 477 millions de m^3 est longue de 18 km. Plusieurs bases nautiques ont été aménagées le long du lac de barrage : bases de Val, de la Siauve et de Beaulieu (Cantal), de Singles (Puy-de-Dôme), d'Aubazines et d'Outre-Val (Corrèze).

Circuit-visiteurs – *✆ 05 55 96 02 49 - visite guidée (45mn) sur demande obligatoire (1 j. à l'avance) à l'office du tourisme de Bort-les-Orgues - gratuit.* Accessible depuis le pied du barrage sur la rive gauche, entre le hameau des Granges et le musée de la Tannerie et du Cuir *(voir plus loin)*, il fait découvrir, à l'aide d'une maquette animée et d'un film vidéo, l'aménagement hydroélectrique du bassin de la Dordogne et de ses affluents.

Vedettes d'excursion – *✆ 04 71 40 30 14 - www.lajourneeaval.com - vedettes panoramiques circuit château de Val/remontée gorges de la Dordogne (1h) - juil.-août : 11h15, 14h30, 15h15, 16h et 17h ; mai-juin et sept. : 15h - 8 € AR (5-14 ans 5 €, 2-4 ans gratuit).*

À proximité Plan de microrégion

Cascade du Saut de la Saule

2,5 km au sud-est, puis 30mn AR. Prenez la route qui grimpe vers l'institut médico-pédagogique. Suivez l'allée qui franchit la Rhue, puis tournez à gauche et longez la rivière. On atteint bientôt de petites gorges où l'eau s'est frayé un passage : sous l'action du courant et des galets qu'il entraîne, des excavations

JEAN-FRANÇOIS MARMONTEL (1723-1799)
Ce célèbre académicien, écrivain et philosophe du Siècle des lumières, naquit à Bort-les-Orgues en 1723. Fils de paysan, il suivit cependant ses études à Mauriac, puis à Toulouse. De là débutera une correspondance avec Voltaire, dont il devint le disciple, et qu'il finira par rejoindre à Paris. À 23 ans, Marmontel remporta le prix de l'Académie française. Ceci lui permit d'écrire sa première tragédie : *Denys le Tyran*, qui remporta un succès immédiat, suivie d'*Aristomène*, *Cléopâtre*, *Héraclides*… Le patronage de Mme de Pompadour l'amena à occuper le poste de secrétaire des Bâtiments du roi. Il fréquenta alors les salons, dont celui du baron d'Holbach, lieu de sa première rencontre avec Jean-Jacques Rousseau et Diderot ; ce dernier lui demanda ses premiers articles pour l'*Encyclopédie*. Journaliste, poète, Marmontel fut élu à 40 ans à l'**Académie française** avant d'en devenir le **secrétaire perpétuel**. Après la Révolution et le coup d'État de 1797, il décida de se retirer avec sa femme et ses enfants en Normandie, où il écrivit ses *Mémoires d'un père* et où il mourut le 31 décembre 1799.

régulières, appelées « marmites de géants », se sont creusées dans le gneiss. Un peu plus loin, on arrive aux rochers qui surplombent le saut de la Saule, où la Rhue franchit un seuil rocheux, haut de 5 à 6 m.

Itinéraires conseillés

★ LES ORGUES DE BORT

Pour visualiser cet itinéraire de 15 km, reportez-vous au schéma ci-contre – comptez environ 2h. Quittez Bort par la D 127, en forte montée, que vous trouverez à la sortie de la ville (à l'ouest), près du cimetière.

Au cours de la montée, beau **panorama** à gauche sur la vallée de la Rhue (Cantal).

Quelques mètres après les dernières maisons de Chantery, prenez à droite un escalier qui conduit directement au pied des orgues. Suivez les écriteaux « Grottes des orgues » et « Site d'escalade des orgues ».

Ces impressionnantes colonnes de phonolite (roche volcanique qui résonne quand on la frappe) dominent la ville. Hautes de 80 à 100 m, elles se succèdent sur une longueur d'environ 2 km.

Revenez à la D 127 et, après 2 km, prenez à droite la route (signalée) qui, en 800 m, conduit à un vaste parking en sous-bois, près du relais de télédiffusion.

Du **plateau des Orgues** (769 m), gagnez à pied la table d'orientation et un second point de vue, dit « des Orgues », sur la droite. Le regard embrasse un immense **panorama★★** sur la vallée de la Dordogne, l'Artense, le Cantal et les monts Dore. Au sud-ouest, on aperçoit le lac de Madic, témoin d'un ancien cours de la Dordogne.

20mn AR. Surveillez les enfants, car le parapet est quasi inexistant. Du site aménagé, on peut emprunter, sur la droite, un chemin en corniche *(à parcourir prudemment à pied)* qui offre un immense tour d'horizon, avec la ville de Bort au premier plan. Ce sentier sinueux donne accès au belvédère dit de la « Tête de l'homme ».

Regagnez votre voiture et reprenez la D 127 en direction du Puy-de-Bort. Dans ce hameau, suivez le fléchage « Site de la Pyramide ».

20mn. Vous y découvrirez un panorama étendu sur le puy de Sancy et les monts du Cantal (Puy-de-Dôme), la Dordogne et ses affluents, le massif des Monédières, le plateau de Millevaches (Corrèze).

Au col du puy de Bort (859 m), la route en corniche offre de belles échappées. En regagnant Bort par la D 979, on aperçoit sur la droite le **château de Pierrefitte** et l'on bénéficie de jolies **vues** sur la retenue et le barrage de Bort.

DÉCOUVRIR L'ARTENSE

Pour visualiser cet itinéraire de 85 km, reportez-vous au schéma ci-dessous – comptez environ 4h.

Volontiers surnommé « la Scandinavie auvergnate », l'Artense est un pays attachant, composé de lacs et de tourbières, de petits villages de pierre, serrés autour de leur vieux four banal. Le circuit que nous proposons ici vous mènera à travers le plateau de l'Artense, entre le massif du Sancy et le nord du Cantal. Le paysage y est étrange, tout en creux et en bosses. Le relief, tourmenté, a été façonné par les glaciers.

Quittez Bort-les-Orgues par l'est en empruntant la D 979.

La route s'élève en offrant des vues sur les orgues de Bort.

Champs-sur-Tarentaine-Marchal

Blotti dans une cuvette aux parois boisées, ce petit centre de villégiature est proche de la Tarentaine, affluent de la Rhue.

Quittez Champs par le nord en empruntant la direction de Lanobre, puis, à droite en sortant du village, la D 22 vers Lastioulles.

Barrage et lac de Lastioulles

Cet **ouvrage-voûte** fait partie de l'aménagement de la haute Tarentaine. Suivez la rive nord de la retenue, où une base de loisirs occupe un site propice à la détente.

Bientôt, la route (D 30) quitte ce plan d'eau pour longer, sur la gauche, un petit lac naturel marquant le retour dans le département du Puy-de-Dôme. Il s'agit du **lac de la Crégut**.

Traversez Saint-Genès-Champespe pour emprunter la D 614 en direction d'Issoire. À la sortie du village, prenez à droite la D 30.

Lac de la Landie

Perché à 1 036 m d'altitude, ce lac naturel offre un cadre reposant de pâturages et de bois. La nature préservée qui l'entoure réveillera peut-être votre fibre artistique en vous donnant envie de saisir vos pinceaux. Mais l'endroit attire tout particulièrement les pêcheurs, qui trouveront ici maintes raisons de pratiquer leur activité favorite. Ils pourront notamment attraper des poissons de « grand sport » (de type saumon et omble), introduits dans les eaux du lac en 1991.

Revenez vers la D 614 et, au croisement, tournez à droite. Après 7 km, prenez à droite la D 203 en direction de Besse.

Lac Chauvet *(voir le massif du Sancy)*

Faites demi-tour et suivez la D 203 jusqu'à La Tour-d'Auvergne.

La Tour-d'Auvergne *(voir le massif du Sancy)*

Quittez La Tour-d'Auvergne par le sud-ouest en empruntant la D 47.

La route vers Bagnols passe au pied de la **cascade du Pont de la Pierre** qui bouillonne sur la gauche.

Bagnols

Ce bourg est situé dans la vallée de la Tialle, région vallonnée tapissée de prairies entrecoupées de bosquets. Autrefois, les maisons étaient couvertes de toits de chaume, qui ont disparu lors d'un gigantesque incendie (1895).

Après Cros, la D 47 redescend dans la vallée de la Tialle.

Peu après être entré dans le département du Cantal, prenez sur la gauche la D 922.

Lanobre

Édifiée au 12e s., son **église** est caractéristique du style roman auvergnat. On pénètre à l'ouest par un beau portail du 13e s., dont les deux vantaux de bois sont ornés de belles pentures romanes.

À l'intérieur, plus on avance vers le sanctuaire, plus les motifs religieux qui ornent les chapiteaux gagnent en détails et en expressivité. Dans la première travée, vous remarquerez des animaux rieurs et effrontés, un aigle enserrant un lièvre et un dragon attaqué par un guerrier. Dans la croisée, admirez un superbe **singe cordé** (aux allures d'homme-singe) et un porteur d'âne. On retrouve ici le thème du « châtiment de l'avare » (que l'on reconnaît à la bourse autour de son cou), fréquemment évoqué dans les églises romanes auvergnates. Enfin, comme un signe d'avertissement, serpents et autres créatures accompagnent le visiteur jusqu'au chapiteau de saint Michel aux prises avec le diable ; cette scène est reprise sur le tympan des églises d'Autun en Bourgogne et de Conques en Aveyron.

Suivez la petite route qui bientôt plonge vers le lac de Bort.

★ Château de Val

☎ 04 71 40 30 20 - visite guidée (45mn) de mi-juin à mi-sept. : 10h-12h30, 14h-18h30 ; le reste de l'année tlj sf mar. 10h-12h, 14h-17h30 ; vac. de Toussaint et Noël et vac. de fév. : 14h-17h30 - fermé de mi-oct. à fin mars - 5 € (5-14 ans 3 €).

Doté d'élégantes tours coiffées en poivrière, le château de Val (15e s.)

occupe, depuis la mise en eau de la retenue de Bort, un **site★★** des plus pittoresques. Bien planté sur son îlot rocheux, il ne communique avec la terre ferme que par une digue étroite lorsque le lac est complètement rempli. L'intérieur abrite de beaux escaliers et deux magnifiques cheminées Renaissance. Le premier étage accueille chaque année des œuvres de grands peintres contemporains. Vous pourrez également accéder au chemin de ronde et à la charpente d'une tour. De nombreuses photos de Val au début du 20e s. et de la construction du barrage sont exposées dans la **chapelle Saint-Blaise**, donnant sur la cour d'honneur, tandis que, dans une salle des communs, une vidéo d'images de synthèse vous fait découvrir tout l'historique du château, de ses origines à nos jours.

À la période estivale, le château s'illumine dès la tombée du jour, et semble alors tout droit sorti d'un conte de fées…

Au pied du château – Plage *(baignade surveillée en saison)*, base nautique, départs de promenades en **vedette**.

Faites demi-tour et, au croisement, prenez la D 922 sur la droite pour revenir à Bort.

NOS ADRESSES À BORT-LES-ORGUES ET L'ARTENSE

Voir aussi les encadrés pratiques de Condat, Mauriac et Riom-ès-Montagnes.

HÉBERGEMENT ET RESTAURATION

PREMIER PRIX

Camping Village Center La Siauve – *15270 Lanobre - 3 km au sud-ouest par D 922, rte de Bort-les-Orgues et rte à dr., à 200 m du lac - accès direct- - 04 71 40 31 75 - www.village-center.com - - 220 empl.* Au bord du lac, ce camping vous permettra de vivre un séjour 100 % nature dans un site remarquable. Vous y passerez à coup sûr des vacances actives entre plage, pêche et découverte de la région, à pied ou à vélo… Chalets et huttes à louer.

BUDGET MOYEN

Central Hôtel – *65 av. de la Gare - 05 55 96 81 05 - www.centralhotelbort.com - fermé vend. soir et dim. soir de sept. à avr. - - P - 21 ch. 48/53 € - 7,30 € - rest. 16,50/30 €.* Souhaitant améliorer la qualité de leur établissement, les propriétaires de cet hôtel du centre-ville ont rénové la plupart des 21 chambres, les dotant d'un confort actuel et d'une bonne isolation phonique. On appréciera celles de l'annexe, donnant sur la Dordogne. Cuisine du terroir avec un excellent menu à prix doux.

ACTIVITÉS

Site d'initiation à l'escalade – *Grandes voies équipées sur la face sud du plateau des Orgues de Bort - 05 55 20 16 46.*

Val Aventure (Château de Val) – *Relais du château de Val - 15270 Lanobre - 04 71 40 34 14 - www.valaventure.com - tte l'année sur réserv. ; juil.-août : 10h-19h ; w.-end et vac. scol. : 10h-17h - 17 € (enf. 12 €).* Un conseil : profitez bien du cadre et de la vue sur le château de Val avant de vous lancer dans ce parcours aventure. En effet, dès que vous vous attaquerez aux 100 ateliers disséminés dans les 3 ha d'espace boisé, vous n'aurez plus le cœur à contempler la nature. Nouveau défi : la tyrolienne de 1 km. Émotion garantie.

Pêche – La région de Bort-les-Orgues offre aux pêcheurs des eaux d'excellente qualité où ils pourront pêcher brochets, sandres, perches, carpes. Ils apprécieront particulièrement le barrage de Bort (1 200 ha - prof. max. 127 m) ; le barrage de Marèges (400 ha - prof. max. 90 m) ; Ballastière de la Plantade (7 ha - prof. max. 6 m). Pour plus de détails, procurez-vous le dépliant « Pêche au pays de Bort-Artense » auprès de l'office de tourisme.

Site d'initiation à l'escalade – De nombreuses voies extérieures et intérieures sont aménagées sur la face sud du plateau des Orgues de Bort : impressionnantes colonnes de phonolite, hautes de 80 à 100 m. *S'adresser à l'office du tourisme de Bort-les-Orgues ou à la section du Club alpin du haut Cantal - ✆ 04 71 78 14 63.*

Train touristique Gentiane Express – *Au départ des gares de Bort-les-Orgues ou Riom-ès-Montagnes.* Train touristique de la haute Auvergne passant à travers les paysages de l'Artense et du Cézallier. *Pour plus de détails, voir p. 36.*

Ardes-sur-Couze

592 Ardoisiens – Puy-de-Dôme (63)

NOS ADRESSES PAGE 238

S'INFORMER

Syndicat d'initiative Ardes-Cézallier – *68 Grande-Rue - 63420 Ardes-sur-Couze - ✆ 04 73 71 86 96 - tlj sf j. fériés 8h-12h, 14h-18h, sam. 9h-12h, dim. 9h30-12h.*

SE REPÉRER

Plan de région B1 (p. 182) – carte Michelin Départements 326 F10.

L'accès classique se fait par la D 214 et la D 215 à partir de Saint-Germain-Lembron. Les gorges de l'Alagnon et le val d'Allier ne sont pas loin : on est pourtant déjà dans un bourg de montagne.

À NE PAS MANQUER

Ne manquez pas les paysages de la vallée de Rentières, ni ceux du plateau de la Chavade. Les foires de Brion *(mai-oct.)* sont d'exceptionnels moments de rassemblement et de convivialité.

AVEC LES ENFANTS

Passer l'après-midi en plein air au parc animalier du Cézallier fera le bonheur des enfants et des adultes.

L'ancienne capitale du duché de Mercœur est juchée sur un promontoire rocheux, au débouché des gorges de Rentières. Aux portes du Cézallier, elle est la passerelle entre les plaines dorées du Lembron et les herbages des hauts plateaux, lieux d'estive aux paysages vierges et sauvages, parsemés çà et là de burons.

Se promener

Comme son nom l'indique (*ard* signifiant hauteur), cette charmante bourgade est juchée sur un promontoire rocheux, au débouché des gorges de Rentières. La rivière, la Couze d'Ardes, marque un coude et repart en direction de l'Allier.

Des **passages** entre les maisons permettaient de communiquer entre la ville haute et les bords de la Couze, où fut construite l'église Saint-Dizaint, à l'emplacement d'un ancien prieuré.

Église

Elle date du 15e s. À l'intérieur, le maître-autel du 17e s., en bois doré, est à voir pour ses huit petits groupes représentant la Passion. Près du chœur, un curieux bas-relief en bois sculpté figure la chasse de saint Hubert. Face à la chaire, pietà en pierre du 16e s. et, dans la chapelle, au fond de l'église, lutrin du 15e s.

Devant l'église, une belle **croix** du 15e s. arbore, sur l'une de ses faces, une Vierge allaitant (sujet rarement traité) et, sur l'autre, les symboles des quatre évangélistes.

Parc animalier du Cézallier

Au sud d'Ardes par la D 23. ✆ 04 73 71 82 86 - http://www.zoo-cezallier.com - avr.-sept. : 10h-19h ; oct.-mars : dim. et vac. scol. de 14h à la tombée de la nuit - fermé déc. - 9 € (3-10 ans 6,50 €).

Ce parc de 25 ha, à mi-chemin entre un zoo classique et une réserve, se visite en suivant un parcours ombragé. Il faut environ 2h pour voir les quelque 70 espèces d'animaux : singes capucins, zèbres, hippopotames, lions, bouquetins, etc. Les enfants pourront faire une pause sur les aires de jeux qui leur sont consacrées.

Itinéraire conseillé

VALLÉES SAUVAGES DU CÉZALLIER

Pour visualiser cet itinéraire de 55 km, reportez-vous au schéma ci-contre – comptez environ 2h30.
Quittez Ardes par l'ouest en empruntant la D 36.
Plusieurs rivières, nées dans les monts Dore ou le Cézallier, se jettent dans l'Allier et portent le nom de Couze. Dans la partie montagneuse, ce sont des torrents aux eaux claires, se déversant dans des gorges profondes auxquelles succèdent les vallées, avec vignes en terrasses et cultures de plaine.
Pour les amoureux des Couzes, ce circuit est relié à celui des Couzes de Pavin et de Chambon *(voir Besse-et-Saint-Anastaise)* par les **gorges de Courgoul**, creusées par la Couze de Valbeleix (11 km, entre Saurier et Valbeleix).

★ Vallée de Rentières

La vallée de la Couze d'Ardes, petit affluent de l'Allier, porte le nom de Rentières, entre Ardes *(en aval)* et Saint-Alyre *(en amont)*. Creusé dans les plateaux du Cézallier, c'est un étroit sillon dont les versants disparaissent sous les plateaux de verdure. De curieux rochers volcaniques surmontent le versant nord, tandis que d'étranges blocs basaltiques, en gerbes verticales, hérissent la vallée.
Face au village de Rentières se dressent les ruines du **château de Mercœur**.
Poursuivez sur la D 36.

Saint-Alyre-ès-Montagne *(voir les monts du Cézallier)*

À la sortie du village, continuez sur la D 36.

Brion

Ses foires aux bestiaux *(voir encadré ci-dessous)* font la réputation de ce village situé sur le GR 30 et dominé par de très belles orgues basaltiques.
Continuez sur la D 36.

Compains

C'est près de ce village que la Couze de Valbeleix prend sa source, alimentée vraisemblablement par les eaux du lac de Montcineyre *(voir Besse-et-Saint-*

FOIRE AUX BESTIAUX DE BRION

Ces foires font partie des traditions auvergnates, encore très ancrées. Elles existent depuis l'an 1600 et se déroulent de début mai à fin octobre. Limousines, salers, montbéliardes… se donnent rendez-vous ici. Les négociations sont rapides et se soldent par un « tope là ! » de la main, en parole donnée. Brion retrouve alors vie, les burons s'ouvrent et se transforment pour l'occasion en restaurants animés où buronniers, bouchers, éleveurs… et touristes se retrouvent le temps d'un verre ou d'un repas partagé.

Anastaise). L'**église** est dotée d'une nef romane (12e s.) et d'un chœur gothique (13e s.) surmonté d'un long clocher blanc, très effilé.

Quittez Compains par l'est en empruntant la D 26.

La route parcourt la coulée de lave issue du puy de Montcineyre, qui s'est épanchée dans cette vallée il y a 6 000 ans. La cheire, au sol particulièrement chaotique, est couverte d'une belle hêtraie.

Valbeleix

Une croix du 15e s. est érigée dans le cimetière. La vallée de la Couze de Valbeleix, sculptée par les glaciers, offre un profil en auge (ou en U) presque parfait. La butte arrondie qui domine le village et barre la vallée est un intéressant exemple de **verrou glaciaire**.

Après quelques kilomètres, au-delà de la Valette, la vallée semble se fermer. Le glacier n'a pas pu s'engager dans les gorges de Courgoul bien plus étroites.

Après l'église de Valbeleix, prenez à droite la D 127 sur 2 km, puis à gauche la D 641 en direction de la Chavade.

★ Plateau de la Chavade

Pour parvenir à ce plateau, la route s'élève au cœur d'une hêtraie. Stationnez sur une aire dégagée au pied de pins tourmentés par les intempéries, puis gagnez les deux tables d'orientation dont l'une est visible depuis le lieu de stationnement, à 300 m sur la droite.

Premier belvédère – **Vue★★** magnifique sur la vallée en auge de la Couze de Valbeleix et sur les monts Dore. La table d'orientation apporte des commentaires intéressants sur la mise en valeur agricole du plateau.

La roche Nité *(second belvédère)* – Superbe **vue★★** sur les massifs volcaniques du Cézallier et des monts Dore, dont les coulées de lave furent découpées, il y a 10 000 ans, par de gigantesques langues glaciaires qui marquent encore aujourd'hui le paysage.

Revenez sur la D 127 et prenez à gauche vers la Mayrand. Tournez à gauche. Après Genelière, prenez à droite la D 23 qui ramène à Ardes-sur-Couze.

NOS ADRESSES À ARDES-SUR-COUZE

Voir aussi les encadrés pratiques des monts du Cézallier et d'Issoire.

HÉBERGEMENT

PREMIER PRIX

Chambre d'hôte Les Aubépines – *Le Chausse-Haut - 63420 Rentières - ✆ 04 73 71 84 28 - pmj.boyer@wanadoo.fr - ⊠ - réserv. conseillée en hiver - 4 ch. 45 € - ☕ - repas 15 €.* Sur un site vallonné, ce bâtiment de construction contemporaine trouve sa place au sein d'une exploitation agricole. Nanti d'un mobilier cossu, en cuir et bois massif, le salon s'articule autour de la cheminée. Les chambres misent sur un confort simple et fonctionnel. Cuisine familiale et recettes du pays.

RESTAURATION

PREMIER PRIX

Le Beffroi – *R. du Vallat - ✆ 04 73 71 85 76 - fermé sam. sf j. fériés - 11/30 €.* Ayez l'œil en traversant le village car la devanture de ce « Beffroi » n'attire pas vraiment l'attention. Cuisine du terroir à déguster dans deux salles à manger dont les grandes baies vitrées donnent sur le jardin.

Monts du Cézallier

★

Puy-de-Dôme (63), Cantal (15)

NOS ADRESSES PAGE 245

S'INFORMER

Syndicat d'initiative Ardes-Cézallier – *Maison de pays - 68 Grande-Rue - 63420 Ardes-sur-Couze - ✆ 04 73 71 86 96 -www.cezallier.org - tlj sf j. fériés 8h-12h, 14h-18h, sam. 9h-12h, dim. 9h30-12h.*

SE REPÉRER

Plan de région B2 (p. 182) – carte Michelin Départements 326E/G 10/11 et 330 F/G 2/4.

En venant de Clermont, le plus simple est d'emprunter la D 978 qui mène à Besse-et-Saint-Anastaise et à Condat. La plus jolie arrivée se fait par une petite route de plateau, la D 32, qui part d'Issoire et rejoint La Godivelle par Solignat et Dauzat-sur-Vodable. Par le sud, l'accès se fait naturellement par Condat et Allanche.

À NE PAS MANQUER

Au signal du Luguet, le superbe panorama sur les monts Dore, le Cantal et la Margeride; la découverte d'un des plus beaux lacs de la région : le lac d'En-Haut de La Godivelle; et, pour les amateurs de saint-nectaire, de cantal et autres délices du terroir, la Maison des fromages d'Égliseneuve-d'Entraigues.

ORGANISER SON TEMPS

En pénétrant au cœur du Cézallier, les villages font place aux hameaux, et les commerces se font rares. Organisez votre journée ou votre séjour en conséquence. Et prenez le temps de découvrir cette magnifique région sans oublier une petite laine, car le Cézallier est une zone de montagne.

AVEC LES ENFANTS

Une sortie accompagnée dans la réserve naturelle des Sagnes de La Godivelle, à la découverte de la flore et de la faune des tourbières.

Entre les monts Dore-Sancy et le Cantal, de hauts plateaux granitiques recouverts de basalte charpentent le Cézallier. Ici les volcans ne comportent ni cônes ni cratères. Les bords du plateau s'abaissent lentement vers l'est avant d'être entaillés par de vigoureuses vallées. Un charme étrange se dégage de ces vastes pâturages. Au printemps, la neige à peine fondue laisse apparaître des tapis de narcisses et de jonquilles qui, peu à peu, cèdent leur place à un véritable désert vert, piqueté d'anciens burons et de rares villages aux granges et aux étables immenses. L'été, des milliers de bêtes à cornes viennent à l'estive et demeurent, sans gardien, dans ces « montagnes » clôturées; la « rouge », ou vache salers, est ici la reine! Le Cézallier se déguste lentement, au pas des vaches. Il plaira aux amoureux de grands horizons, de solitude, de nature et d'air pur, ainsi qu'aux amateurs de sports d'hiver, et particulièrement de ski de fond auquel se prêtent admirablement son relief et ses paysages…

Itinéraires conseillés

Des deux itinéraires décrits ci-après, le premier fait connaître la « montagne » ; le second emprunte la vallée qui, à l'est, plonge vers l'Alagnon.

★ LES HAUTS PÂTURAGES DU CÉZALLIER

Pour visualiser cet itinéraire 1 *de 90 km, reportez-vous au schéma ci-contre – environ 5h.*

Ces hauts plateaux offrent un paysage étonnant de montagnes d'herbe se succédant à l'infini. Ici, l'homme et la nature cohabitent en parfaite harmonie…

Condat *(voir ce nom)*

Quittez Condat par le sud en empruntant la D 679 en direction d'Allanche.

La route longe un plan d'eau, reconstitution récente du lac que les moines avaient créé au 12e s.

Abbaye de Féniers

3h AR au départ du col du Perthus. Laissez la voiture dans le hameau de Féniers et gagnez les ruines par le GR 4, puis la D 16. Accès possible en voiture depuis Condat en suivant la D 16.

Cette abbaye cistercienne, fondée à la fin du 12e s., fut rebâtie en 1686 et supprimée à la Révolution. De l'édifice, en partie détruit par un incendie en 1872, ne subsistent que quelques vestiges des bâtiments abbatiaux, du cloître et de l'église. Un petit oratoire, adossé aux ruines, abrite une statue de la Vierge (15e s.).

Prenez à droite la D 16.

La route vers Saint-Bonnet-de-Condat descend au fond de la vallée de la Santoire et pénètre dans de pittoresques **gorges** boisées.

À Saint-Bonnet-de-Condat, prenez à gauche la D 36.

Marcenat

En se promenant dans le bourg, vous remarquerez des maisons construites par les marchands de toile qui firent fortune en pratiquant ce commerce itinérant au 19e s. Outre sa belle église du 15e s., dotée d'un clocher du 19e s., la commune abrite le **monastère orthodoxe Znaménié**, situé à la Traverse. Séduites par la beauté du site, les moniales entreprirent, en 1988, la restauration d'une ancienne ferme afin de la convertir en monastère. Après plusieurs années de travaux, le monastère, dépendant du patriarcat de Moscou, fut consacré en 1996. Son église, construite selon le modèle de celle du mont Athos, se distingue par sa coupole de cuivre.

✆ 04 71 78 84 68 - visite de l'église et de la salle d'exposition juil.-août : 14h-18h ; reste de l'année : dim. 13h30-17h, sur demande préalable le reste de la sem. - gratuit.

Maison de la Foudre – *✆ 04 71 78 85 00 - juil.-août : 14h-18h ; 2e quinz. de juin et 1re quinz. de sept. : 14h-17h ; de Pâques à mi-juin : 15h-17h - fermé de mi-sept. à Pâques - 5 € (6-12 ans 3 €).*

Ce musée fut créé à l'initiative d'Alex Hermant, photographe passionné par les orages et la foudre. Dans une maison du 18e s., deux niveaux sont consacrés au phénomène, depuis la formation de l'orage jusqu'au point d'impact de la foudre. Photographies, vidéo, maquette et collection d'objets foudroyés expliquent et illustrent les mécanismes météorologiques.

241 MONTS DU CÉZALLIER

Après Marcenat, empruntez la D 679 qui traverse un grand plateau désert, offrant de belles **vues** à gauche sur le Cézallier. On peut être surpris de voir, dans ces solitudes, les rails d'une voie de chemin de fer : c'est là que passaient, par pleins convois, les trains menant les bestiaux aux grandes foires d'Allanche et de Brion *(voir p. 244)*.

Les Prades

Du sommet des **orgues basaltiques**, vue agréable sur Landeyrat et la haute vallée d'Allanche qui échancre la planèze.

Des Prades, poursuivez sur la D 679.

Après quelques kilomètres, vous trouverez sur la droite la superbe **cascade des Veyrines**, fréquentée l'été pour sa fraîcheur et son cadre agréable.

Continuez sur la D 679. Avant Allanche, prenez à gauche la D 39 par Pradiers, en direction d'Anzat-le-Luguet.

Sur la route sinueuse qui mène à Anzat-le-Luguet se trouvent trois belles cascades. Pour accéder à la **cascade de la Terrisse**, sur la D 39, tournez à droite, passez la Jarrige et poursuivez jusqu'à la Terrisse ; prenez ensuite à droite. Vous verrez la Sianne se jeter d'une hauteur de 20 m sur une coulée de basalte, le long de très belles orgues. Cette cascade, dont l'accès a été sommairement aménagé par la mairie et l'association Cézallier-Vallée de la Sianne, est méconnue. C'est pourtant l'une des plus belles du Cantal. Avec un peu de chance, vous apercevrez un drôle de pêcheur : le héron cendré, qui lui aussi est amateur de truites !

Revenez sur la D 39 en direction d'Anzat-le-Luguet. Poursuivez tout droit sur la D 23.

À la limite des départements du Cantal et du Puy-de-Dôme, la **cascade de la Vazèze** est visible à droite depuis la route, avant le hameau de Vins-Haut.

En poursuivant la D 23 sur environ 5 km, vous trouverez, à gauche, la **cascade d'Apcher**, avant le hameau du même nom. Elle précède un beau point de vue, un peu plus loin à droite toujours sur la même route.

Poursuivez jusqu'à la sortie d'Anzat-le-Luguet, et quittez la D 23 pour prendre à gauche la D 721 vers Parrot.

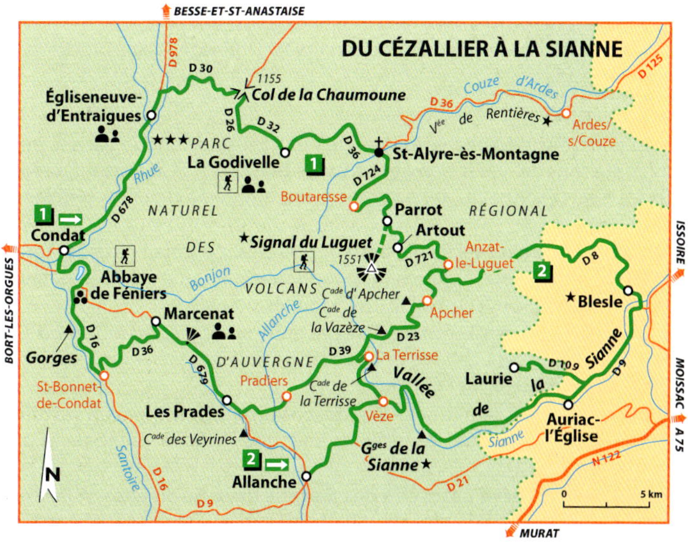

Parrot
Agréable petite station de ski de fond dans un paysage superbe. À quelques kilomètres de là *(par la D 32)*, le village d'**Artout** s'inscrit dans un beau cirque, régulier, modelé par les glaciers.

★ Signal du Luguet
1h30 AR, au départ de Parrot en montant à travers les herbages. Balisage difficile à suivre ; carte recommandée. Déconseillé par temps orageux ou couvert.
Cet ancien volcan, qui fut sans doute le plus important du massif, culmine à 1 551 m, ce qui en fait le point le plus élevé du Cézallier. Couronné de bois, il se détache à peine de l'horizon des plateaux, offrant un immense **panorama★** sur les monts Dore, le Cantal et la Margeride.
Poursuivez sur la D 721 jusqu'à Boutaresse, et prenez à droite la D 724.
Cette route décrit un parcours sinueux, pittoresque.

Saint-Alyre-ès-Montagne
Sur une hauteur, à l'écart du village, l'**église** romane bien exposée au sud fait face à un beau paysage dominé par la montagne de Gamet. Elle se signale par les rustiques et énigmatiques sculptures de son tympan et par les billettes (moulures décoratives en forme de boudin) de son chevet.
Quittez Saint-Alyre par l'ouest en empruntant la D 36. Après 3 km, prenez sur la gauche la D 32.

La Godivelle
Perdu dans les herbages, ce village du Cézallier se distingue par ses puissantes maisons de granit, son **église Saint-Blaize** (12e s.) et, surtout, sa **fontaine**, la plus grande du département : une trentaine de bêtes peuvent y boire !
Si un ancien maire du village en avait décidé ainsi, ce n'était pas par orgueil démesuré… mais tout simplement pour pouvoir abreuver les bêtes l'hiver, alimenter le village et combattre les incendies.
Autre particularité : le village se trouve pris entre un lac de cratère, le **lac d'En-Haut** (alt. 1 225 m), et un étang privé (le lac d'En-Bas), dont les eaux vaseuses attirent de nombreux oiseaux migrateurs.
Si le temps vous le permet, ne ratez pas un coucher de soleil sur le lac d'En-Haut : sous des lumières rasantes, sa forme circulaire prend un aspect presque lunaire.
Maison de la réserve naturelle des Sagnes de la Godivelle – *04 73 71 78 12 - juil.-août : 14h-18h - visite libre gratuite - sorties nature 4 € (enf. 1,50 €).*

Gentianes.
OT du Pays Gentiane

À 1 200 m d'altitude, cette réserve naturelle au nom gaulois de marécage fait partie des quelque 377 tourbières recensées en Auvergne. Elle s'étend sur 24 ha et se compose de deux parties : l'une localisée autour du lac d'En-Bas de La Godivelle, et l'autre, plus petite, sur la zone de la **Coualle Basse**, 1 km plus loin. Une faune et une flore uniques cohabitent ici, et de nombreuses espèces sont aujourd'hui protégées.

Créée en 1975, la réserve est gérée par le Parc naturel régional des Volcans d'Auvergne (*voir p. 152*) ; son accès fait l'objet d'une réglementation très précise, et un code de bonne conduite est à adopter pour en découvrir et en apprécier les richesses. La Maison de la réserve abrite une exposition consacrée au site et organise des sorties accompagnées sur le terrain.

Randonnée – *3h30 : balisage jaune au dép. de La Godivelle, chiens admis en laisse.* Après avoir traversé les **tourbières**, vous admirerez le **point de vue★** de Brion, puis rejoindrez Jassy par les **estives**. Le retour vers La Godivelle passe par les **lacs** de Saint-Alyre et d'En-Bas.

Quittez La Godivelle par le nord en empruntant la D 32. Après 3 km, prenez sur la droite la D 26.

Col de la Chaumoune

Alt. 1 155 m. On découvre, près du col, des plantations de résineux.

Prenez à gauche la D 30, puis encore à gauche (6 km plus loin) la D 978.

Égliseneuve-d'Entraigues

Cette petite station estivale (alt. 952 m) possède une **église** romane dotée de chapiteaux intéressants et d'un retable en bois sculpté. En hiver, c'est aussi un point de départ pour de nombreux skieurs de fond.

Maison des fromages – *Gratuit. Horaires : se renseigner au bureau de tourisme ✆ 04 73 71 92 65.* Venez découvrir et déguster, dans une ancienne grange-écurie, les cinq fromages d'appellation contrôlée (AOP) produits au sein du Parc des Volcans. Cette maison accueille les visiteurs désireux de connaître l'histoire et les techniques de fabrication de ces produits : saint-nectaire, cantal, bleu d'Auvergne, fourme d'Ambert et salers. Un montage audiovisuel complète la visite.

La D 678 ramène à Condat par un joli parcours dans la vallée de la Rhue.

LA VALLÉE DE LA SIANNE

Pour visualiser cet itinéraire 2 *de 50 km, reportez-vous au schéma p. 241 – comptez environ 1h30.*

Allanche

Porte d'entrée du Cézallier, bourg agricole, Allanche, niché au bord de la rivière du même nom, est surtout réputé pour ses foires aux bestiaux et ses grandes manifestations annuelles : la **fête de l'estive** *(fin mai)*, qui accueille jusqu'à 30 000 pers., la foire à la brocante *(1er w.-end d'août)* et le marché des potiers *(1er w.-end de juin)*. Les marchés de pays *(le mar. matin)* y rencontrent également un franc succès. Le vieux centre a conservé des vestiges de ses anciens remparts, des portes de ville et des maisons de caractère, couleur de lave, aux toits de lauzes.

L'**église** romane, fortifiée, renferme des stalles Renaissance, une peinture sur bois de l'école flamande et une émouvante pietà en pierre.

Depuis 2009, le vélorail du Cézallier fonctionne de nouveau : un circuit est proposé au départ de la gare *(voir encadré pratique)*.

Quittez Allanche à l'est par la D 9 en direction de Chavanon et Vèze.

Jusqu'à Vèze, la route traverse les grands pâturages du Cézallier. On aperçoit bientôt, du haut de la montée, les monts du Cantal. La route en corniche descend ensuite vers les **gorges de la Sianne★** sur lesquelles elle offre de belles échappées ; les versants se couvrent de forêts.

Après plusieurs défilés, où de gros rochers font saillie de chaque côté de la rivière, la vallée s'élargit. Elle se fait plus lumineuse, des arbres fruitiers apparaissent.

Auriac-l'Église

Au cœur de la vallée de la Sianne, ce village est joliment situé à droite de la route. Après Auriac, les amoureux de la statuaire romane feront un crochet jusqu'à **Laurie** *(D 109, à gauche)* dont l'église romane abrite une belle Vierge en bois polychrome.

Continuez sur la D 9, puis la D 20. Prenez la D 8 à gauche.

★ Blesle *(voir ce nom)*

Revenez à Allanche par la vallée du Bellan, Anzat-le-Luguet, puis la D 23 qui ramène à Vèze. On peut aussi continuer sur Massiac et les gorges de l'Alagnon (voir Massiac).

NOS ADRESSES DANS LES MONTS DU CÉZALLIER

Voir aussi les encadrés pratiques d'Ardes-sur-Couze, de Besse-et-Saint-Anastaise et Riom-ès-Montagnes.

HÉBERGEMENT

PREMIER PRIX

Chambre d'hôte L'Oustal – *Au bourg - 43360 Bournoncle-St-Pierre - 04 71 76 99 83 - www.gite-L-oustal.com - P - - 3 ch. 48 € - - rest. 16 €.* Aménagées dans l'ancienne école du village, ces 3 chambres trouvent leur place à l'étage. Une familiale, la « cigale », peut accueillir 4 personnes tandis que « l'abeille », la plus originale, dispose d'un petit pupitre d'écolier. Table d'hôte traditionnelle avec en spécialité la « liogue », une épaisse saucisse cuite.

Auberge de la Baraque d'Aubiat – *La Baraque - 63420 Mazoires - 04 73 71 74 33 - www.baraque-d-aubiat.com - fermé 1er-15 déc., sam. midi sf en été et vac. scol. - - P - 17 ch. 38/45 € - 6 € - rest. 13,50/22 €.* Outre les 17 chambres, dont 8 aménagées dans une ancienne ferme à 200 m, cette entreprise familiale comprend une salle de restaurant pleine de caractère. Un mobilier digne des vieux burons trouve sa place entre poutres et pierres apparentes. Jolie vue sur le Cézallier de la salle des petits-déjeuners. Terrasse abritée.

Chambre d'hôte La Barajade – *Recoules - 15170 Joursac - 04 71 20 59 12 - www.chambres-hotes-cantal.com - fermé de nov. à mars - P - - 5 ch. 48/50 € - .* Située à 1 120 m d'altitude, cette ancienne ferme de caractère respire le calme. Pierres et poutres apparentes ornent les différentes pièces, dont la salle à manger où l'on se régalera de spécialités régionales entièrement préparées maison. Confort et bonne tenue pour les 5 chambres aménagées à l'étage.

ACTIVITÉS

Centre équestre de Zanières – *63420 Apchat - 04 73 71 84 30* - Grâce à cette structure, vous pourrez agrémenter vos promenades sur les hauts plateaux en y ajoutant la compagnie d'un cheval, ou d'un poney pour les plus jeunes. Que les débutants se rassurent : une initiation progressive leur permettra d'acquérir les gestes fondamentaux en un rien de temps. Tous en selle !

Randonnées – Le Cézallier se prête aussi bien à des balades à la journée (40 randonnées à pied et VTT possibles) qu'à des randonnées week-end ou plus (le tour du Cézallier peut se faire en 4, 5, 7 ou 9 jours dans les estives). Pour plus de détails, vous pourrez consulter www.ffrandonnee.fr ou www.chamina.com.

Vélorail du Cézallier – *Gares de Landeyrat et Allanche - 04 71 20 91 77 - www.velorail-cantal.com - réserv. obligatoire - ouv. (selon météo) juil.-août : tlj ; mai-juin et sept.-oct : vend.-dim.* Moyen de locomotion utilisé autrefois par les ouvriers pour entretenir et surveiller les voies de chemin de fer, la draisine constitue aujourd'hui un moyen de transport insolite pour parcourir les plateaux du Cézallier.

AGENDA

Fête de l'Estive – *Allanche - 04 71 20 48 43 - www.allanche.net - fin mai.*

Foire à la brocante – *Allanche - 1er w.-end d'août.* La plus importante d'Auvergne (objets authentiques, linges et meubles d'antan).

Condat

1 025 Condatois – Cantal (15)

NOS ADRESSES PAGE 249

S'INFORMER

Office du tourisme du Cézallier – *Pl. de la Mairie - 15190 Condat - 04 71 78 66 63 - se renseigner pour j. et horaires d'ouverture.*

SE REPÉRER

Plan de région A2 (p. 182) – carte Michelin Départements 330 E2.

Au carrefour de l'Artense, du Cézallier et des monts du Cantal, Condat est desservi par plusieurs routes : la D 678, la D 679 et la D 62. Mais la plus belle arrivée se fait par la petite D 62, en provenance de Montboudif, qui ménage un superbe point de vue à l'arrivée sur la ville.

À NE PAS MANQUER

Vous pourrez, au départ de Condat, faire plusieurs circuits qui vous dévoileront la beauté des gorges de la Rhue et du pays Gentiane.

AVEC LES ENFANTS

Promenade dans les sous-bois de la forêt de Maubert, et dans le jardin ethnobotanique d'Antignac, planté d'espèces médiévales.

Cette ancienne capitale des marchands de toile est une agréable station de vacances au cœur d'un pays verdoyant. Le bourg, cossu, compte de belles maisons aux toits d'ardoises, souvent construites par des Condatois partis faire fortune jusque dans le Nord et la région lyonnaise, et revenus au pays.

Itinéraires conseillés

★ LES HAUTS PÂTURAGES DU CÉZALLIER

Pour visualiser cet itinéraire de 90 km, reportez-vous au schéma p. 241 – comptez environ 5h – description du circuit p. 240.

★★ DES GORGES DE LA RHUE AU PAYS GENTIANE

Pour visualiser cet itinéraire 1 *de 80 km, reportez-vous au schéma ci-contre – comptez la journée.*

Quittez Condat par l'ouest. La D 679 suit la rive droite de la vallée de la Rhue.

Sur le flanc nord du Cantal, plusieurs cours d'eau portent le nom de **Rhue**. Le plus important, la **Grande Rhue**, née dans le sud des monts Dore, se jette dans la Dordogne au-dessous de Bort-les-Orgues, mais une dérivation souterraine amène une partie de ses eaux captivées dans la retenue du barrage de Bort.

La route ménage de beaux points de vue sur les gorges et le lac des Essarts, puis s'engage dans la forêt de Maubert *(voir p. 249)*. En pleine forêt, le Gabacut, qui a creusé dans le roc de nombreuses marmites, se précipite en deux petites chutes successives.

Cascade de Cornillou

30mn AR. 50 m avant la sortie du hameau de Cornillou, laissez la voiture et prenez à gauche un chemin de terre. Aussitôt avant un hangar abandonné, prenez à droite un chemin en montée qui longe bientôt un petit lac-réservoir. Tournez ensuite à gauche et franchissez un petit pont. Environ 200 m plus loin, par un sentier malaisé, on atteint le haut de la cascade ; un sentier raide permet d'en approcher le bas.

★★ Gorges de la Rhue

En amont d'Embort, la rivière coule dans de magnifiques gorges aux versants boisés qui s'élargissent au confluent des deux Rhues, près de l'usine hydroélectrique de Coindre.

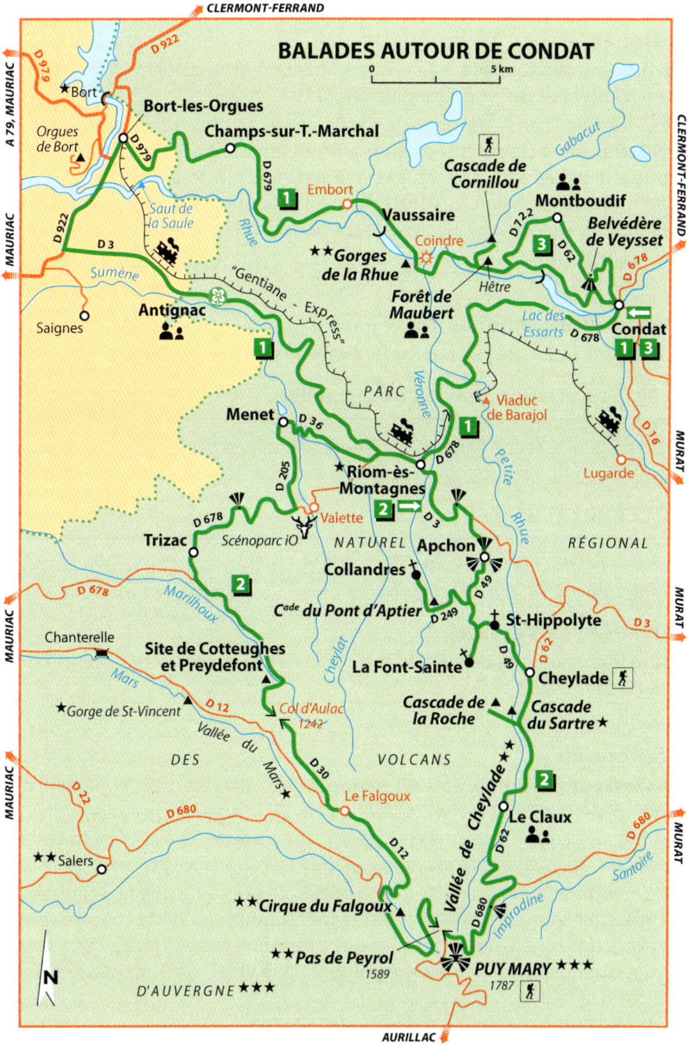

Barrage de Vaussaire

Près d'Embort. Grâce à l'aménagement de la haute Tarentaine, dont l'usine d'Auzerette, en amont, turbine les eaux (production annuelle : 100 millions de kWh), ce barrage peut détourner annuellement 757 millions de m^3 d'eau, qu'un tunnel de 13,5 km conduit dans la retenue du barrage.
Entre Sarran et Champs, la route emprunte une large vallée sèche que suivait autrefois la Rhue.

Champs-sur-Tarentaine-Marchal *(voir Bort-les-Orgues)*

Quittez Champs par la D 679.

Bort-les-Orgues *(voir ce nom)*

Sortez de Bort-les Orgues par la D 922 en direction de Mauriac et, 5 km après, tournez à gauche dans la D 3.

Antignac

Jardin ethnobotanique – ♿ *- visite sur demande préalable : 14h30-18h - 5 € (billet combiné avec le musée préhistorique).*
Cet espace conservatoire a la particularité de présenter des plantes de cueillette (alimentaires, médicinales, ornementales) du Moyen Âge, prélevées sur des sites archéologiques ou provenant d'anciennes zones cultivées ou humides de la région. Le centre Avena d'animation culturelle organise des ateliers, des expositions, des visites, et parfois même des repas médiévaux ou à base de plantes…
Poursuivez sur la D 3.

★ Riom-ès-Montagnes *(voir ce nom)*

La D 678 ramène à Condat par l'autre rive de la vallée de la Rhue.

★★ PAYS GENTIANE ET VALLÉE DE CHEYLADE

Pour visualiser cet itinéraire 2, reportez-vous au schéma p. 247 - pour le descriptif, voir Riom-ès-Montagnes p. 300.

ENTRE RHUE ET GABACUT

Pour visualiser cet itinéraire 3 de 20 km, reportez-vous au schéma p. 247 – comptez environ 45mn. Quittez Condat par le nord en empruntant la D 62.

Belvédère de Veysset

Il offre un beau point de vue, du massif du Cantal au massif des monts Dore, sur Condat et son site.
Continuez vers Montboudif.

Montboudif

Musée Georges-Pompidou – *À côté de l'église, sur la place du monument aux morts. ✆ 04 71 78 68 68 - www.montboudif.fr - ♿ - de mi-juin à mi-sept. : 10h-12h, 14h-18h ; de déb. avr. à mi-juin et de mi-sept. à fin oct. : w.-end et j. fériés 14h-18h ; nov.-mars : sur demande à la mairie - ✆ 04 71 78 53 88 - 3,85 € (enf. 2,30 €).*
L'Auvergne a donné naissance à plusieurs présidents de la République, parmi lesquels Georges Pompidou, né à Montboudif en 1911. Le musée retrace, à travers des objets personnels et des photographies d'Henry Passemard, la vie publique et politique du président. Une vidéo documentaire *(25mn)* complète la visite.
Prenez la D 622 et peu après, à gauche, la D 722.

Forêt de Maubert

La forêt domaniale de Maubert et Gaulis est une belle futaie jardinée, où règne le sapin; les hêtres viennent ensuite, puis des tilleuls et quelques chênes. Sapins et hêtres atteignent des hauteurs remarquables et donnent des bois de valeur.

Au croisement avec la D 679, tournez à droite. Après 1 km, prenez sur la droite une route forestière en très forte montée en bordure de laquelle vous pourrez laisser votre voiture. Faites environ 100 m à pied.

À droite du chemin se dresse l'impressionnant **hêtre Pierre-et-Paul-Buffault** (hauteur : 44 m), dont le fût de 28 m mesure 2,90 m de circonférence.

Regagnez Condat par la D 679.

NOS ADRESSES À CONDAT

Voir aussi les encadrés pratiques de Bort-les-Orgues, des monts du Cézallier, de Murat et de Riom-ès-Montagnes.

HÉBERGEMENT

PREMIER PRIX

Hôtel de la Vallée – *Le bourg - 15400 Cheylade - 04 71 78 90 04 - www.hotellavallee.com - fermé janv. - P - 18 ch. 41/82 € - 7 € - rest. 13,50/45 €.* Cet hôtel-restaurant familial accueille ses hôtes avec une grande amabilité et met tout en œuvre pour leur bien-être. Le chef mitonne une cuisine du terroir et des spécialités auvergnates, servies dans une salle à manger offrant un beau panorama. Chambres confortables.

Chambre d'hôte Véronique Phelut – *Le Veysset - 3 km au nord de Condat par D 62 - 04 71 78 62 96 - www.les-sorbiers.net - fermé 1er nov.-Pâques - 4 ch. 46 € - - repas 13 €.* Une adresse pour les amoureux de la nature et les randonneurs. Dans une campagne superbe, cette maison vous ouvre ses chambres toutes simples mais confortables pour un séjour calme et paisible. Table d'hôte sauf en été, un coin cuisine est alors à disposition.

RESTAURATION

POUR SE FAIRE PLAISIR

Ché Marissou – *Le Veysset - 3 km au nord de Condat par D 62 - 04 71 78 55 45 - www.marissou.com - fermé sept.-avr. et ouv. du vend. soir au dim. hors vac. scol. - - réserv. obligatoire - 26/28 € - 1 ch. 180 €* . Une vraie incursion dans l'Auvergne rurale du 19e s.! Décor typique avec lit clos, maie pour le pain, objets anciens… sans oublier la magnifique cheminée. Menu unique, gratuit pour les moins de 7 ans et les plus de 100 ans!

Aurillac, châtaigneraie et monts du Cantal

3

Carte Michelin Départements 330 - Cantal (15)

Monts du Cantal, puy Mary.

C. Guy / hemis.fr

PARC NATUREL RÉGIONAL DES VOLCANS D'AUVERGNE
CANTAL
CORRÈZE
Condat
Abb^e de Féniers
Marcenat
Les Prades
Allanche
Lac du Pêcher
Murat
Bredons
Albepierre-Bredons
Plomb du Cantal
Col d'Entremont
Dienne
Gges de l'Alagnon
Le Lioran
Super-Lioran
St-Jacques-des-Blats
Pas de Compaing
Cascade de la Roucolle
Cheylade
St-Hippolyte
Cade du Sartre
Le Claux
Vée de Cheylade
Pas de Peyrol
PUY MARY
Col de Cère
PUY GRIOU
L'Élancèze
Thiézac
Rudez
Cade de Liadouze
Mandailles-St-Julien
Vée de la Jordanne
Riom-ès-Montagnes
Apchon
Collandres
Cade du Pt d'Aptier
La Font-Sainte
Cade de la Roche
Vée du Mars
Col de Redondet
Cque du Falgoux
Puy Violent
Col de Néronne
Menet
Trizac
Moussages
Gge de St-Vincent
Chanterelle
Salers
Fontanges
St-Chamant
Col de Legal
Tournemire
Col de Bruel
Crx de Cheules
Anjony
Ydes-Bourg
Saignes
Sauvat
Auzers
Mauriac
Mars
Sumène
Dordogne
St-Cernin
N.-D. du Château
Chât. de Branzac
Labontat
Maronne
La Vigne
Chalvignac
Miers
Pleaux
Gges de la Maronne
Enchanet
1855
1787
1694
1294
1589
1531
1580
1592
1242
1231
1038
1210
N 122
D 680
D 678
D 922
D 62
D 49
D 249
D 3
D 12
D 35
D 17
D 59
D 60
D 43
D 37
D 681
D 682
D 982
D 105
D 978
D 980
D 16
D 442
D 53
D 2
D 22
D 36
D 30
D 679
D 9
D 926
D 34
A
B
C
1
2

AURILLAC, CHÂTAIGNERAIE ET MONTS DU CANTAL

Aurillac

★

29 477 Aurillacois – Cantal (15)

NOS ADRESSES PAGE 263

S'INFORMER

Office du tourisme du pays d'Aurillac – *7 r. des Carmes - 15000 Aurillac - ✆ 04 71 48 46 58 - www.iaurillac.com - juil.-août : 9h-19h ; du 1er Mai à fin juin et sept. : 9h-12h, 13h30-18h30, dim. et j. fériés 9h-14h ; reste de l'année : tlj sf dim. 9h-12h, 13h30-18h.*

Office du tourisme de la Châtaigneraie cantalienne – *28 av. du 15-Sept. - 15290 Le Rouget - ✆ 04 71 46 94 82 - www.chataigneraie-cantal.com - juin-sept. tlj 9h30-12h30, 14h-18h30 (sf dim.).*

SE REPÉRER

Plan de région A/B3 (p. 252) – schéma p. 257 – carte Michelin Départements 330 C5.

Cette ancienne ville close s'ouvre aujourd'hui sur la basse Auvergne, le Limousin et le Rouergue. Cinq grandes routes y convergent en étoile : la D 922 en provenance de Bort-les-Orgues au nord, la D 120 venue de Tulle à l'ouest, la N 122 de Figeac et la D 920 d'Entraygues au sud, la N 122 de Clermont-Ferrand à l'est. La plus belle arrivée sur la ville ancienne se fait par la D 17, venue des hauteurs du puy Mary en suivant le cours de la Jordanne (attention, cet accès est fermé de novembre à fin mai).

SE GARER

Plusieurs parkings en centre-ville : place du Square, place de la Paix, cours Monthyon et place de l'Hôtel-de-Ville.

À NE PAS MANQUER

Une balade à pied dans les rues pittoresques du vieil Aurillac ; le château Saint-Étienne et son Muséum des volcans ; l'imposant barrage de Saint-Étienne-Cantalès, sur la Cère ; un circuit à travers les paysages, déjà méridionaux, de la Châtaigneraie cantalienne.

ORGANISER SON TEMPS

De nombreux sites en plein air sont à découvrir autour d'Aurillac ; réservez la visite des musées pour les journées pluvieuses.

AVEC LES ENFANTS

Les expositions du Muséum des volcans et du musée d'Art et d'Archéologie les passionneront. Dans un autre registre, ils apprécieront la Plantelière d'Arpajon-sur-Cère et la Maison de la châtaigne de Mourjou.

La capitale de la haute Auvergne s'est édifiée autour de vieux quartiers aux ruelles tortueuses près de la Jordanne. Renommée pour ses parapluies, la ville l'est aussi pour son festival de théâtre qui enflamme ses rues au mois d'août. Avec ses maisons à colombages et ses nombreuses boutiques, le centre-ville déborde d'activité en toute saison et invite volontiers le passant à la flânerie.

Aurillac, festival du théâtre de rue.
Conception graphique F. Sérager d'après une illustration d'Henri Galeron

Se promener

CIRCUIT DU VIEIL AURILLAC

Après avoir musardé dans les vieilles rues du centre-ville, vous pourrez aller rêver à l'or mythique de la Jordanne et contempler depuis ses rives les maisons à balcons de bois qui se reflètent dans ses eaux mouvantes.

Place Saint-Géraud B1

Face au portail de l'église, une **façade romane** à arcades et colonnettes appartint sans doute à un hospice sur la route des pèlerins de Compostelle. À côté de l'église, sur la gauche, maison des Chanoines de la fin du 15e s. Au milieu de la place, **cuve** monolithique en serpentine du 12e s.
Contournez l'église par le flanc nord pour rejoindre le chevet. Là s'étendait une **nécropole** dont on voit quelques sarcophages.

Église Saint-Géraud B1

Cette ancienne abbatiale témoigne d'une évolution architecturale complexe. Fondée à la fin du 9e s. par le comte Géraud, elle devint une étape du pèlerinage de Saint-Jacques-de-Compostelle. Agrandie au 10e s., puis au 11e s., elle venait d'être remaniée (1530-1536) quand les protestants, maîtres de la ville, la ruinèrent complètement (1569). Charles de Noailles, évêque de Saint-Flour et abbé d'Aurillac, la fit relever pendant la première moitié du 17e s. En 1794, la tour romane du narthex fut rasée. Au 19e s., on ajouta les deux dernières travées de la nef et le clocher. Les restaurations de 1965 à 1972 ont mis au jour d'intéressants vestiges romans, dont deux chapiteaux romans qui servent de bénitiers.
À l'intérieur, les piliers, qui montent d'un seul jet jusqu'aux voûtes à liernes et tiercerons, donnent équilibre et unité à la **nef**. Au fond, dans un enfeu, se trouve une pietà du 18e s. Remarquez le bel orgue du 18e s., réalisé par Joseph Rabiny.

LE PREMIER PAPE FRANÇAIS

Comme l'atteste la découverte d'un temple du 1er s. *(rue Jacques-Prévert)*, Aurillac a des origines gallo-romaines. La ville prospéra autour de l'abbaye fondée au 9e s. par **saint Géraud**, comte auvergnat, dont le rayonnement fut tel que son nom devint un prénom de baptême (typiquement local, il est encore aujourd'hui très répandu). Cette abbaye a donné à la chrétienté le premier pape français : **Gerbert** (v. 938-1003). Petit pâtre des environs d'Aurillac, il est remarqué par des moines de Saint-Géraud, où il poursuit ses études. Il part alors pour l'Espagne, fréquente les universités arabes, apprend la médecine et les mathématiques. C'est lui qui aurait introduit l'usage des chiffres arabes dans le monde occidental. Son savoir universel le rend si célèbre que l'empereur Otton le choisit comme précepteur de son fils; il est à l'origine de la renaissance ottonienne. Théologien pétri de culture classique, il devient pape en 999 sous le nom de **Sylvestre II**. Surnommé le « pape de l'an mil », il imposera à la féodalité la « trêve de Dieu ».

La **chapelle Saint-Géraud** contient de beaux fragments lapidaires : deux dalles sculptées romanes dont l'une s'orne d'animaux adossés, des chapiteaux à palmettes et à entrelacs; une sculpture préromane, soutenant un reliquaire, représente Samson. La statue de saint Géraud est en bois doré du 18e s. Dans le **transept sud**, on remarque, sur le mur du fond, un élément important de la décoration de l'édifice du 11e s. : une triple arcature avec un arc en mitre au centre. La **chapelle Notre-Dame-du-Cœur** possède des voûtes du 15e s. Dans le chœur, notez un maître-autel à baldaquin, en marbre polychrome, datant de 1762.

Prenez la rue du Monastère, la rue des Forgerons et la rue Victor-Hugo. Gagnez l'hôtel de ville (19e s.), pour rejoindre la rue Vermenouze, qui débouche place d'Aurinques.

Dans la nuit du 6 septembre 1569, les huguenots font sauter la porte de la ville et s'élancent dans les rues : les bourgeois, réveillés en sursaut, ne peuvent résister. Les principaux monuments sont incendiés. En 1581, les protestants reviennent, mais ils sont repoussés grâce à l'intervention miraculeuse de la Sainte Vierge. C'est en souvenir de cet événement que les habitants élevèrent, en 1616, la **chapelle votive Notre-Dame d'Aurinques** A1 dans une tour du mur de la ville, et la complétèrent par une chapelle haute au 19e s.

Suivez la rue de la Coste.

Sur la droite, dans la rue de Noailles, on remarque au n° 7 une **cour Renaissance** A2 *(portail fermé, accès par le cours de Noailles).*

Revenez à la rue de la Coste, prolongée par la rue du Consulat.

Maison consulaire B1

Cette construction de la Renaissance a été restaurée et transformée en salle d'exposition. Remarquez les jolies sculptures de la porte.

Au n° 4, remarquez la très belle tour d'escalier, puis rejoignez la place Gerbert.

Point de vue sur la Jordanne

Au bord de la rivière, vous pourrez contempler les maisons anciennes à balcons de bois. Sur la place se dresse la statue du **pape Gerbert** par David d'Angers. Elle fait face, pour la postérité, à celle de Delzons, général d'Empire, né à Aurillac en 1775.

AURILLAC

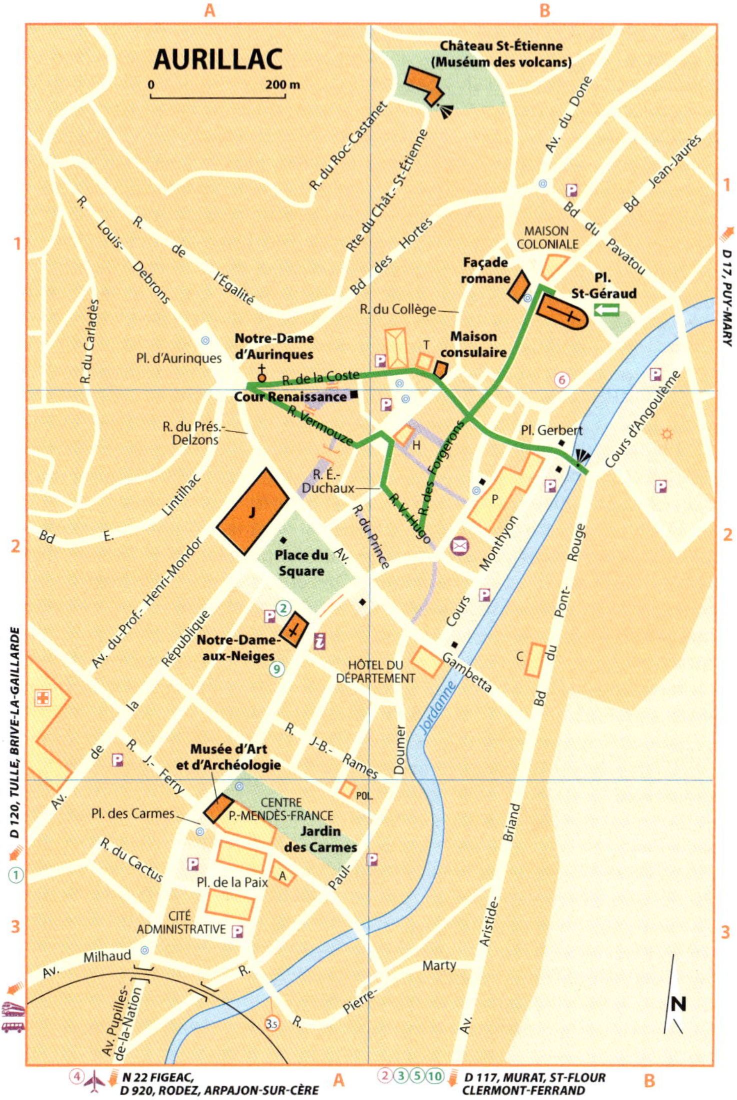

SE LOGER	
Barathe (Chambre d'hôte de)	3
Delcher (Hôtel)	9
Lou Ferradou (Chambre d'hôte)	5
Provinciales (Hôtel Les)	10
Village de vacances La Gineste (Camping)	1
Square (Le)	2

SE RESTAURER	
Auberge Fleurie (L')	2
Belle Époque (La)	4
Bouchon Fromager (Le)	6

LES ORPAILLEURS DE LA JORDANNE

La légende rapporte que cette rivière au nom de fée roulait des paillettes d'or. Les techniques d'orpaillage furent d'abord très primitives : une toison de brebis était mise à l'eau et on recueillait la paille d'or qui s'y accrochait. Au 14e s., un enfant, élevé par un orpailleur et devenu moine de Saint-Géraud, invente un nouveau procédé : des tables inclinées sont recouvertes d'un drap grossier qui retient les paillettes dans sa trame. Ce moine, **Jean de Roquetaillade**, ardent prédicateur, a un curieux don de prophétie : quatre siècles à l'avance, il annonce la ruine du clergé, de la noblesse et la chute de la royauté. Ces prédications ne sont pas du goût de l'autorité ecclésiastique : son évêque le met en prison; puis, sur récidive, le pape le fait enfermer dans les cachots d'Avignon.

COMPRENDRE LES VOLCANS

Château Saint-Étienne B1

Du château habité par les parents de saint Géraud, avant de devenir la résidence du seigneur abbé, ne subsiste aujourd'hui qu'un **donjon** du 13e s.; les 11e et 13e s. virent se multiplier dans le Cantal des tours de défense de plan carré, avec entrée au premier étage : c'est le cas de ce donjon. Le reste des bâtiments, endommagés dans un incendie, date en grande partie de la fin du 19e s. De la terrasse supérieure, aménagée en parc, on admire un beau **panorama** sur la vallée de la Jordanne, les monts du Cantal, la ville et le bassin d'Aurillac. Le château abrite le Centre permanent d'initiatives pour l'environnement (CPIE) de haute Auvergne, une boutique du Parc des Volcans et un intéressant musée.

★ Muséum des volcans

04 71 48 07 00 - www.aurillac.fr - de la dernière sem. de juin à la 1re sem. de sept. : 10h-18h30, dim. 14h-18h30; reste de l'année : tlj sf dim. et lun. 14h-18h - fermé 1er janv., 1er Mai, 1er nov., 25 déc. - 4 € (enf. gratuit). Parking gratuit.

Un double escalier, enserrant une oriflamme de 13 m de haut, donne accès à quatre vastes salles fort bien aménagées. À l'aide de maquettes interactives, de bornes multimédias et de films vidéo, celles-ci présentent les phénomènes volcaniques qui témoignent de l'activité de notre planète.

Une planète agitée… la Terre – Le globe terrestre ouvre ses entrailles pour mieux expliquer son fonctionnement interne.

Le Cantal sur une terre qui change – L'histoire géologique de ce massif est évoquée au moyen de puzzles en relief, d'une dérive des continents synchronisée et de dioramas dont l'un reproduit l'aspect du volcan du Cantal depuis ses origines il y a 400 millions d'années jusqu'à la fin de l'ère tertiaire, il y a 2 millions d'années.

Des volcans et des hommes – Mis en balance, les méfaits (240 000 victimes en quatre siècles) et les bienfaits (formation de l'atmosphère, création de terre fertile) du volcanisme semblent s'équilibrer. L'exemple de la ville de Saint-Pierre de la Martinique, sinistrée en 1902, permet de mesurer l'ampleur des dégâts que peuvent causer les volcans. Dans cette salle, chacun pourra s'initier aux techniques de prévision des éruptions et des séismes.

Le Cantal, volcan aménagé – L'adaptation de la faune et de la flore régionales est retracée, de l'époque glaciaire à nos jours. Une projection *(10mn)* de deux films sur le volcanisme, la faune et la flore, clôture la visite.

PLACE DU SQUARE

Palais de justice A2

Pl. du Square - 15000 Aurillac - ☏ 04 71 45 59 59 - tlj sf w.-end 8h30-12h, 13h30-17h - fermé j. fériés - gratuit.
La salle de la cour d'assises abrite trois belles tapisseries des Flandres du 17e s.

Église Notre-Dame-aux-Neiges A2

☏ 04 71 48 27 16 - visite libre sur demande au presbytère tlj sf dim. et fêtes 9h-12h, 14h-19h. Cette ancienne chapelle d'un couvent de cordeliers date du 14e s. Elle fut reconstruite au 17e s. La sacristie, de style gothique, occupe l'ancienne **salle capitulaire** ornée de deux piliers sur lesquels retombent des voûtes d'ogives. Elle communique avec une élégante chapelle du 15e s. Dans un oratoire à gauche se trouve une Vierge noire très vénérée, du 18e s. À voir également, un beau **lutrin** Renaissance.

QUARTIER DES CARMES

Au sud de la ville ancienne, le quartier des Carmes, avec son grand parc ombragé, est un havre de paix et de douceur.

Jardin des Carmes A3

Ancien enclos monastique, cet agréable espace vert donne accès au centre culturel Pierre-Mendès-France *(au sud)* et à des salles d'exposition *(au nord)*.

Musée d'Art et d'Archéologie A3

1 pl. des Carmes - 15000 Aurillac - ☏ 04 71 45 46 10 - www.aurillac.fr - ♿ - juil.-août : tlj sf lun. 10h-12h, 14h-18h, dim. 14h-18h ; fév.-juin et sept.-oct. : tlj sf dim. et lun. 10h-12h, 14h-18h - fermé j. fériés et nov.-janv. - 2,50 € (-18 ans gratuit).
Il est aménagé dans l'ancien couvent des visitandines (17e s.) qui, après la Révolution, fut transformé en haras national *(voir ci-dessous)*, avant d'être réhabilité en centre culturel. Différents ateliers sont proposés aux enfants pendant la période des vacances scolaires.

Archéologie cantalienne – *1er étage.* La visite débute dans le hall par la reconstitution d'un intérieur cantalien de 1900. Elle se déroule selon un cheminement chronologique depuis la préhistoire jusqu'à l'époque médiévale. Parmi les collections provenant des fouilles pratiquées dans la région, observez la remarquable série de bifaces du paléolithique, l'outillage mésolithique et néolithique (notamment hache polie à double tranchant et silex). Pour l'époque gallo-romaine : matériel des fouilles du temple d'Aron à Aurillac, **ciste funéraire** du 1er s. avec son urne de verre en parfait état. De la période médiévale, tout le mobilier de l'habitat de Chastel-sur-Murat, occupé en continu du néolithique à la Renaissance. Un espace documentation permet de consulter des fichiers informatiques sur l'ensemble des collections.

Collections d'art – *2e étage.* Pour la **peinture** : écoles française, hollandaise et italienne du 17e s., peintres français de la seconde moitié du 18e s. (Nattier, Joseph Vernet, Verhulst), peintres officiels du 19e s. (Cabanel, Richard, Couture), peintres contemporains (Boutet de Monvel, Lebourg, Lebasque). Pour la **sculpture** : *Napoléon* par Chaudet, *Victor Hugo* par Rodin (plâtre), *Rodin* par Camille Claudel (bronze), *Paysan des Abruzzes* par Landowski (bronze).

Photographie – *rdc et 2e étage.* Deux salles exposent par roulement les œuvres contemporaines issues du fonds photographique du musée, constitué entre autres par les clichés d'**Albert Monier** (1915-1998), originaire de Savignat-de-Chanterelle et précurseur dans le domaine de l'édition de carterie, et de

Léger Parry, photographe installé en 1885 à Aurillac. Chacun témoigne à sa manière, au travers de portraits, paysages ou scènes de la vie de tous les jours, de l'histoire de la région.

Écuries – *15000 Aurillac - ✆ 04 71 45 46 10 - ♿ - en période d'expositions : tlj sf dim. et j. fériés 13h30-18h30 - gratuit.* Ancienne annexe du haras, ce bâtiment (1819) constitue un bel espace consacré à des expositions temporaires d'art contemporain. Deux salles présentent les œuvres de grands photographes internationaux.

Pour découvrir les installations du **Haras national d'Aurillac** *(aujourd'hui situé av. de Julien, à la sortie de la ville)*, spécialisé dans le cheval de trait, renseignez-vous auprès de l'office du tourisme d'Aurillac - *✆ 04 71 48 46 58.*

Itinéraires conseillés

DE LA CÈRE À LA MARONNE A2/3

Pour visualiser cet itinéraire de 100 km, reportez-vous au plan de la région p. 252 – comptez une journée. Sortez d'Aurillac au sud-ouest par la N 122, en direction de Figeac.

Sansac-de-Marmiesse A3

Maison du bâti – *À la sortie du village, dans une grange rénovée (reconnaissable à sa verrière rouge) abritant la mairie. ✆ 04 71 47 74 75 - ♿ - mar.-vend. 9h-12h, 14h-17h, sam. 9h-12h - fermé lun., dim. et j. fériés - gratuit.*

Sont présentés ici les 13 « pays » du Cantal et leurs types d'habitations propres. Vous découvrirez pourquoi on faisait jadis toujours pénétrer une volaille en premier dans une maison neuve, et vous comprendrez la différence entre un toit en lauzes et un toit en ardoises.

Poursuivez sur la N 122, puis prenez à droite la D 64 jusqu'à Viescamp. Continuez ensuite par la D 18 jusqu'au barrage sur la Cère.

★ Barrage de Saint-Étienne-Cantalès A3

Un imposant barrage, du type « poids-voûte », retient les eaux de la Cère en un lac de 133 millions de m^3. L'évacuation des eaux de crue est assurée par un **déversoir en « saut de ski »** qui passe au-dessus de l'usine. Mais le charme de cette retenue, qui s'étend sur 12 km de long, tient surtout à ses îles, ses presqu'îles qui composent des paysages étonnants. Le site est aménagé en base de loisirs nautiques.

La D 207 puis la D 7 mènent à Laroquebrou, joli bourg des bords de la Cère.

Laroquebrou A3

Il s'agit d'une petite localité située à l'entrée des gorges de la Cère, dominée par un roc isolé portant une statue de la Vierge et les vestiges d'un **château**. Celui-ci, ancienne résidence des seigneurs de Montal, est précédé d'une terrasse d'où la **vue** est fort belle. *✆ 04 71 46 94 82 - Exposition juil.-août - fermé sept.-juin - pour les horaires et les tarifs, se renseigner.*

Suivez la D 653 qui coupe la D 120 au pont d'Orgon, puis la D 2 sur 15 km. Prenez ensuite à droite la D 302 jusqu'au barrage d'Enchanet, sur la Maronne.

★ Barrage d'Enchanet A2

Construit en 1950, il inscrit sa courbe élégante dans le site sauvage des gorges de la Maronne, affluent gauche de la Dordogne. Long de 230 m à la crête et haut de 68 m, cet ouvrage de type « voûte mince », incliné vers l'aval, alimente une usine dont la production annuelle est de 60 millions de kWh.

La descente par la D 61 permet d'avoir une bonne vue d'ensemble du barrage et des eaux calmes de sa retenue qui s'étend sur plus de 13 km.
La D 442 puis la D 43 mènent à Saint-Santin-Cantalès. Continuez sur la D 52 et rejoignez Aurillac par Saint-Victor.

EN CHÂTAIGNERAIE CANTALIENNE A/B3/4

Pour visualiser cet itinéraire de 100 km, reportez-vous au plan de la région p. 252 – comptez environ une journée.
Cette boucle permet une approche intéressante du pays des *castagniers*, avec ses longs plateaux coupés de vallées verdoyantes, déjà méridionales, et son habitat de caractère, très particulier.
Au sud d'Aurillac, entrez dans Arpajon-sur-Cère.

La Plantelière B3

Sur la D 6 à 2 km d'Arpajon-sur-Cère - 04 71 43 27 72 - www.caba.fr - du lever au coucher du soleil.
Ici, pas d'alignement d'arbres signalés par leur nom latin. Un sentier agréable vous conduira vers différents jardins dont celui du Diable, la mare, l'espace des érables, des chênes…
Revenez à Arpajon-sur-Cère, et prenez à gauche la D 58, qui conduit à Conros.

Château de Conros B3

04 71 63 50 27 - www.chateau-conros.com - visite guidée juil.-août : 14h-18h - 6 € (enf. 4 €).
Dressant sa masse sur un éperon au-dessus d'une boucle de la Cère, le donjon médiéval des Astorg, seigneurs d'Aurillac, s'est transformé, au cours des siècles, en une majestueuse demeure. Le château est habité par les petits-enfants de Robert d'Humières, traducteur des œuvres de Rudyard Kipling dont fait partie le célèbre *Livre de la jungle*. Un parcours ludique à la découverte des épices est proposé aux enfants en suivant les énigmes de ce livre.
La salle des gardes conserve une belle cheminée Renaissance dont la partie supérieure est décorée de fresques du 15e s. Les combles mettent en valeur la belle charpente en chêne et l'étonnante toiture faite de lauzes. La salle basse, ancien bûcher, abrite un **musée des Arts et Traditions populaires** : barriques, outils pour le travail du chanvre, presse à fromage, établi de galochier. La salle haute sert de cadre à une exposition permanente : **Ode aux parfums**. La découverte du parc fleuri et du chemin de ronde planté d'essences complète la visite.
En continuant sur la D 58 au-dessus du château, rejoignez la D 217 que vous suivrez à gauche sur 12 km ; prenez ensuite à gauche la D 66, qui mène à Marcolès (à 3 km).

Marcolès A4

04 71 46 94 82 - visite guidée gratuite juil.-août : lun. 14h30.
Nichée au cœur de la Châtaigneraie, cette cité médiévale a été restaurée. De singulières ruelles, les « carrièrons », partent de la rue Longue que ferme un élégant **porche** du 15e s. Vous pourrez visiter Marcolès à votre rythme en suivant les différents panneaux d'informations historiques.
À l'ouest du village, la D 64 mène vers le site des **rochers de Faulat** *(1,5 km)* où, sur une butte plantée de chênes, s'élèvent des mégalithes curieusement disposés.
Suivez la D 64, puis la D 217 que vous reprenez sur la gauche pour longer la vallée de la Rance.

Entraygues A4

✆ 04 71 62 20 71 - visite guidée juil.-août : jeu. 14h - 4 € (enf. 2 €).
Ce village possède un joli château du 16e s., coiffé de toits en poivrière. *Visite uniquement des extérieurs.*
Continuez sur la D 217 jusqu'à Maurs.

Maurs A4

Maurs, dite « la Jolie », est aussi surnommée « la Nice du Cantal ». On se sent déjà aux confins du Midi, car c'est ici que débute la « Riviera cantalienne ». À la fin du Moyen Âge, Maurs était l'une des six « bonnes villes » de haute Auvergne ainsi que le siège d'une prévôté. Une **abbaye bénédictine**, fondée au 10e s., donna sans doute naissance au bourg, qui a conservé son plan circulaire d'ancienne place forte.
Église – Du 14e s., à nef unique comme les églises méridionales, elle est précédée d'un portail sculpté (15e-16e s.). La chapelle de droite abrite l'une des plus remarquables pièces d'orfèvrerie du Cantal : le **buste-reliquaire★** de saint Césaire ; en bois revêtu d'argent et de cuivre doré (13e s.), il contient le crâne de l'archevêque d'Arles. Dans le chœur, vous noterez un ensemble de quinze stalles du 16e s., surmontées par onze **statues★** en bois du 15e s. entourant l'autel. À droite de la croix, celle de saint Jean est particulièrement expressive ; remarquez son regard en direction du Christ ; à gauche de la croix, saint Benoît tient la crosse dans sa main droite et la règle de l'ordre dans sa main gauche.
Chaque année début mai, Maurs accueille l'une des plus importantes **foires aux chevaux lourds** de France. *Renseignements sur www.foirescheval-maurs.com.*
Prenez la D 663 (direction Decazeville), puis à gauche la D 28 (direction Mourjou).

Mourjou A4

Dès votre arrivée à la **Maison de la châtaigne**, Colette Castanier, personnage fictif des lieux, vous accueille pour vous faire découvrir toute l'histoire de la châtaigne et de son utilisation. *✆ 04 71 49 98 00 - www.mourjou.com - juil.-août : 13h30-19h. ; w.-ends Pâques, Pentecôte, Ascension, 1er et 8 Mai, juin et sept. : 14h-18h ; oct. : w.-end 10h30-18h - fermé sam., nov.-mars - 5 € (enf. 2,50 €).*
Prenez la D 28 vers Calvinet, puis la D 19 sur 15 km jusqu'à Montsalvy.

Montsalvy B4

✆ 04 71 49 20 10 - www.montsalvy.fr - accès libre et gratuit.
Cette ancienne petite cité fortifiée du plateau de la Châtaigneraie a conservé, de ses remparts, plusieurs portes de ville.
Église Notre-Dame-de-l'Assomption – Les piliers de la nef sont romans, tandis que les voûtes sont gothiques (15e s.). Seul le **chevet**, avec sa chapelle axiale et ses deux absidioles, est entièrement d'époque romane. Derrière la chaire, remarquez un très beau **crucifix roman** en bois polychrome.
Près de l'église, on peut voir d'autres **vestiges de l'abbaye** : le cloître, la salle capitulaire et l'ancien réfectoire (14e s.), restauré.
Quittez Montsalvy par le nord en empruntant la D 920 (direction Aurillac). Après 1 km, prenez sur la droite un chemin goudronné (croisement parfois difficile) qui conduit au sommet.

Puy de l'Arbre B4

En 1790, les astronomes Jean-Baptiste Delambre et Pierre Méchain sont chargés de déterminer la valeur exacte du mètre, lequel se généralisera peu à peu aux dépens de la Toise. Au départ de Rodez, ils gagnent Dunkerque et

Barcelone afin de mesurer l'arc méridien entre les deux villes. L'expédition passe par le puy de l'Arbre, qui, depuis, est resté dans les annales du système métrique !

Table d'orientation au sommet (alt. 830 m) et beau panorama sur le massif du Cantal, le Carladez et le Barrez, l'Aubrac, les Causses, la Châtaigneraie et le bassin d'Aurillac. Par temps clair, il serait même possible d'apercevoir le clocher de la cathédrale de Rodez pointer à l'horizon.

Revenez à Aurillac par la D 920.

NOS ADRESSES À AURILLAC ET DANS LA CHÂTAIGNERAIE

Voir aussi les encadrés pratiques des monts du Cantal, de Salers et de Vic-sur-Cère.

HÉBERGEMENT

PREMIER PRIX

Camping Village Vacances La Gineste – *La Gineste - 15150 Arnac - 3 km au nord-ouest par D 61 rte de Pleaux puis 1,2 km par chemin à dr - 04 71 62 91 90 - www.mairie-arnac.fr.* Au bout d'une route, en pleine nature, ce terrain bénéficie d'une situation exceptionnelle : sur une presqu'île au bord du lac d'Enchanet, il permet de pratiquer tous les sports d'eau. Équitation. Emplacements en terrasse le long du lac.

Chambre d'hôte Lou Ferradou – *À Caizac - 15130 St-Étienne-de-Carlat - 04 71 62 42 37 - www.louferradou.com - P - 5 ch. 50/85 € -* . À deux pas des monts du Cantal, dans un environnement calme et agréable, cette ancienne ferme auvergnate en pierre de pays abrite des chambres coquettement aménagées, mobilier rustique, papier et tissus fleuris. À la table d'hôte, cuisine familiale aux saveurs du terroir, avec les produits du potager.

BUDGET MOYEN

Hôtel Delcher – *20 r. Carmes - Aurillac - 04 71 48 01 69 - www.hotel-delcher.com - fermé 13-19 avril, 16 juil.-2 août et 20 déc.-3 janv. - P - 23 ch. 45/98 € - 7 € - rest. formule déj. 14 € - 17/29 €.* Chambres simples, parfois agrémentées de poutres apparentes. Dans l'une d'elles et au salon, fresques de l'artiste danois Gorm Hansen, peintes en guise de loyer ! Cuisine traditionnelle sans chichi servie, en été, dans la cour-terrasse.

Le Square – *15 pl. du Square - Aurillac - 04 71 48 24 72 - www.hotel-le-square.com - 18 ch. 49 € - 7 €.* Immeuble moderne voisin de l'ancienne chapelle d'un couvent de cordeliers. Les chambres, avant tout pratiques, sont plus calmes sur l'arrière.

Hôtel Les Provinciales – *Pl. du Foirail - 15130 Arpajon-sur-Cère - 04 71 64 29 50 - www.hotel-provinciales.com - fermé w.-end du 15 sept. au 15 juin - P - 20 ch.48/68 € - 8 € - rest. 13/16 €.* Bordant une placette, bâtisse aux façades entièrement revêtues d'ardoises. Chambres calmes, garnies d'un mobilier coloré. Espace restaurant « Felix café ».

Chambre d'hôte de Barathe – *1530 Giou-de-Mamou - 04 71 64 61 72 - barathe.monsite.wanadoo.fr - P - 5 ch. 78 €, demi-pension seult.* Cette maison régionale bâtie en 1777 ouvre ses fenêtres sur un superbe paysage ; le tintement des clochettes des vaches compose un irrésistible fond sonore. La salle à manger a du caractère, avec ses beaux meubles anciens et sa « souillarde » et, les chambres rénovées sont pimpantes.

RESTAURATION

BUDGET MOYEN

Le Bouchon Fromager – *3 r. du Buis - Aurillac - ✆ 04 71 48 07 80 - fermé dim., lun. soir (sf mai-oct.) - ♿ - formule déj. 15 € - 20/26 €.* À la fois bar à vins et restaurant à fromages, cette adresse fait souvent salle comble : chaleureux cadre rustique, beau choix de crus servis au verre et goûteuse cuisine typiquement cantalienne. À l'heure de l'apéritif, commandez le « pelou » (à base de crème de châtaigne et vin blanc).

L'Auberge Fleurie – *Pl. du Barry - 15120 Montsalvy, 30 km au sud d'Aurillac - ✆ 04 71 49 20 02 - www.auberge-fleurie.com - fermé 8-15 juin, 28 sept.-5 oct., dim. soir et lundi sauf juil.-août - 14/29 € - 7 ch. 49/62 € - ☕ 8 €.* Le charme de l'ancien rencontre avec bonheur l'élégance du contemporain en cette coquette auberge où le chef mitonne une goûteuse cuisine du terroir actualisée. Superbe cave. Jolies chambres de style colonial, très calmes, et bon petit-déjeuner.

La Terrasse – *15120 Vieillevie, 45 km au sud d'Aurillac - ✆ 04 71 49 94 00 - www.hotel-terrasse.com - ouvert déb. avr.-déb. nov., fermé dim. soir et lun. sf juil.-août, et w.-ends fériés - menu déj. 11 €, 24 € (sem.)/30 € - 26 ch. 59/64 € - ☕ 10 €.* Établissement géré par la même famille depuis 1870. Une glycine ombrage l'agréable terrasse du restaurant, aménagée en surplomb de la piscine et du Lot. Bonne carte régionale.

POUR SE FAIRE PLAISIR

La Belle Époque – *Lasfargues - 15130 Sansac-de-Marmiesse, env. 10 km au sud-ouest d'Aurillac - ✆ 04 71 62 87 87 - www.labelleepoque-cantal.fr - fermé nov.-mars - ♿ - P - 32 € - 5 ch. 80/190 € - ☕.* Restaurant aménagé dans une maison ancienne isolée dans la campagne. Cadre de caractère (fresques évoquant les années 1920, joli mobilier), savoureuse cuisine traditionnelle et accueil des plus aimables…

Beauséjour – *15340 Calvinet, 32 km au sud d'Aurillac - ✆ 04 71 49 91 68 - www. cantal-restaurant-puech.com - fermé dim. soir d'oct. à mai, lun. sf le soir en juil.-août, mar. sf le soir de mars à sept. et mer. sf de juin à sept. - menu déj. 20 € bc, - 27/62 € - 8 ch. 60/100 € - ☕ 15 €.* Maison de pays où le chef, Louis-Bernard Puech, fait découvrir les saveurs d'une cuisine mariant inventivité et terroir. Spécialités : gaufre de foie de canard, caramel à la gentiane ; poulet fermier ; sablé à la châtaigne et poêlée de pommes reinettes. Vins régionaux à prix doux.

ACHATS

Distillerie Louis-Couderc – *14 r. Victor-Hugo - ✆ 04 71 48 01 50 - www.distillerie-couderc.com - tlj sf dim. et lun. 9h-12h, 14h-19h - fermé j. fériés.* Cette distillerie fondée en 1908 propose de nombreux produits régionaux à base de gentiane, crème de châtaignes et fruits rouges, dont l'apéritif le « volcan 2000 ». Plusieurs créations maison ont été primées lors du concours international des eaux-de-vie et liqueurs de Metz. Les buticulamicrophilistes (collectionneurs de mignonnettes) pourront compléter leur collection.

Les Étains d'Auvergne – *Rte de Toulouse - ✆ 04 71 63 66 80 - 9h-12h30, 13h30-19h30 - fermé dim..* Issu d'une famille qui perpétue le travail de l'étain depuis quatre générations, l'artisan créateur

Daniel Vollet travaille selon les traditions des potiers d'étain de la haute Auvergne. Grand choix d'objets à la finition impeccable : écuelles, soupières, aiguières, plats…

Troupenat – *6 pl. de l'Hôtel-de-Ville - ✆ 04 71 48 35 10 - 7h30-12h30, 15h-19h30 - fermé lun.* Cette boulangerie réputée offre plusieurs spécialités. Goûtez au pain paillasse ou au pain des Volcans (seigle, froment, germes de blé, graines de lin et de pavot bleu). Délicieuses pâtisseries comme la tarte aux truffes glacées ou à la tomme.

Parapluies Piganiol – *28 r. des Forgerons - ✆ 04 71 43 05 51 - www.piganiol.fr - tlj sf dim. et lun. 9h30-12h, 14h30-19h, sam. 9h-12h, 14h-19h (août et déc. : lun. 14h-19h) - fermé j. fériés.* Fabricant depuis 1884 à Aurillac, Piganiol propose un éventail de parapluies très colorés dont « l' Aurillac » (modèle typique de la région) et le parapluie panoramique, illustrant les principaux sites de la région.

Christian Vabret – *Centre commercial de Marmiers - ✆ 04 71 63 51 55 - tlj sf lun. 7h-12h30, 14h-19h30.* Vous viendrez d'abord dans cette boutique pour son pain de tradition, son pain de meule, son croûton de Marmiers au froment et germes de blé. Puis vous reviendrez pour la personnalité du patron qui a créé une école de boulangerie à Aurillac.

La Poterie du Don – *Le Don du Fel - 12140 Le Fel - ✆ 05 65 54 15 15 - www.poteriedudon.com - 10h-18h30 - fermé 1er janv., 25 déc., sam. et dim. mat., oct.-mars.* Nigel et Suzy Atkins, spécialistes de la technique du grès au sel, fabriquent des poteries utilitaires et décoratives. Les pièces uniques de Suzy, décorées à l'or fin, l'ont rendue célèbre dans le monde entier. Cette poterie retirée dans la superbe vallée du Don est ainsi devenue un lieu très visité. Galerie attenante.

ACTIVITÉS

Centre aquatique – *r. de la Ponétie, 15000 Aurillac - ✆ 04 71 48 26 80 - 4,50 € (enf. 3,75 €) - http://centreaquatique.caba.fr/-* Bassins ludiques, pentagliss ; rivière, geysers, cascades, etc.

ASV'OLT - Base Canoë nature – *Le port - 15120 Vieillevie - ✆ 04 71 49 95 81 - www.asvolt.com - 9h-18h - sur réserv.* Base située au sud-est d'Entraygues, sur les eaux du Lot séparant l'Auvergne de la région Midi-Pyrénées. Descente en rafting ou canoë encadrée par des professionnels.

La Ferme de Daudé en Châtaigneraie – *15290 Omps - ✆ 04 71 64 75 65 - visites, hébergement sur réserv. - www.fermededaude.fr.* Ferme pédagogique, idéale pour s'initier aux travaux de la ferme.

Batifol'ânes – Mme Dominique Fel - *15130 Sansac-de-Marmiesse - ✆ 04 71 47 75 75 - www.bourricot.com/batifolane.* Location d'ânes de bât sur les monts du Cantal.

Golf de Haute-Auvergne – *2 rte du Golf - 15130 Sansac-de-Marmiesse - ✆ 04 71 47 73 75 - www.golfdehauteauvergne.com - 8h-21h été du 1er avr.au 15 nov. - fermé 16 nov.-31 mars.* Golf de 18 trous et practice couvert 12 postes, 1 putting green, stages.

Randonnée – *7 km au départ du hameau de la Vinzelle, à env. 15 km de Conques, en Aveyron. Balisage jaune.* Une **promenade** agréable et facile qui mêle forêts, vues sur la vallée du Lot et découverte de l'architecture traditionnelle.

Les monts du Cantal

★★★

Cantal (15)

NOS ADRESSES PAGE 275

S'INFORMER

Syndicat d'initiative de Polminhac – *Av. André-Mercier - 15800 Vic-sur-Cère - ☏ 04 71 47 50 68 - www.vicsurcere.com - juil.-août : 9h-19h30, dim. et j. fériés 10h-12h30, 15h-19h30 ; mai-juin et sept. : 10h-12h30, 15h-18h ; reste de l'année : tlj sf dim. 9h30-12h30, 14h-18h.*

Syndicat d'initiative de Thiézac – *Le Bourg - 15800 Thiézac - ☏ 04 71 47 03 50 - juil.-août. tlj sf dim. 15h-18h30 ; juin et sept. : tlj sf dim. 15h-18h ; reste de l'année se rens.*

Maison du Site du Puy - Pas de Peyrol - *☏ 06 08 03 35* 10 - mai-oct. 10h-18h. Situé au pied des marches conduisant au sommet du puy, cet espace d'accueil et d'information propose, en outre, une exposition gratuite sur la formation du Cantal, des animations et une boutique.

www.puymary.fr – Le « Grand Site » du puy Mary contient toutes sortes d'informations sur la région : activités de pleine nature, hébergement, gastronomie, artisanat, économie, etc.

SE REPÉRER

Plan de région C3 (p. 252) – carte Michelin Départements 330 D/E3/5. En venant de Paris ou de Clermont, on abordera le Cantal aussi bien par la D 922 venue du pays de Bort-Artense, ou par Saint-Flour et l'A 75. Une belle arrivée par le sud se fera par Entraygues et la vallée du Lot, en remontant la D 920 jusqu'à Aurillac, point de base idéal pour rayonner sur tout le massif. Il n'est pas aisé de circuler de l'une à l'autre des vallées, et il faut obligatoirement passer par les cols (le Pertus, le pas de Peyrol, Bruel, Redondet…).

À NE PAS MANQUER

Vous vous surprendrez à prononcer souvent le nom « salers », soit en parlant de la très belle ville de Salers, ou encore de la fameuse salers, vache « rouge » rencontrée dans la montagne, mais aussi lorsque vous dégusterez, à volonté, un peu de fourme de salers après avoir bu, modérément, un petit verre de cet apéritif du même nom, au goût si particulier.

Paysage des monts du Cantal.
N. Peyroles / MICHELIN

ORGANISER SON TEMPS

La météorologie est un facteur clé pour apprécier la découverte de cette région. N'oubliez jamais que le temps change vite en montagne et équipez-vous en conséquence. Ne vous aventurez pas sur les sommets si le temps est incertain et évitez absolument de partir en fin d'après-midi.

AVEC LES ENFANTS

Après avoir visité le Muséum des volcans à Aurillac : sa visite leur permettra de comprendre la formation et l'environnement du volcan cantalien, dont ils pourront ensuite parcourir les crêtes et les pentes. Faites-leur parcourir les ponts et berges flottantes des gorges de la Jordanne.

Du haut du puy Mary, le regard embrasse l'immensité des monts du Cantal. À l'origine, un gigantesque volcan, qui fut ruiné par des millénaires d'érosion. Les puys ont adopté les formes les plus variées : certains, comme le puy Griou, ont l'allure d'un pic ; d'autres, comme le puy Mary, présentent la forme d'une pyramide ; le Plomb du Cantal, le point culminant, a un peu la forme d'un énorme poing. Douze vallées glaciaires rayonnent en étoile et constituent le plus vaste massif volcanique d'Europe. Les anciennes coulées de lave se sont épanchées très loin du cœur du volcan, formant les fameuses planèzes, fertiles et verdoyantes.

Itinéraires conseillés

★★ ROUTE DU LIORAN B/C2/3

Pour visualiser cet itinéraire 1 de 55 km, reportez-vous au plan de la région p. 252 et au schéma p. 271 – comptez environ 4h.

Cet itinéraire permet de suivre le cours des **vallées de la Cère et de l'Alagnon** qui naissent toutes les deux à la Font de Cère. Il offre de belles échappées sur le Griou et le Plomb du Cantal, et fait découvrir un intéressant patrimoine bâti.

★ **Aurillac** *(voir ce nom)* A/B3

Quittez Aurillac par l'est en empruntant la D 117, puis la N 122.

Les villages traversés présentent des maisons aux toits à quatre pans, très caractéristiques. La route débouche dans la vallée de la Cère, verdoyante et très évasée.

Polminhac B3
Ce village groupe des maisons au pied d'un rocher coiffé par le château de Pesteils.

★ **Château de Pesteils** *(voir Vic-sur-Cère)* B3
En suivant la N 122 jusqu'à Vic-sur-Cère, vous passerez à proximité du château de Comblat, bâtiment gothique remanié, propriété privée qui ne se visite pas.

★ **Vic-sur-Cère** *(voir ce nom)* B3

★★ **Pas de Cère** B3
45mn à pied AR. Le sentier d'accès part de la N 122, à 3 km en amont de Vic-sur-Cère. Il traverse une petite prairie, puis descend à travers bois vers la Cère. La rivière coule entre de hautes parois rocheuses très resserrées.

Cascade de la Roucolle B2
À 3,5 km de Vic-sur-Cère. 500 m après le départ du sentier du pas de Cère, à droite, un sentier conduit, en 2mn, à un belvédère.
De cet endroit se dégage une belle **vue** sur la cascade de la Roucolle et les gorges de la Cère.

Thiézac *(voir Vic-sur-Cère)* B2
De Thiézac, prenez à droite une petite route qui passe par Lagoutte et mène jusqu'à Niervèze.

Chaumière de Granier
À Niervèze. ✆ 04 71 47 04 55 - juil.-août : tlj sf sam. 10h-12h30, 14h30-19h - 3,50 € (enf. 1,50 €).
Vous êtes ici dans l'une des maisons du Parc naturel régional des Volcans d'Auvergne *(voir ce nom)*. Sous le puy Gros, à 1 050 m d'altitude, cette **ferme-bloc** (pièce à vivre, étable et grange sous le même toit) du 19e s. a été restaurée selon les techniques traditionnelles.
Sous son joli toit de chaume, un siècle de la vie du hameau de Niervèze se déroule suivant un parcours muséographique. Objets, outils, photos de famille d'hier et d'aujourd'hui témoignent du quotidien et du travail dans ce village d'altitude.
Dans le hameau, la fontaine, le four banal et le métier à ferrer sont à découvrir avant d'emprunter un chemin qui vous mènera jusqu'à un moulin restauré (en activité).
Revenez à Thiézac par le même chemin, et regagnez la N 122.

★ **Pas de Compaing** C2
La route est dominée à gauche par de hautes falaises, d'où tombe la très belle **cascade de Malbec**.
Peu après, la vallée se resserre et la route domine en corniche la gorge profonde du pas de Compaing.
Un peu plus loin, la route débouche dans le bassin de Saint-Jacques-des-Blats, et on découvre le fond de la vallée de la Cère, dominée à gauche par le cône pointu du puy Griou *(voir Le Lioran)*.

Saint-Jacques-des-Blats C2
Ce village est un excellent point de départ d'excursions pédestres. Les sentiers de grande randonnée GR 4 et 400, mais aussi des sentiers de petite randonnée (PR) s'y rattachant parcourent les vallées autour du puy Mary et du Plomb du Cantal.

★ Col de Cère C2

La D 67, qui permet d'éviter le tunnel routier du Lioran, franchit la ligne de partage des eaux entre le bassin de la Dordogne vers lequel coule la Cère, et celui de la Loire qu'alimente l'Alagnon. Elle offre de beaux points de vue sur le Plomb du Cantal. Peu avant le col, observez sur la gauche, en arrière, la belle pyramide du puy Griou.

Au large sillon lumineux de la Cère succède la vallée resserrée de l'Alagnon, assombrie de sapinières.

★ Le Lioran *(voir ce nom)* C2

★ Gorges de l'Alagnon *(voir Massiac)* C2

Après le **pont de Pierre-Taillade**, par lequel la N 122 franchit un petit torrent qui ruisselle en éventail, le versant gauche se déboise et la vallée s'élargit. Quelques kilomètres après Laveissière, la route passe au pied du beau **château d'Anterroches** (15e s., restauré), puis les rochers basaltiques qui dominent Murat apparaissent : à droite, **Bredons** *(voir Murat)*, avec son église ; à gauche, Bonnevie, surmonté d'une statue de la Vierge.

★★ LE PAS DE PEYROL B/C2

Pour visualiser cet itinéraire 2 de 80 km, reportez-vous au plan de la région p. 252 et au schéma p. 271 – comptez 6h environ.

Cet itinéraire, qui emprunte les vallées de l'Impradine, du Mars et de la Maronne, permet de dominer pleinement un véritable océan de puys.

Attention, la D 680, route du pas de Peyrol, est généralement obstruée par la neige de nov. à juin.

★ Murat *(voir ce nom)* C2

Quittez Murat au nord-ouest par la D 3.

Au cours de la montée, en quittant Murat, le **Plomb du Cantal**, le **puy de Peyre-Arse** et le **puy Griou** se révèlent sur la gauche, puis la route passe au pied du **rocher de Chastel** que surmonte une chapelle du 13e s.

À la descente du **col d'Entremont**, on découvre au loin les monts Dore tandis qu'à gauche apparaît le **puy Mary**.

Dienne C2

Le village, niché dans la vallée en auge de l'Impradine-Santoire, fait face au rocher de Laqueuille. Sa vaste **église romane** dédiée à saint Cyr et sainte Julitte, surmontée d'un clocher à peigne, fut élevée à la fin du 12e s. par les moines de l'abbaye d'Aubazines (Corrèze). À l'intérieur, contre le mur de gauche, est placé un Christ en bois polychrome du 13e s., à l'expression émouvante. Remarquez aussi une Nativité, dans un cadre de bois sculpté et doré, d'époque Louis XVI, et un bénitier en pierre sculptée du 16e s.

En montant vers le pas de Peyrol, la D 680 s'accroche en corniche au flanc abrupt du puy Mary et offre des **vues★★** splendides sur les vallées de l'Impradine et de la Petite Rhue, les monts Dore et le Cézallier. Aucune autre route d'Auvergne ne procure de vues aussi saisissantes.

★★ Pas de Peyrol B2

C'est ici, à l'altitude de 1 589 m, que se rejoignent les trois vallées glaciaires de l'Impradine, du Falgoux et de la Rhue ; mais c'est aussi là que se trouve le col routier le plus élevé du Massif central, un étrange nœud de routes qui semblent tracées en plein ciel. En avant se détache le cirque boisé du Falgoux, dominé par le roc d'Hozière.

★★★ Puy Mary B/C2

Bon à savoir – En hiver, mais aussi au printemps, la présence de neige et de congères entraîne parfois la fermeture des accès au puy Mary. Renseignez-vous auprès du conseil général du Cantal *(✆ 04 71 48 44 44)* avant de prendre la route. En cas de contrôle, le non-respect de ces consignes peut entraîner des amendes… Notez aussi qu'en raison de l'étroitesse des routes et de leur sinuosité la circulation des autocars, camions et camping-cars se fait dans un sens unique.

Montée rude ; 1h à pied AR au départ du pas de Peyrol ; ne pas s'écarter du sentier balisé. Ce puy doit son nom à Marius, disciple de saint Austremoine, évangéliste du Cantal. Sa forme pyramidale dite en « horn », étonnante et reconnaissable entre toutes, est née de l'action des glaciers qui ont provoqué une forte érosion au quaternaire. Empruntez le sentier qui suit l'arête nord-ouest du puy jusqu'au sommet, à 1 787 m d'altitude. C'est rude, mais aussi, quelle victoire ! Une table d'orientation vous guidera dans des paysages grandioses : par temps clair, vous pourrez même apercevoir le mont Blanc. Au premier plan, le regard embrasse de façon saisissante le gigantesque éventail de **vallées glaciaires** rayonnantes s'échappant du cœur de ce château d'eau, séparées par de puissantes lignes de crête dont l'altitude s'abaisse dans les lointains : au nord du Plomb du Cantal se creusent l'Alagnon, plus à gauche l'Impradine et la Santoire, la Petite Rhue, les vallées du Mars, de la Maronne, de la Doire, puis, au sud, celle de la Jordanne et enfin celle de la Cère.

Ce site exceptionnel accueille en moyenne 410 000 visiteurs pendant la courte période d'été. Dans une optique de préservation et de développement durable, une opération « Grand Site » est en cours au puy Mary. Un réseau de maisons, lieux d'accueil et d'interprétation, s'organise autour des grands thèmes retenus pour l'opération : l'eau, la terre, l'air et le feu *(renseignements ✆ 04 71 43 14 31).*

À la descente du pas de Peyrol, la route offre des **vues** splendides sur la vallée du Mars.

★★ Cirque du Falgoux B2

La vallée du Mars y prend naissance et se creuse au pied du puy Mary. Ce cirque glaciaire est occupé par la plus grande forêt du département, composée de sapins pectinés et en exploitation.

Prenez la D 12 au nord-ouest.

★ Vallée du Mars B1/2

La route suit constamment la vallée, et on remarque l'opposition très nette entre le versant à l'ombre, boisé mais sans habitations, et le versant ensoleillé, tapissé de prés et d'arbres, constellé de maisons.

Dans la **gorge de Saint-Vincent★**, la vallée se rétrécit et, dans un virage, seuls la route et le torrent trouvent place. Remarquez, sur la droite, les hautes falaises où apparaissent quelques orgues basaltiques.

Dans le petit village de Saint-Vincent-de-Salers se trouve une **église romane** du 12e s. qui renferme une châsse de la même période. À l'extérieur de l'édifice, vous remarquerez d'étranges modillons à caractère érotique. Un peu plus loin, le vieux pont Henri-IV enjambe le Mars, et le château de la Borie, petite construction médiévale, continue de veiller sur Saint-Vincent.

À la sortie des gorges se dresse, sur la gauche, le **château de Chanterelle**, restauré, demeure fortifiée du 17e s., couronnée d'un chemin de ronde et coiffée de lauzes.

Revenez à la D 680 (ou gagnez Salers par la D 212 vers Anglards, puis la D 22).

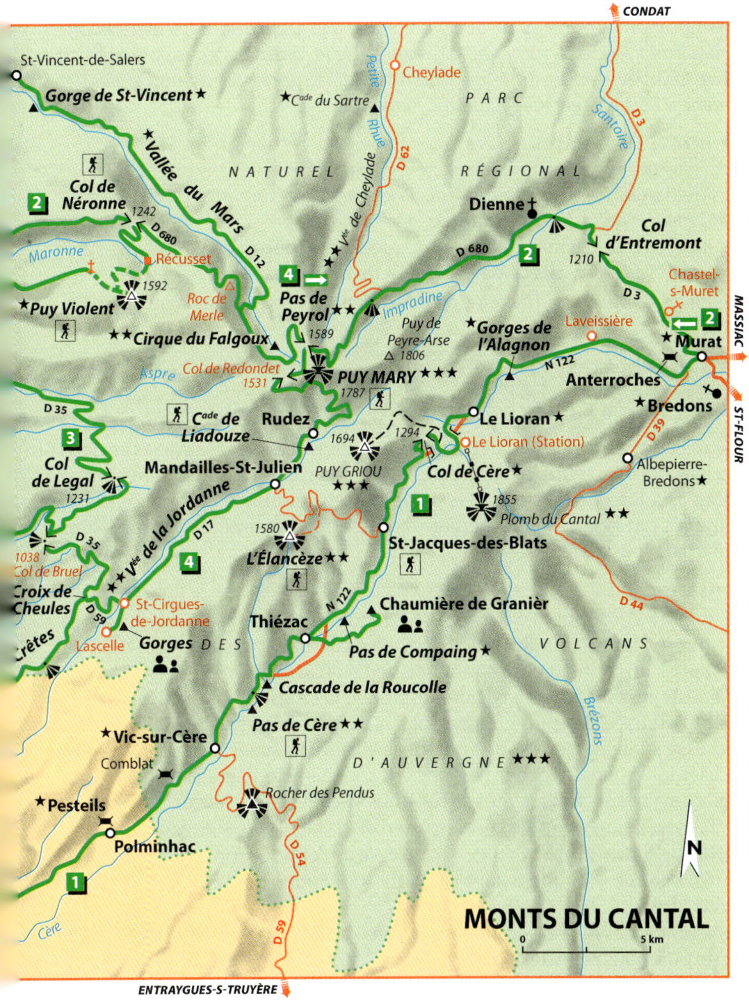

Au **col de Néronne**, la route change de versant et domine en corniche la vallée de la Maronne, creusée largement par les anciens glaciers. D'ici partent des sentiers de randonnée qui se transforment l'hiver en pistes pour raquettes.

★ Puy Violent B2

Vous pouvez faire, au départ de Saint-Paul-de-Salers, un petit tour à pied sur les pentes du puy Violent. Allez jusqu'à Vielmur et tournez à gauche. Suivez une petite route pastorale qui amène au-delà de la croix des Vachers.

Le puy Violent domine une ancienne coulée de basalte qui a formé la planèze dite de Mauriac, à l'extrémité de laquelle se situe Salers. Ce puy pourtant bien pacifique doit probablement son nom aux bêlements des moutons, nombreux sur ces pâtures, qui lui ont valu la dénomination première de **puy Bêlant**, devenu par déformation « Violent ». La promenade jusqu'au sommet *(comptez 2h30 AR)* vous permettra de bénéficier d'un remarquable **panorama**, notamment sur la vallée de la Maronne.

En empruntant, à partir du col de Néronne, la D 680 jusqu'à Récusset, petit village du bout du monde en surplomb de la vallée de la Maronne, vous pouvez aussi suivre le GR 400, ou un itinéraire Chamina qui se rapproche du puy Violent et ramène à Récusset en 3h45 (balisage jaune).

★★ ROUTE DES CRÊTES B2/3

Pour visualiser cet itinéraire 3 de 60 km, reportez-vous au plan de la région p. 252 et au schéma p. 271 – comptez environ 4h.

Cet itinéraire se combine bien avec le précédent, dont il constitue une suite naturelle, dans les **vallées de l'Aspre** et **de la Doire**.

Attention, la route du col de Legal est généralement obstruée par la neige de déc. à avr.

★★ Salers *(voir ce nom)* B2

Quittez Salers à l'est par la D 35.

La route descend en corniche dans la vallée de la Maronne, puis franchit la rivière et s'engage dans la vallée de l'Aspre. Les traces laissées par les anciens glaciers, qui ont creusé les vallées de l'Aspre et de la Maronne, sont très apparentes : sur les versants, bosselés par les restes des moraines, de gros blocs, entraînés par la glace, gisent épars dans les prés. Par endroits, des maisons s'intercalent entre les rocs.

Fontanges B2

Ce nom ne vous rappelle rien ? C'est celui de cette si jolie marquise qui sut s'attirer les faveurs du Roi Soleil. Elle était cantalienne, puisque native de Cropières, un château de la commune de Raulhac *(voir Vic-sur-Cère)*.

À l'entrée du village, sur la droite, se trouve la **chapelle monolithe Saint-Michel** creusée dans une masse volcanique. De la statue de la Vierge qui se dresse sur le rocher, la vue englobe le village (le site est accessible par un escalier taillé dans la roche). Les maisons sont caractéristiques du style de la région, avec leurs toits percés de lucarnes et couverts de lauzes.

Le château, aujourd'hui disparu, appartenait à la famille de Fontanges. L'**église gothique Saint-Vincent** du 15e s. conserve de l'époque romane son clocher, carré à la base, octogonal dans sa partie supérieure, percé de huit baies en plein cintre.

De la vallée de l'Aspre, la route passe dans celle de la Bertrande, qu'elle traverse, puis dans celle de la Doire.

Poursuivez sur la D 35 qui longe l'Aspre.

Col de Legal B2

Alt. 1 231 m. On aperçoit au loin les plateaux du Limousin. La route descend vers le col de Bruel et offre une jolie vue sur la vallée de la Doire, puis contourne plusieurs vallons.

Au col de Bruel, prenez à droite la D 60 en direction de Tournemire.

★ **Tournemire** *(voir Saint-Cernin)* B2

★ **Château d'Anjony** *(voir Saint-Cernin)* B2

Faites demi-tour et prenez à droite la D 35.

À partir de la croix de Cheules, la D 35, dénommée **route des Crêtes★★**, court sur sa longue arête qui sépare les vallées de l'Authre et de la Jordanne. Ce trajet procure alternativement, sur l'une et sur l'autre, de fort jolis coups d'œil.

Après avoir fait 6 km, prenez à droite la D 58 et continuez jusqu'à Marmanhac.

Château de Sédaiges B3

✆ 04 71 47 30 01 - www.chateausedaiges.com - visite guidée (1h) juil.-août : 14h30, 15h45 et 17h (son et lumière autour des tapisseries aux mêmes horaires) - 6 € (enf. 4 €).

La découverte du parc de Sédaiges (prononcez « Sédages »), agrémenté d'un étang ombragé, précède celle du château. Conçu par l'ONF, un circuit pédagogique vous conduit d'arbre en arbre à la découverte des spécimens les plus exceptionnels.

Le château, de style troubadour, appartient à la même famille depuis le 12e s. Il fut reconstruit au 15e s. et fit l'objet de transformations aux 18e et 19e s. À l'étage, cinq **tapisseries des Flandres** du 18e s. sont mises en valeur par un dispositif son et lumière. L'ameublement et la décoration des deux salons et de la salle à manger offrent un reflet vivant du quotidien d'une famille aristocratique au 19e s., grâce à des mannequins inspirés des récits de la comtesse de Ségur. De la même façon, on découvre, dans sa chambre, le cocher préparant son matériel. L'une des tours abrite une petite pièce consacrée à un atelier de dinanderie (travail du cuivre ou du laiton). Vous apprécierez enfin une collection de jouets anciens et une étonnante exposition de poupées mannequins habillées.

Revenez sur la route des Crêtes (D 35) et redescendez sur la plaine d'Aurillac.

Au cours de la descente vers Aurillac, la vue s'étend sur la plaine au bord de laquelle repose la ville, tandis qu'une superbe perspective s'offre à gauche sur la vallée de la Jordanne.

★ **Aurillac** *(voir ce nom)* A/B3

★★ **VALLÉE DE LA JORDANNE** B2

Pour visualiser cet itinéraire 4 *de 30 km du pas de Peyrol à la croix de Cheules, reportez-vous au schéma p. 271 – comptez environ 3h.*

Ce petit itinéraire présente surtout l'intérêt de surplomber la vallée de la Jordanne.

★★ **Pas de Peyrol** *(voir plus haut)* B2

Quittez le pas de Peyrol par la D 17 au sud.

La route en corniche domine le superbe cirque du Falgoux où le Mars prend naissance. Après le col de Redondet, la D 17 offre une vue sur le Plomb du Cantal et le puy Griou, puis descend dans la vallée de la Jordanne.

Rudez B2
Village en *barriade* typique : les maisons, accrochées à flanc de montagne pour ne pas empiéter sur les pâturages, sont collées les unes aux autres.

★★ **Vallée de la Jordanne** B2
La beauté de cette vallée tient dans ses villages accrochés à la montagne et dans ses perspectives sur des sommets d'allure plutôt alpine.

Cascade de Liadouze
15mn AR. Après Rudez, quittez la D 17 pour prendre à gauche un chemin en descente vers la Jordanne (laissez la voiture au pont). Ne traversez pas la rivière, mais suivez sa rive droite sur une centaine de mètres. La cascade de Liadouze jaillit d'un seuil rocheux dans une gorge étroite.

Mandailles-Saint-Julien B2
Un point de départ de nombreuses randonnées. Les versants de la bucolique vallée de Mandailles sont très verts, revêtus de prairies cloisonnées par des rideaux d'arbres.
Poursuivez sur la D 17 jusqu'à St-Cirgues-de-Jordanne, passez le village et, continuant vers Lascelle, repérez à droite le panneau indiquant l'accès au sentier de découverte des gorges de la Jordanne. Parking.

Sentier de découverte des gorges de la Jordanne
15590 St-Cirgues-de-Jordanne - ✆ 04 71 47 93 95 - 29 juin - 2 sept. : 9h-20h (fermeture de la billetterie à 18h) ; hors saison et parcours Frisson : sur réserv. - 3 € (4-14 ans : 1,50 €). Creusées dans des brèches volcaniques atteignant 60 m de profondeur, ces gorges verdoyantes et sauvages ont été rendues accessibles par l'aménagement d'un sentier pédagogique (4 km AR) respectueux du site : passerelles, pontons et berges de bois se fondent à merveille dans le décor. Les plus téméraires s'essaieront au parcours Frisson, avec tyrolienne, varappe et rappel.
Revenez vers St-Cirgues, prenez à gauche la D 59 et franchissez la Jordanne.

Croix de Cheules B2
De ce carrefour commence la route des Crêtes *(p. 272)*.

Randonnées

Renseignements – *Domaine du Lioran-Haute Planèze, col de Prat-de-Bouc - 15300 Albepierre - ✆ 04 71 73 32 13 - www.cantal-nature.com.* Un ensemble de circuits pédestres et pour VTT sillonne le massif du Plomb du Cantal (dép. de Murat, Albepierre, Le Lioran, Laveissière et Saint-Jacques-des-Blats) - topoguide disponible.

★★ **L'Élancèze**
3h AR au départ du col du Pertus. À Mandailles, prenez la D 317. Garez-vous au col. Le sentier part à droite vers une belle hêtraie. Chemin pierreux et parfois raide. Munissez-vous de bonnes chaussures. Le sentier monte à travers une hêtraie vers le sommet de l'Élancèze. Vous remarquerez au passage trois **pièges à loup** relativement bien conservés, qui furent utilisés jusque vers 1915 : il s'agissait tout simplement de trous de 3 à 4 m de profondeur, maçonnés et recouverts de branchages, sur lesquels on déposait un appât. Au sommet, **vue**★★ superbe sur la vallée de la Jordanne et celle de la Cère, avec Aurillac au loin, et aussi sur les monts du Cantal. Si vous avez de la chance, vous apercevrez peut-être même quelques chamois et chevreuils !

NOS ADRESSES DANS LES MONTS DU CANTAL

Voir aussi les encadrés pratiques d'Aurillac, du Lioran, de Mauriac, Murat, Riom-ès-Montagnes, Saint-Flour, Salers, Tournemire et Vic-sur-Cère.

HÉBERGEMENT

BUDGET MOYEN

Hôtel Du Lac des Graves – *Jaulhac - 15590 Lascelle - ☏ 04 71 47 94 06 - www.lacdesgraves.com - fermé 5-25 nov. et 3-18 janv. - P - 23 ch. 65/85 € - ☕ 7 € - rest. 15/28 €.* Vaste parc aménagé au bord d'un lac de 10 ha fréquenté par les pêcheurs. Vous logerez dans d'originaux chalets en bois les pieds dans l'eau ; quelques chambres familiales. La salle à manger et sa terrasse panoramique s'ouvrent sur la belle nature environnante.

Alta Terra – *Le Pradel - 15300 Lavigerie - ☏ 04 71 20 83 03 www.altaterra-cantal.com - P - 4 ch. 40/95 € - ☕ -* Au pied de la pyramide naturelle du puy Mary, cet ancien hôtel des années 1920 a été restauré en respectant l'architecture du pays. Matériaux écologiques, gestion de l'énergie, produits bio et locaux : l'établissement s'est astucieusement tourné vers le développement durable. Hammam, sauna et bain nordique chauffé au bois, hiver comme été.

Hôtel Le Casteltinet – *Grand-Rue - 15800 Thiézac - ☏ 04 71 47 00 60 - www.casteltinet.com - fermé nov. - P - 23 ch. 48 € - ☕ 9 € - rest. 14/59 €.* Voici une maison récente bâtie selon le style local : les chambres – fonctionnelles – avec loggia offrent une vue imprenable sur les monts du Cantal. Cuisine traditionnelle mâtinée de touches régionales à déguster dans un cadre sobre ou sur une terrasse verdoyante.

RESTAURATION

BUDGET MOYEN

Auberge de l'Aspre – *Le Bourg - 15140 Fontanges - 6 km au sud de Salers par D 35 - ☏ 04 71 40 75 76 - www.auberge-aspre.com - fermé dim. soir, merc. soir et lun. d'oct. à mai, 17 nov.-5 fév. - 18/26 €.* L'accueil sympathique dans cette ancienne maison du pays et son jardin agréable… Un transat sur la pelouse ou un verre à la terrasse sous le parasol : voilà de quoi vous réjouir. Chambres au décor contemporain. Cheminée dans la salle à manger prolongée par une véranda.

POUR SE FAIRE PLAISIR

Ferme-auberge du Bruel – *Le Bruel - 15310 St-Illide - ☏ 04 71 49 72 27 - fermé nov.-avr. - ♿ - P - 26/35 €.* Ah, un déjeuner dans le jardin. Et pas n'importe lequel : préparé avec de délicieux produits fermiers, canards bien dodus, fromages frais et toutes les saveurs de l'Auvergne, un vrai régal… L'hiver, la cheminée réchauffe les tablées. À faire absolument.

ACTIVITÉS

Bon à savoir – Une large palette d'activités toutes très proche de la nature s'offre à vous : randonnées (pédestres, équestres, VTT), activités nautiques (voile, canoë, kayak), aériennes (Deltaplane, parapente) et pêche.

Parapente Puy-Mary – *Le Bourg - 15400 Le Claux - ☏ 04 71 78 95 21 - www.parapente-puy-mary.com - mai-sept. : à partir de 9h.* Cette école de parapente professionnelle organise des stages tous niveaux de 5 j., des baptêmes de l'air en vol biplace. Articles de vol libre et de montagne en vente dans l'espace boutique.

Thang-Ka – *15300 Dienne - ✆ 04 71 20 82 60 - www.thang-ka.com - mai-sept.* Centre de sports et de loisirs aériens ; baptêmes de l'air en biplace parapente ou ULM.

Bureau des Accompagnateurs en Montagne du puy Mary – *le Caylat - 15590 Lascelle - ✆ 04 71 47 97 20 - www.accompagnateur-puymary.com.* Suivez le guide – Si la vie de la montagne, la faune, la flore… vous intéressent, n'hésitez pas à partir avec les guides locaux pour une randonnée pédestre ou une descente en VTT.

Parcours frisson – *Association Les gorges de la Jordanne - Réserv. obligatoire - ✆ 06 09 35 21 67 - www.gorgesdelajordanne.fr - 27 € - âge min. 10 ans* - Franchissement de la rivière par des ponts de singe, des tyroliennes et descente en rappel, dans un cadre magnifique.

La Montgolfière : le Cantal vu du ciel - *www.salers-montgolfiere.fr - billet pour 2 pers. 380 €.* Le vent seul choisit votre itinéraire et vous fait découvrir la beauté de la nature cantalienne, juste au-dessus des cimes des arbres et du lit des rivières.

Volcan Vert – *Mirabel - 15130 St-Simon - ✆ 04 71 47 13 64.* Le bureau des accompagnateurs en montagne propose diverses randonnées à thème en fonction des saisons : l'hiver, vous partirez à raquettes sur les traces des chamois, et aux beaux jours vous apprécierez la douceur printanière de l'Olt. Des balades nocturnes à raquettes vous conduiront à l'auberge de la Thuilière pour un réconfortant dîner.

Mur-Mur Nature – *15 r. de Val, bureau des moniteurs cantalous - 15000 Aurillac - ✆ 06 09 35 21 67 - www.murmurnature.com.* Initiations et nombreux stages proposés tout l'été : escalade, sports en eaux vives, parcours dans les arbres et via ferrata.

Vic-sur-Cère

★

1 971 Vicois – Cantal (15)

NOS ADRESSES PAGE 283

S'INFORMER

Office du tourisme du Carladès – *Av. André-Mercier - 15800 Vic-sur-Cère - 04 71 47 50 68 - www.carlades.fr - juil.-août : 9h-19h30, dim. 10h-12h30, 15h-19h30 ; mai-juin et sept. : 10h-12h30, 15h-18h ; reste de l'année : lun.-sam. 9h-12h30, 14h-18h.*

SE REPÉRER

Plan de région B3 (p. 252) – carte Michelin Départements 330 D5.

Vic-sur-Cère se trouve sur la N 122, entre Aurillac et Murat. C'est à la fois une antique station thermale et un centre de séjour idéal pour partir à la découverte du volcan cantalien, des vallées de la Cère et de l'Alagnon et même de la Châtaigneraie, par Mur-de-Barrez et la vallée du Goul.

À NE PAS MANQUER

Les gorges du Pas de Cère ; le superbe château de Pesteils, doté d'un imposant donjon et d'un intérieur richement décoré et meublé ; les tables basaltiques du Carladès, telles celles de Carlat ou de Ronesque ; le magnifique panorama sur la vallée de la Cère et les grands sommets du Cantal, du haut du rocher des Pendus.

ORGANISER SON TEMPS

Comptez une journée pour l'itinéraire du Carladès à travers la haute vallée du Goul.

AVEC LES ENFANTS

La région se prête à de belles randonnées nature en famille. Vous pourrez aussi visiter le château ou la maison des Eaux minérales, et, par beau temps, les emmener au parc de loisirs d'Escoubiac Land.

Cette petite ville de la vallée de la Cère a conservé de belles demeures de caractère autour de son église. Elle s'inscrit au cœur d'un pays de plateaux et de ravins : le Carladès. Vous aurez plaisir à découvrir ses pittoresques maisons aux toits de lauzes, entourées de jardins et de vergers, et à vous promener dans ses vallées profondes.

Se promener

Pour une surprenante visite guidée nocturne de Vic-sur-Cère, renseignez-vous auprès de l'office de tourisme.

Au centre de la cité, de gracieuses demeures à tourelles témoignent encore du passé opulent de l'ancien bailliage du Carladès.

Partez de la place de l'Hôtel-de-Ville, pour une promenade de 20 à 30mn.

Au n° 4 passage du Chevalier-des-Huttes, remarquez la maison à tourelles de la famille Pagès des Huttes.

Tournez à gauche vers la place de Monaco.

Maison des Princes de Monaco

Cette maison du 15e s. possède une tourelle d'escalier du 16e s., surmontée d'une poivrière et percée d'une fenêtre à meneaux. La porte est surmontée d'un bas-relief, très mutilé, représentant l'Annonciation.
Les princes de Monaco avaient reçu le **Carladès** des mains de Louis XIII, avec Vic-sur-Cère, son chef-lieu. Ils le gardèrent jusqu'à la Révolution.
Continuez tout droit, rue Coffinhal.

Maison Dejou

Au n° 5, vous pourrez admirer un petit hôtel particulier de la fin du 17e s., avec fronton semi-circulaire.
Revenez sur vos pas et remarquez à droite, rue du Moine-de-Montaudon, la tour sur façade de l'école Saint-Antoine.
Remontez jusqu'à la place de l'Église, et passez derrière le chevet pour gagner le chemin de la Cascade.

Église Saint-Pierre

Cet édifice, en partie roman, a été très remanié. Remarquez la gracieuse abside et les curieux modillons de la façade sud (56 au total, dont certains du 11e s.). L'intérieur se distingue par ses clés de voûte des 13e et 15e s., ses statues en bois doré du 17e s. (saint Roch et sainte Agnès) et sa pietà dans une niche du transept nord.

Lou Cap Del Lioc

Le rocher de Castel Vieil, où plane encore l'ombre de Pierre le Troubadour, surplombe ces petites maisons qui bordent l'Iraliot.
Redescendez jusqu'à l'église.
Sur la place, l'**ancien bailliage**, en face de l'église, est devenu maison particulière. L'établissement d'un bailliage à Vic remonte à l'époque des guerres de Religion. Escortant un convoi de vivres pour les huguenots, le **capitaine Merle** (1548-1590) laissa traîner quelques tonneaux, escomptant que les catholiques se jetteraient dessus au lieu de les poursuivre. Merle vit juste ; à la tête de ses hommes rassemblés, il revint à la charge et extermina ses adversaires avinés…
Montez jusqu'au **calvaire** par la rue du Dr-Civiale. De la chapelle, beau panorama sur les toits de Vic.

Maison des Eaux minérales

☏ 04 71 47 57 19/51 75 - www.vicsurcere.com - juil.-août : 10h-12h, 14h30-17h30 ; reste de l'année : w.-end et j. fériés 14h30-17h30 - 3,50 € (enf. 1,50 €).
La visite de cet espace muséographique permet de répondre, grâce à ses maquettes, modules interactifs et panneaux d'exposition, aux nombreuses questions que l'on se pose sur la formation et la provenance de l'eau. Les secrets de la source de Vic-sur-Cère, et les légendes qui l'entourent, y sont aussi dévoilés.

Randonnées

Cascade du Trou de la Conche et rocher de Maisonne

1h45 AR. Prenez derrière l'église la rue conduisant à une passerelle sur l'Iraliot. Le torrent franchi, gravissez un chemin en forte montée. En haut du raidillon, le chemin bifurque : le sentier de gauche mène à la cascade du Trou de la Conche, dans un joli site ; celui de droite conduit au sommet du rocher de Maisonne, surmonté d'une croix d'où se dégage une belle vue sur Vic et sa vallée.

Panorama depuis le rocher des pendus au Col de Curebourse
M. Gaydier/OT de Carladès

Grotte des Anglais

1h AR. Sortez de Vic par la N 122 (direction Murat) et prenez tout de suite à droite la route de la Prade. Parking sur terre-plein. D'une petite butte, **vue** sur le quartier thermal de Vic, avec, en arrière-plan, le plateau et le bois de Curebourse. Des vestiges de canalisations et de céramiques romaines, ainsi que des monnaies, ont été retrouvés au 19e s., à proximité du petit établissement thermal, ce qui atteste l'antiquité des eaux de Vic.

Allez jusqu'au hameau de Fournol (en contrebas, vestiges du pont romain sur la Cère). Remontez à gauche pour rejoindre et traverser la N 122.

En face, un peu à droite, un sentier fléché mène à la grotte des Anglais, qui servit d'asile à des bandes de pillards au moment de la guerre de Cent Ans.

★★ Pas de Cère *(voir les monts du Cantal)* B3

Cascade de la Roucolle *(voir les monts du Cantal)* B2

À proximité Plan de microrégion

Thiézac B2

9 km au nord-est par la N 122.

Située dans un élargissement de la vallée de la Cère entre Aurillac et Murat *(voir ces noms)*, Thiézac est une charmante station estivale bien ensoleillée.

Église Saint-Martin – Cet édifice gothique abrite une statue en bois peint du Christ assis au calvaire (15e s.). Dans le chœur, séparé de la nef par un arc triomphal, beau retable en bois doré, du 17e s., représentant la Crucifixion. Dans la deuxième chapelle, à gauche, on peut voir deux fragments d'un devant d'autel, en dentelle, offert par Anne d'Autriche. Celle-ci, désolée d'être sans enfant au bout de vingt-deux ans de mariage, accomplissait tous les pèlerinages suivis par les femmes stériles. Elle vint à Thiézac faire une neuvaine… et sa persévérance fut récompensée par la naissance du futur Louis XIV.

SOUS LA COUPE DES VICOMTES

Au 12e s., les turbulents vicomtes de Carlat devinrent comtes de Rodez. Sous Louis XI, le seigneur de Carlat, **Jacques d'Armagnac**, entre plusieurs fois en rébellion. Deux fois pardonné par le roi, il est pris à Carlat après un siège de dix-huit mois, mis à la Bastille dans une de ces cages de fer qu'affectionne Louis XI, jugé par une commission qui le fait torturer pour le faire parler « clair », et décapité aux halles de Paris. En 1568, Carlat passe aux protestants. La **reine Margot** *(voir Issoire et St-Saturnin)* y a vécu treize mois avant son séjour à Usson. La forteresse ayant par la suite servi plusieurs fois de refuge à des princes révoltés, Henri IV la fit raser en 1604. La brèche qui coupe en deux le rocher fut, dit-on, pratiquée artificiellement pour isoler la partie ouest qui supportait le château.

Chapelle Notre-Dame-de-Consolation

Au nord de Thiézac.

Sur une butte ombragée de vieux tilleuls et creusée d'une grotte dite « des Ermites », la chapelle, d'un aspect très rustique, domine le village. L'intérieur se signale par les quarante-cinq tableaux ou médaillons encadrés de rinceaux, de feuillages et de têtes d'anges, peints sur bois au 17e s., qui ornent toute la voûte. Lors du pèlerinage, la statue miraculeuse est descendue à l'église.

Cascade de Faillitoux

5 km à l'ouest. Quittez Thiézac par la route de Vic-sur-Cère, et, aussitôt après le cimetière, prenez à droite la D 59. Trois kilomètres plus loin, la route traverse le village de Lasmolineries et offre une belle vue sur la cascade de Faillitoux tombant d'un rebord de basalte.

Itinéraire conseillé

HAUTE VALLÉE DU GOUL ET CARLADÈS B3

Pour visualiser cet itinéraire de 85 km, reportez-vous au plan de la région p. 252 – comptez une journée. Quittez Vic-sur-Cère par le sud-ouest en empruntant la N 122.

Polminhac B3

5 km au sud-ouest de Vic-sur-Cère. Sur la route de Saint-Flour à Aurillac, ce « village rue » se trouve dans la belle vallée de la Cère. Dominé par le château de Pesteils, il est traversé par le ruisseau Costes qui permit l'activité de nombreux moulins.

★**Château de Pesteils** – *06 73 39 24 04 - www.chateau-pesteils-cantal.com - juil.-août : 10h-19h ; avr.-juin et sept.-oct. : 14h-18h30 - possibilité de visite guidée (1h) - 7 € (enf. 4 €).*

Cette belle demeure féodale, bâtie sur un promontoire rocheux surplombant le bourg de Polminhac et la rive droite de la Cère, était l'une des places fortes destinées à défendre la vallée. Elle prit le nom de Pesteils à la suite d'une alliance contractée au 16e s. avec la famille de Montamat. Des scènes du film *L'Éternel Retour* (1943), de Jean Cocteau, ont été tournées sur le domaine. Des animations médiévales y sont proposées durant la saison estivale.

La visite de l'**intérieur** est parsemée de reconstitutions à l'aide de personnages de cire (ces derniers, réalisés par le musée Grévin, proviennent de l'ancien musée de cire d'Aurillac). Elle commence par la salle des gardes, puis le Grand Salon, abondamment orné de tapisseries, de tableaux et de beaux meubles. Deux chambres, au premier étage, offrent au regard des plafonds peints au 17e s. Ne manquez pas la cuisine 1900, magnifiquement meublée et restaurée. Relié au deuxième étage du corps de logis par un petit pont de pierre, le **donjon** carré (13e s.) abrite, dans l'une de ses salles, des fresques du 15e s. représentant l'une un maître et son élève, l'autre quatre héros antiques. Cette imposante structure de 40 m de haut est couronnée par un chemin de ronde à mâchicoulis. Il domine les terrasses, dont le tracé épouse celui des anciens remparts. Par temps clair, on découvre, du chemin de ronde, le Plomb du Cantal.

Quittez Polminhac au sud-est, et prenez la D 57 jusqu'à Vixouze.

Château de Vixouze B3

Sur la commune de Polminhac. ✆ 04 71 47 46 43 - de déb. juil. à mi-sept. : 15h-19h - gratuit. Ce château du 10e s. fut remanié à plusieurs reprises jusqu'au 18e s. Il appartient à l'artiste peintre André Léonard et à son épouse, qui organisent régulièrement des expositions artistiques.

Reprenez la D 57, suivez à gauche la D 8, puis à Vézac, encore à gauche, la D 990.

★ Rocher de Carlat B3

La région de Carlat fut recouverte de basalte par des coulées issues des volcans du Cantal. L'érosion a fragmenté cette cuirasse, épargnant quelques tables basaltiques, comme celles de Carlat ou de Ronesque, qui dressent, au sommet de versants abrupts, leurs rebords verticaux. Sur le rocher de Carlat s'élevait jadis un château interdisant la haute Auvergne à tout envahisseur venant de Guyenne et d'Espagne.

Traversez la brèche et contournez, sur la gauche, le pied nord de la falaise.

Par l'escalier de la Reine, taillé dans le roc, montez sur le rebord nord du plateau : belle **vue★** sur les monts du Cantal. Gagnez ensuite, à l'opposé, le rocher de Murgat que couronne une statue de la Vierge : la vue s'étend au sud, au-delà du village, sur le Carladès. Dans le lointain, à gauche, on distingue le rocher de Ronesque et sa chapelle.

Poursuivez sur la D 990 et, après 7 km, prenez à droite la D 459.

Escoubiac Land B3

À Cros-de-Ronesque. ✆ 04 71 62 43 09/47 40 79 - www.escoubiac-land.fr - juil.-août : 14h-19h ; juin et sept. : dim. 14h-19h - 6 € (-3 ans gratuit). L'entrée comprend l'accès aux animations suivantes : circuit des châteaux, salle d'exposition de peluches, jeu en bois et toboggan, train chenille. Autres activités payantes.

Les enfants retrouveront leurs contes préférés en parcourant ce parc de loisirs. Avant de découvrir le village miniature, ils suivront le parcours de la Vallée des Contes et du Bois des Fables, et verront la maison du Petit Poucet et celle de Blanche-Neige, ainsi que des mises en scène des fables de La Fontaine. Jeux, manèges, bateaux- tamponneurs sur lac… de quoi passer un agréable après-midi !

Continuez sur la D 459 vers le sud.

★★ Rocher de Ronesque B3

Ce rocher basaltique domine toute la contrée. Il s'est formé, à l'exemple du rocher de Carlat, à l'emplacement d'une ancienne pénéplaine recouverte par le volcanisme, puis profondément entaillée par de grandes vallées. Le pittoresque hameau de Ronesque est typique du Cantal, avec ses maisons aux toits recouverts de lauzes. Jadis s'élevait à Ronesque un château fort, donné en 1167 à Alphonse II, roi d'Aragon, par Hugues, comte de Rodez. Alphonse voulait établir un royaume s'étendant de la Catalogne à l'Aquitaine, et dont Ronesque et Carlat auraient été les postes avancés. Le château devint ensuite la propriété de la famille Rastinhac de Messilhac.

Montée au rocher – *On peut monter en voiture jusqu'à la petite chapelle. Table d'orientation (côté nord, à l'opposé de la chapelle).* De là, on découvre l'immense plateau et un magnifique **panorama★★** : au nord-ouest, on aperçoit le rocher de Carlat, au nord les monts du Cantal, au sud-est les monts de l'Aubrac. En bas à droite se dresse le château de Messilhac, dominant la vallée du Goul.

Revenez sur la D 990. Après 5 km, tournez à droite dans la D 600.

Château de Messilhac B3

✆ 04 71 49 55 55 - www.messilhac.com - visite guidée (45mn) juil.-août : 14h-18h30 - 5 €.

Au bout d'un chemin non revêtu, il se dresse fièrement, dans un cadre vallonné et boisé, sur une colline dominant le Goul. Au 16e s., cet ancien château féodal a subi d'importantes transformations. La façade Renaissance, qu'encadrent deux tours carrées à mâchicoulis, coiffées de toits pointus, présente trois étages de fenêtres à croisillons. La porte et les deux fenêtres qui la surmontent forment un bel ensemble décoratif. Au-dessus du linteau, buste de Jean de Montamat, le bâtisseur de cette façade. L'escalier, à l'intérieur, ajoute de l'intérêt à la visite. C'est un escalier central à mur-noyau. Chacun de ses paliers est couvert de voûtes d'ogives à tiercerons retombant sur des culots sculptés dont l'un figure l'ange du Bien et l'ange du Mal.

Faites demi-tour sur la D 600 (direction Raulhac), puis continuez tout droit sur la D 59.

Remarquez au passage le **château de Cropières** *(ne se visite pas, mais est visible de la route)*, un bel exemple de manoir cantalien. Cette demeure à balustres fut le berceau de famille de la duchesse de Fontanges, Marie-Angélique d'Escorailles, favorite de Louis XIV, morte en 1681 à l'âge de 20 ans.

Église de Jou-sous-Monjou B3

Intéressant édifice roman de haute Auvergne, doté d'un beau clocher à peigne et d'un porche soutenu par une fine colonne. À l'intérieur, bel arc triomphal séparant la nef du chœur, avec colonnettes adossées aux piédroits et triple rang de voussures. Remarquez aussi un chapiteau qui représenterait le sacrifice d'Abraham ; à côté, diable nu et furieux.

Poursuivez sur la D 54 en direction de Vic-sur-Cère.

Rocher des Pendus B3

Au col de Curebourse (997 m), laissez votre voiture et prenez à gauche, face à l'hostellerie St-Clément, un chemin qui monte vers le sommet en longeant l'arête.

45mn AR. Du haut du rocher, très beau **panorama★★** sur la vallée de la Cère, les grands sommets du Cantal, le Carladès, la Châtaigneraie, le bassin d'Aurillac.

Revenez à Vic-sur-Cère par la D 54.

NOS ADRESSES À VIC-SUR-CÈRE

Voir aussi les encadrés pratiques d'Aurillac, des monts du Cantal, du Lioran et de Murat.

HÉBERGEMENT

PREMIER PRIX

Hôtel Bel Horizon – *R. Paul-Doumer - 04 71 47 50 06 - www.hotel-bel-horizon.com - fermé 8-28 janv. - P - 24 ch. 43/54 € - 8 € - rest. 18/42 €.* La perspective sur les reliefs du Carladès justifie l'enseigne de cet établissement traditionnel proche de la gare. Petites chambres entièrement refaites. Les larges baies de la salle à manger offrent une échappée sur les plateaux alentour.

BUDGET MOYEN

Maison d'hôte La Roussière – *15800 Saint-Clément - à 14 km à l'est de Vic-sur-Cère 04 71 49 67 34 - www.laroussiere.fr - P - 2 suites et 1 ch. 75/125 € (demi-pens.)- - dîner 22 €.* Ancienne ferme restaurée avec goût, intérieur très chaleureux, située tout en haut de la vallée du Goul, au pied du Plomb du Cantal. Cuisine traditionnelle. En 1999, Dominik Moll l'avait choisie pour le tournage du film *Harry, un ami qui vous veut du bien* avec Sergi Lopez.

Family Hôtel – *Av. Émile-Duclaux - 04 71 47 50 49 - www.family-hotel.fr - fermé 1er-17 déc. - P - 55 ch. 55/76 € - 7 € - rest. 15/32 €.* Comme son nom l'indique, cet hôtel-club est parfaitement adapté pour un séjour en famille. Piscine d'été, piscine couverte, tennis, ping-pong, parc, excursions et animations… Cuisine sans prétention, sobres chambres fonctionnelles et studios.

Hostellerie St-Clément – *Col de Curebourse - 15800 St-Clément - 04 71 47 51 71 - hotelstclementcantal.com - fermé dim. soir et lun. hors sais., lun. midi en sais., 15 janv.-3 fév., 5-16 mars, 20-25 nov. - P - 23 ch. 56/65 € - 8 € - rest. 27/105 €.* Longue façade agrémentée de balcons en bois dominant la vallée, à 1 000 m d'altitude. Les chambres, grandes et claires, donnent sur le parc. Au restaurant, vue panoramique sur les plateaux et ravins du Carladès et goûteuse cuisine traditionnelle.

RESTAURATION

PREMIER PRIX

Auberge des Montagnes – *Le Bourg - 15800 Pailherols - 04 71 47 57 01 - www.auberge-des-montagnes.com - fermé 10 oct.-20 déc. - 14/35 € - 3 ch. 51/74 €. Formule « soirée gourmande », dîner trad. et chambre 59/77 €.* De nombreux loisirs (hammam, mur d'escalade, etc.) ponctueront vos journées dans cette coquette ferme restaurée. Jolies chambres « tout bois », plus spacieuses à l'annexe. Chaleureuses salles à manger dont une en véranda ; cuisine du terroir copieuse et soignée.

ACTIVITÉS

La Bride Champêtre – *15130 Arpajon-sur-Cère - 04 71 64 05 02.* Ferme équestre.

Le Lioran

★

Cantal (15)

NOS ADRESSES PAGE 287

S'INFORMER

Office du tourisme du Lioran et ses vallées – *15300 Le Lioran - ✆ 04 71 49 50 08 - 12 juil.-17 août et 25 déc. à fin mars : 9h-18h ; 1er avr.-11 juil. et 18 août-1er déc. : 9h-12h30, 13h30-16h30 - fermé dim. sept.-déc.*

SE REPÉRER

Plan de région C2 (p. 252) – carte Michelin Départements 330 E4.

Rattaché à la commune de Laveissière, Le Lioran se trouve à 10 km à l'ouest de Murat, sur la N 122, voie de passage naturelle entre Clermont, Saint-Flour et Aurillac. Deux réalisations majeures ont désenclavé la région en hiver : d'une part, un tunnel routier (1839), remplacé en 2007 par un nouvel ouvrage de 1 515 m répondant aux normes de sécurité actuelles ; d'autre part, un tunnel ferroviaire (1868) long de 1 960 m, percé à 30 m sous le premier tunnel routier.

À NE PAS MANQUER

Tentez l'ascension des deux colosses du Lioran : le puy Griou (1 694 m) et son puissant voisin, le Plomb du Cantal (1 855 m), qui se regardent par-delà la vallée de la Cère. Découvrez-les sous leur manteau hivernal en profitant du domaine skiable du Lioran ou en participant à des promenades à raquettes, de jour… ou de nuit !

ORGANISER SON TEMPS

Si la D 67 permet, en été, de franchir le col de Cère, mieux vaut emprunter le tunnel routier l'hiver. Creusé pour éviter le col obstrué par la neige, c'est le plus ancien de France.

AVEC LES ENFANTS

En été, des animations de découverte de la montagne et de la nature sont organisées pour les 6-12 ans ; un parcours aventure mènera les plus intrépides d'arbre en arbre. En hiver, une initiation au ski sera une belle opportunité pour les petits : 4 télébabies sont à la disposition des jeunes sportifs. Les plus grands préféreront peut-être faire une promenade à chiens de traîneau !

À plus de 1 000 m d'altitude, la station du Lioran est encerclée par les belles sapinières recouvrant les versants de la vallée de l'Alagnon. À la belle saison, les randonnées au sommet du puy Griou ou du Plomb du Cantal, au milieu des herbages, rafraîchissent et dépaysent. L'hiver, ses pistes de ski prisées des amateurs de tous niveaux, sont aussi propices aux vacances en famille.

Séjourner

Le domaine skiable est accessible, en toute saison, par Le Lioran (nord du tunnel) ; la montée par la D 67 (sud du tunnel) n'est possible que lorsque le col de Font de Cère est ouvert à la circulation.

Sur les pistes du Lioran.
T. Marsilhac / Office du Tourisme du Lioran

Face à la haute combe herbeuse du Font d'Alagnon, cette station de sports d'hiver moderne étage ses constructions sur trois sites : **Font d'Alagnon**, **Font-de-Cère** et **Prairie des Sagnes**. Ce dernier quartier abrite les plus grosses infrastructures (hôtels, commerces, patinoire, téléphérique). En été, la station propose une large palette d'activités.

Insolite : les personnes voyageant en train peuvent rejoindre le domaine skiable, depuis le quai de la gare du Lioran, en empruntant un téléski *(retour par une piste verte)*.

Le domaine skiable

La majorité des pistes sont accrochées sur les flancs nord et est du Plomb du Cantal (alt. 1 855 m).

Ski alpin – La station possède un **téléphérique** (capacité 80 personnes) qui rejoint le sommet du Plomb du Cantal, 8 télésièges (dont un débrayable) et 13 téléskis desservant **42 pistes** (11 vertes, 12 bleues, 14 rouges, 5 noires). Un snowpark, un boardercross, un stade de slalom, deux pistes de luge et un déval'luge complètent l'équipement. Pour pallier un éventuel manque de neige, la station assure un enneigement artificiel sur 12 pistes.

Ski de fond – Il se pratique plutôt sur la partie ouest de la station (secteurs de Font d'Alagnon et de Font de Cère) où **25 km de pistes** ont été balisés. Un large domaine de **ski nordique** (115 km) a été tracé à l'est du Plomb du Cantal, sur le secteur de Prat-de-Bouc.

À proximité Plan de microrégion

Maison du Buronnier C2

2,5 km au nord-est du Lioran. Prenez la N 122 en direction de Murat ; après 500 m, tournez à droite avant le pont du Rau-de-la-Croix, puis empruntez une petite route qui longe la voie ferrée (à droite) et les gorges de l'Alagnon (à gauche). 04 71 49 50 08 - visite guidée sur demande préalable juil.-août : 15h - 3,50 € (enf. 2 €).

ET LA STATION EST NÉE…
Tout a commencé lors des concours militaires internationaux de ski qui se déroulèrent au Lioran au début du 20e s. Le désir était là ! Dans les années 1950, un habitant eut la bonne idée de créer le premier remonte-pente : le ski pour tous était né. Dix-sept ans plus tard, grâce au coup de pouce du président cantalien, Georges Pompidou, le téléphérique du Plomb du Cantal était inauguré. Depuis, le développement de la station et de son domaine skiable n'a pas cessé…

Cette maison est un ancien buron aménagé. Vous découvrirez la vie en période d'estive du vacher, du bouteiller et du pâtre, qui se consacraient aux soins des bêtes et à la fabrication de l'authentique cantal de montagne. Une exposition et un montage audiovisuel illustrent la visite qui se termine par une dégustation.
Pour en savoir plus, vous pouvez lire l'ouvrage de Pierre Delcher, Souvenirs d'un petit pâtre du Cantal, *récit d'un pâtre authentique, publié en 1987 sur les presses de l'Imprimerie Gerbert à Aurillac.*

★ Gorges de l'Alagnon C2
3,5 km au nord-est du Lioran. Prenez la N 122 en direction de Murat ; sur la droite (écriteau), empruntez un sentier (500 m) qui descend vers le cours supérieur de la rivière (le cours inférieur est décrit dans un circuit partant de Massiac ; voir ce nom).
En période de basses eaux, on peut s'engager à gauche dans le lit du torrent sur une distance de près de 200 m. Au fond de ce très beau défilé gisent des chaos de gros rocs.

Randonnées

PROMENADES VERS LES SOMMETS

★★ Plomb du Cantal C2
15mn de téléphérique au départ du domaine skiable du Lioran. Puis 15 mn de marche (sentier balisé et escalier) pour accéder au sommet. En période estivale, le téléphérique fonctionne de mi-juin à mi-sept.
Les puys ou *peuchs* sont nombreux dans le Cantal. Mais de « plomb », il n'y en a qu'un ! Il tirerait son nom du latin *pomum*, pomme, pommeau : pointement. Les Cantaliens d'aujourd'hui l'appellent le « poing ». C'est le point culminant (alt. 1 855 m) du massif du Cantal.
Du sommet, le **panorama★★** est immense *(table d'orientation)*. On ressent ici une impression enivrante de beauté et de solitude intense en découvrant vers l'ouest, par-delà la vallée de la Cère, le puy Griou, le puy de Peyre-Arse, le puy Mary, le Violent, le Chavaroche ; au nord, les monts Dore qui s'abaissent à droite vers le Cézallier ; à l'est et au sud-est, la planèze de Saint-Flour et la Margeride ; au sud et au sud-ouest, le Carladez, la Châtaigneraie et le Rouergue, au loin. Des sentiers tracés à partir du sommet permettent de gagner le **puy Gros** (vue sur la vallée de la Cère à hauteur de Thiézac) ou, par le col de la Tombe-du-Père, le site de Prat-de-Bouc.

★★★ **Puy Griou** C2

4h à pied AR au départ du domaine skiable du Lioran. Chaussures de montagne indispensables. Gagnez les herbages de la Font d'Alagnon, puis élevez-vous, sous bois, sur la gauche vers les bâtiments d'une colonie de vacances; là, appuyez sur la droite.

Le pointement de phonolite du puy Griou est composé d'une roche volcanique dont la structure originelle, en grands prismes, a été débitée en dalles plates sous l'action du gel.

Le sentier monte vers les Hautes-Chaumes du col de Rombière, d'où se présente une belle **vue**★ sur la vallée de la Jordanne et les grands puys du Cantal et où l'on prend à gauche; bientôt apparaît le profil très pur du Griou. La difficile montée au sommet se fait en escaladant les andésites et les basaltes phonolitiques *(attention aux glissades!)*.

Du sommet (alt. 1 694 m), remarquable **panorama**★★★ sur le puy Mary, le puy de Peyre-Arse, qui barrent l'horizon au nord, et le Plomb du Cantal; vers le sud, de part et d'autre de la ligne de crêtes de l'Élancèze, se creusent les vallées de la Cère et de la Jordanne (appelée aussi de Mandailles).

NOS ADRESSES AU LIORAN

Voir aussi les encadrés pratiques d'Aurillac, des monts du Cantal, de Murat, Saint-Flour et Vic-sur-Cère.

HÉBERGEMENT

Bon à savoir – Les résidences hôtelières et les villages de vacances représentent la quasi-totalité des possibilités d'hébergement sur le site du Lioran. Locations au week-end ou à la semaine, avec demi-pension ou pension complète. Également présent, un hôtel, « le Rocher du Cerf », ouvert toute l'année.

ACTIVITÉS

Bon à savoir – Le Lioran compte 42 pistes de ski alpin, desservies par 22 remontées mécaniques et couvrant un domaine de 150 ha. 100 km de pistes réservées au ski de fond, un snowpark, des promenades en raquettes ou en traîneau. En été, on se tournera vers le parc aventure, la patinoire, et les chemins de randonnée.

Forfaits – En hiver, un pack famille pour plusieurs jours de forfait de ski est proposé sur justificatif. En été, un forfait découverte vous ouvrira les grands espaces en vous permettant d'accéder au téléphérique et au télésiège de Rombière.

Lioran Aventure – *Prairie des Sagnes - Super-Lioran - 15300 Le Lioran - 06 74 97 40 94 - www.lioran-aventure.com - vac. de printemps, w.-ends et j. fériés mai-juin et sept., 19-30 juin : à partir de 13h30; de juil. à déb. sept. : tlj à partir de 9h30 - fermé oct.-avr. - de 8,50 à 20 €.* Ce parcours aventure occupe une belle forêt (2 ha) située à 1 250 m d'altitude, au pied des pistes de Super-Lioran. Huit itinéraires pour évoluer d'arbre en arbre : deux pour les petits (à partir de 3 ans), un pour les enfants à partir de 1,20 m et cinq parcours junior-adulte (à partir de 1,40 m). Surveillants diplômés.

Murat

★

2 077 Muratais – Cantal (15)

NOS ADRESSES PAGE 291

S'INFORMER

Office de tourisme intercommunal du pays de Murat et de ses environs – *Pl. de l'Hôtel-de-Ville - 15300 Murat - ✆ 04 71 20 09 47 - www.officedetourismepaysdemurat.com - juil.-août : 9h-12h30, 13h30-19h, dim. 9h30-12h30, 14h30-18h30 ; reste de l'année : tlj sf dim. 9h-12h, 14h-18h (petites vac. scol. : dim. 10h-12h). Fermé certains j. fériés (se rens.).* Vous pourrez y télécharger des enregistrements (MP3) qui, au fil de vos balades, conteront les légendes de Murat, ses traditions, les sites à voir, etc.

SE REPÉRER

Plan de région C2 (p. 252) – carte Michelin Départements 330 F4.
Murat se trouve dans la jolie vallée de l'Alagnon, à 25 km de Saint-Flour par la D 926, et à mi-chemin entre Massiac et Vic-sur-Cère, sur la route d'Aurillac (N 122).

SE GARER

Dès votre arrivée, garez-vous place de l'Hôtel-de-Ville.

À NE PAS MANQUER

La cité médiévale de Murat, que vous visiterez de préférence en nocturne, à la lueur des flambeaux, et l'émouvante église de Bredons.

ORGANISER SON TEMPS

Si vous envisagez de vous loger à Murat en août, renseignez-vous à l'avance, car la ville accueille à cette période de nombreux visiteurs venus assister à son Festival international de musiques et danses du monde.

AVEC LES ENFANTS

Véritable festival de couleurs chatoyantes et de formes extraordinaires, la collection de scarabées et papillons de la Maison de la faune, à Murat, les fascinera. À Chalinargues, vos enfants découvriront la variété des paysages auvergnats à la Maison de la Pinatelle. À la grange de la Haute-Vallée, ils côtoieront les animaux de ferme et goûteront leur fromage.

Murat étage joliment ses maisons grises, couvertes de lauzes, aux flancs de la butte basaltique de Bonnevie, couronnée d'une statue. Cette agréable petite cité cantalienne est cernée par le rocher de Chastel au nord-ouest et le rocher de Bredons au sud-est, tous deux surmontés d'une chapelle et d'une église romanes. La ville constitue une base de départ idéale pour les excursions dans les monts du Cantal et les gorges de l'Alagnon.

Se promener

Pour une visite plus approfondie de la cité médiévale, découvrez la ville au fil des **plaques explicatives**, muni d'un dépliant disponible auprès de l'office de tourisme. Et notez qu'en été la **découverte nocturne** de Murat, à la lueur des flambeaux, prend une toute autre dimension…

289

MURAT

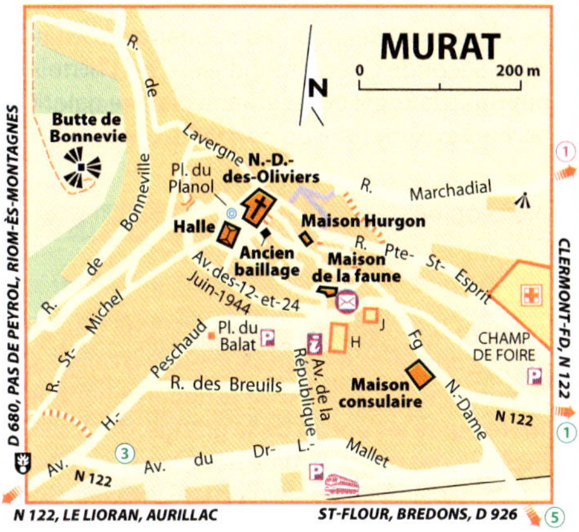

SE LOGER

Barajade (Chambre d'hôte la)............... (1)

Hostellerie Les Breuils............ (3)

M. et Mme Médard (Chambre d'hôte)................... (5)

SE RESTAURER

Le Jarrousset.................................. (1)

Église Notre-Dame-des-Oliviers

De la fin de l'époque gothique, elle offre une façade moderne. Dans la chapelle centrale du bas-côté gauche, remarquez un tableau de l'école espagnole évoquant un épisode de la vie de saint Dominique : son pèlerinage à Saint-Jacques-de-Compostelle. Une autre chapelle du bas-côté gauche abrite une Vierge noire (qui est une réplique, l'authentique ayant été volée en 1983), fêtée tous les ans.

Halle

C'est un bel exemple repeint d'architecture métallique du 19e s. rappelant les pavillons Baltard.

Ancien bailliage

Du 16e s., il s'ouvre dans la rue de l'Argenterie par un portail orné de moulures en accolade.

Maison Hurgon

Cette élégante construction de style Renaissance montre un bel appareillage de pierre en trachyte ainsi qu'une échauguette en encorbellement.

Maison dite consulaire

La façade en pierre, de la fin du 15e s., présente deux étages percés d'étroites fenêtres surmontées d'une accolade. Au-dessus de la porte, composée en grande partie de panneaux à plis de serviette, on remarque deux anges sculptés.

Maison de la faune

04 71 20 00 52 - www.murat.fr - juil.-août : 10h-12h30, 14h-19h, dim. 10h-12h, 15h-19h ; vac. scol. : 10h-12h, 14h-18h, dim. 14h-18h ; reste de l'année (hors vac. scol.) sur RV - 4,30 € (enf. 2,70 €).

Cette maison du Parc des Volcans d'Auvergne est située dans un ancien hôtel particulier, qui conserve une tourelle de la fin du 15e s. Onze salles, réparties sur quatre niveaux, servent de cadre à la présentation d'une importante collection de coléoptères et de papillons, d'oiseaux et de mammifères naturalisés apparaissant dans leurs milieux naturels reconstitués. Une salle, récemment réaménagée, consacrée à la faune aquatique des rivières et des lacs auvergnats clôture la visite.

Salers

★★

368 Sagraniers – Cantal (15)

NOS ADRESSES PAGE 297

S'INFORMER

Office du tourisme du pays de Salers – *Pl. Tyssandier-d'Escous -15140 Salers - ✆ 04 71 40 70 68 - www.salvers-tourisme.fr - juil.-août : 9h30-19h ; avr., mai, juin et sept. : 9h30-12h, 14h-18h ; oct.-mars : 9h30-12h, 14h-17h30, dim. (pdt vac. scol.) 14h-17h - fermé lun. sf juil.-août, 1er janv., 25 déc.*

Visites guidées – *✆ 04 71 40 70 68 - juin. et sept. : 15h ; juil.-août : 10h30, 15h, 17h30 - 3 € (enf. 2 €).*

SE REPÉRER

Plan de région B2 (p. 252) – carte Michelin Départements 330 C4.

Salers se trouve à 20 km au sud-est de Mauriac et à 45 km d'Aurillac par la D 922, puis la D 680, qui offre d'ailleurs la plus belle arrivée sur la ville.

À NE PAS MANQUER

Vous serez charmé par ses maisons Renaissance, sa pittoresque église et la vue que l'on embrasse depuis son esplanade de Barrouze. À quelques kilomètres de là, à la Maison du fromage, de la vache et de la gentiane, partez à la rencontre d'un personnage passionné qui vous racontera le quotidien des buronniers et des gentianaires.

ORGANISER SON TEMPS

Comptez une à deux journées pour profiter pleinement de la ville et de son terroir.

AVEC LES ENFANTS

À la Maison de la paille et du grain (à Escorailles), ils apprendront à reconnaître les céréales, et découvriront les secrets de la fabrication du pain. Au château de la Trémolière (à Anglards-de-Salers), *Le Bestiaire fantastique* les fera voyager dans un monde peuplé de licornes et de dragons ; ils pourront poursuivre leur promenade imaginaire dans l'odorant et reposant verger de Deduit.

Fièrement perchée sur sa planèze, Salers est l'une des villes les plus attirantes de haute Auvergne. Ancien bailliage royal, elle conserve de son passé militaire et judiciaire un rare ensemble de remparts et d'hôtels Renaissance, groupés sur un piton d'où l'on domine magnifiquement le confluent de l'Aspre et de la Maronne. Après la dégustation de la rituelle truffade ou d'un délicieux pounti aux pruneaux, les gourmands pourront savourer les carrés de Salers, fameux sablés dont les Sagraniers gardent jalousement la recette.

Se promener

Le double caractère des constructions de Salers s'explique par l'histoire de la ville. Tout d'abord ouverte, elle subit les assauts des Anglais et des routiers, et sent le besoin de s'entourer des remparts qu'elle possède encore. Ils

Paysage des environs de Salers.
Agefotostock

la protègent des attaques des huguenots et des ligueurs pendant les guerres de Religion. Au 16e s., Salers devient chef-lieu du **bailliage des Hautes-Montagnes d'Auvergne**, et c'est alors que les familles de la bonne bourgeoisie, d'où venaient les juges, font élever de charmants logis à tourelles.

★ Église Saint-Mathieu

Un porche du 12e s. subsiste encore de l'édifice roman qui précéda la construction actuelle, commencée à la fin du 15e s. Le clocher, incendié par la foudre, a été rebâti au 19e s. Remarquez, au portail, les cordons à billettes et les sculptures de la voussure supérieure. À l'intérieur, à droite, **Mise au Tombeau★** qui fut donnée à l'église en 1495. Dans cette œuvre en pierre polychrome, inspirée de l'art bourguignon, chaque personnage occupe une place exceptionnelle : Joseph d'Arimathie et Nicodème aux extrémités, la Vierge de douleur au centre, entourée de Jean et des saintes femmes. De chaque côté du chœur, tableaux de l'école Ribera. Dans le chœur, lutrin datant de la fin du règne de Louis XIII ; au-dessus, quatre tapisseries d'Aubusson du 17e s. Au fond de l'église, une cinquième tapisserie représente la Déploration de la Vierge.
Sortez de l'église par le porche ouest. Laissant à gauche une fontaine, prenez la rue du Beffroi, en montée.
Passez sous la tour de l'Horloge ou porte du Beffroi, flanquée d'une tourelle ronde à mâchicoulis. Aussitôt après la porte, à droite, remarquez la maison de Pierre Lizet, avec une fenêtre gothique et un portail Renaissance.

Place Tyssandier-d'Escous

Ses vieux logis de lave sombre aux lignes nettes et sobres, flanqués de tourelles en encorbellement, rondes ou polygonales, coiffées de toits en poivrière ou à pans, constituent un véritable décor de théâtre, qu'une fontaine agrémente. Sur la place, un monument a été élevé à Tyssandier d'Escous qui, au 19e s., améliora la race bovine du pays et la rendit célèbre sous le nom de « race salers ».

Maison Valens (dite du Bailliage)

✆ 04 71 40 70 59 - visite guidée (35mn) juil.-août : 10h-12h, 14h-18h - 2 €.

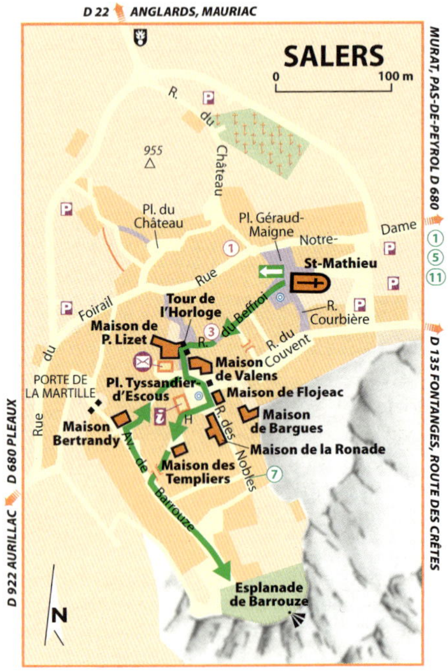

SE LOGER

- Gerfaut (Hôtel le)........................ (1)
- Michie (Chambre d'hôte la)................ (5)
- M. et Mme Prudent (Chambre d'hôte)...................... (7)
- Voyageurs (Hôtel les).................................... (11)

SE RESTAURER

- Bailliage (Le)................................ (1)
- Diligence (La)............................... (3)

Cette vaste maison Renaissance, flanquée de deux tourelles d'angle, se dresse à l'angle de la rue du Beffroi. Elle rappelle les hautes fonctions de Salers qui fut jadis le siège du bailliage des Hautes-Montagnes d'Auvergne. À l'intérieur, plusieurs salles se visitent, dont une au premier étage abritant une belle cheminée Renaissance. Dans la cour intérieure, une puissante tour octogonale avec échauguette est accolée au logis.

Maison de Flogeac

En face de l'office de tourisme. Elle possède une tourelle à pans coupés et voisine la demeure où naquit et mourut Tyssandier d'Escous.

Maison de La Ronade

✆ 04 71 40 76 18 - visite guidée (40mn) 3 € - le propriétaire est également guide local : visite de la ville (1h) 3 €, nocturne estivale (2h) tarifs se renseigner.
Une tour de cinq étages commande la partie 14e s. de cette belle maison. La partie la plus récente (18e s.) a été transformée en chambres d'hôte et salon de thé.

Maison des Templiers - musée de Salers

Dans la rue des Templiers, à gauche de l'office de tourisme. ✆ 04 71 40 75 97 - juin-août : 10h30-12h30, 15h-18h30 ; avr.-mai et sept. : 10h-12h30, 15h-17h30 - fermé mar. - 4 € (-16 ans gratuit).
Du 15e s., elle abrite diverses expositions consacrées au folklore et au passé de Salers (reconstitution d'intérieurs auvergnats, fabrication du fromage, pharmacie de 1890, objets et vêtements religieux…) ainsi qu'à l'art moderne.
Laissant une rue vers la porte de la Martille, prenez à gauche l'avenue de Barrouze.

Esplanade de Barrouze

Elle offre une très belle **vue★** sur les vallées de la Maronne, du Rat et de l'Aspre, et sur le massif du puy Violent.

Revenez sur vos pas et prenez à droite la rue de la Martille.

Maison Bertrandy

À l'intersection de l'avenue de Barrouze et de la rue de la Martille. Elle possède une tour ronde et une jolie porte.

Revenez à la Grande-Place, d'où la rue du Beffroi ramène à la place Géraud-Maigne.

À proximité Plan de microrégion

Chapelle Notre-Dame-de-Lorette

Cette chapelle s'élève à la sortie de Salers, sur la route du pas de Peyrol. Pour se protéger des épidémies et des mauvaises récoltes, on y vénère, depuis le 14e s., une gracieuse statue qui trône sur l'autel de l'église de Salers, et remplace une Vierge noire brûlée en 1793 sur l'esplanade de Barrouze.

Vous pouvez prolonger votre route jusqu'au pas de Peyrol (voir les monts du Cantal).

★ Maison du fromage, de la vache et de la gentiane Salers

À 4 km de Salers, sur la route du puy Mary. 04 71 40 70 71 - ♿ - visite guidée avr.-sept. : 10h-19h - 4,50 € (8-12 ans 3 €).

Dans un premier buron restauré, accroché à flanc de montagne, des passionnés vous racontent à l'appui d'une belle **collection d'outils,** pour certains uniques, l'histoire de la vache salers, le quotidien des buronniers et la fabrication du fromage salers. On vous parlera des montagnes et des hommes qui les habitent.

Dans un second buron est présentée l'histoire de la **Salers**, apéritif à base de racines de gentiane, de sa création à nos jours.

Depuis 1885, la famille Labounoux distille cette boisson (le premier alambic est d'ailleurs exposé) et travaille à sa promotion. La visite guidée est complétée par un vidéorama ainsi qu'une dégustation de fromage et de liqueur Salers (à consommer avec modération).

Maison de la paille et du grain

À Escorailles, 17 km au nord-ouest de Salers. 04 71 69 00 33 - juil.-août : tlj sf dim. 14h30-18h ; mai-juin et sept. : mar. et jeu. 14h30-17h30 - possibilité de visite guidée mar., jeu. et vend. - 3 € (-10 ans gratuit).

Dans cette grange au toit de chaume, on vous raconte l'histoire de ces fondements de notre alimentation que sont les céréales et le pain. Une collection d'outils et un film vidéo *(25mn)* présentent les étapes de la culture

UN FROMAGE FERMIER

Le **salers** est un fromage fermier au lait de vache cru et entier, dont la production se limite à la période de la mise en herbage. Ces deux spécialités font de Salers l'un des **Sites remarquables du goût** *(voir p. 15)*, sélectionnés par le Conseil national des arts culinaires. Lors du week-end du 1er Mai, le Salon de printemps réunit tous les sites du goût français, occasion exceptionnelle de découvrir les produits des terroirs de France.

céréalière jusqu'à la fabrication du pain, et les diverses utilisations de la paille. Et ne partez pas sans être allé dans les champs pour apprendre à reconnaître les différents types de céréales cultivées dans la région !

Anglards-de-Salers

10 km au nord, par la D 22.

Église – De style roman, coiffée d'un clocher octogonal, elle est d'un style assez pur, avec sa voûte en berceau brisé et sa coupole sur pendentifs.

Château de la Trémolière – *04 71 40 05 72 - juil.-août : 10h30-12h30, 14h-19h ; juin-sept. : 14h-19h - fermé lun. matin - 5 € (-8 ans gratuit).*

Ce charmant manoir du 15e s., rehaussé de boiseries peintes un peu naïves du 18e s., a surtout l'intérêt de présenter une remarquable collection de **tapisseries d'Aubusson★** du 16e s., *Le Bestiaire fantastique*, retrouvé en 1860 dans le grenier du presbytère et soigneusement restauré par les ateliers parisiens des Gobelins. Un salon de peintres amateurs et une présentation d'objets agricoles dans les communs s'ajoutent à la visite.

Le **verger de Deduit**, inspiré du *Roman de la Rose* (Guillaume de Lorris, 1230), est agencé derrière le château, selon le plan idéal du jardin du Paradis : en quatre lignes qui se croisent au centre d'un jardin clos. La promenade dans ce jardin imaginaire prend des allures et des odeurs différentes au fil des quatre saisons, au gré du potager, de la roseraie, de la prairie, du cloître, du bosquet et de la fontaine.

Pleaux A2

27 km à l'ouest, par la D 680.

Aux portes du Limousin, cette tranquille bourgade aux toits de lauzes abrite dans son église remaniée (20e s.) une précieuse pietà du 15e s. Clocher roman et abside gothique sont d'origine. *Visite guidée sur RV - 04 71 40 91 40.*

Vous pouvez continuer votre promenade en direction de Mauriac (voir ce nom).

NOS ADRESSES À SALERS

Voir aussi les encadrés pratiques d'Aurillac, des monts du Cantal, de Mauriac et de Saint-Cernin.

HÉBERGEMENT

PREMIER PRIX

Chambre d'hôte chez Prudent – *R. des Nobles - ✆ 04 71 40 75 36 - www.chez-prudent.com - 6 ch. 48 € -* ☕. Au cœur de Salers, cette ravissante maison du 17e s. a beaucoup de charme : ses chambres simples sont confortables, son joli jardin ouvre une vue splendide sur les volcans et vous pourrez prendre votre petit-déjeuner dehors, dans une belle pièce auvergnate ou au lit…

Hôtel Les Voyageurs – *15380 Le Falgoux - ✆ 04 71 69 51 59 - fermé 2 nov.-25 janv. et merc. soir hors saison - 14 ch. 45 € - ☕ 7 € - rest. 17 bc/27 €.* Auberge dans la pure tradition auvergnate : cantou (grande cheminée bordée de bancs) dans le bar et accueil serviable. Chambres refaites, sobrement rustiques et bien tenues. Au restaurant, recettes régionales et jolie vue sur les paysages des monts du Cantal.

Chambre d'hôte La Michie – *Au Bourg - 15380 Le Falgoux - ✆ 04 71 69 54 36 - http://perso.wanadoo.fr/guy.supersac - fermé 1er nov.-Pâques - P - ⊠ - 5 ch. 52/60 € - ☕ - rest. 20 € bc.* Cette bâtisse a été entièrement restaurée par le propriétaire. On y trouve, au rez-de-chaussée, une belle salle commune avec coin salon, autour de la cheminée, ainsi qu'une salle à manger ornée de mobilier ancien. Aux étages, les 5 chambres, lumineuses et spacieuses, portent des noms de fleurs sauvages. Table d'hôte régionale, se fournissant chez des producteurs locaux.

BUDGET MOYEN

Hôtel Le Gerfaut – *rte de Puy Mary 1 km au nord-est par D 680 - ✆ 04 71 40 75 75 - www.salers-hotel-gerfaut.com - ouvert de mars à oct. - P - 25 ch. 50/86 € - ☕ 9 €.* Sur les hauteurs du bourg, hôtel moderne et fonctionnel où vous dormirez paisiblement. Les chambres, refaites et dotées de balcons ou de terrasses, donnent sur la vallée.

RESTAURATION

PREMIER PRIX

La Diligence – *R. du Beffroi - ✆ 04 71 40 75 39 - ladiligence-salers.com - fermé 12 nov.-1er avr. - ♿ - 9,50/29 €.* Ne vous fiez pas à l'aspect récent de la maison, ici la table chante le terroir. Des crêpes certes mais aussi truffade, tripoux, pounti, potée auvergnate pour contenter les convives les plus affamés Le tout arrosé de vins du coin. Ambiance conviviale sur les grandes tables de ferme.

BUDGET MOYEN

Le Bailliage – *R. Notre-Dame - ✆ 04 71 40 71 95 - www.salers-hotel-bailliage.com - fermé 15 nov.-1 fév. - 22/42 €.* Chaleureuse salle de restaurant et jolie terrasse pour déguster une appétissante cuisine auvergnate. Grandes chambres avec vue sur le jardin ou la campagne.

ACHATS

Bon à savoir – Spécialité de la cité, les carrés de Salers sont de délicieux biscuits dont la recette est tenue « secrète ». Ils sont élaborés et commercialisés dans quatre établissements de la ville : pâtisserie Servans et boulangerie Robert rue Notre-Dame ; pâtisserie le Médiéval et boutique de M. Vergne rue du Beffroi.

Riom-ès-Montagnes

★

2 727 Riomois – Cantal (15)

NOS ADRESSES PAGE 303

S'INFORMER

Office du tourisme du Pays Gentiane – *1 av. Fernand-Brun - 15400 Riom-ès-Montagnes - ✆ 04 71 78 07 37 - www.tourisme-gentiane.com - juin-août : 9h-19h, dim. et j. fériés 9h-12h30, 14h30-18h ; sept.-oct. : 9h-12h, 14h-18h, dim. et j. fériés 9h30-12h ; nov.-déc. : 9h-12h, 14h-17h ; janv.-avr. : 9h-12h, 14h-18h ; mai : 9h-12h, 14h-18h, dim. 9h-12h - fermé dim. (nov.-avr.).*

SE REPÉRER

Plan de région B1 (p. 252) – schéma p. 247 – carte Michelin Départements 330 E2.

Cette petite ville carrefour se trouve à 24 km de Bort-les-Orgues par la D 922 (la transvolcanienne reliant l'A 75 à l'A 89) puis la D 3, et à 38 km de Murat par la D 3.

À NE PAS MANQUER

La très belle vallée de Cheylade, aux cascades enchanteresses ; les pittoresques églises romanes de Riom, Menet et Trizac ; la découverte des terres d'estive à bord du sympathique train touristique Gentiane Express.

ORGANISER SON TEMPS

Prévoyez la visite du Scénoparc iO et embarquez à bord du Gentiane Express pour voir défiler ce magnifique paysage d'estive.

AVEC LES ENFANTS

C'est en pleine nature, au pas des vaches, qu'ils découvriront au Scénoparc iO quelque 40 000 ans d'histoire de l'homme et de l'animal.

Cette station de moyenne montagne (alt. 850 m), à l'ouest du Parc naturel régional des Volcans d'Auvergne, se situe entre les gorges de la Rhue et les monts du Cantal. Son industrie fromagère, son centre de production d'un apéritif à base de gentiane, son entreprise de traitement de la silice et ses équipements de santé en font un bassin d'emploi important du haut Cantal. Elle est aussi le point de départ idéal de balades au Pays Gentiane, dans de superbes paysages de collines, de plateaux et de vallées, tandis qu'au loin se profilent les premiers volcans…

Se promener

★ Église Saint-Georges

Elle ne conserve de l'édifice primitif (11e s.) que le chœur, l'abside, la coupole et le transept. La nef est du 12e s., le clocher gothique. À l'intérieur, les **chapiteaux du chœur** illustrent de nombreuses scènes guerrières. Remarquez celui qui, à gauche, relate une scène de l'histoire locale : la lutte des chevaliers auvergnats contre les Sarrasins (ceux-ci portant des boucliers ronds) ; en face, le Jugement de Salomon.

Espace Avèze

04 71 78 03 04 - ♿ - www.aveze.com - de mi-juin à mi-sept. : 10h-12h, 15h-19h ; reste de l'année : sur RV - possibilité de visite guidée (1h) - gratuit. Depuis 1929, cette entreprise fabrique un apéritif au goût amer, à base de gentiane, cette grande fleur jaune des pâturages du Cantal et du Cézallier. Un hall d'exposition, avec une vue sur la salle d'embouteillage, présente la gentiane et sa transformation en apéritif (diaporama). L'Avèze est l'une des rares boissons à base de gentiane obtenue par macération (9 mois) dans un mélange d'eau et d'alcool.

Gentiane Express

04 71 78 07 37 (office du tourisme de Riom-ès-Montagnes) ou 05 55 96 02 49 (office du tourisme de Bort-les-Orgues) - www.gentiane-express-cfha.com - juil.-août : 9h30-18h15 (réservation recommandée), w.-end 13h30-19h20 ; avr.-juin et sept. : dim. 13h30-19h20 ; reste de l'année : trains spéciaux sur réservation - 04 73 39 72 21 ou 06 85 05 71 19.

Embarquez à bord de ce train touristique, à la découverte des terres d'estive, royaume de la vache salers. Entre Artense et Cézallier, l'itinéraire va de Bort-les-Orgues à Lugarde en passant par Riom-ès-Montagnes et le viaduc de Barajol. Voyage commenté, rythmé par des pauses détente et photos.

À proximité Plan de microrégion

Saint-Étienne-de-Chomeil Hors plan par B1

À 14 km au nord-ouest par la D 3, puis la D 205. Prenez à droite avant l'église romane.

Sentier botanique – *3,5 km en boucle, comptez 1h.* Agréable promenade en sous-bois qui vous permettra de découvrir la flore dans son environnement naturel.

Scénoparc iO

À Valette, à 7 km au sud-ouest par la D 678. 04 71 78 07 37 - www.scenoparc-io.com - fermé en 2009, réouverture prévue en mai 2010.

Parcours de 4 km. Attention, un tiers du circuit est en randonnée de moyenne montagne ; le reste est accessible à tous. Dans le Parc naturel régional des Volcans d'Auvergne, le Scénoparc iO est installé à 1 100 m d'altitude, sur plus de 35 ha aménagés. Ce sont 40 000 ans d'évolution de la relation homme-animal qui sont évoqués ici, depuis la bête sauvage chassée jusqu'à sa domestication.

Accrochée à la montagne, la **Banne** en châtaignier tressé, bel exemple d'intégration d'architecture dans le paysage naturel, accueille le visiteur. Elle abrite le **Théâtre des origines**, au décor mythique, dans lequel une courte projection en relief aborde l'homme et la vache au néolithique ; vous ferez alors la connaissance d'Étienne, artiste-voyageur qui vous accompagnera dans votre progression.

En longeant les enclos, la visite se poursuit en plein air, au gré d'un **parcours chronologique** (du paléolithique à nos jours), rythmé par des scénovisions installées dans des yourtes et des reconstitutions d'habitats. Depuis des points d'affût, vous guetterez des bovidés (14 espèces) du monde entier : « aurochs », bisons, bœufs musqués, buffle d'Asie… jusqu'à la vache salers, dans leur espace naturel reconstitué. Étienne vous ouvrira enfin sa maison, la **maison d'Étienne**, et vous dévoilera son jardin secret. En plus des ateliers qui leur sont proposés, avec la vache « iOlande » de 6 m de haut, les enfants ont aussi leur espace de jeux réservé.

Itinéraire conseillé

★★ PAYS GENTIANE ET VALLÉE DE CHEYLADE

Pour visualiser cet itinéraire 2 de 90 km, reportez-vous au schéma p. 247 et à la carte de région A/B/C1/2 p. 252 – comptez environ 1 journée.
Quittez Riom-ès-Montagnes par le sud en empruntant la D 3, puis à gauche la D 49 vers Apchon.
Après 4 km, un beau panorama se dégage à gauche sur les monts Dore et les hauts plateaux du Cézallier. On découvre ensuite les ruines du château d'Apchon et une partie des monts du Cantal.

Apchon

Ce bourg, blotti entre deux masses volcaniques, compte de robustes maisons de pierres basaltiques. Sur la petite place agrémentée d'une fontaine se dresse l'**église** précédée d'un clocher-porche. L'intérieur abrite cinq retables dont un, immense, en bois doré du 17e s., figure parmi les plus précieux du Cantal. Les comtes d'Apchon, dont la devise était « Haut et clair », étaient de très ancien lignage. Ils contrôlaient un grand territoire dans le nord du Cantal, englobant notamment les planèzes de Trizac et du Limon.
De la rue de la Porte-du-Barre part le sentier qui mène à une table d'orientation d'où se révèle un beau **panorama** sur les plateaux alentour. Attention, l'accès aux ruines du **château** (15e s.), ancienne forteresse des comtes d'Apchon, n'est pas sécurisé *(l'ascension se fait à vos risques et périls ; prévoyez de bonnes chaussures et n'emmenez pas les enfants)*.
Sortez d'Apchon par le sud (D 249). Prenez à gauche la D 63, puis la D 263.

Collandres

L'**église** romane de ce minuscule village est édifiée sur un ancien poste de vigie qui surveillait la vallée de la Véronne. Son allure massive est typique. Passé le clocher-porche, vous verrez à l'intérieur un retable de l'atelier d'Apchon.
Faites demi-tour et sortez de Collandres par le sud (D 263).

Cascade du pont d'Aptier

Vous pourrez pique-niquer dans ce cadre sauvage en regardant la chute de la Véronne.
Après le pont, prenez à gauche la D 249.

Chapelle de la Font-Sainte

Lieu de pèlerinage, cette chapelle d'altitude du 19e s. s'élève au milieu des pâturages. La petite Vierge des bergers, Vierge transhumante, reste tout l'été sur les pâtures, puis redescend passer l'automne et l'hiver dans l'église de Saint-Hippolyte.
À droite de l'église, remarquez la croix en pierre ; allez jusqu'à la fontaine où s'écoule une eau pure et fraîche aux vertus miraculeuses.
Faites demi-tour et tournez à droite en direction de Saint-Hippolyte.
À **Saint-Hippolyte** *(arrêtez-vous à l'église décorée de modillons sculptés de figures)*, la D 49, que vous prendrez à droite vers Cheylade, descend vers la Rhue de Cheylade et la franchit. Le puy Mary apparaît à droite d'une longue arête partant du puy de Peyre-Arse.

Cheylade

Ce bourg, qui domine la Rhue, est apprécié des amateurs de pêche à la truite. C'est aussi un point de départ pour des randonnées pédestres.

Dans la vallée de Cheylade.
C. Guy / hemis.fr

Outre le « sentier botanique » et le « sentier des Ombrages », le **chemin des Quiroux** (*8h AR*) plaira aux bons marcheurs : il rejoint Dienne en traversant le plateau du Limon et de la Santoire.

Ancienne priorale Saint-Léger – Cette église romane du 11e s., qui a subi de nombreux remaniements, conserve dans le chœur quelques chapiteaux sculptés (sirènes, feuilles d'acanthe, entrelacs). Le chœur et l'abside sont les parties les plus anciennes. La nef et les bas-côtés ont été couverts au 17e s. par une remarquable **voûte★** dont les 1 358 caissons en chêne sont peints d'anges, de fleurs et d'animaux d'expression naïve.

Vous remarquerez, à l'intérieur de l'église, un **bénitier** du 15e s. ; au fond, derrière une porte en bois sculpté représentant le baptême du Christ, les **fonts baptismaux** du 15e s. ; dans le chœur, une croix de chemin en pierre ; derrière le maître-autel, un **Christ en bois** du 14e s. et à gauche du chœur, à l'entrée de la chapelle du Sacré-Cœur, un écusson aux armes de la famille d'Estaing dont l'un des membres s'illustra à la bataille de Bouvines (1214), ainsi qu'une statue en bois de saint Léger (15e s.).

À 2,5 km au sud de Cheylade, prenez à droite la D 62. Laissez votre voiture près d'un pont. Continuez 100 m plus loin sur la droite.

★ Cascade du Sartre

Elle est formée par la Rhue qui tombe d'une trentaine de mètres de hauteur.

Poursuivez sur la D 262 et, après un nouveau pont, prenez à droite un chemin d'où vous aurez une jolie vue sur la **cascade de la Roche**, formée par un affluent de la Rhue qui descend en cascatelles sur les rochers.

Faites demi-tour et poursuivez sur la D 62.

Le Claux

Un royaume pour les amateurs d'activités de plein air : ski de fond (75 km de pistes, domaine labellisé « France Ski de Fond ») ou raquettes en hiver. *Maison de la Montagne - ✆ 04 71 78 93 88 - www.leclaux-puymary.com.*

Après Le Claux, la vue devient superbe sur le puy Mary et la vallée de Cheylade dont le fond est couvert de forêts. Bientôt, la route, qui s'élève en lacet, pénètre

TERRE D'ESTIVES
Le Cantal regroupe 80 000 ha d'estives pour bovins. La route qui passe devant l'église de Collandres permet d'en parcourir une partie. *Au premier embranchement, prenez à gauche en direction de la Chatonnière (de ce lieu-dit partent deux chemins carrossables).* Sur le plateau se succèdent prairies, forêts, burons et fermes. Outre des vaches, vous pourrez apercevoir rapaces, hérons cendrés…

dans les bois, atteint les hauts pâturages, franchit le col de Serres et débouche sur la vallée de l'Impradine, creusée en « auge » par les anciens glaciers.
Prenez à droite la D 680.
Au cours de la montée finale vers le pas de Peyrol, la route franchit le col d'Eylac, s'accroche en corniche au flanc abrupt du puy Mary, et offre des **vues★** splendides sur les vallées de l'Impradine et de la Rhue de Cheylade, les monts Dore et du Cézallier.

★★ Pas de Peyrol *(voir les monts du Cantal)*
La route suit les hautes vallées de l'Impradine et de la Santoire.

★★★ Puy Mary *(voir les monts du Cantal)*
Reprenez la D 680.

★★ Cirque du Falgoux *(voir les monts du Cantal)*
Continuez sur la D 680.
Prenez à droite la D 12 (direction Le Falgoux), puis encore à droite la D 30. Après le col d'Aulac, à l'entrée du bois de Marilhou, tournez à gauche.

Site de Cotteughes et Preydefont
Les vestiges d'une trentaine de **cases en pierres sèches**, abandonnées au Moyen Âge, témoignent de la vocation ancienne de ce pays à l'élevage bovin. Classées aux Monuments historiques depuis 1924, elles se trouvent dans le bois communal de Marilhou. Semi-enterrées et bordées d'un talus, elles servaient d'habitation et pour certaines d'étable.
Revenez sur la D 30 que vous suivez vers le nord en direction de Trizac.

Trizac
Ce gros bourg est connu pour ses foires aux bestiaux.
Église – Cet édifice roman est muni d'un clocher-porche du 13e s. À l'intérieur, on remarque les chapiteaux du chœur, la Vierge assise (12e-13e s.) et des retables baroques. Les **vitraux** du transept et du chœur ont été librement reconstitués par deux maîtres verriers, à partir d'éléments d'anciens vitraux de la fin du 15e s. retrouvés récemment.
Prenez la D 678 en direction de Riom-ès-Montagnes. Tournez à gauche dans la D 205.
La route traverse la planèze, étendue d'herbage piqueté de genêts à balais, et offre un point de vue sur le plateau de l'Artense.

Menet
La descente ménage une vue sur ce village qui se distingue par son harmonieuse blancheur. L'église (12e s.), également en pierre de taille (trachyte qui sert à présent aux sculpteurs), présente de beaux chapiteaux sculptés et des peintures du 17e s. Le lac naturel (pêche, pédalo) constituera une belle halte pour vous détendre.
Quittez Menet par l'est. La D 36, qui traverse un bois, ramène à Riom-ès-Montagnes.

NOS ADRESSES À RIOM-ÈS-MONTAGNES

Voir aussi les encadrés pratiques de Bort-les-Orgues, des monts du Cantal, de Condat, Mauriac, Murat et Salers.

VISITE

Bon à savoir – L'office du tourisme de Riom-ès-Montagnes organise de nombreuses visites gratuites avec les producteurs locaux. Point de rendez-vous à l'office de tourisme où le producteur prend en charge les visiteurs.

HÉBERGEMENT

PREMIER PRIX

St-Georges – *5 r. Cap.-Chevalier - 15400 Riom-ès-Montagnes - ✆ 04 71 78 00 15 - www.hotel-saint-georges.com - fermé 15-30 janv. - 14 ch. 44/52 € - ☕ 8,50 € - rest. formule déj. 10 € - 14/27 €.* Au centre du village, maison en pierre de la fin du 19e s. disposant de petites chambres refaites, pourvues d'équipements complets et fort bien tenues. Accueil courtois. À table, décor rustico-bourgeois et carte mettant à l'honneur les spécialités cantaliennes.

Hôtel Lutea – *R. du Champ-de-Foire - 15400 Riom-ès-Montagnes - ✆ 04 71 78 19 43 - www.hotel-lutea.com - ♿ - P - 30 ch. 39/43 € - ☕ 6 €.* Installé à proximité immédiate du centre-ville, cet hôtel de conception moderne propose une agréable combinaison de confort et de fonctionnalité. On notera la présence de 2 chambres pour personnes à mobilité réduite. Petits-déjeuners servis en buffet dans la grande salle dotée d'une baie vitrée. Prix légers.

BUDGET MOYEN

Hôtel Le Peyre Arse – *Les Côtes du Claux - 15400 Le Claux - ✆ 04 71 78 93 32 - www.hotel-peyre-arse.com - fermé nov. - ♿ - P - 29 ch. 50/57 € - ☕ 6,50 € - rest. 19/26 €.* Cette bâtisse des années 1980, située aux portes du village, abrite des chambres fonctionnelles et bien tenues, et une salle de restaurant sobrement meublée dans le style bistrot (cuisine du terroir). Belle piscine couverte et terrasse offrant une vue imprenable sur les monts du Cantal.

POUR SE FAIRE PLAISIR

Chambre d'hôte Le Couvent – *Pl. de l'Église - 15400 Trizac - ✆ 04 71 78 67 51 - www.lecouvent.fr - ouv. Pâques-1er Nov. - P - 4 ch. 90/95 € ☕.* Cette demeure de caractère – ancienne propriété du baron de Trizac – fut autrefois un pensionnat de jeunes filles. Un escalier monumental conduit aux chambres aménagées dans les anciennes classes de l'école religieuse ; elles sont personnalisées et décorées avec goût. Ravissant salon-bibliothèque et jardin.

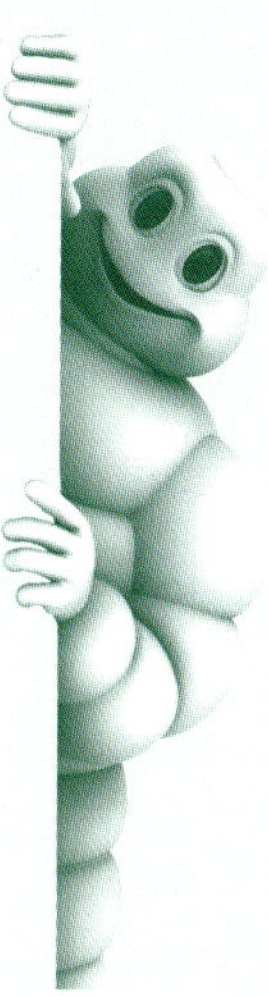

ACTIVITÉS

Centres de Pêche Sportive d'Auvergne – *Lac du Roussillou - 15400 Riom-ès-Montagnes - ✆ 04 71 78 22 94 - www.reservoir-roussillou.com - fév.-déc. : 8h30 à la nuit - fermé de déb. déc. à fin fév. et mar. - 20/35 €.* Plusieurs formules au choix pour s'initier ou se perfectionner aux techniques de la pêche à la mouche : cours ou séjours. Le tout dans un site naturel préservé : le lac du Roussillou, riche en salmonidés. Encadrement assuré par des professionnels. Location de châlets en bois au week-end ou à la semaine, barques sur place.

Le Panoramic - Cantal - Ânes – *Rte de Murat - 15400 Riom-ès-Montagnes - ✆ 04 71 78 06 41 - www.cantal-anes.com - ouv. tte l'année sur réserv..* Pour s'imprégner des superbes paysages du Parc des Volcans d'Auvergne, optez pour une randonnée en compagnie d'un âne de bât transportant enfants ou nourriture. Plusieurs circuits de promenade possibles, à choisir en fonction de votre niveau de marche (plusieurs heures, une journée ou plus). Sur place, visites commentées du parc aux ânes.

Cantal Cheval – *Rte de Marchastel - 15400 Riom-ès-Montagnes - ✆ 04 71 78 20 62 - http://cantalcheval.cantalpassion.com - tlj sur réserv. - forfait de 10 heures : 120 € - Promenades à cheval - (enf. poney : 10 € la demi-heure).* Patrick Vechambre possède un élevage de chevaux dans ce lieu-dit et propose des randonnées équestres, ainsi que des promenades accompagnées… Une manière insolite de parcourir le Cantal et de découvrir des contrées inaccessibles par la route. Formules à l'heure ou à la journée.

Natures Cantal (Bernard Mommalier) – *Les Levades - 15400 Valette - ✆ 04 71 78 14 35 - natures-cantal@wanadoo.fr - ouv. tte l'année sur RV - forfait journée famille 4 personnes.* Bernard Mommalier organise des randonnées avec des ânes (en été) et des sorties en raquettes (en hiver). Il sait dénicher des sentiers sauvages et peu connus et ses promenades tournent autour du thème de la connaissance du milieu naturel (faune, flore, etc.). Formules sur un ou plusieurs jours.

Randonnées – *15400 Riom-ès-Montagnes.* Un topoguide fournit tous les renseignements sur les excursions que vous devez faire… S'adresser à l'office de tourisme.

Train touristique Gentiane Express – *Au départ des gares de Riom-ès-Montagnes ou Bort-les-Orgues.* Train touristique de la haute Auvergne passant à travers les paysages de l'Artense et du Cézallier. *Voir p. 36.*

AGENDA

Festival Musiques et Danses sans Frontières – *(mi-juil. le w.-end).*

Fête du bleu d'Auvergne – 3e w.-end d'août.

Mauriac

★

3 887 Mauriacois – Cantal (15)

NOS ADRESSES PAGE 311

S'INFORMER

Office du tourisme du Pays de Mauriac, en Grand Pays de Salers – *1 r. Chappe-d'Auteroche - 15200 Mauriac - 04 71 67 30 26 - office.tourisme.mauriac@wanadoo.fr - de mi-juin à mi-sept. : 9h30-12h15, 14h-19h, dim. et j. fériés 9h30-12h15 ; reste de l'année : tlj sf dim. et lun. 9h30-12h, 14h-18h30 - fermé à Pâques, 1er Nov., 25 déc.*

SE REPÉRER

Plan de région A1 (p. 252) – carte Michelin Départements 330 B3.

À 19 km de Salers, Mauriac se trouve sur la D 922 qui descend de Bort-les-Orgues à Aurillac.

À NE PAS MANQUER

Le patrimoine bâti de Mauriac, notamment la basilique Notre-Dame-des-Miracles. L'ascension du puy Saint-Mary à l'ouest de la ville. L'ambiance du marché hebdomadaire le vendredi soir au Vigean et le samedi soir à Chalvignac.

ORGANISER SON TEMPS

Il faut compter une journée pour suivre le circuit des plateaux du Nord. D'églises en châteaux, vous découvrirez une pittoresque région hérissée de pitons basaltiques.

AVEC LES ENFANTS

Programme chargé : le Conservatoire des traditions rurales, le château de la Vigne et sa collection de voitures miniatures et le lac Val-Saint-Jean aux multiples activités.

Capitale du Nord Cantal, Mauriac s'est implantée sur les hauts plateaux basaltiques entaillés par les vallées de l'Auze et de la Dordogne. Elle est réputée pour ses foires et marchés, et vous séduira par son patrimoine exceptionnel : une basilique romane et les vestiges d'un important monastère.

Se promener

★ Basilique Notre-Dame-des-Miracles

C'est le principal monument de l'art roman de la haute Auvergne, réalisé entre le 11e s. et le 12e s. À voir aussi pour ses **modillons sculptés**, où s'exerce la verve gaillarde du sculpteur roman.

Extérieur – Vous verrez d'abord l'élégant chevet à trois absidioles. À droite du portail méridional, remarquez la **lanterne des morts** du 13e s. provenant du cimetière qui séparait alors l'église Notre-Dame et le monastère Saint-Pierre. Le **portail de la façade ouest** est le plus bel exemple de sculpture romane de la haute Auvergne ; le **tympan** représente l'Ascension, et l'archivolte les signes du zodiaque.

Intérieur – La nef est sobrement éclairée par les fenêtres hautes qui donnent directement au-dessus des grandes arcades, sans l'intermédiaire de tribunes. Parmi les objets mobiliers, on remarque notamment les stalles du chœur avec, au fond, la **statue de Notre-Dame-des-Miracles**, Vierge de pèlerinage en noyer. À droite, dans le transept, rare **Vierge à l'oiseau** du 16e s. Dans le bas-côté droit se trouve une superbe **cuve baptismale★** romane polychrome, sculptée dans le trachyte et décorée de 14 arcatures. À proximité sont fixés au mur les fameux « fers sarrasins » auxquels se rattache une légende naïve sur la **Vierge des Miracles** : au 11e s., deux Auvergnats, qui venaient d'être faits prisonniers en Espagne par les Arabes, invoquèrent avec tant de ferveur la **Vierge des Miracles** qu'on les retrouva le lendemain matin, chargés de leurs fers et endormis, devant l'église de Mauriac qui s'élevait sur l'emplacement de la basilique actuelle.
Autour de la place Georges-Pompidou, remarquez les **maisons anciennes** dont une à baies romanes géminées.

Monastère Saint-Pierre

☏ 04 71 68 07 24 - visite guidée (1h) juin-sept. : 10h-12h, 14h30-18h30, dim. et j. fériés 14h30-18h30 - fermé mar. en juin et sept. - 2,50 €.
Ce monastère, fondé au 6e s., puis reconstruit au 9e s., dépendait jadis de Saint-Pierre-le-Vif de Sens. Enserré dans des maisons que la municipalité acquiert peu à peu, il a ainsi retrouvé une partie de son plan d'origine. En cours de rénovation, il fait l'objet de fouilles archéologiques (un chantier est visible en entrant). Il abrite des vestiges gallo-romains, une partie des **fondations** de l'église carolingienne (début 9e s.), la **salle capitulaire** du 11e s. (colonnes en marbre) et une partie du **cloître** (14e-15e s.) dont elle est séparée par une arcature à colonnes géminées.
Suivez la rue du Collège.

Hôtel d'Orcet

Actuelle sous-préfecture. Cet édifice (16e-18e s.) a conservé le tympan sculpté (12e s.) qui ornait la porte du réfectoire du monastère. Le thème en est Samson terrassant le lion. De l'autre côté de la rue s'ouvre le portail monumental de l'ancien collège des jésuites (1563).
Continuez sur la rue du Dr-É.-Chavialle. La 1re rue à gauche mène au musée.

Musée des Arts et Métiers

☏ 04 71 68 07 24 - visite guidée (1h) juin-sept. : 10h-12h, 14h30-18h30, dim. et j. fériés 14h30-18h30 - fermé mar. en juin et sept. - 2,50 €.
Aménagé dans les anciennes prisons de la ville, il propose chaque année une grande exposition sur le thème des arts et métiers.

À proximité Plan de microrégion

Puy Saint-Mary

30mn AR au départ des Vaysses. Quittez Mauriac par le nord-ouest en empruntant la D 678. À la sortie de la ville, prenez à droite et laissez la voiture au hameau des Vaysses.
Montez vers la chapelle élevée au sommet de la colline verdoyante, ancienne bouche volcanique appelée puy Saint-Mary. De là, le regard se perd sur les planèzes entaillées par les vallées de l'Auze et de la Dordogne, avec le massif du Sancy et les monts du Cantal en toile de fond.

Conservatoire des traditions rurales

Au sud par la D 681, entre Mauriac et Ally. ✆ 04 71 68 04 74 - de mi-juin à mi-sept. : 14h-18h - fermé w.-end - 3 € (-18 ans gratuit).

Installé dans une ancienne ferme cantalienne des années 1950, cet espace est consacré aux traditions rurales. Visite des pièces à vivre, du grenier et de la grange où sont présentés les outils nécessaires aux travaux des champs ; une exposition sur les métiers disparus est visible dans l'étable.

Château de la Vigne B2

10 km au sud par la D 681. ✆ 04 71 69 00 20 - www.chateaudelavigne.com - visite guidée (45mn) de mi-juin à mi-sept. : 11h-12h, 14h-19h, dim. et j. fériés 14h-19h - 5 € (enf. 2,50 €) ; 8 € (enf. 4 €) billet combiné avec la collection de voitures miniatures.

Bâti au 15e s., ce château se compose d'un corps de logis flanqué de deux tours rondes coiffées d'un toit en poivrière, et d'une tour carrée formant donjon, à laquelle a été accolé, au 18e s., un second corps de logis. Un chemin de ronde sur mâchicoulis couronne l'ensemble. Par l'escalier à vis du donjon, on accède à la salle de Justice, décorée de **fresques** du 16e s. représentant, sur la partie supérieure des murs, la châsse de saint Hubert. Sur la voûte figurent cinq portraits, dans un décor de fleurs et de feuillages. Les différents étages révèlent des pièces joliment meublées. La **salle à manger** du 18e s. abrite de belles tapisseries, des faïences bleues de Delft et un immense buffet. Dans la **chapelle**, la voûte d'ogives conserve des peintures murales représentant des anges portant les instruments de la Passion. Du jardin, belle **vue** sur les monts du Cantal.

Indépendamment du reste du château, vous pourrez visiter un salon contenant une **collection de voitures miniatures** (Dinky Toys, Solido), depuis le modèle de tourisme jusqu'au poids lourd en passant par l'utilitaire, le coupé, les véhicules des services publics, *etc. ✆ 04 71 69 00 20 - de mi-juin à mi-sept. : 14h-19h - 5 € (enf. : 2,50 €), 7 € (enf. 3,50 €) billet combiné avec le château de la Vigne.*

Poussez jusqu'à **Brageac** *(5 km par la D 137)*, pour voir le site impressionnant d'une petite église romane dominant d'un à-pic la vallée de l'Auze.

Église de Jaleyrac

Au nord de Mauriac ; accès par la D 922, puis la D 138. Elle abrite des fresques remarquables du 13e s. représentant le Tétramorphe (c'est-à-dire le Christ entouré des symboles des quatre évangélistes), saint Georges et le dragon, saint Martin et le pauvre.

Itinéraires conseillés

ÉGLISES DES PLATEAUX DU NORD B1

Pour visualiser cet itinéraire de 83 km, reportez-vous au plan de la région p. 252 – comptez 1 journée. Quittez Mauriac au nord par la D 922. Prenez à droite la D 678.

Église du Vigean

Ce petit édifice possède un clocher-peigne. À l'intérieur, on peut admirer une jolie **châsse★**, en émail limousin du 13e s., dont la face antérieure représente l'assassinat de l'archevêque de Canterbury, Thomas Becket.

Suivez la D 678. Environ 4 km après avoir traversé le Mars, et 2 km avant Moussages, tournez à droite vers Jailhac.

CANTINON MENETTE
Catherine Jarrige, de son vrai nom, est née en 1754 près de Mauriac. Issue d'une famille de sept enfants aux parents pauvres, elle se dévoua très vite aux autres en aidant sa sœur dans des œuvres charitables. Entrée dans l'ordre de Saint-Dominique, Catinon devint « menette » (ou moniale). Elle défendit toute sa vie la cause des pauvres, des malades ou des orphelins.

Chapelle de Jailhac

Arrêtez-vous sur la place du village *(demandez éventuellement la clé dans la maison à toit de lauzes)*. Traversez le pré ; un sentier très pentu mène à la chapelle *(15mn AR)*. Beau point de vue sur la vallée du Mars. C'est près de la fontaine, sur la colline qui porte maintenant la chapelle, que la statue de **Notre-Dame-de-Claviers** aurait été trouvée par un pâtre au 19e s. Comme d'autres Vierges transhumantes, elle reste généralement en l'église de Moussages, mais retourne sur sa colline le jour de la fête de la Nativité.

Attention, rude montée pour le retour. Revenez sur la D 678 et prenez à droite.

Moussages B1

Sur une place ornée d'une vieille fontaine et de maisons anciennes se dresse l'église dont le chevet roman présente des modillons sculptés. À l'intérieur, on remarque une **Vierge★** romane en majesté, Notre-Dame-de-Claviers, et un Christ en bois. *✆ 04 71 40 08 84 - de Pâques à fin sept. : 9h-18h - se renseigner en cas de fermeture.*

Quittez Moussages par le nord (D 22) et, après 4 km, tournez à droite.

★ Château d'Auzers B1

✆ 04 71 78 62 59 - visite guidée (1h) de Pâques au 1er nov. : 14h-18h30 - 6 € (enf. 3 €).

Au centre du bourg du même nom, cette belle demeure (14e et 16e s.) du Nord Cantal, recouverte d'une vaste toiture de lauzes, présente un corps de logis encadré de deux hautes tours en poivrière. À l'intérieur, on remarque, au rez-de-chaussée, l'appareil de pierre blanche et de basalte bleu des murs, l'élégante **cheminée** du Grand Salon, les **peintures murales** (17e s., ravivées) qui ornaient l'ancien oratoire de la tour ouest ; au premier étage, les **plafonds à la française**. Beau mobilier auvergnat, Renaissance et 18e s. Collection de soldats de plomb du début du 20e s.

De la terrasse qui borde la façade sud, on a une **vue** dégagée sur les vastes prairies précédant la vallée encaissée du Marilhoux et sur les monts du Cantal à l'arrière-plan.

Revenez sur la D 22 en direction de Saignes.

Sauvat B1

En partie romane, l'**église Saint-Martin** a conservé dans l'abside un ensemble de fresques du 15e s. représentant **le Tétramorphe**.

Saignes B1

Cette agréable petite villégiature estivale perchée au-dessus de la vallée de la Sumène possède une église, de style roman auvergnat, et quelques **maisons** du 15e s. Dans l'église, observez l'importance de l'arc triomphal, caractéristique de la haute Auvergne, qui marque l'entrée du chœur. Le rocher qui domine le bourg porte quelques vestiges de l'ancien château et la petite

chapelle Notre-Dame (12e s.). De son sommet, très belle vue sur la vallée et sur Bort-les-Orgues.
Prenez la D 30 vers Le Monteil, puis tournez à gauche dans la D 36. La route longe des orgues basaltiques.

Chastel-Merlhac

La forme circulaire de ce site lui donne un air de citadelle de basalte. Au belvédère *(aménagé en aire de pique-nique)*, un panneau vous explique la formation de ce **paléolac**. C'est une coulée de lave qui a rempli une cuvette et que l'érosion a démantelée. Une table d'orientation permet de se repérer parmi ce superbe **panorama**. Dans le bourg, l'église romane, en partie reconstruite à l'époque gothique, renferme une cuve baptismale sculptée.
Revenez à Saignes, et poursuivez sur la D 36.

Ydes-Bourg B1

Ce petit village s'élève au bord de la Sumène, dans un paysage hérissé de pitons basaltiques.
Église – Cet édifice, dédié à saint Georges, est du style roman de la haute Auvergne (12e s.). Remarquez le **chevet** très bien conservé et ses **modillons** figurant des animaux, dont le loup et le chien, ou des visages expressifs. Les chapiteaux sont ornés de décors végétaux ou de scènes historiées : Samson terrassant un lion et David étouffant un lion et un ours de ses mains. La porte sud est décorée d'un saint Georges terrassant le dragon qu'une jeune fille tient par des chaînes. Le **porche ouest**, surmonté d'un clocher à peigne, en est la partie la plus intéressante. Ses sculptures représentent un zodiaque (aujourd'hui incomplet). Sur la paroi gauche du porche : une belle Annonciation, l'archange Gabriel portant le message divin à Marie ; à droite : Daniel dans la fosse aux lions et le prophète Habacuc qu'un ange emporte en le saisissant par les cheveux. La sacristie abrite le **trésor.** *✆ 04 71 40 82 51 - visite du trésor sur demande à la mairie - juil.-août : 10h-12h, 15h-19h.*
Insectes du monde – *Entrée derrière l'ancienne mairie. ✆ 04 71 67 92 34 ♿ - juil.-août : 14h-19h - possibilité de visite guidée (1h) sur demande auprès de M. Avrard - 3 € (-12 ans 1 €).*
Riche de plus de 3 500 spécimens, cette exposition est principalement consacrée aux papillons diurnes et nocturnes du monde entier.
Prenez la direction de Champagnac par la D 115, puis la route de Veyrières vers le sud.

Musée de la Mine

À Champagnac. ✆ 04 71 69 61 55 - www.champagnac.org - juil.-août : 15h-18h30, visite possible le matin sur RV ; de mi-juin à fin juin et de déb. sept. à mi-sept. : 15h-18h - 3,30 € (enf. 1,80 €).
La mine de Champagnac, dont la concession fut achetée en 1842 par des investisseurs, renfermait le filon de charbon le plus important de la région. Avec l'arrivée du chemin de fer, le développement de l'exploitation fut rapide et important. Ce musée présente son histoire au travers de photographies et de maquettes.
Revenez à Ydes, rejoignez la D 922, puis prenez à droite en direction de Bassignac.

Bassignac

Le Jardin de l'Indigo – *✆ 04 71 67 32 50 - www.tissenature.fr - mi-juin à fin août : tlj sf dim. 14h-18h40 - visite de l'atelier libre - visite du jardin et de l'atelier 4 € (enf. 2 €).*

Dans ce lieu dédié au tissage, vous découvrirez tout sur les plantes textiles et tinctoriales. Le jardin comprend plus de 150 espèces de plantes différentes ; ateliers avec exposition et démonstration, animations pour les enfants, initiation au filage et tissage. Même les haies entourant le jardin sont en osier « vivant » tressé…

Rejoignez la D 922 et revenez à Mauriac.

ENTRE FORÊT ET VALLÉE

De Mauriac, prenez la D 678 (direction Égletons, Lapleau), puis poursuivez sur la D 105.

Chalvignac

Promenades équestres - *04 71 68 04 17.*

Exposition d'art et d'artisanat à la chapelle de la Bruyère en juil.-août.

Après avoir visité l'église St-Martin, rejoignez la place où un panneau indique le départ de quatre randonnées balisées, de 5 à 15 km, chacune sur un thème différent : les oiseaux, le barrage, le lac, l'Auze.

En été, chaque samedi soir de 18h à 22h, se tient un sympathique **marché de pays**, avec repas sous la halle et animations folkloriques *(renseignements 04 71 68 11 19)*. Ne manquez pas non plus la pittoresque **foire aux bestiaux** de Chalvignac, qui a lieu le lundi après-midi.

La Maison des Rapaces

04 71 68 11 19 - sur RV - lun. 14h30-17h30, mar. et jeu. 9h-12h ; 8 € (enf. 5 €)- visite guidée, mai-sept. : 9h-12h, 14h-17h - 6 € (enf. 3 €). À quelle distance un rapace peut-il repérer sa proie, comment différencier un milan royal d'un milan noir, etc. : les espaces scénographiques de la maison des rapaces vous apporteront toutes les réponses à ces questions. Accompagné d'un spécialiste, vous découvrirez, en lisière des gorges de la Dordogne, les oiseaux dans leur milieu naturel. Prévoir de bonnes chaussures de marche.

Poursuivez sur la D 105 qui passe à côté du barrage de l'Aigle, haut de 92 m. Avant La Ferrière, prenez à gauche la D 678 vers la maison forestière de Miers.

★ Maison forestière de Miers A1

Au bout d'un chemin forestier, juste après le pont sur l'Auze. 04 71 68 22 29 - visite guidée (45mn) juil.-août : 13h30-19h (dernière entrée 1h av. fermeture) - 3 €. (-12 ans 2 €.).

Deux expositions présentent la forêt et ses habitants d'hier et d'aujourd'hui. Au rez-de-chaussée, dans l'étable, une visite guidée vous fait découvrir les anciens métiers liés à la forêt (charbonnier, merrandier, c'est-à-dire celui qui fend le bois pour les tonneaux…), tandis qu'au premier étage se tient une exposition interactive et ludique sur les arbres, les animaux de la forêt…

Vous pourrez vous attarder dans ce lieu agréable en parcourant **le sentier de découverte** balisé, de 3 km, qui chemine au milieu de la forêt et enjambe la petite rivière de l'Auze.

Revenez à Mauriac par la D 678 à droite.

NOS ADRESSES À MAURIAC

Voir aussi les encadrés pratiques de Bort-les-Orgues, Riom-ès-Montagnes et Salers.

HÉBERGEMENT

PREMIER PRIX

Chambre d'hôte Chez Chambon Chantal et Daniel – *Lasbordes - 15200 Le Vigean - ✆ 04 71 40 01 59 - www.ferme-de-lasbordes.com - fermé nov.- Pâques - P - ⍁ - 5 ch. 47 € - ☕ - rest. 15 €.* Maison entourée de verdure, située dans un lieu-dit, au calme. Les chambres, très bien tenues, sont toutes différentes, meublées dans un esprit rustique ou contemporain. Le propriétaire propose des séjours à thème : ramassage des morilles en avril et des cèpes en sept., stages de vannerie hors saison. Réservez.

BUDGET MOYEN

Auv'Hôtel – *4 r. du 11-Novembre - ✆ 04 71 68 19 10 - www.auv-hotel.fr - fermé 15-28 fév. - P - 14 ch. 46/49 € - ☕ 8 €.* Située à côté de la basilique romane N.-D.-des-Miracles, cette petite adresse sympathique propose des chambres fonctionnelles au mobilier rustique.

RESTAURATION

PREMIER PRIX

La Bonne Auberge – *Hôtel des Voyageurs - place de la Poste - ✆ 04 71 68 01 01 - www.auberge-des-voyageurs.fr - fermé sam. de déb. nov. à Pâques, 10-18 fév., 22-30 avr., 9 déc.-7 janv. - 12/35 € - 19 ch. 40/48 €.* « La Bonne Auberge » a conservé son « look » des années 1980. Mise en place simple et colorée. Spécialités régionales. Suite à sa rénovation, cet établissement du centre-ville offre aux « voyageurs » des chambres actuelles et insonorisées.

ACHATS

Marchés de pays – *15200 Chalvignac.* Tous les samedis soir en été se tient un sympathique marché de pays (18h-22h), avec repas sous la halle et animation folklorique.

Le Bourg -15200 Le Vigean. Tous les vend. soirs en juil.-août. Dégustation et vente de produits du terroir.

ACTIVITÉS

Nature Attelage - Madame Claudine Royer – *La Besse - ✆ 04 71 68 10 13 - tte l'année sur rdv.* Claudine Royer, passionnée de nature et de chevaux, organise des promenades en calèche au départ de sa ferme équestre. Plusieurs circuits pour découvrir autrement la région, sa faune et sa flore (forfaits à l'heure). Possibilité de séjour avec hébergement en chambre d'hôte ; table d'hôte sur réservation.

Val-Saint-Jean – *Renseignements à l'office de tourisme.* Autour de ce plan d'eau de 9 ha est proposé un large panel d'activités : baignade, centre aquarécréatif, pédalo, canoë-kayak, location de VTT, parc aventure, golf… Gîtes et camping.

AGENDA

Culture en Pays de Mauriac – La médiathèque propose une programmation de qualité : expositions, conférences, rencontres avec des écrivains. *✆ 04 71 67 35 81 - www.culturepaysmauriac.org.*

Festival « Moussages fait son cinéma » – *Le Bourg, 15380 Moussages - ✆ 04 71 40 07 68 - août.* Festival de cinéma plein air.

Saint-Cernin

1 068 Saint-Cernois – Cantal (15)

NOS ADRESSES PAGE 315

S'INFORMER

Office du tourisme de Saint-Martin-Valmeroux – *Le Bourg - 15140 St-Martin-Valmeroux - ✆ 04 71 69 44 41 - juil.-août : tlj sf sam. 14h-19h - fermé reste de l'année.*

SE REPÉRER

Plan de région B2 (p. 252) – carte Michelin Départements 330 c4.

Cette charmante bourgade est située à 20 km au nord d'Aurillac par la D 922, dont le tracé permet d'en faire le tour en évitant le centre.

À NE PAS MANQUER

L'église de Saint-Cernin, Tournemire, village hors du temps, le château d'Anjony et le décor sauvage des gorges de la Maronne.

ORGANISER SON TEMPS

Comptez une journée pour découvrir le bourg et parcourir ses environs.

AVEC LES ENFANTS

Le chemin de ronde du château d'Anjony pour profiter, à travers les meurtrières, d'une jolie vue sur la vallée de la Doire.

Ce joli bourg de la Xaintrie cantalienne constitue un bon point d'ancrage pour partir à la conquête des monts du Cantal. À l'extrémité du promontoire de Tournemire, la superbe forteresse d'Anjony domine la vallée de la Doire de ses quatre tours élancées. Un peu plus loin, se dessinent les gorges sauvages de la Maronne.

Se promener

Église Saint-Louis

Élevée au 12e s., remaniée au 15e s., elle est dominée par un clocher à peigne. De très belles **boiseries★** occupent les deux côtés du chœur; étrangères au style des artistes auvergnats, elles proviennent du chapitre de Saint-Chamant. Elles comprennent **quatorze stalles** portant des miséricordes encadrées par quatre grands panneaux. Près de la chaire, remarquez un beau **lutrin** d'époque Louis XIV et, au chevet, d'intéressants **corbeaux** sculptés dans le basalte.

À proximité Plan de microrégion

★ Tournemire B2

À 6,5 km à l'est de Saint-Cernin par la D 160. Les ruelles sont étroites et la circulation quasi impossible. Garez-vous à l'entrée du bourg, sur le parking conseillé. Au cœur des monts du Cantal, ce petit village s'étire le long d'une arête rocheuse qui domine la vallée de la Doire, l'une des vallées qui rayonnent autour du puy Mary. Un si joli village, avec ses maisons en lave couvertes d'ardoises ou de lauzes, qui a été choisi, honneur insigne, pour figurer parmi les plus beaux villages de France. À la belle saison, Tournemire se pare de fleurs aux couleurs vives, et le vieux tilleul dispense ses effluves embaumés. Comme autrefois, les femmes continuent à laver leur linge au **lavoir**, alimenté par un ruisseau qui traverse le village.

Église – Elle a conservé, dans un reliquaire, un fragment de la couronne d'épines du Christ, rapporté de Jérusalem par Rigold de Tournemire. On dit qu'autrefois les gentilshommes du pays assistaient à la procession du Vendredi saint habillés en croisés pour rendre hommage à la sainte relique. De style roman, l'église est en tuf volcanique polychrome et fut, un temps, la chapelle des seigneurs de Tournemire, dont l'écusson s'affiche en clé de voûte. Cet édifice abrite également un somptueux autel baroque, don de la famille d'Anjony. Remarquez en sortant le heurtoir en bronze de la porte d'entrée, en forme de main baguée.

★Château d'Anjony B2

04 71 47 61 67 - visite guidée (45mn) juil.-août : 11h et 11h30, 14h-18h30, dim. 14h-18h30 ; de mi-fév. à fin juin et de déb. sept. à mi-nov. : 14h-18h30 - 7 € (enf. 3,50 €).

Avec ses 40 m de hauteur, ce château de basalte rougeâtre est l'un des plus remarquables de la haute Auvergne. Il fut édifié au 15e s. par **Louis II d'Anjony**, compagnon de Dunois et de Jeanne d'Arc, tout à côté des tours de Tournemire dont sa famille partageait la seigneurie depuis 1351. Le château qui, architecturalement, se réduit à un donjon cantonné de quatre tours d'angle ne comprend qu'une pièce par étage. Au 18e s., une aile de dimensions modestes fut ajoutée et aménagée au goût de l'époque. Au sous-sol, le cellier voûté en demi-berceau constitue une puissante salle basse.

L'intérieur contient un remarquable **mobilier** : vaste cheminée (portant la devise *Fides hic semper* « La foi ici et toujours »), tapisseries des Flandres et d'Aubusson, lit à baldaquin, le fauteuil « à système » permettant de s'y étendre. La **chapelle**, aménagée dans la tour sud-est, est décorée de fresques du 16e s. Elle renferme la statue de Notre-Dame d'Anjony, petite Vierge noire à l'Enfant, en bois doré polychrome du 16e s. Au deuxième étage, la salle des Preux est égayée de **fresques★** montrant Michel d'Anjony et sa femme Germaine de Foix, grandeur nature, en costumes de la fin du 16e s. et les neuf preux. La salle d'audience, couverte en croisées d'ogives, abrite deux grandes **tapisseries**, dont une verdure des Flandres. Par les meurtrières du chemin de ronde, la **vue** porte sur la vallée de la Doire ; du sommet de la dernière tour, elle s'étend sur l'ensemble du château et les environs.

Itinéraire conseillé

★ LES GORGES DE LA MARONNE A/B2

Pour visualiser cet itinéraire de 55 km, reportez-vous au schéma p. 314 – comptez environ 2h.

Quittez Saint-Cernin par le nord et rejoignez la D 922. Prenez la direction de Mauriac, puis la première route à droite.

Château du Cambon

04 71 47 60 48 ou 04 71 48 34 63 - visite guidée (45mn) juil.-août et J. du patrimoine en sept. : 14h30-18h30 - 4 € (enf. 1,50 €) - 5 € avec animation musicale.

Ancienne place forte édifiée au 16e s. dont il subsiste quelques éléments, comme les murailles, elle fut transformée au 18e s. en demeure de plaisance.

Le propriétaire, passionné, vous fera découvrir la chapelle, les chambres et les salons. Riche mobilier 18e s. et vidéo sur le thème des fêtes de cette époque.

Revenez sur la D 922, direction Mauriac, puis prenez à droite la D 42.

Saint-Chamant B2

Au 15e s., une collégiale y fut élevée, mais les bâtiments conventuels furent vendus à la Révolution et l'église démolie au 19e s.; seul le mobilier fut sauvé.

Église – *juil.-août : 10h-18h ; hors saison : sur demande préalable au 04 71 69 28 36.* Dans le chœur, huit salles s'ornent de **panneaux★** peints, en forme de dais; figures de saints, scènes religieuses; accoudoirs et miséricordes sculptés complètent ce décor.

Château – *visite guidée (45mn) juil.-août : 14h30-18h30 - 4,50 € (enf. 3 €).*
Élevé sur un promontoire dominant la vallée de la Bertrande, le château présente un bâtiment du 17e s. dans lequel s'insère un donjon carré du 15e s. L'intérieur abrite une superbe série de **tapisseries★** bien conservées : tapisseries des Flandres du 16e s. dans le Petit Salon; tapisseries d'Aubusson du 17e s. dans le Grand Salon, la salle à manger et la salle de billard. Beau retable en bois doré (18e s.) représentant la Sainte Famille dans la chapelle.

Quittez Saint-Chamant par l'ouest en empruntant la D 42. Reprenez la D 922 vers Mauriac. Tournez à droite dans la D 37.

Saint-Martin-Valmeroux

Cette petite localité de la vallée de la Maronne, célèbre pour sa ganterie, conserve une église gothique, une fontaine ancienne et les vestiges du château de Crèvecœur.

Quittez Saint-Martin par l'ouest en empruntant la D 37.

La route de Loupiac, très sinueuse, domine la vallée de la Maronne aux versants couverts de prés et de bois. Après Loupiac apparaissent les ruines du château de Branzac.

Château de Branzac A2

Ne se visite pas. Ses ruines occupent l'extrémité d'un promontoire dessiné par les gorges de la Maronne. Avec ses tours d'angle et son massif donjon central, cet édifice offre le plan type des châteaux forts cantaliens, comme

AU MOYEN ÂGE
Cinq châteaux défendaient ce plateau dominant la vallée de la Doire : **Fortanier**, le plus ancien ; la **tour de Chalier** ; **Bezaudun**, qui vit naître Raymond Vidal, le poète troubadour ; et enfin **Tournemire**, château des plus anciens seigneurs des lieux, qui se dressait presque nez à nez avec celui d'**Anjony**. La rivalité sanglante qui opposa durant des siècles les d'Anjony aux Tournemire ne prit fin que vers 1650, avec le départ de ces derniers vers d'autres lieux…

celui d'Anjony. La plus belle **vue** sur ce château se situe sur la rive gauche de la Maronne. *Accès par la D 27 (route de Besse) qui grimpe en lacet.*
Revenez sur la D 37.
En face de la dernière maison du bourg de Saint-Christophe-les-Gorges, sur la route de Saint-Martin-Cantalès, empruntez le sentier *(45mn AR)*, traversez la voie ferrée et gagnez la chapelle Notre-Dame-du-Château.

Chapelle Notre-Dame-du-Château A2

La chapelle Notre-Dame-du-Château occupe un **site★** composé par un double méandre creusé par la Maronne, dessinant un « S » parfait. Dans son enclos, avec son clocher à peigne et son toit de lauzes, elle compose une vision très gracieuse.
Quittez Saint-Christophe-les-Gorges par le sud en empruntant la D 6.

★Gorges de la Maronne A2

La vallée s'enfonce dans un site sauvage par un rétrécissement dont les pentes sont recouvertes de feuillus.
Poursuivez sur la D 6, dans les gorges de la Bertrande.

Église de Saint-Illide

Agrandi au 15e s., cet édifice roman renferme dix stalles provenant de Saint-Chamant, comme celles de Saint-Cernin, et dont on remarquera les miséricordes. Beau lutrin.
Quittez Saint-Illide par l'est. La D 43 ramène à Saint-Cernin.

NOS ADRESSES À SAINT-CERNIN

Voir aussi les encadrés pratiques d'Aurillac, des monts du Cantal, de Mauriac et de Salers.

HÉBERGEMENT ET RESTAURATION

BUDGET MOYEN

Auberge de Tournemire – *15310 Tournemire - 04 71 47 61 28 - www.aubergedetournemire.com - hors sais. sur réserv. - 7 ch. 46/64 € - 7 € - rest.10/26 €.* Magnifique vue depuis la terrasse de ce petit hôtel. Coquettes chambres de poche, piscine chauffée, plats traditionnels et régionaux, accueil délicieux, et conseils sur les promenades.

Chambre d'hôte Les Ombrages – *R. d'Empeyssine - 15700 Pleaux - 04 71 40 47 66 ou 06 81 65 82 78 - www.les-ombrages-cantal.com - - 4 ch. 60/80 € -* . Dans cette maison de maître au centre du village, les chambres portent chacune un nom d'oiseau. Un petit bassin habille le parc situé à l'arrière. Délicieuse table d'hôte régionale.

ST-FLOUR, SANFLORAIN ET MARGERIDE DU CANTAL
St-Flour
Mérite un détour
Grandval
Intéressant
Le Chassan
À voir
Itinéraire conseillé avec ville de départ
0
4 km
ISSOIRE
MILLAU
N
PARC NATUREL RÉGIONAL DES VOLCANS D'AUVERGNE
Vallée de la Jordanne
Jordanne
Puy Mary
Le Lioran
Super-Lioran
Puy Griou
Plomb du Cantal
Pas de Compaing
Pas de Cère
Cère
Vic-s-Cère
Pesteils
Polminhac
Rocher de Carlat
Messilhac
Rocher de Ronesque
Murat
Brezons
Pierrefort
Pont de Tréboul
Belvre du Vezou
Laussac
Sarrans
Coltines
Cade du Sailhant
Roffiac
Villedieu
St-Flour
Châtt. d'Alleuze
Gges de la Truyère
Grandval
Espinasse
Chaudes-Aigues
St-Urcize
La Chaldette
Laguiole
Nasbinals
Bès
Gges de l'Ander
Le Chassan
Belvre de Mallet
Viaduc de Garabit
Ferme de Pierre Allègre
Truyère
Ruynes-en-Margeride
Forêt d'Auvers
Auvers
Mont Mouchet
Le Malzieu-Ville
La Margeride
St-Chély-d'Apcher
A 75
N 122
D 17
D 59
D 990
D 900
D 904
D 166
D 537
D 34
D 265
D 57
D 65
D 11
D 921
D 926
D 40
D 116
D 48
D 4
D 41
D 989
D 806
D 987
D 13
D 12
D 15
D 78
A
B
C
1
2

Saint-Flour, Sanflorain et Margeride du Cantal 4

Carte Michelin Départements 330 - Cantal (15)

Saint-Flour

★★

6 663 Sanflorains – Cantal (15)

NOS ADRESSES PAGE 323

S'INFORMER

Office du tourisme du pays de Saint-Flour – *17 bis pl. d'Armes - 15100 Saint-Flour - ℘ 04 71 60 22 50 - www.saint-flour.com - juil.-août : 9h-12h30, 13h30-19h, dim. et j. fériés 10h-12h30, 14h30-17h30 ; mai-juin et sept. : 9h-12h30, 14h-18h30, dim. et j. fériés 10h-12h30, 14h30-17h30 ; oct.-avr. : tlj sf dim. et j. fériés 9h-12h, 14h-18h.*

Maison de Pays – *35 pl. de la Liberté - 15100 Saint-Flour - accueil auxiliaire de l'office du tourisme, en ville-basse, ouv. de mai à sept.-juil.-août : 10h-12h30, 15h-19h30 (15h-18h dim. et j. fériés) ; de mai à mi-juin : w.-end 14h-18h ; 15-30 juin et 1-15 sept. tlj 14h-18h (sf dim. 15h-18h).*

Visites guidées - L'office du tourisme du pays de Saint-Flour propose régulièrement des visites du centre historique et de la cathédrale ainsi que des randonnées thématiques autour de St-Flour.

SE REPÉRER

Plan de région B1 (p. 316) – carte Michelin Départements 330 G4.

Saint-Flour, à proximité directe de l'A 75, est situé au carrefour de la D 909, de la route d'Aurillac (D 926) et de celle de l'Aubrac (D 921). C'est par l'est qu'il faut arriver pour apprécier la beauté de son **site**★★ et voir surgir, au-dessus des escarpements rocheux, l'alignement des maisons dominées par les tours massives de la cathédrale.

SE GARER

Garez-vous dans la ville haute : un grand parking, situé de part et d'autre de l'allée Georges-Pompidou, borde le centre historique. Si vous souhaitez vous en rapprocher, rejoignez le parking situé sur le parvis de la cathédrale et de l'hôtel de ville.

À NE PAS MANQUER

La cathédrale de Saint-Flour et son étrange Christ noir ; la visite de la ville haute, dont les musées dévoilent l'histoire du pays ; et un circuit dans les gorges de l'Ander, qui vous mènera... au pittoresque Bout-du-Monde.

ORGANISER SON TEMPS

Comptez environ 1h30 pour une visite guidée du vieux Saint-Flour, et toute une journée pour découvrir la ville et ses environs.

AVEC LES ENFANTS

Au musée de l'Agriculture, à Coltines, ils s'amuseront à reconnaître les cris des animaux. Pour un peu de fraîcheur, conduisez-les à la belle cascade du Sailhant.

Perché à l'extrémité de la planèze qui porte son nom, Saint-Flour occupe une table basaltique aux grandes orgues, dominant la vallée de l'Ander. La cité dresse vers le ciel les tours carrées de sa cathédrale, semblant garder la voie menant du Languedoc à l'ancien royaume de France. Cette

Saint-Flour et rivière de l'Ander.
Agefotostock

ville consulaire et épiscopale, qui a perdu de sa superbe, a gagné en charme et en dynamisme. Entre la Margeride, les gorges de la Truyère et la planèze qui s'étend jusqu'au Plomb du Cantal, ce « Pays d'art et d'histoire » possède un riche patrimoine culturel.

Se promener

★ Cathédrale

8h30-12h, 14h-18h (19h l'été) - possibilité de visite guidée sur demande à l'office de tourisme juil.-août : jeu. 15h - 5 € (enf. 3 €) - ✆ 04 71 60 22 50/06 63.

Elle se dresse sur la vaste place d'Armes, où toutes les rues convergent. De style gothique sévère, cet édifice en pierre de lave noire de Liozargues rappelle la vocation de forteresse de la ville. Construite en 1396, la basilique romane qui précéda la cathédrale ne fut achevée qu'à la fin du 15e s., avec un maître d'œuvre, Hugues Joly, travaillant sous les ordres du duc de Berry.

À l'intérieur, les cinq nefs frappent par la sobriété de leurs lignes. Sous la tribune d'orgue, une **peinture murale** du 15e s. représente **le purgatoire et l'enfer**. Admirez contre le pilier gauche, à l'entrée du chœur, le grand **Christ★** en bois (13e ou 15e s.) appelé le « Beau Dieu noir » ; dans la chapelle du Saint-Sacrement, une **pietà** du 15e s. et, dans la chapelle du Tombeau, la **châsse** en bronze doré contenant les reliques de saint Flour.

Terrasse des Roches

Derrière le chevet de la cathédrale. De cette place, située sur les anciens remparts, on a un beau **point de vue** sur la ville basse, la vallée de l'Ander et les monts de la Margeride.

Ancienne maison consulaire

Classée Monument historique, elle est constituée de trois maisons achetées successivement par les consuls aux 14e et 15e s. On les distingue nettement

LES « BEAUX DIEUX »
La représentation du Christ est souvent embellie. Ainsi naquit la série des « Beaux Dieux », dont celui de Nonette *(voir Issoire)*, très représentatif. Celui de Saint-Flour a la particularité d'être noir, en bois de noyer peint. Pour quelle raison ? Sans doute en relation avec le type des Vierges noires.

depuis sa cour *(entrée au n° 17 bis)*, qui possède un vieux puits, une tourelle d'escalier du 15e s. avec diverses inscriptions peintes. Sa belle façade date du 16e s. Elle abrite le musée d'art et d'histoire Alfred-Douët.

Musée d'art et d'histoire Alfred-Douët

✆ 04 71 60 44 99 - www.musee-douet.com - mai-sept. : 10h-12h, 14h-18h ; oct.-avr. : tlj sf dim., mar. et j. fériés 10h-12h, 14h-17h - fermé 1er janv., Pâques, 1er Mai, 25 déc. - 3,50 € (enf. 1,80 €) ; 6 € (enf. 3,50 €) billet combiné avec le musée de la Haute-Auvergne.

Ce musée présente, dans le cadre charmant d'un cabinet de curiosités, les collections réunies par Alfred Douët (1875-1952). On parcourt le hall d'entrée, avec sa collection d'armes et d'armures anciennes (dont une épée à deux mains du 16e s.), ainsi que la bibliothèque dans laquelle est conservée l'*Encyclopédie* de Diderot et d'Alembert.

Dans la salle des Gardes, à la cheminée monumentale, et dans la salle des Consuls, dont les murs reçoivent une partie de l'importante collection de tapisseries, vous verrez du mobilier Renaissance. La chambre Louis XVI, aux boiseries peintes, est réservée au mobilier 18e s., et la galerie, aux tableaux et au mobilier du 17e s.

Sont également exposés de beaux émaux limousins, des verreries, des étains et des cuivres. La visite s'achève par un petit oratoire ; remarquez une pietà et un Christ aux liens, du 15e s.

Rues anciennes

De la place d'Armes, bordée d'arcades et de façades anciennes *(notamment à l'angle de la rue de Belloy)*, gagnez la rue Sorel où se trouve l'**église Saint-Vincent**, ancien couvent de dominicains.

Empruntez à gauche la rue des Jacobins, puis la rue de la Collégiale, qui tire son nom d'une église du 14e s. Bel exemple d'édifice de style gothique flamboyant, la **collégiale Notre-Dame** fut édifiée à l'emplacement d'une église romane dédiée à sainte Foy, étape sur la route des pèlerins de Saint-Jacques-de-Compostelle ; son plan, plus modeste, rappelle celui de l'abbatiale Saint-Robert à La Chaise-Dieu *(voir ce nom)*. À la Révolution, l'église fut transformée en halle aux grains, et ses chapelles mises en bail. Une restauration récente a permis de lui redonner toute sa splendeur, son unité et sa disposition d'origine (restitution de son dallage en pierre, de ses voûtes en bois, de ses vitraux).

La **rue Marchande** possède quelques vieilles maisons dignes d'intérêt, parmi lesquelles : au n° 31, la maison du Gouverneur, hôtel du 15e s. dont on voit la façade et la cour ; au n° 15, l'hôtel Brisson avec une cour du 16e s., aux fenêtres originales séparées par des colonnes à torsades.

Autres rues intéressantes : **rue du Breuil** *(maison du 15e s. au n° 8)* et **rue des Tuiles-Haut** *(maisons anciennes)*.

Musée de la Haute-Auvergne

✆ 04 71 60 22 32 - mêmes conditions de visite que pour le musée d'art et d'histoire Alfred Douët.

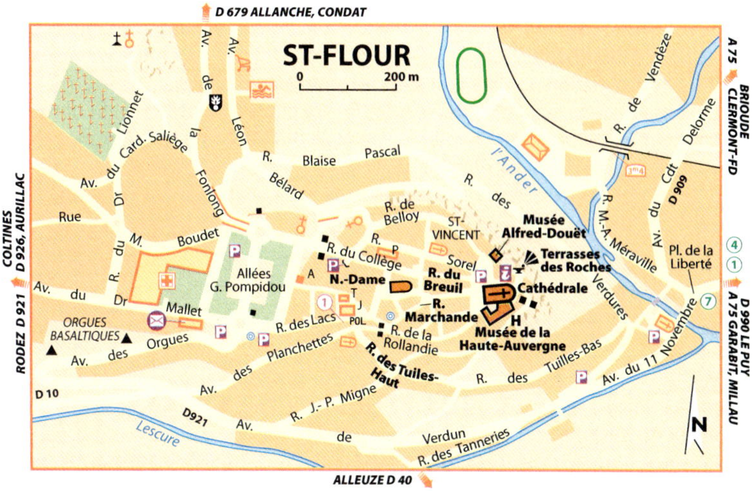

SE LOGER	St-Jacques (Hôtel)......7
Étape (Grand hôtel de l')......1	SE RESTAURER
Pagnoune (Chambre d'hôte)......4	Chez Geneviève......1

Il est installé dans l'ancien palais épiscopal reconstruit au 17e s. au pied de la cathédrale, et présente chaque année une exposition à thème. Les salles basses voûtées du 15e s. évoquent la fourme (cantal, salers) et sa fabrication, les rythmes de la vie pastorale et particulièrement les burons.

Dans l'ancienne chapelle, remarquez une statue reliquaire de saint Pierre du 12e s., en bois polychrome, provenant de l'église d'Albepierre-Bredons *(voir Murat)*, une statue de saint Flour du 14e s., neuf panneaux du 16e s. en bois sculpté et un bel ensemble de statues mariales du 12e au 18e s. Dans la salle capitulaire, seul vestige du prieuré clunisien, sont exposés le trésor de la cathédrale Saint-Pierre et des portraits d'évêques. Les collections présentent la vie populaire et rurale du pays au 19e s. et au début du 20e s. : instruments de musique traditionnels, chapeaux et coiffes, collection de bois sculptés régionaux, mobilier cantalien.

La section archéologique reflète la richesse de la région en vestiges préhistoriques (nombreuses nécropoles avec monuments mégalithiques sous tumulus). Les collections proviennent en majeure partie des fouilles du tumulus de Mons, à Saint-Georges, et également de la nécropole de Laurie, près de Massiac. Un beau **brassard★** en bronze à six anneaux réunis par une tige d'assemblage, des bracelets, des épées figurent parmi les pièces principales du musée.

Vous pourrez approfondir votre connaissance de la région par la visite des trois sites de l'écomusée de la Margeride (voir Ruynes-en-Margeride).

À proximité Plan de microrégion

Roffiac B1

À 2 km à l'ouest de Saint-Flour par la D 926.

Édifié sur la rive gauche de l'Ander, ce séduisant village possède une **église** du 12e s., romane pour l'essentiel (la sacristie et la tour d'escalier font exception),

dédiée à saint Gal. À l'extérieur, l'église présente un bel exemple de clocher à peigne percé de quatre baies. On peut aussi découvrir onze **chapiteaux** aux thèmes divers, dont la Luxure et Michel terrassant le dragon.
La sobriété de la façade ne laisse rien transparaître de la richesse du décor intérieur, aux fresques et chapiteaux peints. L'édifice est composé d'une nef voûtée en berceau et d'un chevet pentagonal. Remarquez les chapiteaux des griffons au calice, des sirènes, de Samson chevauchant un lion… Du château du 13e s., dont elle était la chapelle castrale, il ne reste que la tour d'escalier ronde que l'on peut voir.

Coltines B1

De Saint-Flour, prenez la D 926 direction Murat, puis à droite la D 14 vers Coltines.

Musée de l'Agriculture★ – *04 71 73 27 30 - ♿ - juil.-août (tlj) : 10h-12h, 14h-18h30 ; reste de l'année : 10h-12h (sf dim.), 14h-17h - fermé 1er janv., 25 déc. - possibilité de visite guidée (1h30) - 4,50 € (enf. 2,50 €).*

Comment reconnaître l'orge du blé, la vache salers de la limousine ? Pour le savoir, rendez-vous au musée de Coltines, installé dans une maison du 17e s., sur le plateau de la Planèze. Une mise en scène vivante et interactive invite à découvrir l'agriculture auvergnate au fil des quatre saisons, telle qu'elle se pratiquait du début du 20e s. aux années 1950.

Une promenade dans le village de Coltines vous permettra de voir en situation les maisons-blocs, typiques de la région, le lavoir, les fours à pain, les fontaines où s'abreuvaient les animaux.

Itinéraire conseillé

VALLÉE DE L'ANDER B/C1

Pour visualiser cet itinéraire de 40 km, reportez-vous au plan de la région (p. 316) – comptez environ 4h.

Quittez Saint-Flour par l'est en empruntant la D 990. Après avoir franchi l'Ander, prenez sur la droite la D 250.

Gorges de l'Ander C1

La route longe la rivière qui coule entre des versants rocheux ou boisés. Le chemin se termine dans un méandre pittoresque, au lieu-dit le Bout-du-Monde.

Faites demi-tour. Au croisement, prenez la D 250 sur la gauche, puis encore à gauche pour emprunter une petite route en direction de Grizols. Après le hameau, prenez à gauche sur la D 40.

★★ Site du château d'Alleuze *(voir les gorges de la Truyère)* B1

Quittez Alleuze par le nord en empruntant la D 116.

Église de Villedieu B1

Cet édifice, mi-roman, mi-gothique, présente une jolie porte munie d'un **heurtoir** en fer forgé. Dans le chœur, remarquez le beau maître-autel, les stalles et le lutrin, finement sculptés.

Poursuivez sur la D 116. Au croisement, prenez la D 921 sur la droite, puis la D 926 en direction de Murat.

Église de Roffiac *(voir « À proximité »)* B1
Quittez Roffiac par le nord en empruntant la D 104. Laissez votre voiture dans le hameau du Sailhant.

Cascade du Sailhant

15mn AR. Le sentier d'accès à cette cascade, qui porte également le nom du Babory, serpente autour des maisons, puis longe de beaux rochers volcaniques qui supportent le château du Sailhant. La cascade, peu nourrie, tombe dans un hémicycle de hautes falaises ; dans le creux repose un petit lac. *On peut également se garer près de l'entrée du château et atteindre très rapidement le bord de la falaise.*
Quittez le Sailhant par le sud en empruntant la D 40. La D 979 ramène à Saint-Flour.

NOS ADRESSES À SAINT-FLOUR

Voir aussi les encadrés pratiques des monts du Cantal, de Chaudes-Aigues, Massiac, Murat et Ruynes-en-Margeride.

HÉBERGEMENT

BUDGET MOYEN

Hôtel St-Jacques – *8 pl. de la Liberté - 04 71 60 09 20 - www.hotelsaintjacques.com - fermé 9 nov.-3 janv. et vend. soir de janv. à Pâques - 28 ch. 54 € - 8 €.* Bordant une placette, ancien relais sur la route de Compostelle. Quelques chambres destinées aux familles ; jolie vue sur la ville haute depuis la piscine. Au restaurant, décor coloré et cuisine de l'océan Indien.

Grand Hôtel de l'Étape – *18 av. de la République par D 909 - 04 71 60 13 03 - www.hotel-etape.com - fermé dim. soir sauf juil.-août - 23 ch. 58/77 € - 9 € - rest. formule déj. 16 € - 23/30 €.* Immeuble des années 1970 au fonctionnement familial. Chambres assez grandes et pratiques ; préférez celles avec vue sur la montagne. L'allure "seventies" du restaurant cache une authentique table régionale où la majorité des légumes viennent du potager maison.

Chambre d'hôte La Pagnoune – *Valadour - 15320 Loubaresse - 04 71 73 74 69 - www.aubergelapagnoune.com - fermé dim. soir et lun. midi (sf juil.-août), janv.-mars - ♿ - P - 7 ch. 50 € - 7 €.* Une étape de caractère que cette ferme datant de 1877. Les chambres rustiques sont joliment décorées et la salle à manger mérite le coup d'œil pour son cadre campagnard jalousement préservé (pierres apparentes, deux cheminées en granit, mobilier champêtre, lit à alcôve, outils agricoles, etc.). À table, produits du terroir.

RESTAURATION

PREMIER PRIX

Chez Geneviève – *25 r. des Lacs - 04 71 60 17 97 - fermé 1 sem. en fév., 1 sem. en juin, 20 oct.-20 nov., merc. soir sf vac. scol., dim. et lun. sf juil.-août - 12,50/28 €.* Chez Geneviève on joue souvent à guichets fermés. Les raisons du succès de ce petit restaurant du centre-ville ? Des prix sages, une ambiance conviviale et une copieuse cuisine régionale utilisant les produits frais : tripoux de St-Flour, potée et pounti maison, chou farci, salade tiède aux lentilles et au pied de veau…

PETITE PAUSE

Le Manoir des Saveurs – *54 av. du Lioran - ✆ 04 71 60 15 43 - huguesarnaud@wanadoo.fr - Boulangerie : 6h30-19h30 ; épicerie : 8h45-12h, 14h-19h - fermé dim.*
Ne manquez pas de vous arrêter dans cette vaste boulangerie-pâtisserie et découvrez une sélection de 25 pains cuits au four à bois aux multiples saveurs : pain aux olives, pain au miel et aux noisettes… Salon de thé, où sont régulièrement proposées des démonstrations de pâtisserie-chocolaterie ; vous y dégusterez, entre autres spécialités de la maison, le Macaron.

Gorges de la Truyère

★★

Cantal (15)

NOS ADRESSES PAGE 330

S'INFORMER

Office du tourisme du pays de Pierrefort – *29 r. Georges-Pompidou - 15230 Pierrefort - ✆ 04 71 23 38 04 - www.paysdepierrefort.com - juil.-août : 9h30-12h30, 14h-18h, dim. et j. fériés 10h-12h ; reste de l'année : tlj sf dim. 9h-12h - fermé lun. de Pâques, 1er Mai, Ascension.*

SE REPÉRER

Plan de région B1 (p. 316) – carte Michelin Départements 330 H/I 5/6.

Les gorges de la Truyère commencent au sud-est de Saint-Flour, juste avant le viaduc de Garabit, et se terminent à Entraygues, à la confluence avec le Lot. Aucune route ne permet de suivre longtemps la vallée, mais beaucoup la coupent et offrent, sur ses sites, de très beaux points de vue.

À NE PAS MANQUER

En visitant les gorges de la Truyère, vous admirerez les merveilleux paysages depuis les belvédères de Mallet et du Vezou, le romantique site d'Alleuze et le viaduc de Garabit, si beau lorsqu'il s'illumine à la tombée de la nuit…

ORGANISER SON TEMPS

Une journée permet d'avoir un bon aperçu des gorges.

AVEC LES ENFANTS

Fièrement perchées sur une butte rocheuse, les ruines féodales du château d'Alleuze ont tout pour les impressionner. Vous pourrez aussi embarquer pour une promenade en bateau sur le lac de Grandval ou profiter des activités nautiques de la région *(voir encadré pratique)*.

La Truyère a creusé, dans les plateaux granitiques de la haute Auvergne, des gorges étroites, profondes, sinueuses, souvent boisées et sauvages. Elles figurent parmi les plus belles curiosités naturelles de la France centrale. Des barrages, créés pour l'industrie de la houille blanche, les ont transformées en lac sur une grande longueur, modifiant ainsi leur aspect sans nuire à leur beauté, sauf en période de basses eaux. La découverte de sites fabuleux, tels ceux du viaduc de Garabit ou du château d'Alleuze, vous fera forte impression.

Itinéraires conseillés

Assez faiblement peuplée, ne comportant que peu d'infrastructures routières, la vallée étroite de la Truyère se prêtait bien à la mise en eau et à la construction de barrages-réservoirs : ses versants sont constitués de roches granitiques très résistantes. Les travaux de l'usine de **Brommat** débutèrent en 1914 et furent interrompus par la Grande Guerre. Sa mise en service eut finalement lieu en 1932. Le dernier ouvrage de la vallée, en amont du **pont de Lanau**, date de 1962 et permet l'utilisation intégrale de la différence d'altitude existant entre Garabit et Entraygues-sur-Truyère.

★★ LA RETENUE DE GRANDVAL B/C1

Pour visualiser cet itinéraire 1 *de 60 km, reportez-vous au schéma p. 329 – comptez environ 2h.*

Promenades en bateau et parc aquatique de Garabit

(voir encadré pratique p. 330)

Du pont routier de Garabit apparaît le viaduc.

★★ Viaduc de Garabit

Le viaduc est une œuvre élégante et audacieuse, dont les plans sont dus à l'ingénieur **L. Boyer** et la construction à **G. Eiffel**.

Grâce à l'expérience acquise à Garabit (1882-1884), Eiffel put concevoir et réaliser, à Paris, sa fameuse tour de 300 m à l'occasion de l'Exposition de 1889. Cet ouvrage exceptionnel, repeint en rouge (sa couleur d'origine), tranche sur le vert des versants de la vallée, profondément encaissés, tantôt couverts de bois, tantôt hérissés de rochers. La construction du viaduc ferroviaire permit de relier Paris à Béziers, désenclavant ainsi le Massif central. À la nuit tombée, il s'illumine et prend des allures encore plus admirables. Depuis l'achèvement du barrage de Grandval, l'eau atteint les piles de soutien de l'ouvrage qui domine encore de 95 m le niveau maximal de la retenue.

À la sortie sud du pont, prenez à droite vers Faverolles.

La route franchit le ravin rocheux de l'Arcomie, affluent de la Truyère, noyé aux plus hautes eaux par la retenue de Grandval. Puis, longeant le lac de barrage, elle traverse le ruisseau d'Arling et s'élève sur le plateau vers Faverolles d'où l'on aperçoit successivement les monts du Cantal, de la Margeride et de l'Aubrac.

Château du Chassan

Faverolles - Visite guidée juil.-août tlj 14h-18h30, mai-juin et sept.-oct. sur RV - ✆ 04 71 23 42 20 ou 06 62 43 49 69 - 4,50 € (enf. 3 €). Dans une région où abondent les forteresses médiévales, ce château d'agrément offre une silhouette apaisante. C'est au 18e s. que Jean-François de Ponsonnaille démolit le château féodal de Faverolles pour construire le château actuel, resté depuis lors propriété de la famille. Le corps de logis, dont la sobre façade s'orne d'un balcon sculpté, est flanqué de deux ailes : l'une habitée, l'autre transformée en salle d'exposition. Dans le vestibule s'élève un très bel escalier surmonté d'une arcade en anse de panier. Au mur, une couverture de cheval du 15e s. porte les armes des Ponsonnaille : trois cloches, ou sonnailles, encadrées par deux lions et coiffées de la couronne comtale. Dans la salle à manger, le vaisselier en chêne occupe la place pour laquelle il a été conçu ; ses harmonieuses proportions lui donnent une allure de légèreté. De belles tapisseries de Felletin, dont les sujets sont empruntés à la Bible, garnissent les murs du salon et de l'antichambre. À la belle saison, le château s'illumine chaque soir, pour le bonheur des visiteurs.

Quittez Faverolles vers le sud (D 13).

Après Auriac-de-Faverolles, la D 13 offre de belles échappées sur les vallées inondées de la Truyère et du Bès, à leur confluent. Après avoir franchi le Bès, la route s'élève, offrant des points de vue, à droite, sur deux îlots rocheux, sommets des célèbres pitons qui caractérisaient le cirque de Mallet, et le site du village noyé lors de la mise en eau.

★★ Belvédère de Mallet

Garez-vous après un virage prononcé à gauche pour apprécier une belle **vue** sur la retenue de Grandval.

À Fridefont, abandonnez la D 13 et prenez à droite la D 40 qui traverse le village, descend en lacet dans la vallée et passe sur la crête du barrage de Grandval.

★ Barrage de Grandval

Mis en service en 1959, cet ouvrage à voûtes multiples, long de 376 m et haut de 78,80 m, comporte six voûtes de 50 m, dont les portes s'appuient sur d'épais contreforts. Sa construction a nécessité 190 000 m^3 de béton, soit moins de la moitié du volume qu'aurait exigé celle d'un barrage-poids équivalent. La voûte centrale abrite une usine circulaire couverte d'un dôme métallique, équipée de deux groupes de 34 000 kWh chacun, et qui assure une production annuelle de 144 millions de kWh. D'une capacité de 270,6 millions de m^3, la retenue s'étend sur une longueur de 28 km à l'amont du barrage et recouvre une surface de 1 100 ha.

Continuez sur la D 40, que vous suivrez à droite, au carrefour avec la D 48.

Après un virage très marqué à gauche, la route descend dans la vallée boisée du ruisseau d'Alleuze, noyée par la retenue de Grandval, et offre de superbes **vues** sur les ruines féodales du château d'Alleuze qui se dressent sur l'autre versant.

★★ Site du château d'Alleuze

Les ruines féodales du château d'Alleuze se dressent sur une butte rocheuse et dénudée, d'où elles dominent de près de 30 m le plan d'eau formé par la retenue de Grandval, plus au sud. Il n'est guère, en Auvergne, de lieu plus romantique que celui-ci. Cet endroit pittoresque se cache au sein d'une vallée boisée. C'est sur les routes sinueuses qui entourent le site que fut tournée la fameuse scène de poursuite du film de Gérard Oury *La Grande Vadrouille*.

Château – *Accessible à pied (5mn) par un sentier parfois escarpé. On peut également descendre en voiture jusqu'au pied des ruines par la D 40 (parking près du cimetière).* Bâtie au 13e s. par les connétables d'Auvergne, la forteresse, composée d'un vaste donjon flanqué de quatre tours rondes, appartenait aux évêques de Clermont, quand, au cours de la guerre de Cent Ans, un aventurier du parti des Anglais, **Bernard de Garlan**, s'en empara. Pendant sept ans, il sema la terreur, pillant et rançonnant les contrées voisines. Pour éviter

Chalet flottant sur les gorges de la Truyère.
L. Giraudou / hemis.fr

que Garlan n'ait des successeurs, les habitants de Saint-Flour incendièrent le château en 1405. Près de la butte qui porte le château, un calvaire moderne avoisine l'ancienne église d'Alleuze (12e-15e s.) et le cimetière.

Les vues sur le château★★ – La D 40, à l'ouest de Barry, contourne le vallon du ruisseau d'Alleuze et offre des vues saisissantes sur le château et les ruines. On a une vue encore plus complète du site d'Alleuze depuis le village de **La Barge**. *Laissez votre voiture à hauteur du monument aux morts et, à gauche, gagnez l'église et le calvaire où aboutit un chemin de croix tracé sur l'arête d'un promontoire ; 15mn AR.*

Faites demi-tour dans Alleuze et reprenez la D 40, la D 48 vers Lavastrie, puis la D 921. Suivez celle-ci à gauche.

La route descend dans la vallée de la Truyère que vous franchissez au pont de Lanau. Par le vallon du Remontalou, aux flancs dénudés, on atteint Chaudes-Aigues.

★ SUR LA PLANÈZE B1/2

Pour visualiser cet itinéraire 2 de 40 km, reportez-vous au schéma p. 329 – comptez environ 2h.

Au pied du Plomb du Cantal, à 1 000 m d'altitude, la planèze de Saint-Flour déroule vers l'est et le sud-est sa vaste esplanade, qualifiée jadis de « Beauce de la haute Auvergne ».

Chaudes-Aigues *(voir ce nom)*

Quittez Chaudes-Aigues par la D 11, vers l'ouest.

La route escalade le versant gauche de la vallée du Remontalou. Elle court ensuite sur une planèze d'où les vues sont étendues sur Saint-Flour, les monts du Cantal et la Margeride.

Espinasse

Ce petit village offre une belle vue plongeante sur la Truyère.

Faites demi-tour et prenez la direction d'Auzolles, sur la D 11.

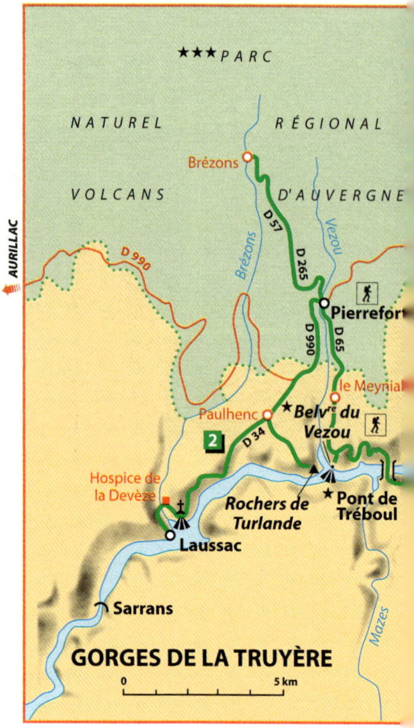

Une longue descente en corniche révèle des vues saisissantes sur la **vallée du Lévandes**, dont le fond et le versant gauche sont couverts de forêts. Franchissant le Lévandes, la route commence à longer la retenue du **barrage de Sarrans**, au confluent du Lévandes et de la Truyère, qui forme, par hautes eaux, un très beau lac.

★ Pont de Tréboul

Ce pont suspendu, long de 159 m entre les piles, est un remarquable ouvrage moderne. Il remplace un pont gothique construit par les Anglais au 14e s. et submergé par la retenue en même temps que le village de Tréboul. En période de basses eaux, le vieux pont gothique, encore intact, apparaît.

Franchissez la retenue sur le pont de Tréboul et prenez à gauche la D 65 vers Pierrefort.

Sur la rive droite, la route continue à suivre la retenue puis, après quelques lacets, elle s'élève dans les bois.

Environ 600 m après le passage sous une ligne de transport de force, après un virage à droite par lequel la route, s'écartant de la vallée de la Truyère, remonte celle du Vezou, laissez votre voiture pour gagner le belvédère.

★ Belvédère du Vezou

15mn AR. Un sentier conduit, à travers genêts et bruyères, sur une éminence dominant le confluent du Vezou et de la Truyère. Belle vue sur le lac et sur les **rochers de Turlande**, très dentelés, qui descendent du haut du versant opposé jusqu'au fond de la vallée.

La D 65 remonte la vallée du Vezou. Après le Meynial, des roches volcaniques se dressent de chaque côté de la route.

Pierrefort

Animée par de sympathiques manifestations festives comme la fête des Tersons Aubrac *(2 sem. avant Pâques)* ou le Championnat européen de boules carrées *(en août)*, cette petite ville conviviale est un agréable lieu de villégiature, au débouché de la vallée de Brezons, entre Sanflorain, monts d'Aubrac et gorges de la Truyère. C'est aussi le village natal de **Jean Todt**, patron des écuries automobiles de Peugeot (rallyes), puis de Ferrari, avec qui il remporta le titre mondial des constructeurs de F1 et le titre mondial des pilotes (M. Schumacher) à plusieurs reprises.

Aux alentours, des promenades balisées vous mèneront vers les cascades de **Borie** à Narnhac, de **Maleval** à Oradour ou du **Capat** à Malbo… Vous pouvez aussi, par la D 265 (signalée à hauteur du pont de Pierrefort), faire un

détour par la **vallée de Brezons**, bucolique à souhait, dont Haroun Tazieff disait qu'elle était l'« une des plus belles vallées en auge d'Europe » !

Quittez Pierrefort par le sud (D 990), puis prenez à gauche la D 34 vers Paulhenc.

Après Pierrefort, on parcourt un plateau d'où l'on aperçoit les **monts d'Aubrac** se profilant à l'horizon. Passé Paulhenc, la route revient dans la vallée de la Truyère, extrêmement boisée, et domine de haut le lac-réservoir. Tracée au flanc de la montagne, elle descend presque au niveau du lac et offre une jolie vue sur Laussac. Elle passe ensuite devant l'hospice de la Devèze (du calvaire, belle vue sur la retenue de Sarrans).

Laussac

Ce village est bâti sur un promontoire que l'immersion de la vallée a transformé en presqu'île.

Nous décrivons dans ce guide la partie nord des gorges. La partie sud-ouest figure dans Le Guide Vert Midi-Pyrénées.

NOS ADRESSES DANS LES GORGES DE LA TRUYÈRE

Voir aussi les encadrés pratiques de Chaudes-Aigues, Murat, Ruynes-en-Margeride et Saint-Flour.

HÉBERGEMENT

BUDGET MOYEN

Hôtel Le Beau Site – *N 9 - 15320 Garabit - 04 71 23 41 46 - www.beau-site-hotel.com - ouvert 3 avril-3 nov. -* P *- 17 ch. 48/65 € - 10 € - rest. formule déj. 13 € - 18/48 €.* Viaduc, lac ou jardin ? Si l'on trouve ici des chambres coquettes et confortables (la plupart avec écran plasma), reste à choisir la vue ! Tennis, piscine, aire de jeux . Au restaurant, le célèbre ouvrage de Gustave Eiffel illumine les dîners.

Hôtel du Midi – *5 av. G.-Pompidou - 15230 Pierrefort - 04 71 23 30 20 - www.hoteldumidi-pierrefort.com - fermé 22 déc.-11 janv. - 13 ch. 49/51 € - 7 € - rest. formule déj. 11 € - 15/40 €.* Espace réunions, jeux pour enfants, salle à langer : cette adresse centrale convient à la clientèle d'affaires comme aux familles. Petites chambres printanières et ambiance sympathique. Plaisantes salles à manger voûtées et cuisine régionale bien faite.

ACTIVITÉS

Promenades en bateau – *04 71 23 49 40 - www.garabit-bateaux.com - mai-oct. - croisière-déjeuner-dîner au fil de l'eau avec animations (3h) : crique Mallet, château d'Alleuze, viaduc de Garabit, à partir de 29 € ; promenade seule dans les gorges de la Truyère (45mn) 7,80 € ; 11 € billet combiné avec le château d'Alleuze (2h).*

Parc aquatique de Garabit – *04 71 23 49 40 - juil-août - 7,50 € (enf. 4,50 €).* Toboggan, pentagliss, stargolf, trampoline, pédalo, canoë, jeux divers pour enfants.

Aventure nautique de Garabit – *lac de Garabit-Grandval - 04 71 23 46 80 ou 06 98 45 51 48 - mi-avr. à mi-nov. 9h-18h.* Location de pontons *(journée, semaine, w.-end)* et de bateaux.

Plage de Mallet – *04 71 23 92 02.* Baignade surveillée juil.-août.

Club de voile de Mallet – *04 71 23 47 00 - juin-sept. : tlj ; reste de l'année : w.-end.* Voile, planche à voile, aviron, canoë-kayak, pédalo.

Randonnées pédestres ou équestres - *04 71 23 38 04 - www.paysdepierrefort.com.* Organisées toute l'année par un guide diplômé.

Chaudes-Aigues

972 Caldaguès – Cantal (15)

NOS ADRESSES PAGE 333

S'INFORMER

Office du tourisme de Chaudes-Aigues – *29 av. Pierre-Vialard - 15110 Chaudes-Aigues - ✆ 04 71 23 52 75 - www.chaudesaigues.com - juil.-août : 9h15-18h, dim. et j. fériés 10h30-12h30, 14h30-16h30 ; mai-juin et sept. : 9h15-12h15, 14h-18h, dim. et j. fériés 10h30-12h30 ; oct.-avr. : tlj sf w.-end et j. fériés 9h15-12h15, 14h-18h.*

SE REPÉRER

Plan de région B2 (p. 316) – carte Michelin Départements 330 G5.

À 30 km au sud-ouest de Saint-Flour, Chaudes-Aigues est accessible par la D 921 qui va de Saint-Flour à Laguiole. On peut aussi venir de l'A 75 à partir de Saint-Chély-d'Apcher, à 29 km par la D 989.

SE GARER

Trois parkings, aux entrées de la ville, offrent un stationnement facile. D'autres, en centre-ville, vous permettront d'accéder aux commerces.

À NE PAS MANQUER

Après avoir découvert la ville et ses fameuses sources chaudes, tentez une incursion en Aubrac, en remontant la vallée du Bès.

AVEC LES ENFANTS

Pour leur faire découvrir la source du Par et les richesses du sous-sol cantalien, suivez avec eux le « parcours de l'eau » de Géothermia.

Nichée dans le ravin du Remontalou, Chaudes-Aigues est la ville des sources chaudes et des maisons aux toits de lauzes. Proche à la fois de Saint-Flour et des gorges de la Truyère, de la vallée du Bès et des monts d'Aubrac, elle bénéficie d'une situation exceptionnelle. Lieu de cure, de séjours de remise en forme et de thermoludisme, c'est aussi un point de départ idéal pour la randonnée.

Se promener

Géothermia

✆/fax 04 71 23 58 76 - juil.-août : 10h-18h30 ; mai-juin et sept. : 10h-12h, 14h-18h30 ; avr., oct. et vac. scol. : tlj sf mar. 10h-12h, 14h-18h30 - fermé 1er janv., 25 déc. - 4,80 € (enf. 2,60 €).

Situé derrière la source du Par, ce musée européen de la géothermie et du thermalisme dévoile les secrets du sous-sol caldaguès. Sitôt franchi le seuil d'entrée, une lourde chaleur enveloppe le visiteur. Le rez-de-chaussée permet de voir le parcours de l'eau, et rassemble des objets relatifs à sa canalisation. Au premier étage, on trouve une présentation de la source du Par et une salle des « oasis des profondeurs » où l'on découvre la faune abyssale. Le deuxième étage est consacré à la localisation de l'énergie géothermique sur la planète et à des explications sur son utilisation.

Lavoir

Près de l'établissement thermal, ce lavoir fumant (début 20e s.) était des plus commodes ! Alimenté par la source de l'Estende, il fournissait aux lavandières une eau déjà chaude (62 °C) !

Église Saint-Martin-et-Saint-Blaise

Cet édifice datant des époques gothique et Renaissance abrite un grand retable ainsi que la Vierge du Gonfalon, venue de la chapelle des Pénitents.

Niches vitrées

Dans les rues de la ville, on remarque des niches vitrées, au nombre de huit, renfermant des statues anciennes. Ce sont les statues des saints auxquels chaque quartier est consacré. Vous remarquerez tout particulièrement celle de saint Joseph, grandeur nature. Quant à la ville, elle est placée sous la protection de Notre-Dame de la Pitié depuis 1879.

Tour du Couffour

Vestige d'une importante forteresse du 14e s., elle domine la ville au sud, avec son beau donjon circulaire, qui garde des traces de peintures murales. C'est dans ce site exceptionnel que Serge Viera, Bocuse d'or 2005, a ouvert en 2009, un hôtel-restaurant panoramique.

À proximité Plan de microrégion

Musée de la Résistance d'Anterrieux

À Anterrieux, 8 km au sud-est de Chaudes-Aigues. 04 71 23 59 31 - tlj sf sam. : juin-sept. 10h-18h ; oct.-mai 14h-17h. Entrée libre. Possibilité de visite guidée du musée et du bourg, juin-sept. : RV à 15h ou 16h30 devant le musée - 2,50 € (-16 ans gratuit).

Ce musée est né du désir de maintenir en vie la mémoire des combats qui eurent lieu sur le réduit de la Truyère en juin 1944. De nombreuses pièces (messages codés, tracts, photographies, armes...) ainsi que des témoignages sonores retracent cette bataille. Un centre de documentation et de prêt rassemble plus de 250 ouvrages consacrés à la Seconde Guerre mondiale.

LA VILLE AUX SOURCES LES PLUS CHAUDES D'EUROPE

Les *Calidae Aquae*, ou « eaux chaudes », étaient connues des Romains pour traiter les rhumatismes, les arthroses, les sciatiques, la goutte, maladies qui indisposaient déjà nos ancêtres. Ces sources ont fait de Chaudes-Aigues non seulement une station thermale réputée, mais encore une ville pionnière dans la distribution de l'eau courante chaude dans les maisons. Plusieurs sources étaient déjà exploitées par les Romains ; 32 d'entre elles – les plus chaudes d'Europe – le sont encore aujourd'hui et débitent quotidiennement 15 000 hl d'eau, dont la température s'échelonne de 45 à 82 °C.

La **source du Par** débite à elle seule 300 l à la minute. Sa température atteint 82 °C. Il n'est pas rare de croiser un Caldaguès venant remplir son seau à l'une des sept fontaines de la ville alimentées par la source du Par. Le touriste pourra quant à lui se livrer au test de la cuisson des œufs durs du pique-nique... en 8mn !

Pour ceux de Saint-Urcize, leurs rivaux de toujours, les habitants de Chaudes-Aigues sont les *pajas* ou « pelés », les gens de la source du Par.

Itinéraire conseillé

VERS L'AUBRAC C2

Pour visualiser cet itinéraire de 25 km, reportez-vous au plan de la région *p. 316* *– accès par la D 989 et la D 13.*

Au départ de Chaudes-Aigues, la route offre d'abord de jolies **vues** sur la vallée du Remontalou, puis sur les monts du Cantal. Elle remonte ensuite la **vallée du Bès**. Celle-ci s'inscrit dans un paysage granitique d'aspect assez sévère, mais reposant.

La Chaldette C2

Cette petite station thermale, aux eaux tièdes et sulfureuses, est nichée à 1 000 m d'altitude dans la vallée du Bès. Idéale pour la détente et les promenades, elle bénéficie d'un cadre naturel exceptionnel, au beau milieu des plateaux de l'Aubrac.

Saint-Urcize C2

Blottie au pied d'un rocher coiffé de ruines féodales, cette bourgade de l'Aubrac possède encore quelques vieilles demeures intéressantes, notamment une maison Renaissance et la « maison du prieur ».

Après avoir déambulé dans le village, vous ne manquerez pas de déguster une délicieuse **fouace** : les boulangers de Saint-Urcize se passent de père en fils, depuis des générations, les secrets de cette brioche onctueuse et légère qui n'a pas sa pareille, avec son délicat petit goût de fleur d'oranger.

Église★ – Cet ancien prieuré, très élégant avec son clocher-peigne, est le seul monument à déambulatoire de la haute Auvergne. Le joli chevet est roman (12e s.) ; la nef date quant à elle des 13e et 14e s.

À l'intérieur, une peinture représentant **saint Michel terrassant le démon** orne la chapelle du bas-côté gauche. Dans la petite chapelle, derrière l'autel, se trouve un remarquable **Christ au tombeau**, en pierre colorée (15e s.).

Pour pénétrer plus avant dans l'Aubrac, le plus méridional des massifs volcaniques d'Auvergne, voir Le Guide Vert Midi-Pyrénées.

NOS ADRESSES À CHAUDES-AIGUES

Voir aussi les encadrés pratiques de Ruynes-en-Margeride, de Saint-Flour et des gorges de la Truyère.

HÉBERGEMENT

BUDGET MOYEN

Hôtel Beauséjour – *9 av. Georges-Pompidou - ✆ 04 71 23 52 37 - www.chaudes-aigues.com/hotelbeausejour - fermé 26 nov.-1er avr., vend. soir et sam. sf vac. scol. - 39 ch. 48/69 € - ☕ 6,90 € - rest. 14/33 €.* Bon accueil familial dans cet hôtel situé au centre-ville à deux pas du centre thermal. Les chambres sont fonctionnelles, claires et bien aménagées. Côté restaurant, on propose une cuisine du terroir servie dans de plaisantes salles à manger ou sur une terrasse tournée vers la piscine. Cuisine traditionnelle.

RESTAURATION

PREMIER PRIX

Moulin des Templiers – *À Maisonneuve - 15110 Jabrun - ✆ 04 71 73 81 80 - www.lemoulindestempliers.com - fermé* *dim. soir et lun., 7-25 oct. - 12,50 (midi)/34 € - 5 ch. 40/65 € - ☕ 6 €.* Aimable auberge de bord de route où l'on propose une cuisine traditionnelle fleurant bon l'Aubrac. Salle à manger sagement campagnarde et quelques chambres pratiques.

ACTIVITÉS

Thermes de Caleden - Eurospa Chaudes-Aigues – *27 av. Pompidou - ✆ 04 71 23 51 06 - www.caleden.com - horaires et tarifs variables selon la sais. - fermé 10 nov.-19 déc.* Indications : rhumatologie, cures de prévention, santé des articulations, santé des seniors. Séjours de soins de 6, 9 ou 12 jours.

Via ferrata – *Dans les bois du Couffour - ✆ 04 71 23 90 90.* Activité encadrée par un moniteur diplômé d'État.

Randonnée – Plusieurs circuits balisés vous permettront de découvrir la région à pied ou à VTT, et d'obtenir de jolis points de vue sur Chaudes-Aigues, la vallée du Remontalou, et les plateaux, forêts et barrages alentour. En voici quelques-uns : circuit La Croix de Prunières *(12,5 km)* ; circuit Les Bécasses *(10 km)* ; circuit Pussac *(9 km)* ; circuit Les Granges *(7,4 km)* ; circuit Paulhac *(6 km)* ; circuit Montvallat *(5,2 km)* ; circuit Bois de Védrines *(4,8 km)* ; circuit Sansard *(4,3 km)* ; circuit Le Gros Hêtre *(4,2 km)* ; circuit Lescure *(3,5 km)* ; circuit L'Hert *(3 km)* ; circuit Le Couffour *(1,5 km)*.

Ruynes-en-Margeride

639 habitants – Cantal (15)

NOS ADRESSES PAGE 337

S'INFORMER

Syndicat d'initiative de Margeride - Truyère – *Le Bourg - 15320 Ruynes-en-Margeride - ✆ 04 71 23 43 32 - www.margeride-truyere.com - juil.-août : 9h-12h, 14h-18h, sam. 10h-12h, 16h-18h, dim. 10h-12h ; reste de l'année : lun.-vend. 10h-12h, 14h-17h - fermé 1er janv., Pâques, Ascension, 1er nov., 25 déc.*

SE REPÉRER

Plan de région C1 (p. 316) – carte Michelin Départements 330 H4.

Parallèle aux monts volcaniques du Velay, le massif granitique de la Margeride s'étend entre l'Allier, à l'est, et les hauts plateaux volcaniques de l'Aubrac, à l'ouest. De ce côté de la chaîne, le Gévaudan (1 000 à 1 200 m d'altitude), sorte de couloir dominé par l'Aubrac, présente les mêmes traits que la Margeride.

À NE PAS MANQUER

Lieu de mémoire, le musée de la Résistance du mont Mouchet rappelle comment les « combattants de l'ombre » se battirent pour la France libre.

AVEC LES ENFANTS

Une visite à la ferme de Pierre Allègre et à l'école de Clémence Fontille. Pour une aventure nature, optez pour un safari en 4x4 dans la réserve sauvage de Trailus *(voir encadré pratique)*.

La Margeride est un pays de plateaux vallonnés, couverts d'immenses pâtures coupées par des bois de pins, de sapins, de bouleaux. Partout, le sol est hérissé de rochers de granit qui, sous l'action de l'érosion, sont devenus colonnades, obélisques, blocs arrondis, faisant de ce pays une terre de légende…

Se promener

★ L'ÉCOMUSÉE DE LA MARGERIDE

Ce centre de découverte régional, dont le siège administratif se trouve à Ruynes-en-Margeride, se consacre à l'étude de la société rurale de la Margeride, en conserve le patrimoine naturel et culturel et permet ainsi aux visiteurs d'en connaître la vie traditionnelle. Il occupe trois sites de la Margeride cantalienne, inscrits à l'inventaire supplémentaire des Monuments historiques.

Tour de Ruynes

À Ruynes-en-Margeride. ☏ 04 71 23 42 96 - ♿ - juil.-août : 10h-13h, 15h-19h ; juin et sept. : 14h-18h - possibilité de visite guidée lors des animations - fermé oct.-mai (sf vac. scol.) - 4 € (enf. 3 €).

Dédié à la découverte des milieux naturels de la Margeride, grâce à des expositions, ce vestige de l'ancien château de Ruynes (12e s.) semble veiller sur l'évolution du **jardin de Saint-Martin** qui l'entoure. Il s'agit d'un charmant espace botanique, qui rassemble différentes plantes aromatiques et potagères, et fait revivre l'agriculture d'autrefois en présentant des variétés appartenant à la tradition locale.

★ Ferme de Pierre Allègre

À Loubaresse, 17 km au sud de Ruynes par la D 48, puis la D 909 vers le nord. ☏ 04 71 23 42 96 - visite guidée (1h30) juil.-août : 10h-13h, 15h-19h ; juin et sept. : 14h-18h - fermé oct.-mai - 4 € (-15 ans 3 €).

Au cœur du village de Loubaresse, cette « maison du paysan » permet au visiteur de découvrir la vie d'une famille margeridienne à la fin du 19e s. On pénètre dans la salle commune qui faisait office de cuisine, salle à manger et chambre (lits clos), que le *tchantou* (cheminée) transformait pendant les veillées d'hiver en espace de convivialité ; au fond de la pièce, on découvre la souillarde où se faisaient les travaux humides *(au rez-de-chaussée)*. La chambre commune et la chambrette (destinée au fils aîné et à son épouse) se trouvent au premier étage. La visite se poursuit par l'enclos, aux haies de sureau et d'aubépine, abritant le bûcher, le four à pain et le rucher *(devant l'habitation)*, la soue à cochon, et le hangar *(devant l'étable)*, puis le jardin potager et le verger *(à l'est)*. Vous pourrez admirer, sous le hangar, la cabane montée sur un char dont se servait le berger lors de la transhumance.

École de Clémence Fontille

À Signalauze, 5 km au sud-ouest de Ruynes par la D 13 ou 9 km au nord-ouest de Loubaresse par la D 909, puis la D 13. ☏ 04 71 23 42 96 - visite guidée (1h) juil.-août : 10h-13h, 15h-19h ; juin et déb. à mi-sept. : 14h-18h - fermé mi-sept. à mai (sf vac. scol.) - 4 € (-15 ans 3 €).

Une vieille salle de classe fait revivre l'enseignement primaire dans la première moitié du 20e s. : tables-bancs avec encriers, ardoises, bureau du maître juché sur l'estrade, tableau noir avec sa phrase de morale, vieux poêle à bois. Le premier étage accueille des expositions autour de thèmes empruntés à l'école.

À proximité Plan de microrégion

★★ **Viaduc de Garabit** *(voir p. 415)* C1
7 km au sud-ouest de Ruynes par la D 13.
Si le cœur vous en dit, vous pouvez aussi aller vous promener du côté des **gorges de l'Allier** *(voir Saugues).*
La partie sud de la Margeride, où se trouve Marvejols, est décrite dans *Le Guide Vert Midi-Pyrénées.*

Itinéraire conseillé

LE MONT MOUCHET C1

Pour visualiser cet itinéraire de 50 km, reportez-vous au plan de la région p. 316 – comptez environ 3h.
Un des sommets de la Margeride, le mont Mouchet (alt. 1 465 m), devint en mai 1944 l'un des principaux centres de la Résistance dans le Massif central, sous le commandement du colonel Gaspard. Le 2 juin, 3 000 hommes du maquis repoussèrent l'ennemi au-dessus de Paulhac. Le 10, après avoir occupé Ruynes, une forte colonne allemande pilla et incendia Clavières. Arrêtée par les maquisards, elle rebroussa chemin vers Saint-Flour. Le lendemain, les Allemands attaquaient de nouveau Clavières où la défense s'était organisée. Jusqu'à la nuit, les FFI tinrent tête à l'ennemi, puis se replièrent.
Quittez Ruynes par le sud-est en empruntant la D 4 en direction de Saugues, puis la D 412 à gauche.

Musée de la Résistance

04 71 71 28 30 ou 04 71 74 11 91 - ♿ - 1er juil.-15 sept. : 9h30-12h, 14h-18h ; mai-juin : tlj sf lun. 9h30-12h, 14h-18h ; 15 sept.-15 oct. : w.-end. 10h-12h, 14h-18h - 4,50 € (-10 ans gratuit). À l'entrée d'une vaste clairière, face à la maison forestière du mont Mouchet qui servit de quartier général aux FFI d'Auvergne, le musée regroupe des documents et des photos d'époque sur la Résistance auvergnate et les risques auxquels s'exposaient les « combattants de l'ombre ».
À proximité du musée, un **monument national** dédié au maquis et à la Résistance a été érigé, en souvenir de ces mémorables combats.
En quittant la clairière, la route traverse la singulière **forêt d'Auvers** *(attention aux camions tractant le bois lors des périodes de coupe),* réputée pour ses champignons et ses myrtilles *(cueillette réglementée).* Sur la gauche, une route forestière mène vers une table d'orientation *(2 km).*
Rejoignez la D 4 que vous prenez à gauche, puis tournez encore à gauche dans la D 41.

Auvers C1

Près de l'église, un bloc de granit supporte une monumentale statue en bronze représentant la légendaire **bête du Gévaudan** *(voir encadré p. 325)* qui fut abattue non loin du village, le 19 juin 1767, par un certain Jean Chastel.

Ferme de Pierre Allègre.
OT de Ruynes-en-Margeride

Poursuivez sur la pittoresque D 41 qui contourne le flanc est du mont Mouchet. Après 5 km, empruntez sur la gauche la D 412, puis la D 48 à droite. Vous reviendrez à Ruynes par la D 4.

NOS ADRESSES À RUYNES-EN-MARGERIDE

Voir aussi les encadrés pratiques de Chaudes-Aigues, de Saint-Flour, de Saugues et des gorges de la Truyère.

ACTIVITÉS

Bon à savoir – Plusieurs types d'activités sont proposés dans la région : balades à cheval ou à poney (demi-journée et journée) et randonnées équestres sur les plateaux de Faverolles et au-dessus du lac de Garabit.

Margeride Aventure – *La Plenne - 06 07 35 13 53 - www.margeride-aventure.com - ouv. l'été : tlj ; vac. de printemps-vac. de Toussaint : w.-end et j. fériés (sur réserv. en sem.) - à partir de 8 €.* Parcours originaux et sécurisés dans les arbres (à partir de 2 ans) ; tyro-trekking (1,2 km de tyroliennes) ; près de 55 ateliers différents.

Réserve sauvage de Trailus – *à Trailus, au nord de Ruynes-en-Margeride par la D 13, puis à droite par une petite route - 04 71 23 93 05 ou 06 07 15 81 19.* Faites un safari en Margeride à bord de véhicules 4x4 qui vous feront découvrir la faune de cette réserve de 20 ha (cerfs, chamois, sangliers, etc.).

VELAY ET BRIVADOIS
0 4 km
LE-PUY-EN-VELAY ★★★ Vaut le voyage
Lavaudieu ★★ Mérite un détour
Brioude ★ Intéressant
Saugues À voir
Itinéraire conseillé avec ville de départ
ISSOIRE
MASSIAC
ST-FLOUR
MILLAU
AUBENAS
ST-ÉTIENNE
A
B
1
2
3
PARC NATUREL RÉGIONAL DU LIVRADOIS-FOREZ
Brassac-les-Mines
Auzon
ALLIER
Paulhac
Brioude
Lavaudieu
Lespinasse
Vieille-Brioude
Chât. de Domeyrat
Mazerat-Aurouze
Plateau d'Ally
St-Ilpize
Blassac
Chilhac
Lavoûte-Chilhac
Peyrusses
St-Cirgues
Aubazat
Arlet
Chavaniac-Lafayette
Allègre
Bellevue-la-Montagne
Vorey
Loire
St-Paulien
HAUTE-LOIRE
Héraud
Langeac
Chanteuges
St-Arcons-d'Allier
Ste-Marie-des-Chazes
St-Vidal
Chât. de Polignac
LE-PUY-EN-VELAY
Pinols
Pébrac
Prades
Forêt de Margeride
Mont Mouchet
1497
LA MARGERIDE
Monts du Devès
St-Privat-d'Allier
St-Didier-d'Allier
Monistrol-d'Allier
Saugues
Paulhac-en-Margeride
Solignac-sur-Loire
St-Préjet-d'Allier
Lac du Bouchet
St-Haon
St-Christophe-d'Allier
Chapeauroux
Le Mazlieu-Ville
N
A 75
N 102
N 88
N 122
D 33
D 5
D 19
D 588
D 912
D 20
D 56
D 12
D 585
D 4
D 21
D 13
D 40
D 906
D 103
D 114
D 16
D 590
D 30
D 25
D 102
D 173
D 15
D 48
D 301
D 589
D 32
D 31
D 321
D 587
D 989

Velay et Brivadois 5

Carte Michelin Départements 331– Haute-Loire (43)

Le Puy-en-Velay

★★★

19 321 Ponots – Haute-Loire (43)

NOS ADRESSES PAGE 353

S'INFORMER

Office du tourisme de l'agglomération du Puy-en-Velay – *Pl. du Clauzel - 43000 Le Puy-en-Velay - ✆ 04 71 09 38 41 - www.ot-lepuyenvelay.fr - juil.-août : 8h30-19h30 ; de Pâques à fin juin et sept. : 8h30-12h, 13h30-18h15 ; reste de l'année : 8h30-12h, 13h30-18h15, dim. et j. fériés 10h-12h - fermé 1er janv., 25 déc.*

Visites guidées – *✆ 04 71 09 38 41 - www.ot-lepuyenvelay.fr - juil. et 2e quinz. d'août : 15h30 ; 1re quinz. d'août : 9h30 et 15h30 ; 27 sept.-27 déc. et janv.-juin : sam. 15h - visite nocturne du secteur historique en juil.-août - 5 € (-12 ans gratuit) - dép. de l'office de tourisme.*

SE REPÉRER

Plan de région B2/3 (p. 338) – carte Michelin Départements 331 F3.

La ville est située sur la N 88, qui va de Saint-Étienne à Mende, en Lozère. Elle se trouve aussi sur les grandes voies de pèlerinage qui mènent à Compostelle, en Espagne, ou au mont Gagliano, en Italie.

SE GARER

Circuler dans la ville en plein été peut s'avérer difficile. Laissez votre voiture en bordure du centre-ville : place Michelet ou place du Breuil au sud, place Carnot à l'ouest.

À NE PAS MANQUER

La visite de l'extraordinaire cathédrale Notre-Dame, inscrite au Patrimoine mondial de l'Unesco ; et, pour les plus sportifs, l'ascension du rocher d'Aiguilhe, pour la visite de sa ravissante chapelle, perchée sur son doigt de lave à 82 m de hauteur.

ORGANISER SON TEMPS

Prévoyez deux jours pour parcourir la ville et découvrir la constellation de châteaux qui l'entourent.

Vue générale du Puy-en-Velay.
OT le Puy-en-Velay

AVEC LES ENFANTS

Découvrez la vieille ville, à bord du petit train touristique qui ravira les enfants. Emmenez-les aussi rue des Tables pour observer le minutieux travail des dentellières, puis partez gravir les marches du rocher Corneille, coiffé d'une impressionnante statue de Notre-Dame de France.

Lorsque l'on prononce son nom, trois mots viennent volontiers à l'esprit : dentelle, lentilles et verveine. Mais le Puy-en-Velay est avant tout l'un des sites les plus extraordinaires de France… Vision étrange et splendide que cette ville enserrée entre ses buttes, avec son rocher Saint-Michel d'Aiguilhe, surmonté d'une chapelle romane, son rocher Corneille, couronné par une Vierge monumentale, et sa non moins étrange cathédrale Notre-Dame, presque orientale, dont la célèbre Vierge noire fait aujourd'hui encore l'objet d'une grande dévotion. Car vous êtes ici au point de départ de la fameuse « Via Podiensis », l'une des routes de Saint-Jacques-de-Compostelle. En septembre, dans les rues de la cité, les Ponots costumés renouent avec la fête du « Roi de l'Oiseau », une curieuse tradition datant de la Renaissance.

Se promener

★★★ L'ÎLE AUX TRÉSORS

Circuit 1 tracé en vert sur le plan de la ville (p. 346).

La cité épiscopale domine la ville haute, dont la cathédrale fut restaurée entre 1994 et 1999. Partez de la place des Tables, où s'élève la gracieuse fontaine du Choriste (15e s.), et montez vers la cathédrale par la pittoresque rue des Tables, aux escaliers latéraux bordés de demeures anciennes et où vous pourrez voir dentelliers et dentellières au travail.

★★★ Cathédrale Notre-Dame B1

Un large escalier de 134 marches donne accès à l'étrange façade ouest, aux laves polychromes et aux parements de mosaïques. Cet extraordinaire édifice de style roman est inscrit au Patrimoine mondial de l'Unesco, dans le cadre du classement des chemins de Saint-Jacques-de-Compostelle. Il doit son originalité à l'influence de l'Orient. On y retrouve aussi l'influence byzantine, due aux croisés, dans les coupoles octogonales des voûtes de la nef. L'église primitive correspond au chevet actuel. La place vint à manquer, au 12e s., quand

LE FEU, LA PIERRE ET L'EAU...

C'est à des phénomènes volcaniques que le bassin du Puy doit sa physionomie si originale. Il doit sa formation première à l'effondrement du plateau vellave, en contrecoup du plissement alpin. Puis des sédiments arrachés aux hauteurs environnantes comblèrent en partie le bassin, où la Loire s'enfonça en gorge. À la fin du tertiaire, une série d'éruptions volcaniques bouleversa la région ; le lit de la Loire se trouva déporté à l'est. À l'ère quaternaire, l'érosion reprit son travail, laissant en saillie des récifs volcaniques plus résistants, d'origines diverses. On reconnaît des tables basaltiques, restes de coulées (rocher de Polignac), des cheminées de volcans (rocher Saint-Michel), des parties de cônes éruptifs (rocher Corneille). Les coulées, en se refroidissant, ont donné naissance à des assemblages de colonnes prismatiques comme les orgues d'Espaly.

on entreprit de l'agrandir : les dernières travées de la nef et le porche ouest furent alors construits « dans le vide », de hautes arcades servant d'appuis. Les porches du For et Saint-Jean furent ajoutés à la fin du 12e s.

Trajet sous la cathédrale – La cathédrale a fait l'objet d'importantes restaurations à différentes époques, et a notamment permis la remise en place du grand escalier qui aboutit dans le chœur. Les degrés de l'escalier se prolongent jusqu'à la porte principale, sous les quatre travées construites au 12e s. Au niveau de la deuxième, deux portes à **vantaux★**, appelées portes de Cèdre, ferment deux chapelles latérales. Leurs sculptures (12e s.) à faible relief retracent la Nativité et des épisodes de la Passion. Dans la travée suivante, on voit deux **fresques** restaurées : *La Vierge Mère* (13e s.) à gauche, *La Transfiguration de Notre Seigneur* à droite. Franchissez la Porte dorée (ainsi appelée car jadis recouverte de cuivre ciselé), encadrée de deux colonnes de porphyre rouge. À la quatrième travée, l'escalier bifurque et vient à nouveau déboucher dans la cathédrale face au maître-autel, ce qui faisait dire qu'« on entrait à Notre-Dame-du-Puy par le nombril, et on en sortait par les oreilles » !

Empruntez la branche de droite, qui conduit à une porte située dans le bas-côté.

Intérieur – L'originalité de l'église réside dans la suite de coupoles qui couvrent la nef (celle de la croisée du transept est moderne). Remarquez la chaire **(1)** et le beau maître-autel **(2)**, qui accueille une **Vierge noire** en bois, copie assez fidèle de la statue d'origine, brûlée lors de la Révolution. Elle fut réalisée au 19e s. d'après les descriptions et dessins faits par Faujas de Saint-Fons. L'originale, en cèdre, datait d'avant la fin du 10e s. Elle fut dépouillée en janvier 1794, puis oubliée aux archives jusqu'à ce que quelques mois plus tard, à l'occasion de la Pentecôte, on vint la chercher pour la brûler sur la place du Martouret. En se consumant, la statue dévoila une cachette secrète renfermant un parchemin, mais malheureusement celui-ci partit en fumée sans que personne ait pu lire son contenu. Remarquez aussi, au fond de la nef à l'ouest **(11)**, le grand orgue baroque restauré à deux faces en noyer sculptées. Dans le bas-côté nord, un grand tableau de Jean Solvain, dit *Vœu de la peste* (1630), illustre une procession d'actions de grâces qui se déroula sur la place du For **(3)**.

Dans le bras gauche du transept, belles fresques romanes : *Les Saintes femmes au tombeau* **(4)** et *Le Martyre de sainte Catherine d'Alexandrie* **(5)**. Sur la gauche, on aperçoit une tribune où se trouve une **fresque de saint Michel★** (fin 11e s.-début 12e s.), la plus grande peinture connue en France représentant l'archange. ✆ *04 71 05 98 74 - de déb. juil. à mi-sept. : 7h-19h.* La fameuse **pierre**

des Fièvres (12) se trouve dans la chapelle qui jouxte le porche Saint-Jean. Les plus belles pièces du **trésor★** sont exposées dans la sacristie. À voir, dans l'ordre qu'il vous plaira : une pietà, peinture sur bois de l'école bourguignonne, une tête de Christ en cuivre doré (du 15e s.), un Christ en ivoire, une croix de bateliers du Rhône et des boiseries en noyer, du 17e s.

Porche du For

Il date de la fin du 12e s. et donne accès à la cathédrale par la **Porte papale**, selon l'inscription qui la surmonte. Dans l'angle intérieur, les ogives retombent sur un pilastre que soutient une main ouverte sortant de la muraille.

De la petite place du For, on a une **vue** étonnante sur la partie moderne de la ville, et on détaille bien le clocher légèrement détaché du chevet fortement restauré : c'est une construction de forme pyramidale, à sept étages.

Contournez le chevet par la rue de la Manécanterie.

Porche Saint-Jean

En sortant de la cathédrale, remarquez les battants, recouverts de cuir, qui arborent de belles **pentures** (appliques en fer forgé) du 12e s. Précédé d'une grande arcade surbaissée, ce porche, qui était destiné au passage des souverains, relie la cathédrale au baptistère Saint-Jean *(voir p. 344)*.

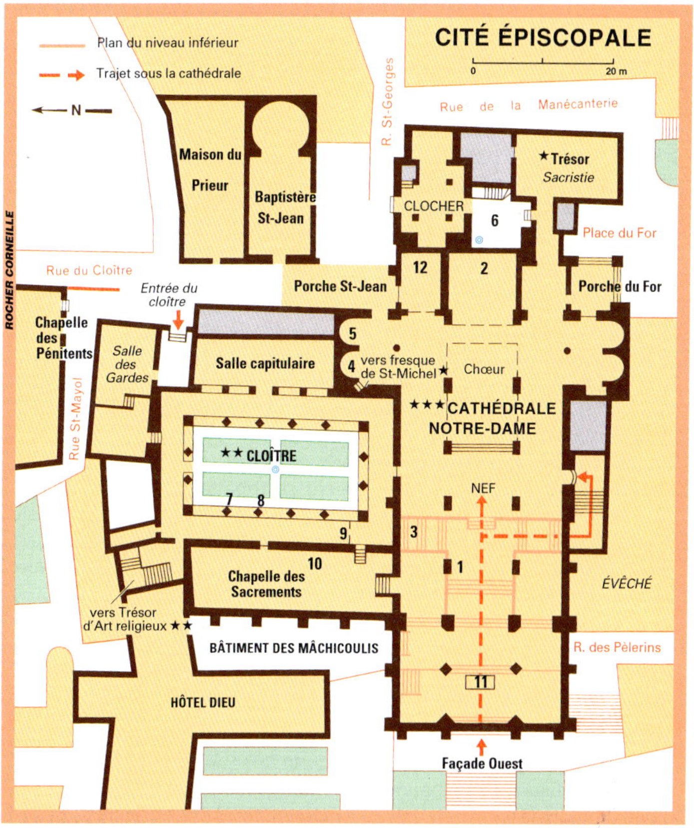

LA CITÉ DE LA VIERGE

La capitale vellave de l'époque romaine, *Ruessium*, a été identifiée à Saint-Paulien. Le site du Puy (le puy d'Anis) semble avoir été un très ancien lieu de culte païen (restes d'un sanctuaire du 1er s. dans les fondations de la cathédrale), christianisé à partir du 3e s. Des apparitions de la Vierge, des guérisons miraculeuses auprès d'une table de dolmen appelée depuis lors « pierre des Fièvres » *(visible dans la cathédrale)* incitèrent les premiers évêques à se transporter en ces lieux et à s'y établir, sans doute à la fin du 5e s. Une basilique s'éleva, puis une cathédrale autour de laquelle se développa une ville, l'ancienne *Ruessium* étant déchue de son rang.

Au Moyen Âge, le **pèlerinage** du Puy connaît un succès d'autant plus important que la cité constitue elle-même un point de départ pour Saint-Jacques-de-Compostelle. Avec Chartres, c'est le plus ancien lieu de culte marial de France. Des rois, des princes, des foules d'humbles gens s'y pressent pour invoquer la mère de Dieu.

Vénérée aujourd'hui encore, la **Vierge noire** fut, selon la légende, apportée d'Orient par Louis VII ou par saint Louis. Couronnée en 1856, elle remplace celle brûlée en 1794.

Passez sous le clocher où se trouvent les tombeaux d'abbés et de chanoines. Dans la petite cour attenante au chevet **(6)**, vous verrez, derrière le puits roman, les bas-reliefs gallo-romains encastrés dans la base du chevet et la frise qui les couronne (scènes de chasse).

Baptistère Saint-Jean

Relié à la cathédrale par le porche du même nom, cet édifice, datant des 10e et 11e s., servit de baptistère à l'ensemble des paroisses de la cité jusqu'à la Révolution. L'entrée sud est flanquée de lions en pierre, érodés. À l'intérieur, on peut voir la cuve baptismale de forme pyramidale.

★★ Cloître B1

✆ 04 71 05 45 52 - www.monum.fr - juil.-août : 9h-18h30 ; 23 sept.-30 juin et 1er-22 sept. : 9h-12h, 14h-18h30 - fermé 1er janv., 1er Mai, 1er et 11 Nov., 25 déc. - 5 € (-18 ans gratuit).
Ce très beau cloître, accolé au nord de la cathédrale, est composé de galeries d'époques différentes, la plus ancienne, au sud, étant romane. La polychromie des claveaux, des écoinçons en losanges rouges, ocre, blancs ou noirs formant des mosaïques, compose un décor dont on a souligné la parenté avec l'art islamique.

Parmi les **chapiteaux historiés**, remarquez, dans la galerie ouest, celui qui représente une dispute autour d'une crosse abbatiale **(7)**, et un autre qui figure un centaure **(8)**. Une remarquable **grille romane★ (9)** ferme la galerie ouest. De l'angle sud-ouest du cloître, on découvre la cheminée romane coiffant le logis des clergeons. Sur la galerie est s'ouvre la **salle capitulaire**, chapelle des Morts au 14e s., dont l'entrée est encadrée par des pilastres striés de cannelures à double ondulation (motif rare). Elle est ornée, sur le mur sud, d'une fresque du 13e s., représentant la Crucifixion *(éclairage à l'entrée)*. Tout autour du cloître, au-dessus des arcades, court une **corniche** délicatement ornée, illustrant avec verve le bestiaire du Moyen Âge.

L'Hôtel-Dieu

✆ 04 71 09 38 41 - ouverture prévue début 2010. Situé en contrebas de la façade ouest de la cathédrale et du bâtiment des Mâchicoulis, il servait autrefois d'abri pour les pèlerins les plus démunis. C'est seulement sous l'Ancien Régime qu'il

devint un hôpital. Classé au Patrimoine mondial de l'Unesco, il a été réhabilité pour accueillir le Centre d'interprétation de l'architecture, du patrimoine du pays d'art et d'histoire du Puy-en-Velay ainsi que le Centre de réflexion autour de la spiritualité.

Bâtiment des Mâchicoulis

Cette construction massive, abritée derrière la chapelle de l'Hôtel-Dieu, faisait partie des fortifications de la cathédrale et du palais épiscopal au 13e s.

Chapelle des Sacrements

9h-19h. Respectez le silence durant les offices. Cette chapelle s'ouvre sur le bas-côté nord de la cathédrale. Son beau retable doré abrita, jusqu'à la Révolution, les reliques apportées à Notre-Dame du Puy. Ancienne bibliothèque de l'université Saint-Mayol, elle fut ornée, au 15e s., sur le mur est, de la célèbre peinture des **Arts libéraux★ (10)**.

Chaque art libéral (Grammaire, Logique, Rhétorique, Musique) est représenté par une femme assise et par un personnage allégorique. La précision des étoffes et des bijoux est riche d'enseignement sur les goûts de cette époque.

★★ Trésor d'art religieux

Mêmes conditions de visite que pour le cloître de la cathédrale. Aménagé dans l'ancienne salle des États du Velay, au-dessus de la chapelle des Sacrements, il rassemble d'admirables œuvres d'art : chape de soie du 11e s. ; châsse en émail champlevé du 13e s. ; Vierge allaitant du 15e s., en pierre polychrome ; magnifique manteau brodé de la Vierge noire du 16e s. ; remarquable parchemin du 15e s. (Genèse de la création du monde à la Résurrection).

Parmi les tableaux se distinguent *L'Adoration des Mages*, par Claude Vignon (1640), et surtout *La Sainte Famille*, attribuée au Maître de Flémalle (fin 15e s.). L'art du sculpteur montpelliérain **Pierre Vaneau** (1653-1694) est représenté par des panneaux illustrant des thèmes mythologiques et par deux statues d'esclaves, en noyer.

Chapelle des Pénitents B1

✆ 04 71 09 52 77 - http://penitentslepuy.free.fr - juil.-août : 14h-18h - possibilité de visite hors sais. sur demande préalable - penitentslepuy@free.fr.

On y pénètre par une porte aux vantaux de bois sculptés dans le style Renaissance. À l'intérieur, les peintures décorant la tribune, les parois lambrissées de la nef unique, mais surtout le beau **plafond à caissons**, relatent la vie de la Vierge. Elles ont été réalisées aux 17e et 18e s. Les instruments de la Passion des pénitents blancs, confrérie fondée en 1584, sont encore portés en procession, notamment pour la veillée du Jeudi saint.

La rue du Cloître mène au rocher Corneille.

Rocher Corneille B1

R. du Cloître - ✆ 04 71 04 11 33 - juil.-août : 9h-19h30 ; mai-juin et sept. 9h-19h30 ; de mi-mars à fin avr. : 9h-18h ; d'oct. à mi-mars 10h-17h - fermé de mi-nov. à fin janv. (sf vac. scol. et dim. apr.-midi) - 3 € (-18 ans 1,50 €).

Le rocher Corneille, ou **mont d'Anis**, est un reste de cône appartenant sans doute au volcan dont le rocher Saint-Michel représente la cheminée. De la plate-forme, **vue★** panoramique sur les toits rouges de la ville et le bassin du Puy *(table d'orientation)* ainsi que sur le rocher Saint-Michel au nord-ouest, derrière lequel se profile le château de Polignac *(voir p. 352)*.

Le rocher est surmonté d'une colossale **statue de Notre-Dame de France** B1 (hauteur : 22,70 m, poids : 110 tonnes) érigée en 1860, par souscription nationale. 213 canons, prélevés sur les trophées de la prise de Sébastopol (1855), durant la

SE LOGER

- Bilhac (Gîte de) 1
- Domaine de Bauzit (Chambre d'hôte) 3
- Dyke Hôtel 5
- Gourmantine (Chambre d'hôte la) 8
- Moulin de la Barette (Hôtel) 11
- Paravent (Chambre d'hôte la) 14

SE RESTAURER

- Chamarlenc (Le) 1
- Écu d'Or (L') 3
- Lapierre 6
- Poivrier (Le) 9
- Renouée (La) 12

guerre de Crimée, servirent à la couler. Et si la Vierge, contrairement à la représentation traditionnelle, porte l'Enfant à droite, et non près du cœur, c'est tout simplement pour qu'il puisse bénir la ville de sa main droite sans cacher le visage de la Vierge. On peut monter à l'intérieur de la statue, jusqu'au niveau du cou.
Revenez à la place des Tables.

★ EN PARCOURANT L'ANCIENNE CITÉ

Circuit 2 tracé en vert sur le plan de la ville ci-contre.
La vieille ville regroupe ses hautes maisons aux toits rouges autour du rocher Corneille, tandis que les boulevards circulaires marquent le début de la ville basse moderne. Au pied de la cathédrale, la **place des Tables** A1 offre un intéressant aperçu de la cité épiscopale.
Prenez à gauche la rue Raphaël.
Notables et familles bourgeoises de la ville y résidaient autrefois. Au n° 38 se trouve le **Centre d'enseignement de la dentelle au fuseau** A1 *(voir encadré pratique)*. Au n° 56, remarquez un logis du 16e s. à cinq niveaux, dit **logis des Alix Selliers**.
Au terme de cette rue, prenez à gauche la rue Saulnerie, puis remontez à gauche la rue Rochetaillade aux façades romanes, notamment au n° 7.
À l'angle de la rue du Cardinal-Polignac s'élève l'**hôtel du Lac de Fugères** A1, du 15e s. Engagez-vous dans cette rue : au n° 8, l'**hôtel de Polignac** A1présente une tour polygonale du 15e s. Revenez vers le croisement de la rue Rochetaillade pour rejoindre la rue Vaneau et voir au n° 3 l'**hôtel des Laval d'Arlempdes** A1 (15e s.).
Revenez sur vos pas.
La rue Chênebouterie, dans le prolongement de la rue Raphaël, présente, au n° 6, la façade d'une maison d'aromateur comportant une sculpture scatologique. Au n° 8, cour avec tourelle du 15e s. et en face, au n° 9, maison natale (16e s.) du maréchal Fayolle.
La rue débouche sur la **place du Plot** A2 (ancienne place du Pilori), point de départ de la *Via Podiensis* qui mène à Saint-Jacques-de-Compostelle. Cette place est animée, en fin de semaine, par un marché coloré, autour de la **fontaine de la Bidoire** A2 (1246). Au 13e s., nombreux étaient les marchands du Poitou, de Provence et d'Espagne qui venaient étaler leurs armes, leurs laines, leurs cuirs et leurs joyaux. à partir de 1544, un marché des fruits et légumes se tint au Plot : une tradition qui perdure, très vivante, chaque samedi matin.
Quittez la place et prenez à gauche la rue Pannessac.
Cette rue en partie piétonne est bordée d'élégantes maisons Renaissance des 16e et 17e s., présentant des façades en encorbellement parfois flanquées d'une tour ou échauguette, comme aux nos 16 et 63.
Au n° 42, le **logis des André** ; au n° 46, le **logis des frères Michel**, du 17e s., orné au rez-de-chaussée de masques et d'écoinçons sculptés et aux étages de mascarons, de guirlandes et de cartouches, affichent l'opulence des commerçants qui habitaient ce quartier.
Au bout de la rue, la **tour de Pannessac** A1, du 13e s., est le dernier vestige des dix-huit portes fortifiées, à tours jumelles, que possédait l'enceinte.
Revenez sur vos pas.
Sur la gauche, la ruelle de traverse du **Chamarlenc** A1/2 a conservé son caractère médiéval ; au n° 18, la façade de la **demeure des Cornards**, dont le privilège était de brocarder les bourgeois de la ville, est ornée de deux têtes à cornes, l'une hilare, l'autre tirant la langue, surmontées d'inscriptions facétieuses.
Au niveau de la place du Plot, poursuivez en face.

La rue Courrerie compte, au n° 8, une intéressante façade du 16e s. suivie de celle de l'**hôtel de Marminhac**, aux baies en plein cintre dont les clefs portent des masques sculptés. Vous arrivez place du Martouret (lieu d'exécution sous la Révolution), où se dresse la façade de l'hôtel de ville.
Empruntez la rue du Collège pour rejoindre l'église.

Église du Collège B2

Au tout début du 17e s., le père jésuite Martellange construisit, pour le nouveau collège de son ordre, un bâtiment du nouveau style baroque italien, le premier en France. On y admire des retables dorés, ornés de tableaux de Guy François.

À voir aussi Plan de la ville

Musée Crozatier A2

Jardin Henri-Vinay – Travaux prévus jusqu'en 2012, mais le musée est partiellement réouvert depuis 2009 – ✆ 04 71 06 62 40.

Un nouvel édifice et un espace de 200 m² dédié à l'art contemporain compléteront ce musée installé dans un imposant bâtiment (1865) au fond du jardin Vinay, et consacré, en particulier, à l'histoire ponote.
Vous y retrouverez la **collection lapidaire★** (nombreux chapiteaux historiés et sculptures provenant de la cathédrale), les expositions temporaires (arts gallo-romain, roman et gothique), le bel ensemble d'objets d'art et de peinture du Moyen Âge et de la Renaissance (dont une **Vierge de l'Annonciation** en pierre polychrome et dorée de la fin du 15e s.), les panneaux et maquettes didactiques de mécanique et le **praxinoscope** (ancêtre du théâtre d'animation), les artisanats et traditions vellaves (riche collection de **dentelles★** à la main, du 16e s. au début du 20e s., magnifiques ouvrages au fuseau ou à l'aiguille), enfin les **beaux-arts**, du 14e s. à nos jours, et, dans la section d'histoire naturelle, la **collection ornithologique**, qui regroupe près de 400 espèces.
Jardin Vinay A2 – Servant de cadre au musée Crozatier, il renferme, entre autres monuments, le beau portail du prieuré de Vorey. L'agencement savant de ses essences est l'œuvre d'Henri Vinay, ancien ordonnateur des lieux.

Église Saint-Laurent A1

Rare exemple de l'art gothique en Velay, elle date du 14e s. et faisait partie d'un couvent de dominicains. Le portail de façade, de style flamboyant, est remarquable. À l'intérieur, la nef, épaulée par deux bas-côtés et couverte de voûtes d'ogives, surprend par son ampleur.
Dans le chœur, à droite, le tombeau de Du Guesclin contient les entrailles du connétable, mort en 1380 pendant le siège de Châteauneuf-de-Randon. Des travaux effectués dans le chœur ont amené la découverte du tombeau de l'évêque Bernard de Montaigu (13e s.).
Les pavages ont été réalisés par Daniel Dezeuze en 1988, à la suite d'une commande publique passée par le ministère de la Culture en 1987. À gauche de l'église, une chapelle du 14e s., dite **salle capitulaire**, a été dégagée.

★★ La chapelle Saint-Michel-d'Aiguilhe A1

✆ 04 71 09 50 03 - www.rochersaintmichel.fr - mai-sept. : 9h-18h30 (de mi-juil. à fin août 18h45) ; de mi-mars à fin avr. et de déb. oct. à mi-nov. : 9h30-12h, 14h-17h30 (vac. et w.-end de Pâques, vac. de la Toussaint et w.-end du 11 Nov. 9h30-17h30) ; de déb. fév. à mi-mars et vac. de Noël : 14h-17h - fermé 1er janv., 25 déc. - 3 € (-14 ans 1,50 €).

LA VILLE DE LA DENTELLE

Au Puy et dans le Velay, comme dans la région d'Arlanc, la dentelle à la main tenait autrefois une place importante dans l'économie locale. Son origine remonte probablement au 15e s., mais c'est au 17e s., grâce à l'action d'un père jésuite, canonisé sous le nom de **saint Jean-François Régis**, qu'elle prit un essor décisif et qu'une organisation particulière se mit en place. Dans tous les villages, des femmes travaillaient à domicile pour le compte de marchands établis dans les villes voisines. Des « leveuses », apportant fils et cartons aux ouvrières, servaient d'intermédiaires avec les patrons. Ce travail d'appoint était une nécessité pour la paysannerie pauvre de la région. L'imprégnation religieuse du métier resta longtemps très forte. La transmission du savoir-faire se faisait de mère en fille, mais aussi par des femmes pieuses, appelées « béates », qui enseignaient en même temps le catéchisme.

À pied, la montée Gouteyron relie la ville haute au rocher d'Aiguilhe. Vous pouvez aussi parvenir au pied du rocher en voiture et vous garer à proximité. Une fois franchi le portail d'entrée, on accède au sommet par un escalier de 268 marches. Des oratoires jalonnaient jadis cette rude montée. Aujourd'hui, des paliers vous permettront de reprendre votre souffle aux tournants.

L'ascension du rocher Saint-Michel, une gigantesque aiguille de lave qui s'élève d'un jet à 82 m, vous mènera à la ravissante chapelle romane Saint-Michel-d'Aiguilhe. Avec son fin clocher en forme de minaret, elle semble prolonger le doigt rocheux qu'elle couronne. Sa construction (10e s.), qui dura 12 ans, est d'inspiration orientale, avec son portail trilobé, son gracieux décor d'arabesques, ses **mosaïques** de pierres noires, grises, blanches et rouges. À l'intérieur, le plan très irrégulier épouse les contours du rocher. La complexité du système de voûtes témoigne de l'art avec lequel les architectes ont su tirer parti du terrain. Les colonnettes, qui dessinent comme un déambulatoire autour d'une courte nef, sont surmontées de chapiteaux sculptés. La voûte de la petite abside est décorée de **peintures murales** du 10e s. À droite, une vitrine abrite divers objets d'art trouvés sous l'autel en 1955, dont un Christ-reliquaire en bois du 11e s. et un coffret en ivoire byzantin du 13e s. Un chemin de ronde contourne la chapelle, d'où l'on domine, à l'est, le **vieux pont** à redents qui enjambe la Borne. Au pied du rocher, remarquez la très belle **chapelle Saint-Clair** (12e s.), au plan octogonal et au décor de losanges en mosaïques de pierre.

À proximité Plan de microrégion

Pour découvrir la région est du Puy-en-Velay et ses curiosités, consultez Le Guide Vert Lyon Drôme Ardèche.

Pinatelle du Zouave

À 7 km à l'ouest en direction de Loudes, par la D 590. Tournez à droite après le hameau du Zouave, puis prenez la route qui monte à droite et suivez le fléchage. Parking à l'arrivée. Site équipé d'une aire de pique-nique. Prévoyez un équipement de randonnée. Il est conseillé de ne pas s'écarter des sentiers, des arbres morts toujours sur pied pouvant tomber sous l'effet du vent.

2h AR. Aux allures de bonsaï géant, le **pin de boulange** est né d'une technique de taille qui remonte au Moyen Âge. Utilisé pour alimenter les fours de boulangers (d'où son nom), il était élevé de façon à fournir de grandes quantités de petits branchages qui, assemblés en fagots (les « garnes »), étaient revendus dans la région. Deux sentiers vous invitent à la découverte des lieux : l'un présente l'histoire de cet arbre au fût court et tortueux ; l'autre vous enseigne quelques notions d'herboristerie.

Itinéraire conseillé

VALLÉE DE LA BORNE B2

Pour visualiser cet itinéraire de 60 km, reportez-vous au plan de la région (p. 338) – comptez environ une demi-journée.
Quittez Le Puy par le sud-ouest en empruntant la D 590. Peu avant la voie ferrée, prenez à droite jusqu'au parc de stationnement.

Espaly-Saint-Marcel

Piton d'Espaly – *Propriété privée.* Il était jadis couronné d'un château qui, après avoir servi de résidence aux évêques du Puy (Charles VII, dauphin puis roi de France, y reçut l'hospitalité lors de ses fréquents pèlerinages), fut ruiné durant les combats de la Ligue.

Rocher Saint-Joseph – *04 71 09 16 71 - www.josephbonespoir.org - avr.-oct. : 8h-18h30 ; nov.-mars : 8h-17h ; pèlerinage 19 mars et 1er Mai - possibilité de visite guidée du sanctuaire (45mn) - 2 € (enf. gratuit).*
La terrasse supérieure, aménagée au pied de la statue de saint Joseph, offre une **vue★** sur la vieille ville du Puy-en-Velay, d'où émergent la cathédrale, le rocher Corneille et Saint-Michel d'Aiguilhe.
Revenez sur la D 590 et poursuivez en direction de Chaspuzac. Tournez à droite dans la D 113, puis encore à droite dans la D 112.

Château de Saint-Vidal B2

Ne se visite pas.
Dominant de ses tours massives le village, groupé sur une éminence dans la vallée de la Borne, ce château fut le fief du baron Antoine de La Tour, gouverneur du Velay au 16e s.
Revenez sur la D 113, et prenez à droite en direction de Clazelle. Tournez à gauche dans la N 102, puis à droite dans la D 25. Au loin, on aperçoit le château : tournez à gauche à hauteur de Marcilhac.

Château de la Rochelambert

04 71 00 48 99 - juil.-août : 10h-12h, 14h-18h (dernière entrée 17h30) ; avr.-juin et sept. : 10h-12h, 14h-17h ; oct.-mars : sur demande 10h-12h, 14h-17h - fermé jeu., 1er janv., 25 déc. - 5 € (enf. 3 €).
Ce château, accroché sur la rive droite de la Borne, est une très gracieuse construction des 15e et 16e s., nichée dans un beau cadre de verdure. George Sand y situa les personnages de son roman *Jean de la Roche*. On visite des salles abritant meubles et œuvres d'art.
Près du château, on peut voir des **habitats troglodytiques** *(15mn AR)* où les vestiges découverts témoignent d'un habitat paléolithique. Ils communiquent entre eux et constituent une véritable maison souterraine à plusieurs étages. Du balcon de la salle supérieure, jolie vue sur la vallée.
Poursuivez sur la D 25. Après 2 km, tournez à gauche dans la D 13 (direction Allègre).

Fête du « Roi de l'Oiseau » au Puy-en-Velay.
J. Perez / Festival Roi de l'Oiseau 2008

Allègre B2

Ce bourg s'étend au pied des ruines d'un **château féodal**, que l'on peut visiter en été, édifié sur l'arête méridionale du volcan de Boury. Passé la porte de Monsieur, vous arrivez sur la place du Marchédial, qui a conservé l'unité architecturale du 15e s. avec les maisons fortes qui la bordent. Au milieu s'élève la **chapelle Notre-Dame-de-l'Oratoire** qui abrite une pietà polychrome du 16e s. Montez jusqu'à la « potence », qui domine l'ensemble, pour apprécier le panorama sur le Velay au sud et le mont Bar à l'est.

Tourbière du Mont-Bar – *2h AR. Zone humide, terrain glissant : prévoyez de l'antimoustique et de bonnes chaussures ! Départ du parking situé derrière la salle polyvalente.* Un lieu unique en France : c'est le seul volcan de type strombolien dont le cratère contienne une tourbière. Un sentier balisé permet d'y accéder et d'en faire le tour. La montée est un peu raide, mais agréablement ombragée par les sapins et épicéas. Le tour du cratère s'effectue ensuite sans difficulté, suivant des panneaux explicatifs. *Quittez Allègre par le sud en empruntant la D 13.*

Saint-Paulien B2

Sous le nom de *Ruessium*, à l'époque gallo-romaine, ce village fut la capitale du Velay et le siège d'un évêché jusqu'au 6e s. La chapelle des Pénitents abrite un petit musée.

Collégiale Saint-Georges – *04 71 00 42 75 - visite guidée juil.-août : lun., jeu.-vend. 10h-12h, mar.-merc. et sam. 15h-17h - reste de l'année sur demande au 04 71 00 50 01.* La disposition de cet édifice roman et la décoration de son chevet attestent la filiation auvergnate. L'**intérieur★** a été profondément modifié au 17e s. par la réunion des trois nefs primitives en un seul vaisseau et, peut-être, par le regroupement sous une voûte unique du chœur et d'un ancien déambulatoire. Beaux chapiteaux romans dans les absidioles.

Quittez Saint-Paulien par le sud en suivant la D 906, puis la N 102.

L'ORACLE D'APOLLON

Le rocher sur lequel fut construite la forteresse de Polignac est réputé dès l'époque romaine. Il porte alors un temple d'Apollon, fameux pour ses oracles. L'empereur Claude le visite en l'an 47. Les oracles sont prononcés par un énorme masque d'Apollon. Le pèlerin, arrivant au pied du rocher, dépose ses offrandes dans une salle où il prononce ses vœux. Il ignore que ses paroles parviennent distinctement au temple par un puits en forme d'entonnoir, creusé dans le roc. Pendant qu'il gravit péniblement les flancs de la butte, les prêtres préparent la réponse : à l'aide d'un porte-voix, ils la font prononcer par la bouche de pierre du dieu, devant le pèlerin étonné.

★ Polignac B2

Château – *✆ 04 71 04 06 04 - www.forteressepolignac.com - de déb. avr. au 11 Nov. : mar.-dim. et j. fériés 10h-12h30, 13h30-18h30 - visite guidée (1h15) merc., w.-end et j. fériés à 10h30, 14h, 15h30 - 5 € (enf. 3 €).* Perchée sur un dyke (cheminée volcanique), la forteresse de Polignac est installée sur une plate-forme de 200 m de long. Elle conserve, de l'Antiquité et du Moyen Âge, d'imposants vestiges de sa puissance guerrière. L'édifice, qui pouvait abriter 800 soldats, en plus de la famille et des domestiques, était ceint par 800 m de remparts, et son accès protégé par six portes fortifiées. Les vicomtes de Polignac, « rois de la montagne », ont parfois été connus pour leurs excès, tel cet Héracle, condamné à venir nu-pieds, pour s'amender, un cierge à la main, devant le porche de Saint-Julien de Brioude. Mais les membres les plus connus de cette famille furent le cardinal **Melchior de Polignac** (1661-1732), successeur de Bossuet à l'Académie française, et **Yolande de Polastron**, favorite de la reine Marie-Antoinette. Au 18e s., les propriétaires délaissèrent le château au profit d'une autre demeure, à Lavoûte-sur-Loire. Vendue comme bien national à la Révolution, la forteresse servit de carrière de pierre jusqu'à ce que le prince Jules de Polignac, ministre de Charles X, la rachète et la fasse classer aux Monuments historiques.

Vous découvrirez notamment, au cours de la visite, le chemin de ronde et la chapelle castrale autour de laquelle se trouvent des tombes aux formes taillées dans le rocher, sans doute celles des membres de la famille, enterrés ici jusqu'en 1289. Le donjon (32 m de haut) révèle une magnifique **vue** panoramique sur les Cévennes, les monts du Velay, le Meygal, les vallées de la Loire et de la Borne et le mont Bar.

Église – C'est un bel édifice roman à porche gothique. À l'intérieur, les principaux centres d'intérêt sont la coupole du 12e s. et, dans le chœur, une **fresque** du 12e s. évoquant le Jugement dernier, le ciel et l'enfer ; au-dessus, la frise des « anges musiciens » du 15e s. Dans la chapelle à droite du chœur, une fresque du 15e s. illustre des scènes de la vie de la Vierge Marie. Dans l'abside, observez, dans une niche, un **reliquaire de la vraie Croix** et deux chandeliers (pièces d'orfèvrerie en argent du 18e s.). Au-dessus de la porte du bas-côté sud de l'église, un **vitrail** moderne représentant *(de droite à gauche)* trois membres célèbres de la famille Polignac : le vicomte Héracle, mort au siège d'Antioche, le cardinal Melchior de Polignac et le prince Jules de Polignac.

Revenez sur la N 102 qui ramène au Puy.

NOS ADRESSES AU PUY-EN-VELAY

Voir aussi les encadrés pratiques de Brioude et de Saugues.

VISITE

Train touristique – *04 71 02 70 70 ou 06 20 31 64 77 - dép. sur le parking - pl. Michelle - visite guidée mai-sept. : dép. 10h, 11h, 14h, 15h, 16h, 17h (juil.-août : dép. suppl. 18h) - 7 € (-12 ans 4 €).* Il fait découvrir les principales curiosités de la ville.

HÉBERGEMENT

PREMIER PRIX

Dyke Hôtel – *37 bd Mar.-Fayolle - 04 71 09 05 30 - www.dykehotel.fr - fermé 18 déc.-5 janv. - 15 ch. 43/55 € - 6,50 €.* Dans la ville veillée par ses fameux dykes basaltiques, hôtel doté de petites chambres simples. Bien que toutes insonorisées, celles côté ruelle sont plus calmes. Accueil cordial.

Gite de Bilhac – *Bilhac - 43000 Polignac - 04 71 09 72 41 - www.gite-bilhac.com - P - - 5 ch. 40 € - .* Cette belle ferme familiale entièrement restaurée a conservé le caractère rustique de l'auberge qu'elle était il y a encore quelques années. Hébergement très simple mais bien entretenu. Possibilité de louer un gîte pour 9 pers. avec une grande salle et 3 chambres. Spécialités régionales à l'heure des repas.

Chambre d'hôte Domaine de Bauzit – *43750 Vals-Près-le-Puy - 04 71 03 67 01/06 - http://ch.bauzit.free.fr - fermé 16 oct.-14 mars - P - - 5 ch. 42/49 € - .* Blottie dans un vaste domaine, cette ancienne abbaye respire la sérénité. Le décor des chambres rend hommage à 4 différents pays d'Asie, tandis que la cinquième et dernière, « Auvergne », s'avère plus simple mais tout aussi confortable. Cuisine du pays le plus souvent, et de temps en temps, repas asiatique… passion oblige.

Chambre d'hôte La Gourmantine – *Chemin de Ridet - 43000 Polignac - 04 71 05 94 29 - www.gourmantine.fr - fermé 25 déc. - P - - 5 ch. 50/58 € - .* Située au pied du château, cette ferme rénovée bénéficie du calme du village. Chambres coquettes et cuisine familiale servie dans la « salle à manger Monet ». La propriétaire, grande collectionneuse, expose ses trésors dans la « salle à manger des collections » où sont servis les petits-déjeuners (copieux et bons).

Chambre d'hôte La Paravent – *43700 Chaspinhac - 04 71 03 54 75 - www.la-paravent.com - fermé de nov. au vac. de printemps. - - 5 ch. 48/60 € - .* Vous serez bichonné dans cette belle maison campagnarde située à quelques kilomètres du Puy. Son décor est authentique et ses chambres douillettes ; toutes sont même dotées d'un petit salon. Une étape simple tenue par un couple sympathique qui vous accueillera dans une ambiance détendue.

BUDGET MOYEN

Hôtel Le Moulin de Barette – *43700 Blavozy - 04 71 03 00 88 - www.lemoulindebarette.com - fermé de mi-janv. à mi-fév. - - P - 40 ch. 54/65 € - 8 €.* Même si le bâtiment principal, tapissé de vigne vierge, demeure très correct, on sera naturellement attiré par les chambres du motel, à la fois simples et fonctionnelles. Également sur place, un beau terrain pour le camping. Côté loisirs, une piscine à 2 bassins et snack libre-service.

RESTAURATION

BUDGET MOYEN

Le Chamarlenc – *19 r. Raphaël - ✆ 04 71 02 17 72 - www.lechamarlenc.fr - lun., mar. et merc. déj. uniquement, jeu., ven. et sam., déj., goûter et dîner, fermé dim. - ♿ - formule déj. 13 € - 18/20 €.* Ce petit restaurant du centre historique sert une cuisine à base de produits du terroir et de céréales biologiques. Au menu : terrine maison, mitonnée du jour, fromages de la région, yaourts maison.

Lapierre – *6 r. Capucins - ✆ 04 71 09 08 44 - formule déj. 15 € - 20/29 €.* Mobilier bistrot, lambris peints et tissus tendus dans les tons gris côté décor, produits bio et incontournables lentilles du Puy côté cuisine : une étape gourmande prisée.

L'Écu d'Or – *59-61 r. Pannessac - ✆ 04 71 02 19 36 - www.zoom43.fr/alecudor - fermé dim. soir et merc. d'oct. à mai - 17/46 €.* Dans une rue piétonne de la vieille ville, ce restaurant, dans une belle salle voûtée des 14e et 16e s. décorée de grandes fresques murales, est assez pittoresque. La table est plutôt bonne et le service jeune.

Le Poivrier – *69 r. Pannessac - ✆ 04 71 02 41 30 - www.lepoivrier.fr - fermé dim. sauf le soir en août, lundi soir et mardi soir - ♿ - 15/35 €.* Restaurant relooké dans un style design épuré, assez tendance, sans perdre en convivialité. Exposition de photographies. Spécialités de viandes de bœuf de Haute-Loire.

La Renouée – *43800 St-Vincent à Cheyrac, 2 km au nord par D 103 - ✆ 04 71 08 55 94 - auberge.larenouee@laposte.net - fermé vac. de la Toussaint, 5 janv.-7 mars, mar. soir, merc. soir et jeu. soir du 15 oct. au 31 mars, dim. soir et lun. - ♿ - 19/46 €.* Maison centenaire devancée par un jardinet. Grande cheminée en pierre et beau vaisselier rustique en merisier dans la salle redécorée. Carte régionale teintée de créativité.

ACHATS

Bon à savoir – Au fil de la **rue des Tables**, artère piétonne pleine de charme, vous découvrirez essentiellement des boutiques consacrées à la dentelle. Il est souvent possible d'admirer les dentellières au travail.

Marché aux puces – *Pl. du Clauzel.* Tous les samedis matin, la place du Clauzel devient le paradis des chineurs, des fouilleurs et des amateurs de bonnes affaires.

Chocolaterie du Velay – *70 r. Pannessac - ✆ 04 71 09 34 82 - 8h-19h30 - fermé dim. apr.-midi et lun. mat.* Cet artisan chocolatier honore la profession en réalisant d'excellentes friandises à l'image de ses pâtes de fruits (dont une à la verveine biologique), chocolats et gelée de verveine biologique. La rue dans laquelle est située la boutique a donné son nom au Pavé de Pannessac (une mousse au chocolat, nature ou verveine bio, entre deux épaisseurs de meringue, le tout enrobé de chocolat).

Marché – *Pl. du Plot - sam. mat.* Sur cette place magnifique, embellie d'une fontaine, le marché offre le meilleur des produits fermiers (notamment le Velay, un fromage au lait cru) et les fruits des cueillettes saisonnières (fruits rouges et champignons).

Centre d'enseignement de la dentelle au fuseau – *38-44 r. Raphaël - ✆ 04 71 02 01 68 - www.ladentelledupuy.com - juil.-sept. : tlj sf dim. 8h30-11h30, 13h30-17h,* *sam. 9h30-16h30 ; janv.-juin et oct.-20 déc. : tlj sf w.-end 10h-11h30, 14h-17h - fermé j. fériés.* Par saint François Régis – patron des dentellières – enfin un établissement digne de ce nom qui permette de découvrir la dentelle de façon originale. Une vidéo relate l'implantation de la dentelle au Puy dont l'origine remonte probablement au 15e s. Expositions thématiques. Un centre d'enseignement permet de s'essayer à la confection au fuseau (cours à l'heure).

Au Cyrano – *1 r. Crozatier - ✆ 04 71 09 04 16 - tlj sf dim. et lun. 8h-19h.* Dentelles, photos anciennes en sous-verre : la famille Savelon, installée depuis trois générations à cette adresse, n'oublie pas d'honorer sa jolie ville. Sa gamme sucrée-salée comporte de nombreuses spécialités comme le Succès ou le Cyrano (recettes inchangées depuis 1930), le pâté en croûte au veau mariné au Madère, les pâtes de fruits ou les délicieux chocolats maison…

Didier Rix – *13 r. St-Gilles - ✆ 04 71 09 30 07 - tlj sf lun. 8h-19h15, sam. 7h30-19h30, dim. 8h-13h - fermé 1 sem. en fév., 2 sem. en juin-juil., 2 sem. en oct.* Didier Rix, patron de cette petite boutique depuis 1999, imagine sans cesse de nouvelles recettes de gâteaux qu'il élabore dans le respect de la tradition : ganaches aux fruits, nougat, macarons, millefeuilles réputés, entremets joliment décorés, pâtisseries modernes, glaces (une quinz. de parfums)…

Distillerie de la Verveine du Velay-Pagès – *ZI de Blavozy - 43700 Saint-Germain-Laprade - ✆ 04 71 03 04 11 - www.verveine.com - janv.-fév. : tlj sf dim. et lun. 13h30-16h30 ; mars-juin. : tlj sf dim. et lun. 10h-12h, 13h30-18h30 ; juil.-août : tlj 10h-12h30, 13h30-18h30 ; sept.-déc. : tlj sf dim. et lun. 10h-12h, 13h30-18h30 - fermé 1er janv., 1er Mai, 1er et 11 Nov. et 25 déc.* Les visiteurs sont conviés à la découverte de la fabrication de la célèbre Verveine du Velay conçue en 1859 par J. Rumillet-Charretier. Pas moins de 32 plantes et un savoir-faire jalousement préservé sont nécessaires à son élaboration. Dégustation et salle d'exposition.

Pisciculture des eaux de Vourzac – *Rte de Lourdes, moulin de Gauthier - 43320 Sanssac-l'Église - ✆ 04 71 09 43 84 - 7h30-11h30, 13h30-17h30, sam. 7h30-11h30 - fermé dim.* Cette pisciculture, située en pleine nature, à 700 m d'altitude, est le royaume de la truite, élevée dans des bassins alimentés par l'eau de la source. À la boutique, nombreux produits à base du salmonidé : filets fumés au bois de chêne, carpaccio, terrine…

La Distillerie – 11 r. Porte-Aiguière - ✆ 04 71 04 91 12 - 8h-1h, dim. 8h-19h. Brasserie fort sympathique au décor – casiers et bancs en bois, alambic en cuivre, vieux outils… – très réussi ; la terrasse, sise dans la cour intérieure, au milieu des tonneaux, invite à s'attarder. Sur place, produits de la Verveine du Velay.

AGENDA

Le Roi de L'Oiseau – *mi-sept. - www.roideloiseau.com.* Grande fête populaire avec défilés, bals et concerts. Les Ponots, en costume Renaissance, perpétuent la tradition du tir au roi qui remonte au 16e s. : celui qui réussira à abattre d'une flèche un oiseau de chiffon sera sacré « meilleur archer de la cité ».

Brioude

★★

6688 Brivadois – Haute-Loire (43)

NOS ADRESSES PAGE 369

S'INFORMER

Office du tourisme de Brioude et sa région – *Le Doyenné - pl. Lafayette - 43100 Brioude - ✆ 04 71 74 97 49 - www.ot-brioude.fr - juil.-août : 9h30-13h, 15h-19h ; mai-juin et sept. : 9h30-12h, 14h-18h ; avr. : 9h30-12h, 14h-17h30 ; oct.-mars : 9h30-12h, 14h-17h - se rens. pour j. fériés ouverts - fermé 25 déc.- 1er janv., dim. (sf juil.-août).*

Visites guidées – *✆ 09 62 01 44 45 - culture@ville-brioude.fr - visite en groupe toute l'année sur RV, visites régulières en juin-juil.-août (dont des visites brèves à 1 €).*

Office du tourisme du Canton de Lavoûte-Chilhac – *Pl. des Anciens-Moulins - 43380 Lavoûte-Chilhac - ✆ 04 71 77 46 57 - www.lavoutechilhac.com - de mi-juin à déb.-sept. : 10h-12h30, 14h30-19h ; reste de l'année : tlj sf lun. (hors vac. scol.) 9h-12h, 14h-17h30 - fermé 25 déc., 1er et 11 Nov.*

SE REPÉRER

Plan de région A1 (p. 338) – carte Michelin Départements 331 C2.
Brioude se trouve à une quinzaine de km à l'est de l'A 75.

SE GARER

Garez-vous sur le parking des Remparts. Un ascenseur permet de monter au centre-ville.

À NE PAS MANQUER

Les fresques du 12e s. et les vitraux contemporains de la basilique Saint-Julien, splendide étape sur le chemin de Saint-Jacques-de-Compostelle.

ORGANISER SON TEMPS

Une quarantaine de pupitres donnant des informations sur l'histoire et l'architecture de la ville sont répartis dans Brioude et enrichissent la découverte.

AVEC LES ENFANTS

La Maison du saumon et de la rivière, celle des oiseaux du haut Allier ; les moulins et éoliennes du plateau d'Ally. Au val d'Allier, initiation aux sports d'eau comme le canoë-kayak.

Construite sur une terrasse dominant la plaine, Brioude est une jolie et active cité du val d'Allier aux couleurs méridionales et au patrimoine riche. Visitez d'abord la basilique Saint-Julien, chef-d'œuvre architectural, harmonieux mélange d'art roman et gothique aux pierres polychromes. Vous serez surpris par la grande luminosité, et par les jeux de lumières engendrés par les vitraux contemporains. Prenez ensuite le temps de vous promener dans les ruelles pour admirer les façades bien restaurées des maisons canoniales. Dans les environs de Brioude, vous découvrirez les églises et châteaux qui veillent depuis des siècles de leurs sites imprenables sur les rives de l'Allier.

Se promener

★★ Basilique Saint-Julien

« Une immense châsse de pierre dressée au-dessus d'une tombe illustre… » ainsi Bernard Craplet, spécialiste en architecture romane, définissait-il la basilique. Avec 74,15 m de longueur, Saint-Julien est la plus grande église romane d'Auvergne. Elle se rattache à l'école romane auvergnate par son chevet étagé et ses pierres de plusieurs couleurs, mais en diffère par d'autres points, comme l'agencement des **portails**, surmontés de voussures lisses, sculptées ou en dents de scie, au lieu du traditionnel cordon à billettes, et l'ornementation toute bourguignonne du chevet.

La tradition rapporte qu'un tribun de légion romaine nommé Julien, originaire du Viennois et converti à la foi chrétienne, se réfugia à Brioude et y subit le martyre en l'an 304. Le tombeau vénéré de **saint Julien** valut à Brioude une énorme affluence de pèlerins, particulièrement à l'époque de Grégoire de Tours.

Extérieur – L'église actuelle, entreprise par le narthex en 1060, fut achevée en 1180 (chœur et chevet). Sa nef fut surélevée et voûtée d'ogives en 1259. La façade ouest et le clocher carré qui la surmonte ont été refaits au 19e s.

Faites le tour de la basilique, particulièrement imposante de la rue du Chapitre et de la place Grégoire-de-Tours, pour admirer le chevet et les porches latéraux.

Chevet★★ – Sa belle ordonnance concentrique en fait la partie la plus remarquable du monument. La haute nef absidiale, ornée d'un large bandeau de mosaïques marqueté blanc et noir, s'entoure, à sa base, du déambulatoire d'où se détachent cinq chapelles rayonnantes épaulées de contreforts. Remarquez, sous les toits de lauzes étagés des corniches du chevet, des **modillons sculptés** de monstres, personnages, feuillages, copeaux.

Porches latéraux★ – Voûtés d'arêtes, ils présentent un aspect original dû à leur utilisation comme chapelles au 16e s. et à la tribune qui les surmonte. Le **porche nord** conserve les restes d'un tympan en stuc du 12e s., représentant l'Ascension. Le **porche sud**, orné de beaux chapiteaux à feuillages, abrite un portail dont les vantaux ont encore leurs **heurtoirs de bronze** figurant l'un une tête de lion, l'autre une tête de singe.

Intérieur – L'ampleur du vaisseau et sa chaude coloration, due aux grès rouges des murs et des piliers, sont frappantes. Le narthex, avec ses trois tribunes ouvertes sur la nef, et les quatre premières travées de la nef elle-même en sont les éléments les plus anciens (fin du 11e s.). Leur sobriété contraste avec l'exubérance architecturale du reste de la nef et du chœur, dont les parties hautes ont été transformées, sur le mode ogival, aux 13e et 14e s.

L'élégant **pavage★** polychrome de galets (16e s.) dans l'ensemble de la nef, préroman dans la 5e travée au centre, fut mis au jour, ainsi que la **petite crypte** (sans doute à l'emplacement du tombeau de saint Julien) sous le chœur, à la suite des travaux de restauration (1964-1981) et de fouilles.

BRIOUDE LA DOUCE

Appelée dès le 4e s. *Benigna Briva*, la ville porte en elle toute la clémence de son climat. Le premier site d'habitat fut Vieille-Brioude, avec son pont (c'est l'étymologie même de Brioude : *briva*) jeté au-dessus de l'Allier. Brioude se développa par la suite plus à l'intérieur des terres, sur une terrasse, sans doute pour se protéger des crues.

Des **chapiteaux★★** à feuilles d'acanthe, historiés ou illustrant des thèmes communs aux églises d'Auvergne (bestiaire classique ou fabuleux, personnages, masques, scènes infernales), abondent, haut placés sur les colonnes cantonnant chaque pilier.

Dans le cadre d'importants travaux de restauration de la basilique, 37 baies ont été dotées de **vitraux contemporains★★**, réalisés par l'artiste Kim En Joong, moine dominicain d'origine coréenne, en collaboration avec les ateliers Loire. De couleurs vives (orange, bleu, violet, jaune), ces vitraux s'intègrent harmonieusement avec les pierres naturelles, provoquent des jeux de lumière sur les murs et les piliers et confèrent à la basilique une atmosphère douce, propice au recueillement.

Mobilier et décoration peinte – Le mobilier liturgique est intéressant, mais la pièce maîtresse n'en demeure pas moins les fresques et détails picturaux des 12e et 13e s., surprenants par leur diversité, leur « modernisme » et la verve des figures. En prenant à droite de l'entrée, on découvre successivement :

1) *Bas-côté droit* – Statue du 14e s. : Christ lépreux (crucifix), œuvre en bois marouflé polychrome.

2) *Bas-côté droit* – Statue du 14e s. : Vierge parturiente en bois polychrome.

3) *Bas-côté droit* – Vierge à l'oiseau en lave (14e s.).

4) *5e travée, pilier sud* – Chapiteau figurant le Christ en majesté entouré des quatre évangélistes.

5) *Premiers piliers du transept* – Consoles sculptées : têtes royales, vis-à-vis.

6) *Chœur* – Retable sculpté (17e s.) du maître-autel.

7) *Chœur, pilier nord* – Chapiteau des saintes femmes.

8) *Bas-côté gauche* – Statue du 14e s., en bois doré, de la Vierge à l'oiseau.

9) *Chapelle de la Croix* – Retable attribué à Vaneau, sculpteur du 17e s.

10) *3e travée, pilier nord* – Deux chapiteaux : groupes de soldats autour d'un blessé ou prisonnier ; anges et démons emportant des âmes.

11) *Pilier sud du narthex* – Chapiteau du Châtiment de l'usurier ; peinture d'un profil de femme à l'œil dilaté.

12) *Chapelle Saint-Michel, dans la tribune sud du narthex (remise des clés à l'office de tourisme contre une pièce d'identité)* – Fresques du 12e s. représentant le Christ en gloire, la Punition des mauvais anges, le Triomphe des vertus sur les vices ; chapiteau des ânes musiciens.

★ Maisons anciennes

Dans le réseau de rues étroites autour de la basilique, on peut apprécier de nombreuses façades remarquables : tourelles, portes sculptées, maisons à pans de bois, balcons ouvragés. Ces vieilles demeures canoniales et aristocratiques, réhabilitées ces dernières années, datent pour les plus anciennes du 12e s.

Au nord de la basilique : à l'angle de la rue Talairat, hôtel du 17e s. avec tourelles et porte sculptée ; rue du 4-Septembre : au n° 29, hôtel de la Dentelle *(voir p. 360)* ; au n° 25, boutique à arcades du 16e s. ; au n° 22, une maison du 15e s. *(expositions temporaires)*, dans laquelle aurait sévi **Mandrin,** célèbre contrebandier dauphinois qui laissa de son passage à Brioude en 1754 un parfum de fraude et d'aventure.

Au sud de la basilique : place Saint-Julien, maison à pans de bois du 15e s. ; place du Mazel, hôtels particuliers du 17e s. et du 18e s., au n° 21 rue de la Tour-d'Auvergne, hôtel particulier du 18e s. ; place Eugène-Gilbert, maison romane à tourelle.

Hôtel de ville

Il a été édifié sur l'emplacement de l'ancien château des chanoines-comtes de Saint-Julien. De l'esplanade des Remparts, la **vue** est belle sur la Limagne de Brioude et les monts du Livradois.

Hôtel de la Dentelle

✆ 04 71 74 80 02 - www.hoteldeladentelle.com - ♿ - de déb. avr. à fin oct. : tlj sf dim. et j. fériés 10h-12h, 14h-18h, sam. 15h-18h - 4,50 € (enf. 2,50 €). Aménagé dans l'ancienne demeure (15e s.) des comtes de Brioude, il rassemble des dentelles anciennes et contemporaines, ainsi que du matériel dentellier. Une exposition thématique temporaire est présentée chaque année. Un atelier de création et un centre d'enseignement de la dentelle occupent également les lieux.

Maison du saumon et de la rivière

✆ 04 71 74 91 43 - j - juil.-août : 10h-19h, w.-end et j. fériés 10h-13h, 14h-19h ; avr.-juin et sept. : 10h-12h, 14h-18h, dim. 14h-18h ; oct.-mars : 14h-18h (dernière entrée 45mn av. fermeture) - fermé janv., 24-25 et 31 déc. - 5,50 € (enf. 3 €).

Le saumon atlantique, *Salmo salar*, qui, au terme de sa remontée (800 km) dans les eaux douces, atteint les frayères du haut Allier, appartient à l'histoire de Brioude. Avant de s'informer sur l'importance de la pêche au saumon dans la vie du Brivadois d'antan, le visiteur découvre une trentaine d'espèces de la faune aquatique locale, parmi lesquelles les tacons (jeunes saumons), les brochets, barbeaux et brèmes.

L'attraction majeure est la **rivière à saumons**, boucle de verre de 25 m de circonférence où évolue le poisson migrateur dans des courants ou eaux calmes reconstitués. Les enfants accompagneront un petit personnage dans un voyage qui va de la source de l'Allier jusqu'à l'océan.

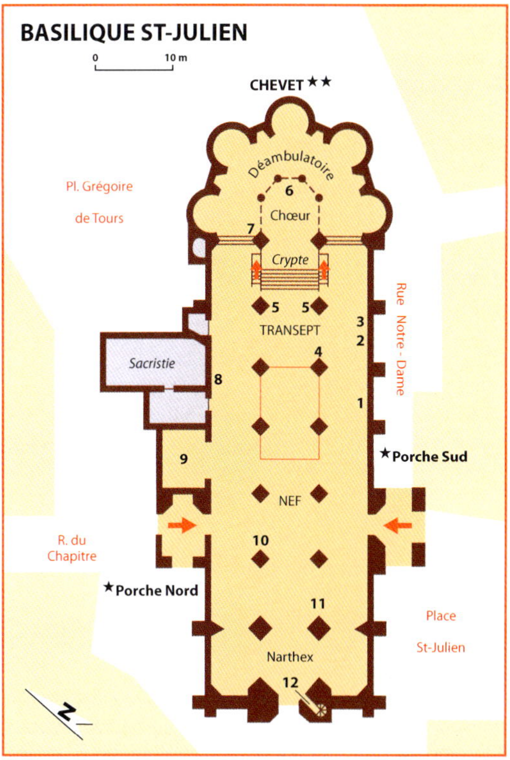

À proximité Plan de microrégion

★ Château de Paulhac A1

À 5 km au nord-ouest de Brioude par la D 20. ✆ 04 71 50 27 76 - visite guidée (1h) juil.-août : 10h, 11h, 14h-17h ; Pâques à Toussaint : w.-end et j. fériés 14h-17h - 7 € (enf. 5 €) - visite nocturne du château avec illuminations, sur demande.

Cette magnifique forteresse figurait déjà dans les écrits au 10e s. Sur son promontoire, vous pourrez prendre le temps d'admirer la magnifique **vue★** sur tout le Brivadois. Flanqué de ses trois tours et de son donjon élevé en 1160, le château fut remanié aux 15e et 19e s. Le charme de son style Renaissance se mêle à la puissance de son architecture. Ses 75 pièces abritent les souvenirs laissés par les illustres familles (de Brezons, de Balsac d'Entragues, de Lesseps…) qui s'y sont succédé. Ses terrasses, ses communs, son jardin, ses **intérieurs** (chambre aux portes peintes, bibliothèque, salle à manger…) et son décor, mais aussi son **mobilier** et ses **tapisseries d'Aubusson**, aujourd'hui classés aux Monuments historiques, en font un site incontournable.

★ Château de Lespinasse A1

À 11 km au sud-ouest de Brioude par la D 588. Après 10 km, tournez à gauche en direction de Lubilhac, puis prenez tout de suite à gauche. ✆ 04 71 76 82 12 - mi-juil. à fin août : 14h30-18h30 (visite guidée : 15h et 17h) - fermé lun. - 6 € (-13 ans gratuit).

Érigé sur le site d'une ancienne villa gallo-romaine, ce château médiéval fait partie des plus anciens édifices du Brivadois. Sa tour carrée, massive, fut élevée au 12e s. Au 15e s., le mariage avantageux de Louis, fils du seigneur de Lespinasse, avec Jeanne, dauphine d'Auvergne, permit la construction des tours circulaires d'enceinte et de divers aménagements. L'endroit vous réserve bien des surprises, notamment le **blason d'Auvergne**, sculpté sur une belle cheminée du premier étage, ou encore la **cache** pour 15 personnes, dissimulée sous le plancher de l'une des chambres…

Devant le château, vous bénéficierez d'une superbe **vue** sur les monts du Livradois. Ce sont les propriétaires qui vous accueillent, et qui vous font découvrir et apprécier le charme des lieux qu'ils habitent la plupart du temps.

★ Plateau d'Ally A2

À 22 km au sud-ouest de Brioude. Sortez par la D 588, direction Aurillac. Après environ 1 km, prenez à gauche la D 12, puis encore à gauche la D 122, et poursuivez jusqu'à Ally. ✆ 04 71 76 77 22 - www.ally43.fr.

Aux confins de la Haute-Loire et du Cantal, la petite commune d'Ally se trouve en bordure d'un plateau à 1 000 m d'altitude. Sa position géographique, propice aux échanges, en fit jusqu'au siècle dernier un petit village actif où le travail agricole allait de pair avec l'artisanat et l'extraction de minerai. En 1950, Ally subit de plein fouet l'exode rural. Face à ce phénomène, l'association Action Ally 2000 s'est tournée vers le tourisme en engageant un vaste programme de réhabilitation de son patrimoine. Sa mine d'antimoine et d'argent, ses moulins à vent et son parc éolien accueillent aujourd'hui de nombreux visiteurs.

Mine de la Rodde – *Parking au bourg de Montrome (4 km au sud-est d'Ally par la D 21 vers Lavoûte-Chilhac), puis 600 m à pied - ✆ 04 71 76 77 22 - www.ally43.fr - visite guidée (1h) juil.-août : tlj. 10h-11h30, 15h-18h30 ; mai-juin et sept. : dim. et j. fériés 14h-17h30 ; oct. : dim. et j. fériés 14h-16h30 - 6 € (enf. 3 €) - visite déconseillée aux personnes à mobilité réduite ou souffrant de claustrophobie. Bottes, casque et imperméable fournis ; prévoir pantalon, baskets et pull léger.*

Basilique St-Julien, vitraux de Kim En Joong.
Ville de Brioude

Vous partirez sur les pas des mineurs du 19e s., guidé par un géologue. Celui-ci vous conduira dans un véritable dédale de galeries, et vous contera l'histoire de la mine et le travail de ces hommes qui exploitaient déjà, il y a plus de 2 000 ans, le filon d'antimoine et de plomb argentifère.

Moulin à vent de Pargeat – *✆ 04 71 76 77 22 - www.ally43.fr - parking sur place (600 m au sud-ouest d'Ally) - visite guidée (45mn) juil.-août : tlj. 10h-11h30, 15h-18h30 ; mai-juin et sept. : dim. et j. fériés. 14h-17h30 ; oct. : dim. et j.fériés. 14h-16h30 - 4 € (enf. 2,50 €).*

Au 19e s., Ally comptait 10 moulins à vent pour 7 moulins à eau. Il s'agissait pour la plupart de moulins à farine, utilisés à des fins familiales et privées. Construit en 1817, le moulin de Pargeat, du nom de son dernier propriétaire, a fonctionné jusqu'en 1935. Restauré en 1971, puis en 2003, il abrite désormais un écomusée qui vous fera revivre, grâce à son mécanisme d'origine (en bois), le travail du meunier.

Parc éolien d'Ally-Mercœur – *✆ 04 71 76 77 22 - www.ally43.fr - parking sur place - visite guidée (1h à 1h30) juil.-août : tlj 10h-11h30, 15h-18h30 ; mai-juin et sept. : dim. et j. fériés 14h-17h30 ; oct. : dim. 14h-16h30 - 5 € (enf. 3 €).*

Point de départ de la visite, le moulin panoramique offre une vue sur le plus grand parc éolien de France. Dans la tradition des moulins à vent, le site s'est prêté, depuis 2005, à l'installation de quelque 26 machines qui, du haut de leurs 120 m, produisent chacune 1 500 kW. Au total, cette impressionnante ferme éolienne génère, en fonction des vents, de l'énergie pour plus de 50 000 personnes. Sous les pales de ces moulins géants, vous apprendrez tout sur l'histoire de leur implantation et leur fonctionnement.

Tour des moulins – *Parking sur place - ✆ 04 71 76 77 22 - www.ally43.fr - visites guidées (2h à 2h30) juil.-août : tlj 10h-11h30, 15h-18h30 ; mai-juin et sept. : dim. et j. fériés 14h-17h30 ; oct. : dim. 14h-16h30 - 9 € (enf. 5,50 €) - billet combiné pour les visites du moulin à vent de Pargeat, du moulin panoramique, du moulin à paroles et du parc éolien d'Ally-Mercoeur.*

Visite au cours de laquelle vous découvrirez les différentes formes d'utilisation du vent au cours du temps.

Circuit des moulins – *Randonnée en boucle de 12,5 km ; suivez le PR 340 balisé en jaune ; les moulins sont également accessibles en voiture.*
Cet agréable chemin conduit de moulin en moulin. Il permet notamment de découvrir le **moulin de la Maison-Blanche**, dit « moulin à paroles », en parfait état de fonctionnement, et le **moulin du Calvaire** *(entrée : 2 €)*, dit « moulin panoramique », doté d'une table d'orientation, de matériel d'observation, de maquettes et vidéos qui vous renseignent sur la région.

Itinéraire conseillé

★★ ÉGLISES DU HAUT ALLIER ET VALLÉE DE LA SÉNOUIRE A 2-3

Pour visualiser cet itinéraire de 120 km, reportez-vous au plan de la région (p. 338) et à la carte p. 364 – comptez une journée.
Quittez Brioude par le sud-est en empruntant la N 102 en direction du Puy-en-Velay.

Vieille-Brioude A1

L'ensemble du bourg se serre sur un éperon rocheux de part et d'autre de l'avenue du Pont, ancienne voie romaine. Place de la Croix-des-Prés, le décor est planté, avec un impressionnant **pressoir à grand point** (6,10 m de long) datant de 1873. Jusqu'au siècle dernier, Vieille-Brioude fut la commune viticole la plus importante de la région. Véritable réseau de caves creusées sur plusieurs niveaux, son sous-sol et ses maisons de vignerons témoignent encore de cette activité.
Musée-jardin de la Vigne – *04 71 50 92 44/90 18 - de mi-juin à mi-sept. : 9h-19h - gratuit.* À l'extrémité du bourg, l'église romane Saint-Vincent est entourée d'un jardin de curé (fleurs, herbes aromatiques et plantes médicinales). Sur le parcours, allant de la vigne à la cave, des panneaux explicatifs rappellent l'activité viticole de la ville. Le travail du vigneron est illustré par des instruments agraires, tandis que la cabane présente les outils. Dans la salle d'exposition : cartes postales anciennes et histoire de la vigne sur la commune de Vieille-Brioude au siècle dernier.
Dans Vieille-Brioude, prenez à droite la D 585 qui suit la haute vallée de l'Allier en direction de Lavoûte-Chilhac.

Saint-Ilpize A2

Agrippée aux flancs d'un rocher basaltique, cette cité médiévale domine la vallée du haut Allier de 150 m. Sur le rocher, il ne reste du château du

Moulin de Pargeat et éoliennes d'Ally-Mercœur.
OT

12e s. que sa tour carrée et sa **chapelle romane**, récemment restaurée, coiffée d'un clocher à arcades à deux baies. Derrière le rocher, au sud-est, l'église paroissiale gothique des 14e et 15e s. abrite des peintures murales des 15e et 16e s. À la tombée de la nuit, le site s'illumine et prend des allures féeriques !

Musée-conservatoire des Cépages de la Ribeyre – *✆ 04 71 77 43 80 - visite guidée lun. 17h - gratuit.* Ce musée doit sa création à l'initiative de quelques habitants de Saint-Ilpize qui, en plantant en terrasses autour du village une cinquantaine de variétés anciennes de cépages, ont souhaité pérenniser la tradition viticole de leur vallée.

Continuez sur la D 585 en direction de Blassac, puis prenez à droite la D 144.

Église de Blassac A2

Cet édifice roman du 12e s., construit sur une coulée basaltique, présente dans le chœur un bel ensemble de **peintures murales** du 14e s. On reconnaît, en particulier, le Christ en gloire, saint Michel terrassant le dragon et des scènes de la vie de la Vierge.

Regagnez la D 585.

Lavoûte-Chilhac A2

Baigné par l'Allier, qui opère ici une boucle complète avant de repartir dans sa précédente direction, le village de Lavoûte-Chilhac est doté d'un pont du 15e s. Celui-ci permet de passer du cœur du village, construit sur une presqu'île, à l'autre rive.

L'**église** gothique, autour de laquelle se sont groupés les bâtiments d'une abbaye bénédictine du 18e s., abrite un grand Christ du 12e s. Remarquez la belle porte en bois sculpté de l'ancienne église du 11e s. Son trésor renferme la minuscule statue de **Notre-Dame-Trouvée**, vénérée dans la région.

Notez que Lavoûte-Chilhac est un excellent point de départ pour des excursions à pied ou en canoë.

Maison des oiseaux du haut Allier – *✆ 04 71 77 43 52 - www.lpo-auvergne.org - juil.-août : tlj sf sam. 14h30-18h30 - 5 € (-12 ans gratuit).*

Cet espace d'accueil de la Ligue pour la protection des oiseaux (LPO) fait découvrir les principales espèces représentées dans les gorges de l'Allier (diorama géant). Renseignez-vous sur les sorties « nature » organisées en saison.

Reprenez la D 585. La route épouse un méandre de l'Allier d'où se dégage une jolie vue.

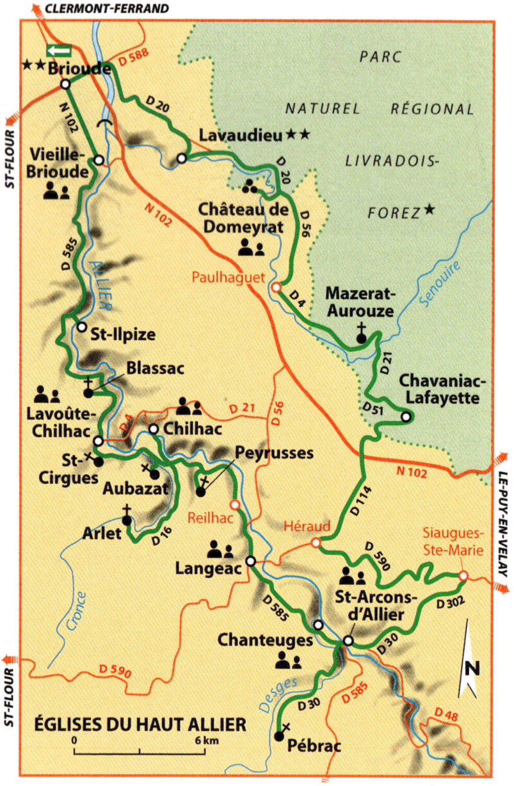

Église de Saint-Cirgues A2

Située à droite de la route, cette église possède un curieux clocher octogonal en pierre du 15e s. À l'intérieur, les deux travées et les ébrasements des fenêtres du chœur sont couverts de **peintures murales** intéressantes du 15e s. Observez les retombées des voûtes sur des pilastres à personnages, prenant appui sur des culots à visage humain.

Poursuivez sur la D 585.

Église d'Aubazat A2

Dédiée à saint Roch, elle possède un chœur roman du 12e s. Remarquez une **Mise au Tombeau** du 15e s., avec ses huit personnages en bois polychrome, ainsi qu'une **pietà**.

Revenez sur la D 585 et parcourez 500 m. Au carrefour, prenez à droite la D 41, puis encore à droite la D 16.

Église d'Arlet A2

Bien nichée au fond du vallon de la Cronce, cette petite église romane renferme un beau **Christ** du 12e s. de facture byzantine. Remarquez aussi une statue de saint Pierre du 11e s. et un **triptyque** de bois peint du 15e s. rappelant ceux de l'école rhénane.

Retournez jusqu'à la D 41, que vous emprunterez pour passer l'Allier. Avant de traverser, remarquez, sur la rive opposée, des falaises basaltiques.

Chilhac A2

Le village médiéval est construit sur un promontoire formé d'orgues basaltiques. Un porche d'entrée du 15e s. et deux tours rappellent la présence d'un ancien château fort. Les ruelles, bordées de maisons vigneronnes, vous mèneront jusqu'à l'église romane du 12e s. De son parvis, admirez le très beau panorama sur l'Allier et la vue sur le pont suspendu du 19e s.

Musée paléontologique – *℘ 04 71 77 41 71 ou 04 71 77 47 26 - juil.-août : 10h-12h, 15h-19h ; avr.-juin et sept.-oct. : dim. et j. fériés 14h-18h - fermé de déb. nov. à fin mars - 4,70 € (enf. 2,70 €).*

Des fouilles, menées depuis 1960 par Ch. Guth à qui ce musée est dédié, puis par O. Bœuf, ont permis de mettre au jour deux gisements de fossiles animaux. De grands mammifères ont été ainsi retrouvés dans une coulée de lave datant de 1,9 million d'années avant notre ère, mais aussi des outils façonnés par l'homme. Si cette datation se confirmait, ces découvertes feraient de Chilhac l'un des plus anciens sites habités par les **hominidés** d'Europe. Certains scientifiques restent sceptiques, car aucun reste humain n'a été retrouvé. Le musée présente le résultat de ces fouilles, tandis qu'un diaporama *(20mn)* retrace l'historique du site.

Revenez à la D 585 que vous prendrez sur la gauche.

Église de Peyrusses A2

À l'intérieur, on peut admirer une intéressante **Vierge en majesté** et, autour du chœur, des **fresques** représentant la Dormition de la Vierge, aux couleurs atténuées.

Poursuivez sur la D 585 en passant par Reilhac.

Langeac A2

Située à la sortie des gorges de l'Allier, Langeac est devenue un centre touristique important et le point de départ d'un beau parcours ferroviaire jusqu'à Langogne *(voir encadré pratique)*. Cette ancienne « bonne ville » a conservé quelques maisons anciennes. Ouverte sur le Languedoc et le Sud méditerranéen, elle fut le siège de la gabelle. Les **greniers à sel**, situés en face de l'hôpital, ont été reconstruits au 18e s.

Collégiale Saint-Gal – De style gothique languedocien (14e et 15e s.), elle abrite des stalles et une chaire du 16e s. Dans une chapelle à gauche du chœur, remarquez les **fonts baptismaux** du 12e s.; dans une autre, une **Mise au Tombeau** du 15e s. et, au mur, deux **tableaux**, également du 15e s., représentant une Annonciation et une Vierge à l'Enfant. Notez aussi une belle grille en fer forgé du 14e s.

Musée Mémoires du Jacquemart – *Place de la Liberté - ✆ 04 71 77 05 41 - de déb. juil. à mi-sept. : tlj sf dim. 15h-18h.*

Installée dans la maison du Jacquemart (16e s.), aux plafonds décorés et boiseries Renaissance, une exposition présente l'histoire géologique du haut Allier et le travail de la mine. Un atelier-musée est consacré à l'art des perles et à la **dentelle noire** à la main, tradition langeadoise. La visite se termine dans la chapelle des Enluminures, qui renferme le **livre d'heures** de Jacques de Langhac (15e s.).

Quittez Langeac par le sud et continuez sur la D 585.

Chanteuges A2

Édifié sur un promontoire basaltique, le village sépare les cours de l'Allier et de la Desges. Outre sa superbe et imposante église du 12e s., le site de Chanteuges a été retenu pour la création de la plus grande salmoniculture d'Europe *(voir plus bas)*.

Église de l'ancienne abbaye – Ancienne résidence d'été des abbés de La Chaise-Dieu, cette imposante église romane, faite de brèche volcanique aux teintes chaudes, est éclairée par le grand **vitrail** de la façade, œuvre de la fin du 15e s. À l'intérieur, les piliers portent de beaux **chapiteaux** sculptés *(en particulier à droite)* dont certains sont attribués à l'atelier de Mozac. Remarquez aussi les stalles Renaissance.

À gauche de l'église, des arcades d'un petit **cloître** s'ouvrent sur la vallée de l'Allier ; au loin, on aperçoit Saint-Arcons. La **chapelle de l'Abbé** (fin du 15e s.) présente de fines sculptures à l'encadrement de sa porte.

De l'esplanade de l'église, jolie **vue** plongeante sur la vallée de la Desges.

Salmoniculture du Haut-Allier – *✆ 04 71 74 05 45 - www.saumon-sauvage.org - visite guidée du 1er juil. au 12 sept. : tlj 15h et 17h, dim. 15h ; reste de l'année se renseigner.*

Elle œuvre pour la sauvegarde et le repeuplement du saumon atlantique dans le bassin de l'Allier, mais aussi sur les axes de la Vienne, la Creuse, la Gartempe et Loire-Arroux. La visite vous dévoilera la vie étonnante de ce poisson-roi et le fabuleux voyage qu'il entreprend pour se reproduire dans sa rivière natale.

Prenez à droite la D 30, qui passe sous la voie ferrée.

Pébrac A3

Ce paisible village de la vallée de la Desges, dont les maisons aux toits rouges s'accrochent à flanc de coteau, conserve les vestiges d'une **abbaye** fondée au 11e s. L'église, flanquée d'un clocher carré, a été profondément remaniée au 15e s. De l'époque romane subsistent de beaux chapiteaux sculptés ; l'un d'eux représente deux grosses têtes vomissant des serpents. Le **trésor** de Pébrac expose d'intéressants objets d'art sacré, parmi lesquels un coffret en cuivre ciselé dont les faces sont décorées de scènes de la vie quotidienne au 13e s. (troubadour, tournoi).

Revenez au carrefour pour traverser la D 585, et suivez la D 30 qui franchit l'Allier.

Saint-Arcons-d'Allier A2

Saint-Arcons est particulièrement plaisant à la belle saison, lorsque les roses trémières encadrent les ruelles pavées. Ce village au pied duquel coule l'Allier sert de cadre à un hôtel éclaté, l'hébergement se faisant dans les maisons rénovées, et la restauration dans l'ancien château du 16e s.

Située dans le haut du village, l'**église** présente une nef romane très pure aux colonnes basaltiques.

Musée du Fer-Blanc – *04 71 74 02 04 - juil.-août : 15h-19h - 4 € (-12 ans 3 €).*
Situé en bas du village, ce musée, unique en France, présente de curieuses boîtes en fer-blanc : objets religieux, moules, lampes, etc.

Traversez Saint-Arcons et suivez la D 30 jusqu'à Rognac, puis la D 302 jusqu'à Siaugues. Prenez à gauche la D 590 en direction de Langeac. Au lieu-dit Héraud, tournez à droite dans la D 513 que vous suivez jusqu'à Chavaniac-Lafayette.

Chavaniac-Lafayette A2

Aux limites du haut Allier et du Parc naturel du Livradois-Forez, le village de Chavaniac, auquel on accola à la Révolution le nom du célèbre général, s'accroche aux monts du Velay.

Outre le château-musée, le village peut s'enorgueillir de la présence du **Conservatoire botanique national du Massif central** *(voir p. 57)*. Ses jardins, en cours d'aménagement, sont d'ores et déjà accessibles, en attendant la création d'une structure d'accueil destinée au public.

Château-musée La Fayette
04 71 77 50 32 - www.chateau-lafayette.com - visite guidée (45mn) juil.-août 9h-18h ; avr.-juin et de déb. sept. à mi-nov. : tlj sf mar. 10h-12h, 14h-18h - 6 € (enf. 5 €).

La demeure où naquit, le 6 septembre 1757, Marie Joseph Gilbert Motier, **marquis de La Fayette**, occupe l'une des dernières pentes du Livradois au-dessus du val d'Allier. Ce château est une vaste construction flanquée de deux grosses tours rondes et dotée, à l'arrière, d'un donjon crénelé. Acquis en 1916 par l'association The La Fayette Memorial Inc., il est entièrement consacré à La Fayette.

Un peu d'histoire – À 19 ans, La Fayette, conscient de ce qui se prépare en Amérique, décide de s'engager. Un mois plus tard, on apprend à Paris la déclaration de l'indépendance. La Fayette s'enflamme pour la cause des *Insurgents* : il finance lui-même, avec son immense fortune, les dépenses de son expédition, débarque à Georgetown en 1777, se lie d'amitié avec Washington et combat avec lui. Il consacrera son existence à lutter pour les libertés, l'abolition de l'esclavage et le respect des droits de l'homme.

Visite audioguidée – La vie et l'œuvre du marquis de La Fayette vous sont contées au gré des salles : évocation de son enfance, découverte de quelques lettres et effets personnels, de la chambre où il naquit… Et après un rappel des idées des Lumières dans la galerie des Philosophes, vous pénétrerez dans le monde de la franc-maçonnerie auquel La Fayette resta fidèle. La visite se termine par la projection, dans un petit théâtre reconstitué, d'un film *(17mn)* retraçant son séjour aux Amériques.

Une roseraie et trois pièces d'eau agrémentent le parc à l'anglaise, transformé en **jardin ethnobotanique**.
La D 51 quitte Chavaniac à l'ouest. Au premier croisement, tournez à droite dans la D 21, puis à gauche dans la D 4.

Mazerat-Aurouze A2

Ce village possède une ravissante **église** romane, remaniée aux 15e et 16e s. Remarquez sa façade à clocher-mur, avant de pénétrer à l'intérieur pour découvrir son décor de peintures murales (14e et 17e s.) évoquant la vie des moines et des paysans. La chapelle de la Brequeuille abrite une Vierge du 15e s.
Revenez vers Brioude par la vallée de la Sénouire, en suivant la D 4 jusqu'à Paulhaguet, puis la D 56.

Château de Domeyrat A2

℘ 04 71 76 82 95 - ♿ - juil.-août : visite animée (1h30) tlj sf sam. 14h-17h (ttes les h), visite libre sam. 14h-18h (dernière entrée 17h30) ; mars-oct. : se renseigner - 6,60 € (enf. 5,50 €).
Ce château en ruine est un bel exemple d'architecture militaire médiévale, surplombant la Sénouire et son pont roman à cinq arches. Démantelé en 1795, il a encore belle allure. Une animation fait revivre la vie quotidienne dans un château fort au 13e s. La visite se fait au son des épées et de la forge. Paysans, chevaliers et gentes dames sont là pour vous accueillir et vous conter la légende de Domeyrat.
Poursuivez sur la D 20, puis la D 203.

★★ Lavaudieu *(voir ce nom)* A2

Revenez à Brioude par la D 20.

NOS ADRESSES À BRIOUDE

Voir aussi les encadrés pratiques d'Auzon, de Blesle, de La Chaise-Dieu et d'Issoire.

VISITE

Visites thématiques – Brioude, Lavaudieu, Auzon, Lavoûte-Chilhac, Langeac appartiennent au pays du haut Allier, labellisé « Pays d'art et d'histoire » par le ministère de la Culture et de la Communication. Des visites thématiques animées par des guides-conférenciers agréés sont organisées toute l'année. *Pays d'art et d'histoire du haut Allier - 42 av. Victor-Hugo - BP 64 - 43300 Langeac -* 04 71 77 28 30.

HÉBERGEMENT

PREMIER PRIX

Chambre d'hôte Ermitage St-Vincent – *pl. de l'Église - 43100 Vieille-Brioude - 04 71 50 96 47 - www.ermitage-saintvincent.fr - - P - - 5 ch. 55 € - - rest. 20 €.* Chambres spacieuses et confortables, jardin fleuri bercé par le murmure de la rivière, table d'hôte le soir (uniquement sur réservation), accueil d'une rare gentillesse : pas mal d'atouts pour cet ancien presbytère restauré. Le propriétaire se met en quatre pour organiser votre séjour, qu'il soit culturel ou sportif.

BUDGET MOYEN

Hôtel Poste et Champanne – *1 bd Dr-Devins - 04 71 50 14 62 - hpbrioude@wanadoo.fr - fermé vacances de la Toussaint, fév., dim. soir et lundi midi - P - 17 ch. 49/58 € - 7 € - rest. 16/45 €.* Établissement familial du centre-ville. Chambres rénovées, fonctionnelles dans l'aile principale, plus calmes et confortables à l'annexe. Le restaurant rustique et rétro respire l'authenticité, tout comme la cuisine cent pour cent auvergnate, copieuse et savoureuse.

Hôtel Artemis – *Parc des Conchettes Rocade N 102 : 2 km au nord-ouest - 04 71 50 45 04 - www.artemis-hotel.com - P - 40 ch. 60/74 € - 8 € - rest. formule déj. 14 € - 17/39 €.* Au bord de la nationale contournant Brioude, cet hôtel propose chambres, jardin, piscine et salle de séminaires. Agencements contemporains et pratiques ; bonne insonorisation. Cuisine traditionnelle dans une salle à manger actuelle.

Hôtel Val d'Allier – *43300 Mazeyrat-d'Allier - 04 71 77 02 11 - Ouvert 1er avril-31 oct. et fermé dim. soir et lundi hors saison - P - 22 ch. 57/62 € - 9 € - rest. formule déj. 20 € - 25/38 €.* Ce pied-à-terre confortable aménagé dans un village de caractère des gorges de l'Allier conviendra aux randonneurs et adeptes d'activités sportives. Salle à manger au cadre actuel rénové ; cuisine traditionnelle et recettes régionales.

RESTAURATION

PREMIER PRIX

La Pelle au Four – *Le Bourg - 43380 Saint-Cirgues, 22 km au sud de Brioude - 04 71 77 41 13 - fermé lun. - env. 12/15 €.* Cette ancienne et charmante maison de village datant de 1860 s'est transformée en une accueillante pizzeria-crêperie. Vous pourrez vous attabler dans l'une des salles au rez-de-chaussée ou sur la mezzanine et profiter, aux beaux jours, de la cour et de la terrasse. Au menu : pizzas, pâtes fraîches, crêpes et quelques plats de viande.

BUDGET MOYEN

Cardigan's – *Pl. Lafayette - Brioude - ✆ 04 71 50 06 16 - www.cardigans-restaurant.com - mar.-sam. midi et soir - formule déj. 14 €, le soir menu entrée-plat-dessert à 24 €.* Central et joyeusement animé, ce chaleureux et spacieux bar-restaurant sert une bonne cuisine de bistrot.
terrasse.

ACHATS

Marché de Brioude, sam. matin en centre-ville, animations en été.

Gilles Guinet – *10 r. du Commerce - ✆ 04 71 50 12 47 - www.guinet-chocolatier-43.com - 8h-12h15, 14h30-19h - fermé dim. apr.-midi et lun., 1 sem. en fév., 3 sem. de fin juin à déb. juil. et 1 sem. en oct.* Vous serez attiré par la vitrine de cet artisan formé chez René Fontaine (Meilleur Ouvrier de France 1976). Bavaroise vanille, nougatine et poire caramélisée (le Manon) et la tarte dentellière côté pâtisseries, sans compter la bombe au miel (spécialité familiale) côté glaces… Une petite place à réserver pour la création du chef, le pavé brivadois, à base de ganache pralinée.

Cave Saint-Julien – *17 r. du Commerce - ✆ 04 71 74 90 18 - 8h-12h30, 14h-19h - fermé dim. et lun.* Sous un plafond voûté, des vins de la France entière s'alignent sur les rayonnages également garnis de spiritueux, de champagnes et d'une cinquantaine de thés. La maison torréfie aussi du café (du Guatemala, du Mexique…) et, dans la première salle du magasin, le foie gras Godard et les confiseries du Velay côtoient l'épicerie fine.

ACTIVITÉS

Base de canoë-kayak – *Pont de Lamothe - ✆ 04 71 50 43 82 - www.brioude-canoe-kayak.com - ouv. de juin à mi-sept. 9h-12h, 13h30-18h.* Ce club basé au pont de Lamothe loue des canoës-kayaks pour naviguer sur le plan d'eau de la Bageasse ou pour découvrir les gorges de l'Allier, entre Brioude et Prades. Également, stages d'initiation (plan d'eau ou rivière), parcours sportifs ou touristiques accompagnés. Moniteurs diplômés et brevetés d'État.

Circuits nature – La **LPO Auvergne** propose des circuits d'observation des oiseaux, dont vous trouverez les détails sur le site **www.lpo-auvergne.org**, rubrique « Découvrir ». Testez-les !

Gorges de l'Allier – Saint-Ilpize (43).

Train touristique des gorges de l'Allier – Évasion garantie dans ce train qui offre le magnifique spectacle d'une nature restée sauvage, de Langeac à Langogne : en 2h30, il lui faut traverser 51 tunnels, et affronter des pentes et des tournants difficiles. Retour sur le même train (parcours commenté) ou sur train régulier SNCF. *Renseignez-vous à la boutique du train touristique de Langeac - ✆ 04 71 77 70 17 - www.trainstouristiques-ter.com/auvergne.htm (informations) ou www.auvergnevacances.com (réserv. en ligne).*

Auzon

★

904 Auzonais – Haute-Loire (43)

NOS ADRESSES PAGE 373

S'INFORMER

Office du tourisme d'Auzon - les gorges de l'Allier – *pl. Barreyre - 43390 Auzon - ☏ 04 71 76 18 11 - juil.-août : 10h-12h30, 15h-19h ; mi-juin à fin juin et déb. à mi-sept. : 10h-12h, 15h-18h, dim. 15h-18h - fermé vend.*

SE REPÉRER

Plan de région A1 (p. 338) – carte Michelin Départements 331 C1.

Le site d'Auzon, à 12 km de Brioude, apparaît sous son meilleur aspect depuis la D 5, lorsqu'on arrive par la vallée de l'Allier.

À NE PAS MANQUER

La collégiale Saint-Laurent et sa superbe statue de Notre-Dame-du-Portail ; la galerie du musée de la Mine, illustration vivante de l'activité minière aux environs de Brassac-les-Mines.

AVEC LES ENFANTS

Retour aux traditions à l'écomusée du pays d'Auzon. Attachant duo d'« amoureux » au musée Peynet.

Allongé en figure de proue sur un promontoire rocheux tombant à pic dans la vallée du ruisseau qui porte son nom, ce petit village fortifié séduit par son entrelacs de maisons, cours, jardins, terrasses. Il reste de beaux vestiges des remparts du château, qui faisaient le tour du rocher, venant renforcer les défenses naturelles. Mais le joyau est sans conteste la belle collégiale qui abrite un grand Christ roman, aux mains ouvertes sur le monde.

Se promener

Collégiale Saint-Laurent

☏ 04 71 76 11 42 - sur rendez-vous à la mairie - secrétariat - 14 pl. de la Halle - 43390 Auzon. Après avoir parcouru les ruelles du vieux bourg, on atteint une place dégagée sur laquelle se dresse l'église fortifiée, fichée sur un rocher, à l'emplacement d'une église du 5e s. dont on a conservé la pierre d'autel et une cuve baptismale. Le portail garde ses pentures en fer du 12e s. ainsi que des lambeaux de cuir.

Intérieur – Voyez, dans la nef à droite, une statue de saint Pierre (fin du 15e s.), et, dans l'avant-chœur à gauche, un **Christ-reliquaire** en bois du 12e s. Face à l'entrée, une chapelle à deux étages abrite une gracieuse statue en pierre blanche de **Notre-Dame du Portail★★**, (15e s.). Nombreuses statues anciennes ; curieuse tribune du 15e s.

Écomusée du pays d'Auzon

☏ 04 71 76 14 80 - visite guidée (1h30) 1er juil.-15 sept. : 14h-18h - possibilité de visite guidée pdt j. de fermeture sur demande préalable auprès de M. Gely, 5 j. av. - 8 pl. de la Collégiale - 43390 Auzon - ☏ 04 71 76 15 01 - 4 € (enf. 2 €).

Il y a près d'un siècle, les hommes de ce pays s'adonnaient aux travaux de la vigne et de la mine, les femmes aux ouvrages de passementerie. Organisé autour de ces trois thèmes, le musée, « restituant ainsi une mémoire de sueur et de sang », expose des objets (vieux métiers, art populaire, minéralogie) donnés ou prêtés par des habitants d'Auzon ou de la région.

Musée de la Vespa

04 71 76 11 98 - mai-août : merc. et sam. 14h-18h - gratuit.
Après vingt ans de collecte à travers le monde, un particulier passionné, ancien président du club de vespas des Pays-Bas, ouvre les portes de son garage et présente une belle collection de 127 modèles restaurés, dont les plus anciens datent de 1946.

À proximité Plan de microrégion

Brassac-les-Mines A1

6 km au nord-est d'Auzon par la D 16. Une ancienne voie romaine parcourt la partie du val d'Allier dans laquelle se situe Brassac. Lieu de passage, d'échanges, la ville est sur l'axe du chemin qui mène à Saint-Jacques-de-Compostelle. Comme son nom l'indique, elle est connue pour son industrie houillère qui remonte au 15e s. Son développement est aussi dû à l'Allier, et surtout à l'ouverture du canal de Briare, en 1664, qui permit aux bateliers d'atteindre la Seine et aux sapinières de la région de Brassac (bateaux à fond plat construits en planches de sapins) d'alimenter le fructueux marché de Paris. La vente du vin, du bois (celui des sapinières) et du charbon allait donner naissance au fameux commerce des Auvergnats dans la capitale *(voir p. 65)*.

Musée de la Mine – *2,5 km au nord-ouest de Brassac par la D 76, puis, à droite, la D 710. 04 73 54 30 88 - www.ville-brassaclesmines.fr - visite guidée (1h15) : mi-avr. à fin juin et déb. à mi-sept. w.-end et j. fériés 14h-19h ; juil.-août : 10h-12h, 14h-19h (dernière visite guidée 18h) - 4,60 € (enf. 1,95 €).*
L'activité minière de Brassac-les-Mines atteint son apogée en 1935, avec une production annuelle de 350 000 tonnes de charbon. Après presque cinq siècles d'exploitation et plusieurs plans de redressement, le site ferme en 1978. Un musée occupe aujourd'hui l'ancienne machinerie de l'exploitation du puits Bayard : une maquette montre la disposition du « carreau », l'activité du mineur est illustrée par des outils et une vidéo explique les différents moyens d'extraction du charbon dans le monde. Une **galerie★**, s'étendant sur 120 m, est aménagée à moins de 5 m sous terre. En parcourant galeries et chantiers, découvrez une tête de taille, le coin où les mineurs prenaient leurs repas, non loin de la statue de sainte Barbe, leur patronne, et l'écurie, où, contrairement à la légende, le mineur soignait son auxiliaire.
L'actualité sur la mise en valeur du patrimoine industriel est accessible sur le site **www.cilac.com.**

RAYMOND PEYNET (1908-1999)

Originaire de Brassac-les-Mines par sa mère, Raymond Peynet naît à Paris de parents « bougnats ». Après avoir fait ses études aux Arts appliqués, il travaillera dans une agence de publicité, mais c'est en dessinant pour la presse parisienne qu'il développera pleinement ses talents. Quatre musées lui rendent aujourd'hui hommage : Brassac et Antibes en France, Karuizawa et Sakuto-cho au Japon.

Musée Peynet – *Accès au musée par l'office de tourisme. ✆ 04 73 54 30 88 -www. peynet.com - juil.-août : mar.-sam. 10h-12h, 14h-19h, dim. 10h-12h30, 14h-19h ; mi-juin à fin juin et déb. sept. à mi-sept. : sam. 14h-18h, dim. 10h-12h30 - 4,60 € (enf. 1,95 €).*

Ce musée est dédié au célèbre illustrateur **Raymond Peynet**. Ses « amoureux », personnages créés en 1942, ont inspiré quelques années plus tard Georges Brassens qui écrira *Les Amoureux des bancs publics*. Vous découvrirez de la vaisselle décorée par Peynet, des tableaux, affiches, bijoux, poupées et lithographies. La visite se termine par un diaporama sur la vie de l'artiste.

NOS ADRESSES À AUZON

Voir aussi les encadrés pratiques de Blesle, Brioude, Issoire et Massiac.

VISITE

Découverte à pied –En saison, le village se visite à pied ; laissez votre voiture sur l'un des parkings aménagés au pied du site. *✆ 04 71 76 11 42 (mairie) ou 04 71 77 28 30 (Pays d'art et d'histoire).*

ACTIVITÉS

Plan d'eau de Champagnac-le-Vieux – *à 5 km au sud-est d'Auzon - ✆ 04 71 76 30 53 ou 04 71 76 34 00 - www. champagnaclevieux.fr.* Situé en pleine nature, ce plan d'eau se prête à diverses activités nautiques : pêche, baignade surveillée (juil.-août), initiation au canoë, aire de pique-nique, etc.

Lavaudieu

★★

227 Lavadéens – Haute-Loire (43)

NOS ADRESSES CI-CONTRE

S'INFORMER

Point information – *43100 Lavaudieu - 04 71 76 46 00 - www.abbaye-delavaudieu.fr - juil.-août : 10h-19h ; de Pâques à fin juin et de déb. sept. à la Toussaint : 10h-12h, 14h-18h - fermé de déb. nov. à Pâques.*

SE REPÉRER

Plan de région A1 (p. 338) – carte Michelin Départements 331 C2.

Lavaudieu, « la vallée de Dieu », se trouve à 10 km par le sud-est de Brioude, en empruntant la D 20, puis la D 203.

ORGANISER SON TEMPS

Profitez, à la saison estivale, du festival de musique classique « Les Valdéennes », organisé par l'association Vallis dei.

AVEC LES ENFANTS

Le très beau cloître, lieu de tournage de films, et l'ancienne maison de paysan-boulanger.

C'est en arrivant que l'on comprend pourquoi saint Robert, premier abbé de La Chaise-Dieu, choisit ce site, au bord de la Sénouire, pour fonder une abbaye au 11e s. Avec ses maisons à balcons de bois et le chevet de son église qui se reflètent dans les eaux claires de la petite rivière, née sur le plateau de La Chaise-Dieu, cette bourgade possède le charme particulier de ces lieux où le temps semble s'être arrêté.

Se promener

Église abbatiale

Son clocher octogonal roman, dont la flèche a été tronquée à la Révolution, présente deux étages de baies en plein cintre. À l'intérieur, la nef est ornée de belles **fresques★** du 14e s., d'influence italienne, réalisées à la détrempe sur badigeon de chaux sec, remouillé ; les scènes sont inspirées du cycle de la Passion du Christ et des Malheurs du temps (les méfaits de la redoutable peste noire). Remarquez, accrochée sur le premier pilier gauche, la **tête du Christ** du 12e s. (l'original est au Louvre), dont des morceaux furent vendus à la Révolution, puis éparpillés jusqu'à New York (le musée des Cloîtres possède le tronc). Notez aussi, sur le deuxième pilier, une pietà du 14e s. en bois polychrome et, sur le dernier pilier, une statue romane. Dans le transept gauche, un tableau, à l'image d'une fresque déposée du début du 16e s., relate le martyre de sainte Ursule. Sur la droite, au-dessus de la chaire en bois, une étrange fresque, sans doute unique au monde, représente la Mort sous les traits d'une femme en robe rouge et manteau blanc qui, les yeux bandés, lance des flèches sur les humains.

★★ Cloître

✆ 04 71 76 08 90 - visite guidée (1h) juil.-août : 10h-19h ; de Pâques au 30 juin et 1er sept. à la Toussaint : tlj sf mar. 10h-12h, 14h-18h - 5 € (enf. 3 €), billet combiné avec la Maison des arts et traditions populaires.

Des bâtiments conventuels subsiste un beau cloître roman (restauré), le seul d'Auvergne à avoir échappé à la destruction. Celui-ci présente des colonnettes simples ou jumelées, torses, cylindriques ou polygonales dont les chapiteaux sont sculptés de feuillages et d'animaux. L'étage supérieur est en auvent sur poteaux de chêne. Dans le réfectoire, une **peinture murale** d'influence byzantine du 12e s., restaurée, occupe tout le mur du fond. On peut voir une **Vierge en majesté** encadrée de deux anges et des apôtres ; au-dessus, un **Christ tétramorphe**, entouré des symboles des quatre évangélistes comme dans la vision de Jean.

Maison des arts et traditions populaires

✆ 04 71 76 08 90 - mêmes conditions de visite que le cloître (billet combiné).

Ce musée est installé dans une **ancienne maison de paysan-boulanger** de la fin du 19e s. où l'on peut voir encore le four, le puits, le pétrin et le comptoir. La salle commune rassemble des objets de la vie domestique. L'étable conserve des outils de vieux métiers (sabotier, charpentier). À côté se trouve la **veillade**, pièce où se déroulait la veillée : l'armoire contient une intéressante collection de coiffes portées soit le jour, soit la nuit.

À proximité Plan de microrégion

Frugières-le-Pin

3,5 km à l'est par la D 20. Joseph Lhomenède, résistant déporté et mort à Buchenwald en 1944, fut maire de cette commune. Une association lui rend hommage à travers un musée.

Musée Joseph-Lhomenède - Résistance, déportation et Seconde Guerre mondiale – *Près de l'ancienne gare. ✆ 04 71 76 42 15 - juin-oct. : 10h-12h, 14h-19h ; reste de l'année : sur RV - possibilité de visite guidée - 4 € (7-12 ans 2 €).*

Il rassemble de nombreux documents, affiches, armes et uniformes ; de bouleversantes photos témoignent du sacrifice des combattants en Auvergne.

Vallée de la Sénouire *(voir Brioude)*

NOS ADRESSES À LAVAUDIEU

Voir aussi les encadrés pratiques de Brioude, La Chaise-Dieu et Massiac.

RESTAURATION

BUDGET MOYEN

Auberge de l'Abbaye – *✆ 04 71 76 44 44 - http://lavaudieu.free.fr - fermé dim. soir sf en été et lun., 3-9 fév. - 24,50/29 €.* Plaisante atmosphère rustique dans cette auberge de village aménagée dans une vieille maison en pierre. Cuisine régionale bien faite.

AGENDA

Concerts de musique classique – *en l'abbaye - juil-août - www.abbayedelavaudieu.fr* - à l'entracte promenade illuminée aux chandelles.

Saugues

2 013 Saugains – Haute-Loire (43)

NOS ADRESSES PAGE 381

S'INFORMER

Office du tourisme de Saugues - les gorges de l'Allier – *Cours Gervais - 43170 Saugues - ✆ 04 71 77 71 38 - www.haut-allier.com - juil.-août : 9h30-13h, 14h-19h ; sept. : 9h30-12h30, 13h30-17h30, dim. 10h-13h ; reste de l'année : se renseigner.*

SE REPÉRER

Plan de région A3 (p. 338) – carte Michelin Départements 331 D4.

À 44 km au sud-ouest du Puy-en-Velay, Saugues est au cœur d'un petit pays original, desservi par la D 585 qui va de Brioude en Margeride.

À NE PAS MANQUER

Le circuit des gorges de l'Allier au Devès vous conduira au bord du lac du Bouchet, encadré par une forêt de sapins, de pins et d'épicéas, et vous fera traverser de pittoresques villages, perchés sur des sites abrupts.

AVEC LES ENFANTS

Le musée de la Bête du Gévaudan, le site archéologique de Montchauvet et le petit plan d'eau à l'ouest de Saugues *(voir encadré pratique).*

Entre la Margeride et le val d'Allier, qui se creuse en des gorges profondes, le pays de Saugues se distingue par ses murets de pierre, ses chemins creux et ses ruisseaux à fleur de terre. Dominé par un vieux donjon, appelé tour des Anglais, Saugues s'accroche obstinément à son sol inhospitalier qui a vu naître Robert Sabatier, auteur du célèbre roman « Les Noisettes sauvages ». Étape sur le chemin de Saint-Jacques-de-Compostelle, Saugues est aussi connue pour ses marchés aux bestiaux, son musée, qui rappelle les méfaits de la terrible Bête du Gévaudan, et pour ses processions de pénitents blancs, chaque Jeudi saint.

Se promener

Musée fantastique de la Bête du Gévaudan

✆ 04 71 77 64 22 - visite guidée (35mn) juil.-août : 10h-12h, 14h30-18h30 ; de mi-juin à mi-sept. : 14h30-18h30 - possibilité de visite hors saison sur RV - 4 € (enf. 2,50 €).

La fameuse bête *(voir encadré ci-contre)* qui dévora, au 18e s., moutons et bergères sur un vaste territoire allant de Saugues à Ruynes-en-Margeride, Saint-Flour et Langogne, a désormais son musée. En 24 tableaux répartis sur quatre étages, les personnages en plâtre, grandeur nature et doués de la parole, évoquent des scènes historiques, mais aussi des paysages de cette contrée.

Tour des Anglais

✆ 04 71 77 71 30 - fermé pour travaux - se renseigner pour la réouverture.

On ne peut manquer de l'apercevoir, dépassant des maisons du village. Cette tour carrée, couronnée de mâchicoulis et percée de meurtrières, est un bel exemple de l'architecture du 12e s. Son nom, elle le doit aux mercenaires qui avaient été enrôlés dans les troupes anglaises. Devenus des routiers et

Bête du Gévaudan surveillant Saugues.
S. Sauvignier / MICHELIN

surnommés « Anglais », ils se rendirent bientôt maîtres de la ville. La tour abrite des tableaux de Lucien Gires, à l'origine de la création du musée fantastique. Du sommet, beau **panorama** sur la Margeride.

Église

Surmontée d'un clocher octogonal, elle abrite un mobilier remarquable : Vierge auvergnate du 12e s., pietà du 15e s., châsse de saint Bénilde. Trois belles croix de procession en orfèvrerie sont exposées dans la chapelle du trésor.

Diorama sur saint Bénilde

04 71 77 82 53 - ♿ - mai-août : 14h-17h30 - gratuit.
Treize tableaux retracent la vie de Pierre Romançon (1805-1862), le frère Bénilde

LA BÊTE DU GÉVAUDAN

La première victime avérée de cette mystérieuse créature qui, durant trois longues années, sévit dans certaines parties du Cantal, de la Haute-Loire et de la Lozère, est une jeune fille de 14 ans dont le corps, sauvagement mutilé, est retrouvé le 30 juin 1764 dans un petit village du Vivarais. Ce crime odieux est attribué à une bête étrange, d'une férocité exceptionnelle. De nombreuses battues sont alors organisées, mais les agressions continuent et les victimes se succèdent. Devant l'ampleur de cette affaire, Louis XV intervient et dépêche sur place des dragons ainsi que son Grand Louvetier afin d'éliminer le monstre et de rétablir le calme. Mais après un certain répit, les crimes reprennent. Les témoignages de ceux et celles ayant miraculeusement survécu aux attaques de « la bête », et les circonstances des drames feront l'objet de nombreuses conjectures, et nourriront une légende naissante. En juin 1767, Jean Chastel, soupçonné quelque temps d'avoir été l'auteur de ces actes criminels, tue un animal ressemblant à un loup de grande taille à la Sogne d'Auvers, et met ainsi fin à ces carnages qui firent, au final, plus d'une centaine de victimes, femmes, enfants, vieillards.

des Écoles chrétiennes, premier instituteur public de Saugues, canonisé en 1967. Il naquit à Thuret *(voir Aigueperse)*. C'est l'école où il enseigna et dont il fut directeur qui abrite le diorama.

Relais de Montchauvet

04 71 77 80 37 - fermé en 2009, réouverture sous réserve en 2010 - visite de l'exposition et du site - juil.-août : 10h-12h, 14h-19h ; sept. : 13h30-17h30 ; juin : 14h-18h - 4 €.

À l'appui du mobilier retrouvé sur le site archéologique de Montchauvet *(voir détails ci-après)*, à quelques kilomètres au sud de Saugues, une exposition présente le quotidien d'un village médiéval de moyenne montagne. Une projection vidéo est proposée aux personnes qui ne pourraient se déplacer sur le site archéologique.

À proximité Plan de microrégion A3

Château d'Esplantas

6,5 km au sud par la D 585. 04 71 77 19 70 ou 04 71 77 31 19 - visite guidée (35mn) en juil.-août : tlj 14h30-18h30 - 4 € (enf. 2,50 €).

Cet ancien site défensif fut élevé au 13e s. (comme l'atteste son donjon cylindrique massif) à la demande de l'évêque de Mende, Odilon de Mercœur, pour protéger Saugues des attaques provenant du sud. Remanié au 16e s. et 18e s., son corps de logis a fait l'objet de gros travaux de rénovation, permettant l'ouverture du site à la visite.

Site archéologique médiéval de Montchauvet

7 km au sud-ouest par la D 589. 06 76 44 24 99 - juil.-août : tlj sf lun. 14h-18h ; juin et sept.-oct. : sur demande préalable - fermé reste de l'année - 4 € (-10 ans gratuit).

Ce village déserté fut découvert sur les pentes du **puy de Montchauvet** en 1965. C'est à partir de 1966 que débutèrent des investigations qui permirent le dégagement d'habitations (35 à ce jour) qui s'étagent en terrasses sur 2 ha. Divers mobiliers, dont des tessons datés de La Tène IIIe (période de l'âge du fer qui précéda l'Antiquité), ainsi que des fragments de poteries médiévales ont été retrouvés et font l'objet d'une exposition installée dans la **ferme de Montchauvet** (17e-19e s.) sur le site, et dans le Relais de Montchauvet à Saugues *(voir ci-dessus)*.

Tour de la Clauze

10 km au sud-ouest par la D 33, puis la D 335 à gauche vers Grèzes.

À quelque distance de Grèzes, la tour apparaît, surgie du rocher qui lui sert de soubassement. Cette tour servait à surveiller la Margeride. Il s'agissait d'une véritable forteresse, dont ce donjon servait de corps central, entouré de tours d'enceinte qui se sont effondrées. Elle a joué un rôle prépondérant au moment des guerres de Religion, puis est tombée peu à peu dans l'oubli. Dans ce site sauvage, cette ruine solitaire a beaucoup d'allure.

Itinéraire conseillé

★★ DES GORGES DE L'ALLIER AU DEVÈS

Pour visualiser cet itinéraire de 105 km, reportez-vous au plan ci-contre – comptez environ 4h.

SAUGUES

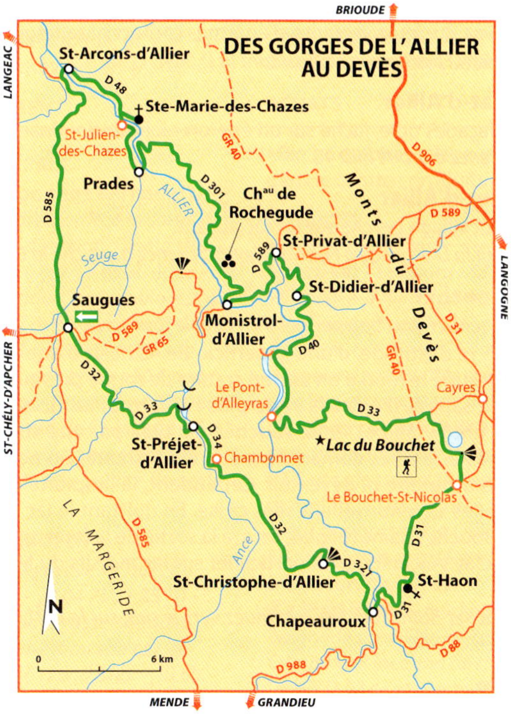

Cet itinéraire assez tourmenté évolue entre des gorges encaissées et la longue échine volcanique du **Devès**, qui s'étire entre l'Allier et la haute vallée de la Loire.

Quittez Saugues par le nord en empruntant la D 585.

Saint-Arcons-d'Allier *(voir Brioude, circuit du haut Allier)*

Prenez la D 48 qui longe la rive droite de l'Allier.

Chapelle Sainte-Marie des Chazes

Elle est isolée au bout d'un chemin, sur la rive droite de l'Allier, au pied d'un beau rocher de basalte. Un escalier monumental de trente marches conduit à un clocher-porche refait au 19e s. et surmonté d'un lanternon conique.

Franchissez de nouveau l'Allier avant d'entrer dans Saint-Julien-des-Chazes et poursuivez sur la D 48.

Prades

Ce village occupe un **site★** très encaissé dans la vallée.

Repassez l'Allier par la D 48, puis prenez à droite la D 301.

La route, tracée en moyenne corniche, offre des vues très pittoresques. Elle passe au pied du **château de Rochegude**.

Monistrol-d'Allier

Ce village occupe un **site★** très remarquable de la vallée.

De Monistrol-d'Allier, possibilité de rejoindre Saugues par la pittoresque D 589.

PAYS DE THIERS ET LIVRADOIS-FOREZ
0 4 km
A
B
1
2
3
Maringues
Thiers
Chabreloche
Bois Noirs
Vallée des rouets les Margerides
Rocher de Borbes
Lezoux
Noirétable
Ravel
Vollore
Vollore-Montagne
Aulteribe
Courpière
LOIRE
PUY-DE-DÔME
Monts du Forez
Billom
Sauviat
Col du Béal
1390
St-Dier-d'Auvergne
PARC
Olliergues
Les Martinanches
Cunlhat
Job
Rocher de la Volpie
Col des Supeyres
1366
NATUREL
Cirque de Valcivières
Jasserie du Coq-Noir
Ambert
Sauxillanges
Moulin Richard de Bas
Butte d'Usson
RÉGIONAL
Train de la découverte "Livradois-Forez"
Mée de l'école 1900
Marsac-en-Livradois
St-Germain-l'Herm
La Chaulme
Brassac-les-Mines
Auzon
DU LIVRADOIS-FOREZ
Dore-l'Église
Craponne-sur-Arzon
La Chaise-Dieu
HAUTE-LOIRE
ALLIER
Dore
CLERMONT-FERRAND
ISSOIRE
ST-ÉTIENNE
LYON
A 89
N 102
Monts du Forez ★★ Mérite un détour
Thiers ★ Intéressant
Ambert À voir
Itinéraire conseillé avec ville de départ

Pays de Thiers et Livradois-Forez 6

Carte Michelin Départements 326, 327 et 330 -
Puy-de-Dôme (63), Loire (42) et Haute-Loire (43)

Parc naturel régional Livradois-Forez

★

Puy-de-Dôme (63) et Haute-Loire (43)

NOS ADRESSES PAGE CI-CONTRE

S'INFORMER

Maison du Parc naturel régional Livradois-Forez – *63880 Saint-Gervais-sous-Meymont - ✆ 04 73 95 57 57 - www.parc-livradois-forez.org - ♿ - 15 juin-15 sept. : lun.-vend. 9h-12h30, 13h30-17h30, w.-end et j. fériés 15h-19h ; reste de l'année : tlj sf w.-end 9h-12h30, 13h30-17h30 (16h30 vend.).*

Office du tourisme du Haut-Livradois – *Rte de La Chaise-Dieu - 63660 Saint-Germain-l'Herm - ✆ 04 73 72 05 95 - www.hautlivradoistourisme.com - juil.-août : 10h-18h, dim. 10h-12h30 ; sept-juin : lun., mar., jeu., et vend. 10h-12h, 14h-16h.*

Le Parc naturel régional Livradois-Forez invite à redécouvrir les métiers d'autrefois, en suivant châteaux, musées, artisans d'art et producteurs fermiers (moulin Richard de Bas, musée de la Coutellerie, Maison de la fourme d'Ambert, etc.) - www.routedesmetiers.com.

SE REPÉRER

Plan de région A/B1/2/3 (p. 382) – carte Michelin Départements 326 H/J 8/11 et 330 I/L 1/3.

Le Parc naturel régional Livradois-Forez se situe dans la partie orientale de l'Auvergne, à cheval sur les départements du Puy-de-Dôme et de la Haute-Loire. Il est sillonné d'un bout à l'autre par la D 906, qui joint Thiers au Puy-en-Velay.

À NE PAS MANQUER

Montez à bord du train de la découverte Livradois-Forez, et parcourez à son rythme les paysages saisissants des gorges de la Dore.

ORGANISER SON TEMPS

Privilégiez une visite au printemps ou en automne, pour assister au passage des oiseaux migrateurs au-dessus de certains cols du parc.

AVEC LES ENFANTS

À pied ou à cheval, vous pourrez parcourir de nombreux sentiers.

Le Parc naturel régional Livradois-Forez couvre près de 322 000 ha (soit 180 communes, 110 000 habitants). Il englobe la totalité du Livradois et les monts du Forez mais s'étend aussi aux Bois Noirs, à la limagne des Varennes, à la Comté et aux plateaux granitiques du Nord Velay. C'est un pays rude, mais d'une grande beauté, composé notamment de la vallée de la Dore qui s'écoule entre les monts du Livradois et les Hautes-Chaumes du Forez, domaine du jas et de la fourme d'Ambert.

Se promener

Avec ses forêts, prairies, bocages, étangs, le Livradois-Forez permet tout au long de l'année la découverte d'une flore et d'une faune très riches (oiseaux nicheurs et oiseaux migrateurs à observer au printemps ou en automne aux

Table d'orientation sur le site de Pierre Pamole.
E. Lattes / MICHELIN

cols du Béal, de la Chamboite et du Baracuchet). Des sentiers balisés et équipés de tables de lecture et de pupitres d'observation vous permettront de mieux apprécier des sites et milieux exceptionnels.

Maison du Parc

À Saint-Gervais-sous-Meymont sur la D 906, juste à côté de la mairie. La Maison du Parc naturel régional Livradois-Forez met à votre disposition différents documents (Carte Tourisme et Patrimoine, un livret de découverte du parc, divers guides pratiques, etc.), vend des topoguides et tient l'agenda de l'ensemble des manifestations et animations du parc. En outre, vous pourrez visionner un film *(25mn)* de présentation : *L'Auvergne du soleil Levant*, qui vous guidera à travers la région. Vous pourrez aussi visiter l'« Atelier encyclopédique » ; cette exposition de maquettes et d'objets s'appuie sur six pages connues d'une *Encyclopédie des arts et techniques du Livradois-Forez* disparue, traitant de l'utilisation de la roue et de la force hydraulique.

NOS ADRESSES DANS LE PARC NATUREL RÉGIONAL

Voir aussi les encadrés pratiques d'Ambert, de Billom, de Brioude, de Courpière, de La Chaise-Dieu, d'Issoire, du Puy-en-Velay et de Thiers.

HÉBERGEMENT

PREMIER PRIX

Chomy – *63600 Saint-Martin-des-Olmes - Gîte d'étape Panda (label wwf) - à 11 km à l'est d'Ambert par la D 996 - 04 73 82 23 65 - www.chomylegite.com - 7 ch. 18 €/p. - repas 10/20 €.* Niché à 1 100 m d'altitude, tout près du site classé des Hautes Chaumes, le « monument naturel du parc », lieu d'espèces rares. Point de départ idéal pour randonnées pédestres ou VTT. Équipement d'observation de la nature à disposition.

★ LE VIEUX THIERS

Circuit 1 tracé en vert sur le plan de la ville ci-contre.
Au centre de la ville, une campagne de restauration a remis en valeur de vieux logis à pans de bois des 15e, 16e et 17e s. Ces maisons bordent des rues étroites et tortueuses, pour la plupart réservées aux piétons.
Thiers accueille aussi un centre d'art contemporain, dans le site magique du Creux de l'Enfer *(voir p. 391)*.
Partez de la place de la Mutualité et descendez par la rue Prosper-Marilhat, qui se prolonge par la rue Terrasse.

★ Terrasse du Rempart

Elle offre un **panorama★** sur la Limagne, les monts Dore et les monts Dôme. De cette terrasse, la vue de certains couchers de soleil est magnifique. Belle table d'orientation en lave émaillée.
Poursuivez sur 50 m et descendez à droite la rue du Bourg.

Rue du Bourg

Au n° 10, porte en pierre de Volvic du 15e s. présentant un tympan gothique flamboyant. Au n° 20, maison du 16e s. Sur la gauche, la rue Transvaal est le plus petit « pedde » de Thiers.

Place du Pirou

Cette place est dominée par l'**hôtel du Pirou★**, du début du 15e s., aux pignons aigus. Construit en pierre de Ravel, avec des façades à croisillons de bois, ce beau spécimen de l'architecture civile du Moyen Âge abrite l'office de tourisme et la donation Calamy, dépôt de la ville de Thiers (mobiliers européens du 15e au 18e s. et ensemble d'objets de l'Antiquité grecque, égyptienne et mésopotamienne). Exposition et boutique.
Prenez à droite, en sortant de l'office de tourisme.

Rue Grenette

Au n° 8, hôtel Ossandon (16e et 17e s.).
Revenez sur vos pas et descendez la rue de la Coutellerie.

Rue de la Coutellerie

Le n° 5 s'agrémente d'une grande coquille, élément décoratif courant à la Renaissance. Aux nos 12 et 14, maisons à colombages : la première est ornée de pans de bois en forme de chaises curules, la seconde est pourvue de corbeaux de bois sculptés de curieux personnages accroupis.

LA COUTELLERIE

Thiers est le plus grand centre français de coutellerie. L'origine de cette spécialisation remonte au Moyen Âge. Selon une légende, les croisés auvergnats auraient rapporté d'Orient, après la première croisade (1096-1099), le secret de la fabrication ; en fait, la métallurgie thiernoise remonte au 14e s. Le développement de la coutellerie permit à la ville d'exporter ses produits, dès le 16e s., en Espagne, aux Pays-Bas et en Lombardie. Des lames de toutes sortes furent repassées sur les meules actionnées par la Durolle. Aujourd'hui, le travail du coutelier s'est modernisé et on ne voit plus, comme le représentait une image populaire, l'émouleur allongé à plat ventre au-dessus de sa meule, son chien couché sur les jambes pour lui tenir chaud.

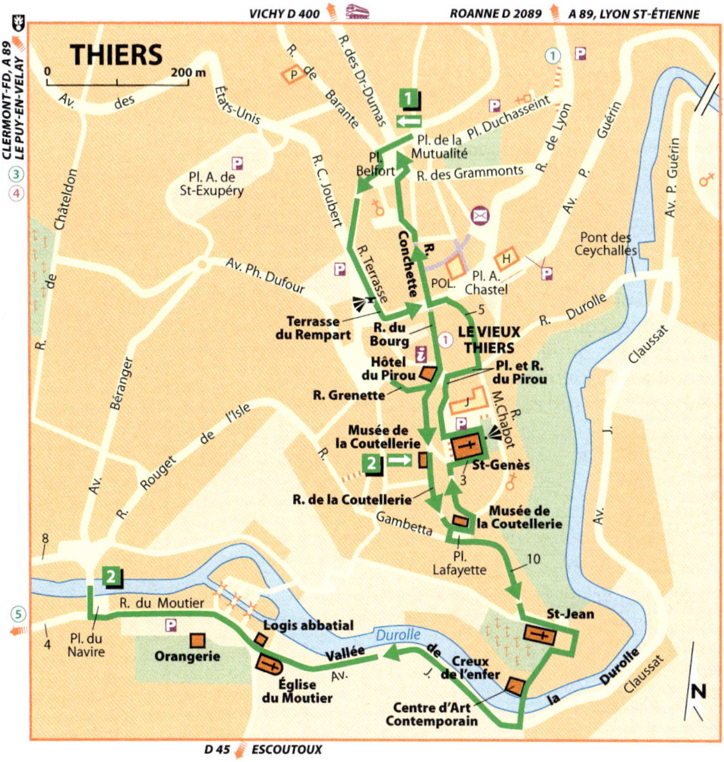

SE LOGER		SE RESTAURER		INDEX DES RUES	
Aigle d'Or (Hôtel L')	1	À la Belle Excuse	1	Brugière (Imp. Jean)	3
Eliotel	3	4 Chemins (L' Auberge des)	4	Clermont (R. de)	4
Parc de Geoffroy (Hôtel)	5			Dumas (R. Alexandre)	5
				Voltaire (Av.)	8
				4 Septembre (R. du)	10

Le n° 21, la **maison de l'Homme des bois** (15ᵉ s.) est décorée d'un personnage énigmatique à l'apparence simiesque. Cet homme sauvage, couvert de poils, a donné lieu à diverses interprétations, mais aucune de celles-ci n'apparaît pleinement fondée.

Les n°s 23 et 58 abritent le musée de la Coutellerie.

★ Musée de la Coutellerie et ses ateliers

04 73 80 58 86 - www.musee-coutellerie-thiers.com - visite guidée : juil.-août : 10h-12h30, 13h30-19h (dernière entrée 18h15) ; juin et sept. : 10h-12h, 14h-18h ; reste de l'année : tlj sf lun. 10h-12h, 14h-18h (dernière entrée 45mn av. fermeture) - fermé janv., 1er Mai, 25 déc. - 6,50 € (enf. 2,75 €).

La réputation du couteau de Thiers n'est plus à faire. Le processus de fabrication, transmis de génération en génération, se déroule en plusieurs étapes : la forge, la trempe, l'émouture, le façonnage et le montage de manche, la sculpture, la gravure, le polissage. Réparti sur deux sites, le musée de la Coutellerie comprend des ateliers et un musée.

Au n° 23 – La visite commence par une partie muséographique (vidéo de présentation), avec cinq salles retraçant l'histoire des métiers de la coutellerie thiernoise : origines, métiers et techniques de production, aux conditions de travail, rapports sociaux et festifs, commercialisation et publicité (tables de plomb et d'argent, marques de coutellerie de 1591 à 1857, couteaux géants et miniatures).
Au n° 58 – Dans l'ancienne maison des Échevins se trouve la seconde partie du musée. La visite commence au sous-sol par un montage son et lumière qui évoque l'univers assourdissant des forges (marteau-pilon, four). Elle se poursuit au rez-de-chaussée par la découverte des ateliers, avec démonstration d'émouture, de polissage et d'assemblage d'un couteau.
Le premier étage présente les couteaux fermants, de l'eustache au couteau à secret, et les couteaux thiernois des 19e et 20e s. Admirez la donation Frédéric Albert Peter, coutelier-orfèvre à Paris; cette collection réunit de très belles pièces : couteaux, canifs, coupe-cigares, taille-plumes, etc.
Le second étage est consacré aux couteaux droits, des nécessaires de table du 18e s. aux couteaux classiques en corne du 19e s. et aux premiers en plastique des années 1920. Une salle est consacrée aux créations contemporaines.
Des expositions temporaires liées aux domaines de la métallurgie ou de la coutellerie sont organisées régulièrement.
En quittant le musée, empruntez l'escalier sur votre gauche en direction de la place Saint-Genès.

Église Saint-Genès

C'est un édifice roman très remanié. Si la façade ouest et le clocher ont été refaits, le croisillon droit possède encore une très intéressante décoration polychrome sur son pignon et de gracieuses fenêtres.
Traversez les jardins qui entourent le chevet de l'église Saint-Genès.
L'entrée nord, qui donne place du Palais, est précédée d'un porche du 19e s. dans le mur duquel a été encastré un enfeu du 13e s., élégamment sculpté. À l'intérieur, la coupole qui couvre la croisée du transept est la plus grande de toute l'Auvergne. Remarquez la peinture murale représentant le Christ Pantocrator, les boiseries (18e s.) décorant une des chapelles du collatéral nord, les stalles des 16e et 17e s. récemment restaurées et une pietà du 16e s.
Au sud de l'église Saint-Genès se trouve l'école (actuelle école de danse de Thiers) où François Truffaut tourna son fameux film, *L'Argent de poche,* en juillet-août 1975.
Prenez à droite la rue du Palais, et débouchez à droite de la place du Pirou.

Rue du Pirou

Au n° 11, **maison des Sept Péchés capitaux**, ainsi appelée en raison de la décoration des poutres supportant le premier étage; au n° 9, logis à encorbellement.
Plus loin, passez sous le « Coin des Hasards » (15e et 17e s.) : outre le gain de place, cet agencement permettait d'être exempt de l'impôt au sol. Aménagée dans l'ancienne porte Charrier, au n° 1, la tour de Maître Raymond est un vestige de la seconde enceinte féodale de Thiers (13e s.).
Continuez à remonter par la rue Alexandre-Dumas et la place Antonin-Chastel. Faites quelques pas à gauche, et prenez la rue Conchette.

Rue Conchette

Cet ancien faubourg aggloméré à Thiers au 15e s., lors de la construction de la troisième enceinte, était le quartier riche de la ville. La rue conserve de

belles cours intérieures, propriétés des bourgeois marchands des 16e et 17e s. (maîtres cartiers, papetiers…) qui firent la renommée du commerce thiernois à travers l'Europe.
Dans la cour du n° 4 (hôtel de Mary), escalier en pierre de Volvic du 16e s.
Dans celle du n° 10 (hôtel de Brugière, 16e s.), loggia supportée par une colonne dorique en pierre de Ravel.
Au n° 18 (hôtel Darrot, 17e s.), dans la petite cour avec tourelle, deux jolis médaillons.
Revenez à la place de la Mutualité.

VALLÉE DES USINES

Circuit 2 tracé en vert sur le plan de la ville (p. 389) - départ devant le musée de la Coutellerie.
Ce circuit se fait à pied pour la descente, avec un retour possible par le train touristique ou le bus urbain (TUT).
Le circuit de découverte de la Vallée des Usines, aménagé le long de la Durolle, invite à replonger dans l'histoire des anciennes papeteries, tanneries, ateliers d'émouture, etc. qui ont fait la renommée de l'industrie thiernoise et de ses savoir-faire.
Descendez par la rue du 4-Septembre vers le Creux de l'Enfer (parcours fléché). Vous débouchez place Saint-Jean.

Église Saint-Jean

Cette église du 15e s. occupe un site surplombant la Durolle. Du cimetière voisin, une belle vue se dégage sur la plaine et les monts d'Auvergne.
Un chemin, à droite en sortant de l'église, la contourne et aboutit au Creux de l'Enfer.

Le Creux de l'Enfer

Centre d'art contemporain – *04 73 80 26 56 - www.creuxdelenfer.net - ♿ - 13h30-19h30 (en période d'exposition) - possibilité de visite guidée (1h) - fermé 1er Mai, 25 déc. - gratuit, visite guidée 2 €.* C'est dans un environnement étonnant, là où la Durolle cascade dans la Vallée des Usines, longée de bâtiments désaffectés, qu'est installé le Creux de l'Enfer. Aussi actif qu'original, il invite régulièrement des artistes à y séjourner pour concevoir des œuvres qui seront ensuite exposées, en symbiose avec les lieux. C'est un centre incontournable pour les amateurs d'art contemporain.
L'ancienne usine du May est devenue en 2009 la **Maison de l'aventure industrielle**. *04 73 80 65 65.*
Descendez l'avenue Joseph-Claussat.

Vallée de la Durolle

Ce parcours longe la Durolle, dont les écluses successives actionnaient de nombreuses coutelleries. On comptait 140 écluses sur 3 km de parcours. Les plus pittoresques sont celle du **Creux de l'Enfer**, qui précède le pont Saint-Jean, et celle du **Creux de Salien**, peu après le pont de Seychalles (15e s.).

Église du Moutier

Saint-Symphorien, construite entre le 10e et le 12e s., était à l'origine l'église d'une abbaye fondée au 5e s. et placée sous l'autorité de Cluny à partir de 1011. L'actuel quartier du Moutier *(monasterium)* lui doit son nom.
À l'intérieur, récemment restauré, remarquez, dans la nef, les chapiteaux du 12e s., d'un volume imposant. Les vitraux (19e s.) portent le nom des grandes familles coutelières de la ville.

Logis abbatial du Moutier

04 73 80 27 31 - www.ville-thiers.fr - visite guidée (1h) juil.-août : tlj sf lun. et mar. 14h30-18h30 - tarif non communiqué.

D'époque médiévale, remanié au 18e s., ce logis abbatial fortifié a été restauré. Visite guidée des salles basses, des gardes, de la cuisine et des appartements, meublés Louis XVI.

Dans la rue du Moutier, les 2e et 3e ruelles à droite offrent un pittoresque point de vue sur l'ancien canal usinier et sur une roue à aubes.

Orangerie

04 73 80 53 53 - www.ville-thiers.fr - ♿ - juil.-août : tlj sf w.-end 10h-12h, 15h-17h ; nov.-juin et sept. : merc. 10h-12h, 15h-17h - fermé j. fériés - gratuit.

Dans le parc du Moutier, l'Orangerie a été aménagée en centre d'initiation à l'environnement. La grande serre est paysagée : bassin intérieur, murs végétaux et plantes exotiques s'opposent à la présentation d'un milieu désertique résultant de la pollution humaine.

Continuez la rue du Moutier jusqu'à la place du Navire pour voir le pont du Navire (classé Monument historique), avant de prendre le train touristique ou le TUT (réseau de transports urbains) à l'église du Moutier pour rejoindre le centre-ville et la place Antonin-Chastel.

À proximité

Château et jardins de la Chassaigne

4 km du centre-ville. Quittez Thiers par le nord en direction de Vichy. Après le tunnel, prenez à gauche la D 94C, la direction du château est indiquée. 04 73 80 59 08 - visite guidée de l'intérieur (1h) de déb. juin à mi-sept. : tlj sf mar. 14h30-18h - 5 € (-12 ans gratuit).

Le château de la Chassaigne, ancienne propriété viticole ruinée par le phylloxéra, a connu bien des vicissitudes, notamment lors de la Révolution (tours abaissées, blason de la porte d'entrée brisé...). L'entrée s'effectue désormais par les jardins.

Au début du 20e s., ce **manoir** du 15e s. fut démantelé et laissé à l'abandon jusqu'à son rachat en 1986 par les propriétaires actuels.

Un escalier à vis vous mène à la **chapelle gothique** ornée de peintures murales du 17e s. Trois pièces présentent ensuite des expositions sur les événements ou la vie du passé.

Vous irez ensuite découvrir les neuf **jardins** à l'anglaise aux noms évocateurs : le jardin des reines, le jardin exotique, le jardin d'ombre...

Iloa

12 km par le grand rond-point d'entrée de Thiers ; prenez la direction de Vichy. Passez la bifurcation du péage puis, au rond-point d'après, tournez à gauche et suivez le fléchage.

Les Rives de Thiers, tel est le nom de cet espace de loisirs de 70 ha, réalisé à proximité de la Dore et propice à la promenade ; tennis et minigolf.

Saint-Rémy-sur-Durolle

9 km au nord par la D 2089, puis une petite route sur la gauche.

L'itinéraire emprunté décrit un parcours original qui sillonne les bois et atteint Saint-Rémy. Ce centre coutelier, bâti sur le flanc méridional de la « Montagne de Thiers » (prolongement du massif des Bois Noirs), possède au nord une agréable base de loisirs (14 ha).

À droite de la route *(D 201)*, un vaste plan d'eau permet de pratiquer baignade, voile, canotage, etc.
Calvaire – *15mn AR. Dans Saint-Rémy, prenez à gauche une rue en montée, vers le calvaire. Laissez votre voiture près du stade et gagnez le sommet de la falaise.* Du site, le **panorama★** *(table d'orientation)* s'étend sur les monts du Forez, les Margerides, le Plomb du Cantal et les monts Dôme.

Itinéraires conseillés Plan de microrégion

★ LES MARGERIDES A1

Pour visualiser cet itinéraire 1 de 15 km, reportez-vous au schéma (p. 396) – comptez environ 3h.
Quittez Thiers par le nord-est en empruntant la D 2089 en direction de Lyon.
Du belvédère aménagé à l'embranchement de la route de Saint-Rémy, joli coup d'œil à droite sur les gorges de la Durolle, Thiers et la Limagne. La rive opposée est dominée par les rochers des Margerides.
Dans Château-Gaillard, prenez la première à droite. Parking à l'entrée.

★ Vallée des Rouets

Château-Gaillard. 04 73 80 58 86 - www.musee-coutellerie-thiers.com - visite guidée (40mn) dans le moulin, reste de la visite libre juil.-août 12h-19h ; juin et sept. : tlj 12h-18h (dernière entrée 1h av. fermeture) - 3,80 € (enf. 1,70 €). Prévoir des chaussures de marche.
Les différents sentiers utilisés autrefois par les émouleurs et les polisseurs ont été réaménagés et balisés. Deux parcours *(1 km et 2,5 km)* permettent de voir des vestiges de rouets (abandonnés avec l'avènement de l'électricité), de ponts et de biefs, en côtoyant les gorges de la Durolle et les beaux espaces forestiers des Margerides. La vallée comptait 27 rouets, le **rouet Lyonnet** (1816) est le dernier à avoir fonctionné jusqu'en 1976. Son propriétaire a travaillé trente ans ici avant de réaménager les lieux pour continuer à exercer pour son plaisir (vous verrez ses machines inventées pour rendre la tâche moins pénible). Le guide ouvre les vannes et la roue tourne, entraînant avec elle la mémoire des lieux : en 1900, ce rouet abritait sept à huit postes d'émouleurs et autant de polisseurs ou polisseuses (souvent les femmes des émouleurs et les enfants) à l'étage.
Traversez Château-Gaillard et Bellevue, puis prenez à droite la D 320.
La route franchit la rivière et s'élève dans un paysage verdoyant. À la sortie de Vernières, belle vue sur la vallée de la Durolle, le bourg de Saint-Rémy, à flanc de montagne, et, à l'arrière-plan, les Bois Noirs.
Au carrefour, tournez à droite dans la D 102.
Au cours de sa descente sur Thiers, celle-ci décrit un virage à droite, à hauteur du rocher de Borbes qui se dresse à gauche.

Rocher de Borbes

De cet endroit, on découvre une **vue★** très étendue sur la chaîne des Puys, le Sancy, le Livradois, et même le Cantal, par temps très clair. Du belvédère, installé à 2 km, superbe point de vue sur Thiers et la vallée de la Durolle.
Poursuivez sur la D 102 qui ramène à Thiers.

★★ DE LA DORE AU FOREZ A/B1/2

Pour visualiser cet itinéraire 2 de 134 km, reportez-vous au schéma (p. 396) – comptez la journée.

Les monts granitiques du Forez forment une longue échine sur environ 45 km, séparant les vallées qui se dirigent vers la Dore de celles qui vont vers la Loire. Le versant ouest, en Auvergne, est le plus abrupt et bénéficie de remarquables points de vue. La Dore passe à côté de Thiers, à Pont-de-Dore. Venue d'Ambert, elle continue sa course vers l'Allier, grossie des eaux de la Durolle.

Quittez Thiers par la D 2089, vers l'ouest, et allez jusqu'à Pont-de-Dore. Suivez la D 906 à droite, puis la D 44 à droite, en direction d'Aulteribe.

★ Château d'Aulteribe *(voir Courpière)*

Empruntez la D 223, puis la D 906, à droite.

Courpière *(voir ce nom)*

À la sortie de Courpière, continuez en direction d'Ambert sur la D 906, puis tournez à droite dans la D 315.

Sauviat

Ce village, bien situé sur un éperon rocheux, domine un méandre encaissé de la Dore. Du belvédère, aménagé derrière l'ancienne mairie, la vue se porte sur le barrage et l'usine hydroélectrique qu'il alimente. Église du 14e s., en granit, à nef unique et massif clocher carré.

Descendez par la D 316 et reprenez à droite la D 906.

Sur votre droite, après Giroux, vous apercevez le siège du Parc naturel régional Livradois-Forez.

Olliergues

Bien situé sur la rive droite de la Dore, ce village étage ses maisons sur une colline portant un château. De vieilles demeures des 15e et 16e s. agrémentent la rue conduisant de la mairie à l'église ; la plus intéressante, située rue du Pavé, présente des étages en encorbellement.

Église Notre-Dame – Ancienne chapelle du château, elle a été agrandie aux 15e et 16e s. L'intérieur renferme un tombeau en granit du 14e s. et un retable du 17e s. Le clocher (tour d'horloge en bois) est coiffé d'un lanternon.

Musée des Métiers et des Traditions – *✆ 04 73 95 56 49 - www.paysdolliergues.com - visite guidée (50mn) juil.-août 10h-12h, 13h30-18h30 ; juin et sept. : mar.-sam. 14h-18h (dernière entrée 1h av. fermeture) - vac. scol. se rens. - 4 € (enf. 2 €).*

Le château appartint à la famille du maréchal de Turenne. Bénéficiant de l'atmosphère des pièces du donjon carré, il fait revivre la tradition artisanale régionale. Les quatre activités majeures de la région d'Olliergues sont ainsi proposées en ateliers : le sabotier, le charron-forgeron, le tisserand et le fromager (fabrication artisanale de la fourme).

Arboretum de la Montmarie – *✆ 04 73 95 56 49 - www.paysdolliergues.com - tte l'année - gratuit (livret de visite vendu à l'office de tourisme 2 €).*

50 essences d'arbres (résineux d'Asie, d'Amérique du Nord, d'Afrique…) sont à découvrir en suivant un parcours agrémenté de panneaux d'identification.

Pont médiéval – Situé à la sortie sud du village *(à droite de l'office de tourisme)*, il date du 15e s. et possède deux avant-becs, dont la partie supérieure servait de refuge. Côté aval, belle **vue★** sur Olliergues et la Dore bouillonnante.

Continuez sur la D 906. Peu après Cleurette, 3 km avant d'arriver à Ambert, tournez à gauche (virage assez raide) sur la D 66, puis à droite sur une petite route en direction du rocher de la Volpie.

Thiers.
Y. Le Manour / COLORISE

★ Rocher de la Volpie

Laissez la voiture à proximité d'un groupe de maisons, et prenez le sentier (fléché en rouge) qui s'élève, à gauche d'une ferme, à travers bois. 1h AR.

De cette aiguille rocheuse, la **vue★** s'étend sur les monts du Livradois avec au premier plan la plaine d'Ambert. Les personnes qui ne veulent pas faire l'ascension pourront suivre, après le bâtiment de ferme, le chemin de droite qui mène à travers prés au pied du rocher *(20mn AR)*. Le site est reposant.

Revenez à la D 66 et tournez à droite.

Église de Job

Il s'agit d'un bel édifice du 15e s. coiffé d'un important clocher carré.

Prenez la D 255 à droite.

La montée au col de Chansert (alt. 1 080 m), qui offre d'abord des vues étendues, s'achève à travers de superbes sapinières. Une agréable descente dans la vallée aux versants boisés du ruisseau de Vertolaye lui succède.

Au cours de la montée, la route traverse une belle forêt, puis atteint les hauts pâturages, où sont disséminées des **jasseries**, habitats d'estive aux toits recouverts de chaume (équivalent des burons de haute Auvergne).

À la Fortiche, prenez à droite la D 66, et poursuivez jusqu'à Saint-Pierre-la-Bourlhonne.

Observatoire du Col du Béal

04 73 95 56 49 - juil.-août : 10h-12h, 14h-18h - reste de l'année se renseigner.

Créé pour accueillir et sensibiliser le public aux milieux naturels, ce centre de documentation-refuge-gîte et auberge présente également la vie dans les Hautes-Chaumes.

Faites demi-tour et prenez à gauche la D 40 vers le nord-ouest.

★ Col du Béal

Du col (alt. 1 390 m), qui forme seuil entre les deux versants du Forez, on jouit d'un **panorama** étendu sur les monts d'Auvergne et du Lyonnais *(voir* Le Guide Vert Lyon Drôme Ardèche*)*. Le 15 août se déroule ici la fête des myrtilles.

Quittez le col du Béal par la D 102.

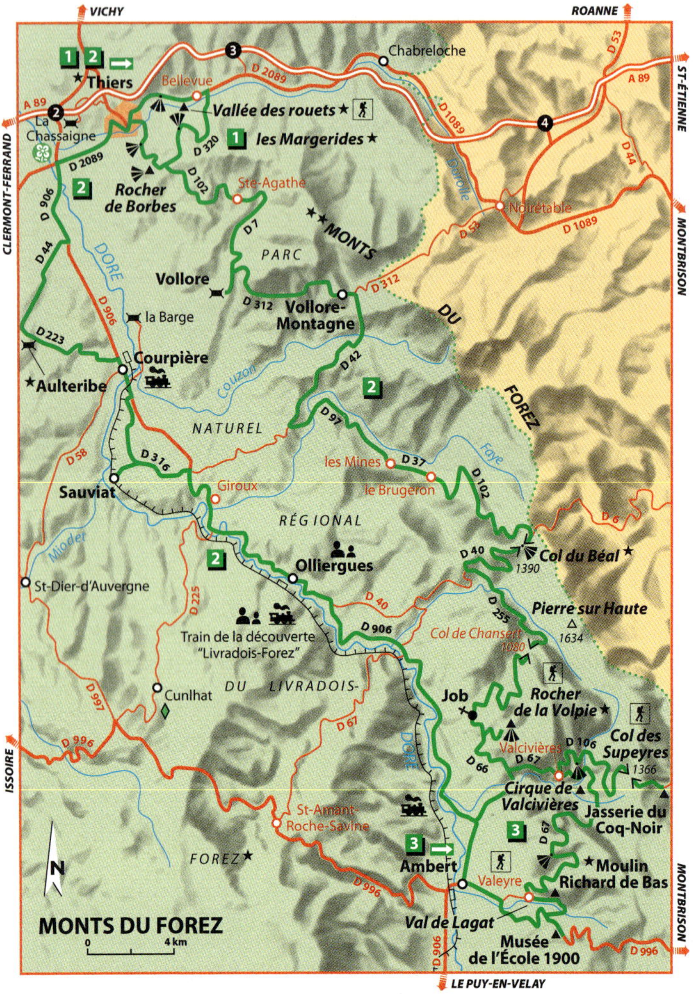

La route parcourt d'immenses pâturages, qu'on a appelés, par analogie avec ceux des Vosges, les Hautes-Chaumes du Forez, et offre bientôt une très belle **vue** sur les monts du Livradois, les monts Dore, les monts Dôme et la Limagne de Clermont. Sur ces croupes dénudées, quelques pitons rocailleux se dressent au milieu de pierres éboulées. **Pierre sur Haute** est le point le plus élevé (alt. 1 634 m).

À Brugeron, empruntez la D 37 en direction d'Olliergues, puis, au hameau des Mines, prenez sur la droite la D 97.

La route sillonne la pittoresque vallée de la Faye.

Peu après avoir franchi la Faye, prenez à droite la D 42.

Vollore-Montagne

Cette petite station d'altitude, point de départ de promenades pédestres, offre également de multiples activités de plein air.

Quittez Vollore-Montagne par l'ouest en empruntant la D 312.
La traversée de paysages boisés, la découverte de jolis sites rendent le trajet très agréable.

Château de Vollore *(voir Courpière)*

Quittez Vollore-Ville par le nord en empruntant la D 7 (à gauche du calvaire).
7 km après Sainte-Agathe commence la descente sur Thiers, par la route des Margerides *(D 102)*.

DU VAL DE LAGAT AUX HAUTES-CHAUMES

Pour visualiser cet itinéraire 3 de 60 km, reportez-vous au schéma ci-contre – comptez environ une journée. Voir descriptif à Ambert p. 408.

★ LES BOIS NOIRS B1

Pour visualiser cet itinéraire de 50 km, reportez-vous au plan de la région (p. 382) – comptez environ 2h30.
Les Bois Noirs prolongent au nord les monts du Forez, et sont séparés des monts de la Madeleine par la vallée de la Besbre. Surplombant les plaines de la Limagne et du Roannais, ils procurent des vues très étendues, notamment depuis leur point culminant, le puy de Montoncel.

Chabreloche B1

Le nom de ce petit centre de coutellerie, dans la vallée de la Durolle, possède une histoire digne d'être contée. En route pour Thiers, **Mandrin** s'arrêta pour déjeuner dans une auberge et demanda ce qu'il y avait au menu : « De la chabre (chèvre) et de l'oche (oie) », lui répondit l'aubergiste. « Va pour la chabre et l'oche », lui aurait répliqué le brigand. Ainsi naquit « Chabreloche ».
Quittez Chabreloche par le nord en prenant la D 86.
La D 86, sinueuse, est empruntée par des charrois de bois. Au début du parcours, la route offre des vues superbes à droite sur les monts du Forez et la vallée supérieure de la Durolle, puis, au-delà du beau village d'Arconsat, pénètre dans les Bois Noirs.

Puy de Montoncel

2h30 AR. Laissez la voiture au col de la Charme, à hauteur d'un foyer de ski de fond.
Le puy de Montoncel constitue le point de jonction de trois départements : Puy-de-Dôme, Allier et Loire. Bien qu'au sommet les arbres masquent le panorama qui jadis s'étendait des monts de la Madeleine aux monts Dore et Dôme, l'excursion n'en reste pas moins fort agréable.
Suivez un chemin de terre assez large, à découvert, et, après plusieurs raidillons et l'amorce d'une descente, prenez à droite à une bifurcation et suivez le sentier jusqu'aux Quatre-Chemins. Continuez tout droit à travers sapinières, peuplements de hêtres et clairières pendant environ une demi-heure. Vous retrouvez alors le GR 3, qui, à gauche, permet d'accéder au puy de Montoncel, couronné d'une croix et d'une antenne.
Revenez au col de la Charme et poursuivez sur la D 51.
Au-delà du col de la Charme, sur l'autre versant, la route descend à travers la forêt, puis offre, après Laurent, une jolie vue sur les vallées de la Besbre et de l'Aix, et sur la montagne de la Madeleine.

Saint-Priest-la-Prugne

Les Bois Noirs alimentent les importantes scieries de ce village, qui conserve une petite église romane et la maison où la poétesse **Marie Noël** (1883-1968) passa plusieurs étés (voir Le Guide Vert Bourgogne). À 4,5 km au nord-ouest de Saint-Priest est exploitée la source minérale Charrier.

Poursuivez sur la D 495. Après le col du Beau-Louis (alt. 824 m), prenez à gauche sur la D 422 et poursuivez jusqu'au village de La Guillermie. De l'école, un chemin fléché conduit au roc des Cheirs.

Roc des Cheirs

45mn AR. Le chemin longe une coupe de bois. Du calcaire couronnant le roc, vous bénéficierez d'une belle vue sur la chaîne des Puys et la Limagne au sud-ouest, et sur les Bois Noirs au sud-est.

Quittez La Guillermie par le sud en empruntant la D 122. À l'entrée de Palladuc, prenez sur la gauche la D 64 qui ramène à Chabreloche par la N 89.

NOS ADRESSES À THIERS

Voir aussi les encadrés pratiques d'Ambert, de Billom, de la Montagne bourbonnaise, de Lezoux et de Noirétable.

INFORMATION

Un circuit *Paysages d'écrivains* vous est proposé par l'office du tourisme. Muni d'une « modestine », e-guide de poche avec GPS, vous vous laisserez guider à travers la Vallée des Usines, comme la décrivait George Sand en 1859 dans la nouvelle *La Ville Noire*. Loc. : 5 € - *www.parc-livradois-forez.org*.

TRANSPORTS

Vous pouvez entrer à Thiers par le TUT. Des stations d'arrêt sont aménagées aux différentes entrées de ville en venant de Vichy (ligne Courty/Les Garniers), Saint-Étienne (ligne Membrun/Thivet-Bellevue), Ambert (ligne Chambon) et Clermont-Ferrand (ligne Peschadoires/Pont de Dore/Chambon).

HÉBERGEMENT

BUDGET MOYEN

Hôtel L'Aigle d'Or – *8 r. de Lyon - 63300 Thiers - ☎ 04 73 80 00 50 - www.aigle-dor.com - fermé 13-26 avr., 25 oct.-17 nov., lun. midi, sam. midi et dim. - 18 ch. 58 € - ☕ 7 € - rest. formule déj. 13 € - 17/26 €.* Cet établissement fondé en 1836 abrite un confortable salon feutré et des chambres bien insonorisées. Cadre du 19e s. et meubles rustiques dans la salle de restaurant où l'on propose une cuisine traditionnelle.

Hôtel Parc de Geoffroy - 49 *av. du Général-de-Gaulle - ☎ 04 73 80 87 00 - www.parcdegeoffroy.com - P - 20 ch. 67/85 € - ☕ 8 € - rest. 21/47 €.* Une petite allée de platanes conduit à cette ancienne demeure de coutelier. Belles salles de restaurant et terrasses en été. Chambres calmes, spacieuses et colorées.

Eliotel – *rte de Maringues - 63920 Pont-de-Dore - ☎ 04f 73 80 10 14 -*

www.eliotel.fr - fermé 4-15 août et 21 déc.-11 janv. - 12 ch. 55/76 € - ☕ 8 € - rest. formule déj. 17 € - 19 bc/55 €. Un établissement sympathique tenu par un passionné de coutellerie thiernoise (vitrine de présentation et site Internet). Chambres de bonne ampleur, demandez les plus récentes. Le chef, originaire d'Armorique, mitonne recettes auvergnates et spécialités bretonnes.

RESTAURATION

PREMIER PRIX

À la Belle Excuse – *6 rue du Bourg - 63300 Thiers - ✆ 04 73 80 61 08 - 12,50/26 €.* Un cadre chaleureux avec poutres au plafond, au cœur du centre-ville. Le cuisinier, visible tout au fond de la salle, vous mitonne de petits plats traditionnels, simples et savoureux.

BUDGET MOYEN

L'Auberge des 4 Chemins – *Rte de Clermont - D 2089 - 63920 Peschadoires - ✆ 04 73 80 25 68 - www.aubergedesquatrechemins.com - fermé 3 sem. en fév., 3 sem. en juil., lun. et mar. - P - formule déj. 17,75 € - 22,50/48,50 €.* Postée à un carrefour, cette auberge familiale sans prétention accueille les gourmets sur une petite terrasse d'été dressée dans la cour et dans deux salles à manger fraîches et bien fleuries, aux tendances actuelles. Vous y dégusterez une cuisine simple et traditionnelle, imprégnée des généreuses saveurs du terroir.

ACHATS

Bon à savoir – Le terme « coutellerie » rassemble des articles aussi variés que la ciselure, la taillanderie et la fabrication des couteaux. Une vingtaine de magasins proposent ces divers articles. Ils se concentrent dans le centre-ville : rue de la Coutellerie, rue François-Mitterrand et place Antonin-Chastel.

Pâtisserie Museur – *15 r. François-Mitterrand - 63300 Thiers - ✆ 04 73 80 00 89 - jcmuseur@patisserie-museur.fr - 8h-*

12h30, 14h-19h30 - fermé 1er janv. et 1er-15 août. Ce pâtissier chocolatier nourrit une véritable passion pour le chocolat. Ses spécialités, les couteaux en chocolat, les Grêlons du Sancy (chocolat au lait et mousse noisette) et les Rochers des Borbes (croustillant amande et noisette) remportent un énorme succès.

Charcuterie Bresles - *4 rue Grenette - ✆ 04 73 80 27 10 - ouv. tlj (sf lun. et dim. apr.-midi) 7h30-12h15 (12h dim.), 15h-19h30 -* L'établissement, créé en 1882, travaille toujours à l'ancienne. Les spécialités : charcuteries sèches de Viscomtat, brioche aux grattons et le très prisé pâté thiernois.

ACTIVITÉS

Iloa ou les Rives de Thiers – *63300 Thiers - ✆ 04 73 80 92 35 - www.ville-thiers.fr - accueil 10h-12h,16h-20h - fermé de déb. oct. à déb. mai.* Parc de loisirs aménagé au bord de la Dore, dans un site arboré et verdoyant. Vous y trouverez, entre autres, deux lacs, des courts de tennis, des sentiers de randonnée, une piscine de 3 200 m² équipée de jeux d'eau… Également, camping, snack-bar et animations.

AGENDA

Saint-Éloi – *✆ 04 73 80 65 65.* Fête de la Confrérie des maîtres couteliers, qui existe depuis le 16e s. Depuis les années 1990, Thiers fait revivre la Saint-Éloi des Gogues pour l'entrée dans l'hiver, avec la tuerie du cochon qui a lieu fin novembre.

Pamparina – *✆ 04 73 80 88 80 - www.pamparinalefestival.com - un w.-end début juil.* Festival de musiques de rue.

Festival du couteau d'art – *✆ 04 73 80 65 65 - 2e w.-end de mai.* Expo-vente de créations françaises et étrangères, animations (forges/ateliers).

Courpière

4 534 Courpiérois – Puy-de-Dôme (63)

NOS ADRESSES PAGE 403

S'INFORMER

Office du tourisme du pays de Courpière – *Pl. de la Cité-Administrative - 63120 Courpière - ✆ 04 73 51 20 27 - www.tourisme.pays-courpiere.fr - juil.-août : tlj sf dim. 9h-12h, 14h-18h, j. fériés 10h-12h, 14h-17h ; reste de l'année : tlj sf dim. et j. fériés 9h-12h, 14h-17h, sam. 9h-12h.*

SE REPÉRER

Plan de région A1 (p. 382) – schéma p. 396 – carte Michelin Départements 326 I8.

La D 906, qui va de Thiers à Ambert, passe par Courpière, en suivant la vallée de la Dore. Entre Courpière et Giroux, la Dore forme une large boucle, s'écartant de la route. Vous pourrez, pour le plaisir, emprunter la petite D 315 qui descend de Sauviat et longe cette partie de la vallée.

À NE PAS MANQUER

Visiter au moins un château : Aulteribe, La Barge, Vollore…

ORGANISER SON TEMPS

Le Parc naturel régional Livradois-Forez propose des circuits de randonnée de tous niveaux *(renseignements à la Maison du Parc p. 384).*

AVEC LES ENFANTS

Entre deux visites de châteaux, détente et activités nautiques sont au programme de la base de loisirs du lac d'Aubusson-d'Auvergne.

Logé à l'entrée d'une gorge formée par la Dore, au cœur du Livradois-Forez, ce bourg se distingue par ses maisons de caractère et sa très belle prieurale romane. Les environs recèlent de pittoresques châteaux et réservent d'agréables promenades. En saison, le train de la découverte du Livradois-Forez, reliant Courpière à La Chaise-Dieu, vous offrira un regard insolite sur la région.

Se promener

★ Église Saint-Martin

Fermé dim. et j. fériés apr.-midi. Cette ancienne prieurale de style roman auvergnat est surmontée d'un clocher gothique. Avancez-vous sur le flanc gauche de l'église pour voir le chevet resserré entre de vieilles maisons. À l'intérieur, remarquez la nef constituée de trois travées en berceau et, dans le chœur, de curieux chapiteaux aux feuillages et des lions à deux corps. Vous noterez aussi, au fond du bas-côté droit, un saint-sépulcre du 15e s. *(éclairage au revers intérieur de l'arcade à droite)* ; dans le transept nord, un tableau daté de 1585 *(Martyre de saint Jacques le Majeur)* ; et dans la deuxième chapelle du bas-côté gauche, une Vierge romane en bois polychrome.

Près de l'église, à côté d'une fontaine, belle **maison Renaissance** restaurée.

À proximité Plan de microrégion

★ Château d'Aulteribe A1

5 km au nord-ouest par la D 223. ✆ 04 73 53 14 55 - visite guidée (1h) de mi-mai à mi-sept. : 10h-12h, 14h-18h30 ; de mi-sept. à mi-mai : tlj sf lun. 10h-12h, 14h-17h30 - visites thématiques mar. et jeu., se rens. - fermé 1er janv., 1er Mai, 1er et 11 Nov., 25 déc. - 6,50 € (-17 ans gratuit).

Ancien fief des La Fayette, cette austère construction féodale fut acquise en 1775 par Jacques de Pierre. Au 19e s., Henriette Onslow et Joseph de Pierre la transformèrent dans le goût romantique, puis, en 1954, le marquis Henri de Pierre légua le domaine à la Caisse nationale des monuments historiques et des sites. Transformé en pôle des métiers du bois et de l'ébénisterie d'art, il accueille aujourd'hui des ébénistes en formation qui travaillent à la restauration de certaines pièces.

Les anciens propriétaires du château amassèrent une riche collection de **meubles et œuvres d'art★** dont vous verrez de remarquables exemples. Notez tout particulièrement un *Henri IV* par Pourbus, un *Richelieu* par Philippe de Champaigne, une *Mademoiselle de Fontanges* *(voir Vic-sur-Cère)* à la manière de Mignard ; des sièges et meubles Louis XV et Louis XVI ; cinq très belles tapisseries des Flandres (18e s.) réalisées d'après des cartons de Teniers ; des vases Ming… et une grande partie de la bibliothèque musicale de Georges Onslow. Le tout forme un très bel ensemble décoratif dont il serait difficile de dresser l'inventaire, tant il est riche et varié.

Sentier du Bénitier du Diable – *1h20 AR.* Au départ du château, ce sentier permet de mieux comprendre l'histoire du domaine.

Domaine du château de La Barge

2 km au nord par la D 58 en direction d'Escoutoux. ✆ 04 73 53 14 51 - ♿ - visite guidée (1h30) du site-jardin et chapelle 1er juil.- 25 août : dép. des visites 14h, 15h30 et 17h ; groupes : mai-oct. sur RV - fermé w.-end - 4 € (-12 ans gratuit).

Construite près d'un gué de la Dore, cette ancienne maison forte a conservé ses douves d'origine. Transformée au 16e s. en château de plaisance, elle se dota, au 18e s., d'un jardin en terrasses ordonnancé à la française, dont les allées furent redessinées suite à un usage agricole, et que ses propriétaires actuels s'attachent à mettre en valeur. La chapelle du château contient une remarquable série de **vitraux** du 16e s. Dans la maison du jardinier, vous découvrirez une exposition retraçant l'histoire des lieux. L'intérieur du château ne se visite pas.

Château de Vollore A1

8 km à l'est par la D 7. ✆ 04 73 53 71 06 - visite guidée (45mn) juil.-août : 14h-19h (dernière visite 18h) - 6 € (enf. 4 €) - visite nocturne à 22h (juil.) ou à 21h30 (août), 10 €.

Perchée sur un éperon dominant les plaines de la Dore et de la Limagne, cette très ancienne place forte apparut dans l'histoire au 6e s., lorsque les Francs la ravagèrent. Le château se présente sous la forme d'un corps de bâtiment du 17e s. en granit blond, flanqué au sud d'un gros donjon du 12e s. et au nord d'un ensemble composite comprenant une tour du 14e s.

Intérieur – Il révèle des salles somptueusement décorées où abondent peintures, tapisseries, objets décoratifs et riche mobilier.

Le **Salon rouge** contient des souvenirs du général de La Fayette (ancêtre de la famille propriétaire du château) et de sa participation à la guerre d'Indépendance américaine *(voir p. 367)*. Dans le Grand Salon, on remarque une tapisserie de Bruxelles du 16e s. ainsi qu'un ensemble de portraits d'époque Louis XIV et Louis XV, dont une jeune fille en Cérès par Mignard. La terrasse offre une jolie **vue★** sur le Livradois, le Cézallier et la chaîne des Puys.

Randonnées

Pour plus de renseignements : Parc Livradois-Forez - ✆ 04 73 95 57 57.

Sentier de Saute Ruisseau

1h30. 7 km à l'est de Courpière. Départ du lac d'Aubusson-d'Auvergne. Cet itinéraire, jalonné de panneaux d'interprétation en lave émaillée, est une invitation à découvrir la **faune** (pic épeiche, grèbe huppé) et la **flore aquatiques** (reine des prés, iris jaune) au bord du lac d'Aubusson.

Secret de la forêt d'Ayguebonne

1h. 15 km au nord-est de Courpière (ferme de Naud). Lui aussi jalonné de panneaux d'interprétation en lave émaillée, ce parcours attire l'attention sur la **végétation forestière**, le milieu naturel et les techniques sylvicoles.

NOS ADRESSES À COURPIÈRE

Voir aussi les encadrés pratiques d'Ambert, de Billom, de Lezoux, du Parc naturel régional Livradois-Forez, de Noirétable et de Thiers.

HÉBERGEMENT

PREMIER PRIX

Chambre d'hôte Ferme des Noyers – *Pied-Froid - 63590 Tours-sur-Meymont - ✆ 04 73 70 71 20 ou 06 89 75 83 47 - philmajeune@orange.fr - - 3 ch. 41/43 € - .* Entourée d'un espace verdoyant, cette exploitation agricole respire le calme jusque dans son salon aux poutres apparentes, orné d'une cheminée. Parmi les 3 chambres, toutes à l'étage, une familiale peut accueillir 5 personnes. Un mobilier de famille vient habiller les différentes pièces.

RESTAURATION

BUDGET MOYEN

Les Chênes – *Rte de Piboulet - 63930 Augerolles - ✆ 04 73 53 50 34 - fermé dim. soir, lun. soir, mar. soir et sam., 18-26 fév., 1er-15 juil., 25 déc.-3 janv. - 18/39 €.* Cette adresse a ses habitués et ce n'est pas surprenant : accueil souriant, coquette salle à manger, tables espacées et bien dressées, et cuisine traditionnelle soignée élaborée en famille depuis trois générations. À tester absolument !

ACTIVITÉS

Train de la découverte du Livradois-Forez – Le tracé de cette ligne, qui relie Courpière à Sembadel, suit les gorges de la Dore, 85 km de voies au cœur du Parc du Livradois-Forez. *www.agrivap.fr - Voir p. 34 et Ambert p. 406.*

Base de loisirs du lac d'Aubusson-d'Auvergne – *À 8 km de Courpière - 63120 Aubusson-d'Auvergne - ✆ 04 73 53 56 02.* Nombreuses activités nautiques et de loisirs autour d'un plan d'eau de 28 ha : canoë-kayak, aviron, bateau, pêche, randonnée, etc.

Ambert

7 309 Ambertois – Puy-de-Dôme (63)

NOS ADRESSES PAGE 413

S'INFORMER

Office du tourisme du pays d'Ambert – *4 pl. de l'Hôtel-de-Ville - 63600 Ambert - ✆ 04 73 82 61 90 - www.ambert-tourisme.fr - de mi-juin à mi-sept. : lun.-sam. 9h30-12h30, 13h30-18h, dim.10h-12h30 - reste de l'année : lun.-sam. 10h-12h30 (sf lun.), 14h-17h (sf jeu. et sam.), fermé dim. - vac. scol. : lun.-sam. 10h-12h30 (sf lun.), 14h-18h, fermé dim.*

L'office de tourisme édite la brochure *Bienvenue au Pays d'Ambert.*

Office du tourisme du pays de Cunlhat –*8 Grande-Rue - 63590 Cunlhat - ✆ 04 73 82 57 00.*

SE REPÉRER

Plan de région B2 (p. 382) – schéma p. 396 – carte Michelin Départements 326 J9.

La ville s'est établie sur une rive de la Dore, d'abord sur un éperon situé à 2 km plus au nord, puis sur la terrasse alluviale où elle se trouve actuellement.

À NE PAS MANQUER

La Maison de la fourme d'Ambert, étape incontournable pour les amateurs de gastronomie ; le marché du jeudi matin ; le train de la découverte pour vous laisser aller au gré des paysages de la région.

AVEC LES ENFANTS

Visitez avec eux le moulin de Richard de Bas ou le musée de l'école 1900, à Saint-Martin-des-Olmes. Ils pourront aussi exercer leur oreille à l'Usine à sons de Cunlhat, royaume du disque vinyle disparu, ou assister au nourrissage des animaux au parc zoologique du Bouy.

Au cœur du Parc naturel régional Livradois-Forez, la cité des bords de la Dore fut longtemps un grand centre papetier, comme en témoignent les 300 moulins qui l'entourent. Mais c'est à un fromage, la fameuse « fourme », qu'elle doit sa célébrité. Sauvages et belles, les Hautes-Chaumes toutes proches feront un agréable but de promenade.

Se promener

Le 15 février 1577, le capitaine huguenot **Merle** s'empare d'Ambert. Les catholiques accourent pour reprendre la place. Merle coiffe de casques les statues enlevées aux églises de la ville et postées sur les remparts. Étonnés de voir les défenseurs d'Ambert rester impassibles sous un feu terrible et les croyant invulnérables, les assiégeants finissent par se retirer…

Aujourd'hui, il est agréable de partir à la découverte du centre historique, qui a conservé quelques **maisons à pans de bois**, et d'aller ensuite faire un petit tour dans le jardin Chabrier.

Partez de l'office de tourisme.

D'ILLUSTRES HABITANTS

Ambert a brillé par la renommée de ses esprits avec, au 17e s., le mathématicien **Michel Rolle**, au 19e s., le compositeur **Emmanuel Chabrier** et le poète et érudit **Maurice Faucon**. Le début du 20e s. voit naître une pépinière d'intellectuels, au point que l'on a pu parler d'une « école d'Ambert » : l'académicien et humaniste **Pierre de Nolhac**, le géographe **Lucien Gachon**, les écrivains **Cécile Sauvage**, **Antoine Sylvère**, **Claude Dravaine** et… **Henri Pourrat**, témoin éclairé de la vie paysanne, dont la maison natale se trouve à côté de l'église.

L'essayiste et critique **Alexandre Vialatte**, dont le buste trône sur l'esplanade de la gare, décrit ainsi cette petite ville du Livradois : « Sourdement ravagée par les moussons du globe, écartelée par la rose des vents, Ambert reste maintenue fermement sur le sol par son église, joyau de l'histoire, sa Caisse d'épargne la plus riche de France et sa mairie ronde comme une fourme. »

Hôtel de ville

Cette ancienne halle aux grains fut construite en 1816 pour accueillir le commerce des céréales qui se déroulait, depuis la Révolution, dans la nef de l'église. Jules Romains lui a donné la célébrité littéraire : c'est en effet autour de cette « grosse rotonde » que se retrouvent les héros des *Copains*, venus à Ambert pour y jeter le trouble par de joyeuses mystifications.

Descendez la rue de l'Enfer et, en face, la rue de Goye. Prenez à droite la rue du Chicot, puis à gauche la rue de la Grave.

★ Église Saint-Jean

Construite entre 1471 et 1518, elle appartient au style flamboyant, à l'exception de la partie haute de la tour et d'une chapelle qui sont de la Renaissance ; mais la dureté du granit dont elle est bâtie a tempéré la fantaisie décorative du sculpteur. La tour porte une ceinture de mâchicoulis. Entrez par le portail sud, et remarquez les dates de construction inscrites sur le trumeau du porche. L'intérieur présente de belles proportions, avec ses voûtes en croisées d'ogives. À la croisée du transept, **autel** en plomb doré de Philippe Kaeppelin.

À l'occasion d'une visite guidée de l'office de tourisme, montez sur la terrasse du clocher pour bénéficier d'une **vue** imprenable sur la ville en spirale.

Du portail sud, prenez sur la gauche la rue de la République, puis à gauche la rue du Château (au niveau de la Taverne, la rue sur la gauche mène à la Maison de la fourme et des fromages) et revenez par la rue de l'Enfer.

Maison de la fourme d'Ambert et des fromages d'Auvergne

04 73 82 49 23 - visite guidée juil.-août : 9h-19h ; avr. et sept. : 14h -18h ; mai - juin : tlj sf lun. 9h-12h, 14h-19h ; reste de l'année : tlj sf dim., lun. et merc. 14h-17h - déc. sur RV - fermé janv., 1er Mai - 4,80 € (enf. 3,80 €).

L'une des maisons anciennes du quartier des Chazeaux, dite « de La Fayette d'Ambert » (15e s.), sert de cadre à ce musée dont la visite commentée met autant l'accent sur l'origine de la fourme d'Ambert que sur sa fabrication et son histoire.

Ce célèbre fromage était fabriqué sur les monts du Forez (600 à 1 600 m) ; les femmes accompagnaient le troupeau de mai à septembre, tandis que les hommes travaillaient autour de la ferme pour la fenaison et redescendaient les fromages une fois par semaine. Un laboratoire retrace les étapes fondamentales de l'élaboration de la fourme *(voir encadré)*. Les deux salles de environnante. Quelque 500 animaux de tous les continents y vivent en semi-liberté : oiseaux, singes, lions, lynx, hyènes, loups, kangourous, bisons, daims blancs, émeus, etc. Différents parcours de découverte *(de 1 à 3h)* et animations sont proposés, et vous pourrez assister tous les matins au nourrissage des animaux, ainsi qu'à un spectacle de fauves de mai à août. Une aire de jeux complète l'attraction.

Itinéraires conseillés

DU VAL DE LAGAT AUX HAUTES-CHAUMES B2

Pour visualiser cet itinéraire 3 de 60 km, reportez-vous au schéma (p. 396) – comptez environ une journée.
Quittez Ambert par l'est en empruntant la D 996, direction Montbrison.

Musée de l'École 1900

À Saint-Martin-des-Olmes. 04 73 72 66 80 - http://ecole1900.ifrance.com - fév-mars et oct.-déc. : tlj 10h-12h, 14h-18h ; avr. à mi-juin et sept. : tlj 9h-12h, 14h-19h ; mi-juin à fin août : 9h-19h ; fermé en janv. - 5 € (6-12 ans 3,50 €).

La communale de Jules Ferry revit dans cette école des années 1880, fermée en 1989 par manque d'effectifs. Vous verrez bien sûr la **classe** avec ses élèves et le maître (et tout le matériel pédagogique), mais aussi le préau où est présentée une collection de jouets d'époque, le réfectoire, les appartements de l'institutrice. Le musée compte en tout plus de **800 pièces** (cartables, encriers, cartes…) montrant l'évolution des fournitures scolaires au fil du temps.

Vous pourrez vous appliquer à tracer quelques pleins et déliés dans la salle d'écriture avant d'aller dans le **jardin**, comprenant potager, poulailler et rucher : l'instituteur subvenait lui-même à ses besoins et vivait en autarcie.
Faites demi-tour et prenez la première route à droite.

★ Moulin Richard de Bas *(voir « À proximité »)*

Au hameau de Valeyre, prenez sur la droite la D 67.

Chemin des Papetiers

Au départ de Valeyre, boucle de 2h. Ce sentier de découverte retrace l'histoire de la papeterie, de son essor au 15e s. à son déclin au 19e s., suivant le sentier escarpé et rude qu'empruntaient les muletiers et les chiffonniers.

La D 67 s'élève, révèlant de jolies **vues** sur la plaine d'Ambert, le plateau de La Chaise-Dieu et les monts du Livradois. Elle contourne ensuite, par d'innombrables détours, le cirque de Valcivières.

Cirque de Valcivières

Ce très beau cirque abrite sur ses pentes, sillonnées d'eaux vives, de nombreux hameaux disséminés parmi les prés irrigués et les cultures.
Prenez à droite la sinueuse D 106 qui s'élève à travers des prairies et des cultures, puis dans une forêt de hêtres, enfin sur les Hautes-Chaumes.
Avant d'arriver au col des Supeyres, beau **panorama★** sur le cirque de Valcivières, les monts du Livradois et, au loin, les monts Dore et les monts Dôme.

Col des Supeyres

Alt. 1 366 m. *Table de lecture de paysage, « la Montagne des Allebasses ».* Situé à l'est du Parc naturel régional Livradois-Forez, le col des Supeyres offre un paysage steppique de Hautes-Chaumes mal drainées, d'une solitude prenante.

On ressentira particulièrement cette impression de sauvage isolement en empruntant une amorce de route en direction de Pierre-sur-Haute, carrossable sur 1 km environ.

En hiver, ski, snow-kite, balades à raquettes, ou en traîneau à chiens se pratiquent sur les 200 km de pistes tracées sur les crêtes du Forez. Au départ de Prabouré ou du Brugeron, des cols des Supeyres, des Pradeaux et du Béal, le domaine nordique (labellisé France Ski de Fond) s'étend sur 35 km, entre 1 000 et 1 432 m d'altitude. La location de matériel et l'achat des forfaits se font sur place. *Renseignements au domaine nordique des Crêtes du Forez (☏ 04 73 95 20 61 - www.ski-cretes-du-forez.org) ou à la remontée mécanique (☏ 04 73 95 40 45).*

Le colporteur des jasseries – *Boucle de 3h.* Au départ du col des Supeyres, ce sentier de découverte *(8,5 km)* vous permet de suivre les traces du colporteur qui, jadis, allait de jasserie en jasserie vendre ses breloques à travers les Hautes-Chaumes du Forez.

À la descente du col vers Saint-Anthème, la D 106 longe le groupe de **jasseries du Grand-Genévrier**, dont l'une est ouverte aux visiteurs.

Musée Jasserie du Coq-Noir – *Le Grand Genévrier - 63660 St-Anthème - ☏ 04 73 95 47 06 - juil.-août : tlj sf lun. 10h-19h - gratuit.*

En visitant cette ferme d'estive, vous traverserez des siècles de vie en montagne. Patrimoines naturel, culturel et gastronomique des Hautes-Chaumes sont présentés ici. Animations et balades enrichissent les visites en période estivale.

Revenez au col des Supeyres et à Valcivières par la D 106, puis la D 67.

Après Valcivières, la D 67 domine un ravin sur les versants duquel pointent des rochers. Elle débouche ensuite au-dessus de la plaine d'Ambert et se déroule sur les pentes inférieures des monts du Forez.

La D 66, puis la D 906 ramènent à Ambert.

★ DU LIVRADOIS À LA DORE A/B2/3

Pour visualiser cet itinéraire de 100 km, reportez-vous au plan de la région (p. 382) – comptez la journée (promenades à pied).

Quittez Ambert par l'ouest (D 996) en direction de Saint-Amant-Roche-Savine.

Entre Le Monestier et Saint-Amant, on passe à proximité du **domaine noble des Escures** *(privé)*, petit château avec tours d'angle et échauguettes, qui servit de cadre à Henri Pourrat pour quelques scènes de son roman *Gaspard des montagnes*.

La forêt de Gaspard – *30mn AR. 300 m avant Saint-Amant-Roche-Savine, tournez à gauche (D 39). Point de départ 700 m à droite.* Sentier de découverte à faire en famille.

Saint-Amant-Roche-Savine

Chaque été, ce charmant village du cœur des monts du Livradois accueille de nombreux visiteurs, notamment lors des **Rendez-vous de Jolie Môme** (manifestations théâtrales) et du festival **Du rock au baroque** qui animent le bourg *(juil. - ☏ 04 73 95 70 22)*.

Avant de quitter Saint-Amant, passez le beau portail de l'**église** (15e et 16e s.) pour découvrir des fragments de fresques et un intéressant **mobilier classé**.

Sortez par le nord et, 1 km après Saint-Amant, prenez à droite la D 87, puis la D 65.

ACHATS

La Cave aux Fromages – *25 r. du Château - ✆ 04 73 82 49 23 - 9h-19h, dim. mat. à partir d'avr. - fermé dim. et lun.* Cette agréable boutique est située près du musée de la Fourme d'Ambert et du Fromage, dans le quartier des Chazeaux. La sélection de fromages régionaux met l'eau à la bouche : fourme d'Ambert, bien sûr, saint-nectaire fermier, cantal entre-deux… Possibilité de déguster à toute heure une assiette de cinq fromages AOC.

Marché – *✆ 04 73 82 61 90 - jeu. mat. 8h-12h30.* Un des plus importants marchés du Livradois-Forez : tous les produits du terroir et de l'artisanat local vous y sont proposés.

ACTIVITÉS

La Forêt de l'Aventure – *Col de la Toutée - 63590 Cunlhat - ✆ 06 72 26 62 47 - foretaventurecunlhat.com - juil.-août : 10h-18h (dernier départ) ; avr.-juin et sept.-oct. : w.-end et j. fériés ; reste de l'année sur réserv.* Ce parcours aménagé dans la forêt de Cunlhat vous invite à découvrir cette activité sportive qui consiste à évoluer d'arbre en arbre au moyen de passerelles, échelles, ponts suspendus, etc. Plusieurs niveaux de difficultés (du débutant à « l'aventurier » confirmé) et encadrement assuré par des professionnels compétents.

L'Âne Rit – *Grolet - 63890 Saint-Amant-Roche-Savine - ✆ 04 73 72 17 26.* Dans cette ferme pédagogique, les enfants pourront découvrir les animaux de la basse-cour et en profiter pour faire une balade à dos d'âne sur des circuits balisés. Visite guidée de la ferme, de son arboretum et de la tourbière.

Les balades de Léa et Tino – *✆ 04 73 42 22 50 - www.planetepuydedome.com/leaettino.* Itinéraires de petite randonnée, invitant les enfants à découvrir les paysages emblématiques du territoire. Une collection de 30 petites fiches vendues 1 € l'unité (2 € le lot de 5) est disponible dans tous les offices du tourisme du parc du Livradois.

La Chaise-Dieu

★★

801 Casadéens – Haute-Loire (43)

NOS ADRESSES PAGE 420

S'INFORMER

Office du tourisme du pays de La Chaise-Dieu – *Pl. de la Mairie - 43160 La Chaise-Dieu - ✆ 04 71 00 01 16 - www.la-chaise-dieu.info - juil.-août : 10h-12h30, 14h-19h ; Pâques à juin et sept. : tlj sf lun. 10h-12h, 14h-18h ; reste de l'année : mar.-sam. 10h-12h, 14h-17h.*

SE REPÉRER

Plan de région B3 (p. 382) – carte Michelin Départements 331 E2.

La route d'accès la plus importante, la D 906, suit la vallée de la Dore de Thiers à La Chaise-Dieu. Mais la plus belle arrivée se fait en empruntant la vallée de la Sénouire, par la D 4 au départ de Paulhaguet.

SE GARER

La rue des Fossés et la rue Fongiraud, qui contournent le centre de La Chaise-Dieu, mènent vers un parking en bordure duquel se trouve l'Historial.

À NE PAS MANQUER

Si vous avez la chance de vous trouver à La Chaise-Dieu fin août, durant le festival de musique classique, ne manquez pas d'assister à un concert dans l'abbaye. C'est un moment inoubliable ! Mais attention : les réservations sont ouvertes plusieurs mois avant le festival.

AVEC LES ENFANTS

Les forêts aux alentours de La Chaise-Dieu se prêtent à toutes sortes de randonnées, à pied, à cheval et pourquoi pas… à dos d'âne ! Renseignez-vous auprès de l'office de tourisme.

Sur le vaste plateau boisé qui relie les monts du Livradois et du Forez, vous trouverez les maisons de ce petit village perdu du Livradois sagement regroupées autour des vastes et majestueux bâtiments de sa célèbre abbaye bénédictine. Si vous ne pouvez goûter la plénitude de la musique sacrée, vous pourrez admirer l'impressionnante église abbatiale et les trésors fabuleux qu'elle renferme. La Chaise-Dieu est également célèbre pour ses « coins » à champignons.

Se promener

★★ Église abbatiale Saint-Robert

✆ 04 71 00 06 06 - de juil. à mi-août : 9h-19h ; juin : 9h-12h, 14h-18h ; mai et sept. : 10h-12h, 14h-18h ; oct.-avr. : 10h-12h, 14h-17h - possibilité de visite guidée (sf durant le festival de musique de mi-août à déb. sept., mais il est possible de visiter le trésor) - fermé lun. (oct.-avr. hors vac. scol.), janv. (tlj sf dim. matin, 25 déc. et 1er janv.) - 1,80 € trésor, 3 € chœur seul (nov.-avr.), 4 € chœur et trésor (mai-oct.).

Lancée en 1344, la construction de l'église Saint-Robert, aux proportions pourtant impressionnantes (longueur : 76 m, largeur : 24 m, hauteur : 18 m), fut achevée en huit ans à peine, en 1352. Taillé dans le granit, l'édifice produit une impression de grandeur et de sévérité qui semble refléter la personnalité de son promoteur, Clément VI.

Façade – La façade ouest évoque l'aspect d'une construction militaire. Surmontée de deux clochers, elle se dresse sur une **place** en pente, ornée d'une fontaine du 17e s. Les grands escaliers sont le lieu de prédilection des festivaliers pour échanger leurs impressions sur les concerts qu'ils viennent d'écouter.

Intérieur – Entrez par la porte latérale (lieu de passage des moines se rendant à l'office). À gauche, dans le **bas-côté sud**, se trouve un **gisant** du 14e s., découvert récemment. Il pourrait s'agir de celui d'un évêque proche des papes d'Avignon.

Revenez sur vos pas, et passez devant le **tombeau aux anges musiciens (1)**, à la décoration d'angelots sculptés. Réalisé au 14e s., il serait attribué à l'abbé Renaud de Montclar.

Arrêtez-vous : vous contemplez maintenant le sanctuaire, sur votre droite, et le chœur monastique, sur votre gauche.

Le **sanctuaire** est la partie la plus sacrée de l'église. Derrière le **maître-autel** du 17e s., cinq chapelles rayonnent. À gauche, sur le pilier de l'une d'entre elles, admirez une **Vierge en majesté** en bois polychrome, du 14e s.

Le **chœur★★** est entouré de 144 **stalles★★ (2)** en chêne, du 15e s., dont les culs-de-lampe représentent vices et vertus, visages et personnages. Il faut s'en approcher pour les apprécier pleinement. Au-dessus de la clôture sont tendues d'admirables **tapisseries★★★ (3)** d'Arras et de Bruxelles en laine, lin et soie, exécutées au début du 16e s. Les sujets, tirés de l'Ancien et du Nouveau Testament et illustrant le thème du Salut, sont copiés sur la Bible des pauvres, si répandue au Moyen Âge, et accompagnés de légendes en caractères gothiques.

Au milieu du chœur se trouve le **tombeau de Clément VI (4)**, qui l'avait fait exécuter de son vivant et sculpter par Pierre Roye, Jean David et Jean de Sanholis. Il était entouré, à l'origine, de 44 statues représentant des membres de la famille du pape. Les protestants le mutilèrent, et on ne voit plus que le gisant sur une dalle de marbre noir.

Bas-côté nord – Dans le bas-côté gauche du chœur se trouve la fameuse peinture murale de la **Danse macabre★ (5)**, haute de 2 m et longue de 26 m. Ses trois panneaux mettent les grands de ce monde en présence des morts qu'ils deviendront et qui les invitent à danser : les puissants à gauche, la bourgeoisie au milieu, les artisans à droite. Ce thème, souvent représenté au

LES ORIGINES

En 1043, **Robert de Turlande** se retire avec quelques compagnons sur ce plateau désolé. Bientôt rejoint par des disciples de plus en plus nombreux, il fonde un monastère qu'il dote de la règle bénédictine, et pour lequel il obtient, en 1052, la protection pontificale. Le succès va croissant : 300 moines, 49 prieurés (notamment un à Lavaudieu pour les femmes) sont dénombrés à la mort de saint Robert en 1067. La multiplication des prieurés jusqu'en Italie et en Espagne (en tout 250 établissements), l'affluence des donations et le rayonnement spirituel font de La Chaise-Dieu le troisième ordre monastique français du milieu du 12e s.

Église abbatiale Saint-Robert, La Chaise-Dieu.
J. Damase / MICHELIN

15e s., n'a été nulle part évoqué avec autant de réalisme et de mouvement. La peinture de la *Danse macabre* fut effectuée à la fin du 15e s., à la suite d'une épidémie de peste noire. C'est cette œuvre qui inspira le compositeur Arthur Honegger quand il composa, en 1938, son oratorio *La Danse des morts*, sur un livret de Paul Claudel. Le bas-côté gauche du chœur renferme encore deux tombeaux. Le premier gisant, représentant un abbé mitré, marquerait la sépulture de l'abbé Jean de Chandorat ; quant au second, représentant une femme aux mains jointes, il serait celui de Smaragde, femme du seigneur d'Allègre. Entre ces deux tombeaux, remarquez une « pierre d'exposition », d'environ 2 m de long, utilisée pour laver et exposer le corps des moines décédés.

Nef – Passez par le cloître pour accéder à cette partie de l'église. Une impression de grandeur se dégage de la vaste nef couverte de voûtes surbaissées et flanquée de collatéraux d'égale hauteur. Un **jubé (6)** du 15e s. rompt la perspective et semble réduire la nef en hauteur. Un beau Christ (1603) le domine : au pied de la croix, deux statues en bois représentent la Vierge et saint Jean (15e s.). À droite du jubé se trouve le tombeau de saint Robert, simple pierre tombale du 11e s. En face, le superbe **buffet d'orgue★ (7)** en pin de la région est du 17e s.

Sacristie – *Ne se visite pas.* Elle occupe le rez-de-chaussée de la **tour Clémentine**, puissante construction de caractère militaire réalisée, comme son nom l'indique, sous l'abbatiat de Clément VI.

Après des siècles de difficultés, l'abbaye sort de l'ombre au début du 20e s., mais sa restauration complète se fait à partir de 1965, grâce au pianiste **Georges Cziffra**, qui propose la création d'un festival de musique sacrée pour financer ces travaux. La restauration des grandes orgues est achevée. Depuis 1990, les travaux d'illumination de l'abbaye ont donné lieu à une dizaine d'interventions archéologiques qui ont permis notamment de mettre au jour un sarcophage trapézoïdal (en 1992, déposé dans le cloître), des sépultures romanes sous l'emprise du grand escalier (1994) et un gisant (en 1999, déposé dans l'abbatiale).

PROTECTION PAPALE
L'élection à Avignon du pape **Clément VI**, ancien novice et moine de l'abbaye, est une nouvelle chance pour celle-ci. Ce pape fait reconstruire, de 1344 à 1352, l'église actuelle par l'architecte occitan Hugues Morel. Et, au début du 16e s., **Jacques de Saint-Nectaire** dote encore l'abbatiale d'une éblouissante série de tapisseries *(voir p. 416)*.

★ Cloître

Il fut édifié à la fin du 14e s. Il n'en reste que deux galeries ; l'une est surmontée d'un étage qui servait de bibliothèque *(voir ci-après)*. En quittant le cloître, on débouche sur une place ; à gauche, le deuxième perron mène à la **salle de l'Écho** où deux personnes, placées dans des angles opposés et se tournant le dos, peuvent parler à voix basse et s'entendre parfaitement. Une telle disposition aurait permis, au Moyen Âge, la confession des lépreux.

Bibliothèque des moines – Cette salle voûtée suit la déclinaison de la galerie nord du cloître sur laquelle elle est édifiée. Au 17e s., la bibliothèque, ou scriptorium, abritait plus de 5 000 volumes. Beaucoup d'entre eux brûlèrent dans un incendie en 1695 ; les autres ont été dispersés à la Révolution. C'est ici que se trouve le **trésor** de l'abbaye : dans deux salles, on peut admirer de superbes tapisseries de Bruxelles du 16e s. (notamment la Crucifixion, deuxième tenture d'une série de trois), un Christ en ivoire du 17e s., l'anneau brisé de Clément VI, et une maquette de l'abbaye telle qu'elle était à la Révolution.

Empruntez les ruelles adjacentes à la place de l'Église.

S'y dressent d'intéressantes maisons aux **façades médiévales.** En bas de la rue de la Côte se trouve la Cloze, **maison forte** du 15e s.

Historial de La Chaise-Dieu

✆ 04 71 00 06 99 - de déb. juil. à mi-sept. : 10h-12h, 14h-18h30 ; juin : tlj sf lun. 10h-12h, 14h-17h ; de Pâques à fin mai : w.-end et j. fériés 10h-12h, 14h-17h - 2,50 € (enf. 1,50 €). Cette galerie, aménagée en musée de cire, fait revivre les grandes heures de l'abbaye.

Casa d'Art - Le Grand Atelier

Rue St-Martin - ✆ 04 71 00 19 72 - se renseigner pour j. et horaires d'ouverture.
Pôle de compétence des métiers d'art, Casa d'Art regroupe plusieurs professionnels des métiers d'art et d'artisanat, qui, dans ce « Grand Atelier », proposent des expositions sur leurs différents savoir-faire, des stages et des ateliers : poterie, ébénisterie, peinture sur verre et porcelaine, illustration…

À proximité Plan de microrégion

Le canton de La Chaise-Dieu est couvert à 70 % par des forêts de résineux, lieux propices à la cueillette de champignons, mais aussi aux légendes et histoires à faire peur ! **Henri Pourrat** *(voir p. 97)* s'en est beaucoup inspiré dans son œuvre, notamment dans *Gaspard des montagnes*.

Ces forêts sont aussi des espaces où **randonnées** pédestres *(180 km de sentiers balisés)*, équestres, à dos d'âne ou à VTT se pratiquent facilement *(renseignements auprès de l'office de tourisme)*. En hiver, les bénévoles du foyer de ski aménagent quelque 80 km de pistes de **ski de fond**, balisées et accessibles à tous *(permanence et location de matériel dans l'ancienne gare)*.

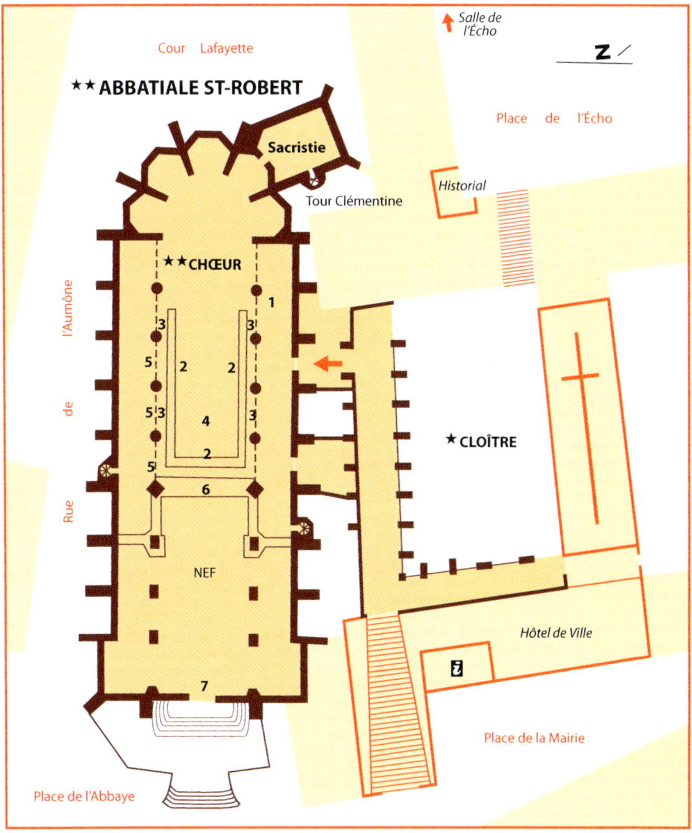

Sentier du Serpent d'or

2h AR (4,5 km). Départ à côté de la salle des fêtes de La Chaise-Dieu.
Depuis la cité casadéenne, vous descendrez progressivement à travers la forêt du Breuil, jusqu'à rejoindre la Sénouire ou « serpent d'or ». Cette belle rivière aux éclats dorés tire son nom de sa couleur et de ses nombreux méandres *(voir Brioude et Lavaudieu)*. Après avoir contemplé ses flots, vous découvrirez comment les moines exploitaient cette forêt, et quelques anecdotes et légendes sur la région.

Signal de Saint-Claude

1 km à l'est. Petite route d'accès par la D 906. Après le passage sous la voie ferrée, tournez à droite dans le chemin qui, environ 600 m plus loin, atteint le sommet.
D'une altitude de 1 112 m, on découvre un beau panorama sur la proche forêt de Breuil, puis les monts du Forez, du Lyonnais, le Pilat, les Cévennes, les monts du Cantal et les monts Dore.

Saint-Victor-sur-Arlanc

À 17 km au nord-est de la Chaise-Dieu.
Musée de la radio « Les années trente » – *04 71 03 34 25 - visite guidée 14h-19h - 4 €.*

Ce musée retrace le développement de la TSF de 1925 à aujourd'hui. Plus de 1 000 postes français et étrangers illustrent les progrès techniques, mais aussi l'évolution esthétique des postes de radio.

Craponne-sur-Arzon B3

À 19 km à l'est de La Chaise-Dieu. On ne soupçonnerait jamais que cette petite ville plus que millénaire organise l'un des meilleurs festivals de **musique country** en Europe. Et pourtant, chaque année, le dernier week-end de juillet, quelque 20 000 amateurs viennent applaudir, en plein air, des formations américaines et européennes et les plus grands noms de la musique country, lors d'un véritable marathon musical représentant plus de vingt heures de concerts. Les infrastructures nécessaires à l'accueil des festivaliers sont alors mises en place : parquets dansants, écrans géants, camping, restauration, etc. *Renseignements ✆ 04 71 03 25 52 - www.festivaldecraponne.com.*

Saint-Julien-d'Ance

À 27 km à l'est de La Chaise-Dieu. Ce petit village abrite une église rebâtie au 16e s., dont il reste, de ses origines romanes, quelques éléments en façade. Un peu en contrebas du village, dans un hameau, se trouve le **moulin d'Ancette**, qu'une association de bénévoles a décidé de remettre en état. L'un des représentants de la 12e génération de meuniers d'Ancette sert de guide à qui souhaite lui rendre visite. *✆ 04 71 03 26 65 - sur demande préalable.*

La coulée de Bourianne – *À l'est du village, au pied de la coulée. Empruntez le sentier balisé au départ du parking aménagé en aire de pique-nique.*
Appelée aussi « chaussée des Géants », cette spectaculaire coulée de lave, échappée il y a environ 6,5 millions d'années, s'est transformée, en refroidissant, en rivière de blocs de basalte. Au sommet de la coulée, une table d'orientation accompagne le **panorama** étendu sur les monts du Forez.

NOS ADRESSES À LA CHAISE-DIEU

Voir aussi les encadrés pratiques d'Ambert, de Brioude et du Puy-en-Velay.

HÉBERGEMENT

BUDGET MOYEN

Hôtel Casadeï – *Pl. Abbaye - ✆ 04 71 00 00 58 - www.hotel-la-casadei.com - ouvert 2 mai-fin oct. - 9 ch. 49/69 € - 9 € - rest. 14/17 €.* Au pied de l'abbaye, hôtel familial doté de chambres sobres et pratiques. Boutique d'artisanat et de produits du terroir ; galerie d'art exposant des artistes d'ici ou d'ailleurs. Ambiance de brocante au restaurant qui propose d'authentiques recettes du terroir.

Chambre d'hôte La Jacquerolle – *R. Marchédial - ✆ 04 71 00 07 52 - www.lajacquerolle.com - - 4 ch. 57/65 € - rest. 25 €.* Dans la partie basse du village, maison de caractère en pierre du pays abritant, à l'étage, une salle à manger garnie de meubles anciens et d'une magnifique cheminée en granit. Chambres aussi chaleureuses que confortables. Table d'hôte aux saveurs du terroir le soir sur réservation.

La Maison du Lac – *Lac de Malaquet - 43270 Monlet - 10 km au sud de La Chaise-Dieu par la D 13 jusqu'à Beyssac - Gîte Panda (label wwf) - ✆ 04 71 00 21 48 - www.lac-de-malaguet.com - - 5 ch. 40/65 € - - repas 22 €.* Situé à

1 025 m d'altitude, à la limite de l'Auvergne et du Velay, au bord d'un lac magnifique et au cœur du Parc naturel régional du Livradois-Forez. Équipement d'observation de la nature à disposition.

RESTAURATION

BUDGET MOYEN

Le Lion d'Or – *Av. de la Gare - ✆ 04 71 00 01 58 - lion@liondor43.com - fermé déc.-mars - ♿ - formule déj. 12 € - 20/26 €.* Cette construction auvergnate traditionnelle postée au bout de la rue principale vous réserve une surprise assez originale : à table, les assiettes prennent la forme du plat commandé Cuisine généreuse et soignée. Additions sans sel

POUR SE FAIRE PLAISIR

L'Écho et l'Abbaye – *Pl. Écho - ✆ 04 71 00 00 45 - hoteldelecho@orange.fr - ouvert 3 avr.-8 nov. et fermé merc. sauf juil.-août - formule déj. 17 € - 27/39 € - 10 ch. 55/72 € - ☕ 8,50 €.* Tables joliment dressées, cuisine traditionnelle, carte des vins étoffée… et clientèle V.I.P. lors du festival de musique. Certaines chambres ont vue sur le cloître.

ACHATS

Foire aux champignons – La grande foire aux champignons secs, qui se tient le dernier jeudi d'oct., est l'une des plus importantes de France et attire de nombreux amateurs. Des animations sont proposées, dont la dégustation de l'omelette géante aux champignons en fin d'après-midi.

ACTIVITÉS

Le refuge de P'tit Âne – *Berbezit – 15 km à l'ouest de La Chaise-Dieu - ✆ 04 71 00 09 22.* Location d'ânes de bât pour randonner à la demi-journée, à la journée ou sur plusieurs jours sans accompagnateur.

Le jardin des Nielles et des Senteurs – *Cheyrac, à 18 km à l'est de La Chaise-Dieu - 43500 St-Victor-sur-Arlanc - ✆ 04 71 03 34 82 - juil.-août : visite commentée à 15h sf lun., mar. et dim. - 4 €.* Un paysan aromaculteur vous ouvre les portes de son exploitation. Présentation d'une collection de plantes rares aux vertus diverses, ou même dangereuses. Visite de la distillerie d'huiles essentielles.

AGENDA

Festival de La Chaise-Dieu – Depuis plus de 40 ans, 30 000 mélomanes assistent fin août aux concerts donnés dans l'abbatiale et dans d'autres lieux patrimoniaux remarquables. *Renseignements : Festival de La Chaise-Dieu - BP 150 - 43004 Le Puy-en-Velay Cedex - réserv. ✆ 04 71 00 01 16 - www.chaise-dieu.com.*

VAL D'ALLIER ET ALAGNON
RIOM
THIERS
THIERS
MILAU
LE PUY-EN-VELAY
A
B
1
2
3
0 4 km
Issoire ★★ Mérite un détour
Blesle ★ Intéressant
Massiac À voir
Itinéraire conseillé avec ville de départ
Montferrand
Clermont-Ferrand
Aubière
Plau de Gergovie 717
Le Crest
Monton
Corent
St-Saturnin
La Sauvetat
Montpeyroux
Coudes
Champeix
Couze de Chambon
Pont-du-Château
Lezoux
Ravel
Aulteribe
Courpière
Glaine-Montaigut
Billom
Mauzun
Montmorin
St-Dier-d'Auvergne
Busséol
Puy de St-Romain
779
Vic-le-Comte
Yronde et Buron
Les Martinanches
Cunlhat
Sugères
PARC NATUREL RÉGIONAL DU LIVRADOIS-FOREZ
PUY-DE-DÔME
ALLIER
Dore
Issoire
Grottes artificielles
Perrier
Parentignat
Sauxillanges
Butte d'Usson
Tourzel-Ronzières
Ronzières
Puy d'Ysson
856
Colamine-sous-Vodable
Mareugheol
Villeneuve
Boudes
Vée des Saints
Mailhat
Nonette
St-Germain-Lembron
St-Germain-l'Herm
Jumeaux
St-Gervazy
Brassac-les-Mines
Auzon
Ardes
Ggés de l'Alagnon
Chât. de Léotoing
Blesle
Paulhac
Ste-Madeleine
Massiac
Lespinasse
A 710
A 711
A 75
N 102
N 122
D 2
D 769
D 212
D 52
D 978
D 213
D 4
D 1
D 18
D 177
D 8
D 81
D 225
D 229
D 49
D 797
D 996
D 26
D 23
D 124
D 32
D 48
D 125
D 214
D 909
D 35
D 655
D 653
D 20
D 588
D 21
D 12
D 17
D 16
D 76
D 34
D 33
D 3
D 999
D 123
D 89
D 144
D 2089
D 223
D 906
D 997
D 14
D 9
D 118
D 337
D 338
D 58
D 53
D 7
D 36

Val d'Allier et Alagnon 7

Carte Michelin Départements 326 et 331 - Puy-de-Dôme (63) et Cantal (15)

Issoire

★★

14 016 Issoiriens – Puy-de-Dôme (63)

NOS ADRESSES PAGE 433

S'INFORMER

Office du tourisme des pays d'Issoire – *Pl. Gén.-de-Gaulle - 63500 Issoire - 04 73 89 15 90 - www.sejours-issoire.com - juil.-août : 9h-12h30, 14h-19h ; reste de l'année : 9h-12h30, 14h-18h30 - fermé dim., 1er janv., 1er Mai, 1er et 11 Nov., 25 déc.*

Point info tourisme – *Parking centre commercial Carrefour (porte 12 de l'A 75) - 9h-12h30, 14h-19h, vac. scol., dim. et j. fériés 10h-17h.*

SE REPÉRER

Plan de région A2 (p. 422) – carte Michelin Départements 326 G9.

À 35 km au sud-est de Clermont-Ferrand, au cœur des Limagnes du sud, Issoire est un carrefour important. On y accède depuis l'A 75, la Méridienne. La ville est traversée perpendiculairement par la D 996, qui vient du massif du Sancy et se dirige vers Ambert.

SE GARER

Autour du centre, plusieurs parkings gratuits. Au nord : pl. de la Montagne ; à l'est : pl. Altaroche (près de l'abbatiale) ; à l'ouest : parking du Postillon et pl. du Général-de-Gaulle. D'autres parkings – payants – dans le centre : place Saint-Paul et place de la République.

À NE PAS MANQUER

Joyau incontournable de l'art roman auvergnat : la superbe abbatiale Saint-Austremoine et ses chapiteaux polychromes historiés.

ORGANISER SON TEMPS

Le soir, la ville se pare de lumières artificielles mettant en valeur sa richesse architecturale. Le samedi matin, profitez de l'ambiance conviviale du marché.

AVEC LES ENFANTS

Les animations de la tour de l'Horloge et le jardin des senteurs d'Orbeil.

Nichée entre les pentes du Livradois, des monts Dore et le Dauphiné d'Auvergne, Issoire présente un lacis de ruelles étroites bordées de vieux logis et l'une des plus grandes églises romanes d'Auvergne. À quelques kilomètres à l'est se dressent sur un piton volcanique, le majestueux village d'Usson et ses orgues basaltiques. Du sommet de cette ancienne forteresse, vous profiterez d'un panorama exceptionnel sur les massifs de la région.

Se promener

À côté de l'office de tourisme, la **halle aux grains** (début du 19e s.) a été reconvertie en espace d'animations. *Empruntez en face la rue du Ponteil qui mène à la tour de l'Horloge.*

Chapiteau abbatiale Saint-Austremoine.
OT Issoire

★ Tour de l'Horloge

04 73 89 07 70 - ♿ (sf beffroi) - juil.-août : 10h-18h30 ; mai-juin, sept.-oct. : tlj sf lun. 10h-12h, 14h-18h - reste de l'année : tlj sf lun. 14h-18h - fermé janv., lun. de Pâques, Pent. et 25 déc. - 5 €. (enf. 3 €).

L'ancien beffroi de la ville (15e s.) résonne encore des heures sombres ou exaltantes de la **Renaissance**. Trois scénovisions (« Le galion des Merveilles », « La caverne de Han l'écorcheur » et « L'atelier de Jean le Fier, l'horlogeur ») vous entraînent dans ce passé méconnu, mais si captivant, à travers l'épopée d'Austremoine, fils de l'horlogeur d'Issoire. Par ailleurs, de courts documentaires sur les bouleversements issus de la Renaissance (l'imprimerie, les Grandes Découvertes…) sont projetés, et des expositions temporaires sont organisées à intervalles réguliers.

Vous pourrez, indépendamment de la visite, accéder au sommet du beffroi pour admirer le **panorama** sur la ville.

Rejoignez ensuite la place de la République.

À l'entrée de la place de la République *(ancienne Grande-Place)*, animée le samedi matin par le marché, se trouve la **maison Charrier** (15e s.), avec sa porte gothique.

Au centre de la place, la fontaine aux têtes sculptées (1823) est due à l'architecte Ledru. Au-delà, sur la gauche, la maison aux Arcades vit naître le chercheur G. Roux, connu pour avoir découvert l'action antibiotique de la pénicilline. Tournez à gauche dans la rue des Fours pour voir l'**hôtel Bohier**

LA BELLE MOTO VOXAN

Depuis 1995, la société Voxan s'efforce de relancer une industrie de la moto 100 % française jadis florissante. Ses grosses cylindrées fabriquées sur les chaînes d'assemblage d'Issoire, avec notamment « Néfertiti » la dernière née de la marque, témoignent du dynamisme industriel de la ville et de sa volonté d'expansion économique.

(15e s., remanié aux 16e s. et 17e s.), construit par Bailly, architecte du château de Chenonceau, qui abrite un bel escalier Renaissance.
Plus loin, tournez à gauche pour rejoindre le Centre Pomel et l'abbatiale Saint-Austremoine.
En face, à l'entrée du square R.-Cassin, la **maison de la Bascule** (autrefois réservée au poids public) abrite le musée de la Pierre philosophale qui présente une collection de 1 000 échantillons minéralogiques.

Centre Pomel

Installé à l'emplacement de l'ancien monastère, il abrite le **centre d'art roman Georges-Duby** qui expose des vestiges du monastère Saint-Austremoine.
✆ 04 73 89 56 04 - www.terres-romanes-auvergne.com - ♿ - juil.-août : 10h-18h30 ; mai-juin et sept.-oct. : 10h-12h, 14h-18h - fermé lun. - gratuit.

★★ Abbatiale Saint-Austremoine

Cette ancienne église d'une abbaye bénédictine fut bâtie au 12e s. Elle doit son nom au premier évêque en pays arverne, **Austremoine**, venu de Rome avec six compagnons pour évangéliser la Gaule, et dont la fin glorieuse et le martyre sont auréolés de légende. Au 8e ou au 9e s., son corps sera transporté à l'abbaye de Mozac. L'abbatiale Saint-Austremoine remplace comme église paroissiale sa voisine placée sous le vocable de Saint-Paul, détruite peu après la Révolution. Le clocher, la façade, dont les deux tours furent saccagées au moment des guerres de Religion, et de nombreux chapiteaux ont été remaniés au 19e s.
Le **chevet★★**, composé d'arkose blonde, se dresse sur une large esplanade. C'est la partie la plus parfaite de l'édifice, l'exemple accompli de l'art roman auvergnat par l'harmonie des proportions, la pureté des lignes et la sobriété

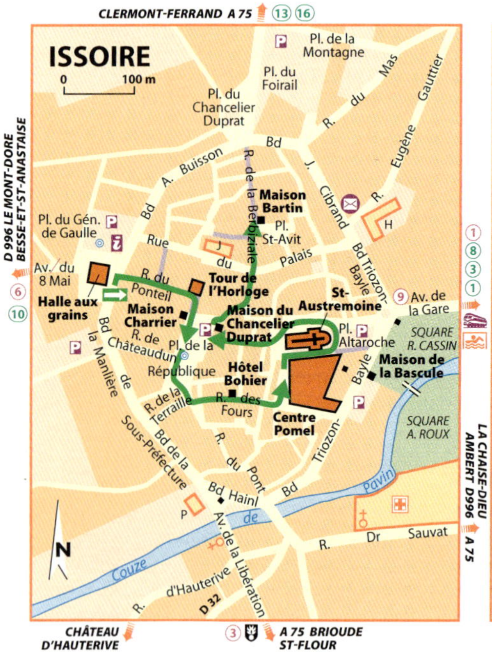

SE LOGER

Ace Hôtel 1
Baudarts (Chambre d'hôte les) 3
Château de la Vernède (Chambre d'hôte du) 8
Maison Gebrillat (Chambre d'hôte du) 10
Pariou (Hôtel le) 13
Pradets (Chambre d'hôte les) 16

SE RESTAURER

Bergerie (La) 1
Boudes La Vigne (Le) 3
Cour Carrée (La) 6
Relais (Le) 9

LA RÉFORME PROTESTANTE
En 1540, beaucoup d'Issoiriens deviennent protestants, sous l'influence d'un ancien moine jacobin allemand converti à la foi luthérienne. Un habitant d'Issoire est, à titre d'exemple, brûlé vif sur ordre du bailli, mais sa fermeté devant la mort entraîne de nombreuses conversions. La ville devient alors une **petite Genève,** où coulera le sang de nombreux martyrs de la foi nouvelle.

de la décoration. Remarquez le **cycle du zodiaque**, en moyen relief : il est composé non pas de 12, mais de 13 signes !
Avant de pénétrer dans l'église, notez la sobriété de sa façade occidentale.
Nef – Composée de deux étages, elle frappe surtout par ses magnifiques proportions et la décoration peinte, ajoutée au milieu du 19e s., qui lui redonne ses aspects d'origine et une tonalité chaleureuse. En vous avançant dans l'allée centrale, pensez à lever les yeux ; les chapiteaux, représentant des centaures, des porteurs de moutons ou des griffons, ne manquent pas de charme. À hauteur de la croisée du transept, soutenu par quatre puissants arcs diaphragmes allégés de baies, vous pourrez admirer la coupole, qui s'élève à 23 m de hauteur, et le chœur entouré de son déambulatoire. Dans le croisillon droit, deux beaux chapiteaux retiennent l'attention : la Luxure et l'Annonciation. Faites le tour du chœur, dont l'intérêt réside en particulier dans les **chapiteaux★** historiés, remarquables, évoquant la Cène et la Résurrection. Du fond de la chapelle axiale, belle perspective sur le vaisseau central. Dans le croisillon gauche, deux autres chapiteaux attirent le regard : un homme portant un mouton, épuisé, tire la langue, et un démon traîne deux damnés par les cheveux.
Crypte – C'est l'une des plus belles d'Auvergne. Les colonnes trapues qui soutiennent les voûtes donnent une impression de puissance que souligne l'absence de toute ornementation. Au centre, gracieuse statue de la Vierge, Notre-Dame du précieux sang, une œuvre d'Henri Charlier (1941). Le martyrium abrite un reliquaire et une statue assez ancienne de saint Austremoine.
Jugement dernier★ – *À gauche, en sortant de l'église.* Cette peinture murale du 15e s., évoquant de façon fort animée ce thème cher aux artistes de l'époque, est traitée avec beaucoup de caractère et une grande verve satirique.
Après avoir fait le tour de l'abbatiale, revenez place de la République.
Prenez à droite la rue de la Berbiziale, et remarquez à l'angle la tour rectangulaire en encorbellement de la **maison du chancelier Duprat** (15e s.). Poursuivez jusqu'à la place Saint-Avit : sur la droite, la **maison Bartin**, avec ses balcons en fer forgé, date du 18e s.

À voir aussi Plan de la ville

Parc et jardins du château d'Hauterive

☏ 04 73 89 22 77 - visite libre ou guidée - juil.-août : tlj sf mar. 14h-19h ; juin et sept. : w.-end et j. fériés 14h-19h - 3,50 € (enf. 2,50 €).
À l'emplacement d'un domaine dépendant de l'abbaye d'Issoire, ce château du 17e s. a conservé ses jardins dont les tracés sont quasi identiques à ceux d'origine. Entre parterres, jardin de buis, anciens rosiers, potager à la française, les allées et contre-allées mènent de bosquets en cabinets de verdure. La visite offre un cadre calme de verdure d'où l'on peut découvrir une très belle **vue** sur Issoire et la Couze de Pavin.

seigneurs de Nonette se distingue par quelques figures redoutables : Astorg, dit « le Taureau rouge », nom évocateur ; Amblard, « le Mal Hiverné », qui, pas même l'hiver, ne consent à rester tranquille. C'est, dit-on, de l'enlèvement par celui-ci d'une jeune religieuse que Nonette tirerait son nom…

Église – *✆ 04 73 71 65 41 - juil.-août : 10h-18h ; reste de l'année : dim. 10h-18h.* Elle est en partie romane, en partie gothique, et dépendait, à l'origine, d'un prieuré de bénédictins. Remarquez, sous le clocher, le portail roman sculpté et, à l'intérieur de l'église, dans la première chapelle de gauche, un superbe buste du Christ, exécuté à la fin du 14e s., et appelé le « Beau Dieu ».

Château – *45mn AR. On y accède par une montée très raide.* Très facile à défendre en raison de sa position sur une butte dominant l'Allier de 200 m, ce château féodal rappelle le souvenir de ces époques troublées où les seigneurs se transformaient en pillards. Il ne reste que quelques vestiges du château, reconstruit au 14e s. pour le duc Jean de Berry, et que Richelieu fit abattre ; mais, de la croix plantée au sommet, le **panorama★** *(table d'orientation)* est très beau sur la vallée de l'Allier, les monts Dore, les monts Dôme, le Livradois, la Margeride et le Cézallier. Un chemin permet de faire le tour de la butte.

★ AU PAYS DU DAUPHINÉ D'AUVERGNE

À la fin du 12e s., les terres situées entre le Cézallier et le val d'Allier au niveau d'Issoire formèrent le **dauphiné d'Auvergne**, dont les seigneurs et leur brillante cour s'établirent successivement à Champeix, Vodable et Mercœur.

Depuis quelques années, un syndicat intercommunal basé à Tourzel s'emploie à faire redécouvrir ce petit fief auvergnat disparu avant la fin du Moyen Âge, initiative récompensée en 1992 par l'attribution du label « Pays d'art et d'histoire » – désormais assigné à l'ensemble du pays Issoire-val d'Allier – et la mise en place d'une « route » spécifique *(voir encadré pratique).*

Pour visualiser cet itinéraire de 60 km, reportez-vous au plan de la région ci-contre – comptez environ une demi-journée.

Quittez Issoire par l'ouest en empruntant la D 996, direction Champeix.

Grottes artificielles de Perrier

À partir de l'église de Perrier, empruntez le chemin des Grottes.

1h AR. Creusées par l'homme dans des matériaux volcaniques, certaines d'entre elles ont servi d'habitations troglodytiques jusqu'à la fin du 19e s. ; elles furent aussi utilisées comme abris durant la Seconde Guerre mondiale.

Des grottes, suivez le fléchage « Vue panoramique ». Ce site bénéficie d'une **vue★** remarquable sur les rochers, la tour féodale, le village et la vallée de la Couze de Pavin. Un chemin longe le bord du **plateau**, et permet de belles vues lointaines.

À la sortie de Perrier, prenez à gauche la D 26 sur 2 km, puis encore à gauche la D 23.

Tourzel-Ronzières

De petites maisons de vignerons témoignent encore du passé vinicole, ressource principale du village aux 18e et 19e s. Derrière les murs en lave de l'une des maisons se tient un petit musée de la Cochonnaille.

Poursuivez sur la D 23 pendant 1 km, puis prenez à gauche la D 124.

Ronzières

À l'entrée du village, une route étroite *(interdite aux véhicules)* grimpe vers un plateau basaltique où se dresse une **église** préromane. Remanié à la fin du 12e s., cet édifice est doté d'un portail du 15e s. À l'intérieur, on peut admirer,

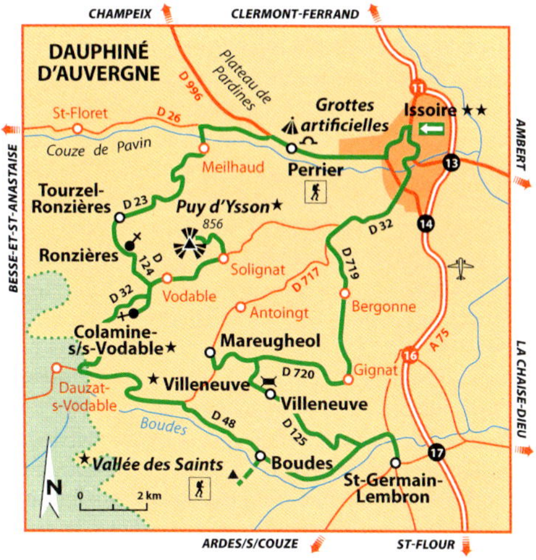

dans la chapelle de gauche, préservée par une imposante grille du 19e s., une **Vierge en majesté** romane en bois polychrome, qui fait l'objet d'un pèlerinage encore actif.

Dans le cimetière, au bord du plateau, deux tables d'orientation servent de support à une vue étendue sur le puy d'Ysson, la Couze de Pavin, le plateau de Perrier et la plaine du Lembron. Vous distinguerez aisément les deux formes volcaniques qui caractérisent le dauphiné d'Auvergne.

Les **necks** ou culots sont d'anciennes cheminées volcaniques que l'érosion a mises en évidence après dégagement des parties plus fragiles du volcan, comme le piton qui domine Vodable et le puy d'Ysson. Les **tables** correspondent à d'anciennes coulées de lave protégeant les roches sous-jacentes, comme celles du plateau de Perrier.

Poursuivez sur la D 124 jusqu'à Vodable et empruntez sur la gauche la D 32 pour arriver à Solignat.

★ Puy d'Ysson

Du sommet, très beau **panorama** sur les monts Dore, les puys de la Comté, la Limagne d'Issoire, les monts du Livradois, le Cézallier. De ce site, on peut également observer la position des villages parcourus précédemment : Vodable, à sa droite Ronzières et son église sur la hauteur, puis le plateau dominant Perrier.

Redescendez sur Solignat, puis revenez sur Vodable en suivant la D 32.

★ Église de Colamine-sous-Vodable

Juin-sept. : dim. 15h-18h30 (de mi-juil. à mi-août : tlj sf lun. ; J. du patrimoine) - possibilité de visite guidée sur demande auprès de M. Phalip - ☏ 04 73 71 43 26.

Entourée de son cimetière, elle se dresse sur le rebord d'une combe. Cet édifice possède un joli chœur roman (fin 11e s.), restauré, et surtout un bel ensemble de statues en bois polychrome dont une remarquable **Vierge**★ en majesté du 12e s. aux traits fins empreints de gravité. La Vierge gothique ne manque pas de grâce non plus. Une association s'attache à organiser différents concerts et conférences pour donner vie à cet édifice.

Reprenez la D 32 sur 4 km en direction de Dauzat-sur-Vodable, puis empruntez à gauche la D 48.

Boudes

On est frappé par la disposition des vignes au-dessus de Boudes, sur un seul versant bien exposé, et par les maisons colorées. Bien protégé par un ensemble de collines, ce village est le seul de la région qui ait échappé au phylloxéra. Bénéficiant d'un sol fertile, ses coteaux de vigne donnent un vin de qualité, apprécié des connaisseurs.

Une promenade dans le village vous permettra de voir de beaux pigeonniers, intégrés aux propriétés.

Quittez Boudes par le sud en franchissant le Couzilloux, puis prenez à droite le chemin longeant le cimetière.

★ Vallée des Saints

Laissez la voiture à l'entrée de l'accès. Prévoyez de bonnes chaussures de marche. Attention, le circuit peut être modifié en cas de précipitations.

2h30 AR (8 km). Un parcours aménagé permet de découvrir ce petit « Colorado » où se dressent des pyramides de teinte rouge et ocre, hautes de 10 à 30 m et sculptées par l'érosion. Ces étranges silhouettes, évoquant l'aspect de gigantesques statues, ont valu son nom à la vallée. Les argiles rouges, chargées d'oxyde de fer, résultent de l'altération du gneiss sous le climat tropical chaud et humide qui régnait ici au début de l'ère tertiaire. La fragilité du site demande un respect du parcours tracé.

Revenez à Boudes ; à l'église, tournez à droite pour rejoindre la D 48.

Saint-Germain-Lembron

Située au cœur d'une région agricole, cette petite ville, jadis fortifiée, conserve des maisons du 18e s. aux toits en bicorne (rappelant par leur forme un chapeau de gendarme), et soulignées de génoises très répandues dans le Lembron. Remarquez certains murs ravivés par l'emploi de galets de rivière, et les imposantes fontaines publiques.

Revenez sur la D 48 en direction de Boudes ; roulez sur 1 km, puis prenez sur la droite la D 125.

La route s'élève en direction de Châlus, où de belles perspectives s'ouvrent sur les necks et les tables qui dominent la Limagne.

Villeneuve

Autour de l'église du 15e s., ruelles bordées de maisons anciennes et lavoirs.

Château de Villeneuve★ – *✆ 04 73 96 41 64 - visite guidée (1h) de mi-mai à mi-sept. : 10h-12h, 14h-18h30 ; reste de l'année : tlj sf lun. 10h-12h, 14h-17h30 - fermé 1er janv., 1er Mai, 1er et 11 Nov., 25 déc - 5 € (-18 ans gratuit).* Ce château fut érigé en seigneurie au bénéfice de la famille d'Aureille. L'un de ses représentants, le fin diplomate Rigault, servit Louis XI, Charles VIII, Louis XII, puis François Ier et participa aux côtés de Charles VIII aux campagnes d'Italie. Il entreprit, à la fin du 15e s., la construction du château à côté de l'ancienne demeure familiale. Le bâtiment, de plan carré, est cantonné de quatre tours rondes et ceinturé de douves sèches décoratives. Le corps de logis s'ordonne autour d'une cour centrale à galerie couverte. Au cours de la visite, découvrez de beaux plafonds à chevrons, d'intéressantes boiseries et des meubles de valeur. La **galerie** de la cour est célèbre pour les savoureuses peintures du 15e s. (ravivées) qu'elle abrite, et qui laissent à penser sur les déboires conjugaux de Rigault : outre un portrait de ce dernier, on y observe le *Dit de la Chicheface* et le *Dit de la Bigorne*. Chicheface, monstre décharné à tête de louve, au bord de l'inanition, se nourrit de femmes soumises à leur mari ; en revanche, la Bigorne, ventrue, guettée par l'indigestion, se repaît des époux qui l'implorent de les dévorer pour échapper à la tyrannie de leur femme. En sortant du château, admirez les écuries dont le vaste plafond en berceau est peint de fresques de la fin du 16e s.

Poursuivez sur la D 125, puis prenez à gauche la D 720.

Mareugheol

C'est l'exemple caractéristique d'un village fortifié construit au Moyen Âge par les villageois pour assurer leur défense. D'étroites ruelles bordées de vieilles maisons en pierre s'inscrivent à l'intérieur d'une enceinte rectangulaire ; il existe une Maison des forts à La Sauvetat, qui recense ce type de constructions *(voir Vic-le-Comte)*.

Reprenez la D 720 jusqu'à Gignat, puis tournez à gauche pour emprunter la D 719 puis la D 32 et retourner à Issoire.

NOS ADRESSES À ISSOIRE

Voir aussi les encadrés pratiques d'Ardes-sur-Couze, d'Auzon, de Besse-et-Saint-Anastaise, Brioude, Clermont-Ferrand, Saint-Nectaire et Vic-le-Comte.

VISITE

Pays d'art et d'histoire – Issoire se rattache au dauphiné d'Auvergne, vaste territoire qui s'étend de La Sauvetat et Montpeyroux au nord jusqu'à Boudes et St-Germain-Lembron au sud. Les communes pittoresques (anciens forts villageois, villages perchés) font de réels efforts pour valoriser leur patrimoine. Voir le circuit proposé dans les environs d'Issoire et consulter le site *www.itineraires-de-decouverte-a75.com*.

HÉBERGEMENT

PREMIER PRIX

Ace Hôtel – *R. du Dr-Bienfait - 04 73 55 75 57 - www.ace-hotel.com - ♿ - P - 54 ch. 43 € - ☕ 6 €.* Dans un bâtiment de conception moderne, situé en proche périphérie de la ville, cet hôtel dispose de 54 chambres tout confort, équipées de mobilier contemporain. Petit-déjeuner servi en buffet. Une adresse économique mais favorisant l'accueil humain et traditionnel, plutôt rare dans ce genre d'établissement.

BUDGET MOYEN

Chambre d'hôte Maison Gebrillat – *Chemin de Siorac - 63500 Perrier - 04 73 89 15 02 - www.maison-gebrillat.com - fermé déc.-janv. - ♿ - P - 🚭 - 5 ch. 60/65 € - ☕.* Dans un village tout près des volcans (5 km à l'ouest d'Issoire), cette jolie maison de famille du 18e s. est très accueillante avec sa délicieuse cour intérieure fleurie. C'est, sous un auvent ou dans la cuisine familiale, que vous prendrez le petit-déjeuner. Les chambres sont charmantes et les conseils touristiques avisés. Cuisine équipée et salle commune en libre accès.

Chambre d'hôte Les Pradets – *R. des Pradets - 63114 Montpeyroux - 04 73 96 63 40 - www.auvergne.maison-hotes.com - 🚭 - 3 ch. 75 € - ☕.* Jolie maison à dénicher au fond d'une ruelle du pittoresque village fortifié de Montpeyroux. Parquet, tapis, tableaux d'artistes régionaux et meubles anciens font le cachet des chambres. Salon « cosy » et agréable jardin où l'on sert le petit-déjeuner aux beaux jours.

Chambre d'hôte Château de la Vernède – *63500 St-Rémy-de-Chargnat - ✆ 04 73 71 07 03 - www.chateauvernedeauvergne.com - P - ⊄ - 5 ch. 68/100 € - ☕.* L'ancien relais de chasse de la reine Margot (1850) dispose de chambres garnies de meubles chinés et agrémentées de fleurs fraîches. Côté loisirs : billard, pêche à la truite.

POUR SE FAIRE PLAISIR

Hôtel Le Pariou – *18 av. Kennedy 1 km au nord - ✆ 04 73 55 90 37 - www.hotel-pariou.com - fermé 19 déc.-4 janv. - 54 ch. 70/85 € - ☕ 10 €.* Bâtisse des années 1950 abritant des chambres progressivement rafraîchies et dotées de mobilier actuel ; plus spacieuses dans l'aile récente.

Chambre d'hôte Les Baudarts – *17 chemin des Baudarts - 63500 Varennes-sur-Usson - ✆ 04 73 89 05 51 - ouvert 1er mai-30 sept. - ⊄ - 4 ch. 80/85 € - ☕.* Dans un parc, belle maison de maître dédiée à l'art pictural (tableaux dans toutes les pièces). Les chambres déclinent trois thèmes : africain, "nounours et dentelles" et loft.

RESTAURATION

PREMIER PRIX

Le Relais – *1 av. de la Gare - ✆ 04 73 89 16 61 - www.hotel-relais-issoire.com - fermé 25-30 juin, 25 oct.-5 nov., 15-28 fév., dim. soir de nov. à juin et lun. - 13/31 € - 6 ch. 36/58 € - ☕ 6,50 €.* Ancien relais de poste à deux pas de l'abbatiale St-Austremoine. Salle à manger spacieuse et colorée ; cuisine traditionnelle et spécialités régionales. Chambres modestes.

Le Relax – *11-13 r. du 8-Mai - ✆ 04 73 89 50 44 - fermé dim. soir, lun., 1 sem. après Pâques et 15 j. en août. - réserv. conseillée - formule déj. 9 € - 11/37 €.* Cette adresse du centre-ville vous réserve accueil attentionné, prix raisonnables et cuisine généreuse. Joues de porc confites aux petits choux d'escargots et magret fumé, ou filet de saint-pierre farci aux écrevisses vous seront servis avec le sourire dans deux petites salles à manger au charme désuet.

BUDGET MOYEN

La Bergerie – *63490 Saint-Jean-en-Val - ✆ 04 73 71 02 54 - www.labergeriedesarpoil.com - fermé 8-14 juin, 14-21 sept., 2 janv.-1er fév., merc. du 15 oct. au 30 mars, dim. soir et lundi - P - 16/68 €.* Dès l'entrée, la vision des cuisines et de la rôtissoire vous mettra l'eau à la bouche. Salle de restaurant classique (cheminée allumée l'hiver) pour déguster des plats actuels.

Le Boudes La Vigne – *pl. de la Mairie - 63340 Boudes - ✆ 04 73 96 55 66 - http://perso.wanadoo.fr/leboudeslavigne - fermé 30 juin-8 juil., 25 août-3 sept., 2-22 janv., dim. soir, mardi midi et lundi - formule déj. 17 € - 22/50 € - 11 ch. 40/90 € - ☕ 7 €.* Maison bâtie sur d'anciennes fortifications. Cuisine au goût du jour servie dans une salle rénovée, aux tons pastel et murs en pierre. La cave comprend des crus locaux.

POUR SE FAIRE PLAISIR

La Cour Carrée – *17 av. du Tramot - 63500 Perrier - ✆ 04 73 55 15 55 - www.cour-carree.com - fermé 22 déc.-11 janv., merc. midi, sam. midi, dim. soir et lun. du 15 sept. au 15 juin et le midi sauf dim. du 15 juin au 15 sept. - P - 28/40 € - 3 ch. 70/90 € - ☕ 11 €.* La cuverie voûtée de cette maison de vigneron (1830) a été convertie en restaurant. Terrasse dressée dans la cour carrée, à l'ombre d'un marronnier.

ACHATS

Maison Chazal 5 – *4 r. Gambetta - ✆ 04 73 89 20 11 - contact@maison-chazal.fr - tlj sf dim. et lun. 8h30-12h15, 15h-19h15 - fermé j. fériés*. Les produits de ce bel établissement issoirien sont répartis en quatre secteurs distincts. L'espace torréfaction propose un grand choix de thés nature et parfumés, et des cafés renommés comme le Galapagos. L'épicerie fine vend ses confitures, foies gras, confits, miel, etc. La cave voûtée répertorie quelque 350 références de vins, 20 crus étrangers et une cinquantaine de whiskies.

Pascale et Patrick Védrine – *256 rte de Perrier - ✆ 04 73 55 28 18 - vedrinepatrick@wanadoo.fr - tlj sf lun*. Cette adresse ne ressemble à aucune autre, tant par son décor que par son ambiance chaleureuse. Les pains spéciaux sont élaborés selon les méthodes artisanales et cuits dans un four chauffé au bois. Les pâtisseries remportent aussi beaucoup de succès, notamment le Ponteil et les macarons. Un conseil : prenez le temps de goûter toutes ces douceurs sur place car le cadre vaut vraiment le coup d'œil.

Marchés –.Vous pourrez faire votre marché de produits fermiers place de la République, rue de la Berbiziale et place du Foirail (ou de la Montagne) le samedi matin, ainsi que place de la République le mercredi matin.

ACTIVITÉS

Aéroclub Pierre Herbaud – *✆ 04 73 89 16 62perso.wanadoo.fr/acph - Secrétariat : tlj sf dim. et lun. 14h30-18h30*. Le centre de vol à voile de l'aérodrome d'Issoire-le-Broc, au sud-est de la ville, attire de nombreux vélivoles français et étrangers venus profiter de la force ascensionnelle des courants atmosphériques locaux, capable d'élever à plus de 10 000 m des planeurs largués à 800 m d'altitude.

AGENDA

Festival d'Art Roman d'Issoire – *✆ 04 73 89 25 57 - www.terres-romanes-auvergne.com - dern. sem. de juillet*. Expositions, conférences, ateliers d'artisans, spectacles, concerts organisés par l'association Terres romanes d'Auvergne.

Vic-le-Comte

★

4 583 Vicomtois – Puy-de-Dôme (63)

NOS ADRESSES PAGE 442

S'INFORMER

Office du tourisme Allier-Comté-Communauté – *04 73 69 05 10 - www.allier-comte-communaute.fr.*

Visites guidées – *04 73 69 02 12 - www.vic-le-comte.fr - juil.-août sur RV.*

SE REPÉRER

Plan de région A1 (p. 422) – carte Michelin Départements 326 G9.

Tout proche de l'A 75, qui passe à Coudes, Vic-le-Comte se trouve à 16 km au nord d'Issoire. La pittoresque D 229 qui va de Vic à Coudes, en surplomb du val d'Allier, ménage sur 5 km de belles perspectives sur le parcours en gorges suivi par la rivière, la butte de Montpeyroux et le massif du Sancy.

À NE PAS MANQUER

Les vitraux et le retable de la sainte-chapelle à Vic-le-Comte ; le merveilleux château de Busséol, dont le surprenant jardin suspendu jouxte l'habitation seigneuriale ; le village fortifié de Montpeyroux.

AVEC LES ENFANTS

Partez avec eux en randonnées découverte dans les superbes bois de la Comté. Et pour finir la journée en beauté, assistez, fin juillet, au spectacle son et lumière du château de la Chaux-Montgros !

Vic-le-Comte, aujourd'hui chef-lieu de canton, fut un temps la capitale de la Comté d'Auvergne, région hérissée de pics volcaniques couronnés de forteresses en ruine. Successivement elle revint à Jean Stuart, Catherine de Médicis, puis à la célèbre reine Margot jusqu'en 1606, qui ont laissé à la région vicomtoise nombre de souvenirs et légendes. La cité vous séduira par ses belles maisons d'arkose claire et ses nombreux monuments religieux. Elle constitue un point de départ idéal pour vos excursions dans le val d'Allier ou dans les monts du Livradois.

Se promener

Les bénédictins de Manglieu établissent, au 8e s., un petit prieuré, suivi plus tard d'un monastère affilié à l'abbaye de Fontevraud (Maine-et-Loire).

★ Sainte-chapelle

Il s'agit d'une belle œuvre gothique annonçant la Renaissance. Sa corniche est enrichie de sculptures : animaux fantastiques, choux frisés, chardons, personnages. Dans le chœur, les statues d'apôtres, abritées sous les dais placés aux retombées des ogives, datent de la Renaissance. Plusieurs ont été refaites. Catherine de Médicis, qui détint quelque temps Vic-le-Comte, fit ajouter la tribune et sa balustrade.

Les **vitraux★**, aux riches couleurs, représentent des scènes de l'Ancien et du Nouveau Testament. Vous remarquerez tout particulièrement l'éclat de la palette employée par ce peintre verrier de la Renaissance. Le très beau **retable★** de pierre (1520) est l'œuvre des artistes florentins qui exécutèrent la balustrade : en bas, trois vertus morales cardinales et un saint Antoine en bois ; en haut, les trois vertus théologales. Remarquez en outre un lutrin en fer forgé du 17e s. et un polyptyque peint sur bois, œuvre intéressante du 15e s., dont le thème est la Passion et la Mise au Tombeau.

Église Saint-Jean

Cet édifice roman, remanié à l'époque gothique, possède une jolie porte du 14e s. À l'intérieur, de chaque côté du chœur, admirez un ensemble de **fresques** des 13e et 14e s. représentant la vie de saint Jean-Baptiste et de saint Blaise. Dans la nef, à gauche, beau Christ en Croix du 15e s. ; dans la chapelle de gauche, statue de Notre-Dame de pitié, du 16e s.

Maisons anciennes

Empruntez la rue de la Porte-Robin, dans laquelle vous verrez quelques façades des 15e et 16e s., puis longez la sainte-chapelle pour rejoindre, à droite, la **porte Robin**, seul vestige de l'enceinte fortifiée. Sur la place du Vieux-Marché, remarquez une fontaine du 16e s. Continuez en direction de la rue du Palais, à l'entrée de laquelle vous remarquerez deux maisons en encorbellement. Prenez ensuite à droite, sous un passage couvert, la rue des Farges, puis la rue de Coulogne, et revenez sur vos pas.

À proximité

Château de la Chaux-Montgros

Sur la route de Sallèdes à Saint-Julien-de-Coppel, 9 km au nord-est de Vic-le-Comte par la D 53, puis à gauche la D 310. Importants travaux de restauration en cours. Visite libre des extérieurs uniquement.

Ancienne propriété de Catherine de Médicis, ce château du 16e s., d'allure massive, est flanqué de quatre tours enserrant son corps de logis. Sa charpente, démantelée au 18e s. par les propriétaires, servit à confectionner les boiseries d'un autre château : celui de Chadieu. Profitez de la belle **vue** sur les bois de la Comté depuis ses terrasses.

Fin juillet, un **spectacle son et lumière** réunit des milliers de spectateurs au château.

LA COMTÉ D'AUVERGNE

Au début du 13e s., le comte d'Auvergne **Gui II,** vaincu par Philippe Auguste, vit son domaine se réduire à la région de Vic-le-Comte, du reste très bien protégée par une ceinture de forteresses. Dans le même temps, l'abbaye cistercienne du Bouchet, près d'Yronde, devint la nécropole de la famille comtale. Par son mariage avec une héritière d'Auvergne, un descendant des rois d'Écosse, le comte de la Marche **Jean Stuart,** entra en possession de la comté et embellit le château que ses prédécesseurs avaient élevé à Vic-le-Comte, et dont il ne subsiste qu'une porte ainsi que la sainte-chapelle. De 1651 à la Révolution, la comté d'Auvergne appartint aux ducs de Bouillon.

Manglieu

À 11 km à l'est de Vic-le-Comte, par la D 225.

Un peu à l'écart de la D 225, ce village de la vallée de l'Ailloux est le siège de l'une des plus anciennes abbayes d'Auvergne. Selon un récit hagiographique, l'abbaye de Manglieu aurait été fondée en 656 par saint Genès, qui était alors évêque de Clermont. Saint Bonnet s'y retira en 689. On trouve d'ailleurs, dans l'histoire de sa vie, une description de l'abbaye de Manglieu, qui semblait très importante, avec deux églises, somptueusement décorées.

Église abbatiale Saint-Sébastien – L'extérieur de cette église a été entièrement restauré, mais c'est surtout l'intérieur qui attire l'attention. Entrez par la jolie porte romane. Sous le porche surmonté d'une tribune, on voit à gauche un sarcophage et deux dalles funéraires, l'une *(à gauche)* carolingienne, l'autre mérovingienne. La nef fut refaite au 16e s. Le chœur, du 10e s., est très étroit. Défiguré par un badigeon et un plafond moderne, il s'ouvre sur la nef par un arc triomphal porté par deux colonnes antiques remployées.

Itinéraire conseillé

CHÂTEAUX ET VILLAGES VIGNERONS A1/2

Pour visualiser cet itinéraire de 45 km, reportez-vous au plan de la région (p. 422) – comptez environ une demi-journée.
Quittez Vic-le-Comte par le sud en empruntant la D 49.

Yronde A2

C'est sur cette commune que se situait l'abbaye du Bouchet. Fondée en 1192 par le comte Robert IV d'Auvergne, dans un frais vallon descendant vers l'Allier, l'abbaye prit très vite une grande importance. La plupart des comtes s'y firent inhumer jusqu'au 15e s. Vous remarquerez une jolie petite église, élégamment proportionnée.

Après Yronde, prenez la D 136, puis à droite la D 760.

Buron A2

Le village est dominé par un piton basaltique dont le sommet est couronné par les ruines d'un château.

Continuez sur la D 760 jusqu'à Parent. À la sortie du village, prenez à gauche la D 229 vers Coudes, et traversez l'Allier.

Autour du château de Busséol.
G. Labriet / Photononstop

Coudes A2
Au confluent de l'Allier et de la Couze de Chambon, cet ancien village vigneron fut jadis un important carrefour pour l'économie locale. Son port accueillait les « sapinières », dans lesquelles était chargé le vin à destination de la capitale.

En 1910, les vertus médicinales, apéritives et digestives des eaux de Coudes attirèrent l'attention de l'Académie de médecine. Un architecte élabora un beau plan de station thermale au lieu-dit Champ-Robert, mais, comme à Chaudefour *(voir le massif du Sancy)*, la guerre de 1914-1918 et la popularité grandissante des eaux de Vichy plongèrent ce projet dans l'oubli.

Prenez la D 797, puis l'A 75/E 11 direction Clermont-Ferrand. À la sortie 7, prenez à droite la D 797ᴱ.

★ **Montpeyroux** A2
Le village se parcourt à pied. Accroché à une colline dominant l'Allier, le village fortifié de Montpeyroux appartient au **pays du dauphiné d'Auvergne**, tout comme La Sauvetat *(voir ci-dessous)*. Il doit son ancien nom de *Mons petrosus* (mont pierreux) aux carrières d'arkose toutes proches. Ce grès très résistant fut largement utilisé dans la construction des maisons paysannes et des églises de la région, les blocs transitant par le port de Coudes. Dans le village, vous remarquerez un porche médiéval ouvrant sur d'agréables ruelles qui serpentent jusqu'au donjon du 13e s.

Donjon – Édifié sur trois étages au temps de Philippe Auguste, il est couronné d'une plate-forme crénelée.

Certaines demeures du village, soigneusement restaurées, ont conservé leurs caves, évoquant ainsi le passé viticole du village qui accueille aujourd'hui des artisans d'art (peintres, potiers, etc.).

Faites demi-tour et poursuivez sur la D 797. À Authezat, prenez à gauche la D 96.

On dénombre, dans la région de Vic-le-Comte, plus de **50 points éruptifs**, couverts de bois et autrefois de vignes sur les pentes bien exposées. Ils ont surgi de la Limagne à la fin de l'ère tertiaire et forment une transition entre la plaine et les monts du Livradois. La plupart de ces volcans sont démantelés et réduits à une cheminée, parfois en relation avec des lambeaux de coulées.

UN ENVIRONNEMENT NATUREL PROTÉGÉ

Zone naturelle d'intérêt écologique, faunistique et floristique, les **bois de la Comté** (1 500 ha) sont aujourd'hui classés **site Natura 2000**. Composés essentiellement de chênes, de charmes et de tilleuls, ils abritent une flore (lis martagons, orchidées, géraniums) et une faune (crapauds sonneurs à ventre jaune, milans royaux, chevreuils, sangliers) remarquables. En 2000, le conseil général du Puy-de-Dôme s'est porté acquéreur d'environ 600 ha de cette forêt au titre des « espaces naturels sensibles ». Les nouveaux aménagements du site (sentiers pédagogiques, arboretum, etc.), les **randonnées découverte** encadrées par l'ONF, le Parc naturel régional Livradois-Forez et la LPO vous permettent de découvrir cette belle nature. *Renseignements ✆ 04 73 36 39 79.*

La Sauvetat A1

Au cœur du bourg, autrefois fortifié, subsistent les vestiges d'une ancienne commanderie de l'ordre de Saint-Jean-de-Jérusalem. Les ruelles, formant labyrinthe, sont bordées de demeures (12e-14e s.) dont le style architectural est caractéristique des anciens forts de Limagne *(voir la Maison des forts - point d'information sur le sujet ✆ 04 73 39 52 67).*

Donjon – Des 13e et 14e s., il conserve une porte surmontée des armoiries de l'ordre de Saint-Jean-de-Jérusalem et d'Odon de Montaigu, grand prieur d'Auvergne, dont le gisant se trouve dans l'église d'Olloix.

Église – Au croisillon gauche, dans une niche protégée par une grille, est exposée une Vierge à l'Enfant du 14e s., au regard bleu énigmatique ; ce superbe travail en cuivre repoussé et ciselé avec émaux champlevés est issu des ateliers limousins.

Quittez La Sauvetat par le nord-est en empruntant la D 630. Après avoir franchi l'A 75, rejoignez la D 96.

Corent A1

Dominant l'Allier, ce village est accroché sur la partie nord-est du puy éponyme. Occupé du néolithique à l'âge du fer, il fut reconnu, dès le 19e s., comme l'un des grands sites d'habitat protohistorique d'Auvergne. De nombreuses pièces de monnaie gauloises, inachevées ou ratées, attestent que Corent fut un **atelier monétaire** arverne important. Les milliers de tessons d'amphores et de céramiques importées, retrouvés sur le site, témoignent du rôle commercial que le lieu joua entre mondes méditerranéen et celtique.

Corent doit aussi sa réputation à son vignoble qui, aujourd'hui encore, continue de produire un vin de qualité, classé en VDQS, lequel figure parmi les cinq crus composant les côtes-d'auvergne. On dit même qu'il a un petit goût de pierre à fusil, très particulier.

45mn (2 km AR). Montez dans le haut du bourg et garez-vous près du terrain de football. Suivez à gauche la direction du puy de Corent et tournez à droite pour longer le terrain de sport.

Prenez le deuxième chemin à droite, puis à gauche. Suivez le parcours en tournant à droite dans un chemin herbeux.

Tournez à nouveau à droite, puis encore avant le pont, et passez devant la croix. Suivez le chemin de droite pour revenir au point de départ.

Du belvédère du **puy de Corent**, une superbe **vue** se dégage sur la vallée de l'Allier et le puy Saint-Romain.

Poursuivez sur la D 786 vers le nord, puis franchissez l'Allier en suivant la D 751 à droite.

La route emprunte la rive droite de l'Allier jalonnée par les villages vignerons de Mirefleurs (D 1), La Roche-Noire et Saint-Georges-sur-Allier (D 118). À la sortie de ce dernier village, prenez sur la droite la D 759. Cette petite route plonge vers Busséol, offrant la meilleure vue sur son château féodal.

★ Château de Busséol A1

✆ 04 73 69 00 84 - visite guidée (45mn) de mi-juin à mi-sept. : 10h-12h, 14h30-18h30; de mi-sept. à fin nov. et de déb. mars à mi-juin : w.-end et j. fériés 14h30-18h - 6 € (-15 ans 4 €).

Cet élégant château féodal, qui coiffe un piton volcanique de la Comté, est l'un des plus anciens de la province. Édifié en 1170 pour les comtes d'Auvergne, il fut, durant des siècles, possession comtale et même royale, plusieurs reines de France ayant été également « dames de Busséol » : Jeanne, épouse de Jean le Bon, Catherine de Médicis et la reine Margot. Jean Stuart et Charles IX y séjournèrent également. Ses charpentes et toitures furent enlevées en 1792 sur ordre de Couthon.

La façade principale du château, effondrée en 1963, a été relevée et percée de fenêtres de style roman. À l'intérieur, remarquez une **cheminée★** à manteau rond d'époque romane, encore utilisée pour le chauffage. Notez aussi la chambre circulaire à coupole de la tour principale ainsi que de beaux meubles anciens.

Un surprenant **jardin suspendu,** dit « des Croisades », jouxte l'habitation seigneuriale. Du chemin de guet, la **vue** s'étend sur une partie des monts Dore, des monts Dôme et de la Limagne.

Quittez Busséol par le sud et rejoignez la D 4, puis la D 229. Au hameau de Benaud, prenez à droite la D 116, puis la D 81. Garez-vous à Saint-Maurice.

★ Puy Saint-Romain A1

90mn AR. Sa situation est saisissante, en surplomb de l'Allier. Du sommet (alt. 779 m), ancien lieu de culte païen, ample **panorama★** sur les puys de la Comté, les monts du Forez, les monts du Livradois, le bassin de Vic-le-Comte, la vallée de l'Allier, les monts du Cézallier et du Cantal, les monts Dore, les monts Dôme, Clermont-Ferrand et la Limagne.

Rejoignez Longues par la D 758, puis la D 1. La D 225 ramène à Vic-le-Comte.

NOS ADRESSES À VIC-LE-COMTE

Voir aussi les encadrés pratiques de Billom, du plateau de Gergovie, d'Issoire, du Parc régional Livradois-Forez et de Saint-Saturnin.

HÉBERGEMENT

BUDGET MOYEN

Chambre d'hôte Joëlle et Jules Boissière – *R. de la Poterne - 63114 Montpeyroux - 8 km au sud-ouest de Vic-le-Comte ou par l'A 75, sortie 7 - 04 73 96 69 42 ou 06 08 51 81 82 - www.chambres-boissiere.com - - 5 ch. 60/65 € - .* Cette très jolie maison bâtie au pied du donjon (13e s.) abrite, sur deux niveaux, des chambres personnalisées avec goût. La pierre, partout présente, donne un charme certain à l'ensemble.

RESTAURATION

BUDGET MOYEN

Le Comté – *186 av. du Gén.-de-Gaulle - 63270 Longues - 4 km au nord-est de Vic-le-Comte par D 225 - 04 73 39 90 31 - www.restaurantlecomte.com - fermé dim. soir et lun. - 20/50 €.* Maison régionale du début du 20e s. voisine de la Banque de France. On croise les notables locaux dans ses salons et la salle à manger.

ACHATS

Pâtisserie Constant – *141 pl. du Jeu-de-Paume - 04 73 69 02 16 - 6h30-13h, 14h-19h30 - fermé merc.* Impossible de manquer cette pâtisserie située sur la place centrale de la ville et qui regorge de douceurs : chocolats, avec notamment le Vulcania noir ou au lait praliné noisette ou ganache framboise ; pâtisseries, dont les savoureux Royaltine (sur base de praliné croustillant, mousse au chocolat et macarons aux abricots) ; pains spéciaux.

ACTIVITÉS

Crapa'Hutte – *Sainte-Marguerite - 63270 Vic-le-Comte - 04 73 39 85 50 - www.crapa-hutte.com.* Centre multi-activités : parcours aventure et escalade, randonnées quad, canoë-kayak, tir à l'arc.

Astrap – *Bracou - 63270 Isserteaux - 04 73 70 90 25 - www.astrap.org.* Observatoire d'astronomie : planétarium, géorama, vidéo projection, observation astronomique.

Billom

★

4 575 Billomois – Puy-de-Dôme (63)

NOS ADRESSES PAGE 449

S'INFORMER

Office du tourisme du pays de Billom, Saint-Dier et sa région – *13, r. Carnot - 63160 Billom - ✆ 04 73 68 39 85 - www.stdb-auvergne.com - juil.-août : 10h-12h, 14h30-18h, dim. et j. fériés 10h-12h, 15h-18h ; reste de l'année : tlj sf dim. et j. fériés 10h-12h, 14h30-18h.*

Visite guidée – *✆ 04 73 68 39 85 - « Démasquez Billom » sur RV, durée 1h30 - 10h juil.-août, 15h le reste de l'année.*

SE REPÉRER

Plan de région B1 (p. 422) – carte Michelin Départements 326 H8.

L'arrivée par la D 229, en provenance de Lezoux ou de Vic-le-Comte, offre les plus jolies vues d'ensemble sur la ville, avec le clocher de Saint-Cerneuf qui pointe en figure de proue.

SE GARER

N'hésitez pas à vous garer sur le grand parking situé derrière l'avenue de la Gare, à proximité de l'hôtel de ville.

À NE PAS MANQUER

Descendez la rue des Boucheries, asseyez-vous à la terrasse d'un café place de la Halle ou dans le quartier médiéval. Partez ensuite à la découverte des forteresses du pays de Saint-Dier : Montmorin, les Martinanches, Mauzun.

ORGANISER SON TEMPS

Très animé, le marché du lundi matin occupe la majeure partie du centre-ville, et vaut bien que vous lui réserviez du temps.

AVEC LES ENFANTS

Le festival « Étincelles, les arts de la marionnette » *(Ascension)* est un moment à ne pas rater : spectacles et expositions animent la ville. Demandez à l'office du tourisme le parcours gratuit du jeu de piste « Billom en un tour de clé ».

Cette « bonne ville » d'Auvergne est traversée par L'Angaud. Ses maisons en arkose, aux teintes ocrées, rappellent les cités médiévales des villages du Sud. La région est communément appelée « Toscane auvergnate » : les soirs d'été, des lumières intenses baignent la campagne environnante, et donnent aux paysages des allures de tableaux paisibles. Outre la fameuse foire à l'ail, de nombreuses manifestations, comme le récent festival des arts de la marionnette, rythment la vie billomoise tout au long de l'année.

Se promener

QUARTIER MÉDIÉVAL

Voir plan ci-contre. Promenez-vous dans les petites ruelles aux ambiances médiévales, du chevet de l'église Saint-Cerneuf à l'actuel centre-ville.

Vous pourrez également suivre les circuits « Billom médiévale », « Billom marchande », « Billom savante » et « Billom sainte » proposés dans le guide de visite disponible à l'office de tourisme.

Partez de l'hôtel de ville.

Par le quai du Terrail, gagnez la **place du Creux-du-Marché**, aux vieilles demeures. Franchissez le **pont du Marché-aux-Grains** : à droite, sur le parapet, trois auges, avec leurs goulottes sur lesquelles s'adaptaient des mesures pour les grains, sont taillées dans la pierre de Volvic.

Remontant la rue de l'Étézon, sur la droite, vous apercevez le beffroi du 16e s. En haut de la rue, remarquez la **maison du Bailli**, du 16e s.

Prenez à gauche et passez devant l'ancien tribunal de commerce pour arriver place des Écoles.

Maison du Chapitre

Cette demeure du 15e s. est un vestige de l'université médiévale. Dès la fin du 13e s., l'**école du chapitre** connaît un rayonnement sans précédent et se transforme en université, la quatrième après Paris, Toulouse et Montpellier.

Porte de l'Évêché

Elle correspond à l'une des entrées de la ville médiévale, et délimitait autrefois la première enceinte fortifiée.

★ Église Saint-Cerneuf

D'une rare élégance, c'est un édifice gothique élevé sur une ancienne église romane dont il subsiste une partie du chœur, le déambulatoire et une crypte. Le portail de façade conserve des portes aux **curieuses peintures** du 13e s. Au fond de la nef, à gauche de la porte d'entrée, remarquez une Mise au Tombeau dans le style bourguignon, un bel ange sculpté en pierre et des peintures du 15e s. ; à droite, une pietà de la même époque.

Autour du chœur, une **grille★** en fer forgé date du 12e s. ; dans le déambulatoire, un chapiteau relate l'histoire de Zachée, thème assez rare. À droite du

UNE VILLE TOUJOURS TRÈS ACTIVE

Avec ses marchés à l'ail rose et ses foires, Billom fut de tout temps un lieu de négoce *(magos)* entouré de bois *(bilio)*, deux mots d'origine celte qui composent son nom actuel. Au Moyen Âge, marchands, artisans corroyeurs et tanneurs s'affairaient le long de l'Angaud, mais Billom, surnommée « la Sainte », devait surtout sa renommée aux nombreuses institutions religieuses qui s'y étaient développées, et dont les fonctions s'étendaient au domaine judiciaire et à l'éducation. La notoriété de l'université de Billom, qui aurait compté un temps plus de 2000 élèves, dépassait largement les limites de l'Auvergne. Au 16e s. vint s'y ajouter le premier collège de jésuites de France. Cette prestigieuse institution fut victime de son propre succès, qui lui valut d'être imitée dans de nombreuses autres villes de France.

SE LOGER

Domaine de Pomeix (Chambre d'hôte)........ 1

Tour Richelieu (Chambre d'hôte La)...... 5

SE RESTAURER

La Galerie (Crêperie)........ 1

Mairie (Restaurant de la)........ 2

Ver Luisant (Auberge du)........ 4

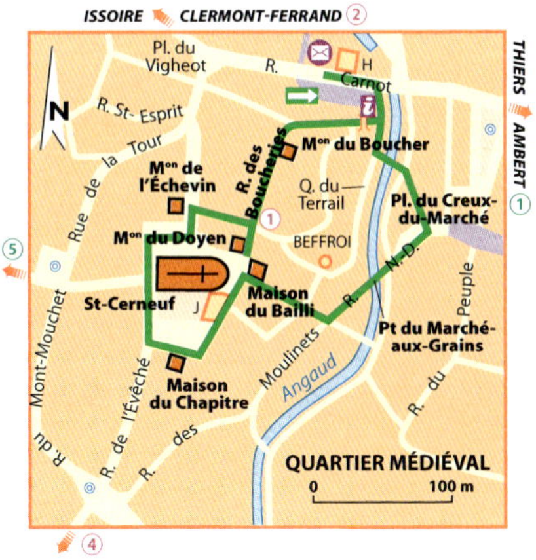

chœur, la chapelle du Rosaire (ancienne chapelle des Aycelin de Montaigut dévastée par Couthon en 1793) est ornée d'un ensemble de **peintures murales** du 14e s., remarquables par leurs coloris et leurs drapés : l'Assomption et le Couronnement de la Vierge, des anges musiciens, les symboles des évangélistes et, face à face, l'Église et la Synagogue ; elle abrite en outre, dans un enfeu, au-dessus d'un tombeau d'archevêque, une Nativité naïve du 14e s.

Crypte★ – Sobre et d'une grande beauté, c'est l'une des plus anciennes d'Auvergne (11e s.). Elle reproduit le plan du chevet primitif avec son déambulatoire sur lequel s'ouvrent quatre chapelles rayonnantes. La première, à droite, illustre par des fresques du 13e s. des scènes de la vie de sainte Marguerite. Un reliquaire en argent orné des instruments de la Passion contiendrait un des morceaux de la sainte Croix.

Prenez à droite en sortant de l'église, contournez l'édifice et suivez à gauche la rue Pertuybout.

Maison de l'Échevin

L'entrée de cet édifice du 16e s. abrite une tourelle d'escalier et un puits toujours muni de sa roue.

Revenez sur vos pas et prenez à gauche la rue des Chanoines.

Rue des Boucheries

Étroite, pavée de cailloux pointus, sans trottoir, et dotée d'une rigole au milieu de la chaussée, elle a gardé ses maisons médiévales : celle du **Doyen**, au n° 20, avec une belle baie en anse de panier et une tour d'escalier Renaissance ; et celle du **Boucher**, au n° 5, avec son entrée de boutique, ses deux étages en encorbellement, ses pierres sur un côté et ses pans de bois sur l'autre.

Itinéraires conseillés

LES ABORDS DU VAL D'ALLIER

Pour visualiser cet itinéraire de 50 km, reportez-vous au plan de la région (p. 422) – comptez environ 3h.

Quittez Billom par la D 997 (direction Pont-du-Château) et prenez à gauche la D 81.

L'OR BLANC… OU ROSE

La ville de Billom doit son prestigieux label « Site remarquable du goût » *(voir p. 15)* à son fameux **ail d'Auvergne**.

L'ail rose était jadis vendu très cher; on l'appelait même l'« or blanc », au point que certains producteurs, de peur de se le faire voler, veillaient la nuit sur leurs champs! L'ail fut utilisé, au Moyen Âge, pour soigner les bronchites ou soulager les maux intestinaux. En 1858, Louis Pasteur en constata lui aussi les vertus antibactériennes. Aujourd'hui, le fameux « ail d'Auvergne », produit en Limagne sur les communes du val d'Allier, fait l'objet d'une demande d'AOC.

Billom lui consacre une foire annuelle *(2e w.-end d'août)* durant laquelle se mêlent producteurs, mais aussi forains et camelots, sous l'œil averti de la **Confrérie des Grands Goussiers d'Auvergne**. La ville réserve aussi à l'ail une place d'honneur lors de l'Ail'Ambic *(11 Nov.)* et du Salon d'hiver des Sites remarquables *(1er w.-end de déc.)*, véritable occasion de découvrir les produits des terroirs de France. Notez enfin qu'une Route de l'ail d'Auvergne mène de producteurs en conditionneurs sur la zone de production. *Renseignements sur www.auvergne.chambagri.fr.*

Chas

Cet ancien bourg fortifié a conservé sa porte de ville à tourelle, son église romane précédée d'un porche Renaissance et une gracieuse fontaine.

Chauriat

Situé au nord de la Comté, ce bourg vigneron se distingue par ses deux églises.

Église Sainte-Marie – Cette église du 12e s., dotée de beaux chapiteaux, a été transformée en chai. Les Établissements Dhome y font vinifier à la façon champenoise un vin pétillant, très agréable.

Église Saint-Julien – *Située de l'autre côté de la place.* Elle se signale surtout par un travail original de **marqueterie** de pierres polychromes, dispersées géométriquement au **pignon**★ et sous les arcatures du bras droit du transept, ainsi que sous les arcs de décharge et dans les parties hautes de la nef. À l'intérieur, les gros piliers de la nef sont surmontés de **chapiteaux** à feuillages ou historiés (le troisième à droite représente la Multiplication des pains et le Lavement des pieds). Notez la haute coupole à base octogonale, épaulée par de puissants arcs romans, et remarquez une **Vierge en majesté** du 12e s.

Rejoignez Pont-du-Château par la D 4.

Pont-du-Château A1

Pont-du-Château a longtemps possédé le seul pont sur l'Allier entre Moulins et Brioude. Comme ce pont avait une grande valeur stratégique, la ville était fortifiée. Elle occupe le flanc et le sommet d'un plateau calcaire qui domine directement, en falaise, la rive gauche de l'Allier.

Église Sainte-Martine – Dans le narthex et la nef de cette église romane, remarquez de beaux chapiteaux historiés ou décorés de feuillages, une jolie chaire en bois sculpté, une châsse et des retables.

Mairie – Ancien château du 17e s., doté de splendides plafonds à la française décorés de blasons peints. De la terrasse, la vue s'étend sur le bourg, l'Allier, les monts du Forez, les volcans de la Comté et les monts Dore.

Turlurons aux environs de Billom.
J. Damase / MICHELIN

Musée de la Batellerie d'Allier - Pierre-Mondanel – *✆ 04 73 83 73 62 - www.ville-pont-du-chateau.fr - visite guidée (1h30) juil.-août : 10h-12h, 15h-18h ; reste de l'année : sur demande préalable à la mairie - 2 €.*
Installé dans les cuisines de l'ancien château, ce musée est consacré à la batellerie de l'Allier et de la Dore. Pont-du-Château fut, jusqu'au 19e s., un port très actif sur l'Allier : les mariniers, placés sous la protection de saint Nicolas, embarquaient toutes sortes de marchandises qui allaient jusqu'à Paris. Leurs bateaux, appelés « sapinières », étaient en fait des radeaux améliorés que l'on débitait en bois de chauffage lors de leur arrivée à destination. Les « sapinières » (sous forme de maquettes), le transport du bois, la vie des mariniers, la pêche en rivière sont évoqués dans le musée.
Quittez Pont-du-Château par le sud et suivez la D 1 en direction de Vic-le-Comte.
La petite départementale suit la rive de l'Allier, épousant ses courbes capricieuses et ménageant des points de vue sur la chaîne des Puys.
Prenez à gauche la D 117 qui traverse Mirefleurs et grimpez hardiment vers Busséol.

★ Château de Busséol *(voir Vic-le-Comte)* A1

Continuez sur la D 117, puis prenez la D 301 vers Saint-Julien-de-Coppel.

Notre-Dame-des-Roches

Cette petite chapelle, perchée sur un rocher, est accessible directement en voiture *(quelques pas sont encore à faire)*, ou, en suivant le chemin de moyenne montagne assez abrupt (partant de la D 301), à pied, depuis Saint-Julien de Coppel *(30mn de marche)*. Au sommet, joli **panorama** sur le pays de Billom, les Turlurons *(voir photo ci-dessus)* et le château de Coppel.
Continuez sur la D 118 pour voir les ruines du château de Coppel. Juste avant la Beauté, tournez à gauche. La D 14 vous ramène à Billom par la jolie vallée de l'Angaud.

CHÂTEAUX EN LIVRADOIS B1

Pour visualiser cet itinéraire de 45 km, reportez-vous au plan de la région (p. 422) – comptez environ 3h.
Ce trajet offre un beau parcours dans les premiers monts du Livradois, permettant d'approcher les principales forteresses du pays de Saint-Dier.
Quittez Billom par le sud-est en empruntant la D 9.

Château de Montmorin B1

04 73 68 30 94 - visite guidée (1h30) de mi-juil. à mi-août : 14h-19h - 6 € (enf. 3 €).
Cet ancien château fort, partiellement en ruine, possède un donjon cantonné de tours rondes. Dans le corps de garde, quatre salles présentent une collection de mobilier Louis XIII et des armes du 15e au 17e s. Les anciennes écuries abritent une intéressante collection d'**outils** de vieux métiers (forgeron, maréchal-ferrant, sabotier, tonnelier, etc.). Vous y découvrirez aussi quelques objets trouvés lors de fouilles effectuées sur le domaine. Du chemin de ronde, la **vue** englobe le Livradois d'un côté et la chaîne des monts Dôme de l'autre.
Suivez la D 337, puis la D 338 en direction de Saint-Dier-d'Auvergne, par Fayet-le-Château.

Saint-Dier-d'Auvergne B1

Ce bourg du Livradois occupe un point de passage encaissé, à la traversée de la vallée du Miodet, sur l'ancienne route de Clermont-Ferrand à Ambert.
Bel édifice du 12e s., en pierre à dominante rose, l'**église** fut fortifiée au 15e s. Sa façade, soutenue par des contreforts, est ornée d'arcatures romanes où alternent des granits clairs et des latérites rouges provenant du bassin de Saint-Dier. La porte a conservé ses anciennes pentures. À l'intérieur, remarquez les chapiteaux figurant des atlantes, des sirènes, des feuillages…
À droite de l'église se trouvent les vestiges d'un ancien **prieuré** de La Chaise-Dieu.
Faites 5 km au sud en empruntant la D 997.

Les Martinanches B1

Château – *04 73 70 81 98 - www.chateau-des-martinanches.com - visite guidée (1h) juil.-août : tlj sf sam. 14h-18h30 ; mai-juin et 1er sept.-1er nov. : dim. et j. fériés 14h-18h (dernière entrée 1h av. fermeture) - 6 € (5-12 ans 4 €). Programme d'animations estivales.*
Niché au creux d'un vallon, cet édifice du 11e s., remanié aux 15e et 19e s., occupe un site arboré entouré de douves. Il servit à entreposer les armes destinées aux châteaux forts environnants. Plafonds à la française, mobilier de différents styles, porcelaines de la Compagnie des Indes, faïences des Tuileries agrémentent la demeure.
Reprenez la D 997 en direction de Billom.

Château de Mauzun B1

Du village de Mauzun, suivez le sentier qui monte aux ruines. Prévoyez des chaussures de marche. 04 73 70 76 14 ou 06 70 10 22 29 - juil.-août : 14h30-19h ; reste de l'année se renseigner - circuit des remparts, visite libre de la basse-cour et visite guidée du donjon (au total 1h30) - fêtes médiévales déb. août - 5,50 €.
Cette puissante forteresse (13e s.) des évêques de Clermont, plantée sur un piton basaltique, offre un panorama étendu sur la plaine de la Limagne. Au 18e s., le célèbre prédicateur **Massillon**, évêque de Clermont, fit démolir

le château de Mauzun, faute de fonds pour l'entretien. Il ne conserva que quelques chambres destinées aux prêtres détenus pour indiscipline. Laissé à l'abandon, le site servit par la suite de carrière.

Racheté en 2001, Mauzun est de nouveau entretenu. Reste à poursuivre le dégagement des murs couverts de lierre, à consolider les ruines et à remonter les niveaux de la tour centrale afin d'y accéder.

Après le parcours de l'enceinte extérieure et de ses seize tours, on pénètre dans la **basse-cour**, où la population locale se réfugiait lors des conflits, et qui servait de terrain d'artillerie en période de paix. Dans la capitainerie, où se trouve une maquette du site, une vidéo présente l'évolution des travaux de restauration. À l'intérieur du **château**, comprenant quatre tours, on peut voir les deux niveaux de galeries superposées et un réseau souterrain.

Prenez la D 20 jusqu'à Neuville, puis la D 152.

Église de Glaine-Montaigut B1

Cet édifice marque la transition de l'art carolingien au roman auvergnat. La nef du 11e s. est voûtée en plein cintre sans doubleau. Une coupole couvre le carré du transept. Le chœur, du 12e s., possède de beaux chapiteaux.

La D 152 puis la D 229 ramènent à Billom.

NOS ADRESSES À BILLOM

Voir aussi les encadrés pratiques de Courpière, Lezoux, Thiers et Vic-le-Comte.

HÉBERGEMENT

PREMIER PRIX

Chambre d'hôte La Tour Richelieu – *15 r. St-Martial - 63730 Les Martres-de-Veyre - 04 73 39 29 49 - www.tour-richelieu.com - P - - 5 ch. 53 € -* . Dernier vestige du château qui se dressait autrefois au cœur du village, cette tour abrite 5 chambres, dont une, la Louis XVI, pleine de caractère avec son plafond à la française et sa cheminée. Quelques objets venus de Norvège (pays d'origine de la propriétaire) complètent la décoration des différentes pièces.

Chambre d'hôte Domaine de Pomeix – *8 r. de Pomeix - 63730 Mirefleurs - 04 73 39 90 79 - www.pomeix-mirefleurs.com - fermé de mi-nov. à déb. mars - P - - 4 ch. 58 € -* . Au cœur d'une propriété close de 4 ha, agrémentée d'un petit étang décoratif, cette ancienne exploitation agricole comprend une habitation principale et sa grange, restaurées de façon réussie. Les 4 chambres décorées avec goût et discrétion disposent de tout le confort. Grande terrasse avec vue sur la campagne.

RESTAURATION

PREMIER PRIX

Crêperie La Galerie – *8 r. Boucheries - 63160 Billom - 04 73 73 41 52 - www.tilours.com - mai-sept. - 12h/14h, 19h/21h30 - fermée mar., sam. midi et dim. midi - 15/30 € - 3 ch. à 53 € -* Cette crêperie est située au cœur du quartier médiéval de la cité de Billom, dans une maison du 18e s. Menu simple et correct, petite terrasse.

BUDGET MOYEN

L'Auberge du Ver Luisant – *2 r. Breuil - 63910 Bouzel - 04 73 62 93 83 - fermé 14-20 avril, 17 août-7 sept., 1er-8 janv., dim. soir,* *merc. soir et lundi - formule déj. 15 € - 25/48 €.* Cette sympathique maison de pays a su conserver tout le charme de la campagne. On y mange une cuisine traditionnelle soignée, de bons produits, variant au rythme des saisons.

Restaurant de la Mairie – *11-17 pl. St-Martin - 63490 Sauxillanges - ✆ 04 73 96 80 32 - www.fontbonne.fr - fermé 23 juin-3 juil., 21 sept.-2 oct., 2-17 janv., mardi soir et merc. soir de la Toussaint à Pâques, dim. soir et lundi - formule déj. 15 € - 20/60 €.* Face à la mairie, maison de village datant de 1811. Salles à manger plaisantes (poutres, vitraux) et petit salon intime pour une fine cuisine mi-traditionnelle mi-régionale.

ACHATS

Les Caves de l'Abbaye S.A. – *9 r. du Commerce - 63117 Chauriat - ✆ 04 73 68 00 51 - caves-abbaye.com - tlj sf dim. 9h-12h et 14h-18h - fermé j. fériés.* Cette cave installée dans une abbaye du 11e s. présente des vins élaborés selon les méthodes traditionnelles champenoises. Cela donne des crus comme le Vercingétorix, le Carte Noir, le Millesim ou le Yoann de la Garde. Elle propose aussi 150 à 160 références issues de France, vins auvergnats en tête.

ACTIVITÉS

Ronde de nuit - Visite nocturne de Billom- *✆ 04 73 68 39 85 - réservation conseillée - départ et RV à 21h devant l'office du tourisme - durée 1h.* Accompagné du bailli de Billom, vous résoudrez énigmes et devinettes au cours d'une déambulation nocturne.

Randonnée – Au départ de la mairie de Billom, le **circuit du Turluron** *(balisage jaune ; 2h30 ; Topoguide 27 : Monts du Livradois-Forez)* permet d'obtenir un joli point de vue sur la ville. Une « turlure » était jadis, dit-on, une maison de repos sur la colline.

AGENDA

Foire à l'ail rose – *2e w.-end d'août - ✆ 04 73 68 39 85 - www.stdb-auvergne.com.* Foire à l'ail et au vin.

Festival « étincelles, les arts de la marionnette » – *3e sem. de mai - ✆ 04 73 68 39 85 ou 04 73 68 58 59 - www.etincelles-festival-marionnettes.fr - gratuit pour les prestations de rue - En salle: 3/10 €.* Spectacle de marionnettes dans le Billom médiéval.

Massiac

1 822 Massiacois – Cantal (15)

NOS ADRESSES PAGE 454

S'INFORMER

Office du tourisme du pays de Massiac – *Pl. de la Gare - 15500 Massiac - 04 71 23 07 76 - www.paysdemassiac.com - juil.-août, tlj sf dim. : 9h-12h, 14h30-18h30 ; mai-juin, sept.-oct. et vac. scol. : 9h-12h, 14h-18h, sam. 9h-12h ; nov.-avr. et vac. scol. : 9h-12h, 14h-17h, sam. 9h-12h - fermé dim. et j. fériés.*

SE REPÉRER

Plan de région A3 (p. 422) – carte Michelin Départements 331 H3.

À 22 km au sud-ouest de Brioude, Massiac est relié à l'A 75 à deux niveaux : sortie 23 et N 122, ou sortie 24 et D 900.

À NE PAS MANQUER

Le musée Élise-Rieuf et sa belle sélection d'œuvres du 20e s., réalisées par les artistes de l'école de femmes ; la découverte de la vallée de l'Alagnon, du haut de la chapelle Sainte-Madeleine.

ORGANISER SON TEMPS

Comptez une journée pour découvrir Massiac, puis suivre le circuit des gorges de l'Alagnon.

AVEC LES ENFANTS

Des fermes de la commune de Massiac leur ouvrent leurs portes, avec par exemple, l'étonnante visite d'un élevage d'escargots !

Les promontoires rocheux de Saint-Victor et de Sainte-Madeleine encadrent ce vieux bourg, situé à l'entrée des gorges de l'Alagnon. Aux heures chaudes, vous pouvez aller taquiner le goujon ou le barbeau dans l'Alagnon ou les multiples ruisseaux des alentours. En grimpant sur les versants sud des coteaux, vous apercevrez quelques arpents de vigne accrochés aux « palhàs », ces terrasses de pierres sèches qui font aujourd'hui l'objet d'un programme de sauvegarde et dont on commence à savourer les premières cuvées !

Se promener

De son glorieux passé, la ville a conservé quelques éléments dignes d'intérêt : l'**ancien château** de G. d'Espinchal *(l'actuelle mairie)*, une belle **maison en bois** du 17e s., une **tour ronde** en pierre provenant des anciens remparts.

Église Saint-André

Cet édifice abrite notamment une toile de Guy François, *L'Adoration des bergers* (17e s.), et une série de statues en bois polychrome : Vierge ouvrante (statue s'ouvrant par le milieu pour dévoiler les restes d'une représentation de l'Annonciation) de la fin du 15e s., Vierge en majesté du 16e s., sainte Madeleine du 17e s.

Musée municipal Élise-Rieuf

04 71 23 03 95 - www.musee-elise-rieuf.org - ♿ - juil.-août : tlj sf lun. 14h30-18h30 ; mai-juin et 1re quinz. de sept. : dim. 14h30-18h30 - possibilité de visite sur demande pdt fermeture annuelle - 3 €.

Il présente l'œuvre de cette femme peintre (1897-1990) originaire de Massiac : portraits d'Auvergne ou de Chine, façades de villes hanséatiques et italiennes, paysages de Provence ou de Scandinavie. Le musée rend également hommage à d'autres artistes pionnières appartenant à cette première école de femmes peintres : Charlotte Musson (portraits d'écrivains et d'artistes, paysages et nus) et Marguerite-Jeanne Carpentier (pastels).

À proximité Plan de microrégion

Chapelle Notre-Dame-de-Vauclair

À Molompize, 6,5 km au sud-ouest par la N 122.

3 km en suivant le petit chemin en amont de Molompize. Située sur la rive droite de l'Alagnon, cette très jolie chapelle romane du 12e s., au clocher à peigne, est l'un des huit sites qui ont fait l'objet d'une campagne de restauration dans le cadre de la mise en valeur des « grands sanctuaires romans » auvergnats. Elle abrite aujourd'hui la copie d'une très belle **Vierge noire** du 12e s. L'original, qui fait l'objet d'un pèlerinage en septembre, se trouve dans l'église Sainte-Foy, située dans le village de Molompize.

Itinéraire conseillé Schéma ci-contre

★ GORGES DE L'ALAGNON

Pour visualiser cet itinéraire de 70 km, reportez-vous au schéma ci-contre – comptez environ une demi-journée.

Ces gorges du cours inférieur de l'Alagnon s'étendent entre le Babory-de-Blesle et Lempdes-sur-Allagnon (attention : en Haute-Loire, le nom de ce cours d'eau s'écrit avec deux *l*). *Pour le cours supérieur, voir Le Lioran.*

Quittez Massiac par le nord en direction de Clermont. Au rond-point, prenez la petite route qui longe la sortie de l'échangeur.

★ Site de la chapelle Sainte-Madeleine

Le site est également accessible à pied, depuis la vallée, par un chemin partant de Vialle-Chalet.

À la pointe sud-est du plateau de Chalet, ce petit édifice du 11e s. est érigé au sommet d'un rocher basaltique. De ce point (alt. 708 m), une **vue** plongeante s'étend sur Massiac et la vallée de l'Alagnon.

Sur la rive droite, on aperçoit un autre éperon basaltique, le **plateau de Saint-Victor** (alt. 735 m), qui a fait l'objet d'une campagne de fouilles archéologiques de 1972 à 1982. Occupé dès la fin du néolithique, ce plateau permettait de surveiller la vallée de l'Alagnon et le gué sur la rivière. Une église est mentionnée à l'époque carolingienne, puis un village, déserté dès la fin du 16e s.

Redescendez au rond-point et empruntez la D 909 vers le nord. Au Babory-de-Blesle, franchissez l'Alagnon en prenant, sur la gauche, la D 8.

★ Blesle *(voir ce nom)*

Revenez sur la rive droite de l'Alagnon en reprenant la D 8 en sens inverse.

À 3 km du village, la vallée s'élargit. On aperçoit bientôt, perché au-dessus de la rive droite de la rivière, le **château de Léotoing** *(voir ci-après)*. La vallée s'étrangle ensuite et devient sauvage.

À Lempdes, sortez par le nord en empruntant la D 909 en direction de Saint-Germain-Lembron. Après 3 km, prenez à gauche la D 35, puis la D 141 à droite.

Saint-Gervazy

Le **château** sert de cadre, durant l'été, à des visites animées par les membres de l'association « La Vie de château », qui s'occupe de sa restauration.

L'église romane renferme, dans sa chapelle de droite, la copie d'une belle **Vierge en majesté** du 12e s., volée puis retrouvée miraculeusement en 2001. Dans la nef, remarquez de beaux chapiteaux romans à feuillages.

Revenez à Lempdes. Prenez vers le sud la D 653 sur 4 km, puis à droite la D 655.

★ Léotoing

Aux abords du village se trouve la **chapelle des Lépreux**, qui abrite une maquette du site et des panneaux explicatifs sur le terroir, l'architecture et l'histoire de Léotoing *(ce village appartient au Pays du Haut-Allier, labellisé « Pays d'art et d'histoire » ; programme des visites ✆ 04 71 77 28 30)*. De ses abords, une jolie **vue** se dégage sur les gorges de l'Alagnon, le Cézallier, la Limagne de Brioude, le Livradois, le plateau de La Chaise-Dieu et les monts du Velay *(table d'orientation)*.

Château – *Attention : la visite de ces ruines engage la responsabilité des visiteurs. Absolument déconseillé aux enfants et aux personnes sujettes au vertige. Prévoyez de bonnes chaussures de marche.* Pour gagner cette ancienne forteresse du 10e s. qui appartenait aux dauphins d'Auvergne, passez sous une **porte fortifiée**. Il en reste de très importants vestiges (14e s.).

Église romane – Remaniée au 15e s., elle renferme les restes d'une peinture murale (Déposition de Croix) et des chapiteaux sculptés.

Une petite route plonge vers le hameau de Lanau. La descente en épingles à cheveux permet de belles échappées sur la vallée de l'Alagnon et le château de Torsiac, puis sur le château de Léotoing.

À la sortie de Lanau, empruntez sur la gauche la D 19 qui rattrape la D 653, que vous suivrez jusqu'à Grenier-Montgon. Retournez ensuite à Massiac par la D 909.

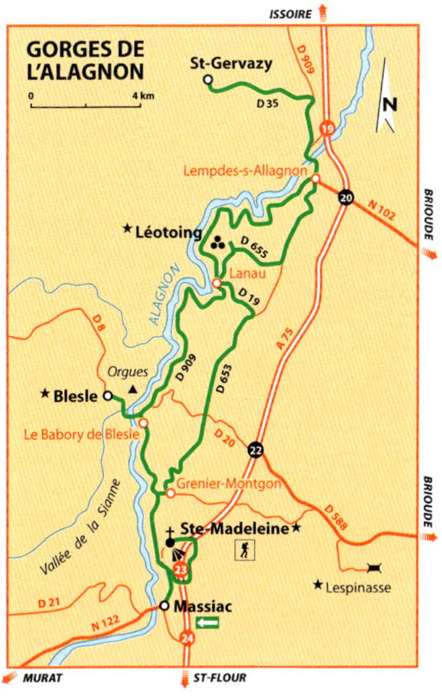

NOS ADRESSES À MASSIAC

Voir aussi les encadrés pratiques de Blesle, de Brioude, des monts du Cézallier et de Saint-Flour.

HÉBERGEMENT

PREMIER PRIX

Hôtel La Colombière – *Rte de Grenier-Montgon, la Naute - 04 71 23 18 50 - www.hotel-lacolombiere.com - P - 30 ch. 37/87 € - 6 €.* Ce bâtiment moderne abrite des chambres bien équipées et meublées dans un esprit contemporain. Le buffet des petits-déjeuners, préparé avec les produits régionaux, est servi en terrasse lorsque le temps le permet. Établissement très bien tenu et accueil souriant.

Chambre d'hôte Chalier Maryse et Bernard – *Nozerolles - 15500 St-Mary-le-Plain - 04 71 23 05 80 - chalier.bernard@neuf.fr - - 3 ch. 42 € - - repas 13 €.* Les amateurs de nature et de calme seront séduits par cette ferme isolée dans la campagne, avec les champs à perte de vue. Chambres de style rustique bien tenues, coin bibliothèque et jolie salle à manger où trône une superbe cheminée. Petits plats préparés avec les produits maison.

RESTAURATION

PREMIER PRIX

Auberge de Chalet – *À La Chapelle Ste-Madeleine - 2,5 km au nord de Massiac par rte secondaire - 04 71 23 00 67 - www.aubergedechalet.onlc.fr - fermé mar. soir et lun. sf en été - 18/35 €.* Une ferme restaurée en pierres de taille à 700 m d'altitude et le tour est joué. Voilà un restaurant sympathique avec ses deux salles à manger aménagées dans les anciennes écuries et bergeries. Cuisine régionale.

ACTIVITÉS

La coquille de Massiac – *04 71 23 10 75 - ouv. mars-oct. - visite guidée juin-sept. : lun. et jeu. 10h-12h, 17h-19h ; en nocturne avr.-oct. : lun. et jeu. avec casse-croûte.* Visite d'une ferme à escargots.

ACHATS

Foires et marchés – *04 71 23 07 76 - www.paysdemassiac.com.* Marché chaque mar. matin et deux foires annuelles : foire à la cerise et aux fruits rouges le 2e dim. de juin, foire aux pommes et fruits de la tradition fin oct.-début nov.

Macarons Delos – *2 pl. Antoine-Avinin- 04 71 23 10 08.* Massiac s'est fait une spécialité de ce merveilleux petit gâteau que vous pourrez déguster chez l'un de ses grands maîtres de fabrication : Bernard Delos, ancien élève de Joseph Varenne.

Blesle

★

657 Bleslois – Haute-Loire (43)

NOS ADRESSES PAGE 457

S'INFORMER

Office du tourisme de Blesle – les gorges de l'Allier *–pl. de l'Église - 43450 Blesle - 04 71 76 26 90 - www.tourismeblesle.fr - juil.-août : 9h30-12h30, 14h-18h ; sept.-déc. : mar., jeu. et sam. 10h30-12h30, 14h-16h ; avr. : mar.-sam. 10h-12h ; mai-juin : mar.-sam. 10h-12h, 15h-17h.*

SE REPÉRER

Plan de région A3 (p. 422) – carte Michelin Départements 331 B2.

Depuis l'A 75, le plus simple est de sortir au niveau d'Espalem (sortie 22). Si vous préférez longer les gorges de l'Alagnon : sortie 19 au nord ou sortie 24 au sud, puis rejoignez la D 909.

À NE PAS MANQUER

Le musée de la Coiffe.

Maisons à pans de bois, donjon, encorbellements, portes sculptées, somptueuses demeures... Blesle est imprégné de plus de dix siècles d'histoire. Grâce à son isolement, ce village fut préservé de toutes les périodes tumultueuses. Les jardins et vergers environnants, la Voireuse qui traverse le village, la proximité des gorges de l'Alagnon ajoutent du charme aux lieux.

Se promener

À l'entrée de Blesle, une signalisation indique le vieux bourg.

Tour du Massadou

C'est une ancienne tour de guet érigée par les moniales sur cette éminence qui domine le bourg. On bénéficie, de son sommet, d'une belle **vue** d'ensemble sur le village et la vallée.

★ Église Saint-Pierre

Il s'agit de l'ancienne abbatiale de Blesle. Son portail sud rappelle celui des églises du Puy-en-Velay. Les **portes** en bois clouté du 12e s. sont intégrées dans le tambour du portail. À l'intérieur, la courte nef du 11e s. est surélevée ; c'est là que se tenaient les chanoinesses. Au croisillon gauche du long transept en partie carolingien, l'arcade supérieure de la fenêtre est ornée d'animaux fabuleux ; au-dessous, un autel de marbre aurait été donné par le pape à la fondatrice de l'abbaye en 865. Dans le chœur très vaste (fin du 12e s.), remarquez les chapiteaux, figurant des animaux fantastiques ou des scènes énigmatiques.

Trésor – *04 71 76 26 90.*

Situé au fond de la nef, il expose les anciennes **stalles** du chœur, dont certaines présentent de belles miséricordes, une intéressante collection d'ornements liturgiques des 17e et 18e s., une **Vierge en majesté** du 13e s. en bois polychrome et un **Christ roman**. Derrière l'église se trouvent les anciennes maisons abbatiales.

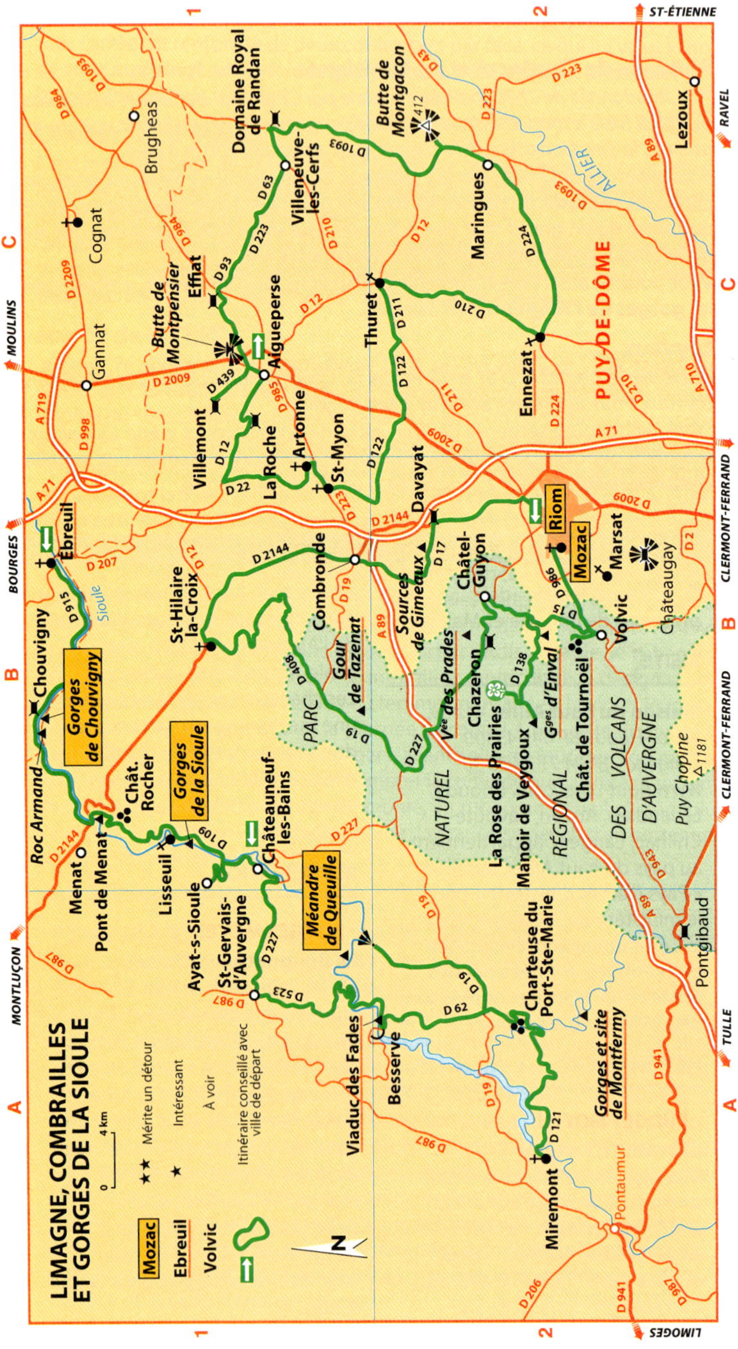
LIMAGNE, COMBRAILLES ET GORGES DE LA SIOULE
Mozac
Ebreuil
Volvic
★★ Mérite un détour
★ Intéressant
À voir
Itinéraire conseillé avec ville de départ
0
4 km
N
MONTLUÇON
BOURGES
MOULINS
ST-ÉTIENNE
RAVEL
CLERMONT-FERRAND
TULLE
LIMOGES
PUY-DE-DÔME
PARC NATUREL RÉGIONAL DES VOLCANS D'AUVERGNE
Gorges de Chouvigny
Gorges de la Sioule
Méandre de Queuille
Chouvigny
Roc Armand
Menat
Pont de Menat
Lisseuil
Ayat-s-Sioule
St-Gervais-d'Auvergne
Châteauneuf-les-Bains
Chât. Rocher
St-Hilaire la-Croix
Ébreuil
Sioule
Viaduc des Fades
Besserve
Miremont
Pontaumur
Charteuse du Port-Ste-Marie
Gorges et site de Montfermy
Pontgibaud
Gour de Tazenat
Combronde
Sources de Gimeaux
Davayat
Châtel-Guyon
Chazeron
Vée des Prades
La Rose des Prairies
Manoir de Veygoux
Gges d'Enval
Chât. de Tournoël
Volvic
Châteaugay
Marsat
Mozac
Riom
Puy Chopine
1181
Villemont
La Roche
Artonne
St-Myon
Aigueperse
Butte de Montpensier
Effiat
Gannat
Cognat
Brugheas
Villeneuve-les-Cerfs
Domaine Royal de Randan
Butte de Montgacon
412
Maringues
Thuret
Ennezat
Lezoux
Allier
A 71
A 719
A 89
A 710
D 2009
D 2144
D 998
D 2209
D 1093
D 984
D 223
D 224
D 210
D 211
D 122
D 12
D 22
D 439
D 985
D 93
D 63
D 43
D 207
D 915
D 109
D 227
D 987
D 523
D 62
D 19
D 121
D 941
D 206
D 943
D 408
D 17
D 138
D 15
D 986
D 2
A
B
C
1
2

Limagne, pays des Combrailles et gorges de la Sioule 8

Carte Michelin Départements 326 - Puy-de-Dôme (63)

Riom

★★

18 118 Riomois – Puy-de-Dôme (63)

NOS ADRESSES PAGE 470

S'INFORMER

Office du tourisme Riom Limagne *–27 pl. de la Fédération - 63200 Riom - ✆ 04 73 38 59 45 - www.tourisme-riomlimagne.fr - juil.-août : 9h30-12h30, 14h-18h30, dim. et j. fériés 10h-12h30 ; reste de l'année : lun.-sam. (sf lun. et jeu. matin) 9h30-12h30 (sf lun. et jeu.), 14h-17h30.*

Visites guidées *– Service animation du patrimoine ✆ 04 73 38 99 94 - www.riom-communaute.fr* - Le territoire de Riom Communauté (11 communes), qui porte le label « Pays d'art et d'histoire », propose des visites découverte animées par des guides conférenciers agréés.

SE REPÉRER

Plan de région B2 (p. 458) – carte Michelin Départements 326 F7.

Riom, à 15 km au nord de Clermont-Ferrand, est desservi par l'A 71, la D 2144 et la D 2009, dont une déviation qui la contourne par l'est.

SE GARER

Le centre-ville de Riom est en partie piéton. Garez-vous plutôt au sud et au sud-ouest, sur les parkings qui longent le boulevard É.-Clémentel, ou à l'est le long du boulevard Desaix.

À NE PAS MANQUER

La visite de la cité de Riom ; pour les amoureux de la nature, la cascade des gorges d'Enval, et l'impressionnant gour de Tazenat.

ORGANISER SON TEMPS

Comptez environ une demi-journée pour suivre le circuit en bordure des Combrailles. Il vous révélera une région de plateaux traversée par de nombreuses rivières.

AVEC LES ENFANTS

Les châteaux de Davayat et Chazeron leur plairont. Pour les artistes en herbe, pensez aux ateliers proposés par le musée Mandet.

L'ancienne sénéchaussée d'Auvergne a gardé, à l'intérieur des grands boulevards tracés à l'emplacement de ses remparts, de nombreux témoignages de sa splendeur passée. C'est la cité judiciaire par excellence, avec une grande élégance, du maintien, un rien de raideur. Mais cette ville sait aussi être très festive, mêlant savamment musique, patrimoine, gastronomie et savoir-faire, en un été animé qui se termine avec éclat par un festival de jazz.

Se promener

Sous **Alfonse de Poitiers**, Riom reçoit une charte de franchise appelée « l'Alfonsine ». La ville, jusque-là confinée autour de l'église Saint-Amable, s'édifie selon un plan régulier. Les maisons du 13e s., endommagées par des incendies,

Croix de chemin.
OT Pays de Gentiane

ont été remplacées, à la fin du 15e s., par de somptueux hôtels dont les détails ouvragés attestent un riche patrimoine architectural.
Partez de la place des Martyrs-de-la-Résistance.

★ Sainte-chapelle

Dans le palais de justice. ✆ 04 73 38 99 94 - juil.-août, tlj (sf lun.) : 10h-12h, 15h-17h30 ; juin et sept. : merc.-vend. 15h30-17h - possibilité de visite guidée (1h) sur demande préalable - fermé w.-end, Ascension, 14 Juil., 15 août - visite adaptée aux non-voyants - 0,50 €.
Unique vestige du château du duc de Berry, la chapelle (14e s.) offre, dans le chœur aux lignes harmonieuses, de remarquables **vitraux★** de la fin du 15e s., qui ont provoqué l'admiration de Prosper Mérimée, séduit par la vivacité de leurs coloris. C'est grâce à un crédit obtenu par l'écrivain que le travail de restauration débute en 1850.

★ Musée régional d'Auvergne

✆ 04 73 38 17 31 - juil.-août : 10h-18h ; avr.-juin et sept.-nov. : 10h-12h, 14h-17h30 - fermé lun., 1er Mai, 14 Juil., 15 août, 1er et 11 Nov. - 3 € (enf. gratuit), gratuit merc.
Ce musée régional d'arts et de traditions populaires présente la physionomie de la région avant la révolution industrielle. Le rez-de-chaussée est consacré à la vie agricole. Il abrite une remarquable collection d'instruments

SOUS LA FÉRULE DU DUC DE BERRY

En 1360, le **duc Jean de Berry**, fils de Jean le Bon, reçoit en apanage la Terre d'Auvergne érigée en duché. Personnage fastueux et dispendieux, il a autour de lui une brillante cour d'artistes *(voir Le Guide Vert Berry Limousin)*, et choisit Riom comme une de ses résidences favorites. Il ordonne d'importants travaux dans le vieux château qu'il fait transformer par **Hugues Foucher**. De cet édifice, détruit au 19e s. pour aménager le palais de justice, ne subsiste aujourd'hui que la sainte-chapelle. Après sa mort, Riom et le duché d'Auvergne appartiendront à la famille de Bourbon.

aratoires, d'outils ruraux, ainsi que la reconstitution d'un buron. La salle commune d'une maison paysanne montre l'habitat auvergnat. Au premier étage, vous verrez les différentes formes d'artisanat et la vie domestique. Au second sont exposés des costumes et une belle collection de coiffes, ainsi qu'un ensemble d'art religieux populaire. Des expositions temporaires, liées au patrimoine populaire et rural, sont régulièrement organisées et font l'objet d'un calendrier d'animations.

★ Musée Mandet

14 r. de l'Hôtel-de-Ville - 63200 Riom - ✆ 04 73 38 18 53 - juil.-août : 10h-18h ; sept.-juin : 10h-12h, 14h-17h30 - fermé lundi, 1er janv., dim. de Pâques, 1er Mai, 14 Juil., 15 août, 1er et 11 Nov., 25 déc. - 3 € (-18 ans gratuit), gratuit merc.

Il est aménagé dans deux hôtels particuliers : l'un, l'hôtel Dufraisse, construit en 1709, abrite les collections de peinture ; l'autre, l'hôtel Desaix, accueille la donation Richard. Cet ancien bâtonnier, grand collectionneur d'œuvres d'art qu'il échangea contre un appartement dans les lieux, est l'initiateur du musée et à l'origine de sa restauration. Le passage entre les deux bâtiments se fait par une galerie qui accueille des expositions temporaires.

Le visiteur découvre d'abord la **peinture** : des salles décorées de délicates boiseries présentent un ensemble de tableaux des écoles flamande et hollandaise du 17e s. (Frans Ykens, Cornelis Saftleven, Jacob Backer) et française des 17e et 18e s. (Charles Natoire, Jean Raoux, Jean-Baptiste Regnault), au premier étage. La peinture du 19e s. occupe le deuxième étage avec notamment des œuvres d'Alphonse Cornet, artiste riomois de l'époque.

La seconde partie abrite une collection d'objets d'art décoratifs, de l'Antiquité au 18e s. De l'Antiquité, on retiendra un **portrait de femme** peint à la cire sur toile de lin, du 2e s. apr. J.-C., découvert dans la région du Fayoum, en Égypte. Du Moyen Âge et de la Renaissance, on remarquera une **Vierge romane** en majesté de la région de Clermont-Ferrand, une tête de pèlerin en pierre de la fin du 15e s., et un groupe de **statuettes en bois** provenant des Flandres et du Nord de la France. À côté des primitifs allemands et italiens figurent, entre autres, une Vierge à l'Enfant de l'école de Rogier Van der Weyden et une Crucifixion d'Engelbrechtsz. Les salles richement meublées, consacrées aux

SE LOGER

Rambaude (Chambre d'hôte La) 4

Maison de la Treille (Chambre d'hôte La) 6

SE RESTAURER

Flamboyant (Le) 1

Cour de l'hôtel Guimoneau .... **B**

Hôtel Arnoux de Maison-Rouge .... **R**

Hôtel de ville .... **H**

Maison des Consuls .... **K**

Tour de l'Horloge .... **G**

RIVALITÉS SÉCULAIRES
En 1531, la justice royale se fixe à Riom, qui est élevée au rang de généralité en 1542. En 1551, sa position se renforce grâce à l'institution d'un présidial (organe intermédiaire entre le tribunal de bailliage et le parlement). Bientôt, Clermont bénéficie également de ces attributs. Du 16e au 19e s., la rivalité entre Riom et Clermont n'a de cesse. Les deux villes s'affrontent ; c'est à qui prouvera la plus noble ancienneté. Mais Clermont possède une avance définitive, et l'emporte, comme elle l'a emporté sur Montferrand. Riom est cependant restée le siège de la cour d'appel.

16e, 17e et 18e s., présentent une remarquable collection d'orfèvrerie civile, un bel ensemble de céramiques françaises et une vitrine d'armes. Au rez-de-chaussée, une salle est réservée aux expositions temporaires (thèmes artistiques variés).
Les mercredis *(10h-12h, 14h-16h)*, les enfants de 6 à 13 ans peuvent participer à des ateliers de techniques artistiques et découvrir le fonctionnement d'un musée *(sur réservation au musée)*.

Hôtel de ville

23 r. de l'Hôtel-de-Ville - 63200 Riom - ℘ 04 73 33 79 00 - ♿ - lun.-vend. 8h-17h30 - fermé 1er janv., 25 déc. - gratuit. Dans le couloir d'entrée se trouve une plaque de lave émaillée reproduisant la lettre de Jeanne d'Arc aux Riomois (dont l'originale est conservée aux archives municipales). Pour la petite histoire, lorsque **Jeanne d'Arc** eut besoin de poudre et de traits pour le siège de La Charité, elle s'adressa aux Riomois. Ceux-ci lui promirent soixante écus d'or, mais tardèrent à s'exécuter. En 1430, ils reçurent une lettre de rappel.
La jolie **cour★** (16e s.) est fermée par deux corps de logis ornés de galeries voûtées d'ogives. Les arcs en anse de panier retombent sur des piliers à éperons. Les arcades de la galerie abritent deux **bronzes de Rodin** : le *Gallia Victrix* (profil de Camille Claudel) et un buste d'Étienne Clémentel (ancien maire de Riom), ainsi qu'un marbre par Rivoire *(Baiser de la gloire)*. L'escalier en vis de l'entrée « A » donne accès à la galerie où des panneaux content l'histoire des lieux.

★ Maison des Consuls

Bel hôtel du 16e s. dont le rez-de-chaussée comporte cinq arcades. Les fenêtres du premier étage supportent une élégante frise au-dessus de laquelle sont disposés deux bustes de femmes et deux bustes d'empereurs romains en médaillons de terre cuite. En face, la **maison de bois** date du 15e s.

Carrefour des Taules

Près de ce carrefour (« taule » est un mot ancien signifiant étal), où aboutissent les rues principales du vieux Riom, s'élèvent quelques-unes des plus intéressantes maisons anciennes de la ville.
À l'angle des rues de l'Hôtel-de-Ville et de l'Horloge, l'hôtel Soubrany présente des fenêtres sculptées.

Rue de l'Horloge

Elle est bordée d'hôtels anciens qui abritent de remarquables cours intérieures *(description ci-après)* et de belles fenêtres que l'on peut découvrir, par exemple, au no 4, et surtout au no 12. À l'entrée de la rue se dresse l'ancien beffroi de la ville, au cadran d'horloge doré.

★ **Tour de l'Horloge** – *Service du patrimoine de Riom Communauté - ✆ 04 73 38 99 94 - www.riom-communaute.fr - juil.-août tlj (sf lun.) : 10h-12h, 14h-18h, merc. 18h-21h ; sept.-juin : tlj sf lun. 10h-12h, 14h-17h - visite aménagée pour non-voyants et déficients visuels (avec maquettes tactiles et documents en braille) - 0,50 € (-18 ans gratuit), gratuit j. fériés et dim. pour habitants de Riom.* Couronnée d'un dôme du 17e s., cette tour octogonale Renaissance est édifiée sur une base carrée d'origine médiévale. Elle accueille l'exposition « Riom, ville d'Art et d'Histoire d'hier à aujourd'hui » (intéressantes maquettes tactiles). Cent vingt-huit marches permettent l'accès à la terrasse d'où s'étend un fabuleux **panorama** sur la ville et les environs ; des tables d'orientation en lave émaillée sont disposées aux quatre points cardinaux.

Hôtel Arnoux de Maison-Rouge – Au n° 7 de la rue, le couloir, éclairé de fenêtres ovales, donne accès à une jolie cour du début du 17e s. *(accessible dans le cadre de la visite guidée de la ville uniquement).*

★ **Cour de l'hôtel Guimoneau** – Au n° 12 de la rue, la porte de l'hôtel est du 16e s. Entrez dans le couloir, à l'extrémité duquel se trouve cette superbe cour. L'**escalier** est orné de sculptures délicates dont une Annonciation. À gauche, la galerie présente quatre statuettes figurant, de gauche à droite, la Force, la Justice, la Prudence, la Tempérance. Remarquez, dans les murs qui entourent la cour, des médaillons et deux cadres rectangulaires au fond qui représentent le maître et la maîtresse de maison attendant leur hôte depuis de petites fenêtres de pierre.

Revenez au carrefour des Taules et empruntez, à droite, la rue Saint-Amable.

Basilique Saint-Amable

De l'église du 12e s. il ne reste que la nef et une partie du transept. Le chœur, du début du 13e s., mêle le style roman au gothique (chapiteau avec personnages de face et à gros crochets). Les chapelles latérales nord, avec leurs ogives fines sur culots sculptés de personnages, datent du 15e s. ; les chapelles latérales sud et la façade sont du 18e s. La **sacristie** abrite les belles boiseries (1687) qui entouraient le chœur du chapitre, ainsi qu'une intéressante collection de soieries.

Amable, premier curé de Riom au 5e s., devint l'objet d'une vénération qui s'est perpétuée de nos jours dans une fête annuelle. Le dimanche qui suit le 11 juin, les Brayauds *(voir Châtel-Guyon)* portent sa châsse en procession. Au 18e s., lorsque Massillon vint à Riom, les habitants, craignant qu'il n'emportât ces précieuses reliques, refusèrent de les lui montrer.

Descendez la rue du Commerce, et tournez à droite dans la rue Hyppolyte-Gomot. Remontez-la jusqu'à sa jonction avec la rue Sirmon.

Les 17e et 18e s. ont doté Riom de nombreuses fontaines, qui contribuent beaucoup à l'agrément d'une promenade à travers la ville. L'une des plus célèbres est la **fontaine d'Adam et Ève** (17e s.), décorée de cariatides dues au sculpteur riomois Languille. En face, on peut découvrir une maison Renaissance à arcades.

Revenez sur vos pas.

Rue du Commerce

Au n° 36, vous remarquerez la porte, avec cariatide et atlante, de l'hôtel Valette de Rochevert.

★ **Église Notre-Dame du Marthuret** – De style gothique languedocien, elle date des 14e et 15e s. La façade ouest a été très abîmée sous la Révolution. L'intérieur a été remanié aux 17e et 19e s. : ajout de chapelles *(chœur et flanc sud),* aménagement de faux bas-côtés. On peut y voir quelques vitraux intéressants des 15e et 16e s. et surtout, dans la première chapelle à droite, la merveilleuse **Vierge à l'oiseau★★★**. Cette œuvre célèbre du 14e s., sortie des ateliers de sculpture de Jean de Berry, fut sauvée, sous la Terreur, par la corporation des bouchers qui la cachèrent dans une cave. Les Riomois demeurent attachés à cette image douce et tendre de la Vierge. En l'examinant de près, vous constaterez que l'expression se modifie, selon l'angle de vue. Notez qu'une copie de la statue est adossée au trumeau de l'église.

Sur la place J.-B.-Laurent, la **fontaine Desaix** évoque le héros de Marengo, natif d'Ayat *(voir les gorges de la Sioule et Clermont-Ferrand)*. Initialement installée place Dauphine à Paris, cette fontaine a été dessinée par les architectes Percier et Fontaine (architectes de l'Arc de Triomphe du Carrousel) et financée par une souscription organisée par les soldats de Napoléon.

Itinéraire conseillé

EN BORDURE DES COMBRAILLES B2

Pour visualiser cet itinéraire de 75 km, reportez-vous au schéma p. 466 – comptez environ une demi-journée.

Quittez Riom par l'ouest en empruntant la D 986.

Cette région de plateaux traversée par de nombreuses rivières, au nord du Puy-de-Dôme, propose un passeport donnant droit à des réductions sur 21 sites dont Vulcania, le manoir de Veygoux et le volcan de Lemptégy. *Ce passeport est disponible dans chaque site participant. Liste des sites sur demande - ✆ 04 73 33 83 00 - www.manoir-de-veygoux.com.*

★★ Mozac

Aux portes de Riom, Mozac est célèbre pour les chapiteaux et le trésor de son église. Au 7e s., une abbaye y fut fondée par saint Calmin. *Un dépliant « circuit découverte » est disponible à l'office du tourisme de Riom et au service du patrimoine à la tour de l'Horloge.*

★ **Église** – *✆ 04 73 38 99 94 - mai-oct. : 9h-18h45 ; reste de l'année : 9h-17h - visite guidée sur RV de l'abbatiale, de la crypte et du musée lapidaire - fermé 1er Mai.*

De l'époque préromane, il reste les étages inférieurs du clocher-porche et la crypte dotée d'un appareil gallo-romain réemployé. Édifiée au 12e s. sur le modèle des grandes églises auvergnates, elle fut en grande partie reconstruite au 15e s. à la suite d'un tremblement de terre. À la Révolution, le cloître et une partie des bâtiments abbatiaux furent démolis.

De l'époque romane subsiste la série des beaux **chapiteaux★★** de la nef et du bas-côté nord, qui ont marqué l'histoire de la sculpture romane. Au bas de la nef, deux d'entre eux, du 12e s., provenant du déambulatoire disparu, sont de toute beauté. L'un représente **quatre atlantes agenouillés**, dont les traits sont d'une rare beauté ; l'autre, plus connu, représente les **saintes femmes au tombeau**, tenant dans leurs mains les vases de parfum ; sur une autre face, trois soldats dorment devant le sépulcre du Christ.

En avançant vers le chœur, on peut admirer un riche bestiaire roman : griffons, hommes chevauchant des boucs, dragons, singe cordé *(troisième pilier gauche)*, centaures, oiseaux de paradis, masques, etc. Le chœur renferme des **stalles** du 15e s. Une **Vierge à l'oiseau** en bois sculpté, du 15e s., se trouve près de la chapelle baptismale. Par le bas-côté droit, on accède à la cour de l'**ancien cloître** où est exposé le **tympan** (12e s.), dit « de l'Hommage ».

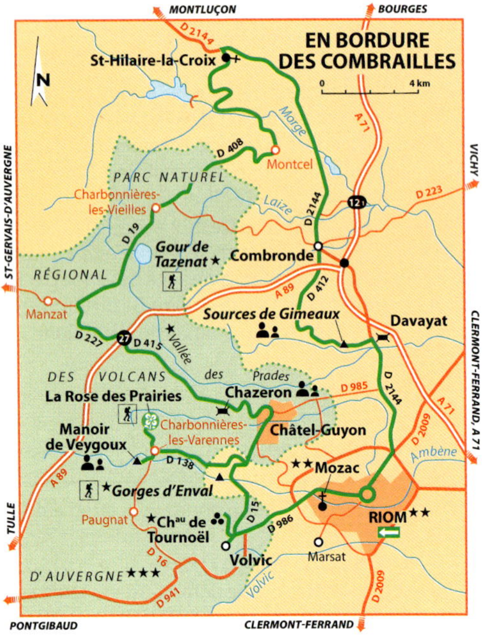

Musée lapidaire – La pièce la plus précieuse en est la **châsse de saint Calmin★★**, en émail champlevé, qui daterait de 1168. La **châsse de saint Austremoine** (17e s.), l'une des rares châsses peintes que possède la France, est exposée dans la chapelle grillagée du bas-côté droit.

Rejoignez la D 986, et prenez la direction de Pontgibaud.

Volvic *(voir ce nom)*

Au nord de Volvic, au carrefour de la D 15 et de la D 83, prenez à gauche.

★ Château de Tournoël *(voir Volvic)*

Revenez sur Volvic, puis prenez sur la gauche la D 15 qui longe le cimetière. À la sortie d'Enval sur la D 15, laissez votre voiture avant le pont qui franchit l'Ambène.

★ Gorges d'Enval

30mn AR. Après avoir passé le pont, prenez à gauche un sentier en montée sur la rive ombragée de l'Ambène. Après quelques minutes de marche parfois difficile, franchissez à gué le torrent qui tombe en cascade dans une gorge pittoresque.

L'été en soirée, un cheminement éclairé permet de découvrir les gorges, les fontaines et les croix de manière originale.

Continuez jusqu'à Charbonnières-les-Varennes. Prenez à gauche la D 16, puis, à la sortie du village, à droite vers Veygoux.

Manoir de Veygoux

04 73 33 83 00 - www.manoir-de-veygoux.com - - juil.-août : 10h-13h, 14h-19h ; juin : 10h-13h, 14h-18h ; mi-fév. à mai et de déb. sept. au 11 Nov. : 14h-18h (dernière entrée 1h30 av. fermeture) - fermé 12 nov. à mi-fév., lun. et mar. (mars, mai, oct.-nov.) - 6,50 € (enf. 3,50 €).

En arrivant, on cherche un peu le manoir, lieu d'enfance du futur **général Desaix**, caché derrière un ajout très récent. Faites le tour du bâtiment pour voir la façade restaurée. À l'intérieur, une reconstitution fait découvrir la vie de ce général qui s'illustra pendant la Révolution et dans les armées de Bonaparte. La voix de Miette vous guide à travers trois pièces : la cuisine, la salle commune et la bibliothèque.

Dans la bergerie, vous assisterez ou plutôt vous revivrez (toujours selon le concept de scénovision) la **campagne d'Égypte**. Enfin, un espace d'exposition consacré aux **Combrailles** *(voir les gorges de la Sioule)* vous permettra de mieux comprendre les paysages environnants.

Revenez à Charbonnières-les-Varennes sur la D 16.

La Rose des Prairies

Charbonnières-les-Varennes, au nord de Dourioux. ✆ 04 73 86 65 40 - visite guidée (1h) de mi-juin à mi-oct. : w.-end 14h30-18h30 - 3 € (enf. 1,50 €).

Ce jardin, membre du Conservatoire des collections végétales spécialisées, s'organise autour de trois grands espaces : la roseraie, aux 1 100 variétés de roses anciennes, galliques, botaniques et anglaises, le jardin secret et le potager. Une visite parfumée à faire à la floraison des rosiers.

Prenez la direction de Châtel-Guyon (D 138).

Châtel-Guyon *(voir ce nom)*

Quittez Châtel-Guyon en empruntant la D 415 vers le nord-ouest, direction Manzat.

Château de Chazeron

✆ 04 73 86 59 46 - www.chateaudechazeron.com - visite guidée (1h) juil.-août : 14h30-18h30 ; mai-juin et sept. : 15h-18h - 4,80 € (enf. 4 €) - pour les enfants, chasse au trésor (1h30) tlj en juil.-août, merc. et w.-end en mai, juin et sept.

Les **grilles du parc** s'ouvrent sur un édifice de type féodal, remanié au 17e s. par l'architecte Mansart. Ce maître d'œuvre fit raser la tour est pour faire place à un perron, démolir les trois enceintes, combler les fossés puis bâtir deux **ailes★** en retour. Le château servit de lieu d'internement à certains accusés du procès de Riom en 1942 : Léon Blum, Édouard Daladier, le général Gamelin, Paul Reynaud et Georges Mandel, entre autres.

La visite chronologique permet de revivre l'histoire du château de son origine jusqu'au 20e s. (salle d'armes du 12e s., cuisine du 17e s., etc.). Du haut de ses 25 m, le **donjon** offre un beau panorama sur l'Allier, la Limagne et la vallée du Sardon.

En marge de la visite du château, une animation liée au site et intitulée « Chasse au trésor » est proposée.

Poursuivez sur la D 415, puis la D 78 jusqu'à la jonction avec la D 227. Au lieu-dit le Pont-de-la-Ganne, prenez à droite la D 19 en direction de Combronde.

★ Gour de Tazenat

1h AR. À partir de la buvette, un sentier permet d'en faire le tour (de préférence dans le sens contraire des aiguilles d'une montre). Plat dans la première section du parcours, le sentier devient parfois escarpé. Il est possible d'accéder en voiture au point de vue qui domine le lac par une petite route située 200 m après le départ des promenades pédestres. Bien connu des pêcheurs, qui viennent ici traquer l'omble chevalier, le lac de Tazenat enchâsse ses eaux bleues dans un cratère volcanique d'origine explosive : un maar, alimenté par le ruisseau de Rochegude. La position géographique du lac marque la limite nord de la chaîne des Puys. D'une superficie de 32 ha, sa profondeur, de 70 m en

moyenne, atteint parfois 90 m. Hautes de plus de 50 m, ses berges, qui dessinent une forme quasi circulaire, sont boisées, sauf au nord et au nord-est où elles ne portent qu'un maigre gazon.
À Charbonnières-les-Vieilles, au nord, empruntez la D 408 jusqu'à Montcel, puis la D 406 vers Saint-Hilaire-la-Croix.

Église de Saint-Hilaire-la-Croix

Ce bel édifice se dresse au bord du lac Rouge, ainsi nommé parce qu'il fut jadis baigné par le sang des martyrs, d'après une tradition locale. De vastes proportions, cette église de la fin du 12e s. reflète des influences limousines, voire saintongeaises, si l'on considère les corbeilles des chapiteaux, envahies de palmettes et de rinceaux.
Remarquez une **statue de sainte Madeleine**, de la fin du 15e s. (classée en 1913), très gracieuse et légèrement hanchée, dans la tradition de la statuaire de l'Île-de-France.
Les **vestiges du prieuré**, à proximité, comportent un grand bâtiment à étage, remarquable par sa vaste **charpente en carène**, datée du 16e s., et qui sert maintenant de cadre à des expositions temporaires.
Suivez la D 2144 jusqu'à Combronde.

Combronde

Syndicat d'initiative et d'Expansion touristique « Brayauds et Combrailles » : Mairie - 63460 Combronde - ✆ 04 73 97 18 43. Ce village est l'une des principales portes des Combrailles, il sert de point de départ à de nombreuses randonnées. À l'entrée du village, à l'intersection de la D 2144 avec la D 19, remarquez, sur la **place du Tonneau**, une fontaine en forme de tonneau qui témoigne d'une activité viticole. Non loin, une croix en pierre de Volvic a été érigée au 16e s. Le Christ, la Vierge et saint Jean sont représentés sur le médaillon central.
Le château des Caponi - Représentatif des demeures aristocratiques auvergnates du 18e s., il a appartenu à la famille Caponi jusqu'à la Révolution. Il fut alors vendu comme bien national, et devint par la suite la mairie du village. À noter : la salle des armoiries, la ferronnerie des balcons et de la rambarde de l'escalier d'honneur.
Église romane St-Genès-le-Comte - Les récents travaux de restauration ont fait renaître sa polychromie intérieure. Le chœur et la nef sont du 12e s. La châsse de saint Genès renferme un reliquaire en forme d'église portée par quatre lions couchés. Le premier dimanche de juin, on y célèbre la fête du saint patron du village.
Face à la Halle, on remarquera une maison typique de la fin du Moyen Âge, à pans de bois, dont la partie supérieure de la tour abrite un pigeonnier.
La fontaine Desaix - De style égyptien, en pierre de Volvic, elle fut inaugurée en 1849 à la mémoire du général Louis Charles Antoine Desaix, héros de la bataille de Marengo.
De là empruntez la D 412 pour rejoindre Gimeaux.

Sources pétrifiantes de Gimeaux

✆ 04 73 63 57 59 - ♿ - visite guidée juil.-août : 9h30-12h, 14h-18h30 ; avr.-juin : 10h-12h, 14h-18h ; sept. : 10h-12h, 14h-17h30 ; 1er oct.-11 Nov., fév-mars : 10h-12h, 14h-17h - 3,70 € (enf. 2,40 €).
Curiosités naturelles, ces sources thermominérales se distinguent par un phénomène géologique appelé localement « le volcan ».
L'industrie des pétrifications remonte au début du 19e s. et fait appel à une technique éprouvée. L'eau est dirigée dans des canaux remplis de copeaux

de bois, où elle se débarrasse de son oxyde de fer. Elle descend ensuite, en minces cascades, des escaliers de bois. Les objets en cours de pétrification se recouvrent en quelques semaines d'une couche brillante de carbonate de calcium. Une méthode d'incrustation sur moulages permet, dans un délai beaucoup plus long, d'obtenir des camées et des bas-reliefs.
Continuez sur la D 17 qui longe la Danade.

Château de Davayat

04 73 63 30 27 - www.chateau-davayat.com - - visite guidée (35mn) de déb. août à mi-sept. : tlj sf sam. 14h-18h - 5 € (enf. 4 €).

Une belle allée de marronniers conduit à cette gentilhommière Louis XIII bâtie par Blaise Roze, un riche bourgeois de Riom. Deux lions sculptés gardent la cour d'honneur. La petite aile est ornée d'une charmante terrasse soutenue par une colonnade et garnie d'une balustrade en pierre de Volvic.

La visite commence par la chapelle, un atelier et une maison de sabotier reconstitués, ainsi que les jardins à la française, d'où se détache un if quatre fois centenaire, taillé en tonnelle.

Les appartements renferment tableaux, meubles, objets décoratifs et costumes. Dans la salle à manger, outre un original plafond à cabochons destiné à faciliter l'éclairage de la pièce, on remarque une belle collection d'objets antiques. Le salon de Jeu expose une **collection d'éventails** dont l'un représente la réunion des états généraux en 1614. La salle du billard réunit des objets divers : meubles en miniature, ainsi que des **costumes** – robe de bal (Louis XV), habits de gentilshommes (Louis XVI), somptueux habit de présentation à la cour (Louis XVI).

En partant, observez la cour d'honneur, parfumée par des glycines, et ses étonnants cadrans solaires : l'un indique les heures, avec la mention *Hora pro nobis*, l'autre les saisons, avec cette formule d'accueil : *Hora adventu, gaudes me* (« L'heure de ta venue me réjouit »).

À proximité du château, à l'intersection de la D 2144 et de la D 17, arrêtez-vous pour observer le plus important **menhir** d'Auvergne, d'une hauteur de 4,20 m.
Revenez à Riom par Saint-Bonnet en empruntant la D 2144.

NOS ADRESSES À RIOM

Voir aussi les encadrés pratiques d'Aigueperse, de Châtel-Guyon, Clermont-Ferrand, Gannat, Pontgibaud, Volvic et Vulcania.

HÉBERGEMENT

PREMIER PRIX

Chez Lise Chevalier - Chambre d'hôte – *105 av. Étienne-Clémentel - 63460 Combronde - 11 km au nord de Riom par N 144 - ✆ 04 73 97 16 20 - ⊭ - 3 ch. 43/50 € -* ☕. Les chambres se trouvent à l'étage, mansardées et décorées avec goût. Chacune possède une fenêtre avec vue sur un beau jardin fleuri. La propriétaire vous accueillera avec gentillesse et sera d'un précieux conseil pour tous vos projets de balade dans la région.

BUDGET MOYEN

Chambre d'hôte la Rambaude – *8 r. de la Limagne - 63460 Beauregard-Vendon - ✆ 04 73 63 35 62 - www.la-rambaude.com - fermé nov.-1er mars sf réserv. - P - ⊭ - 3 ch. 65/78 €* - ☕. Dans la campagne, cette maison bourgeoise est entourée d'un joli jardin plein de fleurs en été. Son décor à l'ancienne ne manque pas de charme non plus avec ses chambres confortables et son salon cosy où vous prendrez un copieux petit-déjeuner, au coin du feu en hiver.

Chambre d'hôte La Maison de la Treille – *25 r. de l'Église - 63200 Davayat - ✆ 04 73 63 58 20 - http://honnorat.la.treille.free.fr - P - ⊭ - 4 ch. 75/93 €* - ☕. Belle demeure bourgeoise (1810) aux lignes inspirées par le néoclassicisme italien. Les chambres, coquettes et personnalisées, sont aménagées dans l'orangerie, blottie au cœur d'un ravissant jardin. Au petit-déjeuner, savoureuses confitures maison faites avec les fruits du verger. Stages de tapisserie sur sièges.

RESTAURATION

BUDGET MOYEN

Le Flamboyant – *21 bis r. de l'Horloge - ✆ 04 73 63 07 97 - www.restaurant-le-flamboyant.com - fermé dim. soir et lundi - 22 bc/58 € bc.* Admirez les cours intérieures des hôtels particuliers qui bordent la rue avant d'entrer dans ce restaurant au décor contemporain, sobre et coloré. Cuisine au goût du jour.

ACHATS

Pâtisserie Mathieu – *36 rue de l'Hôtel-de-Ville - 63200 Riom - ✆ 04 73 38 22 36 - www.mathieu-chocolatier.com - ouv. tlj (sf lun. et dim. apr.-midi) 9h-12h30 (13h dim.), 14h30-19h.* Cet établissement, qui date de 1910, vous propose ses spécialités gourmandes : croquants de Riom, bonbons au chocolat Vulcania, Muscadine Jehan de Berry… Le décor de la boutique, au beau plafond voûté, ajoute au charme du lieu.

AGENDA

La Tazenat – *Raid à VTT et randonnée pédestre - réserv. et info ✆ 04 73 97 37 14 - chaque 8 Mai - ouvert à tous, départ de Combronde* - Une magnifique virée de 15 km à travers les Combrailles auvergnates, dans un relief très marqué entre volcans d'Auvergne et gorges de la Sioule.

Châtel-Guyon

6 133 Châtelguyonnais – Puy-de-Dôme (63)

NOS ADRESSES PAGE 473

S'INFORMER

Office du tourisme de Châtel-Guyon – *1, av. de l'Europe - 63140 Châtel-Guyon - ✆ 04 73 86 01 17 - www.ot-chatel-guyon.com - avr.-sept. : 9h-12h, 14h-18h, dim. et j. fériés 10h-12h ; oct.-mars : 9h-12h, 14h-17h, sam. 10h-12h, fermé dim. et j. fériés.*

SE REPÉRER

Plan de région B2 (p. 458) – carte Michelin Départements 326 F7.

Au sommet d'une colline qui domine le cœur de la ville, le calvaire occupe l'emplacement de l'ancien château de Guy II. De la table d'orientation, on bénéficie d'une belle vue sur les monts Dôme, les monts du Forez, la Limagne et, au premier plan, la station thermale.

À NE PAS MANQUER

Si vous séjournez à Châtel-Guyon ou dans les environs, offrez-vous un forfait de soins à l'Institut Bien-Être. Effet antistress garanti !

ORGANISER SON TEMPS

L'office du tourisme de Châtel-Guyon organise des visites guidées de la station.

AVEC LES ENFANTS

Les animations au château de Chazeron leur plairont. Sur la route du château, arrêtez-vous au parc Écureuil *(voir encadré pratique).*

Cette agréable station thermale du pays brayaud s'ouvre sur la plaine de Limagne. Les eaux de ses sources thermales, chargées en magnésium, en font un lieu unique en Europe. Le Parc naturel régional se trouve aux portes de la ville, vous invitant à de belles randonnées à travers la chaîne des Puys.

Se promener

« L'un des plus terribles supplices pratiqués par l'Inquisition : celui de l'eau. » Ainsi s'exprime le célèbre auteur du roman *Mont Oriol* qu'il situe à Châtel-Guyon. L'état de santé de Maupassant nécessite plusieurs cures, dont il ne garde pas un souvenir idyllique… Il est vrai que les soins étaient alors bien différents de ceux d'aujourd'hui !

Contrairement aux autres stations thermales, Châtel-Guyon ne s'est pas construite autour de ses sources, mais autour de son **calvaire,** auprès duquel ses habitants venaient chercher protection. C'est au 17e s. que les premières analyses des eaux révélèrent des propriétés curatives. Le bruit si particulier de leur jaillissement leur valut même le nom de « Gargouilloux » ! Il fallut attendre 1817 pour que la municipalité dote enfin la ville de son établissement de bains.

Châtel-Guyon connut son véritable essor au 19e s. De luxueux palaces comme le Splendid Hôtel ou le Grand Hôtel furent construits à cette époque pour accueillir les personnalités les plus diverses, et ont donné à la petite ville son cachet si particulier.

LE PAYS BRAYAUD
Les habitants de Châtel-Guyon ne sont pas les seuls à s'appeler Brayauds : tous les petits villages juchés sur les buttes environnantes forment, avec Châtel, le pays brayaud. C'est une ancienne région de vignerons dont les femmes, encore au 19e s., portaient les *brayaudes* : de longues coiffes qui se prolongeaient jusqu'à la ceinture par deux pans empesés qui voletaient autour d'elles quand elles dansaient la bourrée.

Le domaine thermal

La station est spécialisée dans le traitement des maladies de l'appareil digestif et rhumatismales, mais aussi des troubles du métabolisme. Les soins sont dispensés aux **thermes Henry**, reconstruits en 1983. Les **Grands Thermes**, dont le hall constitue un bel exemple de l'architecture du début du 20e s., ne sont plus en activité. Les huit **sources** captées sortent dans le parc thermal le long du Sardon : caractérisées par leur forte teneur en magnésium, ce sont les plus riches d'Europe. La station s'est dotée d'un centre de remise en forme au nom prometteur : L'Institut Bien-Être !
Aujourd'hui, l'animation se concentre autour du **casino-théâtre**, du **parc** et de l'avenue Baraduc bordée de cafés et de magasins de souvenirs.

À voir aussi

Église Sainte-Anne

Des vitraux, en dalles de cristal de Baccarat, éclairent les **fresques**, d'inspiration byzantine, réalisées par Nicolas Greschny (1912-1985). Issu d'une vieille famille estonienne de peintres d'icônes, cet artiste travailla, entre autres, aux fresques de la cathédrale de Smolensk. Tout en illustrant ici des scènes de l'Ancien et du Nouveau Testament, et des visions de l'Apocalypse, le peintre s'est amusé à tirer le portrait de certains habitants de Châtel-Guyon.

À proximité Plan de microrégion

Châteaux de Chazeron et de Davayat *(voir Riom)* B2

Randonnées

★ Vallée des Prades

1h30 à pied AR. Suivez au nord la D 78, puis prenez à gauche le large sentier qui longe la rive droite du ruisseau des Grosliers et permet de remonter la vallée des Prades sur 1,5 km. Joli parcours sous bois.

Vallée de Sans-Souci

45mn à pied AR. Quittez Châtel-Guyon par le sud-ouest, en empruntant la D 15. À 200 m, après avoir franchi le Sardon, prenez à droite le sentier signalé. Remontez la rive du Sardon, dans une agréable vallée fraîche et boisée, sur plus de 2 km jusqu'au gué. De là, vous pourrez continuer jusqu'aux cascades *(30mn supplémentaires AR)* par un sentier accidenté.

NOS ADRESSES À CHÂTEL-GUYON

Voir aussi les encadrés pratiques d'Aigueperse, des monts Dôme, de Riom et de Volvic.

HÉBERGEMENT

Bon à savoir – Le camping Le Clos de Balanède (*℘ 04 73 86 02 47 - ouv. avr.-oct. - www.balanede.com*) propose un forfait curiste. Pour organiser votre séjour, que vous soyez curiste ou non, l'office de tourisme vous indiquera un large choix d'hébergements : hôtels, meublés, résidences hôtelières, locations de mobile homes, séjours en caravane ou camping-car, etc.

BUDGET MOYEN

Hôtel de Paris – *R. du Dr-Levadoux - ℘ 04 73 86 00 12 - www.hoteldeparis-chatelguyon.com - 59 ch. 34/60 € - ☕ 7,50 € - rest. 20/54 €.* Les chambres, rénovées peu à peu, sont logées dans le bâtiment principal de l'établissement et dans une ancienne chapelle située à l'arrière. Côté restaurant : cuisine traditionnelle et régionale, pierres apparentes, plafond lambrissé et mobilier rustique.

Hôtel Le Bellevue – *4 r. Alfred-Punett - ℘ 04 73 86 07 62 - www.bellevue63.fr - fermé nov.-mars - 38 ch. 55/75 € - ☕ 9 € - rest. 20/30 €.* Hôtel des années 1930 surplombant la petite station thermale du pays brayaud. Chambres fonctionnelles, plus grandes en façade. La salle de restaurant offre une agréable vue sur Châtel-Guyon. Cuisine d'inspiration régionale.

RESTAURATION

BUDGET MOYEN

La Papillote – *11 rte de Volvic - 63140 St-Hippolyte - ℘ 04 73 67 00 64 - fermé merc. soir, dim. soir et lun., vac. de fév. - 21/38 €.* Dans ce restaurant, madame officie en salle, tandis que monsieur concocte une goûteuse cuisine de tradition. Décor intérieur simple et accueil charmant.

ACTIVITÉS

Institut Bien-Être et thermes – *7 bis r. d'Angleterre - ℘ 04 73 86 12 22 - www.institutdechatel.fr - mar.-vend. 9h30-12h30, 14h-19h30, lun. 14h-19h30, sam. 9h30-18h - fermé dim., 1 sem. en nov., j. fériés.* Demi-journée, journée ou séjour de remise en forme. Balnéothérapie, esthétique, aquagym, sauna, hammam, salle de sport.

Parc Écureuil – *Rte de Chazeron - ℘ 06 77 13 46 31 - www.parc-ecureuil.fr - 7/19 € (4/16 ans).* 2 parcours dans les arbres pour enfants à partir de 4 ans, et 4 parcours pour adultes. Activités de difficultés croissantes : passerelles, échelles, filets de corde, tyroliennes, etc.

Aigueperse

2 521 Aiguepersois – Puy-de-Dôme (63)

NOS ADRESSES PAGE 481

S'INFORMER

Point d'information tourisme – *196 Grande-Rue - 63260 Aigueperse - ✆ 04 73 63 72 70 - juil.-août : mar.-sam., horaires se rens. ; hors sais. : se renseigner.*
Visite guidée de la ville – *✆ 04 73 38 59 45 - juil.-août : horaires se rens.*

SE REPÉRER

Plan de région C1 (p. 458) – carte Michelin Départements 326 G6.
La petite capitale du Montpensier s'étire le long de la D 2009, à 17 km au nord-est de Riom.

À NE PAS MANQUER

La collégiale Notre-Dame, l'un des premiers édifices gothiques construits en Auvergne ; la sainte-chapelle ; le domaine royal de Randan.

ORGANISER SON TEMPS

L'office du tourisme Riom-Limagne propose des visites guidées des villes d'Aigueperse, d'Artonne et de Maringues.

Ancienne possession des dauphins d'Auvergne, cette charmante bourgade de Limagne fut la capitale d'un comté, puis d'un duché défendu principalement par le château fort de Montpensier, l'un des plus puissants de la région. D'anciens hôtels de la noblesse et de la magistrature bordent la « grande rue », ceinturée de boulevards qui ont remplacé les anciennes fortifications. Aigueperse est également renommée pour ses spécialités gourmandes, les fameux massepains et pralines.

Se promener

Collégiale Notre-Dame

Restaurée au 19e s., de style gothique, elle a conservé son chevet et son transept de la fin du 13e s. Elle abrite deux **œuvres★** majeures de peintres italiens du quattrocento : une copie du *Saint Sébastien* d'Andrea Mantegna (l'original, aujourd'hui au Louvre, se trouvait avant 1789 dans la Sainte-Chapelle) et une très belle Nativité de Benedetto Ghirlandaio.
Sur un pilier à gauche du chœur, belle Descente de Croix en bois polychrome du 15e s., d'inspiration bourguignonne. Dans la chapelle axiale, boiseries du 18e s. Dans le transept nord, tombeaux et armoiries des **Marillac** : Louis de Marillac, maréchal de France, prit une part active aux guerres de Religion. Sa fille Louise fut la collaboratrice de saint Vincent de Paul.
Dans le collatéral gauche, fresque du 13e s., le *Martyre de sainte Catherine* ; d'autres fresques illustrant des scènes de la vie du Christ décorent le fond du transept sud. Dans la sacristie, statues en bois doré, crucifix et objets de culte, du 18e s., reliquaire du 15e s. Dans une tour, chapelle haute du 15e s.

Sainte-chapelle

✆ 04 73 63 72 70 - fermée au public en 2009 par décision administrative.
De style gothique flamboyant, cette chapelle du château d'Aigueperse, aujourd'hui disparu, fut construite à l'initiative de Louis de Bourbon (15e s.).

Paysage de Limagne.
C. Guy / hemis.fr

Elle offre une façade à mur-pignon et un beau **portail**, aux sculptures malheureusement mutilées, encadrant une porte aux vantaux de bois ouvragés et ornés de têtes en médaillons de femmes, de fous ou de vieillards.
Au 16e s., le capitaine d'Aubiac, amant et protecteur de la reine Margot, épouse d'Henri de Navarre, périt enterré vivant après avoir été pendu par les pieds, devant la sainte-chapelle.

Hôtel de ville

Ne se visite pas. Cet ancien couvent des ursulines date de 1650. Dans le **beffroi** (1793), au-dessus de l'horloge qui surmonte un cadran solaire, trois **jacquemarts** sonnent les heures. Dans la cour, statue de Michel de L'Hospital par Debay.

Itinéraire conseillé

DÉCOUVERTE DE LA LIMAGNE B/C1/2

Pour visualiser cet itinéraire de 86 km, reportez-vous au schéma p. 476 – comptez environ 3h.
Quittez Aigueperse par le nord : la D 151 mène à la butte de Montpensier, à 4 km. Notez que le syndicat d'initiative d'Aigueperse (voir encadré pratique) propose un guide d'accueil regroupant les principales informations pour profiter au mieux de la région.
Ce parcours serpente à travers la Limagne, grande plaine fertile qui s'étend du nord de Clermont aux abords du Bourbonnais.

Butte de Montpensier

Cette **butte de calcaire** a longtemps été exploitée comme carrière de gypse (pendant la Révolution, Montpensier fut renommé Montplâtre). Autrefois s'élevait là un château fort très imposant où mourut en 1226 Louis VIII, père de saint Louis, à son retour d'une croisade contre les Albigeois. Le château fut rasé sur ordre de Richelieu, mais il marqua durablement les esprits, au cœur

d'une petite région qu'on a appelée **le Montpensier**. Beau point de vue sur la Limagne, la chaîne des Puys et le Bourbonnais *(tables d'orientation)*.
Continuez sur la D 151 jusqu'au carrefour et tournez à droite sur la D 93.

★ Château d'Effiat

☎/fax 04 73 63 66 76 - ♿ (intérieur seulement) - visite guidée (50mn) - juil.-août : mar.-jeu. 14h-19h - 6 € (enf. 3 €).

Ce bel édifice du 17e s., édifié par le maréchal d'Effiat, présente un vif intérêt historique et artistique. Dans le prolongement d'une large esplanade plantée de tilleuls, la **cour d'honneur** s'ouvre par un majestueux portail, en lave de Volvic. Un corps de logis central réunit deux pavillons. La façade est ornée de pilastres jumelés doriques en lave ; la modénature du pavillon ouest a malheureusement été détériorée.

Intérieur – Le mobilier est en majeure partie du 17e s. ; les œuvres d'art et les souvenirs historiques ont été rassemblés par la famille de Moroges qui acquit le château en 1856 alors qu'il était voué à la démolition. On remarque dans le boudoir Louis XV : des vitraux (manufacture de Sèvres) illustrant des **scènes de la vie de Cinq-Mars** (vie privée, complot, exécution), le sceau du maréchal, le manuscrit relatant le procès et l'exécution de Cinq-Mars et de Thou ; dans la pièce voisine, des écrits du jeune marquis, des édits de Louis XIII et de son frère, Gaston d'Orléans. La plus belle pièce du Grand Salon, dont le plafond à poutrelles a été peint par des artistes italiens en 1627, est la cheminée monumentale et ses boiseries peintes, avec, au trumeau, une scène mythologique, *Les Forges de Vulcain*, attribuée à Le Nain, qui aurait donné à Vulcain et Thétis les traits du maréchal d'Effiat et de son épouse. Des souvenirs de l'École royale militaire d'Effiat sont également conservés.

Jardins – Dessinés par **André Mollet**, parrain de Le Nôtre, ils composent un ensemble caractéristique du 17e s. : vastes pièces d'eau alimentées par des sources, chênes séculaires, terrasse de 130 m de long et **nymphée** (grotte artificielle très en vogue aux 16e et 17e s., dotée de jeux d'eau et autres agréments).
Suivez la D 93 jusqu'à Bas-et-Lezat, puis empruntez la D 63.

LES MARQUIS D'EFFIAT

Antoine Coiffier-Ruzé, surintendant des Finances et ami intime de Richelieu, fonde en 1627 une école d'oratoriens qui deviendra l'**École royale militaire d'Effiat**, de 1776 à 1793, ce qui a de quoi surprendre quand on considère ce petit village qui compte actuellement moins de 2000 âmes. C'est lui qui bâtit l'ensemble monumental actuel sur l'emplacement d'un manoir du 14e s.

Son fils, **marquis de Cinq-Mars**, gai, séduisant, gagne la confiance du cardinal qui le place auprès du roi Louis XIII. Grisé par ses succès, il mène un train de vie tapageur et sollicite d'autres faveurs. Richelieu s'inquiète alors de son influence et brise ses projets de mariage avec Marie Gonzague de Nevers, fille du duc de Nevers. Blessé dans son orgueil, il prend part à une conspiration contre Richelieu avec son ami de Thou, ainsi que d'autres personnages du royaume. Le complot est découvert : le marquis, âgé de 22 ans, et son ami de Thou ont la tête tranchée à Lyon le 12 septembre 1642.

Villeneuve-les-Cerfs

À l'entrée du village, au croisement de la D 210 et de la D 63 *(à gauche en venant de Randan)*, se dresse dans une prairie un pittoresque **pigeonnier★**.

Quelques villages de Limagne ont conservé leurs pigeonniers ; isolés au milieu d'un pré, attenants aux bâtiments d'exploitation agricoles ou proches de la ferme, la plupart sont carrés, couverts de tuiles et surmontés d'un clocheton central où sont aménagées les petites ouvertures qui permettent l'envol et le retour des pigeons *(voir la rubrique « Maisons rurales » p. 89)*.

Poursuivez sur la D 63 jusqu'à l'intersection avec la D 1093, et prenez à droite.

Après 5 km, vous remarquerez sur votre gauche la **butte de Montgacon**. Un château, dont les seigneurs gouvernaient Maringues, se dressait autrefois sur ce promontoire. Il fut détruit sous Richelieu.

Du sommet, couronné par la Vierge des moissons, le **panorama** s'étend sur la Limagne et, à l'horizon, la chaîne des Puys. Un pèlerinage s'y déroule le 1er dimanche de juillet.

Prenez la D 210 jusqu'à Randan.

Domaine royal de Randan

✆ 04 70 41 57 86 - ouv. tlj (sf mar.) : juil.-août 10h-19h, juin et sept. 14h-19h - 4 € (-16 ans gratuit) - Site accessible aux personnes à mobilité réduite ou handicapées - labellisé jardin remarquable.

C'est au cœur de la ville que les grilles s'ouvrent sur ce vaste domaine de 100 ha. Construit au 16e s., le château d'origine fut la dernière acquisition royale en 1821. **Adélaïde d'Orléans** (1777-1847), sœur et conseillère de Louis-Philippe, entreprit des rénovations et agrandissements du bâtiment principal. Elle fit construire des dépendances, meubler et créer un parc. Les travaux furent dirigés par Pierre Fontaine, architecte néoclassique et décorateur du roi.

Après le décès d'Adélaïde et la chute de la monarchie en 1848, la **comtesse de Paris** entretient et modernise la propriété. En 1925, le château est la proie des flammes. Ce sera le début d'une longue période d'abandon, jusqu'en 1999 où la famille décide de vendre le domaine. En 2003, le conseil régional d'Auvergne, nouveau propriétaire, entreprend la sauvegarde et la rénovation du site. La maison de l'Inspecteur accueille des expositions temporaires liées à l'histoire du château ; les cuisines, la chapelle, l'orangerie et les communs témoignent du charme et de la modernité qui régnaient dans le domaine.

Depuis 2009, le château a rouvert, entièrement restauré. On peut à nouveau emprunter la très belle promenade en terrasse, avec son mobilier d'origine, située dans la perspective du château et de la chapelle.
L'aile des cuisines du château accueille le **musée cynégétique** (ou musée des arts de la chasse). L'exposition *Chasses et voyages d'un prince français* rassemble plus de 450 animaux tués lors des voyages du duc de Montpensier à travers le monde et naturalisés par le taxidermiste londonien Rowland Ward.
Prenez la D 1093 jusqu'à Maringues et, peu après la sortie de Randan, remarquez sur votre droite la superbe vue sur les plaines de la Limagne.

Maringues

Bien positionnée sur la rive gauche de l'Allier, voie fluviale vers le Bassin parisien, et située au carrefour de voies terrestres vers la Méditerranée, la ville devint un centre commercial florissant à partir du 13e s. On y trouvait blé, animaux, verrerie ou tissus. Le travail du cuir et de la laine, mentionné à Maringues depuis le 13e s., fut la grande spécialité locale jusqu'au milieu du 19e s.
Vers 1850, on dénombrait 60 tanneries en activité, alignées le long de la Morge. Elles utilisaient trois matières premières : les **peaux** provenaient de l'élevage local ou étaient achetées aux halles et foires de Clermont ; le **tan** (écorce de chêne) était récolté dans les grandes forêts de la région, puis conditionné dans un moulin des environs ; la **chaux** (nécessaire au délainage des peaux) était extraite des carrières d'Effiat. La production se répartissait entre les basanes (peaux de mouton sans poil), les gros cuirs et la laine.
Vieilles maisons – Face à l'ancienne halle au blé *(important marché à la volaille le lun.)*, l'hôtel de Bouillon (16e s.) appartint au père de Turenne. En descendant la rue de Bouillon, façades anciennes à pans de bois, corbeaux et consoles sculptés.
Église – *✆ 04 73 68 71 33 - sur demande auprès de M. le curé.*
Construite au 12e s., elle a subi d'importants remaniements à l'époque gothique. Dans le chœur roman, on remarquera d'intéressants **chapiteaux** à l'antique ou historiés. Voir également les clés de voûte sculptées, une belle chaire et une Mise au Tombeau du 15e s. De la terrasse devant l'église, belle **vue** sur la chaîne des Puys.
Musée des Tanneries de Grandval – *✆ 04 73 38 59 45 - visite guidée du bourg et du musée en juil.-août - Se renseigner.*
Une évocation du passé industriel maringuois est présentée dans cette ancienne tannerie du 17e s., rénovée en 1981. Grâce à des documents et des outils anciens, le métier du mégissier, qui travaillait les peaux de chèvre ou de veau, est reconstitué dans ses moindres détails : visitez l'atelier de mégisserie avant de découvrir le métier du cirier (confectionneur de cierges).
Sortez par le sud-ouest et prenez la D 224 en direction de Riom.

Ennezat

- visite guidée du bourg et de la collégiale en juil.-août - Se renseigner au ✆ 04 73 38 59 45.
Ennezat s'élève à proximité de son « marais », dans un paysage de vastes champs géométriques, séparés par des fossés de drainage et des rangées de trembles ou de saules. Les labours y font apparaître une terre noire très fertile, qui colle à la semelle.
Ancienne collégiale Saint-Victor-et-Sainte-Couronne★ – *✆ 04 73 38 59 45 - avr.-oct. 9h-18h, nov.-mars 9h-17h.* L'ancienne collégiale, appelée parfois la « cathédrale du marais », est la plus ancienne des églises majeures d'Auvergne. Elle se compose de deux parties très différentes : la **nef** voûtée en berceau ; les bas-côtés et le **transept★**, bâtis en arkose, pierre de teinte claire, qui datent du 12e s. et relèvent du pur style roman auvergnat *(voir la rubrique « Architecture » p. 82).*

Remarquez les chapiteaux, dont celui du « Supplice de l'avare », thème caractéristique de la région. Le **chœur gothique**, en lave, entouré d'un déambulatoire et de chapelles rayonnantes, a été reconstruit au 13e s. sur un plan plus vaste, en remplacement d'un ancien chœur roman. Dans la deuxième travée du collatéral gauche du chœur, remarquez une fresque de 1420 dont le thème est la « Rencontre des trois vifs et des trois morts » ; dans le collatéral droit vous observerez une fresque de 1405 du jugement dernier. Près de la porte de la sacristie, pietà en bois très expressive, du 17e s.

Sortez d'Ennezat et prenez la déviation de Vichy, la D 210.

Thuret - *visite guidée du bourg et de l'église en juil.-août - Se renseigner au ☏ 04 73 38 59 45.*

Établi sur une légère éminence de la Limagne, ce village est dominé par un donjon du 13e s., vestige de l'ancien château ayant appartenu, au 18e s., au fameux financier Law, devenu seigneur de Thuret. Chaque année *(2e dim. de juil.)* se déroule à Thuret un pèlerinage très populaire, en l'honneur d'un enfant du pays, le **frère Bénilde**.

Église – Basilique de pèlerinage, elle date en grande partie du 12e s. Regardez le bel ensemble formé par le chevet et le clocher, puis passez devant le porche sud en remarquant son **linteau** pentagonal sculpté, où un beau Christ nimbé dans une mandorle est disposé sous une grande voussure à cordons de billettes. Admirez, à l'intérieur, la Vierge noire et les **chapiteaux**, sculptés et peints en faible relief, à la facture archaïque : Adam et Ève, le Bon Pasteur, l'homme enchaîné à son péché, des symboles eucharistiques.

Sortez de Thuret par la D 211 en direction de Riom jusqu'à Sardon. Entrez dans Sardon par la D 51, puis, à la sortie du village, prenez à gauche la D 122 jusqu'à l'embranchement avec la D 985 que vous emprunterez à droite jusqu'à Saint-Myon.

Église de Saint-Myon

Un prieuré de l'abbaye de Menat s'est développé autour d'un oratoire plus ancien. Ce charmant petit édifice roman est remarquable par sa belle couverture de lauzes. L'église prieurale se caractérise par un **chœur** imposant à six colonnes qui a gardé des chapiteaux réalisés en calcaire de Chaptuzat de toute beauté, illustrant des scènes très divertissantes. L'un d'eux représente un curieux pacte avec le diable : un démon ailé joint les mains des deux personnages de la scène.

Suivez plein est la D 223.

Artonne - *visite guidée du bourg et de l'église en juil.-août - Se renseigner au ☏ 04 73 38 59 45.*

Cet ancien village vigneron fortifié conserve de nombreux vestiges de son enceinte médiévale. Saint Martin de Tours y vint pour vénérer le tombeau de sainte Vitaline.

Coteau du puy Saint-Jean – *500 m.* Un sentier balisé sur le thème du milieu naturel de la vigne et de la flore vous mène à un point de vue sur le village *(table d'orientation).*

Église Saint-Martin

Ancienne collégiale fondée en 1048, à partir d'un édifice préroman et de remplois gallo-romains, elle est curieusement enserrée dans le tissu urbain. La nef des 10e et 11e s. est voûtée en berceau brisé. De belles **grilles en fer forgé** ferment le chœur reconstruit au 12e s. Dans le bas-côté nord subsiste l'ancienne salle capitulaire.

Au nord-ouest d'Artonne, prenez à droite la D 22 en direction de Saint-Agoulin, puis la D 12.

Château de la Roche

Visite sur RV - ✆ 04 73 38 59 45 - chateaudelaroche@noos.fr

Ce manoir féodal fut érigé par Charles III de Bourbon, au profit de Jean de L'Hospital, son médecin. L'illustre **Michel de L'Hospital** (v. 1505-1573), fils de ce dernier, naquit vraisemblablement à la Roche, qu'il reçut en dot en 1537. Pour mémoire, cette grande figure historique émergea dans le tumulte des guerres de Religion. Il essaya de promouvoir une politique de tolérance religieuse et, avec le soutien de Catherine de Médicis, accorda la liberté de culte aux protestants.

Un porche voûté s'ouvre sur la cour d'honneur, entourée de bâtiments sur trois côtés. Le quatrième côté est clos depuis le 16e s. par une balustrade en pierre de Volvic ornée de quatre faunes. Une tour-escalier accolée au donjon conduit à la chambre de Michel de L'Hospital. Au deuxième étage, la salle des gardes contient de belles armures du 15e au 17e s. Au premier niveau se trouvent le Grand Salon du 17e s., orné d'un plafond à la française, un petit oratoire et l'ancienne cuisine.

Prenez la D 12 en direction d'Aigueperse, tournez à gauche, puis suivez la D 439 en direction de Vensat.

Château de Villemont

Intérieurs en rénovation. Visite extérieure d'avr. à sept. (horaires sur demande) - ✆ 04 73 38 02 48 - www.villemont.net.

Michel de Veyny, neveu du chancelier Duprat, fit construire ce château au 16e s. sur l'emplacement de la « maison de Villemont ». Modifié, puis considérablement agrandi au 17e s., il s'organise autour de deux grands axes de symétrie. Ce vaste domaine, dans lequel on entre par un grand portique, comportait de nombreuses dépendances, élevées autour d'une cour d'honneur, et des jardins à la française aujourd'hui disparus.

En 1958, peu après la vente de la propriété par les descendants de Michel de Veyny, un terrible incendie d'origine criminelle détruisit le château. Il sera abandonné jusqu'à ce que son nouveau propriétaire lance une opération de sauvegarde en 1995. La visite du site, depuis l'extérieur, retrace ses évolutions ; elle présente les différents travaux de rénovation des bâtiments achevés et en cours.

Prenez la D 93, puis la D 2009 pour retourner à Aigueperse.

NOS ADRESSES À AIGUEPERSE

Voir aussi les encadrés pratiques de Gannat et Riom.

RESTAURATION

PREMIER PRIX

Cinq Mars – *R. du Cinq-Mars - 63260 Effiat - ✆ 04 73 63 64 16 - fermé vac. fév., 3-23 août - 12/22 €.* Vous trouverez cet ancien café-épicerie reconverti en restaurant au centre du village, non loin du château du bouillant marquis de Cinq-Mars. Repris en 1998 par un jeune chef originaire du pays, il est vite devenu « la » bonne petite adresse du coin. Au menu : cuisine traditionnelle agrémentée de suggestions régionales.

ACHATS

Jacques Vernet – *154 Grande-Rue - ✆ 04 73 63 61 85 - 7h-19h (sf lun. en hiver) - fermé 1 sem. en fév., 1 sem. en juin et 1 sem. en sept.* Le grand-père avait repris en 1933 cette pâtisserie-chocolaterie située au centre du village. Aujourd'hui, son petit-fils préside à la destinée de la maison en préparant des spécialités reconnues. Chacun sait que l'on trouve ici de délicieuses créations pralinées ou des massepains mœlleux et fondants. Et l'on ne vous parle même pas du chocolat : le mieux est d'aller sur place et de goûter…

Lezoux

★

5 434 Lézoviens – Puy-de-Dôme (63)

NOS ADRESSES PAGE 484

S'INFORMER

Point d'information touristique – *Chapelle Saint-Georges - 63190 Lezoux - ✆ 04 73 73 21 73 - juil.-août : 14h30-17h30, sam. 10h-12h, 14h30-17h30 - fermé dim. - renseignements sur www.lezoux.fr.*

SE REPÉRER

Plan de région C2 (p. 458) – carte Michelin Départements 326 H8.

Lezoux, à 15 km à l'ouest de Thiers, est sur une voie de passage obligée pour se rendre de Clermont au pays thiernois, par la classique D 2089.

À NE PAS MANQUER

Les collections de poteries du musée départemental de la Céramique, dans le cadre rénové d'anciennes fabriques du 19e s.

ORGANISER SON TEMPS

Comptez un après-midi pour découvrir le musée et l'ensemble de ses animations.

AVEC LES ENFANTS

Le château de Ravel, où ont été tournées des scènes du film *Les Choristes* ; le musée de la Céramique et sa visite adaptée aux enfants.

Sur la route de Clermont à Thiers, Lezoux s'animait jadis lors des foires et marchés qui firent sa réputation. Elle est surtout connue pour avoir été, au 2e s., un important centre de fabrication de céramique, diffusée dans tout le monde romain. Lié à cette activité traditionnelle, un musée de la céramique a vu le jour en 2007, et un marché des potiers se tient chaque année à Ravel, petit bourg voisin.

Se promener

Les nombreuses découvertes effectuées sur le site de Lezoux depuis le 18e s. démontrent son importance archéologique. Les techniques, formes et décors (végétaux, scènes mythologiques…) que l'on retrouve sur la sigillée produite à Lezoux répondaient à des critères typologiques précis. C'est une véritable aubaine pour les archéologues qui, au moindre fragment découvert, peuvent dater quasi immédiatement, à quelques décennies près, la couche fouillée.

★★ Musée départemental de la Céramique

R. de la République - ✆ 04 73 73 42 42 - www.puydedome.fr (rubrique « Découvrir le Puy-de-Dôme ») - ♿ - mai-oct. : 10h-18h ; nov.-déc. et fév.-avr. : 10h-17h ; fermé mar., 1er Mai, 1er nov., 25 déc. et janv. - 5 € (enf. 2 €).

Installé dans les anciennes fabriques de céramique Bompard (19e s.), ce musée est une grande réussite. Il abrite une exposition permanente et des expositions temporaires. La scénographie intègre au parcours de nombreux éléments qui s'adressent à des publics spécifiques (enfants, personnes ayant une déficience visuelle…) et qui enrichissent aussi la visite de chacun en donnant davantage de sens aux objets. L'exposition permanente est implantée dans le bâtiment de la fabrique où subsistent encore les deux fours monumentaux. Elle est rythmée par des vidéos, des animations sonores, des reconstitutions, des jeux. Des audioguides offrent l'occasion d'une visite ludique où les commentaires sont faits par Mercure et sa parèdre Rosmerta, deux divinités attestées à Lezoux.

La visite – Au rez-de-chaussée, les trois premières sections évoquent de façon assez large la céramique, le site de Lezoux et enfin la fabrique de Bompard. L'essentiel du premier étage est consacré à la période romaine, période majeure dans l'histoire de Lezoux. Le parcours se termine avec une petite section sur le Moyen Âge, puisqu'à cette période quelques potiers sont encore présents à Lezoux. Pour les enfants, la visite peut se prolonger par un atelier.

À proximité Plan de microrégion

Moissat

5 km au sud par la D 229.

De style roman, l'**église de Moissat-Bas** a conservé sa coupole sur trompes, très primitive, son arc triomphal et des statues anciennes en bois doré. Les travaux de restauration du chœur ont fait apparaître des arcatures romanes avec leurs colonnes et leurs chapiteaux, ainsi que des peintures des 14e et 15e s.

Ravel C2

Environ 6 km au sud par la D 20.

Ce village de la Limagne bocagère se distingue par le château qui le domine.

LA POTERIE, UNE LONGUE TRADITION

L'activité potière de Lezoux remonterait au 1er s. av. J.-C., comme l'attestent les vestiges mis au jour d'un ancien four de potier. Et cette activité se retrouve jusque dans le nom du bourg, *louza* (terre boueuse) décrivant l'**argile des Varennes**, sols clairs, légers, où affleurent les sables, qui fera sa renommée. Ce sont les Romains qui feront de Lezoux le centre de production de céramiques le plus important de l'Empire occidental. Pas moins de 1 200 potiers, organisés de façon quasi industrielle, signèrent et laissèrent derrière eux vaisselle et objets divers dont certains servaient à la construction de maisons, et que l'on retrouve aujourd'hui encore en Italie, mais aussi jusqu'en Grande-Bretagne, en Suisse, en Roumanie et en Pologne ! Parmi ces productions, la plus caractéristique demeure la **céramique sigillée**, moulée, à l'aspect rouge orangé et aux décors en relief. Cette activité déclinera à partir du 5e s., mais ne cessera jamais vraiment.

Église – De style gothique très pur, elle conserve dans la nef deux vitraux du 14e s., et dans la sacristie un autre vitrail de la fin du 13e s. Un curieux chapiteau roman sert de support à un bénitier en pierre du 12e s. Une porte d'escalier en bois sculpté du 14e s. est protégée par une seconde porte.

★ **Château de Ravel** – *Attention, le château, situé sur les hauteurs du village, est desservi par des ruelles très étroites qui ne peuvent tolérer de circulation à double sens. On y accède donc non par le village, mais par une petite route à droite sur la D 223 (dans le sens Lezoux-Courpière). En revanche, on en repart par les ruelles du village. ✆ 04 73 68 44 63 - www.chateauderavel.com - visite guidée (1h) juil.-sept. : 10h-12h (dernière entrée 11h), 14h-19h (dernière entrée 18h) ; de Pâques à fin juin et de déb. oct. à la Toussaint : 14h-18h, dim. 10h-12h, 14h-18h (dernière entrée 1h av. fermeture) - 6,50 € (enf. 4,50 €).*

Le château de Ravel fut donné en 1294 par Philippe le Bel à son chancelier Pierre Flotte, chargé de missions auprès des cours européennes, à la suite de transactions délicates menées avec la papauté. Il devint ensuite propriété de la famille d'Estaing qui le fit remanier au 17e s. De cette vaste construction, les murs et les tours de la façade remontent à l'époque féodale ; la cour d'honneur date du 17e s. et l'aile occidentale du 18e s. ; quant à la tour nord-ouest, elle a fait l'objet de grands travaux de restauration en 2005. En arrivant au château, la pancarte du « Fond de l'étang », placée au-dessus du portail d'entrée, accueille le visiteur et lui rappelle que le film *Les Choristes* fut filmé au château en 2003.

Intérieur – Vous découvrirez 13 pièces abritant une partie de l'ancien mobilier du château : le vestibule dont la remise en état, après le tournage du film, a permis la découverte, sur la voûte, de peintures murales du 18e s. ; la salle de Généalogie, avec ses portraits des membres de la famille d'Estaing ; la Grande Galerie et ses souvenirs de l'amiral d'Estaing (maquette de son bateau, le *Condé*, tableaux représentant des **batailles navales**, instruments de navigation, bibliothèque) ; le salon de musique aux boiseries décorées d'instruments de musique ; la **Chambre dorée**, avec son plafond à la française et ses tapisseries d'Aubusson. La **salle des États d'Auvergne** contient une frise héraldique unique comptant 49 blasons.

Sur la terrasse du château, en contrebas du jardin dessiné par Le Nôtre, un jardin à la française planté d'arbres fruitiers a été aménagé, avec un bassin en pierre de Volvic. Jolie **vue** sur la Limagne et la chaîne des Puys.

Couvent de Mirabeau

À Beauregard-l'Évêque, 9 km au sud-ouest par la D 2089. Tournez à droite après la D 4. Possibilité de visite guidée sur demande préalable.
Édifié sur une butte, le couvent, fondé en 1539 par l'ancien évêque de Clermont, Guillaume Duprat, abritait derrière ses enceintes quelques frères minimes reclus du monde. Sa construction fut achevée au 17e s. avec le rajout du cloître, qui subit des dégradations lors d'un incendie en 1935. Les ruines de cet ensemble de bâtiments de styles gothique flamboyant et néoclassique laissent découvrir le **logis abbatial** (16e s.), la bibliothèque, le déambulatoire, les chambres et la **chapelle** aux peintures restaurées. L'association « Les Amis de Mirabeau » tente de préserver ce site en organisant des animations.

NOS ADRESSES À LEZOUX

Voir aussi les encadrés pratiques d'Aigueperse, de Billom, Clermont-Ferrand, Thiers et Vic-le-Comte.

HÉBERGEMENT

PREMIER PRIX

Les Voyageurs – *Pl. de la Mairie - Lezoux - 04 73 73 10 49 - fermé vend. soir, dim. soir et sam., 6-18 janv., 19 août-10 sept. - 14/38 € - 10 ch. 48/50 € - 7 €.* Le couple de propriétaires, jovial et charmant, qui dirige cet établissement propose aux « voyageurs » en visite à Lezoux des petits plats traditionnels dans l'ambiance familiale d'une spacieuse salle à manger agrémentée par un impressionnant caoutchouc âgé d'une quarantaine d'années. Chambres simples bien tenues.

Chambre d'hôte – Domaine de Goëlle - *63190 Moissat - 04 73 62 98 84 - www.clos-goelle.com - 3 ch. aux prénoms féminins 42/46 € - - dîner 17 €.* Au pied du château de Ravel. Attention aux nids de poule pour accéder à cet ancien domaine agricole, mais le détour en vaut la chandelle : calme absolu, cadre magnifique, bâtiments de caractère. Une véritable invitation à la détente.

RESTAURATION

PREMIER PRIX

Chante Bise – *À Courcourt - 63190 Seychalles - 04 73 62 91 41 - fermé dim. soir, merc. soir et lun., 15 fév.-8 mars, 17 août-7 sept. - 13/38 €.* Ambiance conviviale et familiale en ce restaurant agrémenté de pierres apparentes et de boiseries. Menus traditionnels, évoluant avec les saisons. Terrasse ombragée.

ACHATS

Poterie Marty – *76 r. de la République - 63190 Lezoux - 04 73 68 23 83 - 9h-12h, 14h-19h - fermé dim. matin.* À 30 m du musée de la Céramique, Didier Marty vous ouvre les portes de son atelier-expo : poterie décorative et utilitaire en grès du Berry. En période estivale, ce passionné propose le lundi matin, une visite complète de son atelier.

Terre Sigillée de Lezoux – *Pl. Jean-Baptiste-Moulin - 04 73 68 27 75 - 10h-12h, 14h30-18h - fermé dim. et lun.* Situé au centre-ville, cet atelier de poterie propose des sigillées confectionnées par M. Morla suivant une tradition ancestrale. Visite de l'atelier.

Gorges de la Sioule

★★

Puy-de-Dôme (63)

NOS ADRESSES PAGE 490

S'INFORMER

Office du tourisme intercommunal Cœur de Combrailles – *R. du Gén.-Desaix - 63390 St-Gervais-d'Auvergne - ✆ 04 73 85 80 94 - www.ot-coeur-de-combrailles.com - juil.-août : mar.-vend. 9h30-12h, 14h-19h, sam.-lun. 9h30-12h ; sept.-oct. : tlj sf w.-end et j. fériés 9h30-12h, 14h-18h ; nov.-avr. : tlj sf w.-end et j. fériés 9h30-12h - mai-juin : tlj sf w.-end 9h30-12h, 14h-18h - fermé dernière sem. de déc., 1er Mai.*

Maison de pays de Menat – *Rte de Chouvigny - Pont-de-Menat - 63560 Menat - ✆ 04 71 85 51 15 - juin-août : 10h-12h, 14h-18h ; reste de l'année : 14h-18h, w.-end et j. fériés 10h-12h, 14h-18h - fermé 5 nov.-7 déc. et janv.*

Office du tourisme d'Ébreuil – *2, r. de la Porte-Charrat - 63450 Ébreuil - ✆ 04 70 90 77 55 - www.valdesioule.com - juil.-août : 9h30-12h30, 13h30-18h30, dim. et j. fériés 9h30-12h ; avr.-juin et sept. : mar.-sam. 9h30-12h30 (mar. et jeu. également 13h30-17h) ; reste de l'année : mar., jeu. et sam. 9h30-12h30.*

SE REPÉRER

Plan de région B1 (p. 458) – carte Michelin Départements 326 C/E5/7.

L'accès le plus classique se fait au nord-ouest de Riom, par la D 2144 (direction Montluçon), qui rejoint les gorges à Pont-de-Menat. Pour les remonter en enfilade, vous pouvez suivre l'A 71 jusqu'à la sortie 12 (au niveau de Gannat), et prendre la direction d'Ébreuil au péage.

À NE PAS MANQUER

Les gorges de Chouvigny et le méandre de Queuille. Pour les amateurs d'art, les fresques et la châsse de saint Léger, dans l'église d'Ébreuil.

ORGANISER SON TEMPS

Réservez une journée à l'exploration de ces gorges.

AVEC LES ENFANTS

La visite du château de Chouvigny et le musée de la Paléontologie à Menat ; les rives du plan d'eau des Fades.

Née en lisière des monts Dôme, la Sioule, de plus en plus rapide, s'enfonce dans le plateau granitique des Combrailles, creusant ainsi des gorges entre Châteauneuf-les-Bains et les abords d'Ébreuil. Un important réseau de sentiers pédestres et équestres permet de découvrir les attraits de cette région, riche d'un petit patrimoine discret et méconnu, qui se prête aussi à la pratique de la pêche et du canoë-kayak.

À proximité Plan de microrégion

Château de Pionsat A1

À 16 km au nord-ouest de Saint-Gervais-d'Auvergne par la D 227. ✆ 04 73 85 68 69 - mi-juil.-août, tlj : 14h-19h - visite guidée organisée par les « Amis du Château de Pionsat » - 4 € (enf. 2,50 €).

Le château d'origine fut construit au 14e s., puis vendu à Jacques de Chazeron qui le décora à son goût. Ses descendants avaient un projet beaucoup plus ambitieux qu'ils mèneront de 1550 à 1610 et qu'ils n'achèveront pas.
Le château accueille des expositions artistiques temporaires et sert de décor aux Fêtes musicales qui s'y déroulent début août, depuis 1980.

Itinéraires conseillés

GORGES ET CHÂTEAUX B1

Pour visualiser cet itinéraire 1 de 46 km, reportez-vous au schéma p. 488 – comptez environ 3h.

Ébreuil

04 70 90 77 55 - 8h-12h, 14h-19h - possibilité de visite sur demande auprès de l'office du tourisme d'Ébreuil pour les fresques à la tribune en juil.-août.

Aux 10e s. et 13e s., l'**église Saint-Léger★** appartenait à une abbaye bénédictine dont les bâtiments ont été remplacés au 18e s. par l'hôpital-hospice actuel *(à droite de la façade)* et par un palais abbatial *(derrière le chevet)* maintenant transformé en maison de retraite. La nef, couverte d'une charpente, et le transept sont de style roman ; le chœur, à chapelles rayonnantes, relève du gothique primitif. Le clocher-porche, d'une pureté de ligne remarquable, fut plaqué contre la façade du 11e s. vers 1125. Le portail est surmonté d'un tympan décoré de trois hauts-reliefs romans : le Christ bénissant entre deux apôtres ; pentures et marteaux du 12e s.

L'intérieur abrite de belles **fresques★** des 12e s. et 15e s. : celles du 12e s., décorant la tribune, représentent, entre autres, saint Austremoine, premier évêque de Clermont, le martyre de sainte Valérie et de saint Pancrace, les trois archanges Michel, Gabriel et Raphaël ; celle du 15e s., à la croisée du transept, représente saint Georges terrassant le dragon. Derrière le maître-autel, sur une colonne de pierre, repose la superbe **châsse de saint Léger★** (16e s.), en bois recouvert de cuivre argenté. Dans une chapelle de l'abside, Vierge assise du 16e s.

Quittez Ébreuil à l'ouest par la D 915.

À 4 km d'Ébreuil, la route en corniche domine la Sioule. Le versant droit, plus abrupt et sévère, laisse apparaître le granit et se couvre de bruyère. Après Péraclos, la route descend jusqu'au bord de la rivière.

Château de Chouvigny

04 34 10 22 59 - rpseverac@wanadoo.fr - juil.-août : 10h-12h, 14h30-18h30 ; juin et sept. : seult les w.-ends et j. fériés - possibilité de visite guidée (45mn) - 5 € (enf. 3 €).

Bâti sur un éperon rocheux, ce château fort bourbonnais occupe un beau **site★** dans la vallée, dressant son imposante masse crénelée au-dessus des gorges de la Sioule qui coule à ses pieds. Le château a été très restauré, sur des bases médiévales. La **Grande Salle** servit à une époque de tribunal ; au-dessus de la cheminée sont représentées les armes des différents propriétaires du château. Après avoir traversé la galerie de la Chasse, on accède à la **terrasse**, d'où se découvre une belle **vue** sur les gorges, barrées à droite par le roc Armand ; viennent ensuite la tour de guet, dotée de deux archères à angle mort (permettant au tireur de se protéger) et à queue de carpe (permettant de voir jusqu'au pied du château), puis la tour du trésor.

Fresque de l'église St-Léger à Ébreuil.
J. Damase / MICHELIN

★★ Gorges de Chouvigny

À l'entrée des gorges, la route coupe, par une tranchée, un cap rocheux dont la partie gauche, détachée, se nomme le **roc Armand**. On peut en atteindre le sommet par un escalier taillé dans le roc. De là, belle vue, en amont, sur les gorges dont les versants boisés sont hérissés de pointes de granit, en aval, sur le château de Chouvigny.

Poursuivez par la D 915 et prenez à droite la D 2144.

Menat

Ce petit village fut jadis le siège d'un **monastère bénédictin** fondé au 6e s., et qui devint rapidement un des hauts lieux culturels de l'Auvergne. De ce monastère subsistent l'abbatiale du 12e s., les vestiges du **cloître** du 15e s., ainsi que des bâtiments abritant la mairie et le musée de Paléontologie.

Musée de Paléontologie « Le Gîte à fossiles » – *✆ 04 73 85 54 22 - juin-sept. : tlj sf mar. 10h30-12h, 14h-18h30 ; de Pâques à fin mai : w.-end et j. fériés 10h30-12h, 14h-18h30 - 4 € (enf. 2 €).* Il est essentiellement consacré au gisement de Menat, bassin géologique de petite taille (1 000 m sur 600 m) remontant au paléocène. Il y a environ 50 millions d'années, un lac s'étendait au fond de ce bassin. Des fouilles ont mis au jour des fossiles, attestant la présence d'importants éléments de flore et de faune. Une exposition permanente, « La Marche vers l'homme », retrace l'évolution des êtres vivants.

Arboretum du Bois de Brosse – *Sortez du bourg en direction de Saint-Éloy par la D 2144, tournez à gauche en direction de Piogat et suivez le fléchage. ✆ 04 73 85 54 22 - www.commune-de-menat.com.* Dans cet aboretum forestier, vous apprendrez, grâce à des supports d'information, à reconnaître séquoias, ginkgos, différentes essences de pins…

Revenez sur Menat par la D 2144, traversez la Sioule et prenez à droite la D 109.

Pont de Menat – Point de départ idéal pour la pratique du canoë-kayak *(voir encadré pratique)*. Ce vieux pont en dos d'âne, resta pendant très longtemps le seul point de passage sur la Sioule entre Ébreuil et Châteauneuf-les-Bains.

La route s'élève ensuite, dominant de plus en plus le lit de la rivière. Elle atteint son point culminant un peu avant sa jonction avec la D 99. Au centre de Saint-Rémy-de-Blot, prenez à gauche et suivez le fléchage du château sur environ 1 km.

Château Rocher

Visite guidée les merc. en juil.-août de 10h à 17h organisée par l'association Château Rocher - réserv. ✆ 04 73 85 51 15. À l'aplomb des ruines de Château Rocher (13e s.), une très jolie vue sur la Sioule qui s'étend vers les rivages du Bourbonnais. La vallée de la Sioule était au Moyen Âge une importante voie de franchissement entre le Bourbonnais et l'Auvergne. Par sa position stratégique, Château Rocher permettait d'assurer la surveillance de toute la région et en particulier le passage du Pont de Menat.

Revenez sur Saint-Rémy-de-Blot, puis redescendez sur la droite pour retrouver la D 109.

Lisseuil

La route atteint ici le fond de la vallée. L'église abrite, dans le chœur restauré, une belle **Vierge** romane en châtaignier (13e s.) qui se distingue par la douceur du modelé des visages de la mère et du fils. Vénérée dans la région, notamment lors du pèlerinage annuel *(le dim. qui suit le 8 sept.)*, cette jolie Vierge en majesté est beaucoup moins sévère que les Vierges du 12e s. du même type.

Continuez sur la D 109 et prenez à droite la D 99 vers Ayat-sur-Sioule.

Ayat-sur-Sioule

Jolie route en lacet, la D 99 mène à ce bourg, patrie du général Desaix. Il s'est créé un lieu à sa mémoire, dans le **manoir de Veygoux**, sur la commune voisine de Charbonnières-les-Varennes *(voir Riom).*

Revenez à la rivière que vous ne traversez pas, et prenez à droite en direction de Châteauneuf-les-Bains.

Châteauneuf-les-Bains

Cette tranquille station thermale, située à 390 m d'altitude, est formée de plusieurs hameaux, et le village proprement dit, sur la rive gauche de la rivière. Des vingt-deux sources captées, trois, les plus froides, donnent une eau de table. Deux alimentent les bains dont la graduation naturelle va de 28 à 36 °C. On y soigne rhumatismes, névralgies, névroses…

Pic Alibert – Près du hameau des Grands-Bains. Un escalier permet de gravir ce pic qui est surmonté d'une statue de la Vierge de l'Espérance ; vue sur la vallée.

Presqu'île de Saint-Cyr – Éperon granitique boisé qu'entoure une boucle de la Sioule ; un petit chemin permet d'atteindre les ruines de l'ancienne église de Châteauneuf d'où l'on a une belle vue de la rivière.

De là, vous pouvez poursuivre sur le circuit du Méandre de Queuille.

LE MÉANDRE DE QUEUILLE

Pour visualiser cet itinéraire 2 *de 60 km, reportez-vous au schéma ci-contre – comptez environ 3h30.*

Châteauneuf-les-Bains *(voir ci-dessus)*

Quittez Châteauneuf-les-Bains et prenez à droite la D 227.

Saint-Gervais-d'Auvergne

Ce village, bâti sur une colline, possède une église gothique qui a conservé de nombreuses parties romanes, dont un portail au transept et, sur le flanc droit, une échauguette avec une curieuse gargouille. Beaux tilleuls sur la terrasse de l'église.

Vous y trouverez également la **Maison des Combrailles** *(pl. R.-Gauvin - ✆ 04 73 85 82 08)*. Notez qu'au manoir de Veygoux *(voir Riom)* un espace d'exposition est consacré à la région des Combrailles.

Au début, il y avait la Combraille historique, qui mordait sur le Bourbonnais. Puis ce furent les Combrailles, un vaste territoire parcouru par la Sioule de bout en bout, donnant naissance à une identité forte, **Sioule et Combrailles**.

Prenez la D 523 au sud de Saint-Gervais, pour rejoindre la rivière. Une jolie alternative consiste à prendre la D 987 qui serpente au milieu des bois, puis, à Saint-Priest-des-Champs, la D 62 sur la gauche : vous épouserez alors les méandres de la Sioule, qui contourne des filons de porphyre.

★ Viaduc des Fades

Construit par l'ingénieur Virard au début du 20e s., cet ouvrage, d'une longueur totale de plus de 440 m, est l'un des plus hauts viaducs ferroviaires d'Europe. Son tablier métallique est porté par deux piles de granit espacées de 144 m et hautes de 92 m. Il domine la Sioule de 133 m.

Le **barrage de Besserve** s'élève en amont du viaduc. C'est un barrage-poids d'une largeur de crête de 8 m, qui résiste aux eaux par sa masse.

Traversez le viaduc et suivez la D 62 jusqu'aux Ancizes-Comps. Prenez à gauche la D 191 que vous quitterez à Saint-Georges-de-Mons pour obliquer à gauche vers Queuille.

★★ Méandre de Queuille

Laissez votre voiture à l'église de Queuille. Passez derrière le chevet (bouquet de superbes tilleuls) et continuez à travers un sous-bois pour atteindre l'extrémité du promontoire, aménagé en **belvédère** dominant le méandre de Queuille. Taillé dans la roche fracturée du plateau granitique, le méandre est dessiné par la Sioule, élargie à ce niveau par un barrage. On se trouve sur la rive concave de la boucle, haute et hérissée de rocs ; en face, du côté convexe, la rivière enserre étroitement la « presqu'île » de Murat, longue échine boisée.

En aval du méandre, remarquez le **barrage de Queuille**, de type barrage-poids, d'une largeur de crête de 5 m. Sa base contient une usine hydroélectrique.

Revenez aux Ancizes-Comps et tournez à gauche dans la D 61.

La route offre une magnifique descente sur la vallée de la Sioule.

Chartreuse du Port-Sainte-Marie

Visite sur demande au 04 73 26 68 44. Un site sauvage, au fond de la vallée, abrite les vestiges, accrochés à un rocher, de cette chartreuse, fondée en 1219 par Guillaume de Montfort. Les bâtiments comportaient une partie basse, réservée aux frères convers, utilisée par la suite comme moulin, et une partie haute, destinée aux pères. Détruite sous la Révolution, la chartreuse est restaurée par une association de sauvegarde et le service régional d'archéologie. Des campagnes de relevés ont été entreprises sur le site de la chartreuse depuis 1994. Des fouilles ont permis de mettre en évidence au moins deux niveaux d'occupation du site cartusien, ainsi que la présence d'un atelier de taille d'objets en os et en ivoire.

La D 61 remonte sur le plateau et domine le **plan d'eau des Fades** *(trois baignades surveillées et une base nautique).*

À Saint-Jacques-d'Ambur, prenez à droite la D 121 qui descend dans la vallée du Sioulet.

Miremont

L'église romane au puissant clocher carré (19e s.) se dresse sur un piton dominant une boucle du Sioulet. À proximité de l'église se trouve le sarcophage d'Honor de Durfort, épouse de Sicard de Miremont, seigneur de Miremont au 8e s.

NOS ADRESSES DANS LES GORGES DE LA SIOULE

Voir aussi les encadrés pratiques d'Aigueperse, de Charroux, Châtel-Guyon, Gannat, Pontgibaud, Riom et Volvic.

HÉBERGEMENT

PREMIER PRIX

Chambre d'hôte Montarlet - *63390 St-Gervais-d'Auvergne - ✆ 04 73 85 87 10 - www.montarlet-chambresdhotes.com - fermé déc.-fév. - P - ⊭ - 3 ch. 56 € - ☕.* Une halte agréable dans cette ancienne ferme restaurée située en pleine nature. Chambres délicieuses : murs peints à l'éponge, meubles chinés chez les brocanteurs. Le parc ouvre sur les monts d'Auvergne.

BUDGET MOYEN

Castel Hôtel 1904 – *r. du Castel - 63390 St-Gervais-d'Auvergne - ✆ 04 73 85 70 42 - www.castel-hotel-1904.com - ouvert avr.-11 Nov. - 15 ch. 65/79 € - ☕ 10 € - rest. 31/60 €.* Cette demeure de charme du 17e s. dispose de chambres rénovées, dotées de mobilier de style. Chaleureux accueil par la famille qui tient la maison depuis 1904. Repas simples au Comptoir à Moustaches. L'autre restaurant propose des mets traditionnels dans une salle au décor agréablement suranné.

RESTAURATION

BUDGET MOYEN

Restaurant Vindrié – *Gorges de la Sioule - 63560 Servant - ✆ 04 73 85 51 48 - jean-marc.vindrie@wanadoo.fr - fermé 30 nov.-15 fév. - ♿ - P - 16/52 € - 10 ch. 38/50 € - ☕ 7 €.* Ce restaurant familial se trouve au cœur du site des gorges de la Sioule, à deux pas de la rivière. Goûteuse cuisine faisant la part belle aux poissons et superbe carte des vins : l'impressionnante cave réunit en effet plus de 45 000 bouteilles. Agréable terrasse d'été sous une vigne vierge.

Le Beau Site – *Gorges de la Sioule - 63560 Servant - ✆ 04 73 85 50 65 - www.le-beau-site.com - fermé fév., merc. soir et jeu. hors sais. - ♿ - P - formule déj. 13 € - 16/34 €.* La terrasse et la véranda de ce restaurant bénéficient du panorama sur les gorges de Chouvigny. La cuisine met en valeur les produits régionaux, dans des préparations traditionnelles : lentilles vertes du Puy, truite meunière, tripoux, assiette de fromages du pays ou plus élaborées comme la terrine de bleu aux châtaignes, le poulet aux écrevisses et le nougat glacé maison au miel d'Auvergne.

ACTIVITÉS

Sioule Loisirs – *Pont-de-Menat - 63560 Menat - ✆ 04 73 85 52 87 - www.siouleloisirs.com - juin-août : tlj ; mai et sept. : à partir de 9h30 sur réserv. - fermé lun. soir pour le snack.* Location de canoës et de kayaks pour descendre les gorges de la Sioule. Plusieurs parcours proposés (formules à la journée ou à la demi-journée). Snack-bar-pizzeria sur place.

Valvital - Thermes de Châteauneuf-les-Bains – *63390 Châteauneuf-les-Bains - ✆ 04 73 86 67 49 - www.valvital.fr - de déb. mai à déb. oct. : tlj sf dim. 6h30-12h - à partir de 6 €.* Centre de remise en forme.

AGENDA

Les Fêtes Musicales du Château de Pionsat – *1re quinz. d'août - www.francefestivals.com/pionsat -* Festival de musique classique, répertoire baroque, classique et contemporain.

Bourbonnais 9

Carte Michelin Département 326 - Allier (03)

C. Guy / hemis.fr

BOURGES
A
B
1
2
3
POITIERS, CHÂTEAUROUX
GUÉRET
TULLE
St-Amand-Montrond
Ainay-le-Château
Lurcy-Lévis
Futaie Colbert
Étang de Pirot
St-Bonnet-Tronçais
Étang de St-Bonnet
FÔRET DE TRONÇAIS
Cérilly
Franchesse
Étang de Saloup
Meaulne
Bourbon-l'Archambault
CHER
Bocage bourbonnais
Ygrande
Vallon-en-Sully
Hérisson
St-Désiré
Meillers
Cosne-d'Allier
Combraille bourbonnais
Aumance
Le Montet
Huriel
Domérat
Montluçon
Malicorne
Commentry
Colombier
Montmarault
Néris-les-Bains
CREUSE
Cher
Bellenaves
Veauce
Chambon-s-Voueize
Marcillat-en-Combraille
Montaigut
Gges de Chouvigny
Gges de la Sioule
St-Hilaire la-Croix
Châteauneuf-les-Bains
Méandre de Queuille
Viaduc des Fades
PARC NATUREL RÉGIONAL DES VOLCANS D'AUVERGNE
N
FÔRET DE TRONÇAIS ★★★ Vaut le voyage
Lapalisse ★★ Mérite un détour
Chareil ★ Intéressant
Huriel À voir
MONTAGNE BOURBONNAISE Voir la carte détaillée de l'itinéraire
Itinéraire conseillé avec ville de départ

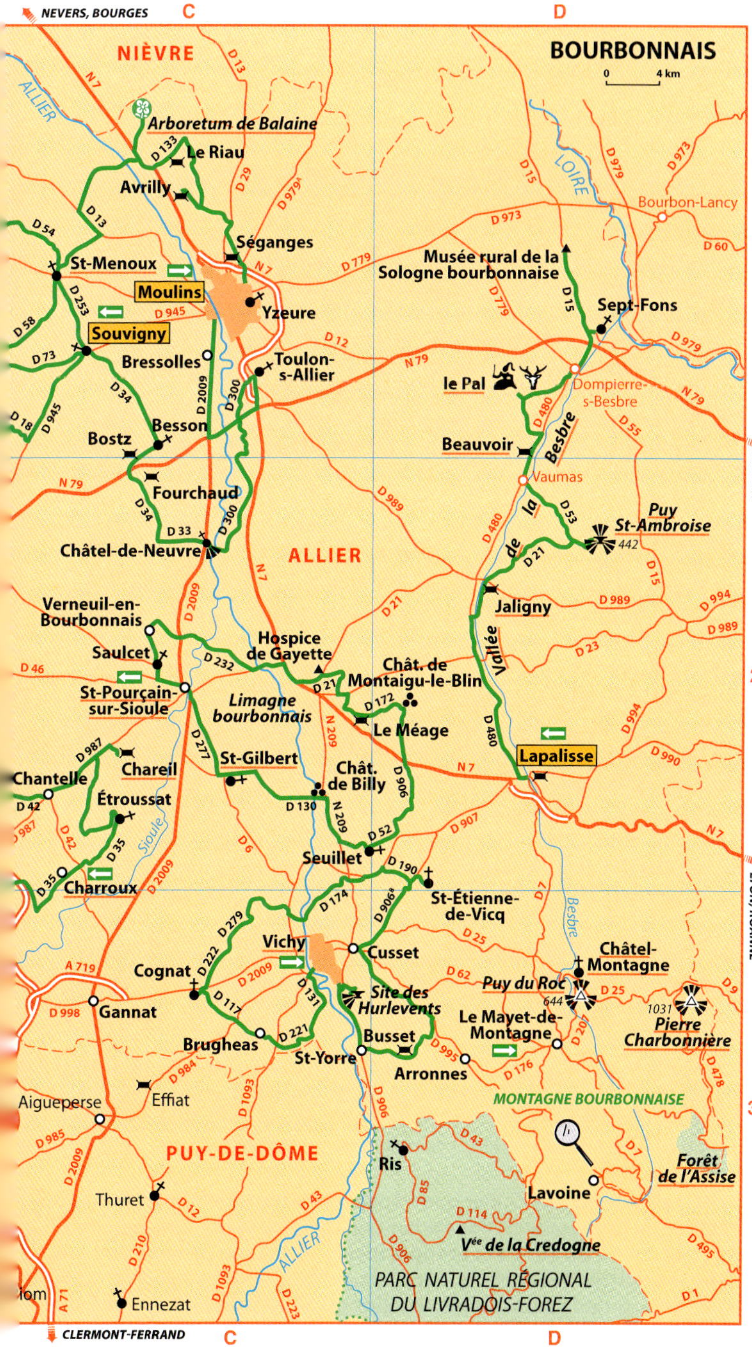
NEVERS, BOURGES
C
D
BOURBONNAIS
0 4 km
NIÈVRE
ALLIER
PUY-DE-DÔME
Arboretum de Balaine
Le Riau
Avrilly
Séganges
St-Menoux
Moulins
Yzeure
Souvigny
Bressolles
Toulon-s-Allier
Besson
Bostz
Fourchaud
Châtel-de-Neuvre
Musée rural de la Sologne bourbonnaise
Sept-Fons
Bourbon-Lancy
le Pal
Dompierre-s-Besbre
Beauvoir
Vaumas
Vallée de la Besbre
Puy St-Ambroise
442
Jaligny
Verneuil-en-Bourbonnais
Saulcet
Hospice de Gayette
St-Pourçain-sur-Sioule
Limagne bourbonnais
Chât. de Montaigu-le-Blin
Le Méage
Lapalisse
St-Gilbert
Chât. de Billy
Chantelle
Chareil
Étroussat
Charroux
Seuillet
St-Étienne-de-Vicq
Vichy
Cusset
Cognat
Gannat
Site des Hurlevents
Busset
Brugheas
St-Yorre
Arronnes
Châtel-Montagne
Puy du Roc
644
Le Mayet-de-Montagne
1031
Pierre Charbonnière
Aigueperse
Effiat
MONTAGNE BOURBONNAISE
Ris
Forêt de l'Assise
Lavoine
Thuret
Vée de la Credogne
PARC NATUREL RÉGIONAL DU LIVRADOIS-FOREZ
Ennezat
Riom
ALLIER
LOIRE
Sioule
Besbre
MÂCON
LYON, ROANNE
CLERMONT-FERRAND
1
2
3

Moulins

★★

20 599 Moulinois – Allier (03)

NOS ADRESSES PAGE 505

S'INFORMER

Office du tourisme de Moulins et sa région – *11 r. François-Péron - 03006 Moulins cedex - ✆ 04 70 44 14 14 - www.pays-bourbon.com - juil.-août : 9h30-12h30, 14h-18h30 (18h dim. et j. fériés) ; reste de l'année : tlj sf dim. 9h30-12h30, 14h30-18h30.* Notez que l'office de tourisme édite un guide d'accueil sur la région de Moulins, Souvigny et Bourbon-l'Archambault, ainsi que le formidable livret-guide **Bourbonrama**.

Visites guidées – *Service du patrimoine - ✆ 04 70 48 01 33 - service.patrimoine@ville-moulins.fr.* Moulins, qui porte le label Ville d'art et d'histoire, propose des visites découverte animées par des guides-conférenciers agréés.

SE REPÉRER

Plan de région C1 (p. 494) – carte Michelin Départements 326 H3.

Située sur l'axe nord-sud Nevers-Vichy (N 7, puis N 209), la ville occupe aussi une position stratégique sur un axe est-ouest qui va de Montluçon à Mâcon via Paray-le-Monial.

SE GARER

Pour vous garer sans difficulté, utilisez les parkings qui bordent le centre-ville : cours Anatole-France, près de l'hôtel du département, au nord ; cours Jean-Jaurès, à l'est.

À NE PAS MANQUER

Le triptyque du Maître de Moulins, exposé dans la cathédrale Notre-Dame, dont vous remarquerez les magnifiques vitraux ; le musée Anne-de-Beaujeu et ses extraordinaires collections de sculptures et peintures médiévales ; le mausolée du duc de Montmorency ; les superbes collections du Centre national du costume de scène.

ORGANISER SON TEMPS

Comptez deux à trois jours pour découvrir tranquillement le riche patrimoine culturel de la ville et parcourir ses environs.

AVEC LES ENFANTS

Aidez-les à résoudre les énigmes de Bourbonrama *(voir le carnet d'adresses)*. Emmenez-les visiter le Centre de l'illustration et ses planches originales de livres de jeunesse, le splendide arboretum de Balaine ou bien observer les oiseaux à l'Espace nature du val d'Allier.

C'est sur les bords de l'Allier que s'épanouit la tranquille et charmante capitale du Bourbonnais, dont le nom évoque le souvenir des meuniers, fort nombreux au 10e s. On prendra plaisir à marcher le long des rives dans le quartier des anciens mariniers, et dans la cité ancienne, riche d'un remarquable patrimoine. Moulins est aussi une ville ouverte sur le bocage et la Sologne bourbonnaise, avec son maillage très dense de gentilhommières et de châteaux.

Le Grand Café.
OT Moulins

Se promener

En été, les **Mercredis lumière en pays Bourbon**, visites nocturnes aux thèmes variés, offrent un cadre de visites inattendu de Moulins et de ses environs. Les **Balades des 4 saisons**, organisées de mai à octobre, vous invitent à découvrir des lieux insolites (artisanat, industrie, nature). Renseignez-vous à l'office de tourisme.

LE QUARTIER DE LA CATHÉDRALE

Circuit dans le quartier de la cathédrale tracé en vert sur le plan de la ville (p. 500).

★ Cathédrale Notre-Dame

De l'ancienne halle du 17e s., on jouit d'une vue d'ensemble de l'édifice. Les tours et la nef, du 19e s., prolongent l'ancienne collégiale de style gothique flamboyant, comprenant le chœur et le déambulatoire à chevet plat, qui fut édifiée de 1474 à 1507. La cathédrale retient essentiellement l'attention par ses œuvres d'art et ses **vitraux★★**, où l'on reconnaît les célébrités de la cour des Bourbons.

1) **Vitrail de sainte Catherine ou des Ducs** – Fin 15e s. Le cardinal de Bourbon à droite, Pierre II et Anne de France à gauche vénèrent sainte Catherine. En haut, vie de sainte Catherine d'Alexandrie.
2) **Vitrail du Crucifiement** – Fin 15e s. Le sang du Christ est recueilli par des anges. Au bas du vitrail : **Mise au Tombeau★** (16e s.).
3) **Vitrail de la Vierge au trône** – Fin 15e s.
4) **Vitrail de l'Arbre de Jessé** – 16e s.
5) **Élégant escalier tournant**.
6) **Vitrail de l'Église souffrante et triomphante** – Début 16e s.
7) **Vitrail de l'Église militante** – 16e s. Remise de la couronne d'épines au roi.

8) **Chapelle de la Vierge noire** – Réplique de celle du Puy-en-Velay, la Vierge noire rappelle que Moulins était une étape pour les pèlerins en route pour Le Puy-en-Velay et Saint-Jacques-de-Compostelle. Un bas-relief en bois polychrome illustre la mort de la Vierge.
9) **Chapelle du chapitre** – Au centre du vitrail : martyre de sainte Barbe.
10) **Peinture classique** – Représentation de deux chartreux.
11) **Annonciation** – Peinture du 18e s. disposée de part et d'autre du portail.
12) **Vitraux retraçant la vie de la Vierge**.
13) **Vitrail de sainte Marie-Madeleine** – 16e s.
14) **Vitrail du Christ en Croix** – Fin 15e s.
15) **Vitrail de sainte Élisabeth de Hongrie** – Début 16e s.
La **salle du trésor** renferme un **Christ-reliquaire en ivoire** (16) du 17e s., monté sur un socle en ébène, le **triptyque d'Aubery** (17) et le **triptyque de Bethléem** (18), attribué à Joos Van Cleve, peintre flamand du 16e s., dont les sujets sont empruntés à la vie de Jésus. Mais elle abrite surtout un grand chef-d'œuvre de la peinture sur bois de la Renaissance :

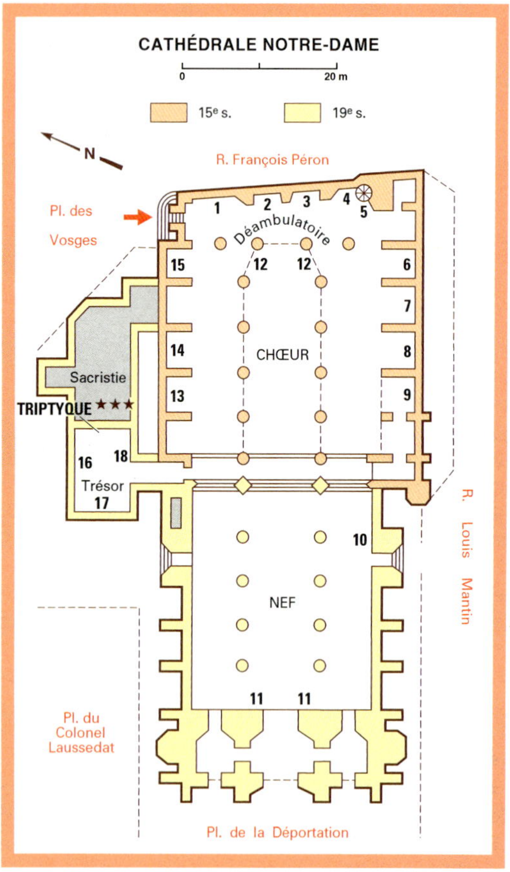

UNE ROYALE LIGNÉE

La seigneurie de Bourbon entre dans l'histoire au début du 10e s., mais les sires, puis ducs de Bourbon mirent plus de trois siècles à forger un État capable de rivaliser avec ses puissants voisins : le Berry et la Bourgogne. Ils nouèrent des liens avec le royaume de France, en mettant leurs forces à son service. Archambaud IX accompagna saint Louis en Terre sainte. Une habile politique matrimoniale permit à huit Bourbons de devenir rois de France. Le 15e s. vit l'apogée du duché et le développement à Moulins d'une cour brillante où des artistes vinrent, sollicités par Charles Ier, Jean II, Pierre II et Anne de France : Jean Ockeghem, musicien flamand, le sculpteur Jacques Morel, puis Michel Colombe et ses disciples Jean de Rouen et Jean de Chartres, pour ne citer que les plus connus. Des peintres aussi : Jean Perréal, Jean Richer et, surtout, le Maître de Moulins…

Triptyque du Maître de Moulins★★★ – *✆ 04 70 20 89 65 - visite guidée (20mn) de mi-mars à mi-oct. : 9h30-11h40, 14h-17h30, dim. 15h-17h30 ; reste de l'année : tlj dim. 10h-11h40, 14h-17h (dernière entrée 20mn le midi et 30mn l'apr.-midi av. fermeture) - fermé 1er janv., 1er Mai, 14 Juil., 15 août, 1er nov., 25 déc. - offrande conseillée 2 €.*
Probablement achevé en 1498, cet admirable triptyque paraît se rattacher à l'école flamande par ses attitudes, à l'école florentine par le dessin des visages et des fronts. L'éclat des couleurs, la grâce des personnages en font une œuvre empreinte d'une grande fraîcheur. Il fut réalisé pour le compte de Pierre II, duc de Bourbon, et de son épouse Anne de France (Anne de Beaujeu) qui sont représentés sur les faces intérieures du triptyque. La face extérieure des volets figure, en grisaille, l'Annonciation ; les faces intérieures, la Vierge en gloire. Celle-ci, les yeux baissés sur l'Enfant Jésus, se détache sur un fond de soleil et d'arc-en-ciel qui donne à l'ensemble une grande perspective.
Sortez par la porte nord, contournez le chevet de la collégiale et prenez la rue Grenier, puis la rue des Orfèvres.

★ Jacquemart

Le **beffroi**, surmonté d'une charpente couverte et d'un campanile abritant les cloches et les automates, était jadis le symbole des libertés communales de la ville. De nos jours, la famille Jacquemart rythme la vie de la cité. Le père Jacquemart, en uniforme de grenadier, et sa femme Jacquette sonnent les heures, tandis que les quatre enfants égrènent les quarts. Brûlé en 1655, de nouveau incendié en 1946, l'ensemble fut remonté l'année suivante grâce à une souscription publique.
Tournez à droite rue Pierre-Petit jusqu'à la rue Voltaire.

★ Centre de l'illustration

✆ 04 70 35 72 58 - ♿ - juil.-août : 10h-13h, 14h-18h ; reste de l'année : tlj sf mar. et dim. mat. 10h-12h, 14h-18h ; fermé j. fériés, 15 j. fin mars. et nov. - 5 € (-12 ans gratuit), billets jumelés avec le musée Anne-de-Beaujeu 8 € (4 € pour les 12-25 ans).
L'ancien hôtel Cadier de Veauce, des 15e et 18e s., accueille 350 m² d'expositions consacrées aux planches originales d'illustration contemporaines des livres de jeunesse. Les collections – albums complets ou planches – sont présentées sous vitrines accessibles aux enfants, actionnées par un mécanisme permettant la rotation des planches.
Pour des raisons liées à la bonne conservation des œuvres, les expositions sont temporaires. Le centre propose régulièrement des animations sous forme d'ateliers et de conférences.
Revenez sur vos pas.

Musée de la Visitation et de la Vie bourbonnaise

4 pl. de l'Ancien-Palais - ☏ 04 70 44 39 03 - http://moulins.visitation.free.fr - visite guidée (1h30) sur demande préalable avr.-oct. : 10h-12h, 15h-18h30 ; nov.-mars : (sur RV) merc.-vend. 14h-18h - fermé lun.-mar., 1er Mai, 25 déc. - 4 €.

Un ensemble de maisons des 15e et 17e s. abrite en ses murs le seul musée européen dédié à un ordre monastique, en dehors des carmels hispaniques.

L'**art religieux** est à l'honneur, avec un riche ensemble, unique en France, retraçant l'histoire de l'ordre de la Visitation dont la fondatrice, sainte Jeanne de Chantal, mourut à Moulins en 1641. Vous pourrez admirer des statuaires et de superbes pièces tissées et brodées par les visitandines depuis le début du 17e s. (vêtements liturgiques, etc.) issues d'un fonds textile riche de plus de 1 800 objets. Les collections comptent également quelque 300 pièces d'**orfèvrerie** religieuse et civile d'origine française et européenne, et un très bel ensemble d'**objets de dévotion**, réalisés dans les matériaux les plus divers. Vous découvrirez aussi la vie quotidienne des religieuses à travers des reconstitutions (scènes de repassage, de vannerie, de tissage).

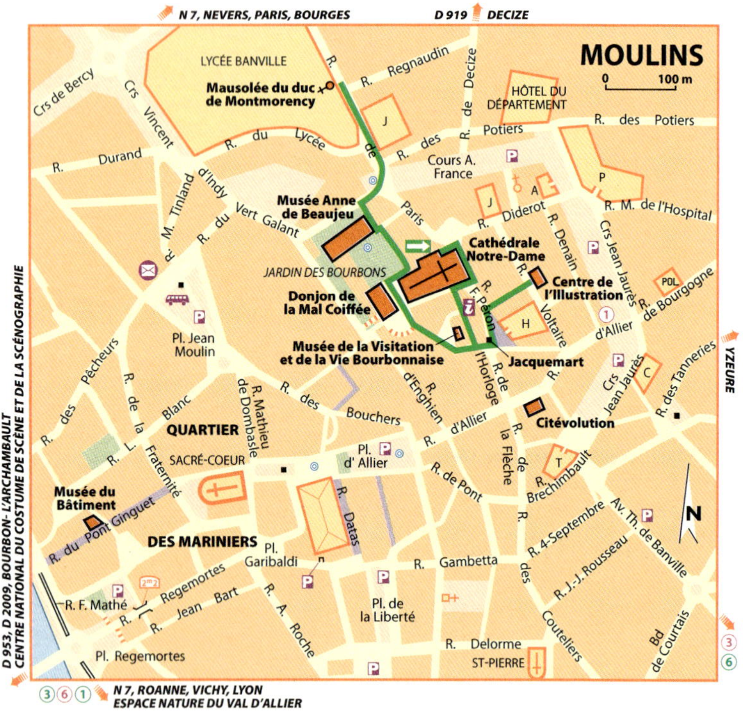

SE LOGER

Chalet (Hôtel le) 1
Grande Poterie (Chambre d'hôte la) 3
Parc (Hôtel le) 6

SE RESTAURER

Cours (Restaurant des) 1
Logis Henri IV 3
Saint-Martin (Auberge) 6

Ne manquez pas, au premier étage de l'hôtel Demoret *(voir carnet d'adresses : Citévolution)*, les expositions thématiques organisées par le musée et présentant ses plus belles pièces.
Prenez la rue de l'Ancien-Palais.

Donjon de la Mal Coiffée

Il ne reste de l'ancien château qu'un lourd donjon restauré au 15e s. et appelé « la Mal Coiffée » à cause de sa toiture. Il s'agit de la tour de l'angle nord-ouest de l'ancien palais ducal. Il servit de prison jusqu'en 1984. *Fermé pour travaux.*

Pavillon dit d'Anne de Beaujeu

Le pavillon d'**Anne de Beaujeu** (1461-1522) est le seul vestige de l'agrandissement du palais ducal, commandé par cette princesse vers 1495. C'est le premier bâtiment français édifié dans le style Renaissance. Il servit de suite au roi Charles VIII. La façade précédée d'une tour-porche est percée de six arcades décorées des initiales de Pierre et Anne de Beaujeu ainsi que des emblèmes des Bourbons : ceinture d'espérance, chardon et cerf-volant. Ce pavillon abrite le musée Anne-de-Beaujeu.

★★ Musée Anne-de-Beaujeu

Pl. du Col.-Laussedat - ✆ 04 70 20 48 47 - http://musee-anne-de-beaujeu.cg03.fr - tlj sf mar. 10h-12h, 14h-18h- fermé 1er janv., 1er Mai, 25 déc. - 5 € (-12 ans gratuit), billets jumelés avec le Centre de l'illustration 8 € (4 € pour les 12-25 ans).
Ce musée occupe le pavillon dit d'Anne de Beaujeu. Au sous-sol, les **collections d'archéologie** comptent un abondant matériel préhistorique, protohistorique et de nombreux témoignages de la civilisation gallo-romaine, dont le **trésor monétaire,** retrouvé sur le site de Châtelperron *(voir p. 555)*.
Au rez-de-chaussée, les collections de **sculptures** et **peintures médiévales** comprennent des œuvres de la statuaire du 12e au 16e s. et de superbes panneaux de retables des écoles autrichiennes (Maître d'Uttenheim, Michael Pacher) et flamande (Maître de Francfort) ainsi qu'une Vierge à l'Enfant dite « Belle Madone », œuvre d'un atelier salzbourgeois du début du 15e s.
À l'étage, il est intéressant d'observer, dans les collections de **peintures du 19e s.**, l'étude préparatoire au tableau de J.-P. Laurens, *Les Hommes du Saint-Office*, en même temps que l'œuvre finale. Vous verrez également une collection de **faïences** venues, entre autres, de **Moulins** et de **Moustiers** ainsi qu'une galerie de portraits de la maison Cadier (originaire du Bourbonnais).
Remontez la rue des Fausses Braies jusqu'à la rue de Paris, puis tournez à gauche.

★ Mausolée du duc de Montmorency

✆ 04 70 48 01 33 - Œuvre d'artistes parisiens, les frères Anguier, ce mausolée achevé en 1653 leur fut commandé par l'épouse d'Henri II de Montmorency, une fois celle-ci rendue veuve par Richelieu en 1632 et reléguée à Moulins, au couvent de la Visitation (l'actuel lycée). Il fut transporté démonté, par route de Paris à Montargis, puis par voie d'eau. Le duc, vêtu d'une armure finement ciselée, et la duchesse, entourés par la Force, la Libéralité, le Courage militaire et la Foi, reposent sur un lourd sarcophage en marbre. Au fronton, les colliers des ordres de Saint-Michel et du Saint-Esprit entourent le blason des Montmorency. Le mausolée fut entièrement restauré en 2008.

À voir aussi

Musée du Bâtiment

✆ 04 70 34 23 69 - http://musee-batiment.planet-allier.com - merc.-dim. 14h-18h - possibilité de visite guidée (1h) - 3,50 € (-12 ans gratuit).

Des outils, des matériaux, des techniques, mais aussi des équipements et des décors aujourd'hui disparus sont présentés dans un bel immeuble du 18e s. à colombages qui accueillit les compagnons du Devoir. Expositions temporaires à thème. Une visite instructive et insolite.

★★ Centre national du Costume de Scène et de la Scénographie

Quartier Villars, rte de Montilly. Traversez l'Allier par le pont de Régemortes en direction de Souvigny. Parking sur place. ✆ 04 70 20 76 20 - www.cncs.fr - expositions temporaires uniquement : tlj. 10h-18h, juil.-août 10h-19h - fermé 1er janv., 1er Mai, 25 déc. et pendant les changements d'expositions - 5 € (enf. 2,50 €).

Sur la rive gauche de l'Allier, ce centre unique au monde est installé dans le **quartier Villars**, construit à la fin du 18e s pour abriter un régiment de cavalerie. Sauvé de la démolition en 1984 grâce au classement aux Monuments historiques de ses magnifiques escaliers en grès rose et jaune, son imposant bâtiment principal s'élève sur trois niveaux. Le rez-de-chaussée, réservé à l'accueil du public, est équipé d'un auditorium, d'un restaurant et d'une boutique ; le premier étage, aménagé sur 1 500 m^2, reçoit les expositions temporaires ; le dernier étage est consacré au centre de documentation et aux ateliers pédagogiques pour tous publics.

Créé pour assurer la conservation et la mise en valeur des costumes et toiles de décors provenant de l'**Opéra national de Paris**, du **département des arts du spectacle de la Bibliothèque nationale de France** et de la **Comédie-Française**, le centre, en croissance permanente, abrite près de 10 000 costumes, dont les plus anciens datent de la seconde moitié du 19e s.

Du fait de la fragilité des textiles, les costumes ne peuvent être exposés que temporairement. Le CNCS organise donc des expositions temporaires en permanence. Chacune d'elle traite d'un thème ou d'un artiste en particulier, avec la présentation d'une centaine de costumes, des dessins, des affiches et des toiles de décors (pièces de théâtre, opéras, ballets), mis en scène dans des espaces théâtralisés.

Espace nature du val d'Allier

✆ 04 70 44 46 29 - ♿ - www.lpo-auvergne.org - juil.-août : 14h-18h ; avr.-juin : tlj sf lun. et mar. 14h-18h ; reste de l'année se rens. - fermé j. fériés - 4 € (-12 ans gratuit).

Lieu d'observation idéal d'une faune variée, la réserve naturelle du val d'Allier couvre environ 1 450 ha sur les deux rives de l'Allier, entre Moulins et Saint-Pourçain. L'Espace nature vous invite à tester ou à approfondir vos connaissances sur les oiseaux en les observant dans le petit jardin, en étudiant les reconstitutions en poterie dans le diorama du val d'Allier, en écoutant le son de leur chant. Mais tout cela n'est qu'un prélude à de nombreuses et passionnantes sorties de découverte. *Se renseigner à l'Espace nature sur les sorties organisées dans la réserve et dans le Bourbonnais par la Ligue pour la protection des oiseaux (LPO).*

Itinéraire conseillé

CHÂTEAUX EN BOURBONNAIS

Pour visualiser cet itinéraire de 100 km, reportez-vous à la carte p. 494-495 et au schéma p. 504 – comptez une demi-journée.

Quittez Moulins par le nord-est en direction de la N 7, puis prenez à droite la D 12.

Yzeure

D'une origine plus ancienne que Moulins, ce bourg fut un chef-lieu de paroisse jusqu'à la guerre de Cent Ans.

Église Saint-Pierre – Précédée d'une vaste place, cette église des 12e et 15e s. se signale par sa tour carrée couronnée par une balustrade, œuvre de la fin du 18e s. On remarquera les **chapiteaux** du portail principal et de la nef, de facture bourguignonne, et surtout la crypte du 11e s.

Quittez Yzeure par le nord en empruntant la rue de Grillet, et suivez la D 493 en direction de Dornes.

Château de Seganges

Ne se visite pas. Petit château contemporain du pavillon d'Anne de Beaujeu.

Poursuivez sur la D 29D, puis prenez à droite la D 29 et, immédiatement à gauche, la route de Trévol.

Château d'Avrilly

03460 Trévol - ✆ 04 70 42 61 13 - horaires sur demande. Construit au 15e s., remanié aux 17e et 19e s., ce château est sis dans un superbe parc de 100 ha agrémenté d'un canal, d'où se dégage une magnifique perspective. Encore méconnu, l'édifice s'ouvre peu à peu à la visite : se renseigner.

Suivez la direction d'Aurouër et prenez, sur la gauche, la D 133.

Château du Riau

✆ 04 70 43 34 47 - www.chateau-du-riau.com - visite guidée (1h) de déb. juil. à mi-août : tlj sf mar. 14h30-18h30 - 6 € (enf. 3 €).

Situé aux confins de l'Allier et de la Nièvre, le domaine du Riau est composé de plusieurs constructions du 15e au 18e s., nichées dans un cadre de verdure. Le bâtiment le plus remarquable est une ancienne **grange aux dîmes★** élevée en 1584, dont les écuries occupaient le sous-sol et où le grain était entreposé dans les trois salles supérieures. Du dernier étage, couvert d'une belle charpente en forme de carène renversée, on a une très jolie **vue** sur le château, les douves, la porte fortifiée et le pigeonnier.

Dans la **porte fortifiée**, on visite successivement la chapelle (prie-Dieu incrusté de nacre) et la salle de garde. Dans la tour carrée, un escalier du 15e s. orné d'une balustrade en bois conduit aux **chambres,** évocatrices des styles Louis XV, Louis XVI et Empire. Exposition de meubles miniatures et poupées (19e s.).

Poursuivez la D 133 jusqu'à Villeneuve-sur-Allier. À la sortie du village, empruntez sur la droite la D 433.

★ Arboretum de Balaine

À Villeneuve-sur-Allier - ✆ 04 70 43 30 07 - www.arboretum-balaine.com - ♿ - mars-nov. : 9h-12h, 14h-19h - 8,50 € (8-12 ans 5 €).

Créé en 1804, ce parc botanique tracé « à l'anglaise » offre sur près de 20 ha de très nombreuses essences. Sapins du Caucase, de Grèce, d'Espagne, sapins Douglas, **séquoias géants**, pins de Crimée, chênes pédonculés ou chevelus, cèdres du Liban voisinent avec les espèces locales. Le sous-bois est agrémenté d'imposants massifs de rhododendrons, d'azalées, de bambous, de cornouillers. En période de floraison, le parc exhale des senteurs qui embaument la visite. Entre les allées, vous découvrirez des sculptures réalisées avec le bois des arbres abattus par la terrible tempête de 1999, symboles du renouveau. Dans le bâtiment d'accueil, une exposition consacrée à Aglaé Adanson, à l'origine de l'arboretum, retrace l'histoire du site ; la fête des plantes lui est dédiée chaque année, en avril.

Revenez à Villeneuve-sur-Allier, et prenez sur la droite la D 133 en direction de Bourbon-l'Archambault. Après Bagneux, la D 133, puis la D 13 traversent par de longues lignes droites la forêt des Prieurés-Bagnolet. Quittez la D 13 en fin de ligne droite pour prendre sur la droite la D 54. Peu après, continuez tout droit par la C 3.

★ **Saint-Menoux** *(voir Bourbon-l'Archambault)*

Quittez Saint-Menoux par le sud-est en empruntant la D 253.

★★ **Souvigny** *(voir ce nom)*

Quittez Souvigny par l'est en empruntant la D 945 en direction de Moulins. À la sortie du bourg, prenez sur la droite la D 34 qui franchit la voie ferrée.

Besson

Ce village possède une intéressante église romane à nef unique, ainsi que le château de Rochefort, dont les vestiges dominent la vallée de la Guèze.

Quittez Besson par le sud-est en empruntant la D 34.

Château de Bostz

Visite sur demande au 04 70 42 80 84.

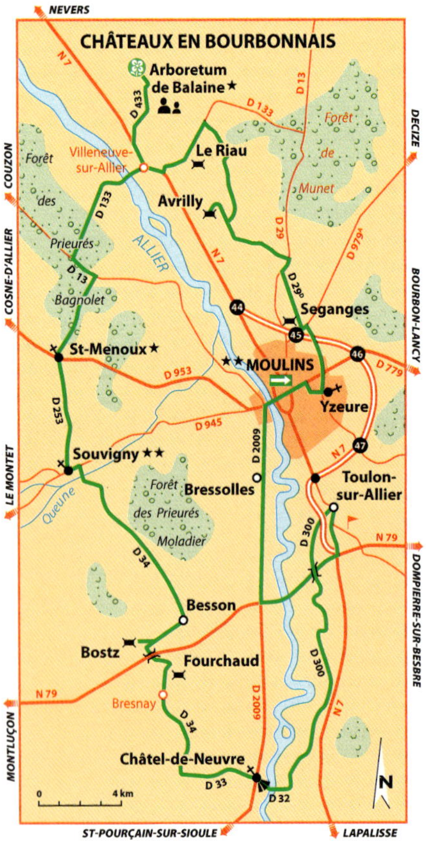

Des 15e et 16e s., il possède beaucoup de charme et frappe par ses nombreuses tourelles carrées ou rondes coiffées de fragiles campaniles.

Poursuivez sur la D 34; au carrefour, prenez sur la gauche la D 291, puis à droite la D 292.

Château de Fourchaud

Il apparaît dans un vallon, entouré de champs, imposant et massif, mais pourtant séduisant avec ses deux grosses tours en poivrière et son solide donjon. Construit au 14e s., ce château subit des réfections au siècle suivant.

Continuez sur la D 292. À Bresnay, empruntez la D 34 sur 4 km, puis prenez à gauche la D 33.

Châtel-de-Neuvre

Ce village possède une charmante petite église romane au clocher couvert en bâtière, construite sur un promontoire qui domine la vallée de l'Allier. La **vue★** sur la rivière et la campagne bourbonnaise s'étend fort loin.

Quittez Châtel-de-Neuvre par l'est en empruntant la D 32 qui franchit l'Allier, puis prenez sur la gauche la D 300.

Toulon-sur-Allier

Ce bourg fut un important centre potier à l'époque gallo-romaine. Il possède une église romane.

Quittez Toulon-sur-Allier par le sud en empruntant la N 7, puis à droite la N 79. Après avoir franchi l'Allier, prenez à droite la D 2009 en direction de Moulins.

Bressolles

Petit village situé au nord-est de la pittoresque forêt des Prieurés-Moladier.

Revenez sur la D 2009 qui ramène à Moulins.

NOS ADRESSES À MOULINS

Voir aussi les encadrés pratiques de Bourbon-l'Archambault, Lapalisse, Saint-Pourçain-sur-Sioule et Souvigny.

INFORMATION

Bourbonrama - Ce livret guide à retirer auprès de l'office du tourisme *✆ 04 70 44 14 14 et sur www.bourbonrama.fr* propose cinq circuits découverte en pays Bourbon. Des séquences audio (en format MP3), ainsi que des jeux d'énigmes, agrémentent ces drôles de parcours pensés pour tous.

Citévolution – *Hôtel Demoret - 83 r. d'Allier - ✆ 04 70 48 01 33 - entrée libre, audioguides à disposition tlj sf lun. et dim. mat. 10h-12h, 14h-18h.* Une bonne introduction avant de partir à la découverte de Moulins. Les plans-reliefs montrent le développement urbain depuis le Moyen Âge, les maquettes présentent l'évolution de l'habitat et à l'étage une exposition consacrée à l'ordre de la Visitation.

HÉBERGEMENT

BUDGET MOYEN

Hôtel Le Parc – *31 av. Gén. - Leclerc - ✆ 04 70 44 12 25 - www.hotel-moulins.com - fermé 27 juil.-19 août et 21 déc.-5 janv. - 26 ch. 46/75 € - ☕ 8 € - rest. 22/47 €.* À deux pas d'un parc et de la gare, établissement où toute une famille se met en quatre pour

Bourbon-l'Archambault

★

2 617 Bourbonnais – Allier (03)

NOS ADRESSES PAGE 512

S'INFORMER

Office du tourisme et du thermalisme de Bourbon-L'Archambault et sa région – *1 pl. de l'Hôtel-de-Ville - 03160 Bourbon-l'Archambault - ✆ 04 70 67 09 79 - www.ot-bourbon.com - de déb. juin à mi-sept. : 10h-12h30, 14h30-19h ; mars-mai et de mi-sept. au 1er nov. : 10h-12h30, 14h30-18h30, dim. 10h-12h30 ; reste de l'année : tlj sf dim. 10h-12h, 14h30-17h, sam. 10h-12h.*

SE REPÉRER

Plan de région B1 (p. 494) – carte Michelin Départements 326 f3.

Venue de Moulins, à 23 km, la D 953 contourne la vieille ville par le sud avant de filer sur Montluçon.

À NE PAS MANQUER

Les amateurs d'art roman pourront s'émerveiller en suivant le circuit des églises du bocage bourbonnais. Celle de Saint-Menoux leur réserve une bien étrange surprise ; pour savoir à quoi servait sa « débredinoire », rendez-vous à la p. 511 !

AVEC LES ENFANTS

Partagez avec eux la visite animée de la forteresse. Ils seront chevaliers et gentes dames, et découvriront avec intérêt les us et coutumes de la vie médiévale.

Berceau des rois de France, Bourbon a le charme un peu exotique des villes d'eau et vous y séjournerez avec plaisir, même si vous ne souffrez pas de rhumatismes… Dominée par les vestiges de sa forteresse médiévale, l'ancienne capitale des puissants ducs de Bourbon est une petite ville animée qui s'ouvre sur les paysages vallonnés du bocage bourbonnais.

Se promener

Un circuit balisé, doté de bornes interprétatives agrémente votre promenade dans les parcs et la ville. *Demandez le livret « Bourbon Rapido » à l'office du tourisme.*

Parcs et thermes

Le parc thermal, au milieu duquel se trouvent l'ancien **casino** et les thermes, est parcouru par les allées Montespan qui permettent d'accéder au **nouveau parc**. Celui-ci offre, au nord-est, une belle **vue★** sur le promontoire où s'élevait jadis l'imposante forteresse des Bourbons.

Construit en 1885, l'**établissement thermal** *(voir encadré pratique)* bénéficie des eaux de Bourbon. Celles-ci, déjà appréciées des Romains, jaillissent à 55 °C et sont indiquées dans le traitement des rhumatismes, des paralysies et pour la rééducation fonctionnelle. À l'intérieur, les **plafonds en caissons** de châtaignier et les superbes **céramiques des Thermes** (classées Monument historique), réalisées par les ateliers Parvillée en 1885, valent vraiment le coup d'œil. ✆ 04 70 67 07 88 - seul le vestibule de l'établissement thermal est accessible.

Musée Augustin-Bernard – *✆ 04 70 67 09 79 - visite guidée (dép. de l'office de tourisme) de déb. mai à fin sept. : 15h mar. et vend., et sur RV - 3 €.*

Dédié à l'histoire de Bourbon-l'Archambault, ce musée occupe le **logis du Roy** (17e s.), premier établissement thermal de la station, dessiné par Mansart sur ordre de Gaston d'Orléans. Le bâtiment comportait autrefois trois bains en sous-sol, et un logement réservé à l'intendant des eaux dans la partie supérieure. Le premier étage présente aujourd'hui la reconstitution d'un intérieur bourbonnais du 19e s. tandis que l'entresol abrite les fleurons du musée : la Vierge en majesté de Vernouillet (objet de pèlerinage pour les jeunes filles en quête d'un mari) et une collection de pots à pharmacie en faïence de Nevers des 17e et 18e s.

Église Saint-Georges

On peut l'atteindre par la rue de la Fontaine-Jonas. Élevée au 12e s. comme simple chapelle abbatiale sur le site d'un ancien temple romain, l'église fut remaniée et agrandie aux 15e s. et 19e s. À l'intérieur, remarquez les beaux **chapiteaux** sculptés ou peints, dont celui des « musiciens », aux personnages munis de syrinx, viole et cor (trois instruments utilisés au Moyen Âge). La chapelle de la Sainte-Vierge abrite une très belle statue en marbre blanc : la Vierge à l'Enfant (14e s.), provenant de la sainte-chapelle du château.

Le presbytère *(à gauche en sortant de l'église)* renferme un trésor recelant trois beaux **reliquaires**. L'un renferme une épine de la sainte couronne, un autre un fragment de la vraie Croix, tous deux apportés en 1287 à Bourbon par Robert de Clermont, fils de saint Louis.

Après la visite de l'église, la descente vers le centre *(par la rue de Bel-Air et l'avenue Étienne-Débordes)* permet de profiter d'un beau coup d'œil sur les vestiges de l'ancienne forteresse.

Tour Qui Qu'en Grogne

Il s'agit en fait de la tour d'angle sud-est de l'enceinte du château, surmontée d'un campanile du 18e s. Le curieux nom de « Qui Qu'en Grogne » fait allusion au mécontentement des habitants, contraints par Louis II de Bourbon d'élever une tour de défense : « Contents ou pas, qui qu'en grogne, on la bâtira. »

Forteresse médiévale

Parking aux abords du site. ✆ 04 70 67 02 30 - visite guidée (1h30) juil.-août : 10h-19h (dernière visite guidée 18h), dim. et j. fériés 14h-19h (dernière visite guidée 18h) ; mars à juin et sept.-oct. : 14h-18h - 6,50 € (6-14 ans 4 €).

Louis II de Bourbon fit de la forteresse une véritable demeure princière dont il reste, depuis sa démolition à partir de 1793, les trois tours nord, chacune dotée de trois **salles voûtées** d'ogives. Accueilli par des animateurs en costume d'époque, vous ferez un agréable voyage dans le temps et découvrirez le quotidien médiéval au travers des usages de l'héraldique, de la calligraphie et de l'alchimie.

Du sommet de la tour de gauche, la **vue**★ s'étend sur la ville, l'étang, le moulin banal, et le bocage. Panorama mérité après avoir gravi… 102 marches !

Au pied de la forteresse, en juillet et en août, un spectacle **son et lumière** est proposé dès la tombée de la nuit.

NOS ADRESSES À BOURBON-L'ARCHAMBAULT

Voir aussi les encadrés pratiques de Moulins, Souvigny et la forêt de Tronçais.

HÉBERGEMENT

PREMIER PRIX

Chambre d'hôte Le Chalet de la Neverdière – *Les Ferrons - 03160 Ygrande - ✆ 04 70 66 31 67 -* P - *3 ch. 50 €* -. Voilà un drôle de chalet. Avec sa façade bordée d'ocre et son toit haut perché, il date du début du 20e s. Ses chambres, de bonne taille, sont simplement arrangées et le petit-déjeuner, concocté par la propriétaire, est copieusement servi…

POUR SE FAIRE PLAISIR

Grand Hôtel Montespan-Talleyrand – *pl. des Thermes - 03160 Bourbon-l'Archambault - ✆ 04 70 67 00 24 - www.hotel-montespan.com - ouvert 4 avr.-24 oct. - 42 ch. 64/126 €; suites (137/173 €) - 13 € - rest. formule déj. 11 € - 25/53 €.* Ces trois maisons anciennes ont hébergé Mme de Montespan, Mme de Sévigné et Talleyrand. Chambres spacieuses et personnalisées. Solarium, jardin intérieur à la française. Au restaurant, poutres et pierres d'origine côtoient une décoration actuelle de bon goût.

EN SOIRÉE

Casino de Bourbon-l'Archambault – *ZA du Pont des Chèvres - 03160 Bourbon-l'Archambault - ✆ 04 70 67 15 39 - www.vikings-casinos.fr/web/bourbon-archambault - tlj à partir de 10h* . Ouvert en 1998, le casino de Bourbon-l'Archambault offre aux amateurs de jeux : une salle de boule, une salle de grands jeux (roulette anglaise et black-jack) et une salle de machines à sous. Il se complète d'un cinéma et d'un restaurant de 100 couverts. Toute l'année, il propose des activités culturelles, artistiques et festives.

ACTIVITÉS

Thermes de Bourbon-L'Archambault – *Pl. des Thermes - 03160 Bourbon-l'Archambault - ✆ 04 70 67 07 88 - bourbonlarchambault@chainethermale.fr - avr.-oct. : 6h30-12h30; mars et nov. 7h30-11h30 - fermé dim., de déb. nov. à déb. mars.* Rhumatologie, rééducation fonctionnelle, gynécologie, détente, remise en forme.

AGENDA

Jazz dans le bocage – *Meillers, Le Montet, Meillard - ✆ 04 70 47 15 77 - www.jazzdanslebocage.com - 1 sem., fin avr.-déb. mai.* Artistes à découvrir, têtes d'affiches, dans différentes communes du bocage de la région. Animations, interventions, spectacles jeune public.

Souvigny

★★

1 958 Souvignyssois – Allier (03)

NOS ADRESSES PAGE 517

S'INFORMER

Point info tourisme – *Musée de Souvigny - 03210 Souvigny - ✆ 04 70 43 99 75 - www.ville-souvigny.com - 9h-12h, 14h-18h (juil.-août 19h) - fermé mar. (oct.-mai), 1er janv., 1er Mai, 25 déc.* Vous y trouverez notamment le guide *Bourbonrama (voir « Nos adresses à Moulins »).*

SE REPÉRER

Plan de région C1 (p. 494) – carte Michelin Départements 326 G3.

À 13 km à l'ouest de Moulins par la D 945, Souvigny est également accessible de Bourbon-l'Archambault (15 km par la D 953 vers l'est, puis D 253 à droite, à hauteur de Saint-Menoux).

À NE PAS MANQUER

L'église prieurale Saint-Pierre-et-Saint-Paul, qui abrite les tombeaux des Bourbons. Le célèbre pilier roman du Zodiaque, œuvre exceptionnelle du 12e s, au musée de Souvigny.

ORGANISER SON TEMPS

Comptez une journée pour voir les curiosités de la ville et découvrir la Combraille bourbonnaise.

AVEC LES ENFANTS

Participez avec eux aux fêtes médiévales qui se déroulent fin juillet et durant lesquelles troubadours, saltimbanques, chevaliers et conteurs animent Souvigny.

Au milieu des prairies encloses du bocage bourbonnais, l'un des grands prieurés dépendant de l'abbaye de Cluny vit une véritable renaissance. Avec son fameux pilier du Zodiaque, ce superbe ensemble abbatial a fait l'objet d'une opération « Grand Site », accompagnée de travaux d'ampleur nationale. Après la visite de l'abbaye et de ses jardins, où se déroule, fin septembre, une fête musicale autour de l'orgue Clicquot, promenez-vous dans les rues du village qui accueille en juillet une grande foire médiévale…

Se promener

Les Ateliers du Chapeau Rouge forment une communauté d'artistes (peintres, sculpteurs, plasticiens) établis à Souvigny. Vous pourrez aller à leur rencontre dans leurs ateliers, regroupés rue du Chapeau-Rouge. *Visites libres, stages de découverte et d'initiation - ✆ 04 70 66 09 54 - www.2a2b.fr.*

★★ Église prieurale Saint-Pierre-et-Saint-Paul

✆ 04 70 43 99 75 - www.ville-souvigny.com - visite guidée toute l'année au départ du musée de Souvigny - 4 € (-12 ans gratuit), billet combiné avec le musée et les jardins 6,50 €.

SOUVIGNY EN MUSIQUE
Dans la prieurale de Souvigny se trouve un **orgue** exceptionnel à l'acoustique idéale, construit en 1783 par François-Henri Clicquot. Ayant échappé à toute transformation, il constitue un témoin rare de la facture d'orgue classique à son apogée. Le festival **Les Journées musicales d'automne** accueille chaque année, dans une ambiance chaleureuse, des virtuoses spécialistes de musique baroque et classique.

Deux clochers romans, reliés depuis le 15e s. par un pignon ajouré, dominent le prieuré.
Façade ouest – La façade de l'édifice roman, dont ne subsiste que la porte gauche, est depuis le 15e s. précédée d'un avant-corps percé d'un portail et d'une large baie flamboyante. Au centre de la façade, les trois travées romanes appartenaient à l'édifice primitif, consacré en 1064. Le flanc nord permet de suivre les différentes étapes de construction de l'église : les tours, le deuxième bas-côté et le déambulatoire au 12e s., la partie supérieure de la nef et les transepts au 15e s.
Nef et bas-côtés – L'intérieur surprend par ses grandes dimensions : 87 m sur 28 m. Les doubles bas-côtés entourant la nef, de même que le double transept soulignent l'influence de Cluny.
Les premiers bas-côtés, élevés au 11e s., sont très étroits et voûtés en berceau, tandis que les seconds, postérieurs, sont voûtés d'arêtes ou d'ogives.
L'**armoire à reliques★**, en pierre du 15e s., est fermée par quatre volets de bois ornés de peintures consacrées aux vies de saint Mayeul et saint Odilon.
Le **chapiteau des moines monnayeurs** rappelle l'ancien privilège du prieuré de battre monnaie.
En 2001, les archéologues ont mis au jour les gisants, brisés à la Révolution, du tombeau gothique des saints Mayeul et Odilon, qui reposaient au fond d'un caveau sous la nef centrale de l'église. Patiemment reconstitués, ils sont en cours de réinstallation au milieu de la grande nef.
Chapelle vieille★ – *À droite du carré du transept.* Elle est fermée par une belle clôture de pierre de style flamboyant. Elle abrite le **tombeau** de Louis II de Bourbon, dit le Bon, et de sa femme, Anne d'Auvergne. Les deux gisants en marbre sont d'un grand réalisme malgré les mutilations. À noter également, un bas-relief du 15e s. représentant la **Mise au Tombeau**.
Chapelle neuve★★ – *Dans le sanctuaire, chapelle de gauche.* De dimensions plus vastes que la Chapelle vieille, elle est ceinte d'une très légère clôture. Elle renferme le tombeau de Charles Ier et de sa femme, Agnès de Bourgogne, œuvre de Jacques Morel, formé à l'art bourguignon. Les gisants, revêtus de manteaux aux plis amples, reposent sur une dalle de marbre noir.
Sacristie – Construite au 18e s., elle possède de belles boiseries à médaillons et des peintures en trompe l'œil.

Cloître

Accès par le bas-côté droit de l'église ou les bâtiments conventuels du 17e s., à droite de l'église. Uniquement visible dans le cadre de visites commentées. Il ne subsiste qu'un côté de ce cloître du 15e s. voûté d'arêtes à trois branches en raison de la disposition des piliers.

Église Saint-Marc

Uniquement visible dans le cadre de visites commentées ; renseignements au point d'information du musée. Désaffectée, elle fait face au flanc nord du prieuré

Armoire à reliques, église prieurale à Souvigny.
N. et P. Méritet et Saccard / Culture & communication, ville de Souvigny

Saint-Pierre et relève du style roman bourguignon. L'intérieur est aménagé en auditorium pour des concerts.

Musée de Souvigny

✆ 04 70 43 99 75 - tlj sf mar. 9h-12h, 14h-18h (juil.-août 19h, dernière entrée 30mn av. fermeture) - possibilité de visite guidée sur demande (1h15) - fermé 1er janv., 25 déc. - 4 € (-12 ans gratuit) - billet combiné avec la visite guidée de l'église prieurale et accès aux jardins 6,50 €.

Il occupe les anciennes granges monastiques restaurées, près du prieuré.

Grange nord – Au rez-de-chaussée se trouvent un point d'information, la boutique du musée et une aire multimédia autour de l'**orgue Clicquot**. Exposition temporaire au premier étage et présentation du pays de Souvigny au second étage (collection archéologique, maquettes, pièces de verrerie de Souvigny).

Grange sud – *Accès par le rez-de-chaussée de la grange nord.*

On y admire le **pilier roman** (dit colonne) du **Zodiaque★★** du 12e s., œuvre exceptionnelle. Cette colonne octogonale présente sur ses faces les travaux des mois, les signes du zodiaque, les symboles de peuples étranges de la terre et les animaux fabuleux. Autour d'elle, une collection de pièces de monnaie en argent, frappées par les moines de Souvigny et trouvées à Saint-Maignier près de Pionsat, une frise monumentale romane des 12e et 13e s. (ancienne barrière de chœur séparant les moines des fidèles), des éléments lapidaires et un fac-similé de la **Bible de Souvigny** (conservée à la bibliothèque de Moulins) évoquent le passé de l'église prieurale.

Les jardins du prieuré – Autour du prieuré, des jardins de communauté ont été reconstitués. Potager, plantes médicinales et autres essences aromatiques sont agencés selon un plan à la française. Sans perdre de vue la vocation première de ces jardins qui devaient répondre aux besoins de la communauté, rosiers et plantes ornementales viennent ajouter leurs touches de couleur et leur parfum pour le plus grand plaisir des moines résidents, mais aussi des visiteurs !

Montluçon

39 889 Montluçonnais – Allier (03)

NOS ADRESSES PAGE 525

S'INFORMER

Office du tourisme de la vallée de Montluçon – *67 ter bd de Courtais - 03110 Montluçon - ✆ 04 70 05 11 44 - www.montlucontourisme.com - de mi-mai à mi-sept. : 9h30-12h30, 13h30-19h, dim. et j. fériés (juil.-août) 9h30-13h ; reste de l'année : lun. 14h-18h, mar.-sam. 10h-12h, 14h-18h - fermé dim. et j. fériés (sf juil.-août), 1er janv., 1er et 8 Mai, Ascension, lun. de Pentecôte, 1er et 11 Nov., 25 déc.*

Office du tourisme de Néris-les-Bains – *Carrefour des Arènes - 03310 Néris-les-Bains - ✆ 04 70 03 11 03 - www.ville-neris-les-bains.fr - avr.-oct. : tlj sf dim. et j. fériés 9h-12h, 14h-18h30 (dim. en période estival 10h-12h, 16h-18h) ; hors saison : lun.-sam. 9h-12h, 14h-17h - fermé 1er janv., 1er et 11 Nov., 25 et 31 déc.*

Visites guidées - La Ville d'art, propose des visites par des guides-conférenciers agréés de mi-juin à mi-sept. - *✆ 04 70 05 66 80 - www.montlucontourisme.com*

SE REPÉRER

Plan de région A2 (p. 494) – carte Michelin Départements 326 c4.

La ville est très bien desservie par la route : proche de l'A 71 (sortie 10), située sur les parcours de la D 943 vers Châteauroux, de la D 2144 venue de Clermont-Ferrand et continuant vers la forêt de Tronçais et Saint-Amant-Montrond, et de la N 79 et l'A 71 entre Moulins et Bourges.

SE GARER

Plusieurs parkings sont à disposition dans le centre-ville : place Jean-Jaurès, près de la mairie ; place Édouard-Piquand, à proximité de la poste ; ou à l'ouest, dans l'avenue Marx-Dormoy.

À NE PAS MANQUER

La vue sur Montluçon et les contreforts du Massif central, depuis l'esplanade du château des anciens maîtres des lieux : les ducs de Bourbon ; les œuvres d'art ornant le transept de l'église Saint-Pierre ; et, pour les amateurs d'archéologie, les vestiges de piscines antiques et de la nécropole mérovingienne de Néris-les-Bains, petite station thermale entourée de verdure.

ORGANISER SON TEMPS

De juillet à septembre, les roseraies du jardin-verger de Malicorne offrent une véritable explosion de couleurs et de senteurs.

AVEC LES ENFANTS

La découverte de Montluçon en suivant des circuits conçus pour eux, (une énigme à résoudre à chaque étape). Le centre aqualudique du parc des sports de la Loue pour la détente.

Aux confins de la Marche, de la Combraille et du Bourbonnais, cette cité historique s'organisait essentiellement autour du château des ducs de Bourbon, mais ses dynamiques faubourgs industriels s'étendent maintenant loin vers le nord, dans la vallée du Cher. Le patrimoine culturel et

industriel de la ville, très bien mis en valeur, est agréablement rythmé par de nombreux parcs et jardins qui offrent des moments de détente et de calme. Et puis, la vallée du Cher et la Creuse, toutes proches, sont là pour vous ouvrir leurs châteaux et leurs nombreuses églises…

Se promener

Outre la visite de la cité médiévale, l'office de tourisme propose une découverte intéressante des réalisations (début 20e s.) de **Pierre Diot**, architecte de la ville de Montluçon.
Partez de l'avenue Marx-Dormoy et dirigez-vous vers le château.

Château des ducs de Bourbon

Construit durant la guerre de Cent Ans par Louis II de Bourbon et ses successeurs, Jean 1er et Charles 1er, ce château des 15e et 16e s. possède un vaste corps de logis rectangulaire flanqué d'une tourelle et d'une grosse tour rectangulaire au sommet crénelé. Protégé par un rempart et par le mur d'enceinte de la cité, dont il reste des vestiges dans le jardin Wilson, il était destiné à défendre la ville.

★ **Musée des Musiques populaires** – *04 70 08 73 50/51 - en travaux, le musée est actuellement fermé à la visite, mais des expositions temporaires sont organisées ; se renseigner.*

Dans le cadre du château des ducs de Bourbon, il rassemble une remarquable collection d'instruments du folklore bourbonnais, mais aussi un ensemble de cornemuses de toute l'Europe, des accordéons, des instruments de fanfare… sans oublier de belles guitares électriques, des batteries, etc. qui ajoutent une note contemporaine.
Prenez à droite la rue des Serruriers, puis la Grande-Rue.

Cette vieille artère, à l'origine à l'intérieur des remparts, est bordée de **demeures** des 15e s et 16e s. *(nos 42, 39 et 27)*. Poursuivez jusqu'à la place et la rue Notre-Dame, bordée d'édifices des 15e et 18e s. : *ostel* Millet au no 12, *ostel* Canche au no 15. Faites quelques pas sous le **passage du Doyenné** (13e s.-début 14e s.), qui reliait la maison du Doyen, agrémentée d'une tourelle d'angle, à celle des Chanoines. Il conduit à la place de la Comédie. Le samedi matin, un marché aux fleurs anime et colore cette partie de la vieille ville.

Église Notre-Dame

Cet édifice fut construit par Louis II de Bourbon à la fin du 14e s., à l'emplacement d'une église romane dont subsistent le mur nord, une partie du cloître et une absidiole.

L'église renferme plusieurs œuvres d'art : en entrant dans l'église à gauche, un **Christ en pierre**, attendant le supplice (fin du 15e s.) ; dans la première chapelle sur la gauche, une **pietà** du 15e s. et un saint Jean-Baptiste portant l'agneau (15e s.). Au bout du collatéral droit, un **retable** en bois sculpté et doré du 17e s. représente l'Assomption ; dans la niche supérieure, remarquez la statue en bois de Notre-Dame de Montluçon du 17e s. À droite de l'entrée latérale se trouve un beau vitrail Renaissance figurant la Vierge, sainte Anne, saint Antoine ermite et saint Antoine de Padoue.
Prenez à gauche la rue du Château.

Esplanade du château

De cet agréable lieu de promenade, la **vue**★ s'étend sur toute la cité, ses zones industrielles et, au loin, sur les premiers contreforts du Massif central,

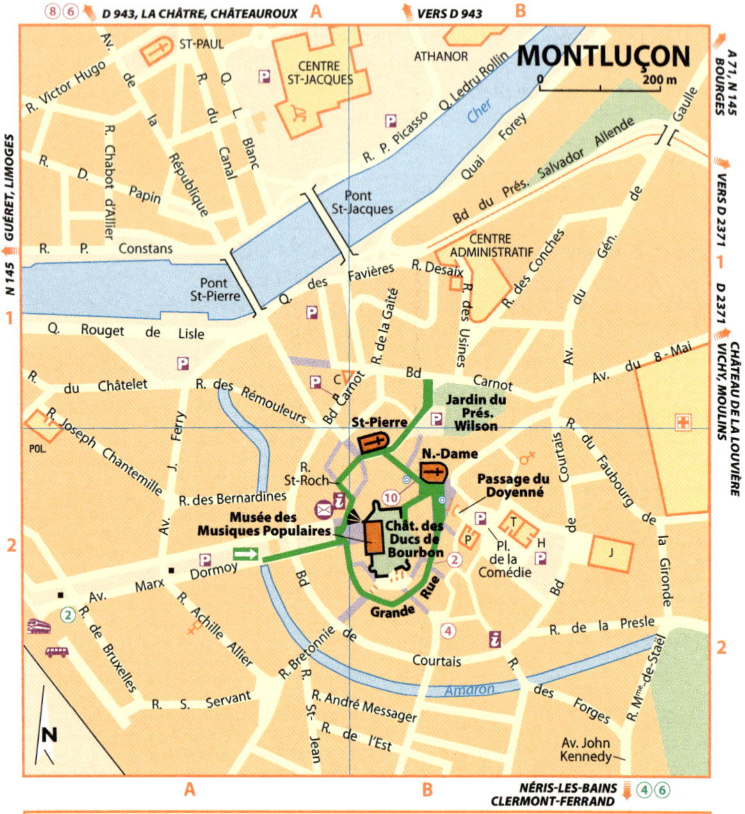

SE LOGER	SE RESTAURER	
Bourbons (Hôtel des)......... 2	Eau à la Bouche (L')......... 2	Safran d'Or......... 8
Garden (Hôtel le)......... 4	Grenier à Sel (Le)......... 4	Vie en Rose (La)......... 10
Mona Lisa (Hôtel)......... 6	Plaisir des Marais......... 6	

la tranquille vallée du Cher et le Berry. De ce côté, le château est dominé par la **tour de l'Horloge**, et son premier étage est agrémenté d'une galerie à colombages aux hourdis de briques rouges et noires délitées.

Regagnez la place Notre-Dame et prenez à gauche la rue de la Fontaine.

La rue Pierre-Petit conduit au **jardin du Président-Wilson**. À gauche, la rue des Cinq-Piliers mène à la pittoresque place Saint-Pierre.

Église Saint-Pierre

Érigée aux 11e et 12e s., remaniée au 15e s. puis au 17e s., cette église est masquée par des maisons d'habitation dont certaines datent du 15e s. À l'**intérieur★**, les piliers cylindriques de la croisée du transept confèrent à l'édifice une simplicité et une noblesse qu'on ne soupçonne pas de l'extérieur. D'étroits **passages**, dits berrichons, mènent de la nef aux bras du transept. Plusieurs œuvres d'art retiennent l'attention, notamment, derrière l'autel, une croix de pierre du 14e s. et, dans le transept à droite du chœur, une **pietà** et une magnifique

sainte Madeleine★★ de la fin du 15e s. Notez aussi une cuve baptismale et un Christ du 15e s. *(à gauche dans la nef)*, une pietà du 16e s. *(dans une chapelle à droite)*, une croix de pierre du 16e s. *(derrière le maître-autel)*.
La rue Saint-Roch, puis la rue des Serruriers ramènent au pied du château face à la statue de Marx Dormoy, ancien maire de Montluçon.

À proximité

Étang de Sault

3 km au sud-ouest, à Prémilhat par la N 145 et la D 240.
Réalisée au 19e s. pour alimenter le canal de Berry, cette retenue, appelée alors le réservoir des Étourneaux, s'étend sur 20 ha. Le déclassement du canal, en 1955, permit à la commune, aidée de quelques habitants tirés au sort, de s'en porter acquéreur. Bien connus des pêcheurs, les abords de l'étang ont été aménagés en base de loisirs nautiques et accueillent de nombreux touristes et habitués, à la recherche d'espace et de nature.
Tour de l'étang – *3 km (1h AR) - balisage jaune.* Garez-vous sur le parking et suivez le chemin botanique en gardant l'étang à main gauche. Continuez par la route. Au pont, poursuivez tout droit, puis franchissez le ruisseau de la Vernoële sur le pont de bois. Prenez à gauche et longez la berge. Traversez la route et continuez le tour de l'étang, côté rive droite. Passez sur la digue en prenant à gauche. Le chemin vous ramène au parking.

Itinéraires conseillés

DU CÔTÉ DU CANAL DE BERRY

Pour visualiser cet itinéraire 1 *de 65 km,* *reportez-vous au schéma p. 523* *– comptez environ 3h.*
Ce circuit, qui se déroule à l'ouest et au nord de Montluçon, a l'intérêt de présenter un riche patrimoine et de revenir en longeant le canal de Berry, qui a joué un rôle de tout premier plan dans l'histoire de la ville.
Quittez Montluçon au nord-ouest par la D 916, direction Boussac.

Domérat

Place de l'Église, un **Bacchus sur son tonneau**, érigé sous la Révolution française, rappelle l'importance des anciens vignobles de la région.
Église – Cet édifice a gardé son chevet et son chœur romans. Il possède une intéressante **crypte** du 11e s., à trois nefs voûtées d'arêtes ; sur l'autel roman, statue en pierre de Notre-Dame de la Râche du 16e s. (invoquée contre la lèpre). Remarquez aussi de nombreuses **peintures murales** dans le chœur et les chapelles orientées.
Musée de la Vigne – *Parc de la Pérelle (2 km au nord-ouest par la D 340).* *04 70 64 20 01 - - juin-sept. : w.-end et j. fériés 15h-18h - entrée libre.*
Installé dans une dépendance du château de la Pérelle, ce musée illustre l'activité viticole et vinicole de la ville (collection d'outils). Une projection retrace l'histoire et le destin des vignobles de la région.
Poursuivez sur la D 916.

Huriel

C'est ici que se situe un épisode du roman *Les Maîtres sonneurs*, écrit par George Sand en 1853, où **Jean Huriel**, muletier et natif du bourg du même nom, est le fils de Bastien, le « grand bûcheux ».

Donjon de la Toque – *✆ 04 70 28 60 08 - www.huriel-en-bourbonnais.fr - visite guidée (1h) pour le musée, visite libre pour le donjon juil.-août : 9h-12h, 14h-18h30 - juin et sept. : mar.-vend. 9h-12h, 14h30-18h, sam.-lun. 14h30-18h - 3 € (enf. 2 €).* Édifié au 12e s., ce donjon fut baptisé « la Toque » à cause de la charpente qui le couvrait au 19e s. Il domine une tour ronde, coiffée en poivrière, vestige d'un ancien château, et abrite un musée rassemblant des souvenirs des métiers et de la vie d'autrefois. Du sommet *(105 marches ; attention, la montée exige une bonne forme physique !)*, beau panorama sur la région.

Église Notre-Dame – *Possibilité de visite guidée (bureau info tourisme).* Élevée au 12e s., elle rassemble les influences berrichonne et auvergnate. Un narthex, surmonté d'une tribune à laquelle on accède de la nef par deux escaliers droits, précède la nef unique qui communique avec les croisillons par d'étroits passages. La **balustrade du chœur**, en fer forgé, date de la fin du 12e s. Le **clocher octogonal** est surmonté d'une flèche à pans coupés, couverte de bardeaux de châtaignier.

Quittez Huriel par le nord et suivez la D 40 jusqu'à La Chapelaude, puis la D 943 à gauche sur 11 km. Au lieu-dit Goëlat, tournez à droite.

Église de Saint-Désiré★

Ce remarquable édifice roman du 11e s. faisait jadis partie d'un prieuré. Le chevet est intéressant, avec ses modillons. L'intérieur frappe par la pureté de son style. La nef et les collatéraux sont voûtés en berceau, de même que le transept dont la croisée est couverte d'une coupole sur pendentifs. Le chœur allongé, surhaussé de deux marches, est flanqué d'absidioles à deux étages s'ouvrant sur le transept. Deux escaliers situés de part et d'autre du chœur, à l'étage inférieur des absidioles, mènent à la **crypte**, la partie la plus ancienne de l'église.

Suivez la D 479 au nord de Saint-Désiré, puis la D 301.

Vallon-en-Sully *(voir Hérisson)*

Revenez vers Montluçon par la D 301 qui longe le Cher et le canal de Berry. À Magnette, franchissez le canal.

Musée du Canal de Berry

Réouverture prévue en juin 2010 - se renseigner ✆ 04 70 06 63 72.

Ce musée, consacré à la construction et l'histoire du canal, est en pleine réhabilitation. À sa réouverture, il offrira aux visiteurs de nouvelles animations muséographiques, notamment une maquette présentant le fonctionnement d'une écluse, et une péniche dont ils pourront visiter l'intérieur.

UNE RECONVERSION RÉUSSIE

L'achèvement du canal de Berry en 1841 mettait en communication les gisements de fer du Berry et les bassins houillers de la région de Commentry. Aussi, durant tout le Second Empire, avec le développement de la sidérurgie, Montluçon connut un essor rapide : la ville devint le centre d'un important nœud ferroviaire, et ses fonctions commerciales et administratives débordèrent sur les campagnes environnantes. Au début du 20e s., l'épuisement des gisements de fer et de houille condamna les hauts fourneaux. Une crise profonde, aux dures implications sociales, toucha la ville et sa région. L'activité industrielle actuelle témoigne d'une assez grande diversité : électromécanique, pneumatique, mécanique, etc.

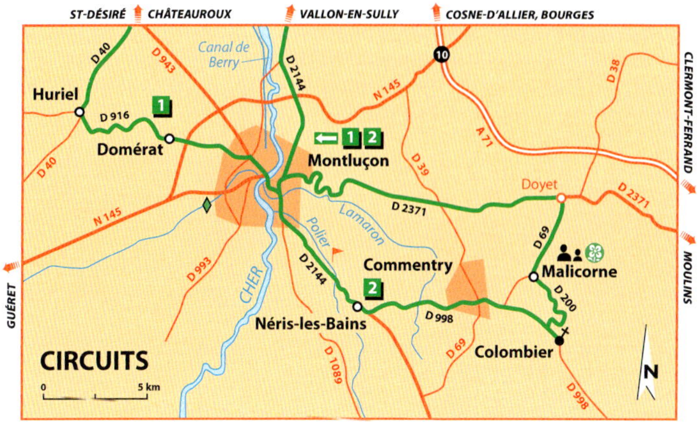

Cette promenade de 12 km au total, qui commence à Saint-Victor (au lieu-dit la Dure, au nord de Montluçon) et se termine à Vallon-en-Sully, peut se prendre en cours d'itinéraire à Magnette.

Prenez le chemin de halage en suivant le canal, et longez les anciennes écluses bordées de maisons typiques dont l'une, située à Rouéron, fut habitée par Charles Mitterrand, arrière-grand-père du président de la République.

Circuits de jogging et VTT.

LES ANCIENS PAYS MINIERS

Pour visualiser cet itinéraire 2 *de 45 km, reportez-vous au schéma ci-dessus – comptez environ 3h.*

Quittez Montluçon par le sud-est en empruntant la D 2144, direction Clermont-Ferrand.

Néris-les-Bains

Sur les plateaux qui dominent la vallée du Cher, cette station thermale tranquille, entourée de verdure, est connue depuis l'Antiquité. Des thermes alimentés par des aqueducs, des temples, un amphithéâtre, de nombreuses « villas », des quartiers résidentiels et artisanaux faisaient déjà d'*Aquae Nerii* un centre animé à l'époque romaine. À la Renaissance, les bains, toujours en honneur, se prenaient dans des piscines en plein air.

L'établissement thermal fut construit en 1830 autour de la source César, qui jaillit à 53 °C; suivirent de grands hôtels, le théâtre et le casino, des parcs et une **gare** à l'architecture Art déco, transformée en salle des fêtes et classée aux Monuments historiques.

De nos jours, trois établissements regroupés sous l'appellation de **centre thermal** soignent les maladies du système nerveux, les affections rhumatismales et gynécologiques. Les traitements utilisent bains, douches, massages, applications d'algues et rééducation motrice en piscines thermales.

Église – Dominant le bourg, elle occupe l'emplacement de la basilique civile gallo-romaine qui bordait le forum et ses galeries marchandes. Restaurée au Bas-Empire, elle fut transformée au 6e s. en église chrétienne quand saint Patrocle évangélisa la région.

L'élégant **clocher** octogonal à baies géminées aveugles est surmonté d'une flèche à pans coupés recouverte de bardeaux en châtaignier. À l'intérieur, le chevet (fin 11e s.) et la nef (fin 12e s.) voûtée en berceau brisé sont très sobres.

Nécropole mérovingienne – Les sarcophages, mis au jour en 1966 aux abords de l'église, appartiennent à une vaste nécropole du haut Moyen Âge (6e-9e s.), mais ont été taillés dans des matériaux récupérés sur la ville romaine. À droite du portail du mur nord, on remarque encore un appareil cubique gallo-romain à chaînages de brique, vestige de la basilique du 4e s. Le grand mur qui traverse la nécropole appartenait au château qui s'élevait à proximité de l'église.
Maison du patrimoine – *✆ 04 70 03 42 11 - avr.-oct. : merc.-dim. 15h-18h - visite guidée (1h) merc.-dim. à 15h et 16h30 - fermé nov.-mars, 1er et 8 Mai, 14 Juil., 15 août - 3,20 € (enf. 1,60 €), gratuit pour la Nuit des musées.*
Non loin de l'église, dans une maison noble (15e s.), sont exposées des collections gallo-romaines de sculptures, céramiques, monnaies, bijoux, bronzes, trouvés à Néris.
Piscines antiques – Dans le parc des Chaudes, derrière la piscine moderne, trois piscines antiques (deux rectangulaires et une ronde), vestiges des thermes Nord, furent mises au jour en 1925.
Arènes – Le parc des Arènes occupe l'emplacement de l'amphithéâtre dont subsistent quelques ruines.
Quittez Néris par l'est en empruntant la D 998.

Commentry

Jusqu'au lendemain de la Première Guerre mondiale, Commentry était au cœur d'une région minière qui s'étendait de Buxières et Noyant-d'Allier à Saint-Éloy. Une activité aujourd'hui abandonnée et remplacée par des industries sidérurgiques, mécaniques et chimiques.
Commentry est la ville natale de l'académicien Émile Mâle (1862-1954), écrivain et historien d'art spécialisé dans l'iconographie du Moyen Âge. Un **Espace du patrimoine** lui est consacré au centre culturel La Pléiade. *✆ 04 70 64 40 60 - 14h-18h, mar. et vend. 9h30-12h, 14h-18h - fermé lun. et dim.*
Quittez Commentry par le sud-est et poursuivez sur la D 998.

Église de Colombier

L'édifice surmonté d'un élégant clocher du 12e s. et le prieuré, défendu par un châtelet d'entrée, forment un ensemble harmonieux. Le patron de l'église, **saint Patrocle**, apôtre du Bourbonnais au 6e s., mourut dans ce monastère. La renommée des pèlerinages sur son tombeau explique la longueur de la nef et l'existence de bas-côtés. Les pèlerins avaient souvent coutume d'y coucher en attendant l'office du lendemain. Près de l'église se trouve une fontaine du nom du saint protecteur. On raconte que saint Patrocle, manquant d'eau lorsqu'il construisit l'église, lança son marteau avec une telle vigueur que celui-ci fit jaillir une source en retombant à 300 m du chantier !
Quittez Colombier par le nord en empruntant la D 200.

Malicorne

Église – Datant du 13e s., c'est un des plus anciens édifices de la région entièrement voûté d'ogives. Le chevet est agrémenté de **modillons sculptés**. À l'intérieur, remarquez une **pietà** de bois peint du 16e ou 17e s.

NOS ADRESSES À MONTLUÇON

Voir aussi les encadrés pratiques d'Hérisson, des gorges de la Sioule et de la forêt de Tronçais.

HÉBERGEMENT

BUDGET MOYEN

Hôtel Des Bourbons – *47 av. Marx-Dormoy - ✆ 04 70 05 28 93 - www.hotel-des-bourbons.fr - 44 ch. 57/63 € - ☕ 7 € - rest. 24/40 €.* Face à la gare, bel immeuble de la fin 19e s. abritant des chambres rénovées : mobilier fonctionnel aux lignes sagement rétro, salles de bains nettes et colorées. Carte traditionnelle servie dans un cadre moderne.

Hôtel Le Garden – *12 av. Marx-Dormoy - 03310 Néris-les-Bains - ✆ 04 70 03 21 16 - http://monsite.wanadoo.fr/hotellegarden - Fermé 26-31 déc., 28 janv.-8 mars - P - 19 ch. 48/70 € - ☕ 7 € - rest. formule déj. 15 € - 17/38 €.* Près du centre de la station, grande villa dans un jardin fleuri, transformée en hôtel. Chambres contemporaines régulièrement rénovées.. Cuisine simple servie dans une coquette salle à manger appréciée pour sa luminosité et sa gaieté.

POUR SE FAIRE PLAISIR

Hôtel Mona Lisa – *40 r. Boisrot-Desserviers - 03310 Néris-les-Bains - ✆ 04 70 08 79 80 - www.monalisahotels.com - P - 59 ch. 70/85 € - ☕ 11 € - rest. 18 €.* La façade Belle Époque de cet établissement posté face au casino cache des chambres d'esprit actuel bien équipées – wi-fi partout – et climatisées. Au restaurant, sobre mise en place et mobilier design en accord avec la cuisine du chef, au goût du jour.

RESTAURATION

PREMIER PRIX

La Vie en Rose – *7 r. de la Fontaine - ✆ 04 70 03 88 79 - www.resto-lavieenrose03.com - formule déj. 9 € - 11/18 €.* Murs orangés, photos anciennes et affiches publicitaires président au décor, de style bistrot, de ce restaurant à la belle devanture rose. Spécialités bourbonnaises et nombreuses salades composées, servies sur fond musical Jazzy.

BUDGET MOYEN

Le Grenier à Sel – *Pl. des Toiles - ✆ 04 70 05 53 79 - www.legrenierasel.com - fermé vac. de la Toussaint, de fév., sam. midi en hiver, dim. soir de sept. à juin et lundi sf le soir en juil.-août - P - 22/67 € - 7 ch. 110/125 € - ☕ 10 €.* Demeure de charme du 15e s. au cœur de la cité médiévale. Décoration raffinée dans l'élégante salle à manger. Profitez de la terrasse, un petit coin de paradis. Cuisine créative.

Le Plaisir des Marais – *152 av. Albert-Thomas 1,5 km par D 943 - ✆ 04 70 03 49 74 - fermé 1 sem. en août, mar. soir, dim. soir et lund. - formule déj. 16 € - 20/27 €.* Ce restaurant à la pimpante façade rose égaye le quartier des Marais situé à la périphérie de la ville. Cuisine de tradition à prix doux, décor campagnard et accueil familial.

Safran d'Or – *12 pl. des Toiles - ✆ 04 70 05 09 18 - fermé 30 août-6 sept., dim. soir, mar. soir et lund. - formule déj. 18 € - 21 bc/35 €.* Derrière une riante devanture imitant le marbre, petit restaurant comprenant deux salles au mobilier d'esprit bistrot, dont une voûtée (en sous-sol). Cuisine traditionnelle.

L'Eau à la Bouche – *26 r. Grande - ✆ 04 70 03 82 92 - eau.bouche@wanadoo.fr - fermé dim. et lun. - formule déj. 10 € - 20/29 €*. Très prisée à l'heure du déjeuner, cette adresse propose une restauration à base de tartines, pierrades, fondues ou tartiflettes, essentiellement concoctées avec de bons produits auvergnats. Décor d'esprit campagnard, ambiance et accueil sympathiques. D'octobre à avril, le patron, accompagné de deux chanteurs, assure des dîners-spectacles dans la tradition du cabaret parisien.

ACHATS

Baujard – *73 bd de Courtais - ✆ 04 70 05 05 86 - mar.-sam. 7h30-19h, dim. 7h30-18h.*. Cet artisan pâtissier qui exerce depuis 30 ans est passé maître dans l'art de travailler le chocolat mais aussi pâtisseries et viennoiseries traditionnelles, entremets glacés… : les gourmands ne seront pas déçus. Le décor frais et élégant – tons pastel, moulures et plafond haut – invite à s'attarder. Ça tombe bien, puisque la boutique fait également salon de thé.

La Ferme St-Pierre – *3 pl. de la Poterie - ✆ 04 70 28 89 00 - mar., jeu., vend. 9h30-12h30, 15h-19h ; merc. 10h-12h30, 15h-19h ; sam. 8h30-12h30, 15h-19h - fermé j. fériés*. Trois exploitants agricoles se sont réunis pour créer cette boutique qui vend exclusivement des produits de la ferme. Résultat, un très beau choix de volailles et produits dérivés : foie gras, magret, confit, lait et fromages de chèvre. Vous y trouverez aussi des productions des fermes voisines (confitures, miel, charcuteries…) et vous pourrez composer des paniers garnis selon vos envies.

EN SOIRÉE

Le Guingois – *R. Ernest-Montusès - ✆ 04 70 05 88 18 - www.guingois.com - billetterie : à partir de 20h30. - fermé juil.-août., dim. et lun. - de 6 à 12 €*. Cette scène dédiée aux musiques actuelles se veut un lieu d'expression et de découverte des nouveaux talents. Musiques du monde, jazz contemporain et chanson française sont à l'honneur une fois par semaine dans ce café-concert vivant et original.

ACTIVITÉS

Centre aqualudique – *Parc des sports de la Loue - 03410 Saint-Victor - ✆ 04 70 08 26 60*. Lagune de jeux de 500 m² avec toboggan de 64 m, aquagym, etc.

Base des eaux vives du Moulin de Chauvière – *À 3 km du centre de Montluçon - Lavault-Sainte-Anne - ✆ 04 70 05 58 78*. Location de matériel VTT, équitation, courses d'orientation, randonnées pédestres.

Thermes de Néris-les-Bains – *6 pl. des Thermes - 03310 Néris-les-Bains - ✆ 04 70 03 10 39 - thermes-neris.com - 8h-12h, 14h-17h - fermé nov.-mars et dim.* Indications : affections psychosomatiques, neurologie, rhumatologie. Saison : de déb. avril à fin oct.

AGENDA

Poètes au potager – *✆ 04 70 28 10 29*. Festival de poésie contemporaine : lectures et déambulations. Les poètes lisent leurs propres textes en public et en plein air, le but est de promouvoir un genre littéraire ignoré des médias.

Carnaval du Bœuf-Villé – Chaque année en mars, les Montluçonnais fêtent le retour du printemps par un carnaval unique en France. Cette tradition rurale, issue de la culture berrichonne, veut que le Carmantreau, personnage représentant l'hiver, soit jugé et brûlé pour laisser la place aux beaux jours. Les bœufs gras (symboles des réjouissances retrouvées) sont promenés dans les rues de la ville au son de la vielle avant de laisser place à une grande parade qui vient clôturer les festivités.

À Malicorne, la **fête des roses** *(juin)* et la **fête des goûts et saveurs** *(septembre)* sont l'occasion d'animations particulières.

Hérisson

679 Hérissonnais – Allier (03)

NOS ADRESSES PAGE 530

S'INFORMER

Renseignements touristiques – *Parc de la Mairie - 03190 Hérisson - 04 70 06 82 23 - www.pays-de-troncais.com - juil.-août : tlj sf dim. et lun. 9h-12h, 14h-17h ; reste de l'année se renseigner.*

SE REPÉRER

Plan de région A1 (p. 494) – carte Michelin Départements 326 D3.

À 23 km au nord de Montluçon, Hérisson se trouve à proximité de l'A 71 (sortie 9) et de la D 2144, à hauteur de Nassigny. Vous suivrez pour le plaisir la petite route longeant le cours de l'Aumance, la D 157, et bénéficierez ainsi d'un beau point de vue sur la vallée à partir de Châteloy, le lieu d'habitation primitif d'Hérisson.

À NE PAS MANQUER

La visite de la cité médiévale, dans le dédale de ses rues étroites, vous emmènera sur les traces de la cité fortifiée.

AVEC LES ENFANTS

Ils découvriront, de façon ludique, les traditions et le quotidien de la vie rurale en observant les maquettes animées à Vallon-en-Sully.

Lové dans une boucle de l'Aumance, ce joli village médiéval était jadis le rendez-vous de peintres influencés par l'école de Barbizon. Harpignies, notamment, séjourna souvent à Hérisson, et la région lui inspira quelques-unes de ses plus belles toiles.

Se promener

Un plan près de la poste marque le point de départ d'un parcours fléché.

Le bourg conserve **deux portes fortifiées** du 15e s., celle de la Rivière et celle de la Varenne, ainsi que des demeures anciennes, dont l'hôtel de Civray ou la maison « Mousse » (15e-18e s.). Les vingt-deux tours qui étaient réparties le long du mur d'enceinte ont disparu.

Musée du Terroir

✆ 04 70 06 89 40 - avr.-oct. : tlj sf mar. visite guidée sur RV - 1 € (enf. gratuit).
Il expose une collection d'archéologie locale (composée entre autres de découvertes faites sur l'oppidum de Cordes) et des objets de la vie rurale. Vous y découvrirez aussi la reconstitution d'une chambre bourbonnaise ainsi qu'une collection de tableaux des peintres de l'école de l'Aumance.

Forteresse

Accès libre tte l'année - visite guidée gratuite juil.-août - se renseigner au 04 70 06 82 23.
La masse imposante de ses ruines aux belles couleurs orangées, devenues le domaine des choucas, domine la charmante petite cité médiévale. Construite du 11e au 15e s., l'ancienne place forte fut renforcée sous Louis de Bourbon au 14e s., puis démantelée en 1652.

★ Point de vue

Sur la rive gauche de l'Aumance (accès par la rue du Calvaire). De la **chapelle du Calvaire**, élevée sur une colline voisine, la vue s'étend sur toute l'agglomération, son clocher-porche, seul témoin de l'ancienne collégiale Saint-Sauveur (12e-17e s.), le château et la vallée de l'Aumance.

À proximité

Maison Couleur du temps

▶ 7 km au sud-est de Hérisson, à Venas. ✆ 04 70 06 84 83 ou 06 84 90 85 48 (hors sais.) - juil.-août : tlj sf mar. 15h-19h ; reste de l'année : dim. et j. fériés 15h-19h - gratuit.
Au hameau de Petit-Clémagnet se trouve une bien étrange maison. Une maison dans la lignée de ces sites insolites que sont le *Palais idéal* ou la *maison Picassiette* ! Soyez curieux, et allez rendre visite à son propriétaire qui vous commentera sa maison-tableau où intérieur et extérieur sont consacrés au temps.

Itinéraire conseillé

VALLÉE DE L'AUMANCE A1

▶ Pour visualiser cet itinéraire de 35 km, reportez-vous à la carte p. 494 – comptez environ 1h.
Cette plaisante vallée est drainée par une paisible rivière qui prend sa source près du Montet, pour se jeter dans le Cher non loin de la forêt de Tronçais.
Quittez Hérisson par le nord-ouest en empruntant la D 157.

Église de Châteloy

✆ 04 70 06 82 23 - mai-sept. : 10h-17h ; reste de l'année : sur demande auprès du bureau info tourisme d'Hérisson.
Cet édifice du 12e s. est hardiment campé sur les rochers qui dominent la vallée. Des **fresques** du 13e au 17e s., restaurées, ornent le chœur et la nef. Remarquez ses chapiteaux ornés d'oiseaux et de feuillages. Un festival de musique y a lieu en été.
Du cimetière, jolie **vue★** sur l'élégant clocher et la vallée de l'Aumance.
Continuez sur la D 157.

LE GRAND MEAULNES
L'intrigue du *Grand Meaulnes*, célèbre roman d'Alain Fournier écrit alors qu'il n'a que 27 ans, se déroule dans l'école du village d'Épineuil-le-Fleuriel (Sainte-Agathe, dans le livre) où l'auteur vécut pendant sept ans et qu'il décrit parfaitement. « François Seurel, fils d'instituteurs de Sainte-Agathe, voit sa tranquille vie d'adolescent bousculée par l'arrivée dans le domicile familial d'un garçon que l'on surnommera le Grand Meaulnes… » Cette œuvre fut adaptée au cinéma en octobre 2006 par Jean-Daniel Verhaeghe.

Meaulne
Au confluent de l'Aumance et du Cher, ce village donna son nom au héros du célèbre roman d'Alain Fournier, dont les tribulations se déroulent sur l'autre rive (*voir Épineuil-le-Fleuriel dans* Le Guide Vert Berry Limousin).
Quittez Meaulne par le sud en empruntant la D 2144, direction Montluçon.

Vallon-en-Sully
Installé au bord du canal de Berry, Vallon-en-Sully se distingue par plusieurs constructions en grès rose du pays, comme son **église** du 12e s. à la flèche de pierre haute de 40 m. À l'intérieur de celle-ci, vous remarquerez une statue de saint Blaise et un beau tabernacle en bois doré.
Vallon Arts et Tradition – *℘/fax 04 70 06 51 00 - ♿ - juil.-août : tlj sf mar. 15h-19h ; avr.-juin et sept.-oct. : w.-end et j. fériés 15h-18h - 4 € (enf. 1,50 €).*
Des maquettes animées, réalisées à l'échelle 1/8, font revivre les métiers et les scènes de la vie quotidienne d'antan. Elles ont valu à leur créateur le premier prix « Nature et Tradition » de la Fondation Ford France en 1987. Une salle annexe est consacrée à la reconstitution d'un atelier de forgeron.
L'Atelier du peintre – *℘ 04 70 06 58 04 - tlj sf dim. sur demande préalable.*
Dans une maison typiquement bourbonnaise de 1852, aux décors en trompe l'œil, Jean Penet, artiste peintre, vous invite à découvrir ses œuvres dans deux salles d'exposition.
Revenez à Hérisson par la D 11.

NOS ADRESSES À HÉRISSON

Voir aussi les encadrés pratiques de Montluçon, de la forêt de Tronçais et de Bourbon-l'Archambault.

RESTAURATION

BUDGET MOYEN

Le Lion d'Or – *D 2144 - 03190 Estivareilles - ✆ 04 70 06 00 35 - www.hotel-leliondor.net - fermé dim. soir et lun. sf j. fériés, 21 janv.-5 fév., 4-14 sept. - 19/48 € - 5 ch. 38/45 € - ☕ 7 €.* La simple étape que l'on imagine pour une hostellerie de campagne « classique » se transforme au Lion d'Or en un charmant repas champêtre : salle à manger de caractère avec poutres apparentes, impeccable parquet en épis, hautes fenêtres à petits carreaux, et terrasse donnant sur un parc arboré agrémenté d'un étang.

La Table de Reugny – *25 rte de Paris - 03190 Reugny - ✆ 04 70 06 70 06 - www.restaurant-reugny.com - fermé dim. soir, lun. et mar., 1er-16 janv., 21 août-12 sept. - 21/47 €.* La confortable salle à manger de cette fringante maison offre un charmant décor de bonbonnière agrémenté de tentures et nappes aux tons pastel. L'été, elle se complète d'une terrasse dressée face au jardin fleuri. Sympathique cuisine au goût du jour mettant à l'honneur le bœuf charolais et les produits du Bourbonnais.

AGENDA

Rencontres théâtrales – Le *Festin - CDN Montluçon/Région Auvergne - ✆ 04 70 03 86 18.* Créées en 1976, ces rencontres rassemblent chaque année, en mai, autour d'une création, auteurs, comédiens, metteurs en scène pour un moment festif de partage avec la population d'Hérisson et des environs.

Festival de musique en Bourbonnais – *www.chateloy.com – de mi-juil. à mi-août.* Concerts de musique classique, au sein de la superbe église romane de Chateloy.

Forêt de Tronçais

★★★

Allier (03)

NOS ADRESSES PAGE 537

S'INFORMER

Office du tourisme Aumance-Tronçais – *Pl. du Champ-de-Foire - 03350 Cérilly - ☏ 04 70 67 55 89 - www.pays-de-troncais.com - juil.-août : 9h-12h, 14h-18h ; juin et sept. : 9h-12h, 14h-17h, w.-end et j. fériés 10h-12h ; reste de l'année : 9h-12h, 14h-17h, fermé w.-end et lun.*

SE REPÉRER

Plan de région A-B1 (p. 494) – carte Michelin Départements 326 D 3.

Traversée d'est en ouest par la D 978A, la forêt de Tronçais est située à 30 km au nord de Montluçon : on y accède par la D 2144, via Meaulne. En venant de Moulins, le mieux est de passer par Cérilly et la D 953.

À NE PAS MANQUER

La futaie Colbert et son superbe peuplement de chênes tricentenaires ; le charmant étang de Pirot ; la fontaine Viljot et sa mystérieuse légende du village disparu.

ORGANISER SON TEMPS

Prévoyez une demi-journée minimum pour découvrir cette magnifique forêt domaniale. À l'automne, elle se pare de ses plus belles couleurs. L'été, les étangs de Pirot et de Saint-Bonnet se prêteront à d'agréables pauses baignade et pique-nique.

AVEC LES ENFANTS

En période estivale, les guides de l'association ATENA/CPIE, à Saint-Bonnet-de-Tronçais, proposent des randonnées en famille et des balades en bateau électrique. L'office du tourisme de Cérilly organise également des parcours, les « Circuits Mystère », destinés aux enfants.

Au contact du Berry et du Bourbonnais, cette superbe étendue de plus de 10 600 ha est un peu la merveille du Bourbonnais. Vous aimerez vous promener à la recherche des gigantesques chênes tricentenaires classés, des fontaines légendaires ou encore à la rencontre de timides chevreuils ou de papillons rares. Des chemins forestiers aux clartés changeantes vous conduiront au bord d'étangs bleus, lieux de sérénité.

Se promener Plan de microrégion

Ainay-le-Château A1

3 km au nord de la forêt par la D 953. Jadis partie intégrante du Berry et de la vieille Aquitaine, Ainay était une place forte du Bourbonnais. Au 5e s., son château fort, avec ses remparts, ses douves et ses 24 tours, formait une ville close accessible par quatre portes. Si la forteresse a disparu, des vestiges de l'ancienne enceinte (tours, pans de mur) se remarquent encore tout autour de la ville, dont le centre présente de petites rues et des maisons anciennes restaurées. Dans la rue principale, voyez la porte de l'Horloge (12e s.) – l'une des entrées historiques de la ville, avec la porte Aubré, qui servait de salle de garde et de prison. Ainay-le-Château est la ville des **droguets**, de petits draps fabriqués autrefois à base de laines fines et de chanvre.

Église Saint-Étienne – Elle fut construite au 16e s. sur les fondations d'une église romane. Le clocher carré, renforcé par deux contreforts, est percé de baies géminées sans chapiteau. Le portail ouest, qui donne sur une placette dominant la Sologne, s'orne d'une belle Vierge à l'Enfant du 17e s. Dans la nef, coiffée d'une voûte en berceau brisé, vous remarquerez des peintures du 16e s. aux couleurs vives. Le baptistère contient une inhabituelle cuve baptismale *(au fond à droite)* en forme de berceau, rappelant l'époque où le baptême se faisait par immersion.

Musée de la Porcelaine

À Couleuvre, 22 km à l'est de la forêt. Traversez la forêt, puis Cérilly, et remontez vers le nord-est en empruntant la D 3 sur la gauche. *04 71 66 19 77 - juil.-août : 14h-18h ; mai-juin et sept. : 15h-18h - fermé lun. et j. fériés.* Ce musée, installé dans la maison Charles IX (où le roi aurait séjourné en décembre 1565), présente des outils de fabrication et des pièces de porcelaine anciennes richement décorées, provenant de la Manufacture de porcelaine d'art de Couleuvre, fondée en 1789.

Château de Saint-Augustin

À Château-sur-Allier, 30 km au nord-est de la forêt par la D 978A, puis la D 13.
04 70 66 42 01 - www.chateau-saint-augustin.fr - visite guidée (45mn) - juil.-août : 12h-18h ; mai-juin : w.-end et j. fériés 12h-18h ; reste de l'année sur demande préalable (min. 5 pers.) - 7,50 € (enf. 5 €). Cet ancien rendez-vous de chasse du baron Cadier de Veauce fut construit à la fin du 17e s., sur le site d'une communauté monastique qui lui a donné son nom. Sous la Restauration, le pavillon fut transformé en château, à l'architecture typiquement bourbonnaise. Son corps de logis, flanqué de deux ailes basses, est surmonté d'un belvédère. À l'intérieur, visitez le salon, la salle des Trophées et les dépendances (écuries, sellerie et chapelle).

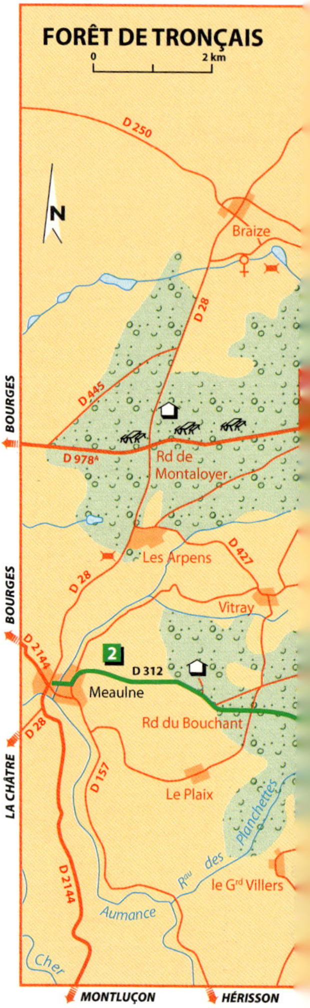

Itinéraires conseillés

★★★ PAYS DE TRONÇAIS

Pour visualiser cet itinéraire 1 *de 20 km, reportez-vous au schéma ci-dessus – comptez environ 2h.*

533

FORÊT DE TRONÇAIS

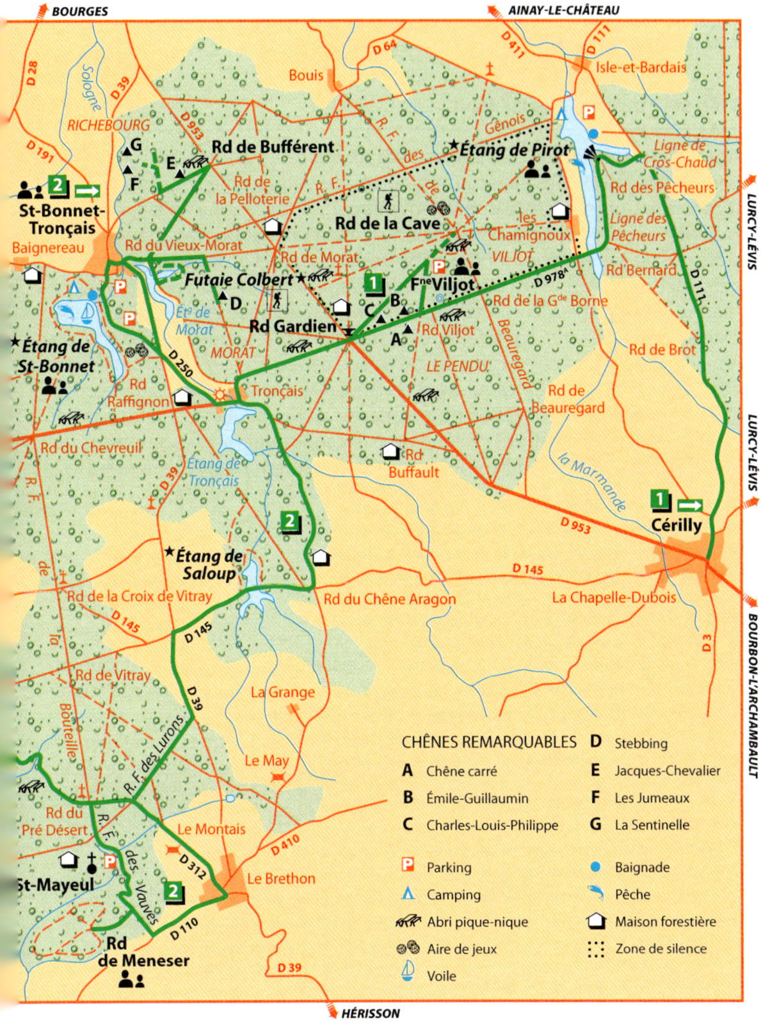

Cérilly

Il s'agit de la patrie de l'écrivain Charles-Louis Philippe (1874-1909). Au n° 5 de la rue qui porte son nom, sa maison a été transformée en musée. C'est dans cette même rue que Jean Giraudoux passa une partie de son adolescence. Devant faire une conférence en 1928 sur la civilisation française, il s'amusa à prendre l'exemple de Cérilly « où sont nés tant de savants et d'écrivains ».

Maison natale de Charles-Louis Philippe – ☎ *04 70 67 52 00 - de déb. mai à fin oct. : w.-end et j. fériés 15h-18h - 2,50 € (enf. 1,50 €).* Vous y découvrirez l'univers de cet auteur de romans basés sur des souvenirs autobiographiques, et la reconstitution de l'atelier de son père, sabotier à Cérilly.

Quittez Cérilly au nord par la D 111 pour découvrir la partie orientale du massif forestier. Après le rond de Brot et la D 978A, prenez la première route à gauche, la ligne de Cros-Chaud.

La plus grande chênaie d'Europe

VICISSITUDES ET RENAISSANCE

Après avoir été administrée par les ducs de Bourbon, la forêt de Tronçais fut confisquée en 1527 avec les autres terres du connétable *(voir Moulins)*, et remise à la Couronne; elle appartient depuis à l'État. Mal surveillée, laissée à l'abandon aux 16e et 17e s., elle subit une lente dégradation. L'abattage incontrôlé des arbres avait entraîné la ruine des trois quarts de la forêt de Tronçais vers 1670. Pour répondre aux besoins présents et futurs du pays en bois de marine, Colbert en organisa rationnellement l'exploitation et entreprit de faire protéger et réensemencer la forêt royale en chênes. Ces nouvelles séries aménagées ne devaient être exploitées qu'à l'âge de 200 ans. En 1788, l'ouverture des forges à Tronçais et l'apparition consécutive d'un besoin en charbon de bois, nécessaire à la fabrication de la fonte, entraînèrent une nouvelle destruction de la forêt, qui retourna à l'état de taillis sous futaie sur les deux tiers de la surface. En 1832, des mesures conservatrices furent heureusement prises, et la forêt fut de nouveau aménagée en futaie pleine, exploitable à l'âge de 160 ans. Cet âge fut porté à 180, puis à 225 ans en 1928.

UNE FORÊT ÉVOLUTIVE

La forêt de Tronçais est partagée en séries, elles-mêmes divisées en parcelles. Son peuplement est composé pour 70 % de chênes et 20 % de hêtres et de pins sylvestres, ces derniers s'élevant à l'ouest et au centre du massif. L'objet premier de l'exploitation de la forêt est la production de bois d'œuvre de haute qualité. Pour atteindre leur plein épanouissement, les chênes les plus prometteurs doivent, durant leur croissance, être entourés par d'autres arbres, et peu à peu dégagés par des coupes d'amélioration successives. L'équilibre de la forêt nécessite des coupes de régénération, qui permettent le remplacement des arbres arrivés à maturité, par parcelles entières. Les grumes de 50 cm de diamètre et plus sont tranchées loin de la forêt, dans des unités industrielles spécialisées. Elles sont même exportées dans les pays de l'Union européenne (essentiellement en Allemagne). Les placages ainsi produits alimentent les industries de l'ébénisterie et sont finalement dirigés vers l'étranger : Suède, États-Unis, Belgique. Les chênes de faible diamètre ou de qualité moindre sont quant à eux transformés en bois de charpente ou bois de feu. Les chênes de 40 à 50 cm de diamètre fournissent du merrain servant à la fabrication des tonneaux. Certains arbres, les plus recherchés, sont de dimensions exceptionnelles, offrant des fûts qui dépassent parfois 20 m de haut et atteignent 1 m de diamètre à hauteur d'homme.

UN BOIS TRÈS PRÉCIEUX

Le chêne de Tronçais est particulièrement apprécié pour la maturation du **cognac** et des **bordeaux**. Son exceptionnelle qualité a d'ailleurs permis aux tonneliers charentais de fabriquer des fûts destinés au vieillissement des meilleurs cognacs. « Il n'est de bon cognac, dit-on, que vieilli en fût de Tronçais ! »

Forêt de Tronçais.
N. Peyroles / MICHELIN

★ Étang de Pirot

Le rond des Pêcheurs offre une belle **vue** de ce vaste plan d'eau.
Par la ligne des Pêcheurs, gagnez la D 978A que vous prenez à droite.

Fontaine Viljot

À droite (170 m) de la route. Laissez la voiture sur l'accotement à gauche de la route. Selon la tradition, une **villa gallo-romaine** aurait jadis existé au cœur de la forêt, à l'emplacement de la fontaine Viljot. On dit aussi qu'une véritable cité s'était constituée autour de ce domaine, et qu'elle fut engloutie dans une grande tourbière. La nuit de Noël, en vous penchant sur l'eau de la claire fontaine, peut-être entendrez-vous sonner les cloches de l'église du **village disparu**. Autour de l'eau très claire de la fontaine Viljot, chênes et résineux composent un charmant décor. La tradition veut que les jeunes filles qui désirent se marier lancent une épingle dans la fontaine. Si l'aiguille se plante au fond, la jeune fille a « piqué un cœur ». Il semble aujourd'hui que les pièces de monnaie aient remplacé les épingles…

Au sud du rond Viljot, gagnez à pied le **Chêne carré**, dans la série du Pendu. Cet arbre tricentenaire culmine à 26 m et atteint une circonférence de 5,96 m à 1,30 m du sol.

Tout près de la route, au nord (canton de Viljot), les **chênes Émile-Guillaumin** et **Charles-Louis-Philippe** honorent deux romanciers originaires de la région.

Du rond Gardien, prenez au nord-est la route forestière de Planchegrosse (sens unique) jusqu'à un parking.

Rond de la Cave

30mn AR. Aménagé en aire de pique-nique, il occupe le cœur de la forêt.

Après le **rond Gardien** *(table d'orientation)*, la route longe l'ancienne usine de Tronçais établie en bordure de l'étang du même nom.

Prenez la D 250 à droite.

★ Étang de Saint-Bonnet

À gauche de la route, ce plan d'eau occupe un site très plaisant. On en fait le tour par un joli sentier et on peut même s'y baigner…

★ Futaie Colbert

30mn à pied. Circuit de promenade au départ du rond du Vieux-Morat. Beau peuplement de chênes tricentenaires, dans un site vallonné et frais, au cœur d'une zone protégée.

Chêne Stebbing – *1,5 km au départ du rond du Vieux-Morat.* Isolé au milieu des gaulis, il donne la mesure des chênes séculaires (37 m de haut, 3,95 m de circonférence).

Rond de Buffévent – *2 km au départ du rond du Vieux-Morat.* Au sud-ouest de ce rond, la route forestière de Buffévent permet d'admirer, au prix de courtes promenades, les magnifiques chênes tricentenaires **Jacques-Chevalier**, les **Jumeaux** et la **Sentinelle**, dans la série de Richebourg.

★ PAYS DE SAINT-BONNET

Pour visualiser cet itinéraire 2 *de 30 km, reportez-vous au schéma p. 533 – comptez environ 1h.*

Saint-Bonnet-Tronçais

C'est dans ce charmant village en bordure de la forêt que **Nicolas Rambourg**, maître de forges, créa au 18e s. des forges au bois qui devinrent très rapidement le premier établissement métallurgique français. De ces ateliers sortirent les premiers cables de fixation des pieds de la tour Eiffel. Fermées en 1932, les **forges** furent inscrites à l'inventaire des Monuments historiques en 1952.

Sur les bords de l'étang de Saint-Bonnet, base de loisirs nautiques, le **CPIE** (Centre permanent d'initiatives pour l'environnement) s'attache à la mise en valeur du patrimoine de la région de Tronçais et propose de nombreuses visites guidées *(voir encadré pratique).*

Quittez Saint-Bonnet-Tronçais au sud par la D 250 et prenez à droite après l'usine de Tronçais. Au-delà de la maison forestière, tournez à droite au rond du Chêne-Aragon.

★ Étang de Saloup

Il est coupé en deux parties par la D 145.

Prenez la D 39 à gauche, puis la route forestière des Lurons.

D'un parking, un sentier annoncé par un panneau de sens interdit mène à la **chapelle Saint-Mayeul** dominant un ravin.

Faites demi-tour.

L'étroite route forestière des Vauves, prise à droite, contourne ce ravin en un parcours sinueux.

Rond de Meneser

Des sentiers permettent de boucler d'agréables circuits *(comptez au minimum 30mn AR).*

Prenez à gauche la D 110 vers le Brethon, puis encore à gauche la D 312.

La route parcourt la forêt avant de gagner Meaulne et la vallée de l'Aumance *(voir Hérisson).*

NOS ADRESSES DANS LA FORÊT DE TRONÇAIS

Voir aussi les encadrés pratiques de Bourbon-l'Archambault, d'Hérisson et de Montluçon.

HÉBERGEMENT

BUDGET MOYEN

Hôtel Chez Chaumat – *pl. Péron - 03350 Cérilly - ✆ 04 70 67 52 21 - www.chezchaumat.com - fermé 30 juin-10 juil., 1er-13 sept., 20 déc.-5 janv., dim. soir et lundi - 8 ch. 49 € - ☕ 7 € - rest. 12/35 €.* Établissement familial implanté à proximité de la superbe forêt domaniale de Tronçais. Les chambres, simples, sont insonorisées. Deux salles à manger : l'une mi-rustique, mi-bistrot, l'autre lambrissée et meublée dans le style Louis XIII.

Hôtel Le Tronçais – *12 av. Nicolas-Rambourg - 03360 Tronçais par D 978 - ✆ 04 70 06 11 95 - www.letroncais.com - ouv. 1er mars-30 nov. et fermé dim. soir, mardi midi et lundi en mars-avril et oct.-nov. - P - 12 ch. 55 € - ☕ 8 € - rest. 24/37 €.* Un parc, un étang et la magnifique forêt de Tronçais à proximité. Cette demeure et son annexe possèdent des chambres d'ampleur variée, au grand calme. Côté restaurant, on s'installe dans une grande salle à manger pimpante pour déguster des plats traditionnels.

RESTAURATION

PREMIER PRIX

L'Étoile d'Urçay – *42 rte Nationale - 03360 Urçay - ✆ 04 70 06 92 66 - letoiledurcay@orange.fr - fermé 24 nov.-3 déc., 16 fév.-11 mars, mardi d'oct. à juin, dim. soir et lundi - 10/30 €.* Dans la traversée du bourg, ce restaurant à l'agréable décor rustique propose une cuisine traditionnelle. Ressource simple et conviviale à proximité de la forêt de Tronçais.

ACTIVITÉS

Centre permanent d'initiatives pour l'environnement (CPIE) – *Av. Nicolas-Rambourg - 03360 Saint-Bonnet-Tronçais - ✆ 04 70 06 14 69 - www.cpie-troncais.com.* Classes vertes, centre de vacances, stage mycologique, balade à bord de bateaux électriques (sans permis), balade à vélos électriques.

Loisirs en forêt – Les amateurs de champignons trouveront des cèpes, girolles, pieds-de-mouton ou russules. D'autres s'intéresseront à la faune très diversifiée de la forêt ou surprendront les grèbes huppés sur l'étang de Pirot.

AGENDA

Foire aux ânes – *à Braize, 10 km au SE de Saint-Amand-Montrond - ✆ 04 70 06 08 87.* Belle fête de l'âne du Bourbonnais, organisée chaque année en août. Brocante, course d'ânes, démonstration de travaux agraires, etc.

Vichy

★

26 108 Vichyssois – Allier (03)

NOS ADRESSES PAGE 549

S'INFORMER

Office du tourisme de Vichy – *19 r. du Parc - 03200 Vichy - ✆ 04 70 98 71 94 - www.vichy-tourisme.com - juil.-août : 10h-19h, dim. 14h30-19h ; avr.-juin et sept. : 10h-12h, 14h-18h, dim. et j. fériés 15h-18h ; oct.-mars : tlj sf dim. 10h-12h, 14h-18h - fermé 1er janv., 1er Mai, 1er et 11 Nov., 25 déc.*

Office du tourisme de Cusset – *R. Saturnin-Arloing - 03300 Cusset - ✆ 04 70 31 39 41 - www.cusset-tourisme.fr - juil.-août : 10h-12h, 15h-18h, dim. 10h-12h ; juin et sept. : tlj sf dim. 10h-12h, 15h-18h ; oct.-mai : tlj sf w.-end 9h-12h, 14h-17h.*

Visites –L'office de tourisme propose différentes visites guidées de juin à sept. : *Palais des congrès - Opéra ; Second Empire, Belle Époque - Âges d'or de Vichy ; Vichy, capitale de l'État français 1940-1944 ; Essences… et sens ! ; Vichy, Art déco.* Il édite aussi des brochures pour découvrir la ville et ses environs : *Vichy Escapades, Vichy Pratique, Vichy Pas à pas, Vichy en poche.*

SE REPÉRER

Plan de région C3 (p. 494) – carte Michelin Départements 326 h6.

Vichy est raccordée au réseau autoroutier (A 71), à 16 km de l'échangeur de Gannat, ou directement à Clermont-Ferrand par la D 1093, prolongée par la D 210, via Ennezat et Randan. Au niveau de Cusset, vous pouvez prendre, au sud, la D 906 vers Thiers ; au nord, la N 209 vers Moulins. C'est l'arrivée par la Montagne bourbonnaise qui procure la plus belle arrivée sur Vichy et le val d'Allier.

À NE PAS MANQUER

Les hôtels, chalets, villas et autres bâtiments caractéristiques de l'architecture thermale de Vichy, « reine des villes d'eau » ; les différents parcs vichyssois, havres de sérénité et de fraîcheur en plein cœur de la ville.

AVEC LES ENFANTS

Faites-les profiter des nombreux espaces verts au cœur de la ville. Les petits gourmands apprécieront le Comptoir européen de la Confiserie. À Cusset, les souterrains de la ville les entraîneront au cœur d'anciennes fortifications.

Les bords de l'Allier, avec ses grands parcs qui dispensent paix et fraîcheur, font l'originalité première de Vichy. Cette illustre station thermale séduit aussi par son architecture éclectique, la qualité de ses commerces et par le très large éventail des distractions culturelles et sportives qu'elle propose : opéra, cabarets, festivals, concerts, expositions, conférences, courses hippiques.

SE LOGER

- Aletti Pallace (Hôtel) ... 1
- Arverna (Hôtel) ... 3
- Chambord (Hôtel) ... 5
- Nations (Les) ... 7
- Sofitel les Célestins ... 9

SE RESTAURER

- Aromate (L') ... 2
- Casino (Brasserie du) ... 4
- Colombière (La) ... 8
- Hippocampe (L') ... 12
- Michelangelo.s ... 10
- Table d'Antoine (La) ... 14

Se promener

★ LE QUARTIER THERMAL

L'architecture thermale de la seconde moitié du 19e s. et du début du 20e s., période d'apogée de Vichy proclamée « reine des villes d'eau », méritera toute votre attention.

Hôtels, châlets et villas

Malgré la démolition du prestigieux Queen's, Vichy a conservé l'essentiel des **palaces** qui ont contribué à sa réputation. À gauche de l'office de tourisme *(21-23 r. du Parc)*, l'hôtel du Parc compte parmi les bâtiments néobaroques les plus réussis.

Descendez la rue du Parc et tournez dans la rue Prunelle *(première à droite)* où, au n° 8, le Castel pastiche un cottage anglais. Jetez un œil dans la rue Alquié *(à droite)*, qui ressemble à une rue anglaise !

L'alignement de **chalets★** qui borde le boulevard des États-Unis *(n°s 101 à 109 bis)* fut construit à partir de 1862 pour accueillir Napoléon III et sa suite, qui prenaient régulièrement les eaux à Vichy. L'allure mi-suisse, mi-coloniale conférée à ces ludiques architectures par leurs balcons ou lambrequins festonnés et leurs façades de brique est représentative de la mode de l'époque.

Tournez dans la rue de Belgique *(seconde à gauche)* pour voir la villa d'inspiration vénitienne, décorée des lions de Saint-Marc, au n° 7, et pour admirer le **Castel Flamand★** aux n°s 2-2 bis. Revenez sur vos pas pour prendre à gauche la rue Alquié, qui rejoint le boulevard de Russie. Au n° 15, le palais des Parcs (ex-Ruhl) est un autre de ces hôtels de style néobaroque.

C'est après la chute de l'Empire que les architectes déployèrent des trésors d'imagination et bâtirent des **villas** véritablement excentriques. On en contemple de remarquables : n°s 17, 19 et 21 de style néoclassique, n° 25 Castel gothique, n° 29 de style Art déco.

Dirigez-vous vers la rue du Casino, remarquez au passage dans la rue du Parc *(à gauche)* les façades de style néo-Louis XIII de l'hôtel des Ambassadeurs.

LE VIEUX VICHY

De la source de l'Hôpital, prenez l'avenue A.-Briand jusqu'au square Albert-Ier.

Remarquez l'hôtel L'Ermitage du Pont-Neuf, de style Art déco. La **maison de Mme de Sévigné,** qui fit plusieurs saisons à Vichy, est une construction Louis XIII fortement restaurée, et transformée en hôtel (pavillon Sévigné).

Empruntez la rue de la Tour *(à droite)*, puis la rue de la Porte-Verrier *(à droite)* afin de passer devant le **Castel Franc**. Cette ancienne maison de bailliage (16e s.), dont il ne reste qu'une tourelle d'escalier, suite à un remaniement au 19e s., accueillit la mairie de 1801 à 1822.

Source des Célestins

Son eau coule aussi désormais dans le hall des Sources, mais l'élégant pavillon de style Louis XV qui l'abrite justifie la courte promenade à effectuer pour

Opéra de Vichy.
OT de Vichy

la visiter. Le parc des Célestins contient de remarquables conifères ; il reste quelques vestiges du couvent fondé au 15e s. dont la source et ce parc portent le nom.

Rejoignez la rue du Maréchal-Lyautey.

Espace musée Valéry-Larbaud - Médiathèque

✆ 04 70 98 71 94/34 29 (musée) - www.vichy-tourisme.com - ♿ - visite guidée (1h) sur demande préalable : sam. 11h et 15h - fermé sam. fériés, 1er janv., 25 déc. - gratuit.

La médiathèque municipale permet d'approcher l'univers fascinant de cet écrivain, né à Vichy en 1881. Quelque 14 000 livres, 180 manuscrits, 8 800 lettres et de nombreux documents sont présentés dans leur mobilier d'origine.

Place de la Victoire, prenez à gauche la rue Porte-Saint-Julien. Jetez un coup d'œil à droite dans la rue Besse (maison natale d'Albert Londres au n° 2).

Église Saint-Blaise

L'ancienne église, très remaniée, a surtout l'intérêt de conserver une Vierge noire : Notre-Dame des Malades, dont seule la tête est ancienne. La nouvelle église présente une intéressante série de vitraux modernes et de mosaïques.

En sortant de l'église, prenez la rue Hubert-Colombier bordée de villas de différents styles. Tournez à gauche dans la rue du Maréchal-Foch.

Musée de la Poste et de la Philatélie

✆ 04 70 32 12 97 - ♿ - tlj sf dim. et lun. 14h-18h, sam. 14h-17h - fermé j. fériés, sem. du 15 août et vac. de Noël - gratuit.

Installé dans le **centre culturel Valéry-Larbaud,** il présente un petit fonds archéologique ainsi que le fonds philatélique et numismatique de Vichy, et expose surtout des collections de peintures et sculptures modernes : Gustave Moreau, Picasso, entre autres. Une salle est consacrée au peintre vichyssois **Louis Neillot** (1898-1973), paysagiste admirateur de Cézanne.

Musée de l'Opéra de Vichy

✆ 04 70 58 48 20 - www.operavichy-musee.fr - ♿ - avr.-nov. : tlj sf lun. et j. fériés 14h30-18h30 (dernière entrée 18h) - 3,50 € (-12 ans gratuit).

Géré par le Centre d'études et de recherches « Patrimoine musical de Vichy », ce musée dispose du très riche **fonds d'archives** du théâtre du Grand Casino *(voir p. 540)*, qui fut soigneusement constitué jusque dans les années 1960 avant d'être délaissé, disséminé, voire détruit. Peu à peu reconstitué, il se compose de costumes et d'accessoires, d'affiches, de documentation

LE GOUVERNEMENT À VICHY

Des premiers jours de juillet 1940 au 20 août 1944, Vichy fut le siège de l'État français. Bien reliée à Paris par le **Thermal Express** et des moyens de télécommunications modernes, disposant d'une importante capacité d'hébergement et située à peu de distance de la ligne de démarcation qu'on franchissait à Moulins, la ville fut choisie, plutôt que Clermont-Ferrand, Marseille ou Toulouse, comme base de repli par les pouvoirs publics signataires, au nom de la France, de l'armistice avec l'Allemagne et l'Italie. C'est au **Grand Casino-théâtre** que les Assemblées réunies votèrent, le 10 juillet 1940, l'attribution des pleins pouvoirs au **maréchal Pétain**. Ce dernier présidait habituellement le conseil des ministres au **pavillon Sévigné**, tandis que l'**hôtel du Parc** accueillait la majorité des membres du gouvernement et de la haute administration, le **Thermal** (aujourd'hui Aletti Palace) le ministère de la Guerre, et que les diplomates étrangers étaient regroupés aux **Ambassadeurs**. Une police omniprésente, un climat oppressant, la torpeur et l'austérité caractérisaient le Vichy de ces heures graves. Le 20 août 1944, les derniers dignitaires du régime déchu demeurés sur place furent emmenés par les Allemands en repli. Six jours plus tard, salués par une marée de drapeaux tricolores, les FFI faisaient leur entrée dans la ville.

scénographique (projets de décors, etc.), de tous les programmes de l'opéra de Vichy de 1901 à nos jours... et de quelque 10 000 photographies d'artistes, de célébrités de passage, et de scènes de la vie thermale. Le musée présente, à travers ses expositions thématiques, la richesse culturelle de cette scène de première importance qui accueillit les plus grands noms, et organise régulièrement des expositions temporaires liées au monde de l'opéra. Un diaporama permet par ailleurs de voir les décors de la salle d'opéra.

★ PARCS D'ALLIER

Créés à la demande de l'empereur Napoléon III, ces beaux jardins ont été gagnés sur la rivière. De part et d'autre du **pont de Bellerive**, ils sont ornés d'arbres aux essences variées, de pièces d'eau où nagent cygnes et canards, de rocailles, de roseraies, de massifs fleuris.

Une agréable promenade peut être entreprise au nord par le **parc Napoléon** *(accès rue Stucki)*, pour se poursuivre, après le pont, par le **parc Kennedy**, le **parc du Soleil** (qui propose des attractions pour les enfants) et le **parc des Bourrins**.

À voir aussi

★ Musée des Arts d'Afrique et d'Asie

04 70 97 76 40 - www.musee-aaa.com - avr.-oct. : tlj sf lun. 14h-18h - 4 € (enf. gratuit).

Un établissement d'hydrothérapie (1881), converti par la suite en laboratoire de contrôle des eaux de Vichy, abrite aujourd'hui les collections de l'Association de la Maison du missionnaire, riche d'un fonds de quelque 4 000 objets collectés par des missionnaires ou issus de dons de particuliers. Vous découvrirez, au rez-de-chaussée, une salle retraçant l'histoire du musée, et une autre consacrée aux instruments de musique du monde *(borne multimédia sonorisée)*. Sur ce niveau sont présentés les arts d'Asie : mobilier, **monnaies** chinoises de 720 av. J.-C. à nos jours, **cloisonnés**, porcelaines, bouddhas, etc. À l'étage, divers symboles de pouvoir (coiffes, armes), objets rituels (statuettes, amulettes, masques) et objets de la vie courante (mobilier, poterie) illustrent les arts d'Afrique.

Musée surréaliste François-Boucheix

7 r. Sornin - ✆ 04 70 31 49 92 - www.boucheix-musee.com - avr.-sept. et vac. scol. d'hiver : 14h30-19h - fermé lun. - 5 € (-10 ans gratuit). Ce musée présente les grandes périodes de la carrière, véritablement débutée en 1960, d'un artiste surréaliste auvergnat : François Boucheix. Sa rencontre avec Dali, et les nombreux artistes qu'il côtoie, le raffermira dans ses orientations artistiques, et plus précisément dans son attachement au mouvement des surréalistes. Peintures, sculptures, bronzes… plus de 350 pièces témoignent de son important travail et des nombreuses expositions réalisées aux quatre coins du monde.

Observatoire des poissons migrateurs

Bd Franchet-d'Esperey, pont de l'Europe (rive droite) - ✆ 04 70 59 80 84 - www.cnss.fr - avr.-août : 14h30-18h - fermé jeu. et vend. - fermé sept.-mars - 3 € (enf. 2 €). Installée sur le site du pont-barrage de Vichy, cette **passe migratoire** fut mise en place en 1996 pour permettre aux eaux de l'Allier, en amont de la Loire, de retrouver une population aquatique en déclin *(voir p. 55)*. Implanté en amont de la passe, un observatoire accessible au public *(complété d'un bloc d'observation scientifique)* permet de comptabiliser et d'étudier les poissons migrateurs (saumons atlantiques, grandes aloses, lamproies marines, etc.) lors de leur passage.

Itinéraires conseillés

AUTOUR DE VICHY

Pour visualiser cet itinéraire de 75 km, reportez-vous au schéma p. 546 – comptez environ 2h30.

Quittez Vichy par le sud-est en empruntant la D 906. Avant l'entrée d'Abrest, prenez à gauche la D 126 en direction de Cusset, puis à droite la D 270 jusqu'au Vernet. À l'entrée du village, sur la droite, une petite route mène au site des Hurlevents.

Site des Hurlevents

La **vue** s'étend sur le bassin de Vichy, la vallée de l'Allier, la Limagne, les monts Dôme et les Bois Noirs *(table d'orientation)*.

Revenez sur la D 906 et continuez vers le sud jusqu'à Saint-Yorre.

Saint-Yorre

Cette petite ville au célèbre slogan médiatique est située au centre d'un bassin hydrominéral donnant naissance à plus de cent sources, dont la plus connue est celle de Larbaud (pharmacien qui, au 19e s., s'en fit le promoteur). La verrerie et l'embouteillage des eaux minérales constituent les principales industries locales.

Quittez Saint-Yorre par l'est en empruntant la D 121.

Peu avant Busset, à gauche, s'offre une échappée sur le château de Busset ; à droite, jolies **vues** sur la vallée de l'Allier et le bois de Randan.

Château de Busset

☏ 04 70 59 13 97 - www.busset.com - visite guidée (45mn, sur demande préalable hors sais.) juil.-août : 14h30-18h30 (dép. des visites 15h-18h ttes les h), visite nocturne vend. 21h30 (réservation obligatoire) ; mai-juin et sept. : w.-end et j. fériés 14h-18h (dép. des visites 14h30-17h30 ttes les h) - 6 €, visite nocturne 9 €.

Édifié sur un promontoire granitique, le château de Busset domine la vallée de l'Allier. Son histoire est liée à celle des Bourbon-Busset qui, depuis 14 générations, marquent de leur empreinte le château. Cette souche de la maison de Bourbon prit naissance en 1498 lors du mariage de Pierre de Bourbon, descendant direct de Louis IX, et de Marguerite d'Alègre, dame de Busset. Jacques de Bourbon-Busset a immortalisé le nom de ses ancêtres en faisant son entrée à l'Académie française en 1981.

Précédée d'un pont-levis, la poterne d'entrée ouvre sur le château qui montre d'emblée une architecture fortement remaniée depuis son édification, à la fin du 13e s., par Renaud de Vichy. Busset affirme sa vocation défensive en encadrant ses deux puissants corps de logis de quatre tours. Couronnée d'un hourd en bois et coiffée d'un toit octogonal, la **tour d'Orion** mérite une attention toute particulière. Parcourez de belles galeries dont l'une a dévoilé, naguère, de fabuleuses **fresques★** du 16e s. illustrant les « Dictz Moraulx » du poète bourbonnais Henri Baude (v. 1430-1496) ; d'autres peintures murales, du 15e s., sont à découvrir dans l'oratoire *(tour de la prison)*. Les vastes pièces du château ont été remeublées après la Révolution ; seule la chambre Henri IV conserve deux meubles ayant toujours appartenu au château : un lit à baldaquin dans lequel dormit le roi de Navarre lors d'une

visite faite à son cousin César de Bourbon, et un lourd bahut de chêne sculpté offert par César Borgia à sa fille Louise lors de son mariage avec Philippe de Bourbon en 1530.
La terrasse offre une magnifique **vue** sur les jardins du château *(à la française à l'ouest, à l'italienne au sud)* et, au-delà, sur la Limagne et la chaîne des Puys.
À la sortie de Busset, prenez à gauche la D 121 qui longe le cimetière, puis encore à gauche la D 995.
La D 995 passe d'une rive à l'autre du Sichon, laissant apprécier la basse vallée.

Cusset

C'est ici que s'opéra la réconciliation de Charles VII et de son fils, le futur Louis XI, en 1440, à la suite de la révolte de la Praguerie. Le dauphin, qui était venu se mettre sous la protection du duc de Bourbon, fut contraint de s'humilier devant son père et de « lui demander pardon à genoux, criant trois fois merci ». Devenu roi, Louis XI fortifia Cusset afin de pouvoir, de cette place, contrebalancer la puissance du duc. Il y fut aidé par Jean de Doyat, son secrétaire, gouverneur d'Auvergne, né à Cusset. À la mort du roi, le duc de Bourbon, ulcéré, se vengea de Doyat en lui faisant donner publiquement le fouet, couper les oreilles et percer la langue au fer chaud pour calomnie.
Aux portes de Vichy, Cusset a troqué ses remparts contre une ceinture pacifique de larges cours plantés d'arbres. *℘ 04 70 31 39 41 - renseignements auprès de l'office de tourisme (voir encadré pratique).*
Place Victor-Hugo – Elle groupe de pittoresques maisons à pignons, notamment la **taverne Louis XI**, qui aurait reçu, en 1440, Charles VII, le dauphin et le duc de Bourbon, et l'**hôtel de la Borderie** où fut signée la paix de Cusset en 1440.
Maison Barathon – La porte et l'une des fenêtres de cette demeure sont ornées de belles sculptures de la fin du 16e s.
Musée de la Tour prisonnière – *℘ 04 70 96 29 17 - visite guidée des souterrains (1h15) juin-sept. : tlj sf lun. 14h-19h, visite libre du musée - 4,50 € (-10 ans gratuit).*
Au 15e s., la ville était protégée par une enceinte de pierre (ceinturée par un vaste fossé alimenté par le Sichon), flanquée de quatre portes et de cinq tours d'artillerie, dont ne subsiste que la Tour prisonnière. Vous y verrez des collections ayant trait à l'histoire de la ville, réunissant sculptures, outils de vieux métiers, armes, dessins, peintures, coiffes et costumes, plaques de rues aujourd'hui disparues. D'anciens cachots dotés de lourdes portes en bois munies de verrous rappellent que la tour servit de prison jusqu'en 1960.
Du musée part l'étonnante visite guidée des **souterrains** de Cusset. Redécouvert en 1985, ce réseau de galeries enterrées au ras du fossé, comblé

LA PASTILLE DE VICHY

À la fin du 19e s., l'**impératrice Eugénie** découvre ces petits bonbons acidulés et en répand l'usage parmi ses dames d'honneur. Le résultat ne se fait pas attendre : en 1885, un décret impérial reconnaît l'originalité des pastilles de Vichy. Si la fabrication de cette confiserie typiquement française a bien évolué, bénéficiant de techniques ultramodernes, la saveur est demeurée intacte. La petite pastille a su s'adapter à son temps, proposant même, depuis 1990, une version sans sucre…

au 17e s., vous entraîne au cœur des anciennes fortifications de la ville et révèle des vestiges du 15e s. admirablement bien conservés, dont les portes Doyat et Saint-Antoine.
Quittez Cusset par le nord-est en empruntant la D 906B.

Saint-Étienne-de-Vicq

Cette bourgade possède une petite église romane, intéressante par son architecture. À l'entrée du chœur, remarquez deux beaux chapiteaux historiés.
Revenez sur la D 906B, et repartez vers Cusset. À Bost, prenez sur la droite la D 190. Poursuivez sur la D 907, puis la D 174. Prenez à gauche pour traverser la ZI Rhue. Continuez tout droit et passez un feu, puis un rond-point, sur la gauche.

Comptoir européen de la Confiserie - Anciennement Pastillerie Vichy *(voir « Nos adresses p. 550 »)*

Revenez sur vos pas en direction de la ZI Rhue. Au feu, tournez à gauche dans la D 27. À Vendat, empruntez la D 279 qui longe la voie ferrée.

Cognat

300 m au-delà du village, prenez à gauche un chemin conduisant vers l'église.
Cet intéressant édifice du 12e s. est bâti sur un tertre ; de là se découvre une belle **vue** sur la Limagne et les monts Dôme.
Revenez à Cognat et prenez sur la droite la D 117.
La route traverse la forêt de Montpensier *(voir Aigueperse)*.

Brugheas

Au bord du Sarmon entre les forêts de Boucharde *(à l'est)* et de Montpensier *(à l'ouest)*, ce village constitue un excellent point de départ pour aller à la découverte de ces bois.
Quittez Brugheas par le sud-est en empruntant la D 221 en direction d'Hauterive. Avant d'atteindre le lieu-dit la Tour, prenez sur la gauche un petit chemin cahoteux bordé de petits étangs et de prairies.

Source du Dôme

Abritée sous un kiosque, cette source bouillonnante, la plus chaude du bassin de Vichy (66 °C), produit des algues qui sont utilisées pour la préparation des boues minérales. En face s'élève la **source du Lys** (60,5 °C).
Le chemin se poursuit sur 700 m en traversant un petit bois, puis en longeant un paysage bucolique. En retrouvant la route goudronnée, prenez sur la gauche la D 131 qui ramène à Vichy par le pont de Bellerive.

EN LIMAGNE BOURBONNAISE

(voir Saint-Pourçain-sur-Sioule p. 559)

NOS ADRESSES À VICHY

Voir aussi les encadrés pratiques d'Aigueperse, de Gannat, de Lapalisse, de la Montagne bourbonnaise et de Saint-Pourçain-sur-Sioule.

HÉBERGEMENT

BUDGET MOYEN

Hôtel Chambord – *82 r. de Paris - ✆ 04 70 30 16 30 - www.hotel-chambord-vichy.com - fermé 20 déc.-30 janv. - 27 ch. 50/62 € - ☕ 10 €.* Depuis trois générations, la même famille vous accueille dans cet hôtel aux chambres pratiques et bien insonorisées.

Arverna Hôtel – *12 r. Desbrest - ✆ 04 70 31 31 19 - www.hotels-vichy.com - fermé 7-22 fév. et 31 déc.-3 janv. - 26 ch. 50/65 € - ☕ 8 €.* Un hôtel familial aux petites chambres doucement rénovées, orientées sur la rue ou sur la cour intérieure où l'on petit-déjeune en été.

Les Nations – *13 bd Russie - ✆ 04 70 98 21 63 - www.lesnations.com - Ouvert 1er avril-20 oct. - 70 ch. 58/105 € - ☕ 12 € - rest. formule déj. 17 € - 21 €.* Situation centrale pour ce bel immeuble 1900 à la façade finement ouvragée. Les chambres fonctionnelles et les salles de bains profitent d'une bénéfique cure de jouvence. Cuisine traditionnelle servie dans deux salles à manger chaleureuses au décor actuel.

UNE FOLIE

Aletti Palace Hôtel – *3 pl. Joseph Aletti - ✆ 04 70 30 20 20 - www.hotel-aletti.fr - 129 ch. 133/186 € - ☕.* Face au Grand Casino, élégant hôtel du début du 20e s. alliant modernité et charme d'antan. Mobilier d'inspiration Art déco dans les chambres, peu à peu rajeunies. Fitness.

Sofitel Les Célestins – *111 bd États-Unis - ✆ 04 70 30 82 00 - h3241@accor.com - 131 ch. 231/293 € - ☕ 21 €.* Cet hôtel moderne jouxte les fameux chalets qui accueillirent Napoléon III. Chambres actuelles, centre de remise en forme complet et piscine panoramique.

RESTAURATION

BUDGET MOYEN

L'Aromate – *9 r. Besse - ✆ 04 70 32 13 22 - fermé 20 juil.-12 août, 2-15 janv., dim. soir, mardi soir et merc. - formule déj. 15 € - 20/38 €.* Dans la rue natale d'Albert Londres, on déguste une cuisine "herbes et épices" dans une salle à manger redécorée avec goût : tableaux, miroir, mise de table ivoire et chocolat.

Michelangelo. s – *44 av. Eugène-Gilbert - ✆ 04 70 32 85 15 - michelangelo.s@orange.fr - fermé dim. soir, lundi soir, mardi soir et merc. - formule déj. 13,50 € - 18/33 €.* Dans cette maison familiale, simple et accueillante, le chef, d'origine piémontaise, prépare des recettes qui célèbrent toute l'Italie. Belle carte des vins. Coin épicerie.

La Colombière – *136 av. de Thiers - 03200 Abrest par D 906 - ✆ 04 70 98 69 15 - www.allier-hotel-restaurant.com - fermé 2 sem. en oct., de fin janv. à mi-fév., dim. soir et lundi - P - 20/50 € - 3 ch. 57/66 € - ☕ 9 €.* À flanc de colline, charmante villa des années 1950, son colombier et son jardin en terrasses courant jusqu'à l'Allier. Superbe panorama sur la vallée, cuisine traditionnelle. Chambres personnalisées et parfaitement tenues ; accueil aimable.

POUR SE FAIRE PLAISIR

La Table d'Antoine – *8 r. Burnol - ✆ 04 70 98 99 71 -*

www.latabledantoine.com - fermé 2-8 nov., 15 fév.-6 mars, jeu. soir en hiver, dim. soir et lun. sf j. fériés - 22/60 €. Carte dans l'air du temps à déguster dans un décor "Baltard" (verre et fonte) rajeuni avec bonheur.

Brasserie du Casino – *4 r. du Casino - ✆ 04 70 98 23 06 - www.allier-hotels-restaurants.com - fermé 25 oct.-19 nov., 22 fév. - 4 mars, mar. et merc. - formule déj. 16 € - 26 €.* L'authentique cadre 1920 de cette brasserie est agrémenté de photos d'artistes lyriques ayant fait les beaux soirs de l'opéra tout proche. Terrasse-trottoir.

L'Hippocampe – *3 bd de Russie - ✆ 04 70 97 68 37 - fermé 1er-21 juin, 16 nov.-6 déc., mar. midi, dim. soir et lundi - formule déj. 18 € - 27/56 €.* Le boulevard est jalonné de somptueuses et excentriques villas. Cadre simple et cuisines visibles depuis la salle. Les produits de la mer ont l'honneur de la carte.

PETITE PAUSE

Le Samoa – *13 bis sq. de la Source-de-l'Hôpital - ✆ 04 70 59 94 46 - été 11h-2h ; hiver tlj sf mar. 12h-0h - fermé fév.* À l'abri sous les arcades bordant le square, cette institution vichyssoise bat des records de fréquentation lors des animations du kiosque à musique. Le reste du temps, curistes et touristes peuvent à loisir déguster des glaces maison sur une terrasse redevenue un havre de paix.

ACHATS

Vichy Prunelle – *38 r. Montaret - ✆ 04 70 98 20 02 - vichy.prunelle@wanadoo.fr - 9h-12h, 14h-19h, dim. et lun. 10h-12h, 14h30-19h - fermé 1er janv. et 25 déc.* Cette grande confiserie à l'ancienne propose des guimauves (une quinzaine de variétés), les fameuses pastilles et sucres d'orge de Vichy, des spécialités comme les Perles de la Marquise (noisette grillée enrobée de sucre vanillé ou chocolatée) et des pâtes de fruits… Découvrez la création maison : la pâte de fruit au vin rouge de St-Pourçain et les chocolats Valéry Larbaud et Albert Londres.

Comptoir européen de la confiserie – *94 allée des Ailes - ✆ 04 70 30 94 70 - 9h-12h, 13h30-17h, vend. 9h-11h - fermé w.-end et j. fériés, 28 juil.-17 août..* Après la visite, à partir d'une galerie surplombant l'atelier de conditionnement, et la projection d'un film vidéo de 10mn, vous n'ignorerez plus rien des secrets de fabrication de la légendaire et véritable pastille de Vichy.

Aux Marocains – *33 r. Georges-Clemenceau - ✆ 04 70 98 30 33 - xwww.auxmarocains.com - 9h15-12h30, 14h30-19h30 (dim. et lun. 10h30) - fermé 1er janv. apr.-midi et 25 déc. apr.-midi.* Cette confiserie au décor luxueux (marbre rouge d'Italie, gigantesque lustre en bronze, boiseries dorées, etc.) garde le secret de la fabrication du Marocain, caramel mou dans un caramel dur, recette mise au point dans les années 1920. Vous trouverez aussi des fruits confits, des sucres d'orge, des chocolats…

Fromagerie Meunier – *9 r. du Portugal - ✆ 04 70 98 47 06 - 8h-12h30, 15h-19h30, ouv. tlj sf dim. et j. fériés.* Depuis 1830, cette maison qui ne paie pas de mine, propose aux amateurs et passionnés de fromage, tous les trésors de la région.

EN SOIRÉE

Casino de Vichy « Les 4 Chemins » – *35 r. Lucas - ✆ 04 70 97 93 37 - www.casino-*

4chemins.com - 10h-2h, vend., sam. et j. fériés 3h. Machines à sous, jeux traditionnels (boule, black-jack, roulette anglaise, stud poker), restaurant, dancing, complexe cinéma.

L'Ascot Bar – *3 pl. Joseph-Aletti - ✆ 04 70 30 20 20 - www.aletti.fr - 11h-1h.* Ce bar de palace, cossu et feutré, invite à savourer une boisson dans une ambiance musicale de qualité ou au bord de la piscine l'été.

Le Grand Café – *7 r. du Casino - ✆ 04 70 97 16 45 - www.partouche-casino-grand-cafe.fr - 10h-3h.* . Sa situation au cœur du parc thermal, ses prestations (bar, snack, restaurant, casino et discothèque), toutes de qualité, en font l'établissement le plus prisé et le plus fréquenté de la station.

Opéra de Vichy – *1 r. du Casino - ✆ 04 70 30 50 30 - www.ville-vichy.fr - billetterie : tlj sf dim. et lun. sf si un spectacle est programmé 13h30-18h30 ; réserv. par tél., mar.-vend. 10h-12h30.* L'un des temples de la vie culturelle vichyssoise, ce bel Opéra de style Art nouveau a opté pour une programmation exigeante qui alterne opéra, théâtre, danse et même variétés.

ACTIVITÉS

Les deux adresses suivantes vous proposent des soins de remise en forme (balnéothérapie, gymnastique et musculation, diététique, activités de détente, soins esthétiques) :

Les Célestins – *111 bd des États-Unis - ✆ 04 70 30 82 00 - www.destinationvichy.com.*

Centre thermal des Dômes – *1, av. Thermale - ✆ 04 70 97 39 59 - www.destinationvichy.com*

Thermes Callou – *1, av. Victoria - ✆ 04 70 30 53 53 - www.destinationvichy.com.*

AGENDA

Vichy Nouvelle Vague – *juil.-août - ✆ 04 70 98 71 94 - www.vichynouvellevague.com.* Plage et baignade tous les jours, de 11h à 19h, plage des Célestins. Animations permanentes, beach volley, basket, badminton, trampolines, tyrolienne…

Rencontres lyriques européennes – *Opéra de Vichy - ✆ 04 70 30 50 30 - sept.-oct. -* Opéras, programmation de classiques, et création chaque année autour d'un thème.

Lapalisse

3 332 Lapalissois – Allier (03)

NOS ADRESSES PAGE 558

S'INFORMER

Office de tourisme du pays de Lapalisse – *26 r. Winston-Churchill - 03120 Lapalisse - ☎ 04 70 99 08 39 - www.cc-paysdelapalisse.fr - juil.-août : 9h30-12h30, 13h30-18h30, dim. et j. fériés 9h30-12h30 ; reste de l'année : tlj 9h-12h (sf lun.) et 14h-17h30, dim. 10h-12h.*

Visite – L'office de tourisme édite un guide touristique, *Pays de Lapalisse*, comprenant toutes les informations pour découvrir et profiter des environs. *Visite guidée de la ville en nocturne : juil. à 21h, août à 20h30 -dép. de l'office de tourisme (pour les dates se renseigner).*

SE REPÉRER

Plan de région D2 (p. 494) – carte Michelin Départements 326 i5.

Entre Vichy et Digoin, Lapalisse est un carrefour routier important, à l'intersection de la N 7, en provenance de Moulins et qui continue sur Roanne, et la D 990 qui part vers Mâcon et Chalon. La petite D 480, qui suit le cours de la Besbre, est plus buissonnière et procure d'agréables points de vue sur la vallée, la ville et son imposant château.

À NE PAS MANQUER

L'élégant château de La Palice et son Salon doré ; les nombreux manoirs et châteaux du Bourbonnais, « région aux 1 000 châteaux » ; le très beau tympan de l'église de Neuilly-en-Donjon.

ORGANISER SON TEMPS

Prévoyez une demi-journée pour visiter la ville, puis partez à la découverte de la région : une trentaine de promenades s'offrent à vous.

AVEC LES ENFANTS

Entre Neandertal et Cro-Magnon, la découverte du Préhistorama de Châtelperron leur fera grande impression. À Droiturier, les figurines historiques enchanteront les amateurs de petits soldats. Et si le moment est plus à la détente, les attractions du parc PAL feront leur joie.

Sur la route du soleil, Lapalisse est dominé par la haute silhouette de son château. C'est un bon point de départ pour découvrir la vallée de la Besbre, remarquable par le nombre et la variété des châteaux qui la bordent. Les pêcheurs trouveront sur le cours de cette paisible rivière, ainsi que le long de ses affluents, maints endroits où appâter tanches, carpes, brochets, gardons et ablettes.

Se promener

★★ Château de La Palice

☎ 04 70 99 37 58 - www.ville-lapalisse.fr - visite guidée (1h) 1er avr. -1er nov. : 9h-12h, 14h-18h - fermé nov.-mars - 6 € (enf. 3 €, forfait famille 15 €).

Il reste peu de choses du château féodal. L'édifice actuel entrepris en 1527 est l'œuvre de Florentins que Jacques II de Chabannes, seigneur de La

L'HISTOIRE DE LA LAPALISSADE

Celui dont la postérité a retenu le nom est **Jacques II de Chabannes, seigneur de La Palice**, né à Montaigu-le-Blin. Maréchal de France, M. de La Palice s'illustra à la conquête du Milanais et fut tué à la bataille de Pavie en 1525. Sa mort frappa l'imagination de ses soldats, qui en firent une chanson : *« M. de La Palice est mort,/ Mort devant Pavie. Hélas ! S'il n'était pas mort,/ Il ferait encore envie.* » Un scribe, transcrivant ces paroles, aurait pris la lettre *f* de « ferait » pour un *s* et changé le dernier vers en : « Il serait encore en vie », faisant d'un vaillant soldat un ridicule fantoche.

Palice *(voir encadré ci-dessus)*, avait ramenés d'Italie ; il relève de la première Renaissance. La façade est agrémentée de **damiers de briques** polychromes et de **chaînages de grès** qui soulignent les arêtes des tours et les encadrements des fenêtres selon la mode de l'époque. De la terrasse haute du château où se situe le porche d'entrée, vous bénéficierez de points de vue sur la Besbre et l'entourage immédiat du château.

Le **vestibule** était orné d'un beau primitif flamand, dont la copie se trouve maintenant dans le Petit Salon. Il conduit à la salle à manger, meublée en style Renaissance italienne. Le **salon de réception**, aux murs jadis tendus de cuir de Cordoue, abrite les portraits de la famille de Chabannes. Dans la **bibliothèque**, on remarque un tableau de l'école de Véronèse : *La République de Venise recevant les présents de quatre provinces*. Le **Salon doré★★** est orné d'un magnifique plafond à caissons dorés et des deux tapisseries des Preux représentant Godefroi de Bouillon et Hector. Le **salon des Médailles** renferme les nombreuses décorations reçues par les membres de la famille. Il renferme l'**ancre en or de Nelson** qui fut remise à sa mort à son adjoint le général Parker, dont la petite-fille épousa Alfred de Chabannes. La **chapelle**, reconstruite au milieu du 15e s., fut pillée en 1793. Sa crypte renferme les tombeaux des Chabannes.

Musée de l'Art en marche

À l'entrée du village par la N 7, parking à proximité. ✆ 04 70 99 21 78 - ♿ - avr. : sur RV - mai-oct. : 10h-12h, 14h-18h, dim. et j. fériés 14h-18h - possibilité de visite guidée (2h) - 5 € (-10 ans gratuit).

Construit dans une ancienne friche industrielle, ce lieu, aménagé à l'initiative d'une association, surprend : de l'**art brut** (« art des individus qui ont échappé au conditionnement culturel et au conformisme social », Michel Thevoz, *L'Art brut*) en Auvergne ! L'exposition, de qualité, regroupe près de 350 œuvres de plus de cent artistes passés par les Beaux-Arts ou autodidactes, français et étrangers (quelques notices biographiques aident à la compréhension), dont J. Braunstein, F. Monchâtre, M. Chichorro. Ce dernier donne « Dix conseils à un jeune peintre », à méditer ; mais vous pourrez tout aussi bien laisser libre cours à votre imagination.

À proximité

Musée de Bert

▶ *À Bert, 12 km au nord-est par la D 124 ; en face de la mairie. ✆ 04 70 99 63 33 - www.museedebert.com - visite guidée - juil.-août : vend., sam. et dim. 14h30-18h30 - 3 €.*

Dans ce village typiquement bourbonnais, qui vous séduira par son cadre bucolique, le musée ouvre ses portes sur les traditions, le quotidien familial ou scolaire, ainsi que les petits métiers pratiqués dans la région.

Neuilly-en-Donjon

27 km au nord-est, par la D 994 jusqu'au Donjon, puis tournez à droite sur la D 989.
L'intérêt de ce village de l'Allier réside dans le **portail roman★** de sa petite église, remarquable par la finesse de son exécution et la minutie de ses détails. Sur le tympan, consacré au thème de l'Épiphanie, vous remarquerez la Vierge Marie et l'Enfant, les Rois mages apportant leurs offrandes, tandis que des anges sonnent de l'olifant. Sous le tympan, le **linteau** semble relier les deux **chapiteaux** : celui de gauche symbolise l'homme pécheur, celui de droite le prophète Daniel dans la fosse aux lions. Le linteau comporte deux thèmes : Adam et Ève entre l'arbre du bien et du mal et le Repas chez Simon (à ne pas confondre avec la Cène où Marie-Madeleine, aux pieds de Jésus, n'est pas représentée).

Le Breuil

9 km au sud, par la D 7. Ce village, situé sur la Besbre et le Barbenan, fut témoin des agissements du célèbre brigand Mandrin, comme en témoigne une fontaine du 18e s. qui porte son nom. Outre la **maison Regnaud**, ancienne maison des dîmes datant du Moyen Âge, on remarque au Breuil sa belle **chapelle romane** du 12e s. qui renferme, dans le chœur, un tombeau du 14e s.

Musée de la Meunerie – *Moulin de Montciant, sur la D 26. Accès par la D 171 vers l'est, à partir du Breuil. ✆ 04 70 55 01 68 - visite guidée (45mn) juil.-août : vend. et w.-end 15h-19h ; reste de l'année se renseigner.*

Ce moulin, qui appartient à la même famile depuis le 19e s., retrace, sur trois niveaux, le quotidien du meunier. Entre machinerie, outils et pièce de vie, la visite se déroule au gré des anecdotes et des souvenirs à partager.

Domaine de La Chaize – *À La Chaize. Accès par la D 171, puis la D 471, à partir du Breuil. ✆ 04 70 99 06 03 - www.domainedelachaize.com - ♿ - 9h-12h, 14h-19h (18h en hiver) - gratuit.*

Sur 15 000 m², plus de 80 essences de fleurs sont cultivées, puis séchées pour former de très jolis bouquets de fleurs. Parcourez les plantations comme la serre des agrumes, aux odeurs étonnantes à la belle saison, ou encore les collections de myrtilles arbustives. Et passez par le hall d'exposition-vente : vous y trouverez sûrement des idées de cadeaux ou de jardinage.

Vous pourrez découvrir le **sentier botanique et de découverte** *(45mn AR - 3,2 km)* qui vous emmènera à la découverte des oiseaux grâce à des panneaux pédagogiques. Avant de quitter les lieux, jetez un coup d'œil à la cave du 14e s.

Droiturier

8 km à l'est par la D 990A, puis la D 570.

Église Saint-Nicolas – *✆ 04 70 55 03 30 - ouv. tte l'année : hiver 9h-16h, été : 9h-18h ; visite guidée sur demande.* Ancien prieuré bénédictin, d'où sa taille importante, cette belle église romane abrite deux beaux **chapiteaux** situés de part et d'autre de l'entrée. Le premier représente un arbre de vie, et le second un singe cordé, thème que l'on retrouve fréquemment en Auvergne. Dans la chapelle au sud, remarquez les **peintures murales** en trompe l'œil.

Musée-exposition Figurines historiques d'art – *✆ 04 70 99 03 99 - tlj sf vend. 15h-19h - 4 € (enf. 3 €).*

Cet atelier-espace d'exposition abrite une belle collection de figurines historiques d'art depuis les Celtes jusqu'à 1918. Une exposition, « L'art et l'histoire de nos ancêtres sur les champs de bataille », est complétée par une nouvelle salle consacrée aux croisades et à la chevalerie.

Itinéraire conseillé

★ EN LONGEANT LA BESBRE

Pour visualiser cet itinéraire de 67 km, reportez-vous au schéma p. 556 – comptez environ 4h.
Quittez Lapalisse par le nord-ouest en empruntant la D 480 qui longe la rive gauche de la Besbre.

Chavroches

La montée au **château** laisse apercevoir le corps de logis du 15e s. La porte et les remparts datent des 12e et 13e s. Inscrit dans un joli site, il est visible depuis la route. Arrêtez-vous à l'**église** du 12e s., remaniée à plusieurs reprises, qui présente un clocher-mur à quatre baies.
Descendez la route en sens unique, prenez à droite et suivez la D 163, puis la D 205.

Jaligny-sur-Besbre

Ce joli bourg des bords de la Besbre est le pays d'adoption de l'écrivain **René Fallet**. Jaligny se distingue par sa foire (concours de bovins) au printemps, et son marché aux dindes à la mi-décembre, mais c'est aussi une base nautique et un point de départ de deux circuits de randonnée à faire à pied ou à VTT *(renseignements à la mairie - ✆ 04 70 34 70 34).*
Le **château★** *(ne se visite pas)* est visible d'assez loin. Précédé d'une vaste prairie, ce bel édifice présente deux tours massives percées d'ouvertures Renaissance, encadrant un corps de logis de la même époque, surmonté d'un comble aigu. Autrefois attenante au château, l'**église** romane, dont le chœur date en partie du 11e s, a été remaniée. Elle comporte de beaux chapiteaux du 12e s.
Exposition René Fallet – *Merc.-vend. 11h-12h - en dehors de ces horaires, se rens. au ✆ 04 70 34 81 13 - fermé 1er et 8 Mai, Ascension, 25 déc. - gratuit.*
La commune honore la mémoire de l'écrivain à travers une exposition dans l'ancienne mairie et l'attribution, chaque année, d'un prix littéraire.
Quittez Jaligny par le nord-est en empruntant la D 21 vers Châtelperron.

Châtelperron

Ce petit village de bout du monde est dominé par les tours rondes de son imposant **château** *(ne se visite pas)*. Dans l'**église**, ancienne chapelle castrale, sont donnés parfois des concerts durant l'été *(fermée hors concerts)*.
C'est le gisement de la **grotte des Fées**, composé d'un ensemble de trois cavités fouillées à trois reprises à partir du 19e s., qui a donné son nom à une grande civilisation préhistorique, le **châtelperronien**, qui s'est développée il y a environ 33 000 ans.
Préhistorama – *✆ 04 70 34 84 51 - http ://prehistorama.allier03.info - avr.-sept. : tlj sf mar. 10h-12h, 14h-18h ; reste de l'année : tlj sf lun. et mar. 14h-17h, j. fériés 14h-18h - fermé janv., 1er Mai - 4 € (enf. 2 €).*
Situé dans l'ancienne gare, Préhistorama retrace le quotidien de l'homme de Neandertal au travers de vitrines scénographiées ainsi que de séquences

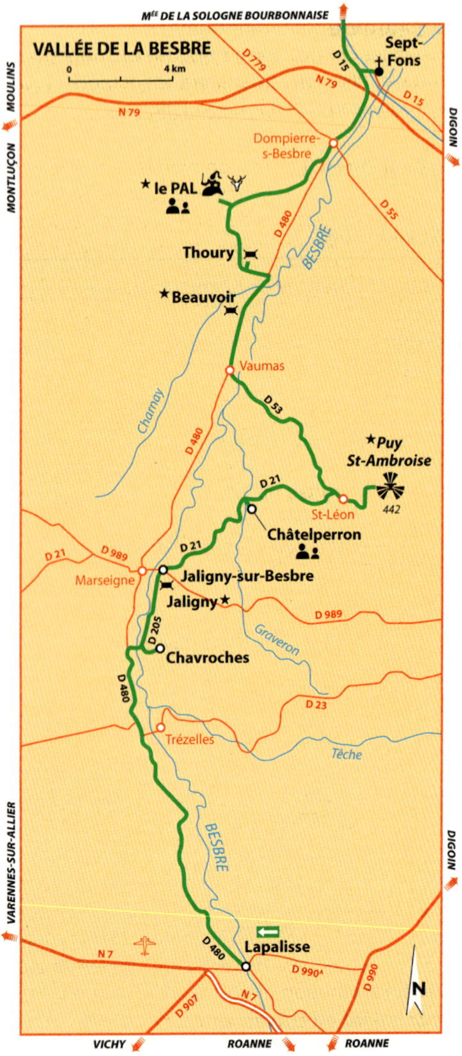

vidéo expliquant les différentes tailles d'outils en silex. Ouvrages et CD-ROM sont en consultation dans l'espace de documentation. En été, des ateliers pour enfants sont proposés sur réservation. Si vous avez l'occasion d'aller jusqu'à Gannat *(voir ce nom)*, vous pourrez compléter vos connaissances en visitant Rhinopolis.

Continuez sur la D 21 vers Saint-Léon.

Puy Saint-Ambroise

La **vue**★ s'étend sur la vallée de la Besbre et, au nord et à l'ouest, sur une partie de la Sologne bourbonnaise au vert bocage *(table d'orientation)*.

Regagnez Saint-Léon et, par la D 53, la vallée de la Besbre via Vaumas. Prenez la D 480 vers Dompierre-sur-Besbre.

★ Château de Beauvoir

03290 Saint-Pourçain-sur-Besbre - ✆ 04 70 42 00 44 - visite libre des jardins avr.-oct. : 9h-19h ; nov.-mars : 10h-17h - visite guidée du château sur demande mai-oct. 8 j. à l'avance, minimum 10 pers., au château de Beauvoir.

Cette ancienne place forte du 13e s. porte les traces des restaurations effectuées au 15e s. par la famille La Fin. Son plan en équerre le différencie des autres châteaux de la région et l'ancienne tour de guet est typiquement bourbonnaise. Suivez les flèches pour un parcours *(15mn)* très agréable : à gauche, le chemin longe les anciennes douves et débouche sur les jardins à la française.

Poursuivez sur la D 480, puis prenez à gauche la D 296.

Château de Thoury

Visite des extérieurs uniquement de Pâques à novembre.

Cette place forte des 11e, 12e et 15e s., entourée d'un parc et revêtue de grès rose, dessine sa silhouette harmonieuse dans la campagne bourbonnaise. De hautes courtines relient les deux corps de logis et la porte d'entrée. Celle-ci, accessible par un pont jeté sur les douves, est munie de mâchicoulis et de deux tourelles au toit en poivrière. De ce château, dont les intérieurs étaient auparavant ouverts au public, on ne visite que les parcs en accès libre.

En sortant du château, prenez à droite.

★ Parc Le PAL

✆ 04 70 42 03 60 - www.lepal.com - ♿ - juil.-août : 10h-19h ; avr.-juin et sept. : 10h-18h - se rens. pour les j. de fermeture - 20 € (3-9 ans 17 €).

Aménagé sur 25 ha, dans un cadre forestier, ce parc se divise en deux parties. Le **parc d'attractions** se déploie autour de la place de la Gaîté, reconstitution en pleine nature d'une place parisienne, où une vingtaine d'activités sont proposées (monorail, rafting, rivière canadienne, train aquatique, chenille fantastique, tasses magiques, etc.). L'**espace animalier** accueille quant à lui plus de 500 animaux (éléphants, girafes, fauves, singes, cervidés, oiseaux aquatiques, perroquets, rapaces, etc.) vivant en semi-liberté dans leur milieu naturel recréé (plaine de l'Afrique…). Des spectacles y sont organisés tout au long de l'après-midi.

En sortant du parc, prenez à gauche la route remontant jusqu'à la D 480. Traversez Dompierre pour rejoindre la D 55.

Abbaye de Sept-Fons

Cette abbaye, dont l'église a été reconstruite en 1955, est installée dans les bâtiments du 18e s. *(ne se visite pas)*. À noter que les moines fabriquent d'excellents produits diététiques ou bio, avec toute une gamme de confitures, que l'on peut acheter à l'extérieur de l'abbaye.

Prenez la D 15 jusqu'à Beaulon.

Musée rural de la Sologne bourbonnaise

✆ 04 70 42 70 89 - de déb.-juil à mi-sept. : dim. et j. fériés 14h30-18h30 - 3 € (-16 ans gratuit).

Ce musée présente une des collections les plus complètes d'ethnologie rurale en Bourbonnais (outils et objets de la vie quotidienne). Il abrite également la collection de jouets et poupées constituée par la fondatrice du musée de la Visitation à Moulins *(voir p. 500)*, et quelque 160 fers à repasser (dont le plus vieux date du 16e s.).

Revenez à Lapalisse par la D 15, la D 55, puis la D 480.

NOS ADRESSES À LAPALISSE

Voir aussi les encadrés pratiques de la Montagne bourbonnaise, Saint-Pourçain-sur-Sioule, Vichy.

HÉBERGEMENT ET RESTAURATION

PREMIER PRIX

Auberge de Boucé – *Le Bourg - 03150 Boucé - 14 km à l'ouest de Lapalisse par D 480 et D 32 - ✆ 04 70 43 70 59 - auberge-de-bouce@orange.fr - fermé merc. soir d'oct. à mars, dim. soir, mar. soir et lun., vac. de fév., 11-31 août - 14/34 €.* Une auberge de village toute pimpante. Agréable terrasse fleurie pour les beaux jours. Cuisine traditionnelle.

BUDGET MOYEN

Auberge de l'Olive – *Av. de la Gare - 03290 Dompierre-sur-Besbre - ✆ 04 70 34 51 87 - www.auberge-olive.fr - fermé dim. soir du 1er déc. au 15 avr. et vend. sf juil.-août, 20-29 sept. - 20/50 € - 17 ch. 50/56 € - ☕ 7 €.* Au bord d'une avenue passante, cette auberge cache bien son jeu. Sa lumineuse salle à manger en véranda est accueillante et celle plus rustique sous ses poutres s'égaie de bleu. La partie hôtel a été rénovée.

POUR SE FAIRE PLAISIR

Galland – *20 pl. de la République - ✆ 04 70 99 07 21 - www.hotelgalland.fr - fermé dim. soir hors sais. et lun., 20 fév.-12 mars, 20 nov.-4 déc. - 28/55 € - 8 ch. 50/75 € - ☕ 8 €.* Régalez-vous de plats au goût du jour dans cette élégante salle à manger contemporaine égayée de tons pastel. Chambres confortables et bien tenues.

AGENDA

Fête du cou de l'oie – *03640 Arfeuilles - 15 km au sud-est de Lapalisse par la D 7 jusqu'à Le Breuil - ✆ 04 70 55 52 00 - 15 août.* Fête folklorique traditionnelle autour du jeu équestre du cou de l'oie, datant du Moyen Age. Attractions, bals, potée géante et feu d'artifice.

Saint-Pourçain-sur-Sioule

★

5 046 Saint-Pourcinois – Allier (03)

NOS ADRESSES PAGE 564

S'INFORMER

Office communautaire du tourisme en pays saint-pourcinois *–29 r. Marcellin-Berthelot - 03500 St-Pourçain-sur-Sioule - ✆ 04 70 45 32 73 - www.tourismesaintpourcinois.com - juil.-août : 9h-19h ; reste de l'année : lun.-vend. 10h-12h, 14h-18h - sam. 9h30-12h30 et 14h-18h - fermé le dim.*

SE REPÉRER

Plan de région C2 (p. 494) – carte Michelin Départements 326 g5.

À 30 km au sud de Moulins par la D 2009 ou la N 7, Saint-Pourçain est placé au cœur du Bourbonnais, à deux pas des Basses Marches, du val d'Allier et de la Limagne bourbonnaise.

À NE PAS MANQUER

L'ancienne abbatiale Sainte-Croix, bâtie selon un plan particulièrement original ; le musée de la Vigne et du Terroir et sa présentation des traditions viticoles saint-pourcinoises. En Limagne bourbonnaise, l'imposante forteresse de Billy et la belle abbaye Saint-Gilbert.

ORGANISER SON TEMPS

Prévoyez une bonne journée pour découvrir les charmes de la ville et de ses environs.

AVEC LES ENFANTS

Le musée de la Vigne et du Terroir leur propose un amusant jeu de piste.

À la rencontre des domaines d'oïl et d'oc, cette jolie bourgade des bords de la Sioule doit son nom à un moine, qui défendit l'Auvergne des ravages du roi Thierry, fils de Clovis. Ses maisons médiévales et les vestiges de fortifications témoignent aujourd'hui du glorieux passé de la cité qui accueillit jadis l'un des huit ateliers monétaires du royaume au 14e s. Saint-Pourçain est appréciée à la fois par les amoureux du patrimoine, les pêcheurs de truite, les randonneurs et les amateurs de bons vins d'Auvergne.

Se promener

Un plan de la ville commenté est disponible à l'office de tourisme.

De la place du Maréchal-Foch, agrémentée d'une fontaine et dominée par le **beffroi** de l'ancien monastère, franchissez le passage voûté qui conduit à la cour des Bénédictins, joliment restaurée.

De là, on a une belle vue sur le clocher et l'imposante toiture de la nef de l'église Sainte-Croix.

Pénétrez dans l'église, encastrée entre les maisons, par la porte donnant sur la cour des Bénédictins.

★ Église Sainte-Croix

Visite libre avec document et panneau d'information - tte l'année 9h-18h.
Cette ancienne abbatiale, très vaste, édifiée du 10e au 15e s., a une particularité : le chœur, élevé tardivement, n'est pas dans l'axe de la nef, dont les arcs brisés sont surmontés d'un faux triforium. Les stalles du 15e s. sont agrémentées de miséricordes sculptées de motifs fantaisistes et humoristiques. Le bras nord du transept abrite un Ecce homo du 16e s. Taillée dans un seul bloc de pierre, cette sculpture polychrome représente, avec réalisme et naïveté, le Christ soumis aux outrages de la cour de Pilate. Dans l'abside, les deux chapelles nord en forme d'hémicycle et percées de fenêtres en plein cintre sont romanes. Aménagée dans les cinq travées qui subsistent du cloître, la sacristie présente des chapiteaux sculptés et une pietà en pierre du 15e s.
Pour avoir une bonne vue du chevet de l'église, sortez par le portail principal et prenez à droite vers la place Clemenceau.

★ Musée de la Vigne et du Terroir

Cour des Bénédictins - juil.-août : tlj sf lun. 10h30-12h, 14h30-18h ; reste de l'année : s'adresser à l'office de tourisme au 04 70 45 32 73 - 4 € (enf. 2 €).
Il présente avec beaucoup de soin l'histoire de l'activité agricole et viticole de la région. Un escalier à vis situé dans la tour de l'Horloge (15e s.) conduit à des salles qu'embellissent poutres et pierres. Les collections présentées rassemblent une grande quantité d'objets et montrent les différents secteurs liés à la vigne et au vin. On y voit des outils de tonnelier, des poids et mesures, une vitrine consacrée au phylloxéra, des instruments vinicoles, etc. Les deux pièces maîtresses du musée sont un **alambic hippomobile** à quatre vases datant de 1889 et un immense **pressoir** du 17e s. dont la roue verticale actionnée par trois ou quatre hommes permettait de presser jusqu'à 300 kg de raisin. Une évocation de l'architecture rurale de la région et de l'histoire du vignoble et de la ville de Saint-Pourçain complète agréablement la visite, avec une présentation des fêtes et des rituels liés à la vigne et au vin. Et dans le cadre d'un jeu de piste, les enfants iront sur les traces d'un « Breuvage mystérieux ».

Itinéraire conseillé

EN LIMAGNE BOURBONNAISE

Pour visualiser cet itinéraire de 75 km, reportez-vous au schéma p. 563 – comptez environ 3h.
À la Grande Limagne ou Limagne de Clermont succède, vers le nord, la Limagne bourbonnaise, caractérisée par une plus grande diversité des terroirs, avec des buttes calcaires qu'escalade le vignoble de Saint-Pourçain.
Quittez Saint-Pourçain par l'ouest en empruntant la D 46 en direction de Montmarault. Peu avant le hameau de Venteuil, prenez à droite la D 1.

Église de Saulcet

Dédiée à saint Julien, cette église romane est coiffée d'un très haut clocher octogonal, en pierre du 14e s. Avant d'entrer, remarquez son porche de bois du 15e s., appelé « caquetoire ». À l'intérieur, elle exhibe de délicates **fresques** murales des 12e s., 13e s. et 14e s. représentant un Christ entouré des symboles des quatre évangélistes, une Annonciation et un défilé de personnages en prière. Les chapiteaux aux personnages dans la verdure, qui se trouvent dans la travée ouest, datent du 12e s.
Quittez Saulcet par le nord-ouest en empruntant la D 415.

Médailles, cave coopérative.
C. Guy / hemis.fr

Verneuil-en-Bourbonnais

Avec ses maisons à colombages et les ruines de son vieux château, cette cité, l'une des plus anciennes du Bourbonnais, a conservé un aspect médiéval très plaisant. En été, des épouvantails, que fabriquent les Verneuillois, prennent place dans la vieille ville et viennent agréablement rythmer la visite.

Chapelle Notre-Dame sur l'eau – ♿ - *juil.-août : 11h-19h ; sept.-déc. : 14h-18h ; reste de l'année sur demande préalable auprès de M. Tasset (b.tasset@sonereme.com) ou M. Mermet - ✆ 06 13 07 13 54 ou ✆ 04 70 45 42 95 - possibilité de visite guidée (20mn) - 2 € (enf. gratuit).*

Non loin de l'ancienne collégiale Saint-Pierre, cet édifice du 10e s., doté d'un clocher massif, domine le cours du Douzenan. Restauré, cet ancien sanctuaire, abandonné en 1789, possède des peintures murales du 15e s. Chaque été, il accueille une exposition d'Art.

Musée du Lavage et du Repassage – *✆ 04 70 45 91 53 - www.musee-buee.fr.st - ♿ - juin-août : 15h-19h ; reste de l'année : sur RV - possibilité de visite guidée (1h) - 2,50 € (-12 ans gratuit).* Il possède une impressionnante collection de fers de toutes origines, depuis la casserole chinoise jusqu'au premier fer électrique, distribué sous la marque Calor en 1917.

Quittez Verneuil par le nord-est et rejoignez la D 18 ; au croisement, prenez à droite. Après 2,5 km, tournez à droite dans la D 2009, puis, 100 m plus loin, empruntez sur la gauche la D 532. Suivez à droite la D 232, qui franchit la Sioule, puis prenez à gauche la D 46 et traversez l'Allier. À Chazeuil, prenez à droite la N 7 jusqu'à Varennes-sur-Allier ; à la sortie de la ville, empruntez sur la gauche la D 21 en direction de Jaligny.

Hospice de Gayette

Imposant ensemble où vous pourrez voir un donjon du 15e s. intégré à des bâtiments de style classique.

Quittez l'hospice par le sud et rejoignez la D 521, puis tournez à droite sur la D 268. Prenez sur la gauche la D 23 puis, à droite, la D 268. À Rongères, empruntez vers l'est la D 172.

Le vignoble saint Pourcinois

La tradition fait apparaître la vigne sur les coteaux ensoleillés de la Bouble et de la Sioule un peu avant le début de l'ère chrétienne. Les sols pierreux de cette région convenaient particulièrement à cette culture, qui se développa rapidement grâce à la présence romaine, puis à la demande des monastères et seigneurs locaux. À la fin du 18e s., la superficie cultivée était de 8 000 ha. Au 19e s., cultures céréalières et fourragères gagnèrent du terrain, mais en 1892 le **phylloxéra** ruina le vignoble. Réimplanté, il occupe à présent 600 ha. Vous pourrez donc apprécier les vins de la région, particulièrement le blanc sec et fruité issu des cépages tressallier (variété locale), chardonnay et sauvignon.

Château du Méage

Visite libre des jardins. Une signalétique donne des informations historiques du site. Cet élégant manoir des 15e et 18e s., flanqué de tours rondes et d'une tour carrée agrémentée d'une échauguette, se mire dans l'eau des douves.
Poursuivez sur la D 172.

Château de Montaigu-le-Blin

Ne se visite pas. Cette bâtisse, élevée au 13e s., est l'une des forteresses construites par Philippe Auguste afin d'étendre son autorité sur le sud du royaume.
Prenez la D 172 vers le sud et gagnez Saint-Gérand-le-Puy; traversez la N 7. Longez l'église, puis empruntez à droite la D 906 et la D 52.

Seuillet

On peut admirer dans ce hameau une belle église romane.
Poursuivez sur la D 52 puis, à droite, sur la N 209.

Billy

C'est un village entre collines au nord, vallée de l'Allier et plaine au sud, qui, outre le charme de ses **rouettons**, constitue un point de départ pour des randonnées pédestres *(plan des trois circuits balisés à l'office de tourisme)*. Son étang fera le bonheur des pêcheurs, et sa rivière celui des amateurs de canoë.

Château – ✆ 04 70 43 51 51 - visite guidée (1h) juil.-août : 10h, 11h, 14h-18h (ttes les 30mn); mai-juin et sept. : tlj sf lun. 10h-11h, 14h-17h30 (w.-end et j. fériés, ttes les 30mn); avr. et oct. : w.-end et j. fériés 10h-11h, 14h-17h - 4,50 € (enf. 10-15 ans, 1,50 €). En saison, le château accueille des animations; se renseigner à l'office de tourisme.

Probablement située à l'emplacement d'un ancien oppidum gaulois, cette forteresse militaire du 12e s., administrée par un capitaine châtelain pour le compte des seigneurs de Bourbon, fut attaquée par les protestants en 1576 (la brèche en témoigne) et devint alors simple prison royale. Un important travail de restauration a permis de consolider les ruines et de remonter les étages du donjon auquel on a désormais accès.

Dans la cour, vous verrez d'un côté les vestiges de deux cheminées (cuisine et salle de réception) et de l'autre les hourds où s'encastraient les écuries. La **chapelle** a subi de rudimentaires aménagements pour servir d'habitation après la Révolution. En face, le corps de garde possède des vestiges de l'escalier du 15e s.

Dans le **donjon**, visitez l'habitation du capitaine avec les latrines à l'extérieur et, en dessous, la salle des gardes qui abrite une maquette du château. Vous verrez également le **silo à grain** de 7 m de profondeur, où ont été trouvées

des poteries des 12e-16e s. *(exposées à l'office de tourisme)*, ainsi qu'une tour d'accolement et, sur le même modèle, mais avec un plafond abaissé et les ouvertures bouchées, le **cachot**.

Le tour des remparts offre une **vue★** intéressante sur les alentours et le bourg : la capitainerie (15e s.) dans la seconde enceinte autrefois reliée au château, le tribunal avec son beffroi *(abritant l'office de tourisme)*, la maison du collecteur d'impôts avec sa tour *(devenue Gîte de France)*, l'église, située dans la deuxième partie du village, le relais de poste (17e s.) avec son clocheton, la porte de Chabotin appartenant à la première enceinte précédée de l'ancien corps de garde *(actuelle mairie)*. Voilà une invitation à aller regarder le tout de plus près !

Mairie – L'intérieur, où se déroulent des expositions temporaires *(juillet-août)*, abrite deux belles cheminées dont l'une, au premier étage, porte un écusson aux armes des Bourbons. En face de la mairie, maison à pans de bois.

Église – Elle est édifiée à l'emplacement d'un ancien prieuré : ce n'est donc pas elle qui a pris ses distances, mais le village qui a préféré se développer par la suite autour du château, bénéficiant de sa protection. De la première église, seule reste la **crypte romane**, et de la reconstruction au 16e s., une chapelle.

Quittez Billy par l'ouest en empruntant la D 130.

Cette route pittoresque traverse la belle chênaie de la **forêt de Marcenat**.

2 km avant Loriges, prenez une petite route sur la gauche.

★ Abbaye Saint-Gilbert

À Saint-Didier-la-Forêt.

Cette ancienne abbaye de l'ordre des Prémontrés, élevée au 12e s., porte le nom de son fondateur, le saint patron du Bourbonnais. **Saint Gilbert** accomplit des miracles, ce qui donna lieu à des pèlerinages. Après la guerre de Cent Ans, l'abbaye déclina; vendue après la Révolution, elle fut transformée en haras et en partie réhabilitée dans les années 1960. De nouveaux travaux de restauration (assainissement des murs et décapage) ont remis en valeur cet ouvrage élégant. La **salle capitulaire**, aux belles croisées d'ogives (où a été découvert un sarcophage), et le **chauffoir** avec sa cheminée monumentale forment un ensemble architectural intéressant. Projection d'un documentaire historique des lieux *(20mn).*

Prenez la D 6 sur 500 m, puis empruntez à droite la D 277 qui ramène à Saint-Pourçain par Ambon.

NOS ADRESSES À SAINT-POURÇAIN-SUR-SIOULE

Voir aussi les encadrés pratiques de Charroux, Gannat, Lapalisse, Moulins et Vichy.

HÉBERGEMENT

BUDGET MOYEN

Hôtel Chêne Vert – *Bd Ledru-Rollin - 04 70 47 77 00 - www.hotel-restaurant-chene-vert.com - fermé dim. soir hors sais., 7-14 janv. - P - 29 ch. 53/65 € - 7,50 € - rest. 18/36 €.* Deux types de chambres : contemporaines ou plus anciennes style années 1970. Une petite galerie expose des produits régionaux. Pimpante salle à manger et agréable terrasse. Cuisine classique et vins du pays.

Chambre d'hôte Demeure d'Hauterive – *03340 La Ferté-Hauterive - 04 70 43 04 85 - www.demeure-hauterive.com - P - 5 ch. 90 € - - rest. 22/30 €.* Cette imposante maison de 1850 sera un agréable lieu de séjour. Ses chambres d'hôte, et tout particulièrement celle du bas, sont spacieuses et joliment décorées. Au programme : badminton, ping-pong, balades dans le parc… Possibilité de promenades en calèche et de location de vélo. Également un gîte à votre disposition.

RESTAURATION

PREMIER PRIX

Auberge des Aubrelles – *32 r. des Béthères - 04 70 45 41 65 - fermé lun. et mar., oct.-mars - réserv. obligatoire - 12/40 €.* À quelques enjambées du centre de St-Pourçain, ce restaurant dans un parc a des airs de guinguette… Avec sa terrasse au bord de la Sioule, sa carte de poissons et son patron-chanteur qui anime les soirées, on s'y croirait! En hiver, jolie salle avec cheminée et parquet.

ACHATS

Union des Vignerons – *3 r. de la Ronde - 04 70 45 42 82 - www.vignerons-saintpourcain.com - mai-sept. : 8h30-12h30, 13h30-18h, dim. 9h30-12h30, 14h-17h ; oct.-avr. : tlj sf dim. 8h30-12h30, 13h30-18h.* Cette coopérative née en 1952 et réunissant aujourd'hui près de 90 vignerons compose le seul groupement de producteurs de l'appellation. La cave contrôle la qualité à toutes les étapes de la vinification, jusqu'à la mise en bouteilles. Son produit phare est la Ficelle, vin à la belle couleur cerise et aux arômes de fruits rouges. Autres vins à découvrir : les rouges des domaines de la Chinière, de la Croix d'Or et l'insolite Lo Mountogno, mûri pendant deux ans à 1 000 m d'altitude, ainsi que les rosés et les blancs, dont une excellente Réserve Spéciale.

ACTIVITÉS

Centre équestre L'Éperon de Verneuil – *La Courcelle - ✆ 06 22 39 61 37 - www.eperondeverneuil.com*. Balades à cheval ou à poney, stages d'initiation et de perfectionnement.

AGENDA

Festival viticole et gourmand – *✆ 04 70 45 32 73 - www.tourismesaintpourcinois.com - 3e sem. d'août*. Visites des vignes en calèche, découverte des caves de la ville, buffet campagnard, kermesse, chasse au trésor pour les enfants, marchés, concerts.

Charroux

★

374 Charlois – Allier (03)

NOS ADRESSES PAGE 570

S'INFORMER

Office du tourisme de Charroux – *1 r. de l'Horloge - 03140 Charroux - ✆ 04 70 56 87 71 - www.charroux.com - juil.-août : lun. 14h30-18h, mar.-vend. 9h30-12h30, 14h-18h30, w.-end et j. fériés 14h30-18h ; avr.-juin et sept. : tlj sf lun. 9h30-12h30, 14h-18h, dim. et j. fériés 14h30-18h30 ; oct.-mars : tlj sf merc., dim. et j. fériés 13h30-17h30 - fermé 15-31 déc., 1er Mai.*

SE REPÉRER

Plan de région C2 (p. 494) – carte Michelin Départements 326 F5.

À 15 km au nord de Gannat, on aborde Charroux par la D 42 en direction de Chantelle. De la D 35 qui va à Saint-Bonnet-de-Rochefort, on bénéficie d'un point de vue sur la vallée de la Sioule du côté de Jenzat.

À NE PAS MANQUER

La visite commentée de Charroux, pittoresque village au cachet médiéval ; l'abbaye bénédictine de Chantelle, perchée sur son promontoire escarpé ; une randonnée dans la forêt des Colettes, plus belle hêtraie naturelle d'Europe.

AVEC LES ENFANTS

Ils apprécieront la collection de voitures du musée de l'Automobile à Bellenaves et les ateliers expérimentaux de Wolframines.

Retranché derrière ses portes fortifiées, Charroux sait garder son mystère et son charme intacts. Classé parmi les plus beaux villages de France, il offre à 413 m d'altitude, un fabuleux panorama, au sud sur la chaîne des Puys et au nord sur la plaine de la Limagne. Dans la ville ancienne, on se livrait jadis au négoce des poulailles, du beurre, du chanvre, des sabots, de la laine ou du gibier. Aujourd'hui, sa moutarde à l'ancienne, utilisée par les plus grands chefs, lui forge une renommée internationale.

Se promener

Église Saint-Jean-Baptiste

Cet édifice fortifié du 12e s. faisait partie des remparts : sur le côté droit, l'avancée avec la tour crénelée formait bastion. Le clocher couronne la croisée du transept, mais la flèche de forme pyramidale à huit pans a été tronquée, comme à Vicq.

À l'intérieur, la nef est voûtée en berceau, et les bas-côtés en ogive. Les chapiteaux sont ornés d'entrelacs ou de feuillages. Au départ des voûtes du carré du transept, vous remarquerez peut-être des chapiteaux ayant figure humaine. Selon une légende locale, il s'agirait de généreux tanneurs dont les dons ont permis de restaurer l'église.

Sortez par le bas-côté gauche.

Sur la place, **maison médiévale** à colombages et à encorbellement. Le **beffroi**, tour carrée qui servait de tour de guet, s'élève sur la gauche.

Rue de la Poulaillerie

Un vieux **puits** de pierre blanche, surmonté de belles ferronneries, agrémente cette rue pittoresque, pavée de grosses pierres.

Musée de Charroux et de son canton

✆ 04 70 56 87 71 - www.charroux.com - juil.-août : tlj sf mar. 14h30-18h30 ; mai-juin et sept. : w.-end et j. fériés 14h30-18h30 - 3,10 € (enf. 1,55 €).

Il occupe une maison à la façade ornée de sculptures (têtes d'animaux, figures, pointes de diamant), et présente l'histoire du canton.

Outre des objets de l'époque romaine et des sculptures gothiques et Renaissance, le musée abrite une exposition sur les cheminées de Charroux. Dans une petite salle, reconstitution de l'**atelier** d'un célèbre luthier et facteur de vielles du 19e s., Jean-Baptiste Cailhe-Decante. Au premier étage consacré aux 18e et 19e s., vous verrez les trois mouvements de l'horloge de la ville, aux rouages particulièrement complexes.

La **maison du prince de Condé**, ancien rendez-vous de chasse, fait suite au musée. Au premier étage, notez une belle fenêtre à meneaux.

Maison des Horloges

✆ 04 70 56 87 39 - http://horloges.charroux.com - juin-mi-sept. : tlj 15h-19h ; avr.-nov. : w.-end 15h-19h. C'est un passionné d'horlogerie qui est à l'origine de ce lieu. Vous y découvrirez une superbe collection d'horloges et de mécanismes, pour la plupart en état de marche. Daniel Fonlupt ne se contente pas de les collectionner ; il les répare, les rénove et les fait revivre…

Porte d'Orient

Il s'agit d'un des bastions de la muraille d'enceinte. On peut encore voir le système de défense.

UN PASSÉ RICHE ET MOUVEMENTÉ

Oppidum, puis citadelle, Charroux devint très tôt une cité prospère, notamment grâce à la **charte d'affranchissement** (1145) dont les habitants bénéficièrent. Au 15e s., les périodes mouvementées s'enchaînèrent. En 1422, la peste fit de terribles ravages, au point que les redevances furent suspendues. Plus tard, ayant résisté à Charles VII lors de la **guerre de la Praguerie** (1440), la ville fut pillée et l'armée royale s'y livra à tous les excès. Il faudra attendre la fin du 17e s. pour que Charroux retrouve sa sérénité d'antan. C'est de cette époque que date la maison du prince de Condé. Le beffroi, la halle ou la porte de l'Horloge sont autant de témoins du riche passé de ce très beau lieu. Florissant au 16e s., le travail de la peau a marqué les lieux, et vous découvrirez de nombreux vestiges de cette activité disparue en vous promenant dans le village, sur les traces des anciens tanneurs.

Itinéraire conseillé

Pour visualiser cet itinéraire de 60 km reportez-vous à la carte p. 494 B-C2 – comptez environ 2h30.

Quittez Charroux par le sud-ouest. Suivez la D 35 sur 2 km. Prenez ensuite à droite la D 68, qui franchit l'autoroute, puis à gauche la D 183.

Veauce

En entrant dans le village, jolie vue sur le chevet (12e s.) de l'**église**, aux pierres dorées. À l'intérieur, remarquez la belle ordonnance du chœur et du déambulatoire, dépourvu de chapelle rayonnante.

Château – Situé dans un grand parc ombragé, l'édifice se dresse sur un promontoire rocheux dominant le cours de la Veauce. Érigé du 9e au 15e s., il fut en partie remanié à la Renaissance et au 19e s. Tel un château écossais, il abriterait dans ses murs le fantôme de Lucie, jeune femme blonde, morte tragiquement en ces lieux il y a cinq siècles, et qui se manifesterait la nuit sous la forme d'une vague silhouette enveloppée d'une lueur bleutée… *✆ 04 70 58 53 27 - réouverture prévue en 2010.*

Quittez Veauce par le nord-ouest en empruntant la D 118, puis la D 987 que vous suivez jusqu'au carrefour de la Bosse (D 998, D 987).

Wolframines

Carrefour de la Bosse, à Échassières. ✆ 04 70 90 44 99 - http://museewolframines.free.fr - juil.-août : tlj 10h-18h30 ; avr.-juin et sept.-oct. : tlj sf lun. 14h-18h - 3,80 € (enf. 2,30 €, moins de 7 ans, gratuit).

Installé dans un chalet de bois au carrefour de la Bosse, cet espace muséographique tient son nom du wolfram, minerai de tungstène utilisé entre autres pour la fabrication des filaments des ampoules électriques. Ce minerai était extrait du gisement de Montmins, sur la commune d'Échassières. Un spectacle audiovisuel *(20mn)* vous renseignera sur l'aventure humaine de cette exploitation.

Des échantillons de minéraux de provenances diverses sont présentés dans des vitrines d'exposition. Enfin, une salle pédagogique accueille des ateliers d'observation et d'expérimentation conçus à l'intention des enfants. Plusieurs circuits de randonnée partent du chalet.

Faites demi-tour sur la D 987, et prenez la D 284 à gauche, à la croix des Bois.

Forêt des Colettes

Elle s'étend sur 2 000 ha et présente la plus belle **hêtraie naturelle d'Europe**, de magnifiques futaies de chênes, et des plantations de résineux en altitude. La forêt est dominée par le signal de la Bosse (alt. 771 m), situé non loin du carrefour du même nom. Près de la route s'ouvrent des **carrières de kaolin**, matériau employé dans la fabrication des faïences et des porcelaines.

Après Coutansouze, prenez à gauche la D 118, puis à droite la D 68.

Bellenaves

Ce village possède une belle **église** romane, dont la façade s'apparente à celles de Charente. La décoration figure un Christ dans une mandorle avec deux anges, la Cène et le Lavement des pieds.

Musée de l'Automobile – *04 70 58 39 73 - juil.-août : 14h30-18h30 ; avr.-juin et sept. : tlj sf lun. 14h30-18h30 ; oct. : dim. 14h30-17h30 - 4 € (enf. -14 ans gratuit).*

C'est dans un bâtiment industriel de 800 m², garni de décors et de panneaux explicatifs, qu'une quarantaine de voitures anciennes (de 1915 à 1970) de toutes marques sont présentées. Véhicules de rêve ou utilitaires, certains comportaient, pour la plus grande joie de leur propriétaire, des options étonnantes ! Cette exposition est renouvelée régulièrement.

Quittez Bellenaves par le nord-est en empruntant la D 987.

Chantelle

Cette petite ville conserve, sur un promontoire escarpé entouré par la Bouble, une abbaye de bénédictines élevée sur les vestiges d'un château et d'un monastère. Les sœurs de la communauté qui habite le monastère de Chantelle proposent aux visiteurs tout un assortiment de savons fins, d'eaux de toilette, de produits cosmétiques de leur fabrication et de produits artisanaux d'autres abbayes.

Par la Grand-Rue (D 987), gagnez la rue Anne-de-Beaujeu menant à l'entrée de l'abbaye Saint-Vincent.

Église conventuelle – De cet édifice de style roman auvergnat, seule se visite la nef dont les piliers conservent quelques beaux chapiteaux.

En sortant du couvent, gagnez le bord de la terrasse toute proche. De là, jolie vue sur les **gorges de la Bouble**, dominées par les maisons de Chantelle. Par les anciens fossés du **château**, vous pourrez atteindre les bords de la rivière que suit un agréable chemin ombragé.

Quittez Chantelle par l'est en empruntant la D 987. Après 6 km, prenez à droite la D 115.

★ Château de Chareil

04 70 56 94 28 - de mi-juin à mi-sept. : tlj sf lun. 10h-12h, 14h-18h - visite adaptée aux personnes déficientes visuelles - 3 € (-18 ans gratuit).

Cet ancien château fort fut remanié au 16e s. par son propriétaire Claude Morin, contrôleur ordinaire des Guerres de Charles VIII, à son retour des campagnes d'Italie. Il est désormais propriété de l'État, et son extérieur a été remis en valeur : portail remonté, terrasse aménagée, puits du 19e s. restauré. L'ensemble est d'une grande sobriété, hormis les fenêtres du corps de logis qui présentent les trois ordres antiques que l'on retrouve sur l'encadrement des portes à chaque étage.

L'intérieur est en revanche très raffiné. On peut admirer deux grandes **cheminées** Renaissance : celle du rez-de-chaussée reprend des motifs inspirés du traité d'architecture de Sebastiano Serlio, celle du premier alterne stuc et dorures.

UNE HISTOIRE DE FAMILLE

Les sires de Bourbon ont reconstruit au 11e s. l'ancien château fort de Chantelle. Ils en font au 14e s. une redoutable forteresse, dont une partie est transformée à la fin du 15e s. en une agréable demeure par Anne de France et son mari Pierre de Beaujeu, **duc de Bourbon**, qui se plaisent à y séjourner.

Après sa mort, survenue à Chantelle en 1522, son gendre, le très puissant **Charles de Montpensier**, plus connu sous le nom de connétable de Bourbon, se voit disputer par la Couronne l'immense héritage légué par sa femme.

Il s'enfuit de Chantelle et met son épée au service de Charles Quint, en lutte avec la France *(voir Moulins)*. La destruction de Chantelle est ordonnée par François Ier.

Ce sont avant tout les étonnantes **peintures murales★** qui retiennent l'attention. Les décors au plafond des volées d'escaliers sont remarquables par leur qualité d'exécution et leur dimension symbolique. Ils se composent de grotesques et de scènes mythologiques très en vogue à cette époque où circulaient des copies de gravures d'Eneo Vico (inspirées de la Domus Aurea).

Dans la tour nord-ouest, deux peintures murales retracent la **légende d'Adonis**, d'après *Les Métamorphoses* d'Ovide. La tour sud-ouest renferme un **plafond astrologique**, avec sept médaillons en camaïeu brun.

Les cépages cultivés autrefois dans la région ont été replantés selon les anciennes méthodes sur la pente du **domaine de Chareil** *(panneaux explicatifs)*, à l'initiative du Conservatoire des anciens cépages du vignoble des pays de Chareil et de Saint-Pourçain. Les anciens communs du château abritent la cave.

Revenez sur la D 987 en direction de Chantelle, puis empruntez sur la gauche la D 115 jusqu'à Ussel-d'Allier.

Ussel-d'Allier

Sortez d'Ussel par la D 223 qui longe l'église. Un chemin non revêtu s'embranche à gauche de la route, près d'une statue de la Vierge, et conduit à une table d'orientation surélevée. De là, le regard embrasse un immense **panorama★** sur la riche campagne bourbonnaise. Au sud-est, les monts de la Madeleine et du Forez se profilent à l'horizon, au sud les monts d'Auvergne.

Revenez sur la D 223.

Église d'Étroussat

Cet édifice s'est enrichi d'un ensemble de quatorze **vitraux★** modernes, œuvre du maître verrier Frédéric Duran. Dans une chapelle, remarquez une inhabituelle **Vierge à l'Enfant** en bois doré du 17e s. : on voit l'Enfant Jésus armé d'une lance terrassant un dragon.

Quittez Étroussat par le sud en empruntant la D 223, puis à droite la D 35, et revenez à Charroux.

NOS ADRESSES À CHARROUX

Voir aussi les encadrés pratiques de Gannat, de Saint-Pourçain-sur-Sioule et des gorges de la Sioule.

HÉBERGEMENT

BUDGET MOYEN

Chambre d'hôte La Maison du Prince de Condé – *8 pl. d'Armes - 03140 Charroux - ✆ 04 70 56 81 36 - www.maison-conde.com - P - 5 ch. 66/91 € -* ☕. Au cœur du village médiéval, chambres d'hôte aménagées dans une maison de caractère. Le petit-déjeuner est servi dans une cave du 13e s. ou la cour intérieure fleurie. Jardin clos, aires de pique-nique.

RESTAURATION

POUR SE FAIRE PLAISIR

Ferme Saint-Sébastien – *Chemin de Bourion - 03140 Charroux - ✆ 04 70 56 88 83 - www.fermesaintsebastien.fr - fermé 29 juin-8 juil., 28 sept.-6 oct., 20 déc.-2 fév., mardi sauf juil.-août et lundi - P - 26/54 €.* Cette authentique ferme bourbonnaise réhabilitée abrite une coquette salle à manger égayée de poutres peintes et d'herbiers. Cuisine au goût du jour fleurant bon le terroir.

ACHATS

Huiles et Moutardes de Charroux – *R. de la Poulaillerie - 03140 Charroux - ✆ 04 70 56 87 61 - www.moutarde-charroux.com - 15h-18h30.* Depuis 25 ans, la famille Maenner produit avec un matériel centenaire de l'huile de noix et de noisettes. Elle prépare aussi la fameuse moutarde "charroux" à l'ancienne (nature ou aromatisée) en broyant encore les graines à la meule de pierre. La minuscule boutique attenante s'attache à remettre crêtes de volailles et roupettes (testicules de coq en gelée) au goût du jour…

SNFB Chantelle – *14 r. Anne-de-Beaujeu - 03140 Chantelle - ✆ 04 70 56 62 69 - www.boutiques-theophile.com - 9h45-11h30, 14h-17h, dim. et j. fériés 10h-11h30, 14h-17h - fermé lun. mat.* Les sœurs de la communauté qui habite le monastère de Chantelle proposent aux visiteurs tout un assortiment de savons fins, d'eaux de toilette, de produits cosmétiques de leur fabrication et de produits artisanaux d'autres abbayes.

Montagne bourbonnaise

★

Allier (03)

NOS ADRESSES PAGE 577

S'INFORMER

Office du tourisme de la Montagne bourbonnaise – *r. Roger-Dégoulange - 03250 Le Mayet-de-Montagne - ✆ 04 70 59 38 40 - www.tourisme-montagne-bourbonnaise.com - juil.-août : 9h-12h, 14h-18h ; reste de l'année : 9h-12h, 14h-18h, sam. 9h-12h - fermé dim. et j. fériés.*

SE REPÉRER

Plan de région D3 (p. 494) – carte Michelin Départements 326 F/H 5/7.

La véritable « capitale » de la Montagne bourbonnaise est Le Mayet-de-Montagne, relié au nord à Lapalisse par la D 7, à Vichy-Cusset par la D 62, à Thiers par Saint-Yorre et la D 906.

À NE PAS MANQUER

Les amoureux du patrimoine apprécieront tout particulièrement l'église romane de Châtel-Montagne, les ruines de Montgilbert et les mystérieuses tablettes manuscrites de Glozel. Tentez aussi l'expérience de la « Route magique ».

ORGANISER SON TEMPS

Prenez un hébergement au Mayet-de-Montagne, et passez deux jours à rayonner aux alentours.

AVEC LES ENFANTS

De nombreuses promenades au détour de cascades et de panoramas sont accessibles à tous les âges. Des bases de loisirs proposent aussi une grande variété d'activités.

Constituée des Bois Noirs et des monts de la Madeleine, la Montagne bourbonnaise, aux pâtures en pente douce, aux bois de hêtres, de chênes ou d'épicéas, s'ouvre sur Vichy et la plaine d'Allier. Elle ne dépasse guère 1 000 m, tourne le dos à la basse Auvergne, à laquelle elle fut rattachée jusqu'en 1589, et regarde vers le pays des Bourbons. Balades et pêche aux beaux jours, ski de fond en hiver sont les principaux programmes de cet espace naturel.

Itinéraires conseillés

LA VALLÉE DU SICHON

Pour visualiser cet itinéraire 1 *de 50 km, reportez-vous au schéma p. 575 – comptez environ 3h.*

Le Mayet-de-Montagne

Osarium – *✆ 04 70 59 75 24 - juil.-août : 10h-12h, 14h-19h ; du sam. de Pâques à fin juin et sept.-oct. : 14h-18h - possibilité de visite guidée (1h) - 3,80 € (enf. 1,80 €).*

Ce petit musée évoque l'histoire des vanniers et la vie du village au début du 20e s. à travers deux scénovisions (photographies et gouaches). Au deuxième étage sont exposées 700 pièces : corbeilles, nasses, guérite… et la malle de pique-nique de l'amiral Nelson ! Faites un tour en extérieur dans le *salicetum*, où poussent les différentes variétés d'osier (ornementaux ou à travailler), puis retour au rez-de-chaussée pour voir les vitrines de vanneries miniatures et une collection d'outils.

Maison de la Montagne bourbonnaise – *04 70 59 75 24 - de Pâques à fin sept. : 10h-12h, 14h-19h ; reste de l'année : 10h-12h, 14h-18h - fermé 1er janv., 25 déc. - gratuit.*

De l'autre côté de l'église, et appartenant à la même association, cette maison accueille des fabricants qui exposent des objets d'artisanat rural et des produits fermiers. Elle fait également office de point d'information touristique.

Miniatures - Le monde du cirque et des sapeurs-pompiers – *04 70 59 74 60 - visite guidée sur demande préalable.*

Au travers d'une collection de miniatures, de fabrication artisanale, découvrez le travail des sapeurs-pompiers (dioramas évoquant leurs interventions et la vie de la caserne) et le monde du cirque (maquettes animées des plus grands noms du cirque français et étranger).

Quittez Le Mayet-de-Montagne par l'ouest en empruntant la rue de Vichy puis la D 62 sur 500 m, puis prenez à gauche la D 176 jusqu'à Arronnes.

Arronnes

Ancien site clunisien, le bourg s'est construit autour du prieuré dont seule subsiste l'église Saint-Léger du 11e s. Dix points de lecture sont répartis dans le village, permettant la découverte du patrimoine local selon un cheminement chronologique.

Maison de la paysannerie – *04 70 41 80 03 - 9h-20h - gratuit.*

Deux salles d'exposition sont consacrées au quotidien paysan et aux métiers de boulanger et de forgeron. Vente de produits fermiers et régionaux.

Empruntez la D 995 vers le sud-est, en direction de Ferrières-sur-Sichon.

Glozel

Dans le monde de l'archéologie, Glozel fut l'objet d'une polémique, ouverte en 1926, au sujet de l'authenticité du **Champ des Morts**, fouillé deux ans plus tôt par un certain Émile Fradin. Ce jeune agriculteur découvrit en effet des objets votifs et de bien mystérieuses tablettes manuscrites qui n'ont pas fini d'échauffer les esprits scientifiques.

Musée – *04 70 41 12 96 - www.museedeglozel.com - mi-mars-sept. : merc. au dim. et j. fériés 13h30-17h30 - 3 € (enf. 2 €).*

Château de Montgilbert.
J. Damase / MICHELIN

Qui dit vrai ? À vous de vous faire une opinion en allant découvrir une partie du produit des fouilles. Celles-ci comptent quelque 2 500 ossements, céramiques et galets, gravés de signes étranges. Leur non-ancienneté avait été proclamée dès 1927 par une commission internationale. Depuis 1972, de nouvelles expertises s'appuyant sur la datation par le carbone 14 feraient remonter les ossements humains au paléolithique supérieur (17 000 à 15 000 av. J.-C.). Les tablettes, qui déchaînèrent les passions autour des origines de l'écriture, remonteraient, quant à elles, à une période s'étendant de 5 000 à 1 000 av. J.-C. (datation par thermoluminescence).
Poursuivez sur la D 995 jusqu'à Cheval-Rigond, et prenez sur la gauche la petite route grimpant jusqu'au château.

Château de Montgilbert

Du parking, gagnez les vestiges du château. Attention : la visite libre de ces ruines demande une certaine prudence et engage la responsabilité des visiteurs. Cette imposante forteresse du 13e s., flanquée de quatre tours rondes et d'une tour carrée, est renforcée d'une enceinte extérieure. Elle fait l'objet de travaux de sauvegarde depuis plusieurs années.
La Maison de la vallée du Sichon *(voir encadré pratique)* abrite une petite exposition qui retrace l'histoire du château.
Revenez sur la D 995 et repartez vers Ferrières-sur-Sichon où vous tournerez à droite (D 122)

Grotte des Fées

04 70 41 11 47 - www.grotte.fr.fm - 9h-12h, 14h-19h (lampes de poche fournies) - tarif libre.
Du hameau de **Forest**, un chemin, puis un sentier à droite descendent dans le vallon du Sichon où s'ouvre cette grotte ornée de concrétions et de cascatelles.
Revenez à Ferrières-sur-Sichon (où se trouve l'arboretum Paul-Barge), prenez au sud-est la D 995. Un peu plus loin, sur la droite, notez la cascade du Sichon.

Rocher Saint-Vincent

30mn AR. Le chemin d'accès signalé s'amorce à gauche, 1 km après le hameau de Matichard. Laissez la voiture 600 m plus loin (parc de stationnement).
Un sentier conduit au sommet (alt. 925 m), où est installée une **table d'orientation** (panorama très étendu). Le filon d'andésite témoigne de manifestations éruptives antérieures aux sommets granitiques de la région. Il porte encore les vestiges du château fort de Pyramont (11e s.).
Poursuivez sur la D 995, et tournez à droite dans la D 422 vers Lavoine.

Lavoine

Vous ne pourrez pas rater la plus grosse **horloge à billes** et à eau du monde (30 m²), installée sur la place du village ! La force de l'eau actionne un mécanisme d'une grande précision.

Écomusée du Bois et scierie à eau – *04 70 59 37 45 - visite guidée (40mn) mai-oct. : 14h30-18h - 3 € (-16 ans 1,50 €).*

Aux portes des Bois Noirs, cet espace présente le massif boisé et son environnement naturel. Faune, flore, mais aussi la vie du bûcheron et le devenir de la « filière bois » y sont abordés. La visite se termine, un peu plus loin dans le village, par une démonstration de fonctionnement d'une ancienne scierie.

Revenez sur la D 995 et prenez en face la route allant jusqu'à Laprugne. De ce village, la D 7 ramène au Mayet-de-Montagne.

★ LES MONTS DE LA MADELEINE

Pour visualiser cet itinéraire 2 *de 70 km, reportez-vous au schéma ci-contre – comptez environ une demi-journée.*

Quittez Le Mayet-de-Montagne par le sud-est en empruntant la D 7 sur 2,5 km, puis prenez à gauche la D 120.

Comme les Bois Noirs dont la chaîne leur est parallèle, les monts de la Madeleine prolongent ceux du Forez par-delà l'ample seuil de Noirétable.

Saint-Clément

On fabrique encore des sabots de bois dans ce petit village sur la Besbre. Suite à la réunification de l'Allemagne, survenue le 3 octobre 1990, Saint-Clément fut le centre géographique des pays membres de la Communauté économique européenne d'octobre 1990 à décembre 1994.

Quittez Saint-Clément par le sud-est en empruntant la D 177.

La route remonte la vallée de la Besbre, très boisée, puis s'élève en offrant de belles échappées à gauche sur le vallon du Sapey, à droite sur la dépression de la Besbre fermée par les Bois Noirs.

★ Forêt de l'Assise

La route, tracée en corniche, s'enfonce dans les hautes futaies de résineux et de hêtres pour atteindre la **Loge-des-Gardes** (petite station de sports d'hiver et de glisse, l'été) ou la maison forestière de l'Assise, au cœur du massif forestier. Des remontées mécaniques y permettent, en hiver, la pratique du ski alpin.

Suivez la D 182.

Gué de la Chaux

1h. Sur le plateau de la Verrerie, un sentier de découverte de la faune et de la flore a été aménagé dans cette immense tourbière.

Faites demi-tour et prenez à droite la D 177. Au carrefour de la Grand-Borne, prenez à droite la D 47, en direction des Noës. Peu avant les Forges, tournez à droite vers les Robins.

La « Route magique »

À environ 50 m de la bifurcation, à hauteur d'un panneau de signalisation, arrêtez la voiture dans la « descente » et voyez ce qui arrive… Au point mort, moteur coupé ou non, la voiture repart en marche arrière, donnant l'impression de « remonter » la pente. Une boule de pétanque posée à même le sol « monte » la pente. Ce phénomène, illusion d'optique (?), ne trouve guère d'explications, mais attire des curieux.

Revenez au croisement avec la D 177, et prenez à droite la D 478.

La route passe à proximité de la modeste station de sports d'hiver de **Font-Blanche** et offre ensuite de belles vues sur les monts de la Madeleine, à droite.

Poursuivez sur la D 478 puis, au col de la Rivière, empruntez à gauche la D 120. À l'entrée de Saint-Nicolas-des-Biefs, prenez à droite la D 477.

★ Pierre Charbonnière

À Goutaudier, prenez un chemin en montée sur la droite ; suivez-le sur 500 m, puis laissez votre voiture.

1h30 AR. Le sentier monte à travers bois jusqu'à cet ensemble rocheux d'où l'on bénéficie d'une très belle **vue**★ sur le bassin de Roanne à l'est, les monts de la Madeleine au sud-est, les vallées de la Besbre et du Barbenan au nord-ouest.

Poursuivez sur la D 477 jusqu'à Trapière, puis prenez à gauche la D 25.

Cascade de la Pisserotte

1h30 AR. Le Barbenan tombe, en deux rebonds, dans un très beau site.

Continuez sur la D 25.

★ Puy du Roc

Au-delà du carrefour routier de la Croix-du-Sud, aussitôt après une maison à tourelle, tournez à gauche et, 200 m plus loin, prenez à gauche un sentier qui monte vers une statue de la Vierge.

45mn AR. Un chemin de croix aboutit au sommet (alt. 644 m), qui offre un beau **panorama**★ au nord sur le Bourbonnais, à l'ouest sur les monts Dôme et les monts Dore, au sud et à l'est sur les Bois Noirs et les monts de la Madeleine.

Poursuivez sur la D 25.

Châtel-Montagne

Dans le village, vous pourrez visiter une dizaine d'ateliers d'artistes et d'artisans *(accès libre)*, ainsi que la **Maison du patrimoine**, qui présente un espace consacré à l'art roman et des expositions ; elle regroupe artisanat local et produits du terroir. ✆ *04 70 59 37 89 - http://chatelmontagne.over-blog.com - juin-sept. : 10h-13h, 14h-19h ; avr.-mai et oct.-nov. : 10h-13h, 14h-18h ; déc.-mars : 10h-13h, 14h-17h - fermé 25 déc.-1er janv. - gratuit.*

★ **Église Notre-Dame** – *En hiver ou par mauvais temps, l'entrée se fait par la petite porte donnant sur le chœur.*

Vestige d'un ancien prieuré bénédictin dépendant de Cluny, cette église du 12e s. est un bel exemple du roman en Bourbonnais. C'est un édifice de granit, rude et bien proportionné, dont le chevet se rattache au style roman auvergnat. L'intérieur est très homogène. La **nef**, couverte d'une voûte en berceau soutenue par de robustes doubleaux, est faiblement éclairée par des fenêtres, ouvrant, entre des arcades aveugles, au-dessus du faux triforium.

Dans le bas-côté gauche, **pietà** en bois polychrome du 17e s. Le chœur est entouré d'un déambulatoire sur lequel s'ouvrent quatre chapelles rayonnantes ; dans le chœur, belle **Vierge à l'Enfant**.

Quittez Châtel-Montagne par le sud-ouest en empruntant la D 207 qui ramène au Mayet-de-Montagne.

★ AUX ALENTOURS : LA VALLÉE DE LA CREDOGNE

▶ *Pour visualiser cet itinéraire* 3 *de 45 km, reportez-vous au schéma p. 575 – comptez environ 3h.*

Ris

Église Sainte-Croix – Cet ancien prieuré clunisien fut remanié au cours des siècles. Au 11e s., on refit le chœur et le transept et, plus tard, on éleva à l'intérieur de l'ancien édifice la curieuse **nef voûtée** dont l'étroitesse (3,45 m), la robustesse et la hauteur du berceau font l'originalité de l'église actuelle.

Huit **peintures murales** du début du 15e s. (restaurées) retiennent l'attention : dans le narthex à droite, le *Martyre de sainte Agathe* ; sur les piliers de gauche une Visitation et un abbé, et au mur de droite saint Michel terrassant le dragon.

Quittez Ris par le sud en empruntant la D 113.

Châteldon

Cette petite ville, où sourdent des eaux minérales radioactives et sulfureuses, est agréablement située au creux de coteaux. La peste de 1348 ruina la ville : couteliers et tanneurs émigrèrent alors à Thiers et à Maringues. Elle a conservé plusieurs **maisons de vignerons** à balcons de bois et de belles **maisons à colombages**. Les plus intéressantes sont, sur la place, le Vieux Logis et la maison voisine de la Prévôté. À côté s'élève la **tour de l'Horloge**, porte de ville du 14e s.

Château – *Ne se visite pas.* Bien campé sur un éperon dominant le village, il date des 13e et 15e s. et fut la propriété de famille de **Pierre Laval,** né à Châteldon.

Église – Des 12e et 15e s., elle abrite un mobilier intéressant, notamment, au fond de la nef, une Crucifixion attribuée à l'école italienne du 15e s. (panneau central vestige d'un triptyque).

Quittez Châteldon par le sud en empruntant la D 63 sur 1 km, puis la D 85. À Monpeyroux, prenez à gauche la D 114.

★ Vallée de la Credogne

À hauteur d'un rocher isolé au bord de la route, la Credogne forme la **cascade du Creux-Saillant**. Petit affluent de la Dore, la **Credogne** parcourt une jolie vallée, dont la D 114 permet de suivre la plus grande partie, avec des formations de gorges, où elle se resserre.

Empruntez ensuite sur la gauche la D 43, puis à droite la D 113. À Philibin, prenez à gauche la D 122. À La Guillermie, la route de Lachaux puis la D 43 vous ramènent à Ris.

NOS ADRESSES DANS LA MONTAGNE BOURBONNAISE

Voir aussi les encadrés pratiques d'Aigueperse, de Lapalisse, Noirétable, Thiers et Vichy.

HÉBERGEMENT

PREMIER PRIX

Chambre d'hôte du Couturon – *La Cartonnée - 03250 Le Mayet-de-Montagne - 04 70 56 45 14 - www.le-couturon.com - fermé dernière sem. d'août - P - - 5 ch. 45 € - - rest. 18 €.* Ce corps de ferme typique de la région a gardé tout son caractère malgré son entière restauration. On trouve encore les mangeoires dans l'ancienne écurie, aménagée en salon. Les 5 chambres aux noms de fleurs, toutes à l'étage, offrent confort et bonne tenue. Table d'hôte à base de produits frais et apéritifs maison.

Chambre d'hôte Les Breuils – *8 rte de St-Yorre - 03270 Mariol - 04 70 41 00 03 - www.chambresdhoteslesbreuils-vichy.com - P - - 5 ch. 50 € - .* Cette maison de maître, construite en 1720 pour sa partie la plus ancienne, abrite un très beau salon aux murs ornés de fresques intéressantes. Vastes et lumineuses, les 5 chambres bénéficient chacune d'une décoration personnalisée, à la fois soignée et discrète. Table d'hôte variant au gré des saisons.

RESTAURATION

PREMIER PRIX

Le Relais du Lac – *Rte de Laprugne - 03250 Le Mayet-de-Montagne - 0,5 km au sud par D 7 - 04 70 59 70 23 - renécazals@orange.fr - fermé oct., lund.-mar. - P - 13/22 € - 6 ch. 50/60 € - 8 €.* Au cœur de la Montagne bourbonnaise et tout près d'un lac, une adresse qui honore le terroir : décor champêtre et spécialités de fritures. Terrasse d'été. Chambres proprettes.

BUDGET MOYEN

Auberge de la Source – *Le Fau - 03250 Lavoine - 04 70 59 37 49 - aubergedelasource03@orange.fr - fermé lun. - P - - 15/25 €.* Reprise par un cuisinier qui a déjà acquis une solide expérience, cette ferme-auberge a conservé tout son caractère convivial et accueillant. Un menu à l'ardoise qui change tous les jours, et quelques spécialités régionales à la carte (inscrites aussi à l'ardoise), charcuteries et grillades suivant arrivage.

ACHATS

Fromagerie artisanale de Ris – *La Gare - 63290 Ris - ✆ 04 73 94 13 14 - viviane.gevolde@laposte.fr - lun.-sam. 8h-19h - fermé j. fériés*. Un artisan fromager a repris cette entreprise et, avec le lait des étables voisines, élabore une quinzaine de fromages produits et affinés sur place. Ils sont présents sur l'étal alléchant de la boutique qui propose aussi une sélection de produits régionaux, miel, charcuterie, vins d'Auvergne.

ACTIVITÉS

Sarl Aventure Extrême – *Le plan d'eau St-Clément - 03250 Le-Mayet-de-Montagne - ✆ 04 70 56 44 41 - www.aventure-extreme.com - juil.-août : tlj ; le reste de l'année sur RV*. Inscrit dans une magnifique vallée, ce plan d'eau est réservé à la pêche et aux activités nautiques : canoës, pédalos et barques pour une promenade au fil de l'eau. Il dispose aussi de 5 parcours acrobatiques en hauteur dont un, pour les enfants, de 1,10 m à 1,40 m. Randonnées en quad, jeux pour les enfants et petit espace restauration.

Maison de la vallée du Sichon – *1 pl. de la Poste - 03250 Ferrières-sur-Sichon - ✆ 04 70 41 14 89.* Objets artisanaux et produits du terroir, exposition de miniatures en bois, présentation de l'histoire du château de Montgilbert.

Station de loisirs de la Loge-des-Gardes – *03250 Laprugne - ✆ 04 70 56 44 44 - www.logedesgardes.com.* Station de loisirs été-hiver à 1 100 m d'alt. Randonnée, luge d'été, trottinette et roller tout terrain, mountainboard, aire de jeux, ski nordique, ski de fond, luge, raquettes.

La Ch'tite Diligence – *La Bletterie - 03250 Saint-Nicolas-des-Biefs - ✆ 04 70 56 40 20.* Promenades et randonnées commentées en calèche et attelage dans la Montagne bourbonnaise.

Foyer de ski de fond du Montoncel – *03250 Lavoine - ✆ 04 70 59 37 87 - www.montoncel-lavoine.com.* Été : VTT, randonnée accompagnée (moyenne montagne). Hiver : ski de fond, raquettes.

Gannat

5 881 Gannatois – Allier (03)

NOS ADRESSES PAGE 581

S'INFORMER

Office du tourisme du pays de Gannat et des portes occitanes – *11 pl. Hennequin - 03800 Gannat - 04 70 90 17 78 - www.bassin-gannat.com - juil.-août : 9h-18h30 ; avr.-juin et sept. : 9h-12h, 14h-18h, sam. 9h-12h, 14h-17h ; oct.-mars : lun. 14h-17h, mar.-vend. 9h-12h, 14h-18h, sam. 9h-12h - fermé dim.*

SE REPÉRER

Plan de région C3 (p. 494) – carte Michelin Départements 326 G6.

La ville est desservie par la D 2009 qui la traverse. Elle se trouve à 20 km de Vichy et 42 km de Clermont-Ferrand.

À NE PAS MANQUER

Arrêt obligatoire au musée municipal, où vous pourrez admirer le célèbre évangéliaire de Gannat. Juste en face du musée, Rhinopolis propose un extraordinaire voyage d'étude du patrimoine paléontologique de l'Allier.

ORGANISER SON TEMPS

La visite libre de Gannat, en suivant un circuit disponible à l'office de tourisme, vous prendra environ 1h.

AVEC LES ENFANTS

Visiter Rhinopolis, véritable laboratoire à ciel ouvert de l'évolution, pédagogique et ludique à la fois.

Bâtie au seuil de la région des portes occitanes, cette petite ville ancienne se trouve entre Auvergne et Bourbonnais. Elle cache un patrimoine intéressant dont le joyau, un évangéliaire médiéval orné de cabochons, de plaques d'ivoire et de bronze niellé d'or, figure parmi les chefs-d'œuvre de l'art religieux.

Se promener

Église Sainte-Croix

Visite libre. Cette église a conservé, d'un premier édifice roman, quelques vestiges, notamment une partie du transept et du déambulatoire, les deux absidioles et de remarquables chapiteaux ; remarquez, à l'extérieur, celui qui représente la Nativité. Reconstruite à l'époque gothique, l'église a été souvent remaniée jusqu'au 17e s., époque à laquelle on refit le chevet et le clocher.

Château

Place forte du 12e s. démantelée en 1566, utilisé comme prison de 1833 à 1967, le château dresse ses hautes murailles du 14e s., flanquées de quatre tours d'angle, au centre de la ville.

Musée municipal Yves-Machelon – *04 70 90 23 78 - juil.-août : tlj sf mar. 10h30-12h30, 14h30-18h30, dim. 14h30-18h30 ; avr.-juin et de déb. sept. à mi-oct. : tlj sf mar. 14h30-18h - possibilité de visite guidée (1h30) - 4,65 € (enf. 1,85 €).*

Les anciens appartements des gardiens et les cellules des détenus servent de cadre à ce musée d'histoire locale. Parmi les objets exposés, notez le squelette sur pied d'un **rhinocéros fossile** vieux de 23 millions d'années, découvert dans les carrières de Gannat, des grilles en fer forgé du 12e s., des parchemins du 14e au 18e s. provenant des archives de la ville. Et ne manquez pas le superbe **évangéliaire★** appartenant à une célèbre série d'évangéliaires carolingiens, ou plutôt lotharingiens. Sa reliure renferme un manuscrit de la fin du 9e s., classé au titre des Monuments historiques en 1897.

Un petit **musée de la Résistance** fait revivre, au moyen de photos, coupures de presse et médailles, cette page d'histoire dans la région de Gannat. Enfin la **sellerie** du château de Veauce *(voir p. 567)* occupe une salle et présente un vaste choix de harnais, brides, selles, étriers, bottes, cravaches ; remarquez, au fond de la cour, des **voitures hippomobiles**.

Rhinopolis – *En face du musée municipal. ✆ 04 70 90 16 00 - www.rhinopolis.org - ♿ - 1er avr.-8 nov. : 14h-18h - 6 € (enf. 4,50 €), 18 € billet combiné 2 adultes + 2 enf.*

Créé sur l'initiative de l'association Rhinopolis, consacrée à la conservation et la valorisation du patrimoine paléontologique de l'Allier, cet endroit est idéal pour tout apprendre sur la naissance de notre planète, l'apparition et le développement de la vie. Plus de trois milliards d'années d'évolution sont présentées dans différentes salles. La visite chronologique, très bien organisée, est illustrée par des fossiles, des ossements retrouvés lors de fouilles effectuées dans l'Allier et des reconstitutions d'espèces animales ; elle se termine par une projection scientifique. Outre les expositions permanentes et temporaires, l'association propose des paléo-ateliers (initiation aux fouilles, moulage…) pendant les vacances de printemps et d'été (sur réservation).

Si le sujet vous a passionné, n'hésitez pas à vous rendre à Châtelperron *(voir p. 555)*, où vous découvrirez la suite chronologique de cette épopée : Préhistorama y retrace l'histoire de l'homme de Neandertal.

À proximité

Jenzat

8 km au nord en empruntant la D 2009 sur 4 km en direction de Moulins, puis prenez sur la gauche la D 42.

Installé sur la rive droite de la Sioule, ce village bourbonnais bénéficie d'un site agréable. Du 19e s. à la première moitié du 20e s., Jenzat fut considéré comme la capitale européenne des **vielles à roue** que l'on fabriquait déjà ici en 1795. Le musée des Musiques populaires de Montluçon *(voir p. 519)* en possède de très beaux exemplaires.

Château – *Visite libre fléchée des extérieurs.* Fierté de Jenzat, les **jardins** de ce château du 18e s., inspirés de ceux de Le Nôtre, ont pratiquement conservé l'aspect qu'ils avaient à leur création.

Église – *Visite libre avec document.* Cet édifice roman de la fin du 11e s. est orné, dans le bas-côté droit, de peintures à la détrempe, exécutées au 15e s. et désignées sous le nom de fresques des « maîtres de Jenzat ». Réalistes et naïves, elles retracent la Passion du Christ, le martyre de sainte Catherine et les méfaits de la peste noire.

Maison du luthier – *✆ 04 70 56 81 78 - ♿ - juil.-août : lun.-jeu. 14h30-18h30 ; juin et sept. : dim. et lun. 14h30-18h30 - possibilité de visite guidée (30mn) - 3,50 € (enf. 1,75 €).*

UNE MERVEILLE D'ORFÈVRERIE

L'**évangéliaire de Gannat** est un grand in-quarto rédigé sur vélin, peu enluminé. C'est la reliure qui retient le plus l'attention. Le plat supérieur est orné de quatre parements émaillés circulaires, d'époque romane, de deux plaques de cuivre au décor incisé, flanquées de six gemmes rectangulaires prismatiques ou ovales, autour d'un camée antique central. Le plat inférieur comporte une plaque d'ivoire rectangulaire, contemporaine du manuscrit, figurant la Crucifixion, la résurrection des morts et les saintes femmes au tombeau, dans un cadre en lames d'argent doré.

Au cœur de l'ancien quartier des luthiers, ce musée expose plus de mille objets utilisés ou fabriqués par les luthiers de Jenzat. On découvre successivement une salle dédiée au négoce et au rhabillage des instruments de musique, un atelier des vielles et une salle d'exposition (vielles des 18e, 19e et 20e s., films vidéo sur le jeu de vielle et la facture).

Église de Biozat

7 km au sud-est de Gannat par la D 119.

Bel édifice roman de la Limagne, l'église Saint-Symphorien est caractéristique de l'**art roman auvergnat**, avec sa nef couverte en berceau, ses bas-côtés voûtés en demi-berceaux, sa coupole sur trompes et quelques chapiteaux intéressants. Remarquez aussi les fresques du 15e s., assez naïves, représentant la Vierge de douleur.

De là, on peut gagner Effiat, à 4 km au sud, et se rattacher au circuit de découverte de la Limagne (voir Aigueperse).

Itinéraire conseillé

GORGES ET CHÂTEAUX

(voir « Gorges de la Sioule » p. 485)

NOS ADRESSES À GANNAT

Voir aussi les encadrés pratiques d'Aigueperse, de Charroux, Saint-Pourçain-sur-Sioule et Vichy.

HÉBERGEMENT

PREMIER PRIX

Chambre d'hôte Le Domaine de Rouzat – *2 Domaine de Rouzat - 3 km de Gannat par D 998 ou sortie 12 par A 71 - 04 70 90 20 04 ou 06 74 58 23 54 - mathinierchristian@wanadoo.fr - - 4 ch. 49/51 € - - repas 17 €.* Les chambres de cette exploitation agricole, aménagées dans l'ancienne bergerie, bénéficient d'une décoration originale. Table d'hôte familiale, aux produits de la ferme, accompagnée de vins de la région.

AGENDA

Les Cultures du monde – *2e quinz. de juil. - 04 70 90 12 67 - www.gannat.com.* Divers groupes folkloriques (danseurs, musiciens, chanteurs) animent ce festival haut en couleur. Depuis 1965, l'ensemble traditionnel « La Bourrée Gannatoise » y est l'ambassadeur de la région Auvergne.

Notes

Notes

Notes

Notes

INDEX GÉNÉRAL

Clermont-Ferrand : villes, curiosités et régions touristiques.
Vialatte, Alexandre : noms historiques ou termes faisant l'objet d'une explication.
Les sites isolés (châteaux, abbayes, grottes…) sont répertoriés à leur propre nom.
Nous indiquons par son numéro, entre parenthèses, le département auquel appartient chaque ville ou site. Pour rappel :
03 : Allier
15 : Cantal
19 : Corrèze
42 : Loire
43 : Haute-Loire
63 : Puy-de-Dôme

A

B

H

I

J

L

M

N

S

INDEX CARTOGRAPHIQUE

CARTE GÉNÉRALE

Deux rabats de couverture

CARTES DES MICRORÉGIONS

PLANS DE VILLE

CARTES DES ITINÉRAIRES

CHANGEMENT DE NUMÉROTATION ROUTIÈRE !

Sur de nombreux tronçons, les routes nationales passent sous le contrôle des départements. Leur numérotation est en cours de modification. La mise en place sur le terrain a commencé en 2006, mais devrait se poursuivre encore quelque temps. Quelques routes n'ont pas encore définitivement trouvé leur statut au moment où nous bouclons la rédaction de ce guide.

Dans la majorité des cas, on retrouve le numéro de la nationale dans les derniers chiffres du numéro de la départementale qui la remplace. Exemples : la N 89 devient D 2089, la N 144 devient D 2144.

CARTES THÉMATIQUES

PLANS DE MONUMENTS

LÉGENDE DES CARTES ET PLANS

Curiosités et repères

- Itinéraire décrit, départ de la visite
- Église
- Mosquée
- Synagogue
- Monastère - Phare
- Fontaine
- Point de vue
- Château - Ruine ou site archéologique
- Barrage - Grotte
- Monument mégalithique
- Tour génoise - Moulin
- Temple - Vestiges gréco - romains
- Temple : bouddhique - hindou
- Autre lieu d'intérêt, sommet
- Distillerie
- Palais, villa, habitation
- Cimetière : chrétien - musulman - israélite
- Oliveraie - Orangeraie
- Mangrove
- Auberge de jeunesse
- Gravure rupestre
- Pierre runique
- Église en bois
- Église en bois debout
- Parc ou réserve national
- Bastide

Sports et loisirs

- Piscine : de plein air - couverte
- Plage - Stade
- Port de plaisance - Voile
- Plongée - Surf
- Refuge - Promenade à pied
- Randonnée équestre
- Golf - Base de loisirs
- Parc d'attractions
- Parc animalier, zoo
- Parc floral, arboretum
- Parc ornithologique, réserve d'oiseaux
- Planche à voile, kitesurf
- Pêche en mer ou sportive
- Canyoning, rafting
- Aire de camping - Auberge
- Arènes
- Base de loisirs, base nautique ou canoë-kayak
- Canoë-kayak
- Promenade en bateau

Informations pratiques

- Information touristique
- Parking - Parking - relais
- Gare : ferroviaire - routière
- Voie ferrée
- Ligne de tramway
- Départ de fiacre
- Métro - RER
- Station de métro (Calgary, ...) (Montréal)
- Téléphérique, télécabine
- Funiculaire, voie à crémaillère
- Chemin de fer touristique
- Transport de voitures et passagers
- Transport de passagers
- File d'attente
- Observatoire
- Station service - Magasin
- Poste - Téléphone
- Internet
- H H B Hôtel de ville - Banque, bureau de change
- J J POL Palais de justice - Police
- GNR Gendarmerie
- T T U U M Théâtre - Université - Musée
- Musée de plein air
- Hôpital
- Marché couvert
- Aéroport
- Parador, Pousada (Établissement hôtelier géré par l'État)
- A Chambre d'agriculture
- D Conseil provincial
- G Gouvernement du district, Délégation du Gouvernement Police cantonale
- L Gouvernement provincial (Landhaus)
- P Chef lieu de province
- Station thermale
- Source thermale

Axes routiers, voirie

- Autoroute ou assimilée
- Échangeur : complet - partiel
- Route
- Rue piétonne
- Escalier - Sentier, piste

Topographie, limites

- Volcan actif - Récif corallien
- Marais - Désert
- Frontière - Parc naturel

Comprendre les symboles utilisés dans le guide

LES ÉTOILES

★★★ **Vaut le voyage** ★★ **Mérite un détour** ★ **Intéressant**

HÔTELS ET RESTAURANTS

9 ch.	Nombre de chambres
☕ 7,5 €	Prix du petit-déjeuner en sus
50 € ☕	Prix de la chambre double, petit-déjeuner compris
bc	Menu boisson comprise
▤	Air conditionné dans les chambres
✕	Restaurant dans l'hôtel
🍷	Établissement servant de l'alcool
	Piscine
CC	Paiement par cartes de crédit
	Carte de crédit non acceptée
P	Parking réservé à la clientèle

SYMBOLES DANS LE TEXTE

	A faire en famille
	Pour aller au-delà
	Promenade à pied
	Randonnée à vélo
♿	Facilité d'accès pour les handicapés
A2 B	Repère sur le plan

Manufacture française des pneumatiques Michelin
Société en commandite par actions au capital de 304 000 000 EUR
Place des Carmes-Déchaux - 63000 Clermont-Ferrand (France)
R.C.S. Clermont-Fd B 855 200 507

Dépôt légal : 10 2009 – ISSN 0293 9436
Compograveur : Michelin, Paris
Imprimeur : Chirat, St-Just-la-pendue - N° 201101.0435
Imprimé en France : 02 2011

Dans la collection Le Guide Vert

Nos guides sur l'étranger

- Allemagne
- Andalousie
- Angleterre Pays de Galles
- Autriche
- Barcelone et la Catalogne
- Belgique Luxembourg
- Bulgarie
- Canada
- Chine [N]
- Chypre [N]
- Croatie
- Écosse
- Égypte
- Espagne Atlantique
- Espagne du Centre Madrid Castille
- Espagne Méditerranéenne Baléares
- Grèce
- Irlande
- Italie du Nord
- Italie du Sud Rome Sardaigne
- Japon
- Londres
- Maroc
- Mexique [N]
- Moscou St-Pétersbourg
- Nouvelle Angleterre [N]
- Pays Baltes
- Pays Bas
- Pologne
- Portugal
- Québec
- Rome
- Roumanie
- Sardaigne [N]
- Scandinavie
- Sicile
- Sud-Ouest américain [N]
- Suisse
- Thaïlande [N]
- Toscane Ombrie Marches

Nos guides week-end en France et à l'étranger

- Week-end Amsterdam
- Week-end Barcelone [N]
- Week-end Berlin
- Week-end Bordeaux [N]
- Week-end Bruxelles
- Week-end Budapest
- Week-end Cracovie
- Week-end Edimbourg [N]
- Week-end Florence
- Week-end Istanbul
- Week-end Lisbonne
- Week-end Londres
- Week-end Lyon [N]
- Week-end Marrakech Essaouira[N]
- Week-end Marseille [N]
- Week-end Montpellier [N]
- Week-end Nantes [N]
- Week-end New York
- Week-end Prague
- Week-end Rome [N]
- Week-end Stockholm [N]
- Week-end Tunis [N]
- Week-end Venise
- Week-end Vienne [N]

Nos guides sur la France

- Alpes du Nord
- Alpes du Sud
- Alsace Lorraine
- Aquitaine
- Auvergne
- Bourgogne
- Bretagne
- Champagne Ardenne
- Charente-Maritime
- Châteaux de la Loire
- Corse
- Côte d'Azur
- Essonne
- France
- France Sauvage
- Franche-Comté Jura
- Haut-Rhin
- Idées de promenades à Paris
- Idées de week-ends aux environs de Paris
- Idées de week-ends en Provence
- Île-de-France
- Languedoc Roussillon
- Limousin Berry
- Loire
- Loiret
- Lyon Drôme Ardèche
- Meuse
- Midi Toulousain
- Moselle
- Nord Pas-de-Calais Picardie
- Normandie Cotentin
- Normandie Vallée de la Seine
- Paris
- Paris enfants
- Pays Basque France Espagne et Navarre
- Périgord Quercy
- Poitou Charentes Vendée
- Provence
- Puy-de-Dôme
- Tarn [N]
- Touraine côté Sud
- A75 La Méridienne
- 31 sites français au patrimoine de l'Unesco [N]

[N] : Nouveau